U0479438

浦江文獻集成提要

方勇 主編

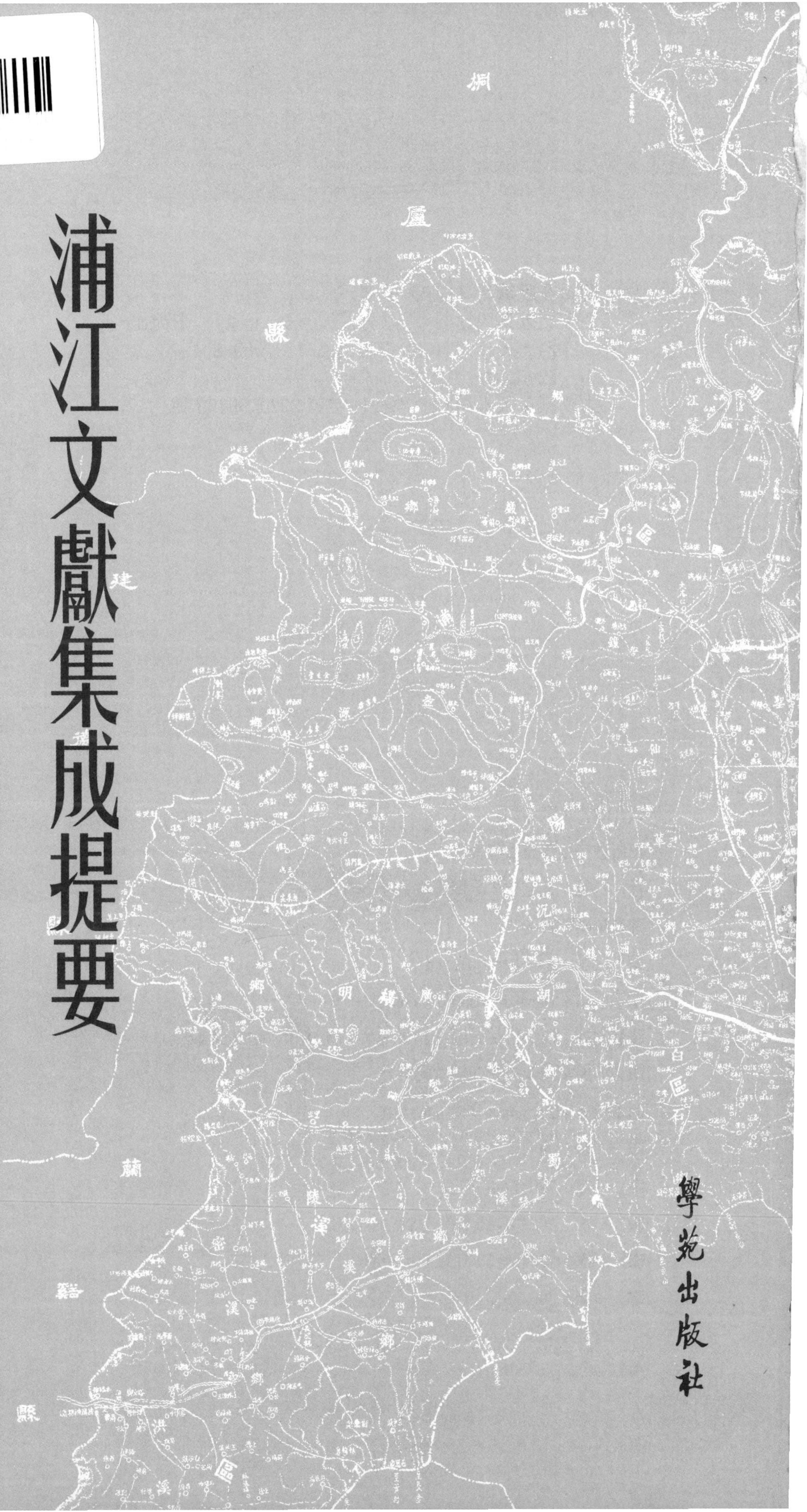

學苑出版社

圖書在版編目（CIP）數據

浦江文獻集成提要 / 方勇主編. -- 北京 : 學苑出版社, 2024. 10. -- ISBN 978-7-5077-7069-8

Ⅰ. K295.54

中國國家版本館 CIP 數據核字第 2024T594H9 號

責任編輯：戰葆紅

出版發行：學苑出版社

社　　址：北京市丰台區南方莊 2 號院 1 號樓

郵政編碼：100079

網　　址：www.book001.com

電子信箱：xueyuanpress@163.com

聯繫電話：010-67601101（銷售部）010-67603091（總編室）

印 刷 廠：河北賽文印刷有限公司

開本尺寸：787 mm × 1092 mm　1/16

印　　張：54.25

字　　數：720 千字

版　　次：2024 年 10 月第 1 版

印　　次：2024 年 10 月第 1 次印刷

定　　價：300.00 元

出版説明

這本提要為『浦江叢書』之一種，屬於浙江省浦江縣人民政府立項的『《浦江文獻集成》深度課題開發項目』子課題之一，得到了浦江縣委書記胡作滔、縣長劉熙、縣委宣傳部長方淵、副縣長賈珊等領導的關注和支持，課題研究方案由華東師範大學方勇教授率團隊具體實施，浦江方面由縣文聯負責對接，文聯主席朱婉華及工作人員樓豔豔等。

作為全國首部縣級大型文獻集成，二〇二〇年出版的《浦江文獻集成》網羅了浦江縣近千年的歷史遺籍，總共收書八百五十種，舉凡刻本、手稿、抄本等皆予收録。然而浩繁的卷帙與影印的方式，無疑增加了普通讀者的閱讀難度，為了便於廣大讀者閱讀《浦江文獻集成》，同時也能夠對浦江歷代的文人文集和學人著作進行一番總結和評判，《浦江文獻集成提要》的撰寫就顯得尤為重要。本書對浦江自宋代以迄民國的詩文集和學術著作等文獻進行了全面介紹，包括作者的生卒年，主要的生平事蹟和成就；所收録圖書的版式、流傳過程和館藏、收藏信息；圖書的主要內容、思想價值及其影響。通過本書，讀者不僅能夠快速瞭解《浦江文獻集成》的核心文獻，同時也能對浦江的歷史文化有一個整體把握。今復迻録方勇教授為《浦江文獻集成》所撰總序，作為代序冠於本書之首。

本書由華東師範大學中國諸子研究院院長方勇教授領銜，其博士生胡聖傑擔任助手，作為《浦江文獻集成》的主編，方勇教授在搜輯和整理浦江文獻的基礎上，又與他的科研團隊費時三年撰寫了這部《浦江文獻集成提要》。團隊成員中不乏全國各大高校的專家教授，以及浦江本地文化學者何金海、張偉文、金月紅、鍾聲、張解民、江東放、張賢、費泓淳等人，龐大的學術團隊無疑為此書的學術性與規範性提供了重要保證。今後閱讀《浦江文獻集成》者，即可以此書為指南。

學苑出版社

二〇二四年十月

《浦江文獻集成》總序

方勇

昔者大禹敷土，乃別九州，無餘受封，斯有於越，而浦汭之地，隸於西鄙之姑蔑。逮炎漢興平二年，乃割諸暨、太末之陲以為豐安，有唐天寶十三載復易名為浦陽（五代時改為浦江），而故家美俗久已膾炙人口矣。且新邑既設，周遭若城，合境之內，萬山聳翠，煙霞泉石，難可勝窮，而邑治一區，仙華屏其後，大川繞其前，東側橫亙夷曠數十里，眾流襟帶包絡之，固天地間勝絕之奧也。故『高智遠略之士，多由他郡徙居之，若大羽之喬林，巨鱗之滄海』（宋濂《題張如心初修譜序後》），由是人文蔚起，遠承上山先民之後。及至宋明之間，忠孝文學之士接踵，魁偉王佐之才迭出，誠乃人文之淵藪，彬彬然小鄒魯也。

若夫稽之載籍，後漢有父子曰楊扶、楊喬、楊璇者，皆以德才絕群祿食於朝，此乃浦汭王佐能臣奮起之厥初也。有唐陳太竭，以二親之亡，終身衰麻，形質枯悴，哀哭弗輟；後梁何千齡，四世同居，一堂孝友，貞明六年，表旌其門閭焉。浦邑孝悌醇風，長盛不替，揆厥源流，實陳、何有以啟之也。北宋朱臨，從胡瑗遊，專心《春秋》之學，著有《春秋私記》《春秋統例》，此為邑中經學之先唱也。至若文學，有北宋于房者，中嘉祐四年進士，長於詩文，從遊者甚眾，而其父暠，兄立、璧，弟清穆，子世封、正封，皆能文善詩，後人輯其文號《七星集》，此浦陽文學之先聲也。嗣後有錢遹繼之，為文明白簡切，亦自成一家，著有《錢述古遺文》。又有梅執禮，為文博碩精深，著有《文安集》。而倪朴豪雋不羈，喜舞劍談兵，棄其無用之學，必欲見之於事功，赤心憂國，意常耿耿，而時人鮮有知之者，獨永康陳亮甚敬焉。紹興間，聞廟堂謀遣將掃清河洛，以為士子奮力以佐天誅，此其時矣，乃草《上高宗皇帝書》，歷陳征討大計，精忠感激，議論風發，誠可與龍川《上孝宗皇帝書》相頡頏。且以為王業偏安一隅，治學當有用於當世，故窮思極慮，備究兵戰之所自出，天下山川險要及戶口虛實之所在，著為《輿地會元志》四十卷，實與龍川同為浙東事功之先驅，非但以文學聞知於浦汭而已矣。

明季餘姚黄梨洲撰《宋元學案》，以浦陽文脈接續陳亮而入之《龍川學案》，引倪朴為『龍川學侶』，以方鳳為開啟浦汭文學之宗師，以吴思齊、謝翱為鳳公之講友，以方樗、黄溍、吴萊、柳貫、黄景昌為鳳公門人，而宋濂、胡翰復出吴萊之門也。清四庫館臣謂『萊與黄溍、柳貫並受業於宋方鳳，再傳而為宋濂，遂開明代文章之派』（《淵穎集》提要），朱琰亦謂『金華稱小鄒魯，名賢輩出。……至浦陽方韶卿，與閩海謝皋羽、括蒼吴子善為友，開風雅之宗，由是而黄晉卿、柳道傳皆出其門，吴淵穎又其孫女夫，宋潛溪、戴九靈交相倚重，此金華詩學極盛之一會也。』（《金華詩録》序例）則浦陽之文學淵源有自，非唯於婺州之詩學有開啟之功，抑且屹然為有明文章之大宗矣。

方鳳為晚唐詩人方干之裔孫。其十一世祖景傳，自桐廬來遷浦陽，傳四世至華資，舉宋仁宗嘉祐八年進士，歷官至禮部尚書。華資之子揚遠，登哲宗元祐三年進士，累官至兵部尚書，著有《遐舉先生集》。其後輝鑄、上洙亦皆禄食於朝，果、登、策咸舉進士，簪纓蟬聯，文運綿迭。而方鳳有異材，應選入太學，目覩元兵進逼，朝官逃散，遂以禦江、分閫、守戰之策，三告丞相陳宜中，皆詳剴指陳，思得撑維宗國，然忠告如此，聽者夢夢，無足與議。故於宋社既屋之後，輒肆為汗漫遊，北出金陵京口，南過東甌海上，每遇雄關複奥、長江巨浸、破軍蹶將之處，類皆悼天塹不守，顧盼徘徊，悲不自禁，一切見於詩文。其上書談兵，三獻抵禦元軍奇謨，而所作詩文，亦幽憂悲思，再三致意，有黍離麥秀之遺音，皆有以承繼陳亮、倪朴之餘意，闡揚浙東事功之宗旨。且方鳳與吳思齊、謝翱為異姓兄弟，每攜手唱歎行吟於殘山剩水之間，而吳氏為陳亮外曾孫，宋亡後誓不仕元，謝氏則嘗任文天祥之諮議參軍，鼎革後每往來於鄞、越、浦陽、睦州，以汐社與月泉社合為一處，闡講春秋大義、夷夏之辨於其中，且搜輯倪朴遺文為《石陵倪氏雜著》，以諒其心、悲其志，方鳳弟子吳萊後為之序，又訪倪氏故居而禮敬焉，故黃梨洲以浦陽文脈入之《龍川學案》，而以方鳳為之宗師，良有以也。

宋恭帝德祐二年南宋覆亡，方鳳退隱故里仙華山下，而同里吳渭嘗官義烏令，鼎革後亦歸隱故里，乃與其伯兄弟闢家塾，延致鳳公於吳溪之上。吳氏為延陵季子之後裔，自唐末來遷浦汭，至宋則文風始盛，人才彬彬而輩出，如吳渭之祖父為工部尚書，子幼敏、堂弟吳謙皆中宋亞榜進士。吳渭父子及吳謙之輩，既已先後退歸吳溪之上，輒日與遺老相往還，故謝翱、吳思齊亦咸依鳳，俱客吳氏族中，相與論文賦詩，砥礪倡和，浦陽詩風為之一變。元至元二十三年，吳渭復與方鳳、謝翱、吳思齊開月泉吟社，以《春日田園雜興》為題徵詩天下四方，一時撫榮木而觀流泉，皆以義熙人相爾汝也。後遴選前六十名之詩，刻為《月泉吟社詩》一冊傳世。而吳氏族中，有元集賢大學士吳直方之子吳萊，尤為浦陽文脈之所繫。萊四歲始習《孝經》《論語》《穀梁傳》，七歲能賦詩，方鳳見而奇之，歎為邦家之材，悉以其學授焉，並以孫女妻之；又以同邑黃景昌，與方鳳亦師亦友，與謝翱同講《春秋》，尤致力漢魏古詞之甄録，著有《春秋舉傳論》《古詩考》等，鳳公每攜吳萊詣景昌質《春秋》、觀古樂府詞，萊由是該貫古今，無所不通，為文嶄絕雄深，類秦漢間作者，在元人中屹然負詞宗之目，洵浦陽江上之大儒，故最為鳳公嫡傳而下啟宋濂，遂開明代文章之派。年不登中壽而著作甚夥，弟子摘其有關學術議論之大者，編為《淵穎集》梓行之。

柳貫嘗受經學於蘭溪金履祥，而學文學於方鳳，為文涵肆演迤，舂容紆餘，賦詩則古硬奇逸，與虞集、揭傒斯、黃溍齊名天下。貫方官太常，自以遊方門最早，乃為之立碑樹碣，奉祀仙華山麓化城院中，並採其家藏，摘詩三百八十篇，釐為《方先生詩集》九卷，屬永嘉尹趙敬叔刻置縣齋。柳貫著作甚多，後人彙刻為《柳待制集》。黃溍為義烏人，祖籍亦在浦陽，初從同邑劉應龜學，後列方鳳門下，而劉氏嘗為太學內舍生，與方鳳、仇遠同業最久，元至元間曾任月泉書院山長，故溍雖非浦汭之士子，而與柳貫、吳萊同為鳳公高足，所作《方先生詩集序》，即為巖南公賫志而沒而掩卷太息。

迨金華宋濂敬慕吳萊聲名，先從其學於諸暨白門義塾，後隨其學於浦江鄭氏義門東明精舍。吳氏既歿之後，復問學於柳貫、黃溍。鄭氏義門延之講學，濂喜其風土孝義，乃卜居青蘿山下，學問精進不已，文章雍容典雅，後與高啟、劉基並稱『明初詩文三大家』，則浦陽文學至此而集大成，承續師學而超邁前修，遂開明代文章之派矣。宋濂執教鄭氏義門凡二十餘年，承吳萊之衣鉢而恢弘之，非但為鄭氏義門訓育弟子，抑且因鄭氏義居家風，為其修定《鄭氏家規》，既仕之後，乃增其式廓，修訂有明法律大典，手定朝廷禮儀，故洪武譽為『開國文臣之首』。由是鄭氏人才彬彬輩出，浸浸然有後來居上之勢，非但出仕者接踵比肩，著述者亦後先輝映，如鄭淵《遂初稿》、鄭洧《師古齋稿》、鄭泳《鄭氏家儀》、鄭濤《浦江鄭氏旌義編》、鄭勳《怡雲集》、鄭楷《鳳鳴集》、鄭棠《道山集》、鄭柏《金華賢達傳》、鄭杕《學古齋集》、鄭崇岳《聖恩録》、鄭允宣《義門鄭氏奕葉吟集》、鄭爾垣《義門鄭氏奕葉文集》、鄭祖芳《樂清軒詩鈔》，皆此類也。

與宋濂同時，有馬劍戴良者，挺生於九靈山下，嘗學文於柳貫、黃溍、吳萊，學詩於余闕，詩作風骨高秀，迥出一時，有《九靈山房集》。又有戴元禮者，早年師事朱丹溪，明太祖召為御醫，著有《證治要訣類方》《秘傳證治要訣》等。迨至清中葉，有戴殿江者，嗜書好學，輯有《金華理學粹編》。其弟殿泗，以詩古文負盛名，中嘉慶元年進士，授翰林院編修，著有《風希堂詩文集》，並與兄殿江同編《戴九靈先生年譜》。殿泗之子戴聰，中嘉慶四年進士，輯有《建溪集》。戴氏一族，歷三百餘載，承學之士間出，亦浦陽尚學重教之流風遺韻使然也。

自明嘉靖以降，龍溪張氏人文鵲起。張元諭中嘉靖二十六年進士，詩文追步秦漢盛唐，著有《篷底浮談》《詹詹集》。張應槐中萬曆十四年進士，心繫山水之間，著有《存養録》《鳳山博議》。應槐子張一韶，為文雄邁，好以議論入詩，著有《貽燕堂集》。應槐孫張德嗣，學問淹博，著有《説詩要彙》《甕天閑記》《山水音》。應槐曾孫張以邁，中崇禎十六年進士，明亡後以詩酒自娛，著有《南州集》《沉水草》《匡廬集》。與張氏同時而稍晚者有龍池倪氏，發軔者為倪尚忠，中萬曆二十六年進士，率以詩文自娛，著有《宣化録》《居芸草》《鳴籟草》《醉吟草》《學制編》。其子倪仁禎，中崇禎十年進士，明亡後誓不事清，著有《問夜草》。嗣後如倪一膺、倪仁吉、倪宜子、倪立昌等，亦皆能文善詩，或兼擅書畫，不愧家風云。

入清後，他若戴望嶧者，城南隅人，詩思敏捷，為文立就，中乾隆二十五年進士，著有《桐峰文稿》《桐峰賦稿》。周璠，盤洲人，讀書不肯尋行數句，務透其精意而後止，著有《盤洲詩文集》。朱興悌，城西樸樹里人，天資卓絶，讀書廣博，乾隆四十一年聘修邑志，晚年主講月泉書院，著有《西崖詩文鈔》。陳松齡，檀溪人，長從戴望嶧學於太學，以詩名重於時，著有《雪崖詩文集》，復與其子浩然合著《鳴和詩存》。朱寓，城西樸樹里人，幼承家學，資性穎悟，嘉慶十八年舉拔貢，著有《眠緑山房詩鈔》。然自咸豐以降，浦邑文壇沉寂，唯駱乘輿、張景青、黄志璠、虞善揚、于國禎、黄鳳紀諸人略有文聲。其中張若騮者，鞍山村人，光緒三十年補博士弟子員，宣統元年選浙江咨議局議員，一生耽於吟詠，入民國後嘗先後與詩友結『湖山吟社』『四時佳會』詩社，著有《吟風弄月》《學海樓詩鈔》，尚可為一時之選。

民國時尚有張世禄，禮張村人，畢業於國立東南大學，民國十七年任職於上海商務印書館。先後任教暨南大學、復旦大學等校，從事中國文字學、訓詁學、語音學及詞彙學研究，尤長於漢語音韻學研究，著有《中國音韻史》《語言學概論》《古代漢語》等。又有曹聚仁，通化蔣畈村人，畢業於浙江第一師範，民國十一年至滬，先後任教於愛國女中、暨南大學、復旦大學等校。曾主編《濤聲》《芒種》等雜誌。一九五〇年赴香港，任新加坡《南洋商報》駐港特派記者。五十年代後期，主辦《循環日報》《正午報》等報紙。著有《中國學術思想史隨筆》《萬里行記》《現代中國通鑒》等。此二公，皆能承舊開新而軼前修。

夫浦陽文獻之輯佚也，其由來者尚矣。昔者方蒙之學於世封之門也，懼于氏三世七人之文散佚之，乃輯為《七星集》。謝翺之遊浦陽也，懼倪朴之文佚而不傳，遂輯為《石陵倪氏雜著》；及明嘉靖毛鳳韶之令於浦邑也，倪氏之書已佚而不傳，遂輯為《倪石陵書》一卷。方鳳製作甚富，即以詩計，多達三千餘首，柳貫探其家藏，摘五七言古律詩三百八十篇，裒輯詮次為九卷，刻置永嘉縣齋，而後人未能見其傳本。故自明季以來，鳳公西塘後裔即多方購索，亦無所得，歎為憾事。會有同邑張燧，於亡逸散見之餘，博搜群書，掇拾殘剩，得鳳詩七十三首、文十四篇，及二子詩十六首、文五篇，編次為《存雅堂遺稿》十三卷，擬與所纂編之浦汭先民逸書，如梅執禮《文安遺稿》、倪朴《石陵稿鈔》、柳貫《待制集》、戴良《九靈集》、宋濂《宋景濂逸集》、張丁《張太常孟兼遺集》，合刻為《浦陽七先生遺集》，然以家削力孱，未克從心，而方鳳後裔毅然索梓，乃於清順治十一年鐫於西塘純孝堂祠中。張公生當運去物改之際，猶惓惓以搜輯鄉先哲逸文，接續浦陽文脈為己任，誠為後人所敬仰！張丁之文也，當國者劉基稱譽之，著有《孟兼文集》六卷而不傳，其十一世孫思煌，乃始掇拾他書所載，重編定為五卷，無愧於先祖。由斯而下，浦汭著述者間出並作，然名聲遠播者實希，故其著作散佚者多，而輯之者罕有。俯仰古今，予悲夫浦陽文獻之漸失，又悲夫歷世搜輯之孜孜者，與夫悲歷世之失而今復事遠輯廣收而不憚其煩如吾輩者也。嗟夫，豈天棄之而人輯之有如是也哉！

予生物改運遷之初，適值四海風雷激蕩，域中舊學式微，復又狂飆驟起，士有不意之殃，文遭必焚之災，浦陽亦未能倖免，舉凡所傳圖籍、族譜及文士手稿之横遭焚滅者不可勝計，千年文脈由是斵傷，愈益奄奄無生氣，故夙夜憂悲而不遑寢處也。矧予生之初，浦陽歸併烏傷，一切文獻皆歸之，且割通化屬之蘭溪，割馬劍屬之諸暨，而八載之後，浦陽雖已回歸，文獻則遺落甚多，通化、馬劍復滯而不返，浦邑文學之兩翼盡失，蜀山、九靈之靈孕鬱鬱，若梅執禮、柳貫、戴良、戴殿泗諸公，豈能安眠於地下乎！予益悲浦陽文學，肇始於于房，發皇於方鳳，拓宇於吳萊、柳貫、黄溍，極盛於宋濂，而其卒之也，乃衰頽、斵傷、割棄如此！故慨然思紹世學，網羅校訂鳳公遺文，先後纂為《方鳳集（輯校）》《存雅堂遺稿斠補》《存雅堂遺稿集成》，復招弟子研究月泉吟社，並倡議重建月泉書院，以重振浦陽文學為己任。當斯時也，有永康施公振強，固已追蹤龍川在先，適來主宰吾邑，以治汙起廢、弘廓斯文為己責，各部協和，屬吏盡心，遂致成功，予乃倡言纂修《浦江文獻集成》，遂獲批復焉。斯役也，由副縣長鄭氏文紅分管之，文聯主席何氏金海主持之，吾先秦諸子研究中心實施之，起始於乙未夏月，告成於己亥秋月，歷經四載有餘，實為浦邑千年盛舉，利在後世者也。嗚呼！浦陽山川，鍾靈毓秀，代不乏人，而其彪炳史冊、輝映華夏者，自方鳳傳吳萊、柳貫、黄溍，再傳至宋濂，遂致文風鼎盛，而開明代文章之派，豈其鬱積既久，而精華一旦發洩之歟？微此數公，吾誰與歸？而自此以降，浦汭人材有所不逮，豈精華泄盡而有所不濟歟？抑或天實靳之而未肯多予之歟？嗟夫！生才之難也，其甚矣乎！然文運雖衰，而承學者猶在。其於紹舊布新之際，尤有諸公奮臂學界，而四方回應者衆，此浦陽文運昭回之先聲也夫！

甚矣，浦陽文獻之富也！今雖搜殘存於歷劫之後，仍能輯得八百五十種，非當初所敢奢望也。其尤可珍貴者有：宋倪朴撰、民國傅增湘跋、清抄本《倪石陵書》一卷；宋方鳳撰、清張燧輯、順治十一年刻《存雅堂遺稿》十三卷；元戴良撰、明正統戴統刻《九靈山房集》三十卷；明宋濂撰、清傅旭元等編仙華書院刻《宋文憲公全集》三十卷；明張丁撰、清乾隆十四年承啟堂刻《白石山房逸稿》五卷；明鄭棠撰、清活字本《道山集》六卷；明鄭允宣輯、明末鄭氏書種堂刻《義門鄭氏奕葉吟集》三卷；明張元諭撰、隆慶四年董原道刻《篷底浮談》十五卷；明倪仁吉撰、清嘉慶二十一年仰止堂重刻《凝香閣詩稿》；清傅旭元撰、光緒十七年王文炳抄《築巖子集》；清戴望嶧撰、抄本《槐雲集》一卷、《紀遊小草》一卷、《望雲小草》一卷、《仙華集》一卷；清朱興悌撰、嘉慶十三年刻《西崖詩文鈔》十二卷；清陳松齡、陳浩然撰、道光十四年經義堂稿本《鳴和詩存》十卷；清吳鳳來撰、乾隆五十四年小草廬刻《春秋集義》五十八卷；清周璠撰、嘉慶十六年刻《盤洲詩文集》八卷；清賈應程撰、嘉慶二年刻《雲村集唐》一卷；清戴殿泗撰、道光八年九靈山房刻《風希堂詩集》六卷、《風希堂文集》四卷；清陳郁撰、抄本《雪樵詩鈔》；清戴聰輯、道光十三年九靈山房刻《建溪集》前編四卷、後編二卷；清張可宇撰、民國六年抄《琴軒鼠璞》；清賈應鴻撰、道光三年錦香樓刻《錦香樓詩稿》十二卷、《貂山賦草》一卷；清周為漢撰、清刻《枕善齋集》十三卷；清鄭祖芳撰、道光刻《樂清軒詩鈔》二十卷；清朱寓自訂、同門十友校梓《眠緑山房詩鈔》四卷；清王可儀撰、光緒虞善揚抄《味經齋詩文稿》；清鄭楙編、咸豐六年鄭氏元鹿山房刻《浦陽歷朝詩録》二十三卷；清朱承綺撰、稿本《賦梅軒遺稿》；清虞善揚撰、抄本《醉經堂虞柳堤夫子詩稿》；清鄭吉撰、活字本《惠珠編雜體詩》七卷；清張淥撰、稿本《小窗隨筆》；清徐希仁撰、抄本《梅園詩草》；清于先之撰、光緒二十七年刻《超然抒情集》二卷；清黃志璠撰、民國二十六年刻《悲秋小草》；清盛問渠撰、民國金華金震東石印局石印《鏡中樓吟草》一卷；民國黃鳳紀撰、黃方大手抄本《嘯園詩集》；民國張逸叟撰、民國十二年張氏刻本《潛盧詩稿》一卷；民國費耀南撰、稿本《吟湘詩稿》；民國張若騮撰、稿本《吟風弄月》；民國陳煥撰、民國十三年鉛印《堇盧詩稿》；民國黄方大撰、稿本《嗣音集》。凡此，皆為歷劫後之殘存，今日重出人間，尤可寶貴也。又浦江亂彈，正式形成於明末清初，為華夏古老劇種之優秀者，今搜得其腳本二百八十餘種（包括傳統劇目、移植劇目之抄本、整理本），一同收入集成之下編以永其傳，其於傳承浦陽文化之遺產，豈止小補也哉！

夫《浦江文獻集成》者，網羅放佚，薈萃群籍，凡例合收録原則者，務必蒐盡無餘，故手稿、抄本，彙集具備，諸印本並存者，則較善甄擇，然後次第編摩，整合成精裝十六開本二百八十六册予以影印出版，俾浦陽文獻八百五十種，及報刊文章、畫圖等二千餘篇（種），盡彙一編之中，自浦邑有著述以來，無有如此之富有美備，蔚為大盛，不特册府藉以充盈，用垂久遠，凡研治相關學問者，蓋不俟於遐搜之力，患乎旁稽之艱，亦足資觀覽，而尤有益於浦邑之士也。若乃披覩歷代編録，蓋多依經、史、子、集析為四部，而浦邑獨以文詠蔚然稱盛，著述多在集部，故此番編録，則略依歷代著者出生先後而次第之。並擬撰成總目提要，為眾著各製提要一則，於著者之生平、世次、爵里悉為臚列，以為知人論世之資焉；簡括内容，考述版本流變，讀者知所用力焉。至若硃卷、簿録、邑志、政府公文、戲曲、畫册，及民國浦江籍學者所撰文章等，則編為下編云。

浦陽文獻，邑中公共庋藏，若縣檔案館、圖書館、博物館等，雖所存無幾，而皆無償奉獻，甚可感激。民間收藏，亦每有所出，若張公文德、徐公千意、張君偉文、江君東放、李君忠東等，皆竭誠奉獻，抑或為之四處索購，雖極辛勞而無所辭也。何君金海、張君世田，嘗與予南至蘭溪、義烏，東抵諸暨，並數度深入通化、馬劍，足跡遍及浦邑，每有所得，中心竊竊自喜，不知勞累之自去也。而滬上教授吳平，博士及碩士唐笑琳、劉佩德、吳劍修、孫廣、李星瑶等二十餘人，或孜孜兀兀，專心於目録之考索，或奔走四方，肆心力於遺編之網羅，遂極域中公私庋藏，所得圖書數以百計，此為搜輯浦陽文獻之大端，而得之中國國家圖書館、中國科學院國家科學圖書館、首都圖書館、北京大學圖書館、北京師範大學圖書館、上海圖書館、復旦大學圖書館、華東師範大學圖書館、浙江圖書館、南京圖書館、天津市圖書館、雲南大學圖書館、義烏市圖書館為多也。惟工程浩大，昧於大義者復吝於奉獻，則遺漏者所在必多也。而編纂者限於精力識見，則其中錯誤亦必在在而有，祈請博雅君子有以教之，以資日後修正焉。

公元二〇一九年，歲次己亥秋月之吉，謹撰於滬上

凡例

一、本書乃為《浦江文獻集成》（學苑出版社二〇二〇年一月北京第一版）所撰寫之提要，各則提要所對應之圖書（包括手稿）皆以《浦江文獻集成》所收者為底本。總目録及每種提要之標題亦與《浦江文獻集成》保持一致，個别地方有改動者則以本書所表述者為准。

二、《浦江文獻集成》分為上編和下編，上編主要為個人著述，下編則是其他文獻，依次為硃卷、簿録、挽聯、縣誌、政府公文、通訊、報刊文章、畫圖等，而浦江亂彈抄本多達二百八十餘種，大都不知為誰氏所抄録，且每每無法斷定其為浦江亂彈傳統劇目，還是屬於浦江亂彈移植劇目，且各劇目故事之衍變等情況亦往往不可稽考，實在難以為其撰寫提要，故而下編只得聊附『存目』而已。

三、《浦江文獻集成》所收各書之著録信息等，今發現偶有錯誤者則徑予改正，請諸君以提要中所表述者為准。

四、每種提要在撰寫時先介紹作者生平，若有重複者，則提示已見於某一則提要；其次介紹圖書之版本信息，若所收者不止一種版本，則適當説明不同版本間之差異；再次為圖書思想内容之總結提煉，以期使讀者快速瞭解圖書内容；最後在每則提要之末標明圖書之底本來源，及其在《浦江文獻集成》中對應之册數，以方便讀者之查找。

五、提要所涉及之圖書若有可考之校者、注者、刊者、抄者等其他相關責任人，或輯自某種叢書、總集、類書等，亦視情況予以介紹。

六、本書成於衆手，然後由主編者增損改定，故在每則提要之後標明對應之撰稿者，既彰其功，亦明其責。

總目録

倪石陵書一卷 （宋）倪朴撰 傅增湘跋 清抄本 \1
倪石陵書一卷 （宋）倪朴撰（清）黄幾瑛等校 清道光十三年慎德堂木活字印本 \5
倪石陵書一卷 （宋）倪朴撰 清光緒二十三年虞善揚抄本 \7
倪石陵書一卷 （宋）倪朴撰 傅增湘校 民國宜秋館刊《宋人集》本 \9
倪石陵書一卷 （宋）倪朴撰（清）譚復堂校 清光緒豫恕堂刊朱印本 \12
倪石陵書一卷 （宋）倪朴撰 民國十三年永康胡宗楙夢選廔刊《續金華叢書》本 \14
中饋録一卷 （宋）浦江吴氏撰 明崇禎間心遠堂刊《緑窗女史》本 \16
中饋録一卷 （宋）浦江吴氏撰 清順治三年宛委山堂刊《説郛》本 \18
月泉吟社一卷 （宋）吴渭輯 明心遠堂刊《古今詩話》本 \20
月泉吟社一卷 （宋）吴渭輯 明末虞山毛氏汲古閣刊本 \22
月泉吟社一卷 （宋）吴渭輯 清順治三年宛委山堂刊《説郛》本 \24
月泉吟社一卷 （宋）吴渭輯 清樸學齋林佶抄本 \25
月泉吟社一卷 （宋）吴渭輯 清初抄本 \26

月泉吟社一卷 （宋）吴渭輯 清抄本 /28
月泉吟社一卷 （宋）吴渭輯 清康熙五十五年刊本 /29
月泉吟社一卷 （宋）吴渭輯 清康熙五十五年吴寶芝重刊本 /30
月泉吟社一卷 （宋）吴渭輯 清文淵閣《四庫全書》本 /31
月泉吟社一卷 （宋）吴渭輯 清慎德堂木活字印本 /32
月泉吟社一卷 （宋）吴渭輯 清咸豐元年南海伍氏刊《粤雅堂叢書》本 /34
月泉吟社三卷 （宋）吴渭輯 清咸豐元年木活字印本 /36
月泉吟社一卷 （宋）吴渭輯 （清）韓應陛跋 周叔弢跋 清咸豐十年韓應陛抄本 /37
月泉吟社一卷 （宋）吴渭輯 清小輞川抄本 /38
月泉吟社三卷 （宋）吴渭輯 清同治光緒永康胡鳳丹退補齋刊《金華叢書》本 /39
月泉吟社一卷 （宋）吴渭輯 民國二十四年浦江新新印刷廠景印明汲古閣刊本 /41
馮秋水先生評定存雅堂遺稿十三卷 （宋）方鳳撰 （清）張燧輯 （清）馮如京評 清順治十一年浦江西塘純孝堂刊重印本 /42
馮秋水先生評定存雅堂遺稿十三卷補刊一卷 （宋）方鳳撰 （清）張燧輯 （清）馮如京評 （清）鮑廷博 勞權校 葉景葵跋 清順治十一年浦江西塘純孝堂刊雍正二年西塘純孝堂補刊本 /44
馮秋水先生評定存雅堂遺稿十三卷補刊一卷 （宋）方鳳撰 （清）張燧輯 （清）馮如京評 清順治十一年浦江西塘純孝堂刊雍正二年西塘純孝堂補刊本 /46

存雅堂遺稿五卷 （宋）方鳳撰　清文淵閣《四庫全書》本 \47
存雅堂遺稿一卷 （宋）方鳳撰　清法式善存素堂抄《宋元人詩集》本 \49
馮秋水先生評定存雅堂遺稿十三卷附西塘十景詩 （宋）方鳳撰（清）張燧輯（清）馮如京評　清順治十一年浦江西塘純孝堂刊嘉慶四年西塘純孝堂補刊本 \51
馮秋水先生評定存雅堂遺稿十三卷 （宋）方鳳撰（清）張燧輯（清）馮如京評　清抄本 \54
存雅堂遺稿六卷 （宋）方鳳撰　清道光十四年浦江雅方慎德堂木活字印本 \57
馮秋水先生評定存雅堂遺稿十三卷 （宋）方鳳撰（清）張燧輯（清）馮如京評　清同治十三年浦江仙華登高口方爽齋木活字印本 \59
存雅堂遺稿五卷 （宋）方鳳撰　民國十三年永康胡宗楙夢選廔刊《續金華叢書》本 \61
存雅堂遺稿 （宋）方鳳撰　民國三十五年重修木活字印《浦陽仙華方氏宗譜》本 \63
附：存雅堂遺稿斠補 方勇撰　二〇一四年學苑出版社排印本 \65
金華遊録一卷 （宋）方鳳撰　清順治三年宛委山堂刊《説郛》本 \70
金華遊録一卷 （宋）方鳳撰　清道光十一年六安晁氏木活字印《學海類編》本 \72
金華洞天行紀金華遊録注合刊本 （宋）方鳳撰　金華何氏編校　民國二十三年上海漢文正楷印書局排印本 \74
野服考一卷 （宋）方鳳撰　清道光十一年六安晁氏木活字印《學海類編》本 \76
野服考一卷 （宋）方鳳撰　民國十三年永康胡宗楙夢選廔刊《續金華叢書》本 \78

麟溪集二十二卷別篇二卷附録二卷 （元）鄭太和輯（明）鄭璽續輯明成化十一年鄭瑚鄭琥刊本 /80
麟溪集二十二卷附別篇 （元）鄭太和輯（明）鄭璽續輯 鄭淳校刊 民國十六年刊本 /82
鄭氏家範一卷 （元）鄭太和輯清道光十一年六安晁氏木活字印《學海類編》本 /85
柳待制文集二十卷附録一卷 （元）柳貫撰 元至正十年余闕浦江刻明永樂四年柳貴補修本 /87
柳待制文集二十卷附録一卷 （元）柳貫撰 清謝浦泰抄本 /89
柳待制文集二十卷附録一卷 （元）柳貫撰 清順治十一年范養民張以邁刻康熙五十年至六十一年傅旭元曾安世重修本 /91
待制集二十卷附録一卷 （元）柳貫撰 清摛藻堂《四庫全書薈要》本 /93
柳待制文集二十卷附録一卷 （元）柳貫撰 民國十三年永康胡宗楙夢選廔刊《續金華叢書》本 /95
柳初陽詩集三卷 （元）柳貫撰 明刊《宋元名家詩》本 /97
柳初陽詩集三卷 （元）柳貫撰 明萬曆四十三年刊天啟二年潘是仁重修《宋元詩六十一種》本 /99
柳貫上京紀行詩一卷 （元）柳貫撰 民國十九年北平故宮博物院圖書館影印本 /101
金鳳釵記一卷 （元）柳貫撰 明刊《剪燈叢話》本 /103
金鳳釵記一卷 （元）柳貫撰 明刊《緑窗女史》本 /105
金仁山先生行狀 （元）柳貫撰 清同治余肇鈞輯刊《明辨齋叢書》本 /106
王魁傳 題宋柳貫撰 明刊《緑窗女史》本 /108
王魁傳一卷 題為元柳貫撰 清刊《名人小説》本 /110

打棗譜一卷　（元）柳貫撰　清李際期宛委山堂重修《説郛》本／111
淵穎吳先生集十二卷附録一卷　（元）吳萊撰　元末刊本／113
重刻吳淵穎集十二卷附録一卷　（元）吳萊撰　清康熙四十九年刊　雍正元年補刊本／115
淵穎集十二卷附録一卷　（元）吳萊撰　清文淵閣《四庫全書》本／118
吳淵穎先生集十二卷　（元）吳萊撰（清）王邦采　王繩曾箋　清同治九年永康應氏重刊本／120
淵穎集十二卷　（元）吳萊撰　清同治光緒永康胡鳳丹退補齋刊《金華叢書》本／122
存心堂遺集十二卷附録一卷　（元）吳萊撰　明萬曆三十九年吳邦彥刊本／124
遊甬東山水古蹟記一卷　（元）吳萊撰　清順治三年宛委山堂刊《説郛》本／126
南海古蹟記一卷　（元）吳萊撰　清順治三年宛委山堂刊《説郛》本／128
南海山水人物古蹟記一卷　（元）吳萊撰　清康熙顧氏秀野草堂刊《閭丘辯囿》本／130
三朝野史一卷　（元）吳萊撰　明刊《廣百川學海》本／132
三朝野史一卷　題為宋無名氏著清抄本／134
三朝野史一卷　（元）吳萊撰　清順治三年宛委山堂刊《説郛》本／136
金匱玉函經二注二十二卷　（元）趙良仁衍義（清）周揚俊補注　清白鹿山房木活字印本／138
金匱玉函經二注二十二卷　（元）趙良仁衍義（清）周揚俊補注　清同治二年養恬齋刊本／141
九靈山房集三十卷　（元）戴良撰　明正統戴旒刊本／143

九靈山房集三十卷九靈山房補編二卷　（元）戴良撰　清乾隆三十六年刊本／145
九靈山房集十九卷　（元）戴良撰　清同治八年永康胡鳳丹退補齋刊《金華文粹》本／147
戴九靈集十九卷　（元）戴良撰　清刊《乾坤正氣集》本／149
九靈山房遺稿四卷補編一卷　（元）戴良撰　清康熙五十年仙華書院刊本／151
九靈山房遺稿四卷補編一卷　（元）戴良撰　清同治十二年永康胡鳳丹退補齋刊《金華叢書》本／153
戴殿泗書信　（清）戴殿泗撰　手抄本／155
深溪王氏義門家則二卷　（明）王士覺等編清嘉慶十六年木活字印本／156
宋學士先生文集二十六卷附録一卷　（明）宋濂撰　明天順黄譽刊本／158
宋學士文集七十五卷　（明）宋濂撰　明正德刊本／161
重刊宋濂學士先生文集二十八卷附録二卷　（明）宋濂撰　明嘉靖三年安正堂刊本／163
新刊宋學士全集三十三卷　（明）宋濂撰　韓國禮耕山館藏清順治九年周日燦補修本／165
宋學士全集三十二卷附録一卷　（明）宋濂撰　清康熙四十八年彭始摶刊本／167
宋文憲公全集三十卷附輯録燕書一卷詩集二卷年譜二卷　（明）宋濂撰　清康熙傅旭元等編仙華書院刊本／169
宋文憲公全集五十三卷　（明）宋濂撰　清嘉慶十五年金華府學刊本／171
宋文憲公集十一卷　（明）宋濂撰（清）張汝瑚選　清康熙二十一年温陵書林刊本／173
重刊宋文憲公集三十卷潛溪燕書一卷新刊宋文憲公詩集二卷浦江詩録一卷宋文憲未刻集一卷　（明）宋濂撰　清

康熙間傅旭元等編雍正元年曾安世校勘　仙華書院刊本／175
宋景濂未刻集　（明）宋濂撰　清康熙三年陳國珍刊本／177
文憲集三十二卷　（明）宋濂撰　清乾隆摛藻堂《四庫全書薈要》本／179
宋文憲先生集選十一卷　（明）宋濂撰　清張汝瑚刊《明八大家集》本／180
潛溪先生集十八卷附録一卷　（明）宋濂撰　明天順元年黄溥嚴塤刊本／181
潛溪集八卷　（明）宋濂撰　明嘉靖十五年徐嵩溫秀刊本／183
潛溪（前）集十卷　（明）宋濂撰　元至正刊本／185
潛溪後集十卷　（明）宋濂撰　明初刊本／187
蘿山集五卷　（明）宋濂撰　日本國立公文書館藏手抄本／189
羅山集五卷　（明）宋濂撰　日本國立國會圖書館藏元禄十年（一六九七）祖桂抄本／191
宋學士文粹十卷補遺一卷　（明）宋濂撰　明洪武十年鄭濟刊本／192
宋學士文粹三卷　（明）宋濂撰　日本文久二年（一八六二）大阪江戶書林刊本／194
宋學士集一卷　（明）宋濂撰　明嘉靖萬曆刊《盛明百家詩》本／195
宋景濂文選七卷　（明）宋濂撰（清）李祖陶評點　清道光二十五年刊《金元明八大家文選》本／196
宋潛溪文集　（明）宋濂撰（清）石韞玉選　清道光八年刊《明八家文選》本／198
洪武正韻四卷　（明）宋濂等撰（明）楊時偉補箋　明崇禎四年刊本／200

篇海類編二十卷附録一卷 （明）宋濂撰 明刊本 /202
篇海類編二十卷附録一卷 （明）宋濂撰（明）屠隆訂正 明刊本 /204
聖政記一卷 （明）宋濂撰 明嘉靖十二年刊《明良集六種》本 /206
聖政記十二卷 著録為明宋濂撰 明抄本 /208
洪武聖政記一卷 （明）宋濂撰 清嘉慶十三年刊《借月山房彙抄》本 /210
洪武聖政記二卷 （明）宋濂撰 清同治八年永康胡鳳丹退補齋刊《金華文粹》本 /212
洪武聖政記一卷 （明）宋濂撰 日本明治四十年（一九〇七）大華書局排印本 /213
皇明寶訓五卷 （明）宋濂等撰 清抄本 /214
平漢録一卷 （明）宋濂撰 明萬曆四十五年陳氏刊《紀録彙編》本 /215
渤泥入貢記一卷 （明）宋濂撰 清順治三年宛委山堂刊《續説郛》本 /217
宋滕忠節公使金本末一卷附滕茂實遺詩一卷 （明）宋濂撰（清）滕如瑞注 民國二十四年寶山滕氏排印本 /219
余左丞傳一卷 （明）宋濂撰 清咸豐同治長沙余氏刊《明辨齋叢書》本 /221
故丹溪先生朱公石表辭 （明）宋濂撰 民國十三年滬江海左書局石印《足本丹溪心法附餘》本 /222
浦陽人物記二卷附録一卷 （明）宋濂撰 明弘治刊本 /223
浦陽人物記二卷附録一卷 （明）宋濂撰 明刊本 /225
浦陽人物記二卷 （明）宋濂撰 清乾隆道光刊《知不足齋叢書》本 /226

浦陽人物記二卷（明）宋濂撰 清文淵閣《四庫全書》本\227
浦陽人物記二卷（明）宋濂撰 清同治八年永康胡鳳丹退補齋刊《金華文粹》本\228
燕書一卷（明）宋濂撰 清順治三年宛委山堂刊《續説郛》本\229
文原一卷（明）宋濂撰 清抄本\230
文原一卷（明）宋濂撰 清道光十一年六安晁氏木活字印《學海類編》本\231
答章秀才論詩書一卷（明）宋濂撰 清抄《詩學叢書三十四種》本\232
諸子辨（明）宋濂撰 顧頡剛標點 民國十七年北京樸社排印本\233
龍門子凝道記三卷（明）宋濂撰 明初刊本\236
龍門子凝道記二卷（明）宋濂撰 明嘉靖三十五年刊本\237
龍門子凝道記三卷/（明）宋濂撰 清同治光緒永康胡鳳丹退補齋刊《金華叢書》本\238
潛溪邃言一卷（明）宋濂撰 明萬曆刊《百陵學山》本\240
潛溪邃言一卷（明）宋濂撰 清道光十一年六安晁氏木活字印《學海類編》本\242
蘿山雜言一卷（明）宋濂撰 明萬曆刊《今獻彙言》本\243
蘿山雜言一卷（明）宋濂撰 清順治三年宛委山堂刊《續説郛》本\245
宋文憲公護法録十卷（明）宋濂撰（明）雲棲袾宏輯（明）錢謙益訂 明天啟餘杭徑山化城寺刊《徑山藏》本\246
般若心經解義節要一卷（明）宋濂文句 明治三十八至四十五年日本京都藏經書院《續藏經》排印本\248

摩訶般若波羅蜜多心經注解一卷 （明）宋濂文句（清）朱珪注解　民國十年上海中華書局排印本／249
心經文句注解合刊一卷 （明）宋濂文句（清）朱珪注解　民國十年揚州藏經禪院刊本／250
附：潛溪録六卷首一卷 （清）丁立中編（清）孫鏘增補　清宣統二年刊本／251
浦江鄭氏旌義編三卷 （明）鄭濤輯明洪武十一年鄭氏家刊、三十年增補本／252
浦江鄭氏旌義編二卷 （明）鄭濤輯　明萬曆三十一年鄭元善刊本／254
旌義編二卷 （明）鄭濤輯　清鄭氏書種堂木活字印本／256
旌義編二卷 （明）鄭濤輯　清同治光緒永康胡鳳丹退補齋刊《金華叢書》本／257
浦江鄭氏家範一卷 （明）鄭濤輯　清初毛氏汲古閣抄本／258
義門鄭氏家儀一卷附圖 （明）鄭泳編　明崇禎三年刊本／260
鄭氏家儀 （明）鄭泳編　清刊本／262
鄭氏家儀 （明）鄭泳編　民國十一年重刊本／264
鄭氏家儀 （明）鄭泳編　民國十三年永康胡宗楙夢選廔刊《續金華叢書》本／265
推求師意二卷 （明）戴元禮撰　汪機輯　明嘉靖刊本／266
推求師意二卷 （明）戴元禮撰　汪機輯　清文淵閣《四庫全書》本／268
秘傳證治要訣十二卷 （明）戴元禮撰　清光緒刊《古今醫統正脈全書》本／269
秘傳證治要訣十二卷 （明）戴元禮撰　清慎修堂刊本／271

證治要訣類方四卷 （明）戴元禮撰 清光緒刊《古今醫統正脈全書》本 \273
白石山房逸稿二卷附録一卷 （明）張孟兼撰 清抄本 \275
白石山房逸稿二卷附録一卷 （明）張孟兼撰 清抄本 \277
白石山房逸稿五卷補遺一卷 （明）張孟兼撰 清乾隆十四年承啟堂刊本 \279
白石山房逸稿五卷 （明）張孟兼撰 清光緒木活字印本 \281
白石山房逸稿五卷 （明）張孟兼撰 民國三年本 \283
白石山房逸稿二卷 （明）張孟兼撰 民國十三年永康胡宗楙夢選廔刊《續金華叢書》本 \284
道山集六卷 （明）鄭棠撰 清木活字印本 \286
金華賢達傳十二卷 （明）鄭柏撰 清康熙四十七年鄭壁刊本 \288
金華賢達傳十二卷 （明）鄭柏撰 民國十三年永康胡宗楙夢選廔刊《續金華叢書》本 \290
續真文忠公文章正宗 （明）鄭柏輯 明刊本（原書目録卷三至卷五殘，內容僅存一至七卷）\292
義門鄭氏奕葉吟集三卷 （明）鄭允宣等編 明末鄭氏書種堂刊本 \294
張月泉詩集 （明）張元諭撰 明抄本 \296
詹詹集七卷 （明）張元諭撰 明隆慶二年刊本 \298
篷底浮談十五卷附録一卷 （明）張元諭撰 明隆慶四年董原道刊本 \300
聖恩録 （明）鄭崇岳編 清光緒二十六年刊本 \302

聖恩録（明）鄭崇岳編 民國十一年刊本\304
陽宅指要二卷（明）倪尚忠撰 清刊本\305
西塘十景詩一卷（清）張燧輯 清初浦江方履端刊本\307
凝香閣詩稿一卷（清）倪仁吉撰 清抄本\310
凝香閣詩稿（清）倪仁吉撰 清嘉慶二十一年仰止堂重刊本\312
東臯琴譜（清）東臯心越撰 日本寫本\314
和文注音琴譜（清）東臯心越撰 日本桂川家藏本\316
明和本東臯琴譜（清）東臯心越撰 日本鈴木龍序刊本\317
大原止郎本東臯琴譜（清）東臯心越撰 日本大原止郎本\318
附：明末義僧東臯禪師集刊［荷蘭］高羅佩編著 民國三十三年上海商務印書館排印本\319
青囊心印青囊心印續編（清）王宗臣撰 清康熙三十六年刊本\321
地理青囊經解（清）王宗臣撰 清光緒刊本\323
築巖子集（清）傅旭元撰 清光緒十七年王文炳抄本\324
義門鄭氏奕葉文集十卷（清）鄭爾垣等編 清康熙五十四年鄭氏祠堂刊本\326
義門鄭氏奕葉吟集四卷（清）鄭爾垣等編 清抄本\328
明文小題貫（清）樓溉評選 清中期刊本\330

分法小題濬靈秘書 （清）樓渢撰 清乾隆三年文富堂刊本 \332
産寶一卷續編一卷 （清）倪枝維撰 清光緒五年刊《保赤彙編》本 \334
浦江本産寶 （清）倪枝維撰 吴縣潘霨增輯 清光緒二十一年蘇州望炊樓謝氏重刊《桃鄔謝氏彙刻方書》本 \336
産寶 （清）倪枝維撰 清光緒三十二年抄本 \338
産寶 （清）倪枝維撰 清刊本 \339
産寶 （清）倪枝維撰 清光緒三十二年石印本 \340
達生産寶 （清）倪枝維等撰 民國十八年金華兢利印刷所刊本 \341
東明書院志 （清）鄭應炘等撰 民國十一年鄭興愷重修本 \343
瓶山雜著 （清）潘德涓撰 抄本 \345
槐雲集一卷紀遊小草一卷望雲小草一卷仙華集一卷 （清）戴望嶧撰 抄本 \347
浦陽書院志二卷 （清）朱興燕等輯 朱興悌等續輯 陳書等再續輯 清光緒五年木活字印本 \350
西崖詩文鈔十二卷 （清）朱興悌撰 清嘉慶十三年刊本 \352
宋文憲公年譜二卷附録一卷 （清）朱興悌撰 戴殿江編 孫鏘增輯 民國五年刊本 \354
鳴和詩存十卷 （清）陳松齡 陳浩然撰 清道光十四年經義堂稿本 \356
春秋集義五十八卷首一卷末二卷 （清）吴鳳來撰 清乾隆五十四年小草廬刊本 \359
吴紫庭先生墨蹟 （清）吴鳳來撰 民國十九年義烏黄侗影印本 \362

盤洲詩文集八卷　（清）周璠撰　清嘉慶十六年刊本 /363
盤洲文詩集四卷　（清）周璠撰　清光緒刊本 /365
戴九靈先生年譜一卷　（清）戴殿江　戴殿泗編　清乾隆三十六年刊本 /367
金華理學粹編十卷　（清）戴殿江輯　清光緒十五年刊本 /368
雲村集唐一卷　（清）賈應程撰　清嘉慶二年刊本 /370
風希堂詩集六卷風希堂文集四卷　（清）戴殿泗撰　清道光八年九靈山房刊本 /372
述訓養蒙合編四卷　（清）薛鼎銘撰　清光緒二十二年虞善揚抄録本 /375
鄉黨經解證　（清）朱檀撰　清嘉慶十一年抄本 /377
雪樵詩鈔　（清）陳郁撰（清）朱寓跋　抄本 /378
建溪集前編四卷後編二卷　（清）戴聰輯　清道光十三年九靈山房刊本 /380
請建總坊事實簡明冊　（清）戴聰撰　清光緒六年談月齋徐五鳳堂木活字印本 /382
四庫全書金華先賢書目四卷　（清）戴聰輯　清道光刊本 /383
琴軒鼠璞　（清）張可宇撰　清道光抄本 /385
琴軒鼠璞　（清）張可宇撰　民國六年抄本 /387
琴軒外編　（清）張可宇撰　清刊本 /388
錦香樓詩稿十二卷貂山賦草一卷　（清）賈應鴻撰　清道光三年錦香樓刊本 /390

枕善齋集十三卷　（清）周為漢撰　清刊本／392
樂清軒詩鈔二十卷附欒欒草一卷樂清軒外編十四卷　（清）鄭祖芳撰　清道光刊本／394
眠緑山房詩鈔四卷首一卷末一卷　（清）朱寯撰　清道光浦江刊本／396
眠緑山房試帖　（清）朱寯撰　清道光十二年刊本／398
陳果詩輯　（清）陳果撰　江東放藏《友石山房詩集》抄本／399
沙城塾鈔續編　（清）陳果撰　清刊本／401
味經齋詩文稿　（清）王可儀撰　清光緒虞善揚鈔本／402
浦陽歷朝詩録二十三卷　（清）鄭楙編　清咸豐六年鄭氏元鹿山房刊本／404
鄭氏奕葉吟集八卷　（清）鄭楙編　清道光十一年刊本／406
醉墨軒別編續刊六卷　（清）鄭楙編　清道光義門醉墨軒刊本／407
希忠録四卷首一卷　（清）鄭楙編　清道光義門醉墨軒刊本／408
希忠録　（清）鄭楙編　清道光二十六年義門醉墨軒刊本／410
澹園詩鈔　（清）駱乘輿撰　清光緒十九年木活字印《浦陽鶴溪駱氏宗譜》本／411
澹園詩鈔　（清）駱乘輿撰　民國十八年木活字印《浦陽鶴溪駱氏宗譜》本／413
澹園遺文輯存　（清）駱乘輿撰　二〇一九年六月張賢輯録本／415
賦梅軒遺稿　（清）朱承綺撰　稿本／416

前清本地風光（清）朱承綺 朱承績等撰 抄本 \418
醉經堂虞柳隄夫子詩稿（清）虞善揚撰 抄本 \419
醉經堂隨録（清）虞善揚輯録 抄本 \421
浦陽應試題名録（清）虞善揚抄録 民國二十六年黄方大據清光緒二十五年虞善揚抄録本重訂 \422
惇裕堂雜録（清）黄志選抄録 清光緒二十七年黄鳳紀重訂本 \425
黄秋崖先生遺著（清）黄志元撰 民國二十四年黄方大匯抄本 \427
惠珠編雜體詩七卷（清）鄭吉撰 清木活字印本（原書缺卷一）\429
小窗隨筆（清）張滌撰 稿本 \431
曉廬遺稿輯存（清）張景青撰 二〇一九年六月張賢輯本 \433
廣川先生遺稿（清）黄資深撰 民國五年活字印黄方大輯本 \435
廣川詩文輯佚（清）黄資深撰 民國黄方大輯抄本 \437
廣川濟生録（清）黄資深撰 民國黄方大輯抄本 \438
孔子門人考一卷補遺一卷存疑一卷正誤一卷（清）費崇朱撰 稿本 \439
孔子門人考一卷補遺一卷存疑一卷正誤一卷（清）費崇朱撰 清光緒刊本 \441
聖跡編年（清）費崇朱撰 清同治刊本 \443
梅園詩草（清）徐希仁撰 抄本 \445

鄉言雜字 （清）陳大鵬撰 清光緒四年抄本 /447
浦南通洲橋志二卷 （清）陳周學 倪憲章編撰 清光緒十九年木活字印本 /448
超然抒情集二卷 （清）于先之撰 清光緒二十七年刊本 /450
類聯大全 （清）何冠英編 稿本 /452
松園軒鈔 （清）于榮箕撰 清光緒二十二年稿本 /454
悲秋小草 （清）黄志璠撰 民國二十六年刊本 /456
本地風光 （清）黄志璠 陳乾等撰 抄本 /458
筆耕遺稿三卷 （清）徐品元撰 徐儒宗輯抄本 /459
鏡中樓吟草一卷 （清）盛問渠撰 民國金華金震東石印局石印本 /461
簞瓢尋孔樂筆墨掃張愁 黄鳳紀撰 民國九年稿本 /463
耕餘詩草 黄鳳紀撰 民國十年稿本 /465
掃愁吟四集四卷 黄鳳紀撰 民國稿本 /467
不如歸去 黄鳳紀撰 民國方能祥抄本 /469
古城詩草 黄鳳紀撰 民國三年方能祥抄本 /471
嘯園詩集 黄鳳紀撰 民國二十一年黄方大匯抄本 /473
四書義 黄鳳紀撰 民國黄方大、黄世圻抄本 /475

文三篇　黄鳳紀撰　佚名評批　抄稿 /476
甲寅文稿　黄鳳紀撰　民國方能祥抄本 /477
耕餘養生録　黄鳳紀輯録　清光緒十八年黄鳳紀輯抄本 /478
磚玉編一卷　趙允近輯　民國十七年浦陽仁齋氏趙允近刊本 /479
磚玉附編一卷　趙允近撰　民國十七年浦陽仁齋氏趙允近刊本 /481
隱生詠畫詩草　朱杏生撰　民國稿本 /483
緑洲遺稿輯存　鍾士瀛撰　二〇一九年六月鍾聲輯録本 /485
雲谷遺稿輯存　黄尚慶撰　二〇一九年六月張賢輯録本 /486
瑶卿遺稿輯存　黄志琨撰　二〇一九年六月張賢輯録本 /487
紫蘅遺稿輯存　鄭樹聲撰　二〇一九年六月張賢輯録本 /488
潛廬詩稿一卷　張逸叟撰　民國十二年張氏刊本 /489
醉月軒遺稿輯存　于國禎撰　二〇一九年六月張賢輯録本 /491
憲法綱要　于國禎撰　民國浦陽同文書屋木活字印本 /492
政治學大意　于國禎撰　虞廷愷編　民國浦陽同文書屋木活字印本 /494
朗甫遺稿輯存　金爔撰　二〇一九年六月張賢輯録本 /496
國家原理　吴景礽編　民國浦陽同文書屋木活字印本 /497

行政法　吴景祁述　民國浦陽同文書屋木活字印本/499
法學通論二卷　民國吴寶瑜編　民國浦陽同文書屋木活字印本/501
經濟學　項贊元編　民國浦陽同文書屋木活字印本/503
中外教育史一卷　張夢奎撰　民國石印本/506
文二篇　石毓琛撰　佚名評批　抄稿/508
吟湘詩稿卷二　費耀南撰　稿本/509
瀟湘吟附墨蘭詩等　費耀南撰　稿本（其中瀟湘吟詩為民國費友荀抄本）/511
須江雜録　費耀南輯録　民國十七年稿本/513
吟湘雜録三卷　費耀南輯録　民國二十、二十二年稿本/515
吟湘雜録　費耀南輯録　民國二十六年稿本/517
穎陽琴譜四卷　（清）李郊撰輯　費耀南抄　民國二十八年抄本/519
詩詞歌賦　黄家績輯　清宣統二年黄家績輯抄本/521
吟風弄月　張若騮撰　民國稿本/522
子駿先生詩選　張若騮撰　張永保　張瑞世輯印本/524
中江第一橋志五卷　張若騮　張鳳毛等輯　民國十九年刊本/526
徐子棣詩輯　徐子棣撰　江東放藏《友石山房詩集》抄本/528

張序亭詩輯　張序亭撰　江東放藏《友石山房詩集》抄本／529
張仲玉遺稿輯存　張若驄撰　二〇一九年六月張賢輯録本／531
課餘詩稿　黄致果撰　民國稿本／533
題畫墨竹　陳炳文撰　佚名評批　抄稿／535
更唱迭和　江家語選編　民國十四年抄本／537
浦陽唱和録初集　喻信厚編　民國十五年木活字印本／539
浦陽唱酬録百疊韻　喻信厚編　民國二十五年排印本／541
爽甫書信輯録　張爽甫撰　張翔宇輯本／543
葦廬詩稿一卷　陳煥撰　民國十三年排印（民國二十年第三次印刷）本／544
浦江縣宣講稿　張鴻漸撰　黄志琨審閲　民國元年木活字印本／546
讀史輿地韻編十二卷　張鴻漸撰　民國二年浦江白石學校木活字印本／548
陳肇英先生言論集　福建省黨部編　民國二十六年福建省黨部排印本／550
八十自述　陳肇英撰　一九六六年排印本／552
嬰求録　黄方大撰　民國稿本／554
清穆集二卷　黄方大撰　民國二十二年稿本／556
嗣音集十四卷　黄方大撰　民國稿本／558

附：《嗣音集》初稿（殘缺）　黄方大撰　民國稿本\560
以文會友　黄方大撰　抄本\562
冰絲織絡經心久　黄方大撰　清光緒二十七年稿本\564
備忘録選輯　黄方大輯録　二〇一九年六月張賢選輯本\566
攻昧録　黄方大輯録　二〇一九年六月張賢選輯本\568
好古録　黄方大輯録　民國三十六年抄録本\570
輶軒詩録　黄方大抄録　民國抄本\571
古源話浦江話　黄方大輯録　民國十八年稿本\573
國際私法大綱　于能模撰　民國二十年上海商務印書館排印《國立中央大學叢書》本\575
國際私法　于能模撰　民國二十一年上海商務印書館排印《新時代法學叢書》本\577
中外條約匯編　于能模等編　民國二十五年上海商務印書館排印本\579
晴嵐詩稿　張葆融撰　抄本\581
中學生教育與職業指導　鍾道贊　喻兆明編著　民國三十五年重慶正中書局排印本\583
教育輔導　鍾道贊　孫邦正編著　民國三十五年重慶正中書局排印本\586
急救須知　張春江編　民國十二年金華震東石印局石印本\588
徐子剛詩文遺稿　徐子剛撰　徐儒宗輯抄本\590

戊戌政變 張同光撰 民國二十三年上海開明書店排印《開明中學生叢書》本 \592
李白研究 戚惟翰撰 民國三十七年上海中華書局排印本 \594
迎春花 項魯天撰 民國三十八年紅旗社排印本 \596
人生底開端 陳德徵撰 民國十六年上海民智書局排印本 \598
總理紀念周條例釋義 陳德徵撰 民國十六年中國國民黨上海特別市黨部宣傳部排印本 \600
日本研究叢書提要 陳德徵撰 民國十七年上海世界書局排印本 \602
吃飯問題 陳德徵撰 民國十八年上海世界書局排印本 \604
金貴銀賤風潮 陳德徵撰 民國十九年上海大東書局排印本 \606
人權論及其他 陳德徵撰 民國十九年上海大東書局排印本 \608
個性教育論 陳德徵撰 民國十九年上海商務印書館排印本 \610
天才兒童教育 陳德徵撰 民國十九年上海商務印書館排印本 \612
社會化的教學法 陳德徵撰 民國二十年上海商務印書館排印本 \614
學生分組法 陳德徵編 民國二十年上海商務印書館排印本 \616
翠屏主人未定草 徐天許撰 民國九年稿本 \618
題畫詩草 徐天許撰 民國二十二年稿本 \619
作畫題記 徐天許撰 民國三十三年稿本 \620

嵩溪郇叟詩草　徐天許撰　一九六〇年稿本　/621
嵩溪郇髯未定草　徐天許撰　一九六二年稿本　/622
作文　徐天許撰　稿本　/623
天許教學筆記　徐天許撰　一九五八年稿本　/624
染三寫意花卉畫課講義　徐天許編　一九六六年油印本　/625
古史討論集　曹聚仁輯　民國十四年上海梁溪圖書館排印本　/626
國故學大綱　曹聚仁撰　民國十五年上海梁溪圖書館再版印本　/629
老子集注　曹聚仁增訂　民國十五年上海梁溪圖書館排印本　/631
元人曲論　曹聚仁校讀　民國十五年上海梁溪圖書館排印本　/633
文心雕龍　曹聚仁編撰　民國十八年上海新華書局排印本　/635
中國史學ABC　曹聚仁撰　民國十九年上海世界書局排印本　/637
李秀成　曹聚仁撰　民國二十三年上海新生命書局排印本　/639
筆端　曹聚仁編撰　民國二十四年上海天馬書店排印本　/642
中國平民文學概論　曹聚仁撰　民國二十四年上海三明印刷所排印本　/644
《西廂記》連環圖畫　曹聚仁等撰　民國二十四年上海千秋出版社排印本　/646
文筆散策　曹聚仁撰　民國二十五年上海商務印書館排印本　/648

國故零簡　曹聚仁撰　民國二十五年上海龍虎書店排印本 /650
文思　曹聚仁撰　民國二十六年北新書局排印本 /652
戰地日記　曹聚仁等撰　民國二十七年之初書店排印本 /654
東線血戰記　曹聚仁等撰　民國二十八年戰時出版社排印本 /656
大江南線　曹聚仁撰　民國三十四年上海復興出版社排印本 /658
中國抗戰畫史　曹聚仁　舒宗僑編著　一九八八年中國書店據聯合畫報社一九四七年版影印 /660
現代名家書信　曹聚仁編　民國三十六年上海正氣書局排印本 /662
魯迅手冊　曹聚仁　鄧珂雲編校　民國三十七年上海博覽書局再版本 /664
文壇五十年（正編）　曹聚仁撰　一九五四年香港新文化出版社排印本 /666
魯迅年譜　曹聚仁撰　一九七〇年香港三育圖書文具公司排印本 /668
蔣經國論　曹聚仁撰　一九七一年香港聯合畫報社排印本 /670
現代中國通鑒（甲編）　曹聚仁撰　一九七三年香港三育圖書文具公司排印本 /673
國學十二講——中國學術思想新話　曹聚仁撰　一九七三年香港三育圖書文具公司排印本 /675
現代中國報告文學選　曹聚仁編　一九七九年香港三育圖書文具公司排印本 /677
詩文三篇　余相清撰　佚名評批　抄稿 /679
吟湘館題蘭詩録　費友苟撰　民國二十九年重訂稿本 /681

五溪漫遊吟草　戚維新撰　民國三十四年抄本 /683
抒情集　戚維新撰　稿本 /685
德國現代史　張世禄撰　民國十八年上海商務印書館排印《新時代史地叢書》本 /687
中國聲韻學概要　張世禄撰　民國十九年上海商務印書館排印《萬有文庫》本 /689
中國古音學　張世禄撰　民國十九年上海商務印書館排印《萬有文庫》本 /691
語言學原理　張世禄撰　民國二十年上海商務印書館排印《萬有文庫》本 /693
音韻學　張世禄撰　民國二十年上海商務印書館排印《萬有文庫》本 /695
廣韻研究　張世禄撰　民國二十二年上海商務印書館排印《國學小叢書》本 /697
中國語與中國文　［瑞典］高本漢撰　張世禄譯　民國二十二年上海商務印書館排印《百科小叢書》本 /699
中國文藝變遷論　張世禄撰　民國二十三年上海商務印書館排印《國學小叢書》本 /701
語音學綱要　張世禄撰　民國二十三年上海開明書店排印本 /703
中國音韻學史　張世禄撰　一九八四年上海書店影印民國二十五年上海商務印書館排印本 /705
漢語詞類　［瑞典］高本漢撰　張世禄譯　民國二十六年上海商務印書館排印《國學小叢書》本 /707
中國語音的演變與音韻學的發展　張世禄撰　民國二十八年排印本 /709
中國文字學概要　張世禄撰　民國三十年貴陽文通書局排印《大學叢書》本 /710
語言學概論　張世禄撰　民國三十年上海中華書局第三版 /712

中國訓詁學概要 張世禄撰 民國三十一年貴陽文通書局排印《大學叢書》本 \714
語言學通論 [英]福爾撰 張世禄 藍文海譯 民國三十六年上海商務印書館排印《百科小叢書》本 \716
中庸大學與革命 葛武棨撰 民國新中國文化出版社排印《新中國文化叢刊第一組》本 \718
竹葉集 王春翠撰 民國二十五年上海天馬書店排印本 \720
中國社會形態之一角 吳醒耶撰 民國十九年浦江新評社排印本 \722
訓練生活 吳醒耶撰 民國三十年浙江省地方行政幹部訓練團排印本 \725
三民主義之理論與實 于炳文撰 民國三十五年福州教育圖書出版社排印本 \727
改革地方政治之理論及實施辦法（綱要） 吳裕後撰 民國排印本 \729
戰後國際政治 吳裕後撰 民國二十五年上海大道書店排印本 \731
中國外交行政 吳裕後撰 一九三七年日本東京內山書店排印本 \733
敵情研究 吳裕後撰 民國二十九年西南遊擊幹部訓練班排印本 \735
敵國現勢 吳裕後撰 民國三十年西南遊擊幹部訓練班政治部排印本 \737
用人與行政 吳裕後撰 民國三十五年南京德新書局排印本 \738
浦江歌謠 洪亮編撰 民國二十一年上海女子書店排印本 \740
中國民俗文學史略 洪亮撰 民國二十三年上海群眾圖書公司排印本 \742

員警勤務精論 張永竹撰 民國二十五年上海中華書局排印本 /743
無線電報務員應用知識 方硯農等編著 民國二十九年上海電訊法規研究社排印本 /745
救亡工作中的幹部問題 石礎著民國二十六年上海黑白叢書社排印《黑白叢書戰時特刊》本 /747
怎樣做內地工作 石礎撰 民國二十六年上海黑白叢書社排印《黑白叢書戰時特刊》本 /749
中國土地改革的偉大成就 石礎撰 一九五三年北京中華書局排印本 /751
國防經濟講話 石西民撰 民國二十七年上海生活書店排印版 /753
回憶録 楊醒撰 稿本 /756
毛淳民詩詞抄 毛淳民撰 一九八四年黄鮮華輯本 /758
周宗瑚日記 周宗瑚撰 自一九三九年一二月三〇日—一九四一年一一月一八日所記手稿 /760
國粹用兵手冊 金式撰 一九五〇年稿本 /761
戰爭經緯學 金式撰 一九五〇年稿本 /763
向敵後進軍 黄穗撰 一九五一年上海華東人民出版社排印《文藝創作叢書》本 /766
一個中農的家庭 黄穗撰 一九五五年上海新文藝出版社排印本 /768
枕戈珠簾合編 張健行（雄世）撰 一九九四年中國臺灣高雄排印本 /770
吟鞭憶語 張雄世撰 一九七九年中國臺灣桃園縣觀光協會排印本 /772

倪石陵書一卷

（宋）倪朴撰　傅增湘跋　清抄本

倪朴，字文卿，浦江縣人，居石陵村（今已不可詳考），因以為號，為唐戶部侍郎若水之後裔，生於宋徽宗崇寧四年（一一〇五），卒於宋寧宗慶元元年（一一九五）。其先祖於唐末之時自恒州遷吳興，五代時再遷浦陽之石陵。朴有志功名，嘗應進士舉，豪雋不羈，喜舞劍談兵，恥為無用之學，必欲見之於事功。又好使氣，與人多不合，年四十七尚未娶，世人鮮知之，獨永康陳亮敬焉，二人書信往來，今《倪石陵書》中尚存《與陳同甫上舍書》，以亮為當世文章第一人。紹興間草《上高宗皇帝書》萬言，歷陳征討大計，極論滅金之事，精忠感激，為鄭伯熊、陳亮所稱道。書雖不得上，志益堅定，以天下山川險阻、戶口多寡，用兵者所當知，乃著《輿地會元志》四十卷。又合古今夷夏，繪為一圖，張於屋壁，手指心計，何地可戰、何城可守。痛國家禦侮用策之失，著《鑒轍録》五卷，惜皆不存。宋孝宗淳熙間，因與知縣有隙，又為鄉人所構陷，獲罪拘於筠州，後遇赦歸，以寒窶死，學者稱石陵先生。朴嘗自謂業古文三十年，有雜著六十篇，皆無愧古作者，多散佚。謝翱曾輯《石陵倪氏雜著》，亦亡佚。

今所存《倪石陵書》版本較完整者，除四庫本（本書所據為臺灣商務印書館二〇〇八年版景印文淵閣四庫全書）外，有傅增湘跋清抄本、清道光十三年慎德堂木活字印本、清光緒二十三年虞善揚抄本、傅增湘校清宜秋館刊本、清譚復堂校清光緒豫恕堂刊朱印本、民國十三年永康胡宗楙夢選廔刊《續金華叢書》本。由文字內容觀之，上述版本大致可分四類：一、清抄本。此本最完整，最近朴書原貌。二、四庫本。其與清抄本僅在用詞上略有小異，如清抄本『虜』『醜虜』『賊虜』『夷狄』等詞，四庫本作『金人』『敵人』『彼』『之』等，全書共計三十二處，或為四庫館臣避清諱而改。三、慎德堂本、虞善揚抄本、宜秋館刊本、《續金華叢書》本。此四種版本文字略同，且皆據四庫本刊刻（虞善揚抄本云：『於《四庫全書》中録出』；宜秋館刊本云：『此本乃録諸文津閣庫本者』；《續金華叢書》本云：『據文瀾閣本校録』；慎德堂本雖未明言出於何本，然可推測其所據當為四庫本。詳見下文各本之提要）。然清抄本與四庫本之《擬上高宗皇帝書》中，倪朴論金人可以必滅者有五、論金人不可不滅者亦有五，而此四種版本於以上二處皆只列四條，論中言及夷夏之辯兩條（『中原皆禮樂衣冠之俗，所尚者聖賢之事，所習者禮義之教，一旦疆而夷之，豈其心哉？夫以禮樂衣冠之俗而驅之為被髮左衽，大者必不願為夷狄之臣，小者必不願為夷狄之民。今吾以其所願，易其所不願，彼不叛而歸為者，吾不信也。此其可以必滅者四也』，與『中原雖禮義之滌、禮樂之俗，強而夷之者三十餘年矣，今而不取，則凡生長於彼者，舉將胥而為夷矣，胥而為夷，則無復有望於我矣。此三不可不滅也』）悉為刪去；此外倪朴對金人之蔑稱，如『賊』『夷』『虜』『夷狄』『賊虜』『夷虜』等，四種版本亦做修改，所改定文字彼此略同，卻異於所據之四庫本（如《擬上高宗皇帝書》中，清抄本作『今賊虜之勢』，四庫本作『今金人之勢』，而慎德堂本等皆作『今敵勢』；清抄本作『夷狄之地』，四庫本作『氏羌之地』，慎德堂本等皆作『邊徼之地』；清抄本作『百姓怒夷狄之剥斂於我久矣』，四庫本作『百姓怒金人之剥斂於我久矣』，慎德堂本等皆作『百姓怒其剥斂於我久矣』）。四、豫恕堂本。此本刪汰最多，文字最異，詳見《倪石陵書》豫恕堂本提要。

傅增湘跋清抄本《倪石陵書》一卷，全書抄寫工整，封面題『倪石陵書一冊』，扉頁載傅增湘跋語，云：『甲子正月十三日，據此本校豫章新刻，增改三百一十六字。傅增湘借讀訖並記。』後有毛鳳韶《敘倪石陵書》一篇，自稱訪求倪朴遺書，『得於鄉人趙氏之壁，遂併他所考録刻之，名曰《倪石陵書》，舉重也。』序後有目録，書名下題『麻城毛鳳韶集刊』。書收倪朴傳二篇，一出宋濂《浦陽人物記》，一出吳師道《敬鄉録》，僅題《倪朴傳》。傳後有毛鳳韶識文，明二傳出處，稱『列於篇端，以見公之大概云爾』。繼而録倪朴書十篇，依次為《擬上高宗皇帝書》《上太守鄭敷文書》《上太守周侍郎書》《筠州投雷教授書》《投高安呂宰書》《答章子定書》《與陳同甫上舍書》（按：目録闕『上舍』二字）《投翬憲新田利害劄子》（按：目録闕『利害』二字）《上楊推官書》《書唐史諸傳》八則（按：目録誤為『七則』）。又有《觀音院鐘刻辯》一篇，及鄭楷、杜桓所作鐘刻辯之跋，末為吳萊《石陵先生倪氏雜著序》。

倪朴文章大多古健有法。《擬上高宗皇帝書》論敵我強弱之勢，以為金必可滅而其事不可緩，條分縷析，又獻滅敵之策，氣勢不減龍川《上孝宗皇帝書》而理更勝之；《上太守鄭敷文書》明『地理之學，兵家之所急，而學士大夫之所當知』之理，敘《輿地會元志》所作之由，目之為序可矣；《上太守周侍郎書》以上萬言書不達，報國無門而自薦於周葵，陳詞慷慨；《筠州投雷教授書》盛贊江西之人傑地靈，為求見雷孝友之文；《投高安呂宰書》論是非毀譽，慰呂宰之治善而不得薦；《答章子定書》《與陳同甫上舍書》乃與友人書信兩通；《投翬憲新田利害劄子》述浦江縣官欲行邀賞，令浦民改園地為田之事；《上楊推官書》自敘遭罪始末，銜冤飲恨，故上書以自明；《書唐史諸傳》則讀書劄記而已；《觀音院鐘刻辯》以吳越改元，乃奉正朔於唐而非稱帝，深為四庫館臣所詆。吳萊《石陵先生倪氏雜著序》原為謝翺《石陵倪氏雜著》作，因其書久佚，此篇當是毛鳳韶自《淵穎集》録出。

今據國家圖書館（原北京圖書館）藏宋倪朴撰、清末民初傅增湘跋、清抄本《倪石陵書》一卷影印，在《浦江文獻集成》第一册。

胡聖傑

倪石陵書一卷

（宋）倪朴撰（清）黃幾瑛等校　清道光十三年慎德堂木活字印本

倪朴生平已見於上一則提要。校者黃幾瑛（一七九四—一八六二），字玉卿，號朗山，浦江人。由邑庠生中道光十四年鄉試舉人，十八年揀選知縣。慎德堂本《倪石陵書》一卷，以木活字排印，半葉九行，行二十字，左右雙邊，大黑口，單魚尾，版心依内容分別記『倪石陵書序』『倪石陵書傳』『倪石陵書目録』『倪石陵書』『倪石陵書跋』，其中『傳』『目録』『跋』為小字。目録後題『同邑後學黃幾玓仲珠、黃幾瑛玉卿、黃廷謨承烈、黃書林簡香、黃幾厔德載重梓』；卷首題『浦江倪朴文卿著』。

篇目上，慎德堂本置毛鳳韶序於卷首，題為《倪石陵書序》；其後録吳師道、宋濂、吳之器所撰倪朴傳文三篇，題作《敬鄉録小傳》《浦陽人物記本傳》《婺書列傳》；其後乃是《倪石陵書目録》，篇次與清抄本同，惟於書末吳萊序後，載黃幾瑛跋文，敘其校梓始末。慎德堂本未言所據何本，然其文字與出於四庫本之虞善揚抄本、宜秋館刊本、《續金華叢書》本略同。黃幾瑛跋文又稱：『顧世所行本，取二傳一序俱置卷末而顛倒之，殊非毛氏原本。暇日偕昆季校梓是書……以復毛氏之舊。』今檢四庫本《倪石陵書》，即置二傳一序於卷末，則慎德堂本所據底本或即出於四庫本。慎德堂本與清抄本文字之異，除上一則提要所示外，於《書唐史諸傳八則》一篇亦頗有出入。如其中第四則，清抄本作『太宗』，慎德堂本作『肅宗』；

第五則，清抄本作『夫吳通元史法』，慎德堂本作『及吳通元史法』；第六則，清抄本作『附見於傳者』，慎德堂本闕『見』字，清抄本作『陸家先之治蜀』，慎德堂本作『陸象先之治蜀』；第七則，清抄本作『憎愛之情』，慎德堂本作『憎惡之情』；第八則，清抄本作『蓋以其喜識拔後進之一節也』，慎德堂本作『蓋以其喜識拔後進以一節也』。檢《舊唐書》，程元振當為肅宗朝人，又開元間陸象先曾任益州長史、劍南道按察使，而無陸家先者，知二處是清抄本之誤。

今據國家圖書館（原北京圖書館）藏宋倪朴撰、清黄幾瑛等校、清道光十三年慎德堂木活字印本《倪石陵書》一卷影印，在《浦江文獻集成》第一冊。

胡聖傑

倪石陵書一卷

（宋）倪朴撰　清光緒二十三年虞善揚抄本

倪朴生平已見於傅增湘跋、清抄本《倪石陵書》提要。抄者虞善揚（一八四一—一九〇八），字克顯，號柳隄，浦江虞宅村人。光緒十六年歲貢，通化廣學書院講席。著有《愛月樓詩文草》《桑梓集》。門生于國楨輯其詩為《醉經堂虞柳隄詩稿》一冊，録詩一百四十首。

虞抄本《倪石陵書》一卷，以行書抄寫，有圈點，封面題『光緒丁酉季春中浣虞柳隄訂』，抄本末載虞氏跋文。此本無目録，篇目、序次與別本迥異。

抄本先録《欽定四庫全書提要》（以下簡稱《四庫提要》）之《倪石陵書》提要；次為《浦陽人物記》與《敬鄉録》之倪朴傳，分別題作《倪石陵本傳》和《敬鄉録小傳》；其後依次為《擬上高宗皇帝書》《上太守鄭敷文書》《上太守周侍郎書》《筠州投雷教授書》《投高安呂宰書》《荅章子定書》，至此與別本無異；其後有《上楊教授書》一文，為他本所無；其後為《上楊推官書》《與陳同甫上舍書》，又附同甫復書；其後乃《書唐史諸傳》八則，《投鞏憲新田利害劄子》，《觀音院鐘刻辯》，及敘浦江龍池倪氏世系之《姓原》一篇，鄭楷、杜桓之《跋鐘刻辨》則置於《姓原》之後，其中陳亮復書與《姓原》亦不見於他本。書後序先載吴萊《石陵先生倪氏雜著序》，移他本書前之毛鳳韶《倪石陵書序》置於吴序後，又增倪尚忠《書文卿公傳後》一篇。虞抄本《倪石陵書》文字與慎德堂本略同，書末載虞善揚跋文，稱此本『係國朝乾隆年間，樓雅軒先生拔萃赴都時，於《四庫全書》中録出者也。』跋文自述訪求《倪石陵書》之始末，稱得於同縣倪豫亭先生，又云：『余又於《倪氏家乘》中録出《上楊教授書》及《姓原》二篇以補亡。』《上楊教授書》倡『宗聖人，而為有用之學』，反對『徒浮於文以干利禄為』，當為倪朴所作。然置《姓原》於鐘刻辯、跋之間，割裂前後，殊不可解。

今據邑人賈壯紅藏宋倪朴撰、清光緒二十三年虞善揚抄本《倪石陵書》一卷影印，在《浦江文獻集成》第一册。

胡聖傑

倪石陵書一卷

（宋）倪朴撰　傅增湘校　民國宜秋館刊《宋人集》本

倪朴生平已見於傅增湘跋、清抄本《倪石陵書》提要。清宜秋館刊本《倪石陵書》一卷，半葉十行，行二十字，四周雙邊，白口，單魚尾，版心無字。《倪石陵書》終題『南城李喬君翹校』，卷末有刊者李之鼎所作跋文一篇，稱『此本乃録諸文津閣庫本者。時辛酉季夏，之鼎識於世業堂。』李之鼎（一八六五—一九二五），字振唐（或曰號振唐），江西南城人，弱冠以諸生遊臺灣，清光緒十七年中舉人，二十三年捐知廣東澄邁等縣。辛亥革命爆發，幾以身殉，以清朝遺老自命。曾刻宋人遺集，成甲、乙、丙、丁四編近百冊進呈御覽，溥儀手書『書樓世業』匾賜之，因名堂為『世業』。李之鼎喜好藏書、長於校勘，所著詩文、所輯集刊皆題『宜秋館』，有《宜秋館詩》《宜秋館詩詞話》《宜秋館叢書》等，其《宜秋館匯刻宋人集》最具文獻價值，又曾與楊守敬同撰《增訂叢書舉要》，與周貞亮同撰《書目舉要》。校者傅增湘，字叔和，號潤沅，別署藏園居士、雙鑒樓主人、藏園老人、清泉逸叟、長春室主人等，生於清同治十一年（一八七二），卒於一九四九年，四川江安人。清光緒進士，入翰林院為庶吉士，曾任翰林院編修、直隸提學使，創辦北洋女子師範學堂、京師女子師範學堂，後任北洋政府教育總長。一九二七年後任故宮博物院圖書館館長等職，專事圖書收藏、校勘，以及目録、版本研究。其畢生藏書達二十餘萬冊，多宋金刻本及元、明、清精刊、抄本，著有《藏園群書經眼録》《藏園群書題記》《雙鑒樓善本書目》等。

此本先録《四庫提要》之《倪石陵書》提要，附傅增湘手書校記一篇，云：『正月十三日……出此書抄本見示……增改凡三百一十六字』，則宜秋館本即清抄本傅跋所云『豫章新刻』本。校記後為毛鳳韶序，及宋濂、吴師道之倪朴傳，題作《倪石陵書序》《倪石陵書傳》，又移吴萊序於傳文後，且只題《後序》。卷首題『宋倪樸撰』，無目録，篇次與慎德堂本一致，文字略同，然互有脱文，或為刊刻時不慎所致。如《擬上高宗皇帝書》『蓋嘗為先主謀曰』句，慎德堂本無『蓋』字；『命一上將』句，慎德堂本無『一』；『亮不能獨用蜀』句，慎德堂本無『獨』；『不知浚之為人』句，慎德堂本於句末有『也』；『不知分合之變亦不可以守』句，慎德堂本無『亦』；『州縣間多有』句，慎德堂無『間』；『孰敢為變哉』句，慎德堂本無『哉』。《筠州投雷教授書》『有荀揚氣象』句，慎德堂本無『氣』。《投高安呂宰書》『有曲直之辨』句，慎德堂本無『辨』。《投鞏憲利害劄子》『欲見之者也』，慎德堂本無『之』。《書唐史諸傳後》『其名重於時哉』，慎德堂本於句前有『宜』。《上太守周侍郎書》宜秋館本闕『於飛揚，龍無事於變化，風無事於鼓勵，雨無事於蕩滌』句。惟《書唐史諸傳》，清抄本與慎德堂本所異六處，宜秋館本皆同清抄本，又將第五則『城居諫官數年不言事』誤接於第四則後，第七則『崔隱甫不屈宰相牛仙客』誤接於第六則後。書中多有傅增湘校改痕跡，如作者之名原刊本皆作『倪樸』，其中『朴』字除上述書名下和前面所收提要外，一律改為『朴』，凡四十處；又有增或訂為『虜』『賊』『夷夏』『華夷』『夷狄』等，凡三十處。校改通常訂正於原字旁，並劃去原字，其中有十二處，在原字訂誤基礎之上，將該半葉文字縮印並低數行，於欄内頂部空白處批某字當作某字，或增入所闕文字。

今據宋倪朴撰、傅增湘校、民國宜秋館刊《宋人集》本《倪石陵書》一卷影印，在《浦江文獻集成》第一册。

胡聖傑

倪石陵書一卷

（宋）倪朴撰（清）譚復堂校 清光緒豫恕堂刊朱印本

倪朴生平已見於傳增湘跋、清抄本《倪石陵書》提要。豫恕堂本《倪石陵書》一卷，半葉十行，行二十一字，左右雙邊，大黑口，單魚尾，版心下記『豫恕堂藏版』，書末記『共三十八頁，計字一萬五千一百廿九個，計錢拾五千百廿九文。』豫恕堂即沈登善書室。沈登善（一八三〇—一九〇二），字穀成，號未還道人，浙江桐鄉人。同治六年中舉人，次年中進士，曾任翰林院庶吉士。早年受業於鍾文烝，習《春秋穀梁傳》，晚年專精於《易》學，著有《沈穀成易學》。喜藏書、刻書，刊有《豫恕堂叢書》，因其為寫樣、紅印本，且存有刊刻工價、版面字數計算之方法等內容，於晚清書籍刻印研究意義較大。校者譚獻（一八三二—一九〇一），原名廷獻（一作獻綸），字滌生，後改字仲修，號復堂，晚年自號半厰居士，浙江仁和人。曾為福建學使徐樹藩幕僚，清同治六年三十六歲方中舉人，其後屢試不第，曾任歙縣、全椒、懷寧、合肥、宿松縣令，後辭官歸隱。譚獻為常州詞派殿後人物，在清同光年間負有盛名，著有《復堂類集》《復堂文續》《復堂詩續》《復堂詞續》《復堂日記》《復堂詞話》等。

此本無目録，書前為《四庫提要》之《倪石陵書》提要，其後乃《倪石陵書》之十書、一辯、二跋，篇目與慎德堂本同。然置宋濂《倪朴傳》於卷後，題作《倪石陵本傳》，末為吴萊《石陵先生倪氏雜著序》，而毛鳳韶之序、吳師道之倪朴傳則一概不録。文字上，清抄本作『虜』『醜虜』『賊虜』『夷狄』等處，豫恕堂本則作『敵』『其』『之』等，與慎德堂本、虞善揚抄本、宜秋館刊本、《續金華叢書》本同，似同出於四庫本，然細察之，豫恕堂本與此四種版本又多異處。就《擬上高宗皇帝書》觀之，文字之不同有二十七處，如他本作『滅』『犯』『擒』等，豫恕堂本作『勝』『克』『陵』等；句段之不同有十餘處，如篇首倪朴論敵我強弱之勢，他本皆有『秦併六國而喪於劉項』和『苻堅百萬而敗於謝玄』二典，豫恕堂本則無，作『成敗之理不在於強弱眾寡大小』一派庸論；又如『天與宋而滅金』與『民戴宋而怒金』乃倪朴作書之二意，故他本皆有『是天奪其魄而欲亡之也』『是天先修之』『怒敵之氣』『是吾民怒之也，天欲亡之，吾民怒之』『是天與我之時也』『百姓怒其剥斂於我久矣，三軍怒其陵侮於我也亦已久矣』等語，而豫恕堂本中一概删去，使不見『天意』與『民憤』。沈登善刊刻《倪石陵書》不知所據何本，然就上述差異視之，所改似為滿清回護。此外該本有數處訛誤，如誤『一統』為『以統』，『滎陽』作『熒陽』等。譚獻校改異體字、錯字十四處，及刊印所致缺影或字跡模糊十九處。校改先於原字旁標『┗』，並訂正於天頭，或直書所改字，或題某字誤某字，或稱某字影缺、模糊須補，間釋某字從某，部分訂正文字用版印而非手寫。

今據上海圖書館藏宋倪朴撰、清譚復堂校、清光緒豫恕堂刊朱印本《倪石陵書》一卷影印，在《浦江文獻集成》第一冊。

胡聖傑

倪石陵書一卷

（宋）倪朴撰　民國十三年永康胡宗楙夢選廔刊《續金華叢書》本

倪朴生平已見於傅增湘跋、清抄本《倪石陵書》提要。《續金華叢書》本《倪石陵書》一卷，半葉十四行，行二十六字，四周單邊，大黑口，無魚尾，版心依內容記『倪石陵本傳』『倪石陵書』『倪石陵書考異』和葉數，版心下記『夢選廔』，封面有篆書『倪石陵書』四字，題『袁勵準署耑』，扉頁牌記題『甲子春永康胡宗楙校鋟』。《倪石陵書》末題『永康胡宗楙據文瀾閣本校鋟』，並附胡宗楙跋文及《倪石陵書考異》。校刊者胡宗楙（一八六七—一九三八），原名宗楚，字季樵，浙江永康人，清末藏書家胡鳳丹之子。清光緒二十九年中舉人，民國後寓居天津，繼承父業，專事於典籍，有藏書地『夢選廔』『娜嬛勝處』『頤園』等，藏書近十六萬卷。曾補刊其父校刻之《金華叢書》，又輯校《續金華叢書》，著有《金華經籍志》《永康人物記》《夢選廔文抄》《夢選廔詩抄》《群書考異》等。

篇目上，胡宗楙將他本置於卷末之吳萊《石陵先生倪氏雜著序》移置書前，後接毛鳳韶《敘倪石陵書》，又載宋濂、吳師道之倪朴傳，題作《倪石陵本傳》。此本無目録，書名《倪石陵書》下題『續金華叢書』，篇次與清抄本等一致。胡宗楙《倪石陵書考異敘》稱得傅增湘手校宜秋館刻本，並取吳師道《敬鄉録》所録《擬上高宗皇帝書》《上太守鄭敷文書》《書唐史諸傳》八則，互相鉤稽，成《考異》一卷，共校得八十六處。《敘》中又云：『宜秋館以四庫本校傳鈔本，與余所據文瀾閣本大致無異。』今取《倪石陵書》之慎德堂本、虞善揚抄本、宜秋館本與《續金華叢書》本互校，正如胡宗楙所言，其文大致無異。惟《續金華叢書》本於《書唐史諸傳》每則之後，皆有小字注文，八則依次為『右李光弼』『右馬燧』『右穆寧』『右程名振』『右陽城』『右循吏』『右崔隱甫』『右韓朝宗』，是胡宗楙依《敬鄉録》而添。

今據宋倪朴撰、民國十三年永康胡宗楙夢選廔刊《續金華叢書》本《倪石陵書》一卷影印，在《浦江文獻集成》第一册。

胡聖傑

中饋録一卷

（宋）浦江吴氏撰　明崇禎間心遠堂刊《緑窗女史》本

浦江吴氏，不詳。《緑窗女史》，明代類書，所録以女性題材為主，大致成書於崇禎年間，編者「秦淮寓客」，不詳何人。《緑窗女史》以明末心遠堂刊行十四卷本較為完整，十四卷分十部（依次為閨閣、宫闈、緣偶、冥感、妖豔、節俠、神仙、妾婢、青樓、著撰）四十五目，計一百九十四種，除「閨閣部」録《女論語》《女孝經》等，「著撰部」録歷代女性所撰詔令、表疏、牋奏、頌讚、序傳等，餘皆為文言小説，如《洞簫記》《鶯鶯傳》《嬌紅記》《霍小玉傳》《離魂記》《緑衣人傳》等皆得入選。

《中饋録》載於《緑窗女史》卷一「閨閣部」之「女紅」，同目尚有《刺繡圖》《繡錦璿璣圖》《蠶經》。版式上，半葉九行，行二十字，左右雙邊，花口，白魚尾，版心記書名「中饋録」及葉數。卷首書名下印有「哈佛大學哈佛燕京圖書館珍藏印」。《中饋録》，蓋食譜耳。全書分「脯鮓」「製蔬」「甜食」三類，每類載食譜若干條，各條或直以菜名為題（如「三和菜」），或題某方、某法（如「淡茄乾方」「醃鹽韭法」），每條長則百餘字，短則二十來字。第一部分乃水產、肉類之譜，有「蟹生」「炙魚」「水醃魚」「爐焙鷄」「糟豬頭蹄爪法」「黄雀鮓」等，凡二十二條，以水產居多；第二部分乃蔬菜之譜，有「配鹽瓜菽」「糖蒸茄」「蒜苗乾」「胡蘿蔔鮓」等，凡三十八種；第三部分乃甜食之譜，有「雪花酥」「酥餅方」「五香糕方」「粽子法」

「糖薄脆法」等，凡十五種。宋代江南之飲食，或可由此窺見矣。

今據華東師範大學吴平教授藏宋浦江吴氏撰、明崇禎間心遠堂刊《緑窗女史》本《中饋録》一卷影印，在《浦江文獻集成》第二册。

胡聖傑

中饋録一卷

（宋）浦江吴氏撰　清順治三年宛委山堂刊《説郛》本

浦江吴氏，不詳。《説郛》，明代陶宗儀所輯大型叢書，所録上起秦漢，下迄宋元，經史、筆記、詩話、小説無所不録。《説郛》有一百卷本，以涵芬樓排印張宗祥校明鈔本為著，即通稱之原本《説郛》；又有通行之一百二十卷本，乃明末陶珽重編，有清順治三年宛委山堂刊本，即此次影印所用版本。陶宗儀（一三一六— ？），字九成，號南村，台州黄巖人。元末避亂松江華亭，著書授徒，明初嘗任學官，永樂元年尚在世。除《説郛》外，著有《輟耕録》三十卷、《南村詩集》四卷、《書史會要》九卷、《草莽私乘》一卷、《古刻叢鈔》一卷等。

《中饋録》一卷，見於《説郛》卷九十五，同卷尚有《食譜》《食經》《食珍録》《膳夫録》《玉食批》《士大夫食時五觀》《糖霜譜》《刀劍録》《洞天清録》，除末二種外，餘皆為食譜類。版式上，半葉九行，行二十字，花口，白魚尾，魚尾呈弧綫，版心記書名與葉數。此本在文字上與《緑窗女史》本無異。《中饋録》非但收録菜品豐富，於各道菜之食材、工序、製法等介紹亦頗詳細，如『蒜梅：青硬梅子二斤，大蒜一斤，或囊剥淨炒，鹽三兩，酌量水，煎湯，停冷浸之，候五十日後滷水將變色，傾出，再煎其水，停冷浸之，入瓶，至七月後食，梅無酸味，蒜無葷氣也。』此外，『脯鮓』之末條『治食有法』非單個菜譜，而是集十二條烹飪技巧，如『洗豬肚用麵，洗豬臟用砂糖，不氣』『煮筍入薄荷，少加鹽，或以灰，則不蘞』等。

今據國家圖書館（原北京圖書館）藏宋浦江吴氏撰、清順治三年宛委山堂刊《説郛》本《中饋録》一卷影印，在《浦江文獻集成》第二冊。

胡聖傑

月泉吟社一卷

（宋）吳渭輯　明心遠堂刊《古今詩話》本

吳渭，字清翁，號潛齋，生於宋理宗紹定元年（一二二八），卒於元世祖至元二十七年（一二九〇），浦江縣前吳村（今屬前吳鄉）人。官義烏令，宋亡後，不樂仕進，固守忠節，因追慕靖節先生，退食吳溪，自號曰潛。延至鄉遺老方韶父與謝皋羽、括蒼吳子善，始作月泉吟社。《古今詩話》所收《月泉吟社》一卷，本半葉九行，行二十字，上下單邊，左右雙邊，白口，單線魚尾，版心記書名『月泉吟社』及葉數。卷首載《社規》，可知詩社命題、收卷時間，評選、刊行辦法。《社規》後另起葉為《誓詩壇文》《詩評》。《詩評》敘説詩社選詩以『興』為准的，以『田園』為題。最後為《春日田園雜興》詩，按名次收録作品，作者名下雙行小字，注明名次、籍貫、真名和字號。每首詩後皆附評論。

與其他版本相較，此本只保留了《社規》《誓詩壇文》《詩評》與《春日田園雜興》中第一、第二名之作品，較之汲古閣本缺少頗多。《詩評》後亦無吳渭署名。月泉吟社之出現具有一定歷史意義。王士禎對《月泉吟社》『常遍和之』，朱彝尊以為其可『相與傳而寶之』，清初甬上遺民追蹤月泉諸老，掀起了明遺民酬唱之高潮。方、謝之遴選、評次亦備受爭議，清代王士禎對《月泉吟社》進行重新排名，直至二十一世紀學者仍然關注。月泉吟社之出現離不開浦江獨特之地理條件、獨有之人文傳統，浦江望族吳氏和方氏家族是吟社之組織者，為月泉吟社之形成提供了基礎。月泉吟社征詩以去『時文氣習』為目標，强調『興』之創作方法，强調黍離之悲，追求中和之美，講究格調、入題以及詩歌之起承轉合，這些主張既是對有宋一代詩學理論之繼承與發展，也是吟社成員從遺民角度對元初詩歌發展所進行之有效探索。

今據國家圖書館（原北京圖書館）藏宋吳渭輯、明心遠堂刊《古今詩話》本《月泉吟社》一卷影印，在《浦江文獻集成》第二冊。

（鄒豔）

月泉吟社一卷

（宋）吴渭輯　明末虞山毛氏汲古閣刊本

吴渭生平已見於上一則提要。汲古閣本《月泉吟社》分兩部分。第一部分包括詩序、社規、劄目和詩目。版式上，半葉八行，除卷首所載《月泉吟社詩敘》行十五字外，其餘各篇為行十九字。上下單邊，左右雙邊，白口。版心記書名『月泉吟社』、葉碼、所屬子目和『汲古閣』字樣。詩序、社規、劄目、詩集目録各篇題下均鈐有『復旦大學圖書館藏』章。卷首載田汝耔序文，記敘吴渭生平、月泉吟社結社緣起，序文稱月泉吟社詩詩風特點為『四韻近體，其詞婉微，其氣平澹，其音清翕』。序文後載社規、誓詩壇文和詩評，時記為『至元二十四年』。第二部分載録詩作、《送詩賞小劄》《回送詩賞劄》和毛晉箋文。版式上，半葉八行，行十九字。上下單邊，左右雙邊，白口。版心記書名『月泉吟社』、葉碼和『汲古閣』字樣。詩集題有『月泉吟社』，鈐『復旦大學圖書館藏』章，署名『浦陽盟詩潛齋吴渭清翁』。詩題『春日田園雜興』下小字備注『律五七言四韻，餘體不取』。低一格記作者名次、寓名，其下小字記籍貫、真名和字號。低三格記評點，再頂格録詩，詩作旁多有圈點。詩集後《送詩賞小劄》和《回送詩賞劄》中詳細記録各等獎勵。最後附湖南毛晉箋。

今據復旦大學圖書館藏宋吳渭輯、明末虞山毛氏汲古閣刊本《月泉吟社》一卷影印，在《浦江文獻集成》第二冊。

鄒豔

月泉吟社一卷

（宋）吴渭輯　清順治三年宛委山堂刊《説郛》本

吴渭生平已見於明心遠堂刊本《月泉吟社》提要。清順治三年宛委山堂刊《月泉吟社》一卷，版式上，半葉九行，行二十字，上下單邊，左右雙邊，白口，單線魚尾。版心記書名『月泉吟社』及葉碼。卷首載《社規》一篇、《誓詩壇文》一則、《詩評》一篇。另起一葉，低一格記題名『春日田園雜興』，低三格記詩作者。作者下附小字，雙行，注名次、籍貫、真名、字號。詩作皆頂格，每首詩作後低兩格附點評。僅列前三名之詩作、作者、詩評。

今據國家圖書館（原北京圖書館）藏宋吴渭輯、清順治三年宛委山堂刊《説郛》本《月泉吟社》一卷影印，在《浦江文獻集成》第二册。

鄒豔

月泉吟社一卷

（宋）吴渭輯　清樸學齋林佶抄本

吴渭生平已見於明心遠堂刊本《月泉吟社》提要。樸學齋，在坊南，清林佶宅。林佶（一六六〇—？），字吉人，號鹿原，别號紫微内史、麓原子、鹿眠庵，福建侯官人。少從王士禛、王琬、陳廷敬學。康熙三十八年中舉人，康熙五十一年欽錫進士，授内閣中書，雍正年間卒，年六十餘歲。工書，小楷尤精妙，嘗入武英殿寫御集。王士禛《漁洋詩集》、汪琬《堯峰文鈔》皆為其寫刻，世稱善本，著有《樸學齋詩文集》。林佶抄本半葉九行，行十九字，左右雙邊，黑口，單魚尾，版心下刻有『樸學齋鈔本』字樣。扉葉題有『月泉吟社詩』字樣。卷首載有『刻月泉吟社詩敘』，右下鈐有『北京圖書館藏』印章。該敘簡介吴渭、月泉吟社版本情況及詩歌評價，敘尾署『正德十年六月望日水南田汝耔敘』。敘後依次載有『月泉吟社目録』、社約、題意、誓文、詩評，鈐有『林佶之印』和『鹿原』印章。次列六十人之詩、摘句、送詩賞小劄目録及送詩賞小劄、諸人回送詩賞劄。部分詩作有圈點。回送詩賞劄僅記載八人，分别為羅公福、司馬澄翁、高宇、山南埜逸、子進、栗里、倪梓、全泉翁。

今據國家圖書館（原北京圖書館）藏宋吴渭輯、清樸學齋林佶抄本《月泉吟社》一卷影印，在《浦江文獻集成》第二册。

鄒豔

月泉吟社一卷

（宋）吴渭輯　清初抄本

吴渭生平已見於明心遠堂刊本《月泉吟社》提要。版本上，清初抄本《月泉吟社》一卷，半葉八行，行十九字，天頭有評點，如記第四十九名王進之建德天頭寫有：『唐人七律起句，不用葉韻者，多用側聲；宋人或用平韻，亦宜用音之相類者，似以庚韻，用「閑」字太華聲調矣。』扉葉鈐有『徐端甫』『月泉詩社舊詩人』『徐世章印』『濠園珍藏』印章。卷首載有『刻月泉吟社詩敘』，該敘簡介吴渭、月泉吟社版本情況及詩歌評價，敘尾署『正德十年六月望日水南田汝耔敘』，卷後有手校記。正文首載社約、題意、誓文、詩評，社約處鈐有『善本鑒定』和『天津市人民圖書館藏書之章』印章。次為送詩賞小劄目録、月泉吟社目録。目録後依次列六十人之詩、摘句、送詩賞小劄、諸人回送詩賞劄。

此版本在評點六十人之詩第三十八名之後，載有徐端甫録記，有殘缺（缺第九至第十二名），録記之後之左下方鈐有『徐端甫』和『月泉詩社』印章。據猜測，此抄本應為二冊，第一冊内容至徐端甫録記，第二冊内容至青墩手校記，因為二冊扉葉皆鈐有『徐端甫』『月泉詩社舊詩人』『徐世章印』『濠園珍藏』印章，二冊正文首葉皆鈐有『善本鑒定』和『天津市人民圖書館藏書之章』印章。此本為圈點本。徐世章（一八八九—一九五四），字端甫，又字叔子，號濠園，又稱濠園居士，天津人。所藏《月泉吟社詩》為精品，該書以欄木書匣裝之，匣蓋自右向左鐫有徐氏手書『月泉吟社詩稿』及徐氏題款，内容為『宜興方志樓主人得此舊鈔本於姑蘇，因其中第三十七名與余姓字相同，特以為贈，書此志感。子子孫孫永保藏之。甲子長至君彦篆牘，徐端甫。』（據徐莉蓉文）

今據天津圖書館藏宋吴渭輯、清初抄本《月泉吟社》一卷影印，在《浦江文獻集成》第二冊。

鄒豔

月泉吟社一卷

（宋）吳渭輯　清抄本

吳渭生平已見於明心遠堂刊本《月泉吟社》提要。版本上，清抄本《月泉吟社》一卷，半葉八行，行十九字。卷首載有『敘』，右下鈐有『北京圖書館藏』『價藩』『韓繩大印』印章，敘尾署『正德十年六月望日水南田汝耔敘』。敘之後為『月泉吟社目録』，右下鈐有『價藩韓熙珍秘』『雲間韓氏考藏』印章。目録之後依次是社約、題意、誓文、詩評，鈐有『周暹』『甲子丙寅韓德鈞錢潤文夫婦兩度攜書避難記』之印章。次列六十人之詩、送詩賞小劄目録及送詩賞小劄。卷後鈐有『北京圖書館藏』和『韓應陛鑒藏宋元名鈔名校各善本於讀有用書齋印記』之印章。此本為圈點本。

今據國家圖書館（原北京圖書館）藏宋吳渭輯、清抄本《月泉吟社》一卷影印，在《浦江文獻集成》第二册。

鄒豔

月泉吟社一卷

（宋）吴渭輯　清康熙五十五年刊本

吴渭生平已見於明心遠堂刊本《月泉吟社》提要。版式上，清康熙五十五年刊本《月泉吟社》一卷，半葉十行，行十九字，上下單邊，左右雙邊，下黑口，雙黑魚尾。版心記書名『月泉吟社』、所屬子目和葉數。扉葉記有『小斜川校訂重刊』『月泉吟社』『本衙藏板』字樣。此本分兩部分，一為目録，二為具體内容。目録依次為總目、題意、誓詩壇文、詩評、詩作目録、送詩賞小劄詩人、回送詩賞劄詩人。書前載吴寶芝序和田汝耔舊序。寶芝序交待重訂實為追慕盛事、發揚詩風，文末署名『康熙丙申中秋日語溪宗後學寶芝瑞草氏識於南滎書屋』。接著是《月泉吟社總目》，署名『浦陽盟詩潛齋吴渭清翁評定』和『語溪宗後學寶芝瑞草氏重校』。翻檢其書，前面目録中有『附録三則』，即《李西涯麓堂詩話一則》《記月泉吟社一則》《薛方山浙江通志一則》，而書尾並無此三則實際文字。此本為圈點本。

今據南京圖書館藏宋吴渭輯、清康熙五十五年刊本《月泉吟社》一卷影印，在《浦江文獻集成》第三册。

鄒豔

月泉吟社一卷

（宋）吴渭輯　清康熙五十五年吴寶芝重刊本

吴渭生平已見於明心遠堂刊本《月泉吟社》提要。吴寶芝，字瑞草，吴之振之子，浙江石門人，清代畫家，《四庫全書》收其《花木鳥獸集類》三卷。版式上，重刊本《月泉吟社》半葉十行，行十九字，上下單邊，左右雙邊，雙魚尾，版心記書之葉碼，書口記書名『月泉吟社』，扉葉左記『宋浦陽盟詩潛齋吴渭清翁評定』『國朝康熙中語溪吴寶芝重校刊』，右記書名『月泉吟社』。内容上，序中依次有吴寶芝序、總目、田汝耔所寫本書舊序，次有吴渭輯《月泉吟社》，内含春日田園題意、誓詩壇文、詩評，文後雙行小字記時間為『時元之前至元二十四年也』。目録依次有月泉吟社目録附摘句、送詩賞小劄目録、回送詩賞劄目録。正文為前六十名之春日田園雜興詩作，皆先録名次、選録者之寓名、姓名籍貫，再録詩歌内容及評語。詩作後為摘句圖，次為送詩賞小劄及回送詩小劄。書結尾處載有李東陽《懷麓堂詩話》及薛應旂《浙江通志》所記月泉吟社文，亦見於卷首，二者内容同，卷首有兩處空白處，卷末空白處為黑釘。此為圈點本。書中所載詩句，皆符合吴渭詩評中『作者固不可舍田園而泛言，亦不可泥田園而他及』之旨。

今據南京圖書館藏宋吴渭輯、清康熙五十五年吴寶芝重刊本《月泉吟社》一卷影印，在《浦江文獻集成》第三冊。

鄒豔

月泉吟社一卷

（宋）吴渭輯　清文淵閣《四庫全書》本

吴渭生平已見於明心遠堂刊本《月泉吟社》提要。《欽定四庫全書》，清乾隆時期所編修之大型叢書，分經、史、子、集四部，其中『集部』又分『詞曲類』『楚辭類』『别集類』『總集類』『詩文評類』五目，《月泉吟社詩》録於『總集類』。

版式上，『四庫本』《月泉吟社》一卷，半葉八行，正文及原序行二十一字，提要空四字排版，行十七字，吴渭所輯《月泉吟社詩》《春日田園題意》《誓詩壇文》及《詩評》，正文距上邊欄一個字距，行二十字。四邊雙欄，黑魚尾，版心右側居中記書名《月泉吟社詩》，右側記書籍葉碼，書口記『欽定四庫全書』。内容上，依次有四庫館臣所撰提要、月泉吟社詩原序，以及征詩啟事、春日田園題意、誓詩壇文、詩評。接著是前六十名之春日田園雜興詩作，皆先録名次及寓名，於寓名右下側以小字録作者姓名稱號籍貫，再録詩評及詩歌原文。最後為摘句圖、送詩賞小劄及回送詩小劄。摘句於聯句右下側以小字注所録聯句作者寓名。卷末鈐有『乾隆預覽之寶』印。

今據宋吴渭輯、清文淵閣《四庫全書》本《月泉吟社》一卷影印，在《浦江文獻集成》第三册。

鄒豔

月泉吟社一卷

（宋）吴渭輯　清慎德堂木活字印本

吴渭生平已見於明心遠堂刊本《月泉吟社》提要。版式上，《月泉吟社》清慎德堂木活字印本，半葉八行，行二十字，上下單欄，左右雙欄，黑魚尾。封面居中録書名『月泉吟社』，右上録作者『宋吴清翁先生編』，左下録『慎德堂重梓』。版心居中記『月泉吟社』字樣，右側小字記『序』『傳』『叢説』『盟詩』『跋』『目録』等以便閲讀，版心下方皆記葉碼。慎德堂為浦江縣雅方村之堂名，雅方方氏為仙華方氏景傳公六世孫輝頊之後裔，清道光十四年慎德堂曾以木活字排印方鳳公《存雅堂遺稿》六卷。按照浦陽仙華方氏之理解，元至元時月泉吟社活動之舉行及詩作之評選、《月泉吟社》詩集之編定，在學術文化層面上之實際操作者主要應該為方鳳，慎德堂此次以木活字排印《月泉吟社》詩集，其用意即與發揚祖德有關。

内容上分為兩部分，一為序和目録，一為正文。序部分依次為田汝耔所撰月泉吟社詩序、張燧和張德行撰人物補遺本傳、叢説，録《麓堂詩話》《升庵詞品》《月山雜録》《静志居詩話》《金華詩録》中與《月泉吟社》一書相關之内容。正文依次為盟詩、卷上和卷下。上卷《評詩上》三十名、《評詩下》三十名。版心記『月泉吟社卷上』，右側小字標明為詩，摘句圖，評詩部分先録名次及所録者寓名，再用雙行小字録作者籍貫、姓名、字、號，再録詩歌原文和詩；次為摘句圖，於聯句下方用小字録作者寓名。下卷為《送詩賞小劄》及《回送詩賞劄》，版心記『月泉吟社卷下』，右側小字標明為劄，目録後録重梓者五人姓名，先録作者寓名，再用小字標明名次。最後是跋，依次為鄭楷跋、黄書林跋。此本無總目，為圈點本。

今據國家圖書館（原北京圖書館）藏宋吴渭輯、清慎德堂木活字印本《月泉吟社》一卷影印，在《浦江文獻集成》第三冊。

鄒豔

月泉吟社一卷

（宋）吴渭輯　清咸豐元年南海伍氏刊《粤雅堂叢書》本

吴渭生平已見於明心遠堂刊本《月泉吟社》提要。《粤雅堂叢書》是伍崇曜出資編輯，譚瑩校勘編訂，道光三十年至光緒元年刊刻於廣州，匯輯魏至清代著述，凡三編三十集一百八十五種一千三百四十七卷，為清末最有影響的綜合性大型叢書之一。版式上，粤雅堂叢書本《月泉吟社》一卷，半葉九行，行二十一字，上下單邊，左右雙邊，無魚尾，黑口。版心記録内容名稱，如『月泉吟社敘』『月泉吟社目録』『月泉吟社劄目』等。春日田園雜詩及摘句圖部分之版心則記為『月泉吟社』。版心下方記書之葉碼及叢書名『粤雅堂叢書』。封面居中記書名『月泉吟社』。該書鈐有『復旦大學圖書館藏』印章。内容上，首先為田汝耔敘，右上寫作『刻月泉吟社詩敘』，版心則為『月泉吟社敘』。次為月泉吟社目録、送詩賞小劄目録，以及《春日田園題意》《誓詩壇文》《詩評》。接著為詩作，題目皆為《春日田園雜興》，先録名次及作者寓名，再用小字録作者籍貫、姓名、字、號，再録詩評及詩歌原文。詩作後為摘句圖，於所摘聯句下方用小字記作者寓名。卷末録伍崇曜跋。每一部分末皆左下署『譚瑩玉生覆校』。該書將回送詩賞劄置於送詩賞小劄前。此本無圈點。

今據復旦大學圖書館藏宋吳渭輯、清咸豐元年南海伍氏刊《粤雅堂叢書》本《月泉吟社》一卷影印，據，在《浦江文獻集成》第三冊。

鄒豔

月泉吟社三卷

（宋）吴渭輯　清咸豐元年木活字印本

吴渭生平已見於明心遠堂刊本《月泉吟社》提要。版式上，清咸豐元年木活字印本《月泉吟社》三卷，半葉十行，行三十二字，上下單欄，左右雙欄，雙魚尾，版心記卷次、葉數及書名。書前載『月泉吟社詩敘』，該敘簡介吴渭及月泉吟社版本情況，敘尾署『正德十年田汝耔敘』，敘後依次載有《社規》《春日田園題意》《誓詩壇文》《詩評》。次列摘句、前六十名之詩，送詩賞小劄、回送詩賞劄及南海伍崇曜跋。摘句由清代胡鳳丹校，六十名之詩按名次、姓名、籍貫、寓名、評語及詩歌内容録入。

今據天津圖書館藏宋吴渭輯、清咸豐元年木活字印本《月泉吟社》三卷影印，在《浦江文獻集成》第四册。

鄒豔

月泉吟社一卷

（宋）吴渭輯（清）韓應陛跋 周叔弢跋 清咸豐十年韓應陛抄本

吴渭生平已見於明心遠堂刊本《月泉吟社》提要。韓應陛，清江蘇省松江人，字對虞，號緑卿。道光二十四年舉人，官内閣中書舍人。居南棣，為姚春木（椿）弟子。勤於學，終日手不釋卷，好讀周秦諸子，又長譯算及西方『格致』之學。家多藏書，僅宋、元古本、舊抄本善本書達四百餘種，藏書處名『讀書未見齋』『讀有用書齋』，所編書目多種，如《松江韓氏宋元明本書目》（抄本）、《讀有用書齋古籍書目》一卷；《雲間韓氏藏書目》一卷。版式上，韓應陛手抄本《月泉吟社》半葉十二行，行二十五字，無板框及版心。扉葉有周叔弢跋，鈐有『雲間韓氏圖書』印和『應陛』印。抄本前載有田汝耔敘，然後依次為月泉吟社目録、社規、《春日田園題意》《誓詩壇文》《詩評》。正文録前六十名之詩，記名次、姓名、籍貫、寓名、評語、詩歌内容，次為摘句圖、賞送詩小劄及回送詩賞劄。卷末有韓應陛後記。最後有『北京圖書館藏』『雲間韓氏考藏』『廷芳』『價藩又名熙』『應陛手鈔』『愛讀周秦諸子書』『許威子重』。

今據國家圖書館（原北京圖書館）藏宋吴渭輯、清韓應陛等跋、清咸豐十年韓應陛抄本《月泉吟社》一卷影印，在《浦江文獻集成》第四册。

鄒豔

月泉吟社一卷

（宋）吴渭輯　清小輞川抄本

吴渭生平已見於明心遠堂刊本《月泉吟社》提要。版式上，半葉十一行，行二十一字，上下單欄，左右雙欄，雙魚尾，版心記『小輞川』。扉葉有小輞川抄本題字，後依次載有田汝耔敘、目録、摘句附、送詩賞小劄目録、社規、《春日田園題意》《誓詩壇文》及《詩評》。正文録前六十名之詩，記名次、姓名、籍貫、寓名、評語、詩歌内容，次為摘句圖、詩賞小劄及回送詩賞劄。卷末有明毛晉後記，鈐有『江蘇第一圖書館善本書之印記』印。

今據南京圖書館藏宋吴渭輯、清小輞川抄本《月泉吟社》一卷影印，在《浦江文獻集成》第四冊。

鄒豔

月泉吟社三卷

（宋）吳渭輯　清同治光緒永康胡鳳丹退補齋刊《金華叢書》本

吳渭生平已見於明心遠堂刊本《月泉吟社》提要。《金華叢書》由清代胡鳳丹輯刻，六十九種，七百四十二卷。胡鳳丹，字月樵，浙江永康人，曾任湖北道員及湖北書局官員。在湖北時，曾從《四庫全書提要》中采輯金華一郡著述，共一百六十五種，按照提要門類編成《金華叢書書目提要》八卷。他在杭州設立退補齋書局，刊刻精審，號稱善本，有《退補齋集》。《金華叢書》收金華歷朝著作六十九種，按四部排列，計經部十五種，史部十一種，子部十四種，集部二十八種。

版式上，《金華叢書》本《月泉吟社》三卷，半葉九行，行二十字，四邊雙欄，雙魚尾，版心記書名『月泉吟社』、葉數、卷次、及『退補齋藏板』。封面載『金華叢書』及『月泉吟社三卷』書名，扉葉有胡鳳丹序，半葉六行，行十四字。由序可知吳渭於元初成立月泉吟社，以『春日田園雜興』為題，徵詩兩千餘篇。前面依次載有田耔汝敘、目録卷一摘句附、《社規》《春日田園題意》《誓詩壇文》及《詩評》。正文記前六十名之詩，按名次姓名、雙行小字注籍貫寓名、評語及詩歌内容録入，次為摘句圖、送詩賞小劄、回送詩賞劄。卷末有毛晉識、伍崇曜跋，鈐有『國立清華大學圖書館藏』印。

今據宋吳渭輯、清同治光緒永康胡鳳丹退補齋刊《金華叢書》本《月泉吟社》三卷影印，在《浦江文獻集成》第四冊。

鄒豔

月泉吟社一卷

（宋）吴渭輯　民國二十四年浦江新新印刷廠景印明汲古閣刊本

吴渭生平已見於明心遠堂刊本《月泉吟社》提要。版本上，民國二十四年浦江新新印刷廠景印明汲古閣刊本《月泉吟社》一卷，半葉十行，行十九字，四周單邊，黑口，無魚尾，版心象鼻上方題『月泉吟社』，版心下為葉碼、『汲古閣原本』字樣。封面載有『張崇德乙亥夏秋吴氏後裔重印』字樣。接著為『刻月泉吟社詩敘』，敘後署『正德十年六月望日水南田汝耔敘』，田敘之後為黃灝、黃養正所作『月泉吟社重刊詩集序』。書末有鄭楷、張用邦跋文各一篇，及裔孫吴嘉鼎、吴汝昌民國二十三年識語一篇。正文首載社約、題意、誓文、詩評，次列六十人之詩、摘句、送詩賞小劄及諸人回送詩賞劄。此本為圈點本。

今據浦江縣圖書館藏宋吴渭輯、民國二十四年浦江新新印刷廠景印明汲古閣刊本《月泉吟社》一卷影印，在《浦江文獻集成》第四冊。

鄒豔

馮秋水先生評定存雅堂遺稿十三卷

（宋）方鳳撰（清）張燧輯（清）馮如京評　清順治十一年浦江西塘純孝堂刊重印本

方鳳，晚唐詩人方干之後裔，字韶卿，一字韶父，或字景山，號巖南老人，門人尊為存雅先生，生於宋理宗嘉熙四年（一二四〇），卒於元英宗至治元年（一三二一）。十一世祖方景倩，自桐廬來遷浦江仙華山麓，始居今仙華街道登高口村，後移居今方宅村（今屬仙華街道），相距約四里之遙。自八世祖方資以來，簪纓蟬聯不絕，乃為浦陽仕族之冠。鳳嘗應選入太學，升上舍，舉上禮部不第。後以特恩授容州文學，未上而宋鼎已迄，自是無仕志，乃退食浦陽仙華山下。方鳳越在草莽，係心宋室，揮涕悼詠，迄無虛晷，故詩日益工，而業日益落，乃以艱窶終。

據宋濂《浦陽人物記》、鄭柏《金華賢達傳》等記載，方鳳一生作詩達三千餘首。元至順元年後，門人柳貫探其家藏，摘五七言古律詩凡三百八十首，釐為九卷，囑永嘉尹趙大訥（字敬叔，浦陽人）刻置縣齋。但此九卷本流傳不廣，自明末以來，方鳳後裔雖多次到各地尋訪，卻始終未能一見。清初邑人張燧，乃博采旁摭，得鳳詩七十三首，文十四篇，及其他相關文字，編次為《存雅堂遺稿》十三卷，並得到浙江金衢道參政馮如京（號秋水）評定及捐貲，順治十一年（一六五四）由方鳳西塘（在今蘭溪市橫溪鎮）裔孫付梓於純孝堂宗祠中，此書遂名《馮秋水先生評定存雅堂遺稿》。今所見《存雅堂遺稿》刊本或抄本，皆應視為此版本之補刻本或抄本，但可惜這一祖本早已不存於世。

今國家圖書館（原北京圖書館）藏有《馮秋水先生評定存雅堂遺稿》十三卷，該館著録為：『元方鳳撰，清馮如京評，清張燧輯。清順治十一年（一六五四）刻本，四册。版心題「方韶卿遺稿」，九行二十字，小字雙行同，白口，四周單邊，題名「方韶卿遺稿」「存雅堂遺稿」。索書號一〇三六二六。』卷一為五言古詩、五言律詩、五言絶句，卷二為七言古詩、七言律詩、七言絶句，卷三為上書、序跋、記、行狀、祭文、牘、卷四為紀上，卷五為紀下，卷六為考；此下係其他相關文字，卷七至卷十一為月泉吟社盟詩、詩評、送詩賞小劄、回送詩賞劄，卷十二至卷十三為外篇詩、外篇文，皆為他人詩文。此書原為近代著名學者蘇州吴梅所收藏，封面鈐有吴梅藏書印。今視其版框有若干斷裂外，用墨亦每欠飽滿，且有少數漫漶不清之處，疑非清順治十一年初印本。書前依次有馮如京《方巖南先生集序》、何思卿《方韶卿先生遺稿輯評序》及張燧《輯評方韶卿先生遺集序》《輯評存雅遺稿客難》《存雅堂遺稿輯評凡例》，而未見順治十一年其他諸位所作序、跋。更有甚者，書末復不見張燧所輯《西塘十景詩》及敘言。兼以全書中未見有康熙以後增補之文字，故疑此書為順治十一年初版之重印本，在重印過程中，對書前之序、跋及書末之附録文字，皆有删去不印者。

今據國家圖書館（原北京圖書館）藏清順治十一年浦江西塘純孝堂刊《馮秋水先生評定存雅堂遺稿》十三卷重印本影印，在《浦江文獻集成》第五册。

方勇

馮秋水先生評定存雅堂遺稿十三卷補刊一卷

（宋）方鳳撰（清）張燧輯（清）馮如京評（清）鮑廷博　勞權校　葉景葵跋　清順治十一年浦江西塘純孝堂刊雍正二年西塘純孝堂補刊本

方鳳生平已見於上一則提要。此處所收原書裝訂為四冊，藏於上海圖書館，著録為『《馮秋水先生評定存雅堂遺稿》十三卷、補刊一卷』，為純孝堂清雍正二年（一七二四）補刻本，卷六至卷十一為抄配，書前有杭州葉景葵民國三十年題識云：『《方韶卿遺稿》十三卷，順治甲午刊本。附雍正甲辰補刊一卷。四庫著録，據鮑士恭（鮑廷博之子）家藏本，删去《物異考》《月泉吟社詩》、外篇詩文，改為五卷，名曰《存雅堂遺稿》。此係原本，缺第六至第十卷，即《物異考》與《月泉吟社詩》也。補刊内缺第二、三、四、五、六共五葉，即《野服考》。其餘詩文無缺。朱筆審為鮑渌飲（廷博）先生校，墨筆為塘棲勞氏（勞權、勞格）昆仲校。』説明此雍正二年補刻本，即據順治十一年刻本補刻而成，内有歙縣藏書家鮑廷博所作朱批、仁和飽學之士勞權、勞格所作墨批，至今鮮明可見。清廷修纂《四庫全書》，便是據此補刻本删削而成《存雅堂遺稿》五卷。

雍正二年補刻本書前所收序跋，除葉景葵題識外，依次有《欽定四庫全書總目·存雅堂遺稿五卷提要》、馮如京《方巖南先生集序》、何思卿《方韶卿先生遺稿輯評序》及張燧《輯評方韶卿先生遺集序》《輯評存雅遺稿客難》《存雅堂遺稿輯評凡例》，而書後所附文字，亦與順治十一年刊本之重印本多寡不一，將於清嘉慶四年刊本之提要中予以詳細説明。

今據上海圖書館藏清順治十一年浦江西塘純孝堂刊、雍正二年補刊本影印，在《浦江文獻集成》第六冊。

方勇

馮秋水先生評定存雅堂遺稿十三卷補刊一卷

（宋）方鳳撰（清）張燧輯（清）馮如京評　清順治十一年浦江西塘純孝堂刊雍正二年西塘純孝堂補刊本

方鳳生平已見於前面提要。此處所收原書裝訂為六册，藏於北京大學圖書館，與上海圖書館所藏雍正二年補刊本相比對，此本書前無手跡葉景葵題識及《欽定四庫全書總目·存雅堂遺稿五卷提要》。葉景葵題識謂『此（指上海圖書館藏雍正二年補刊本）係原本，缺第六至第十卷，即《物異考》與《月泉吟社詩》也。補刊内缺第二、三、四、五、六共五葉，即《野服考》。其餘詩文無缺。』今檢上海圖書館藏雍正二年補刊本，實際是缺第六至十一卷，以及書後『宋高士方韶父先生遺集補刻』之第二、三、四、五、六、七葉，此六卷及書後所缺六葉皆為抄配補足，而北京大學圖書館所藏雍正二年補刊本此六卷及書後相關之六葉，則皆為原刻或原補刻，正可彌補上海圖書館藏雍正二年補刊本之不足。又北京大學圖書館所藏補刊本書後所附若干詩文，與上海圖書館藏補刊本之排列次序亦略有不同，復可互為參詳。

今據北京大學圖書館藏清順治十一年浦江西塘純孝堂刊雍正二年西塘純孝堂補刊本影印，在《浦江文獻集成》第七册。

方勇

存雅堂遺稿五卷

（宋）方鳳撰　清文淵閣《四庫全書》本

方鳳生平已見於前面提要。清四庫館臣評曰：『鳳志節可稱，而所作文章亦骯髒磊落，不屑為庸腐之語。龔開嘗評其詩，以為：「由本論之，在人倫不在人事；等而上之，在天地不在古今。」蓋鳳澤畔行吟，往往眷念宗邦，不忘忠愛，開亦以遺民終老，故揚詡未免過情。然幽憂悲思，再三致意，有《黍離》《麥秀》之遺音，固猶不失風人之義也。』四庫館臣之評可稱公允。然方鳳嚴守夷夏之辨，每每形諸文字，如《書梅節湣公文安集後》『最中虜忌』『虜勢豈遽莫遏』、《上陳丞相書》『尚恐狡虜生心』『虜棄地利』之『虜』，便是對北方外族金人和蒙古人的蔑稱，而四庫館臣秉持滿清立場，皆以『敵』字更易之，其擅改原本之行徑實不可取。

清四庫館臣復謂：『原本尚有《物異考》一卷，《月泉吟社詩》二卷，《外篇》詩文二卷。今案《物異考》出自唐宋遺書，寥寥數則，無資考證；《月泉吟社詩》，已有單本別行；至《外篇》所輯他人贈答之作，並《謝翱傳》《吳萊碑》而録之，尤為汜濫，今並從刪削焉。』四庫館臣以清初張燧所輯，或『無資考證』，或『已有單本別行』，或『尤為汜濫』，遂並刪削之而成《存雅堂遺稿》五卷，誠可見出其獨特見地。然細考之，如集中《憶同張子長遊北山諸名勝》，實為鳳公弟子黃溍所作而為張燧所誤收者，而四庫館臣未之察，可為遺憾者也。尤可遺憾者，《物異考》一卷，清四庫館臣唯謂其『無資考證』而刪去之，而不察張燧誤以明崑山方鳳之著屬之宋浦陽方鳳也。可詳參方勇所著《存雅堂遺稿斠補》之『校勘記』。

今據清文淵閣《四庫全書》本影印《存雅堂遺稿》五卷，在《浦江文獻集成》第七冊。

方勇

存雅堂遺稿一卷

（宋）方鳳撰　清法式善存素堂抄《宋元人詩集》本

方鳳生平已見於前面提要。此處所收《存雅堂遺稿》一卷，原在法式善存素堂抄《宋元人詩集》中。法式善（一七五二—一八一三），姓伍堯氏，原名運昌，字開文，别號時帆，蒙古正紅旗人。乾隆四十五年進士，授檢討，官至侍讀。乾隆盛讚其才，賜名『法式善』，滿語為『奮勉有為』之意。法式善曾參與編纂武英殿分校《四庫全書》，為我國蒙古族中唯一參與編纂《四庫全書》者，著有《存素堂集》《梧門詩話》《陶廬雜録》《清秘述聞》等。法式善嗜書如命，利用其特殊身份，曾經購買、録副一大批《四庫》大典輯本稿本宋元人集（主要是詩集），抄成《宋元人詩集》，凡收宋元詩一百三十家，《存雅堂遺稿》即為其一。

經比對，法式善所抄《存雅堂遺稿》一卷，包括清初張燧所輯《存雅堂遺稿》之全部詩作，排列次序亦與之完全相同，而文字則略有出入。如張燧輯本方鳳詩題《鹿田聽雨》，法式善抄本作『西鹿田寺聽雨』；張燧輯本方鳳《題鄭氏義門》『千載不餒而』之『而』，法式善抄本作『爾』；張燧輯本方鳳《仙華山採茶詩》『軒娥遺瑞草』之『瑞』，法式善抄本作『瑤』；張燧輯本所附方樗《遊寶掌山寺》『雲霧蒙絕壁』之『蒙』，法式善抄本作『濛』，凡此不知法式善有何依據，或度其意而逕自改之歟？

今據國家圖書館（原北京圖書館）藏清法式善存素堂抄《宋元人詩集》本《存雅堂遺稿》一卷影印，在《浦江文獻集成》第八册。

方勇

馮秋水先生評定存雅堂遺稿十三卷附西塘十景詩

（宋）方鳳撰（清）張燧輯（清）馮如京評　清順治十一年浦江西塘純孝堂刊嘉慶四年西塘純孝堂補刊本

方鳳生平已見於前面提要。此處所收原書裝訂為四冊，藏於國家圖書館（原北京圖書館），書前依次有馮如京《方巖南先生集序》、何思卿《方韶卿先生遺稿輯評序》、陸大任《方韶卿先生存雅堂遺稿敘》、施大晚《方韶卿先生存雅堂遺集輯評引》、張燧《輯評方韶卿先生遺集序》、張燧《輯評存雅遺稿客難》、曾安世《校宋遺民方巖南先生存雅堂遺稿題詞》、方士奇《存雅先生遺集輯評跋》、方舟《書存雅先生遺稿輯評後幅》、方文憲《書存雅先生遺集後》、方如璋《書存雅先生遺集後》、方懷璧《存雅先生遺集後跋》、方如圭《書存雅先生遺稿輯評後》、張燧《存雅堂遺稿輯評凡例》；卷端題『馮秋水先生評定存雅堂遺稿』『浦江韶卿方鳳撰著、同邑夫次張燧輯評』，版心題『方韶卿遺稿』；卷一至卷五為方鳳及二子詩文與張燧所輯他人及自作評注，卷六為《物異考》，卷七至卷十一為《月泉吟社盟詩》，卷十二為《外篇》詩（輯他人贈答之詩），卷十三為《外篇》文（輯他人文）；書末有嘉慶四年夏月西塘裔孫補刻《方韶卿遺稿補刊捐梓名次》云：『韶父公之文集，昔元時柳文肅公囑趙大訥先生刊於永嘉郡齋，後已散逸，不復考見。張夫次先生裒集諸書，輯《存雅堂遺集》，西堂諸先公校讎付梓，存於純孝堂祠中，歷有年所，今復散失二十餘板，西堂有志者仍欲補刻，爰是約同合志，勉力續成遺集，更補詠雪詩九首。裔孫逵記。』

今以上海圖書館藏雍正二年純孝堂補刻本《馮秋水先生評定存雅堂遺稿》十三卷與嘉慶四年補刻本相

較，有如下情況需要説明：一、雍正二年補刻本書前所收序跋，依次有馮如京《方巖南先生集序》、何思卿《方韶卿先生遺稿輯評序》及張燧《輯評方韶卿先生遺集序》《輯評存雅遺稿客難》《存雅堂遺稿輯評凡例》，不見嘉慶四年補刻本所收順治十一年所撰其餘序跋，而嘉慶四年補刻本所收曾安世康熙六十一年所撰《校宋遺民方巖南先生存雅堂遺稿題詞》，在雍正二年補刻本中卻置於卷十三『方節義遺集補刊』欄。二、兩個補刻本自卷一至卷十二，內容完全相同，唯卷三『補遺』欄所收方鳳《書北山感雪竹賦後》（後有張愚谷雍正時評語）及鄭尚藎康熙三十九年《書方巖南先生遺集後》之後，嘉慶四年補刻本多出『嘉慶（四年）己未夏月，孝子公派下重刊』等語，説明其所收此二文當據雍正二年補刻本重刊。三、雍正二年補刻本卷十三，在《方鳳小傳》後依次為戴良《書柳待制詩後》《祭方壽甫先生文》，張以培為戴良《祭方壽甫先生文》所作跋，曾安世《方巖南先生私謚》《校宋遺民方巖南先生存雅堂遺稿題詞》，康熙《御制詩選序》及御選方鳳《遊仙華山》《鹿田聽雨》詩，還有《宋方節義先生遺集補刻》（題『東陽遺民景山方鳳著』『錢塘尺鳧吳焯輯』『慈溪義門鄭性閱』『秀水繒關曾安世訂』『十五世孫光炳校』），所收詩文包括方鳳《雜詠十首》及方舒所作跋）和《宋高士方韶父先生遺集補刻》（題『東陽遺民景山方鳳纂』『秀水後學梅廳曾安世輯』『十五世孫光炳校、舒訂』），所收著作、文章包括方鳳《野服考》及曹溶所撰《書宋四高士方韶卿先生遺集後跋》、曾安世所撰跋語），而嘉慶四年補刻本在《方鳳小傳》後則為《西塘十景詩》、方逵所作後記等，可證其書前所收曾安世康熙六十一年《校宋遺民方巖南先生存雅堂遺稿題詞》當來自雍正二年補刻本，但其補刻時何以刪去雍正補刻中上述諸多文字，雍正二年補刻本又何以刪去順治十一年刻本中《西塘十景詩》，皆不得而知。但現存所有《存雅堂遺稿》中，唯有雍正二年、嘉慶四年兩個補刻本係據純孝堂祠藏順治十一年所刻殘板印成，值得重視。

今據國家圖書館（原北京圖書館）藏清順治十一年浦江西塘純孝堂刊、嘉慶四年西塘純孝堂補刊本影印，在《浦江文獻集成》第八册。

方勇

馮秋水先生評定存雅堂遺稿十三卷

（宋）方鳳撰（清）張燧輯（清）馮如京評　清抄本

方鳳生平已見於前面提要。此處所收原抄裝訂為二冊，缺卷七至九，藏於雲南大學圖書館，書前依次有張燧《輯評方韶卿先生遺集序》、張燧《輯評存雅遺稿客難》、方如璋《書存雅先生遺集後》、曾安世《校宋遺民方巖南先生存雅堂遺稿題詞》、方士奇《存雅先生遺集輯評跋》、方舟《書存雅先生遺稿輯評後幅》、方如圭《書存雅先生遺稿輯評後》、方懷璧《存雅先生遺集後跋》、張燧《存雅堂遺稿輯評凡例》，所選序跋數目及其排列次序與今所見各本皆不同。

現所存《馮秋水先生評定存雅堂遺稿》十三卷，除此清抄本外，尚有清順治十一年浦江西塘純孝堂刊重印本，順治十一年浦江西塘純孝堂刊、雍正二年西塘純孝堂補刊本，順治十一年浦江西塘純孝堂刊、嘉慶四年西塘純孝堂補刊本，同治十三年浦江仙華登高口方爽齋木活字本。此清抄本卷端題『浦江韶卿方鳳撰著』『同邑夫次張燧輯評』『桐城吉偶方亨咸參定』『甬東爾肩陸大任訂正』『裔孫朝德方如璋、朝輝方如璟、朝仁方履端校刊』，與順治十一年刊重印本、雍正二年補刊本、嘉慶四年補刊本卷端所題皆吻合，而同治十三年方爽齋木活字本卷端所題，於『裔孫朝德方如璋、朝輝方如璟、朝仁方履端校刊』之左復有『道鎔、家鑫、夢祥、桂山校正』字樣，顯然非清抄本所據之版本。又清抄本與嘉慶四年補刊本、同治十三年方爽齋木活字本書前皆有《方韶卿先生存雅堂遺稿輯評目次上》《方韶卿先生存雅堂遺稿輯評目次下》，而順治十一年刊重印本、雍正二年補刊本則無之，但方爽齋木活字本《方韶卿先生存雅堂遺稿輯評目次下》自黄溍詩目之後，每葉所列條目多寡與清抄本不一致。

今檢清抄本自卷一至卷十三，抄録格式與順治十一年刊重印本、雍正二年補刊本、嘉慶四年補刊本皆相同，所録内容則比順治十一年刊重印本多出方鳳《書北山感雪竹賦後》一文，在卷三之末『補遺』欄中，而追溯此『補遺』欄則由雍正二年補刊本始增入，嘉慶四年補刊本因之。在所增入『補遺』欄《書北山感雪竹賦後》之後，雍正二年補刊本、嘉慶四年補刊本皆尚有康熙三十九年浦陽麟溪後學鄭尚蓋所撰《書方巖南先生遺集後》一文，唯雍正二年補刊本於此文後尚附有『張愚谷曰』一則小字評語，而此清抄本與嘉慶四年補刊本皆無之；嘉慶四年補刊本鄭尚蓋《書方巖南先生遺集後》之後有『嘉慶己未夏月孝子公派下重刊』字様，顯係嘉慶四年補刻時所增。

綜上所述，疑清抄本《馮秋水先生評定存雅堂遺稿》十三卷當以嘉慶四年補刊本為底本，抄録者當為浦陽方鳳之後裔，而非西塘純孝堂『孝子公派』一系之人，因其目見鄭尚蓋《書方巖南先生遺集後》之後有『孝子公派下重刊』字様，遂以為此文為此派人所始增，而出於各房各系之競爭心理（此類心理至今存在於當地一些大家族的各房各系之間），於是將此文棄而不録，但書前所選序跋數目及其排列次序何以與嘉慶四年補刊本不同，於此仍不能作出較為合理的推測。又清抄本卷十三之末有『乙亥九穐（秋）校』字様，考清朝在嘉慶四年後的『乙亥』年唯有嘉慶二十年（一八一五）、光緒元年（一八七五），而此期間，浦江雅方慎德堂於道光十四年（一八三四）以木活字排出《馮秋水先生評定存雅堂遺稿》十三卷，同邑仙華登高口方爽齋又於同治十三年（一八七四）以木活字排出《馮秋水先生評定存雅堂遺稿》十三卷，而抄録者欲得之已較易，何必如此費心費力予以抄録？由此推之，則此書當抄成於清嘉慶二十年秋天，但後來何以為雲南大學圖書館所收藏卻不得而知。

今據雲南大學圖書館藏清抄本《馮秋水先生評定存雅堂遺稿》十三卷影印，在《浦江文獻集成》第九冊。

方　勇

存雅堂遺稿六卷

（宋）方鳳撰　清道光十四年浦江雅方慎德堂木活字印本

方鳳生平已見於前面提要。此處所收為清道光十四年（一八三四）浦江雅方慎德堂木活字印本，原裝一册。雅方為方鳳十一世祖景傳公六世孫輝頊之後裔，堂名慎德堂，在今鄭宅鎮雅方村。方鳳詩文流傳於今者，實賴清初邑人張燧之精心搜輯，清順治十一年由方鳳西塘裔孫刊印為《馮秋水先生評定存雅堂遺稿》十三卷，雍正二年、嘉慶四年先後在原板上進行補刻續增，所收詩文不斷增多。及清四庫館臣編纂《四庫全書》，以為『《物異考》出自唐宋遺書，寥寥數則，無資考證；《月泉吟社詩》，已有單本別行；至《外篇》所輯他人贈答之作，並《謝翱傳》《吳萊碑》而録之，尤為氾濫』，一併予以刪削，而成為《存雅堂遺稿》五卷。雅方慎德堂編纂者則自擬體例，將張燧所輯本《馮秋水先生評定存雅堂遺稿》十三卷予以改編增損，以木活字排印為《存雅堂遺稿》六卷。

是本扉頁鐫『宋方韶卿著《存雅堂遺稿》，慎德堂重梓』。書前有曾安世、張燧各一序，而張燧輯本所收其他序跋悉被刪去。又有宋濂《浦陽人物記》方鳳本傳、程敏政《宋遺民録》方鳳小傳，乃從張燧輯本第十三卷中移至此處；並附鳳子方樗、方梓合傳一篇，則轉自邑志。復有黄溍所撰《方先生詩集序》，亦轉自張燧輯本之第十三卷；還有編纂者所輯《叢説》，包括龔開、黄溍、胡翰、王褘、胡應麟、張燧對方鳳之評語。正文分六卷，卷一為方鳳之詩，卷二為方鳳所作之書、序、跋、記、行狀、祭文、牘，卷三為方鳳所撰之行紀，卷四為《物異考》，卷五為《附集》，卷六為《外集》。書末有邑後學黄書林道光十四年所撰跋語云：『先生……所著《存雅堂稿》三千餘篇，今不傳。此本乃順治間夫次張氏所輯也，詩文外附以《洞天行紀》《吟社詩評》。按《行紀》一冊，《遺民録》作謝皋羽撰，而《晞髪集》中不載，其為先生手筆無疑。若《月泉吟社》，係吳明府潛齋匯次，先生不過與其評定爾，因另為刊行，不復編入。』是編纂者有鑒於《月泉吟社》已另有單本行世，而悉數刪去清初張燧輯本卷七、八、九、十、十一。但今檢本書，凡張燧所輯眾多評語而附於各詩文之左者亦已被悉數刪去，且所保留各卷之排列次序及各卷内之排列序次皆有大膽調整。如張燧輯本所收方鳳及二子樗、梓之詩作原編為卷一、二，卷一為五言古詩、五言律詩、五言排律、五言絕句，卷二為七言古詩、七言律詩、七言排律、七言絕句，而此本則合併為卷一，按五言古詩、七言古詩、五言律詩、五言排律詩、七言律詩、七言排律詩、五言絕句、七言絕句之順序進行排列，並將其中所附樗、梓古今體詩十六首摘出，與張燧輯本卷三中所附樗、梓雜文五篇合為《附集》，作為卷五，而張燧輯本卷十二、十三所收他人詩文，經調整增損而合為《外集》，作為卷六。則自清初張燧輯本行世以來，未有如是本之重新編排而面目為之一新也。今案清嘉慶四年補刻本《馮秋水先生評定存雅堂遺稿》卷九『補遺』欄有方鳳《懷古題雪十首》（缺一）而此本無之，而雍正二年補刻本卷三『補遺』欄有方鳳《書北山感雪竹賦後》，而此本將之移至卷二《書梅節滑公文安集後》之後，以類相從，則此本所用底本當為雍正二年補刻本。

今據上海圖書館藏清道光十四年浦江雅方慎德堂木活字印本《存雅堂遺稿》六卷影印，在《浦江文獻集成》第九冊。

方 勇

馮秋水先生評定存雅堂遺稿十三卷

（宋）方鳳撰（清）張燧輯（清）馮如京評　清同治十三年浦江仙華登高口方爽齋木活字印本

方鳳生平已見於前面提要。此處所收為清同治十三年（一八七四）浦江仙華登高口方爽齋木活字印本，原裝四冊。登高口村（在今浦江縣仙華街道）方氏，為方鳳公十一世孫逢禮之後裔。其活字排印《馮秋水先生評定存雅堂遺稿》十三卷，書前依次有馮如京《方巖南先生集序》、何思卿《方韶卿先生遺稿輯評序》、陸大任《方韶卿先生存雅堂遺稿敘》、施大喚《方韶卿先生存雅堂遺集輯評引》、張燧《輯評方韶卿先生遺集序》、張燧《輯評存雅遺稿客難》、曾安世《校宋遺民方巖南先生存雅堂遺稿題詞》、張燧《存雅堂遺稿輯評凡例》。書後有邑人朱承綺清同治十三年所撰《重修存雅堂遺稿後跋》，並附有《同治（十三年）甲戌孟冬重修捐貲名次》。

今案朱承綺後跋云：『綺束髮受書時，先父曾授以手録方韶卿先生《遊仙華山》及《春日田園雜興》詩，為綺口講，稍見一斑，但未指示遺集大旨如何。嗣道光己酉年，授徒於方氏花萼軒，係先生後裔，以一編見贈，因得縱觀。攜歸家中，什襲珍藏。辛酉之變，盡入兵燹，蕩然無存。有時憶及，輒為悵然。後又歷館諸家，亦僅見有《月泉吟社》一冊，或係黃氏後裔活版刷印，或係手抄，而於遺集無聞。今年余適設帳書院，門下方生等來晤，出舊集見示，並示重修。及請校正，予曰先正遺書，無一字無來歷，豈容誤改金根，貽笑大方？即有可疑，亦當如前輩於集中《中峰嘯月》詩內「邠盼」二字意是「繽紛」，雖知謬誤，仍不妄易。惟其間一二點畫顯錯者，或為訂正，以求有當。至於集中諸作，悼時傷事，盡有《黍離》《麥秀》遺音，先哲論之已詳，綺不敢贅，亦不能贅。』是雖處清末板蕩之秋，邑人仍係心先賢遺著，而鳳公後裔尤其如此，故有此本《馮秋水先生評定存雅堂遺稿》十三卷之問世。據此本種種跡象，乃是以清嘉慶四年補刊本《馮秋水先生評定存雅堂遺稿》十三卷為底本，但補刊本前後清初西塘純孝堂諸裔孫所作序跋及書末所附《西塘十景詩》則皆被刪去。至於正文十三卷，因改為活字排印，格式亦不免有些許變動。

今影印清同治十三年浦江仙華登高口方爽齋木活字印本《馮秋水先生評定存雅堂遺稿》十三卷，前二冊據浙江圖書館藏本，後二冊據浙江義烏市圖書館藏本，在《浦江文獻集成》第一〇冊。

方勇

存雅堂遺稿五卷

（宋）方鳳撰　民國十三年永康胡宗楙夢選廔刊《續金華叢書》本

方鳳生平已見於前面提要。胡宗楙云：『宋浦江方韶卿「所著詩三千餘首」，見宋景濂所為傳。柳文肅取家藏五七言古律詩，屬趙敬叔刻置永嘉縣齋，僅得三百八十首，已不逮十之二。越三百餘載，同邑張燧竭力搜輯，為十三卷，又十亡其九，即此集所稱《遺稿》者是。每首加以圈點，後録各家評語，卷末附刊《物異考》及《月泉吟社》。先君子以《月泉吟社》列《金華叢書》，余復以《物異考》入續刻中單行。《四庫提要》以遺集編次紊淆，刪訂五卷，余遂據以重刊。』清末永康胡鳳丹輯刻《金華叢書》，以《月泉吟社》收録其中；其子宗楙輯刻《續金華叢書》，復以《物異考》入續其内，仍襲張燧之誤，不察其為明崑山方鳳所著也。

胡宗楙於此本卷五末謂『據《四庫全書》本校録』，但二者文字卻有較大出入。如此本《遊仙華山》詩題下有小注云『輯《宋遺民録》、輯《詩粹》、輯《楊德周雜誌》、輯《譜鈔》、輯《一統志》』，《懷龔山人聖予》詩題下云『輯《松雪齋詩鈔》』，《寄仇仁近》詩題下云『輯《碧樵偶録》、輯《松雪齋詩鈔》』，《題鄭氏義門》詩題下云『輯《麟溪集》、輯《邑志》』，《金華洞天行紀》題下云：『輯《月山雜録》，皆與張燧所輯《馮秋水先生評定存雅堂遺稿》十三卷本相一致，而《四庫全書》本則盡被刪去。又此本收有方鳳

《懷古題雪十首》（缺一）《書北山感雪竹賦後跋》及鄭尚藎題識一篇，與張燧所輯《馮秋水先生評定存雅堂遺稿》十三卷、嘉慶四年補刊本相一致。以此推之，則此本當為胡宗楙依《四庫全書》本之卷數，截取嘉慶四年補刊本相關詩文及文字而刪去張燧所輯評語而成者，非據《四庫全書》本鋟梓者甚明。

今據民國十三年永康胡宗楙夢選廔刊《續金華叢書》本《存雅堂遺稿》五卷影印，在《浦江文獻集成》第一〇冊。

方勇

存雅堂遺稿

（宋）方鳳撰　民國三十五年重修木活字印《浦陽仙華方氏宗譜》本

方鳳生平已見於前面提要。浦陽仙華方氏為晚唐詩人方干之後裔，其四世孫方景傳自桐廬白雲源來遷浦陽仙華山下，傳四世至方資中宋嘉祐八年進士，累官至禮部尚書。方資之子揚遠，中元祐二年進士，累官至兵部尚書，致仕後始創族譜簡圖，其七世孫方鳳復正式著為詳細稿本，此後修譜即在此基礎上續增。今傳舊活字印本《浦陽仙華方氏宗譜》，卷端猶有『方鳳著稿』字樣。現浦江敏德堂方氏所藏民國三十五年重修木活字印《浦陽仙華方氏宗譜》十七卷（十七册），卷二附有《存雅堂遺集》，所收皆為方鳳及二子方樗、方梓之詩作。

今案清初張燧所輯《馮秋水先生評定存雅堂遺稿》詩，題下每有『輯譜鈔』字樣；嘉慶四年西塘純孝堂補刊本卷九『補遺』欄收有方鳳七言古詩《懷古題雪十首》（缺一），注云『輯仙華譜鈔』，則《浦陽仙華方氏宗譜》收録方鳳詩作久矣。經比對，現存《浦陽仙華方氏宗譜》收録方鳳及二子詩作文字略有出入，如嘉慶四年補刊本方鳳《重陽明日得日字》小序『會葬諸賓』之『賓』，民國三十五年重修木活字印《浦陽仙華方氏宗譜》本作『客』；嘉慶四年補刊本方鳳《寄柳道傳黄晉卿兩生》『君攬』，《浦陽仙華方氏宗譜》本作『試覽』；嘉慶四年補刊方鳳《八景勝概》，《浦陽仙華方氏宗譜》本題作『仙華八景』；嘉慶四年補刊方鳳《三洞》，《浦陽仙華方氏宗譜》本題作『金華三洞天』；嘉慶四年補刊方鳳《送吳立夫》，《浦陽仙華方氏宗譜》本題作『送吳立夫赴京會試』；嘉慶四年補刊本附方樗《題吳景禧棲碧樓》，《浦陽仙華方氏宗譜》本『題』上有『暑中』二字；嘉慶四年補刊本附方樗《重陽對菊得開字》，《浦陽仙華方氏宗譜》本題作『送吳止所歸窆遇雨九月八日菊開以賦其韻』。更值得注意者，在清末以前所有刊本之外，民國三十五年重修《浦陽仙華方氏宗譜》本還收有方鳳《題春壽堂》《壽東先生》《寄功父》《餞續古贇趙氏》《和陶淵明九日閒居韻》《述志》《述懷》《對仙華雪懷》，以及方樗《同父對仙華山》《哀吳止所》《雪懷續古和方梓《述父雪懷》《哀止所》（二首），委實使人如獲至寶。

今據浦江敏德堂方氏所藏民國三十五年重修木活字印《浦陽仙華方氏宗譜》本《存雅堂遺稿》影印，在《浦江文獻集成》第一〇冊。

方勇

附：存雅堂遺稿斠補

方勇撰　二〇一四年學苑出版社排印本

方勇教授為方鳳公二十四世孫，自一九九〇年六月開始輯校方鳳遺文，次年九月彙集為《方鳳集》，一九九三年十二月由浙江古籍出版社出版發行。其間，方勇任教於河北大學中文系，為了整理此書，曾多次前往全國各大圖書館搜集方鳳遺文，並先後三次返回故里浙江浦江，與宗親共襄此舉，可謂已經盡心盡力。

但因限於當時條件，每個圖書館基本上都只提供目録卡片，查找資料多有不易，故自《方鳳集》出版以後，方勇心中時有不安，唯恐鳳公遺文不能搜羅殆盡。此後，方勇到杭州大學攻讀博士學位，又到北京大學從事博士後研究，最終到上海執教，在此期間，電腦與互聯網逐漸普及，加上其自身轉徙南北之有利條件，方勇決定更為深入細緻地搜尋鳳公遺文，擬對《方鳳集》作一次訂補。

當年輯校《方鳳集》，方勇選擇北京圖書館（今國家圖書館）所藏清嘉慶四年（一七九九）浦江西塘純孝堂補刻《馮秋水先生評定存雅堂遺稿》十三卷作為底本，並校以浙江圖書館藏清同治十三年（一八七四）浦江仙華登高口方爽齋重刻《馮秋水先生評定存雅堂遺稿》十三卷、北京圖書館藏清道光十四年（一八三四）浦江雅方慎德堂木活字排印《存雅堂遺稿》六卷、北京圖書館藏清法式善存素堂抄《宋元人詩集》所收《存雅堂遺稿》一卷、清修《四庫全書》所收《存雅堂遺稿》五卷、民國胡宗楙輯《續金華叢書》所收《存雅堂遺稿》五卷，以及大量叢刻、類書、地方誌、族譜等相關資料。

清初邑人張燧，博采旁摭，得鳳詩七十三首，文十四篇，及其他相關文字，並得到浙江金衢道參政馮如京評定及『捐貲』，乃編次為《馮秋水先生評定存雅堂遺稿》十三卷，順治十一年（一六五四）由方鳳西塘裔孫付梓於純孝堂宗祠中。現在所能見到的所有《存雅堂遺稿》刊本或抄本，都應視為此版本的補刻本或抄本，但可惜這一祖本早已不存於世。

從方勇輯校《方鳳集》時所能搜集到的各種本子來看，以北京圖書館藏清嘉慶四年補刻《馮秋水先生評定存雅堂遺稿》十三卷為最佳，内容也最為豐富。二〇〇三年七月，方勇復於上海圖書館找到著録為『《馮秋水先生評定存雅堂遺稿》十三卷、補刊一卷』，為純孝堂清雍正二年（一七二四）補刻本，乃是據清順治十一年刻本補刻而成，清廷修纂《四庫全書》，便是據此補刻本刪削而成《存雅堂遺稿》五卷。

現存所有《存雅堂遺稿》中，唯有雍正二年、嘉慶四年兩個補刻本係據純孝堂祠藏順治十一年所刻殘板印成。相比較而言，雍正補刻本早於嘉慶本七十多年，但因其刪去序跋及十三卷中的詩文過多，所以反而不如後印之嘉慶四年本更接近順治十一年所刻《馮秋水先生評定存雅堂遺稿》十三卷之原貌。有鑒於此，這次斠補《存雅堂遺稿》，決定在《方鳳集》（以嘉慶四年補刻本為底本）基礎上校勘增補。其斠補情況如下：

一、方勇所輯《方鳳集》（浙江古籍出版社一九九三年十二月版），其體例在《方鳳集前言》中已有説明，務請讀者參詳。為了與此書保持體例上的一致，便於學人閲讀，此次斠補《存雅堂遺稿》，即在《方鳳集》基礎上進行，凡有所改動增益者，皆予以説明之。

二、《方鳳集》出版後，先後發現校對等錯誤近二十處，此次借出版《存雅堂遺稿斠補》之際，皆徑予訂正之，不復出示校勘記。唯於方鳳《書北山感雪竹賦後》、鄭尚藎《書方巖南先生遺集後》、曾安世《校宋遺民方巖南先生存雅堂遺稿題詞》，方勇原誤以為始收於嘉慶四年補刻本，此次撰《存雅堂遺稿斠補》則將始刻權還歸雍正二年補刻本，並適當修改方勇當時所作按語。《方鳳集》所收《野服考》，輯録於清曹溶所編《學海類編》，但方勇後來發現雍正二年補刻《馮秋水先生評定存雅堂遺稿》卷十三《宋高士方韶父先生遺集補刻》，為秀水曾安世『亟録以貽先生（方鳳）裔孫諸生光炳、太學生舒，俾刊入焉』者，惜已不便更替。

三、《物異考》一卷，張燧輯入《馮秋水先生評定存雅堂遺稿》卷七，實為明崑山方鳳（號改亭）所著，但筆者輯校《方鳳集》時，不敢擅自删去，此次亦姑仍其舊。《夷俗考》一卷，或著録為宋浦陽方鳳撰，或著録為明崑山方鳳撰，而據方勇考證，亦出崑山方鳳手筆，但為慎重起見，姑輯入《存雅堂遺稿斠補》，次於《物異考》之後，以俟賢者一併論定。

四、方勇輯校《方鳳集》時，從《浦陽仙華方氏宗譜》中輯得方鳳及二子之逸詩凡十有四首，復從《學海類編》中輯得方鳳《野服考》一卷，從《浦陽吴溪吴氏家乘》中輯得方鳳《翰林學士承旨榮禄大夫柱國渤國公伯玉公像贊》一文，從黄溍《化城院記》中摘出方鳳《仙華遊録》殘文，按不同體裁分别收録之。雍正二年補刻《馮秋水先生評定存雅堂遺稿》卷十三《宋方節義先生遺集補刻》中有方鳳《雜詠十首》，方勇又從民國喻謙所編《新續高僧傳·南宋黄山雲嶺禪院沙門釋雲林傳》中輯得《寄雲林詩》，從《長陵祝氏宗譜》中輯得方鳳《宋故永州教諭叔厚公像贊》一文，從《浦陽戴氏宗譜》中輯得方樗《元婺州路副使南山公像贊》一文，此次亦按不同體裁分别收入《存雅堂遺稿斠補》相關欄目。復又從顧嗣立編《元詩選·陵陽集》中輯得牟巘《仲實韶父過訪有詩奉和》，補入本書『附録』中；而從《浦陽詩録》（清咸豐六年浦江鄭氏元鹿山房刊本）所得題為『張燧』《過方韶卿先生墓》詩，即為清順治十一年刻《存雅堂遺稿·外篇》所收明張一楨《過宋遺民方韶卿先生墓》詩之誤收，則不可予以重録之。

五、自清初邑人張燧輯録評語及外篇他人贈答、序跋之後，方勇又在《方鳳集》中補收大量相關文字，作為『評注續輯』及『附録』中新增文字。此次復從雍正二年補刻《馮秋水先生評定存雅堂遺稿》卷十三《宋方節義先生遺集補刻》中，輯得清曾安世《方巖南先生私謚》跋，和清曹溶《書宋四高士方韶卿先生遺集後》、張愚谷《書北山感雪竹賦後》跋、方光舒《雜詠十首》跋，以及書前清趙昱《讀宋遺民方韶卿集》詩、民國葉景葵題識，分别録入《存雅堂遺稿斠補》相關欄目。

六、《方鳳集》原闕『附録』欄目，今以内容增多，故析之為四。其中《方鳳事蹟詩文繫年表》，在原文基礎上增加『大德二年戊戌，鳳五十九歲』一條，以見此時方鳳嘗與戴表元、陳康祖、顧文琛會合劇飲於杭之客樓，仍互以節義相振激；《〈方鳳集〉訂補》《元初浦陽遺民詩人群體述論》二文，原收入方勇論文集《卮言録》（中國社會科學出版社二〇〇四年版），今録入《存雅堂遺稿斠補》，對於讀者瞭解此書編撰緣起和方鳳活動的地域文化背景等，皆應有所助益。清順治十一年、雍正二年、嘉慶四年、同治十三年刊《馮秋水先生評定存雅堂遺稿》十三卷，其中卷七至卷十一皆為《月泉吟社盟詩》，方勇輯較《方鳳集》時，依據清四庫館臣之説，亦不予收録，但此後覺得有些不妥。張燧輯《馮秋水先生評定存雅堂遺稿》為《月泉吟社盟詩》所加按語引《月山雜録》中明末浦陽張一楨語云：『猶憶髫時，先府君華璧公語楨：「此《月泉吟社詩》，蓋巖南方先生筆也。」……閲其《譜鈔》，乃韶父寔代吳評之，而謝（翱）、吳（思齊）二子則參訂焉者也。……初，吳公渭以故宋義烏令解組家食，延致鄉遺老方公鳳等於家，開社命題，鑒别高下，榜示褒賞云云。由是觀之，則先府君屬之巖南先生者，斷可據也。』張燧《存雅堂遺稿輯評凡例》亦云：『《吟社》詩評，實出先生手筆，或為它家繆標，或為當局專美，今從先哲論定，一一為之改正。久假得歸，識者快焉。』今案宋濂《浦陽人物記》，謂『鳳善《詩》，通毛、鄭二家言，晚遂一發於詠歌，音調淒涼，深於古今之感』，方鳳在理論上對詩學也有獨到見解，從其《仇仁父詩序》即可見一斑，而吳渭、吳思齊等，皆非以詩學見長，謝翱雖有很大文學成就，但主要表現在散文方面，由此看來，張一楨承繼其『先府君華璧公』的看法，進一步認為『屬之巖南先生者，斷可據也』，而張燧復云『《吟社》詩評，實出先生手筆』，並輯入《馮秋水先生評定存雅堂遺稿》，應當說都有相當理由。故今摘取《月泉吟社盟詩》五卷，以及方勇所著《南宋遺民詩人群體研究》（人民出版社二〇〇〇年版）之《元初月泉吟社詩集版本考略》、鄒豔博士《月泉吟社研究》（人民出版社二〇一三年版）之《從浦江望族看月泉吟社的形成》，一併收入《存雅堂遺稿斠補》之附録，以資讀者參考。

今據方勇所撰二〇一四年學苑出版社排印本《存雅堂遺稿斠補》一册影印，在《浦江文獻集成》第一一册。

方勇

金華遊録一卷

（宋）方鳳撰　清順治三年宛委山堂刊《説郛》本

方鳳生平已見於前面提要。從東漢末年開始，浦江人文漸漸興起，而忠孝文化之特徵尤其明顯。南宋滅亡之後，以方鳳為首的浦江遺民文學群體迅速形成，共同開啟了浦江文化的新篇章。

由於蒙古貴族入主中原後採取了極端的民族歧視政策，浦江遺民群體在南宋滅亡後第十個年頭（一二八六年），聯絡浙江、江蘇、福建、江西等地區的大批遺民故老，以詩歌創作比賽為名，在浦江月泉舉行了一場聲勢浩大的集體抗爭活動，在當時和後世產生了極大的影響。此後的第三年正月，方鳳、謝翱等七人，又從浦江出發前往金華，與那裏具有民族氣節的佛、道二教人士攜手踟躕於殘山剩水之間，以砥礪風節、增強抗爭勇氣。方鳳回到浦江後，將這次長達十五天的活動寫成了《金華遊録》，以抒發其特殊的心理感受，成了金華歷史上最有名、最有影響力的紀遊文章。

《金華遊録》，清初張燧所輯《馮秋水先生評定存雅堂遺稿》題名為《金華洞天行記》，分為卷上、卷下，題下自注『輯《月山雜録》』，並引明末邑人張一楨云：『先公荊完先生《書金華洞天行紀後》曰「此從《譜鈔》所録』。嘗閲程篁墩《宋遺民録》，標此為《金華遊録》，屬之謝皋羽，稱「《翱傳》所著有《東西遊録》九卷，此特其一」云，不知此《晞髮集》所不收。又翱作《金華洞人物古跡記》亦云「友人方君鳳既集為《行紀》，志所變怪，先後有差」云云；又詳覽原跋，率首稱「巖南詔卿」，益可見也。故予斷以《譜鈔》為確，手録梓行，以為好遨者一助。萬曆己未修禊日，張一楨識。』與元末明初《説郛》編纂者陶宗儀以《金華遊録》屬之方鳳者相一致。

今據國家圖書館（原北京圖書館）藏清順治三年宛委山堂刊《説郛》本《金華遊録》一卷影印，在《浦江文獻集成》第一一冊。

方　勇

金華遊録一卷

（宋）方鳳撰　清道光十一年六安晁氏木活字印《學海類編》本

方鳳生平已見於前面提要。此本卷端題『宋東陽方鳳韶卿撰』。張燧輯《馮秋水先生評定存雅堂遺稿》所收方鳳《金華洞天行記》之末附吴士謡跋語云：『右《金華洞天行紀》一小帙，蓋巖南方先生、晞髪謝先生與諸老並先伯父續古同遊之所紀述也。當時距宋失國才十四歲，然觀諸老情思，咸有《黍離》餘韻，而紀述巨細，詳悉不遺，寫出北山勝概，宛在目中，信非諸老不能作也。然要之己丑，實元世祖至元二十六年也。書歲而不書年者，亦猶靖節不書永初之例耳。後之觀斯帙者，庶幾識前人忠厚之風云。吴士謡識。』吴士謡為方鳳弟子吴萊之子，其景仰前賢氣節之情至今猶躍然紙上。

細讀方鳳《金華遊録》，誠可見出南宋遺老忠厚之風，其踟躕殘山剩水，無非藉以抒發其亡國之悲。如鳳公遊録云：『晚抵赤松，自源口入一里許，萬松矗翠，有亭跨中路，扁赤松山，舊樞密潛齋王公埜書。今住觀，唐元素易以他書矣。』張燧注：『舊書經易，篇中兩見，復多惓惓，無非鼎革為懷。』又云：『祠前舊有老樹並，其一中斷倒架，上半於其一附著而生，下半則僵立不相接，狀甚怪奇。今為改祠道士伐去，曾遊者以為言。』張燧注：『老樹何足述？蓋酷類紹隆間斷續道士斤斧妄加，有心人正到處傷情耳。』又云：『入寶婺觀，謁星祠，登八詠樓，寶祐丙辰歲，郡守謝奕修，改創潛齋，王埜書扁，今易以他書矣。時挈丁夫急，所帶奚奴，不敢出市衢。韶卿自同皋羽訪芙蓉盛太傅，共與談世故，晚歸祥符。』張燧注：『又惓惓。或疑韶卿過八詠，何得相對忘言？不知薄齊梁文士，則酬答無情，晤故國遺民，乃提膝竟日。寥寥宇宙，誰解此衷？』通讀遊録，率皆此類也。方鳳二十四世孫方勇教授因有見於此，故於七百三十二年後的二〇二一年四月，根據鳳公《金華遊録》所記，在婺城依次作了為時數日之從遊，並整理為《金華從遊録》一文，一是用來發微先賢當時的精神狀貌，二是用來表達作者今日的特殊心理感受。

今據國家圖書館（原北京圖書館）藏清道光十一年六安晁氏木活字印《學海類編》本《金華遊録》一卷影印，在《浦江文獻集成》第一一册。

方勇

金華洞天行紀金華遊録注合刊本

（宋）方鳳撰　金華何氏編校　民國二十三年上海漢文正楷印書局排印本

方鳳生平已見於前面提要。此書内容包括方鳳《金華洞天行紀》、徐心《金華遊録注》，並附謝翱《金華洞人物古跡記》。徐心字冰浣，號梺公，别號委羽山人，會稽人。崇禎中為諸生，明亡後嘗投黄宗羲所募集『世忠營』效力，抗清兵敗後，隱居委羽山麓，以躬耕、灌園自娱。因慕方鳳、謝翱等南宋遺民之氣節，曾著《金華遊録注》一卷，對文中之歲月、同遊者七人、氣節之士十一人、道士十人、僧二人、童僕三人、經由地里十二處、館舍四處、物產三種、名勝四十七處、詩文二十五首、墨蹟舊物若干等皆作了詳細注釋和考證，與方鳳原著相配而讀，委實使人獲益良多。

金華何氏亦甚慕方鳳、謝翱等遺民氣節，遂以方鳳《金華洞天行紀》、徐心《金華遊録注》、謝翱《金華洞人物古跡記》合而刊之。故金華何炳松所作《校刊金華洞天行紀並金華遊録注序》云：『此不特於金華洞天故實備悉其詳，即方、謝諸老當時一番復國之苦心，與夫清初徐氏所以作注之微意，亦或皆可於遨遊金華洞天時，得其彷彿，而即景有以會心焉，則此紀若注之合刊並行，似更不無意義云。民國二十三年九一八紀念日，金華何炳松謹序於上海寓舍。』是編校者、作序者之用意，皆在引宋末氣節之士以鼓舞國人之抗日鬥志也。

今據邑人張偉文藏金華何氏編校、民國二十三年上海漢文正楷印書局排印《金華洞天行紀金華遊録注合刊本》本影印，在《浦江文獻集成》第一一册。

方勇

野服考一卷

（宋）方鳳撰　清道光十一年六安晁氏木活字印《學海類編》本

方鳳生平已見於前面提要。此本《野服考》一卷，題『宋東陽方鳳韶父纂』。全文記野服之尤雅者凡十六條，即臺笠緇撮、鹿裘帶索、鶡冠、犢鼻褌、不借、白接䍦、草裳、短褐、聚芳圖百花帶、隱士衫、樹衣芒屩、九華半臂、青笠緑蓑、飛雲履、減樣方平帽、太清氅，依次摘自《毛詩》《高士傳》《子略》《西京雜記》《古今注》《世説新語》《汲郡雜録》《五柳先生傳》《高士春秋》《廬陵記》《大唐新語》《雲仙雜記》、張志和《漁父》詞、《樵人直説》《瑣碎録》《清異録》。

卷首有方鳳小序云：『野服之制，始於逸民者流，大都脱去利名枷鎖，開清高門戶之所為，是非繕性元漠、抱度宏虚弗能也。後世學士大夫，亦往往釋戀簪纓、娛情布素若而人者，蟬蜕淤泥之中，浮遊塵壒之表，其可易之忽之也耶？於是鴻搜故牘，擇野服之尤雅者凡十六條，定著為茲編，使夫山澤之癯習之可以耀潛德，薦紳之家得之可以勵清修，即茲編以盡野服，而野服盡於此矣。鳳識。』説明方鳳身經鼎革之後，治學每每留意野服之尤雅者，旨在借此以表見其遺民心志，豈真有意考據野服也哉！龔開嘗評鳳公詩云：『由本論之，在人倫不在人事；等而上之，在天地不在古今。』此亦可以移評鳳公是著也。

今據國家圖書館（原北京圖書館）藏清道光十一年六安晁氏木活字印《學海類編》本《野服考》一卷影印，在《浦江文獻集成》第一一冊。

方勇

野服考一卷

（宋）方鳳撰　民國十三年永康胡宗楙夢選廔刊《續金華叢書》本

方鳳生平已見於前面提要。此本後有胡宗楙跋語云：『浦陽方韶卿，以宋逸民，攬雁宕大龍湫之勝，每過雄關複奥、長江巨浸、破軍蹶將之處，悼天塹不守，俯仰徘徊，悲不自禁，後卒以布衣終。茲編十六則，乃其即物見志，篇首「蟬蛻淤泥之中，浮遊塵壒之表」數語，蓋以自況。余由方韶卿遺集中録出别行，若以《茶經》《鼎録》諸書相提並論，則淺之乎視韶卿矣。』胡氏此論，甚為中肯。

此本末於『野服考終』四字下鐫有『永康胡宗楙據《學海類編》本校錄』字樣，則此係自『方韶卿遺集中録出』而『據《學海類編》本校錄』者。今考清《欽定續文獻通考·經籍考·類書》《四庫全書總目·子部·類書類存目》《金華經籍志·子部·類書類》《光緒浦江縣誌稿·書目》，皆著録方鳳《野服考》一卷，而清順治十一年浦江西塘純孝堂刊、雍正二年西塘純孝堂補刊本《馮秋水先生評定存雅堂遺稿》卷十三《宋高士方韶父先生遺集補刻》所收《野服考》，為秀水曾安世『亟録以貽先生（方鳳）裔孫諸生光炳、太學生舒，俾刊入焉』者，而曾安世蓋抄之於同里前輩曹溶所輯之書，則清初曹溶所輯《學海類編》為最早收録鳳公《野服考》者之一。胡宗楙據《學海類編》本校錄之，得其源矣。

今據民國十三年永康胡宗楙夢選廔刊《續金華叢書》本《野服考》一卷影印，在《浦江文獻集成》第二一冊。

方勇

麟溪集二十二卷別篇二卷附録二卷

（元）鄭太和輯（明）鄭壐續輯明成化十一年鄭璉鄭琥刊本

鄭太和，一名文融，字順卿，鄉里尊稱『貞和先生』，生於宋理宗景定五年（一二六四），卒於元惠宗至正十三年（一三五三），浦江縣鄭義門（今屬鄭宅鎮）人。官至建康龍灣務提領大使，《元史》有傳。浦江鄭氏以孝義著稱，太和中年棄官歸，繼從兄文嗣主家事，益嚴而有恩，余闕為書『東浙第一家』以褒之。其家十世同居，冠婚喪葬，必稽朱熹《家禮》。著有《鄭氏家規》一卷，元至正初輯《麟溪集》二十二卷。《麟溪集》所録皆為頌讚鄭氏之詩文，初請監察御史程益序，益遂以鄭氏所居『白麟溪』名之。順卿歿後，孫鄭濤、鄭濟於至正十年補足刊行。入明板燬，成化間鄭璉、鄭琥重梓，鄭壐又補輯後來之作，所成即此本。鄭壐（一四三五—一四八六），字仕信，少岐嶷不凡，甫成童即補弟子員，循例貢入南雍祭酒。選授安化知縣，多惠政，旋丁母憂，服闋補上猶縣，卒於官。

版式上，成化本《麟溪集》半葉十二行，行二十字，四周雙邊，大黑口，黑魚尾，版心記書名、卷數及該卷葉數。書前有潘庭堅、程益手書序，張紞、王鈍之刻序，目録後有鄭濤、鄭壐序，目録僅記卷數與卷名。此書以體裁分卷，別為詩、文兩類，詩共十卷，以天干序次，如『甲卷樂府』『乙卷四言詩』；文十二卷，以地支序次，如『子卷頌』『醜卷傳』等。末附別編上、下二卷，及附録一卷。《麟溪集》所收詩文，或出於山林之筆，或作於廟堂之士，不乏揭傒斯、柳貫、黄溍、宋濂、方孝孺等名家。詩有樂府、四言、五古、七古、五言、七言、絶句、排律等，衆體皆備，皆頌美浦江鄭氏之辭，題材上看，多為贈詩，間有輓詩、題畫詩等，亦不離『孝義』二字。詩多不記詩題，於卷數（『甲卷』『乙卷』等）卷名（『五言古詩』『七言古詩』）後徑録作者和詩，作者下通常以雙行小字記字號、籍里、官職等。文以墓誌銘最多，文中必稱鄭氏孝義之門，所記生平亦多關乎義行。此外文還有傳記、贈序、詩序、圖序、題跋、記文、像贊、祭文等，皆不離浦江鄭氏孝義之旨。

今據國家圖書館（原北京圖書館）藏元鄭太和輯、明鄭壐續輯、明成化十一年鄭琊、鄭琥刊本《麟溪集》二十二卷、別篇二卷、附録二卷影印，在《浦江文獻集成》第一二、一三冊。

胡聖傑

麟溪集二十二卷附別篇

（元）鄭太和輯（明）鄭璽續輯　鄭淳校刊　民國十六年刊本

鄭太和生平已見於上一則提要。校者鄭淳（一八八一—一九七四），字錦標，金華白沙鄭陽（今白龍橋）人，義門鄭氏支派。淳隱居於金華西鄉，篤嗜縹緗，擬舉義門鄭氏著作裒輯叢刻，為『義門叢書』，而以《麟溪集》為首。

民國本《麟溪集》版式上半葉十行，行二十四字，四周雙邊，無界行，花口，黑魚尾，版心記書名、卷數、卷之葉數，版心下有單行小字『半樓主校刊』。民國本於書前先録《四庫提要》之《麟溪集》提要，其後載金兆豐、鍾士瀛、黃鳳紀、金爣、張若騮、黃志琨、葉熙、鄭樹聲、胡鴻業之重刊序，目録稱『新序』，皆作於民國十四年乙丑。繼而刊潘庭堅、王褘、張紞、王鈍、鄭濤、鄭璽之古序，目録稱『舊序』，惟潘庭堅序文版式與其餘不同，乃用大字，半葉七行，行十四字，四周單邊，白口，無魚尾，版心僅記『序二』，或因潘序時代最早，故以此別之。卷末載胡宗楙、鄭淳跋文。序後為目録，分卷仍依舊本，詩分天干十卷，文分地支十二卷，惟合成化本之『別篇上』與『別篇下』為一，題『麟溪集別篇目録』，且録各篇之題及作者，甚詳，使讀者了然。民國本雖仍沿襲成化本以天干地支分卷，但每卷内容已做較大修改，又增入大量後來之作。略述兩本各卷之差別於下。

甲卷『樂府』，成化本有陳軒、周旻、鄭棠所作同題詩《躍鱗歌奉和清逸高士鄭叔端》，民國本無；民國本則多曾用臧《贈鄭叔理東歸》、駱問禮《贈懷東處士》二詩。乙卷『四言詩』篇目，兩本略同。成化本丙卷『五言古詩』中徐以敬、陶凱、張璧詩，民國本置於丁卷；而民國本丙卷『五言古詩』之張孟兼、戴望嶧詩，則為成化本所無。成化本丁卷『五言古詩』中，盧敖、趙必菘、于文傅、八兒思、趙期頤、余闕、費著、宇文公諒、黎括、林泉生、王元裕、白友直、戴良、許瑗、揭汯詩，民國本移於丙卷『五言古詩』；另張呂寧詩，民國本不載。民國本丁卷『五言古詩』增録詩十二首。成化本戊卷『七言古詩』之留玄間、葉謹翁詩，民國本置於己卷。成化本己卷『七言古詩』中胡長儒、陳堯道、陳舜道詩，民國本移於戊卷，又增吳萊《送鄭彥貞仲舒叔侄北遊京師》；同卷吳師道、沈夢麟詩，民國本無，而周暾詩，民國本置於壬卷『七言律詩』。民國本己卷，新録詩七首。移成化本別篇應儼、陸元長同題詩《題義門》於此。成化本庚卷『雜言詩』中韓沃詩，民國本移於己卷；同卷萬俟繹詩、張謹詩、璩致恭詩，民國本均移於甲卷，分別題為《孝烏行》《山之陽》《白鱗溪》；同卷張誠詩，民國本移置己卷，題作《贈鄭允鵬》；同卷姚廣孝詩重出於己卷，陳堯道詩（『我觀世間人』），民國本無。成化本辛卷『長律詩』，即民國本庚卷『五言排律』與『七言排律』，然成化本辛卷呰全詩，民國本無；民國本又增録詩十一首。成化本壬卷『律詩』，民國本析為辛卷『五言律詩』、壬卷『七言律詩』。惟成化本『馮思溫』，民國本作『馬思溫』；『方升』，民國本作『韓升』；『高啟』，民國本作『雷啟』；『騶子棋』，民國本作『騶子期』；『林霄』，民國本作『林質』。民國本又增録五言律詩八首、七言律詩七十一首。移成化本別篇詩十七首於此。民國本癸卷『五言絕句 七言絕句』，新録詩十一首，又移成化本別篇梁濟《贈翰林簡討》、解縉《送簡討還金華》於此。成化本癸卷末《貞義處士挽詩》十二首、《正義處士挽詩》十六首（另有挽詩五首，及董慧為孝敏居士所作誄辭一篇，民國本均未録），民國本俱移置亥卷『挽詩』。子卷二本篇目略同。丑卷『傳』，民國本增宋濂所作《飛霞先生傳》《鄭景彝傳》、來宗道《雲南按察副使壽華鄭先生暨恭人蔣氏傳》、來集之《貞孝張孺人小傳》，而删去成化本《鄭賢母張氏墓銘》。寅卷『墓誌銘』二本大致同，然成化本《故義門安素鄭府君墓誌銘》《故鄭處士諱逖字允鵬墓誌銘》二篇民國本無，而民國本有增録墓誌銘與行狀六篇。辰卷『序』，成化本中《道山書院倡和詩序》《鳳鳴集序》，民國本無。成化本中又參入《鄭氏譜圖引》《鄭叔恭名字解》《鄭仲瞻字説》《鄭叔致字説》三篇，民國本各歸入巳卷『引題跋』和午卷『辭議説辯解』。民國本卯卷『序』，又增録序文十二篇。民國本辰卷『序』，增序文十七篇。並移成化本别篇李子儀、何惟亮《贈左長史致仕鄭公還鄉詩序》，虞進《送鄭叔美先生典籍秩滿序》，曾棨《送鄭檢討叔美先生南還序》於此。成化本巳卷『題跋』，有五篇民國本不載。民國本巳卷則新增文六篇。成化本午卷『辭』僅四篇，民國本增辭五篇，議、説兩篇，辯、解各一篇。民國本合成化本未卷與申卷之『記』為未卷一卷，增録記文四篇。成化本酉卷合銘、贊、箴為一卷，民國本析為兩卷，以贊為申卷，箴、銘為酉卷，其中贊七篇、銘一篇不見於成化本。成化本戌卷僅志一篇、祭文四篇，亥卷賦一篇。民國本戌卷『志賦』增賦兩篇；亥卷『祭文、哀辭、輓詩』，增録祭文六篇，哀辭十一篇，輓詩十首，及趙懿源《鄭氏重修孝義坊碑記》、史仲彬《致身録節略》。

今據邑人江東放藏元鄭太和輯、明鄭璽續輯、鄭淖校刊、民國十六年刊本《麟溪集》二十二卷、附别篇影印，在《浦江文獻集成》第一三、一四、一五册。

胡聖傑

鄭氏家範一卷

（元）鄭太和輯清道光十一年六安晁氏木活字印《學海類編》本

鄭太和生平已見於明成化本《麟溪集》提要。《學海類編》，清代大型叢書，曹溶輯，陶樾增訂。曹溶，字潔躬，一字秋岳，號倦圃，别號金陀老圃，浙江秀水人。明崇禎十年進士，官御史，清順治元年授原官，歷官户部侍郎，遷廣東布政使，再遷山西陽和道，以裁缺去官。溶工詩詞，精鑑賞，嗜藏書，尤好宋元人文集，著有《金石表》《静惕堂詩集》等。《學海類編》裒輯唐宋至清代圖書四百五十種，計八百一十卷，按『經翼』『史參』『子類』『集餘』分四部，『集餘』又分『行詣』『事功』『文詞』『紀述』『考據』『藝能』『保攝』『遊覽』八子目，《鄭氏家範》録於『行詣』。

版式上，《學海類編》本《鄭氏家範》半葉九行，行二十一字，四周單邊，花口，綫魚尾，版心記叢書名『學海類編』、書名『鄭氏規範』、葉數及所屬子目『行詣』。書前載宋濂序文，讀其序可知家規前録最早由鄭氏六世孫太和録五十八則，後録七十則、續録九十二則乃七世孫鉉所補，八世孫鄭濤作《三規》，又同諸昆弟增損，合為一編三卷，凡一百六十八則，名曰『鄭氏旌義編』。《學海類編》本已改題『鄭氏規範』，合三卷為一，且僅一百六十三則，非濂所見之本。宋濂此序本為鄭太和所輯《鄭氏旌義編》而作，蓋後人移置於此。

序後有『鄭氏規範』書名，下署『元浦江鄭太和文融著』。每則規範開頭頂格記『一』，後皆低一格，文中或文後間有雙行小字注。規範以祠祀之禮為首，如出入祠堂必告正、朔望必參、俗節必薦，子孫入祠堂當正衣冠，不得嬉笑對語疾步，忌辰孝子當著素衣、不得飲酒食肉聽樂等；亦包括日常行為之規範，如每旦擊鐘二十四聲，四聲起而盥漱，八聲入有序堂坐，由未冠子弟朗誦男女訓誡之辭，規範中並録其辭；規範對家長、子孫皆有約束，如要求家長至公無私、不得徇偏、以至誠待下等，要求子孫則不得私置田產、私積貨泉，及賭博、無賴等；此外家中婦人、女子，婚嫁、租佃等事，規範一一予以約束，遂使一家上下之行，無不合乎禮儀。

今據國家圖書館（原北京圖書館）藏元鄭太和輯、清道光十一年六安晁氏木活字印《學海類編》本《鄭氏家範》一卷影印，在《浦江文獻集成》第一五册。

胡聖傑

柳待制文集二十卷附録一卷

（元）柳貫撰　元至正十年余闕浦江刻明永樂四年柳貴補修本

柳貫，字道傳，號烏蜀山人，又號靜儉翁、蜀山居士、烏蜀山耕樵人，生於宋度宗咸淳六年（一二七〇），卒於元惠宗至正二年（一三四二），浦江縣烏蜀山（今屬蘭溪市）人。幼年受經於金履祥，又學文於方鳳、吳思齊、謝翺。大德四年任江山縣學教諭，至大初遷昌國州學正，延祐六年除國子助教，升博士，泰定元年還太常博士，弟子前後千餘人。後以文林郎為江西等處儒學提舉，秩滿歸，杜門不出者十有餘年。至正元年起為翰林待制、承務郎兼國史院編修官，次年卒，年七十三，門人私謚文肅。著有《近思録廣輯》三卷、《字系》二卷、《金石竹帛遺聞》若干卷、《烏蜀山房類稿》二十卷。今僅存《柳待制文集》二十卷，是集為至正十年余闕於貫子卣處得遺稿，屬宋濂、戴良編次，並刻於浦江官學。

元刻本《柳待制文集》二十卷，附録一卷，十四册，半葉十二行，行二十字，四周雙邊，大黑口，單魚尾，版心記書名、卷數、葉數及刻工姓名。書前載余闕、蘇天爵、危素序三篇，為手書。余闕序脱去數葉，計三百七十六字，蘇天爵序於『君』『慎』『聞』『為』，危素序於『猶』『馬』『不』『道』『明』『其』『壺』『議』『而』『章』『篤』『阨於』『讀』字加蓋墨釘，或為闕疑之文。序後有標目，先詩後文，各按體裁編排，依次為五言古詩、七言古詩、五言律詩、五言長律、五言絶句、七言律詩、七言拗律、七言絶句、制、誥、表、箋、狀、祝文、策問、謚議、碑銘、頌、墓誌銘、塔銘、墓表、誌、銘、辭、贊、箴、傳、書、記、序、引、說、題跋、行狀、祭文、誄、啟。標目後，有程衡《賜謚祭文》，當為刊印時竄入。卷二十後有宋濂、柳貴序文。附録不入標目，收文十八篇，為宋濂、方孝孺、戴良等人所作貫之墓表、行狀、碑陰記、謚議、贊、祭文等。此本新舊兩版判有別，舊版多有漶漫、闕文處。書末載宋蔚如、謝浦泰、黄丕烈跋文三篇，參以柳貴之後記，知是本初刻於至正十年，柳貴於永樂間曾修補，後有天順翻刻本。黄丕烈據天順本，又取謝浦泰抄宋蔚如影抄元板相校，遂得是本。

貫詩以七言律最多，然酬贈之作十有八九；次為五古，酬贈、紀行、抒懷兼而有之；七古與七絕之數相當，而七絕多為題畫詩。《四庫提要》之《待制集》提要云：『早年不自存稿，年四十餘北遊燕始集為《遊稿》。』故集中詩文多為中年後所作，而貫又為臺閣重臣，以題贈之作為富。柳貫之學，得仁山金履祥之傳，故其發而為文，沉閎而雅勁，『原本經術』而『精湛閎肆』。其詩則得自浦江方鳳為深，故能以唐矯宋，以晉參唐，其律體句格閎整、跌宕昭彰，古體以李白參杜甫，上追漢魏之風，然獨以文章有名當世，豈不惜哉！

今據國家圖書館（原北京圖書館）藏元柳貫撰、元至正十年余闕浦江刻明永樂四年柳貴補修本《柳待制文集》二十卷、附録一卷影印，在《浦江文獻集成》第一六、一七冊。

胡聖傑

柳待制文集二十卷附録一卷

（元）柳貫撰　清謝浦泰抄本

柳貫生平已見於上一則提要。此本抄者謝浦泰（一六七六—？），字心傳，號星躔，一作惺廛，江蘇太倉人，自署婁東謝氏。專意力學，闢佛甚力。喜藏書、抄書，家藏抄本甚多，曾手抄《張右史文集》《盧溪先生文集》《周益文忠公文集》《柳待制文集》《眉山唐先生文集》《吳都文粹》《式齋先生文集》《菽園雜記》等。抄、藏書處有『尚論堂』『杏花小樓』，藏印有『婁東謝氏家藏』『抄書老更癡』『尚論堂』『浦泰之印』等。著有《詩經闡注》《四書闡注》。

清抄本《柳待制文集》二十卷、附録一卷，共六冊，有邊欄，為四周單邊，雖為手抄，然行款字數悉同元刻本，書口記書名、卷名及該卷葉數。書前先録余闕、蘇天爵、危素序，余闕序後空半葉，記『皇清雍正七年，歲次己酉，婁東謝氏手抄，藏於尚論堂。共六本全。』並印有藏書印兩枚。序後為標目，標目下有『太倉謝浦泰手抄，己酉秋識。』清抄本之卷次、篇目與元刻本同。惟卷二十後僅録宋濂後序，無柳貴所作補修《柳待制文集》後記。附録十一葉稱『附録少十一至廿二，外跋三篇三頁，共十五頁。』然與元刻本相校則無有缺頁，未詳其意。清抄本書末亦載宋蔚如、謝浦泰跋文，為謝氏所抄，而末之黃丕烈跋文，當為黃氏自為。

今據國家圖書館（原北京圖書館）藏元柳貫撰、清謝浦泰抄本《柳待制文集》二十卷、附録一卷影印，在《浦江文獻集成》第一八、一九册。

胡聖傑

柳待制文集二十卷附録一卷

（元）柳貫撰　清順治十一年范養民張以邁刻康熙五十年至六十一年傅旭元曾安世重修本

柳貫生平已見於明永樂四年柳貴補修本《柳待制文集》提要。此處所收《柳待制文集》二十卷、附録一卷，為馮如京組織校刻。馮如京，字紫乙，號秋水，生卒年不詳，代州人。清順治初授永平知府，二年以副使任靖邊兵備道，四年撫治西寧道，七年分守金衢嚴道，十一年任江南右布政使，十三年轉廣東布政使司左布政使。順治三十三年，以疾致仕。年六十餘母歿，居喪哀毀，骨立服闋，未幾而卒。《浙江通志》稱其『持己率屬，峻整有丰采，尤能振興文教，立五經文會，訓勵多士，皆習尚經學云』。著有《秋水集》。浦江張燧所輯方鳳《存雅堂遺稿》十三卷，亦由馮如京組織校刻。順治間，馮如京分守金衢嚴道，得舊集若干卷於柳貫之後裔，因紙軸爛漫、魚豕溷淆，因命浦陽令范養民等重校付梓，捐俸刻置學官。後數十年，刻板藏於尊經閣，至康熙而又十虧其二三。適逢傅旭元募刊宋文憲公集，遂一併補其缺帙。

順治本《柳待制文集》二十卷、附録一卷，半葉九行，行二十字，四周單邊，花口，單魚尾，版心記書名、卷數、卷名及葉數。其中卷一缺第十九葉。書前先録新序六篇，依次為馮如京、陸大任、范養民、張以邁、查遴、何思卿所作。新序或用手書，或以板刻，而行款與《文集》不同，如馮序即用大字刻，半葉四行，行八字。新序後載余闕、蘇天爵、危素、宋濂、鄭環之舊序五篇，而環序為元刻本、清抄本所無。

序後記『舊訂姓氏』與『柳待制文集參定姓字爵里』，蓋順治間參與重校之人。此本分卷與元刻本同，依詩文體裁分二十卷，目録又分總目與標目，總目僅示卷數與體裁，如『卷之一』僅有『五言古詩』四字，『卷之九』僅有『碑銘頌』三字等；標目則詳列各卷之細目，其篇次與元刻本略同，附録諸篇亦有標目。順治本前六卷之詩題文字與元刻本大有出入，如元刻本『五言古詩』之『擬古次吳彥輝編修韻』『覽物三詠寄孫履常』『題巨然江山行舟圖』『題王氏抱素齋』『晚渡揚子江』『雨中言懷』等，順治本作『擬古次吳彥輝編修見寄韻』『秋曉竹園覽物三詠寄孫履常』『奉魯國長公主教題巨然江山行舟圖』『寄題天台王氏抱素齋』『晚渡揚子江潮退閣舟風雨竟夕』『至官滿歲雨中言懷』等，蓋順治本採正文完整詩題，而元刻本多刪改數字，文題則兩本無大異。目録後有曾安世所作《校柳待制文集題詞》，略敘傅旭元請板校補刻順治年間馮如京重刻之板，旭元死後二年始以原板歸還，其補刊者又不完，故安世令家僕就尊經閣摹印，補刊，再三校對。題詞後載『柳集補刊未貯尊經閣暫存傅氏總目』，計二十五板。各卷卷首皆有題名，以示著者（柳貫）、輯者（范養民）、編者（柳寅東）、校者（馮雲驤、陸大任）、定者（馮如京）、參者（夏之中、李之芳）、訂者（何思卿、張燧）。附録有傅旭元作《論柳待制詩以書掩》《彙柳待制文評》（闕），則為天順本所無。

今據國家圖書館（原北京圖書館）藏元柳貫撰，清順治十一年范養民、張以邁刻康熙五十年至六十一年傅旭元、曾安世重修本《柳待制文集》二十卷、附録一卷影印，在《浦江文獻集成》第二〇、二一、二二冊。

胡聖傑

待制集二十卷附録一卷

（元）柳貫撰　清摛藻堂《四庫全書薈要》本

柳貫生平已見於明永樂四年柳貴補修本《柳待制文集》提要。《四庫全書薈要》，清代官修叢書。乾隆三十七年，弘曆下詔開四庫全書館，征書編撰《四庫全書》，然因規模浩大，一時難以完成，且全書卷帙，浩如煙海，書成之後，庋弆宫廷，不啻連楹充棟，檢玩為難，故乾隆三十八年，復下詔，『著於《全書》中，擷其菁華，繕為《薈要》，其篇式一如《全書》之例』，書成後藏於坤寧宫御花園之摛藻堂，即所謂『摛藻堂本《欽定四庫全書薈要》』。次年又謄繕一部，藏於圓明園『味腴書屋』，以備乾隆隨時檢閲。《四庫薈要》共兩萬兩千餘册，收書四百七十二種，經部一百七十三種，史部七十種，子部八十一種，集部一百四十八種。《柳待制文集》收於《四庫薈要》集部别集類，僅題《待制集》。

《四庫薈要》本《待制集》二十卷、附録一卷，共十二册，抄本，半葉八行，行二十一字，四周雙邊，花口，單魚尾，版心記叢書名『欽定四庫全書』、書名『待制集』、卷數及卷之葉數。每册封面題『欽定四庫全書薈要 集部 待制集』，及該册卷數，扉頁記校者，末頁記總校官、對校官與謄録者，每册末卷後有按語，謂某卷某頁某行，某舊作某，今改。首册書前有目録，僅録卷數與詩文體裁，無詳目。目録後為《待制集》提要，稱柳貫『為文原本經術，擇而後語，故精湛閎肆，卓然成為大家』。其後乃余闕、危素、蘇天爵之序。每卷先列全書之卷數，如『《待制集》卷一』前有『欽定四庫全書薈要卷一萬六千四百三十二集部』。此本移宋濂後記於附録之後，察其序次，以元英宗至治元年敕命為首，次戴良《送柳道傳赴江山序》、柳貫自作像贊等，乃貫身前之作；末幾篇依次為程汝器所作祭文（元至正三年），宋濂所作行狀（至正五年），黃溍所作年表（未詳時間），戴良所作《墓表碑陰記》（至正十年），宋濂所作諡議（洪武十年），方孝孺所作《柳氏譜記》（未詳時間），張燧所作《書蜀山遺稿後》（明崇禎十年）與《跋柳文肅文稿冊子》（清順治六年），傅旭元《論柳待制詩以書掩》（清康熙年間），蓋欲以時間為序。附録篇次與元刻本、清抄本異，而與順治本同，又以《四庫薈要》成於乾隆四十七年，故猜測四庫館臣所據為清順治十一年范養民、張以邁刻本《柳待制文集》。

今據元柳貫撰、清摛藻堂《四庫全書薈要》本《待制集》二十卷、附録一卷影印，在《浦江文獻集成》第二二三、二二四、二二五冊。

胡聖傑

柳待制文集二十卷附録一卷

（元）柳貫撰　民國十三年永康胡宗楙夢選廔刊《續金華叢書》本

柳貫生平已見於明永樂四年柳貴補修本《柳待制文集》提要。胡宗楙生平亦已見於《續金華叢書》本《倪石陵書》提要。胡宗楙繼其父胡鳳丹所輯《金華叢書》，蒐羅遺著，輯刊《續金華叢書》一百二十冊，收書六十種，按經、史、子、集四部分類。

《續金華叢書》本《柳待制文集》二十卷、附録一卷，半葉十四行，行二十六字，四周單邊，大黑口，無魚尾，版心記書名『柳待制文集』、卷數、卷之葉數，及『夢選廔』三字。封面有篆書『柳待制集』四字，題『表勵準』，扉頁牌記題『甲子春永康後學胡宗楙校録』。書末有胡宗楙跋文，文中舉其所見《柳待制文集》刻本、抄本六種，刻本有元至正十年浦江學官刻本、明永樂四年金華府學補刻本、天順間浙江按察副使張和重刻本、清順治癸巳尊經閣刊本，抄本有清初宋蔚如所校影鈔元刊本、雍正己酉謝浦泰自宋蔚如校本轉鈔。宗楙略敘諸本篇目之差異，其刻書則以元本為主，取諸本為輔，漶漫處多依天順本與順治本，並依黄丕烈所言，删去附録之敕命、序、贊、祭文、行狀、墓表、碑陰記、謚議十五則，僅餘黄溍《元故翰林待制柳公墓表》、宋濂《元故翰林待制承務郎兼國史院編修官柳先生行狀》與戴良《墓表碑陰記》，蓋欲還元刻本之舊。

今據元柳貫撰、民國十三年永康胡宗楙夢選廔刊《續金華叢書》本《柳待制文集》二十卷、附録一卷影印，在《浦江文獻集成》第二五、二六冊。

胡聖傑

柳初陽詩集三卷

（元）柳貫撰　明刊《宋元名家詩》本

柳貫生平已見於明永樂四年柳貴補修本《柳待制文集》提要。《宋元名家詩》，明潘是仁所輯宋元詩歌選集。潘是仁，字訒叔，生卒年不詳，安徽歙縣人。焦竑（一五四〇—一六二〇）曾於明萬曆四十三年為潘是仁《宋元詩》作序，李維楨為其所作《宋元詩序》稱是仁為『友人潘訒叔』，則其時代當與焦、李相當，主要活動於萬曆年間。《柳初陽詩集》三卷，載於明刊本《宋元名家詩》第六冊，該冊另有迺易之、龍子高、鄭允端、傅與礪、張蛻庵、余心廷詩集六種，柳貫詩集為第五種。

版式上，《柳初陽詩集》三卷半葉九行，行十九字，四周單邊，花口，單魚尾，版心記詩集名、卷數、葉數和刻工姓名。此集依詩體分卷，五言古詩、五言律詩、七言律詩各一卷，收五古《度居庸關》《李老谷聞子規》二首，五律《和袁集賢上都雜詩十首》一組，七律《觀失剌斡耳朶御宴回》《八月二日大駕北巡將校獵千散不剌詔免漢官扈從南旋有期喜而成詠》《次韻元日預宴大安閣下》《過長城》《還次桓州》《題齋壁》《送臨川謝有源赴閩醫提領》七首，凡十九首。除末一首《送臨川謝有源赴閩醫提領》外，俱載柳貫自集之《上京紀行詩》，然其文字略有出入。因《上京紀行詩》所録皆作於貫以國子助教分教上都（按：其址位於今內蒙古自治區錫林郭勒正藍旗境內）時，故詩多描繪塞北風光、記述漠北風物。貫為南人，縱寫蒼涼之景，實無雄渾之意，若《度居庸關》之『行行轉石角，細路縈澗岡。層壑倒天影，半林漏晨光』，《和袁集賢》之『睢城平兀兀，沙水淨灣灣』『殿角孤花靚，城隅雜樹迷』『幄殿層雲障，轅門積雪峰』等。尤喜以雨景入詩，《度居庸關》『是日新雨已，浮嵐亂沾裳。水聲與石鬥，風飄韻清商』，《和袁集賢》『雨水漸衣黑，雲沙際目黃』，《還次桓州》『塞雨除乾草未霜，窮廬秋色滿沙場』，《題齋壁》『雨過忽然思御袂，風清聊復快陵敲』，雖取象朔漠，造境卻似江南。

今據國家圖書館（原北京圖書館）藏元柳貫撰、明刊《宋元名家詩》本《柳初陽詩集》三卷影印，在《浦江文獻集成》第二六冊。

胡聖傑

柳初陽詩集三卷

（元）柳貫撰　明萬曆四十三年刊　天啟二年潘是仁重修《宋元詩六十一種》本

柳貫生平已見於明永樂四年柳貴補修本《柳待制文集》提要。《宋元詩》，亦稱《宋元名家詩集》《宋元名家詩選》《彙定宋元名公詩集》，明潘是仁所編宋元兩代詩歌選集，潘是仁生平已見於上一則提要。《宋元詩》版本有二：一為萬曆四十三年刊本，收宋元詩集四十二種，凡二百八卷，三十冊；一為天啟二年刊本，收宋元詩集六十一種，其中宋人詩集二十六家、元人詩集三十五家，凡二百七十三卷，四十八冊。《柳初陽詩集》三卷，載於《宋元詩》天啟二年本第四十七冊，本冊另收《張蜆庵詩集》《泰顧北詩集》《李五峰詩集》《余竹窗詩集》《貢玩齋詩集》五種，而以《柳初陽詩集》為首。是集在版式與內容上，與《宋元名家詩》本完全一致，蓋當出於同版。

取元刻本《柳待制文集》與是集相校，除《次韻元日預宴大安閣下》《過長城》《送臨川謝有源赴閩醫提領》三首外，其餘俱見於《柳待制文集》，然文字略有小異。《度居庸關》，《柳待制文集》元刻本作『激流或機磑』，此本作『激流或磯磑』；元刻本作『我來山水窟』，此本作『我生山水窟』；元刻本作『遊雲翼超驤』，此本作『浮雲翼超驤』；元刻本作『足征皇業昌』，此本作『足征王業昌』；元刻本作『請繼王會篇』，此本作『請繼王會圖』。《和袁集賢上都雜詩十首》，元刻本題作『同楊仲禮和袁集賢上都詩十首』；其一，元刻本作『峒山歷更緜』，此本作『峒山歷更綿』；其二，元刻本作『萱艸惜微芳』，此本作『蕙草惜微芳』；其三，元刻本作『雉城平兀兀』，此本作『睢城平兀兀』。《觀失剌斡耳朶御宴回》，元刻本詩末有跋文，云：『車駕駐蹕，即賜近臣灑馬妳子御延，設氊殿失剌斡耳朶，深廣可容數千人，上京五月，芍藥始花』，此本則無。《還次桓州》元刻本作『穹廬秋色滿沙場』，此本作『窮廬秋色滿沙場』；元刻本作『他山稽落是何方』，此本作『它山穡落是何方』。《八月二日大駕北巡將校獵千散不剌詔免漢官扈從南旋有期喜而成詠》，元刻本題作『八月二日大駕北巡將校獵於散不剌詔免漢官扈從南旋有期喜而成詠』；元刻本作『乾坤闔闢載清夷』，此本作『乾坤開闢再清夷』；元刻本作『重喜臨邊舉漢儀』，此本作『重喜臨邊興漢儀』。《題齋壁》，元刻本題作『漫題齋壁』；元刻本作『萬里排雲溯泬寥』，此本作『萬里排雲溯寂寥』。然則《柳初陽詩集》非據《柳待制文集》刊刻，當另有所本。

今據國家圖書館（原北京圖書館）藏元柳貫撰，明萬曆四十三年刊、天啟二年潘是仁重修《宋元詩六十一種》本《柳初陽詩集》三卷影印，在《浦江文獻集成》第二六冊。

胡聖傑

柳貫上京紀行詩一卷

（元）柳貫撰　民國十九年北平故宮博物院圖書館影印本

柳貫生平已見於明永樂四年柳貴補修本《柳待制文集》提要。《柳貫上京紀行詩》一卷，影印本，線裝，半葉十行，行十六字，四周單邊，白口，無魚尾，版心記書名與葉數。封面有錢玄同題簽，扉頁有篆書書名，後頁記『民國十九年四月北平故宮博物院圖書館影印』，書末有初版日期、出版處、發行處、印刷處、書籍價目表等內容。是集僅一卷，無目録，卷首載柳貫至治三年《上京紀行詩序》，卷中又載柳貫泰定元年之序，卷末有薛漢、宋濂記文，馬祖常題詩與識文，以及柳貫自題詩與識文。

薛漢，字宗海，浙江永嘉人。初為青田教諭，遷諸暨州學正，元廷掣官懸於杭，漢董其事。延祐五年辟功德使，泰定元年選為國子助教，是年卒。漢之詩律，其書楷，皆嚴縝有法而慎懿不矜，擅古物鑒定。著有《宗海集》。漢曾與柳貫同赴北都，又『雅善正書』，故柳貫曾請薛漢為其謄抄《上京紀行詩》，此抄本已不傳。貫自題詩云：『校書筆底東川卷，盡是微之馬上詩。慚愧北都同病客，肯將玄木被朱絲。』蓋效唐時白行簡為元微之書《東川卷》之例。微之奉使東川，作三十二章，故貫於至治三年初選此集亦僅收詩三十二首，皆貫分教北都時關途覽歷之雄與宮籞物儀之盛。後於泰定元年續補八首，凡四十首，集中第三十二首《晨度居庸至南關門》後有貫自序，以示前後分界。《上京紀行詩》除記蒼涼之景外，又多故地之思，寫漠北而懷江南。《度居庸關》云：『我生山水窟，愛此不能忘。』《李老谷聞杜鵑》云：『不歸如江水，負此今五年。』《離京至新居》：『病骨祇知南日美，窮年今與北風鏖。』《曉發龍門次獨石賦呈廷鎮修撰》云：『日日思南歸，乃逆北風去。』

今據首都圖書館藏元柳貫撰、民國十九年北平故宮博物院圖書館影印本《柳貫上京紀行詩》一卷影印，在《浦江文獻集成》第二六冊。

胡聖傑

金鳳釵記一卷

（元）柳貫撰　明刊《剪燈叢話》本

柳貫生平已見於明永樂四年柳貴補修本《柳待制文集》提要。《剪燈叢話》，短篇文言小説選集，編者不詳，大致成書於明萬曆後，然明清以來諸目録均未著録，國内亦不見其傳本。清末董康於日本得是書，著録於《書舶庸談》卷八下，此後譚正璧《古本希見小説彙考》與陳汝衡《説苑珍聞》皆據《書舶庸談》轉録詳目。此書前有明人虞淳熙題辭，稱編者為『自好子』，然經今人考證，虞氏所題非此《剪燈叢話》，而是將《剪燈新話》《剪燈餘話》《覓燈因話》三種合刊而成之《剪燈叢話》，『自好子』即《覓燈因話》作者邵景詹。

版式上，此本半葉九行，行二十字，左右雙邊，花口，白魚尾，版心記書名與葉數。《金鳳釵記》，柳貫所作傳奇小説，講大德中揚州富人吴防禦與宦族崔君為鄰，其時崔君之子興哥與防禦之女興娘俱在襁褓，二家遂約為婚姻，以金鳳釵一隻為質。其後崔君遊宦遠方十五載，杳無音信，而興娘年已十九，因望崔生不至，感疾而終，其母簪金鳳釵於女髻而殯之。後兩月，崔生至，而其父母皆已早逝，防禦以故人之子，遂留崔生於家。半月後之清明，因女新殁，防禦舉家上墳，崔生迎防禦歸來時，於轎後拾得金鳳釵一隻。當夜有女扣崔生門，自謂興娘之妹慶娘，強止生室，至曉乃去，後每日暮入朝出，如是者一月有半。一夕，二人相議私奔，止於崔家舊僕金榮處。將及一年，女因思父母，與崔生別金榮而返，將近防禦家，以金鳳釵與崔生，令其先行。崔生見防禦，俱以其事告之，防禦大驚，云其女臥病期年。疑惑之際，慶娘忽於牀上起，蓋興娘還魂，敘其因與崔生緣分未斷，冥司未拘，特給假一年，來與崔生了此姻緣，又央其父母以妹慶娘續其婚。防禦從之，而慶娘之病除。

《金鳳釵記》之情節，與唐人陳玄佑所作傳奇《離魂記》相似，如倩娘臥病而其魂與王宙私奔、倩娘因思父母而與宙歸家、宙先行而倩娘待於舟中等，貫皆襲之，不過以金鳳釵為線索，又增一慶娘。然《金鳳釵記》在寫作技巧上較唐傳奇已有較大進步，人物語言尤著，如崔生與興娘之魂計議私奔、崔生返防禦家後兩人之對話、興娘還魂後所言，皆能以人物語言展現人物性格，足見元代傳奇小説之進步。

今據國家圖書館（原北京圖書館）藏元柳貫撰、明刊《剪燈叢話》本《金鳳釵記》一卷影印，在《浦江文獻集成》第二六册。

胡聖傑

金鳳釵記一卷

（元）柳貫撰　明刊《緑窗女史》本

柳貫生平已見於明永樂四年柳貴補修本《柳待制文集》提要。《緑窗女史》已見於《緑窗女史》本《中饋録》提要。《金鳳釵記》見於《緑窗女史》『冥感』部之『幽合』，同目所録尚有《吳女紫玉傳》《遠煙記》《牡丹燈記》《緑衣人傳》。《緑窗女史》所收録作品與《剪燈叢話》多有重合，重見篇目多達六十篇，故李建國、大冢秀高、陳國軍等人認為《緑窗女史》乃因襲《剪燈叢話》。程毅中《十二卷本〈剪燈叢話〉補考》則云：『它（即《剪燈叢話》）和《緑窗女史》《合刻三志》《五朝小説》《唐人説薈》、宛委山堂本《説郛》等書有一部分共同的篇目，但又有一部分是獨有的。到底哪一種書最早問世，很值得追索核實。』《金鳳釵記》即同時見於《緑窗女史》與《剪燈叢話》。《緑窗女史》本《金鳳釵記》與《剪燈叢話》本《金鳳釵記》之文字、字體、行款悉同，惟《緑窗女史》本刊印較差，多有字跡漶漫處，可以《剪燈叢話》本補之。

今據復旦大學圖書館藏元柳貫撰、明刊《緑窗女史》本《金鳳釵記》一卷影印，在《浦江文獻集成》第二六册。

胡聖傑

金仁山先生行狀

（元）柳貫撰　清同治余肇鈞輯刊《明辨齋叢書》本

柳貫生平已見於明永樂四年柳貴補修本《柳待制文集》提要。余肇鈞，字蘋皋，湖南長沙人，生卒年不詳。《八千卷樓書目》卷十三《子部》録《明辨齋叢書》署『國朝余肇鈞』，卷十一又録《藥性賦音釋》一卷署『國朝余蘋皋』，當為一人。余肇鈞還曾輯《史書綱領》若干卷，取法朱彝尊之《經義考》以存史家之綱領、薈萃史書之流別，郭嵩燾、李元度、俞樾皆為其序。郭序作於清光緒五年，而余刻《明辨齋叢書》又在同治間，則余肇鈞大致生於道光初年，主要活動於咸豐、同治、光緒三朝。李元度《書長沙余高氏昇仙事》稱其『長沙余蘋皋郡丞肇鈞』，俞樾《余蘋皋史書綱領序》稱『長沙余蘋皋司馬』，可知余曾任州郡長官之職。《明辨齋叢書》凡四集，柳貫《金仁山先生行狀》見於三集《朱文公行狀》之附録，另有黄幹、何基、王柏、許謙之行狀，或祭文，或墓誌銘，及許謙所作《學箴》一同附刻。版式上，此本半葉九行，行二十一字，左右雙邊，花口，單魚尾，版心記書名、篇之葉數及『明辨齋』三字。

金仁山即金履祥（一二三二—一三〇三），字吉父，中年築居仁山之下，學者稱『仁山先生』，柳貫曾師事之。《金仁山先生行狀》並見於《柳待制文集》，題作《故宋迪功郎史館編校仁山先生金公行狀》，其文略同，惟《柳待制文集》於題後記『本貫婺州路蘭溪州純孝鄉循義里』，及仁山之曾祖、祖、父。《行狀》除歷敘仁山之家世，及其早年求學王柏、中年不遇等生平之外，於仁山之學多所闡發。如述仁山之治《尚書》，早歲先注《尚書章釋句解》，後又擺脱衆説，獨抱遺經，提煉章旨與義理，考證文字之誤，成《尚書表注》；又以孔穎達《禮記正義》分《樂記》為十一篇三十四章為誤，遂一一加段畫，使旨義顯白；又以《尚書》為主，旁採《詩》《禮》《春秋》及經史百家，表年繫事，著《通鑑前編》十八卷，舉要二卷，以上接《資治通鑑》。誠如貫所言，仁山之學『研窮經義，以究窺聖賢心術之微；歷考傳注，以服襲儒先識鑒之確。』著述除前文所及，尚有《大學疏義》《大學指義》《論孟集注》《論孟考證》，詩文有《昨非存稿》《仁山新稿》《仁山亂稿》《仁山噫稿》。仁山歿時，悉以其稿授許謙，謙為之讎校，付之梨棗。許謙既卒，謙子元以仁山之子頖之請，屬筆於柳貫，貫遂『即其家，求其文，關於出處之大要者而敘次之，並追繫昔所逮聞，為《行狀》一通』，蓋此文敘仁山身世之詳、發仁山所學之精、論仁山成就之確，非貫不能也。

今據北京師範大學圖書館藏元柳貫撰、清同治余肇鈞輯刊《明辨齋叢書》本《金仁山先生行狀》影印，在《浦江文獻集成》第二六冊。

胡聖傑

王魁傳

題宋柳貫撰　明刊《緑窗女史》本

柳貫生平已見於明永樂四年柳貴補修本《柳待制文集》提要。《緑窗女史》已見於《緑窗女史》本《中饋録》提要。《王魁傳》在版式上與《緑窗女史》本《金鳳釵記》同，皆為半葉九行，行二十字，左右雙邊，花口，白魚尾，版心記篇名與葉數。文中有兩處紅筆批改，不知何人所為，第一處於『乃取擁項羅巾』之『巾』字旁訂『巾』，然原文實無誤；第二處，改『請詩，生題曰』為『請生題詩曰』，皆誤改矣。

《緑窗女史》本《王魁傳》，書名後題『宋柳貫』，然此文恐非柳貫作。《王魁傳》最早見於唐末陳翰之《異聞集》，陳振孫《直齋書録解題》著録於《小説家類》，云：『《異聞集》十卷，唐屯田員外郎陳翰撰。翰，唐末人，見《唐志》。而第七卷所載王魁乃本朝事，當是後人剿入之耳。』王魁即王俊民，字康侯，萊州掖縣人，宋嘉祐六年進士第一，為應天府發解官，得狂疾，不久即歿，年二十七。北宋陳慥所編《類説》卷三十四《摭遺》中亦有此文，然未題作者。李獻民《雲齋廣録》卷六《麗情新説下》有《王魁歌》一首，其序云：『故太學生王魁，嘉祐中行藝顯著，藉藉有聲。先丞相文公愛其美才，奏賦宸廷為天下第一。中間坎壈失志，情隨物遷，遂欲反正自持，投跡功名之會，而卒致妖釁以殞，厥身可勝惜哉！賢良夏噩嘗傳其事，余故作歌以傷悼之云爾。』詩中有『愛有青娥名桂英』句，則《王魁傳》即夏噩作，夏噩不知何人。

南宋周密《齊東野語》卷六《王魁傳》曾辨明王魁本事，以為『有妄人託夏噩姓名作《王魁傳》，實欲市利於少年狎邪輩』，則《王魁傳》實為北宋時作，而初署名『夏噩』。

明梅鼎祚輯纂《青泥蓮花記》亦録此文，標題作《桂英》，所標出處仍為《異聞集》，同時收録周密《齊東野語》中考證《王魁傳》本事與作者之語。將《王魁傳》屬柳貫首見於明刊本《剪燈叢話》卷之二，以柳貫為宋人，而卷之三《金鳳釵記》又以柳貫為元人。考兩宋無有柳貫者，二『柳貫』當為一人，然道傳生於宋咸淳六年，絕非《王魁傳》之作者，則《剪燈叢話》一如明代諸多叢書之『妄制篇目，改題撰人』可知矣。明以後之小説選本，選此文亦多署柳貫，故此次影印將其收入。

今據國家圖書館（原北京圖書館）藏題為宋柳貫撰、明刊《緑窗女史》本《王魁傳》影印，在《浦江文獻集成》第二六冊。

胡聖傑

王魁傳一卷

題為元柳貫撰　清刊《名人小說》本

柳貫生平已見於明永樂四年柳貴補修本《柳待制文集》提要。《名人小說》，清代文言小說選集，不知何人所輯。全書共二十冊，《王魁傳》收在第十三冊，同冊尚有《陳子高傳》《丹青扇記》《金縷裙記》《離魂記》《賈雲華還魂記》。《王魁傳》版式上半葉九行，行二十字，四周單邊，花口，白魚尾，版心記篇名與葉數，文字與《剪燈叢話》本悉同。

《王魁傳》為北宋人所作，上一則提要辨之已明，此文自明代《剪燈叢話》始署柳貫，其後清代《名人小說》襲之。小說以北宋嘉祐六年狀元王俊民為原型，講述其與妓桂英相識，又得桂英資助，卻在奪魁後背棄前盟，桂英自刎，化為鬼魅索魁之命，魁竟死。《王魁傳》情節簡單、文辭質樸，人物話語、行為皆少著墨，類唐人傳奇，且好用詩，取之與柳貫《金鳳釵記》相較，則知非一人所為，亦非同時代之作。

今據國家圖書館（原北京圖書館）藏題為元柳貫撰、清刊《名人小說》本《王魁傳》一卷影印，在《浦江文獻集成》第二六冊。

胡聖傑

打棗譜一卷

（元）柳貫撰　清李際期宛委山堂重修《説郛》本

柳貫生平已見於明永樂四年柳貴補修本《柳待制文集》提要。李際期（一六〇七—一六五五），字應五，河南孟津人，明崇禎十三年進士，仕清後任戶部主事，順治二年任浙江參議督理學政，三年任浙江提學道，六年任浙江分巡金衢道，九年任江西分巡嶺北道，十一年二月由通政史司左通政升刑部右侍郎，六月轉刑部左侍郎，十二年二月遷工部尚書，五月調兵部尚書，同年卒，十三年正月賜謚僖平。李際期任浙江提學道之時，立意振興學校、培養人才，論文以理脈清真為主，摒去一切靡縟，曾於順治四年在宛委山堂組織重修《説郛》，即今通行一百二十卷本《説郛》。《打棗譜》見於宛委山堂本《説郛》卷一百五，同卷有陳翥《桐譜》、戴凱之《竹譜》、劉美之《續竹譜》、蔡襄《荔枝譜》、韓彥直《橘録》。版式上，此本《打棗譜》半葉九行，行二十字，左右雙邊，花口，白魚尾，版心記書名和葉數。

《打棗譜》一書篇幅極小，僅有數葉，全書分『事』與『名』兩章。『事』摘取前代典籍中論棗之句，如録《詩經·七月》之『八月剥棗，十月獲稻』，並於句後附『剥，擊也。棗實未熟，雖擊不落也。』又摘《孟子》所云『養其樲棘』，附『樲，酸棗也。』『事』凡十一條，出處除《詩》與《孟子》外，還有《埤雅》《養生論》《爾雅》與盧諶、蘇秦、潘嶽等人之文。『名』羅列諸種棗類之名，若『鹿盧棗』『雞冠棗』『拭酸棗』『醍醐棗』『櫅白棗』『白棗』『羊棗』『無實棗』等等，凡七十三種。部分棗名下有單行小字，或狀其形，如『羊棗』，云『實小而圓，紫黑色』；或明其產地，如『波斯棗』，云『生波斯國，長三寸』；或録其文獻出處，如『火棗』，云『見《穆天子傳》』；或兼記其食法，如『醍醐棗』，云『出睢陽，宜生噉』。

今據國家圖書館（原北京圖書館）藏元柳貫撰、清李際期宛委山堂重修《説郛》本《打棗譜》一卷影印，在《浦江文獻集成》第二六冊。

胡聖傑

淵穎吳先生集十二卷附録一卷

（元）吳萊撰　元末刊本

吳萊，集賢大學士吳直方之子，字立夫，生於元成宗大德元年（一二九七），卒於元惠宗後至元六年（一三四〇），年四十四，門人私謚淵穎先生，更謚貞文，浦江縣前吳村（今屬前吳鄉）人。曾從方鳳學，萊雖貌寢陋，言語若不出諸口，然敏悟過人，博聞強記，鳳以孫女妻之。延祐七年領鄉薦，遂東歷齊魯，北遊燕趙，好為環奇雄偉之觀。因議論與禮官不合，春試不利，退而歸里，終身隱逸不仕。至順三年（一三三二），吳萊受諸暨方氏之聘，講學於白門義塾，元統二年（一三三四）授經於浦江麟溪鄭氏之東明精舍。後至元元年（一三三五）患疾，足不能越門檻，退居深裹山，自號深裹山道人，曾被薦為江西饒州長薌書院山長，病重未行，家居著述以終。宋濂、戴良、胡助嘗從其學。著書有《尚書標説》六卷、《春秋世變圖》二卷、《春秋傳授譜》一卷、《古職方録》八卷、《孟子弟子列傳》二卷、《楚漢正聲》二卷、《樂府類編》若干卷、《唐律刪要》若干卷、《文稿》六十卷，多佚。今存《淵穎集》十二卷，乃門人宋濂彙次。

元末刊本《淵穎吳先生集》十二卷、附録一卷，半葉十三行，行二十三字，左右雙邊，大黑口，黑魚尾，版心記卷數與葉數。其中目録第二葉之後半葉、卷四之廿二葉、廿三葉僅有邊欄而無文字；卷五之十五，卷六之七、八葉，卷八之三葉為手抄，或為後人所補；卷二之十二、二十葉，卷三之三、十七、十八葉，卷七之一、卷九之四、六葉等，有殘闕或字跡漶漫，已不可識。此本卷前録胡翰《淵穎吳先生文集序》，胡助、劉基之《淵穎吳先生集序》及目録。目録後有吳萊長子士謌識文，文後記『金華後學宋璲謄寫』。每卷卷首下方皆記『門人金華宋濂編』，卷末附録載宋濂《淵穎先生碑》與《謚議》。宋璲為宋濂次子，精篆隸，工真草書，士謌識文稱《淵穎集》刊刻後，『餘未刻者其多不啻三之二』『復繕謄之以藏於家』，則宋璲所謄即其餘未刻之文。

胡翰序云：『門人宋濂懼其泯而不傳，迺彙次其詩文為集若干卷。』胡助序云：『今門人高弟宋君景濂，不忘其師，子雲之侯芭，昌黎之李漢也。收拾遺文若干卷，徵予序。』胡翰、胡助皆以是集為宋濂彙次，胡翰序作於至正十二年（一三五二），胡助序蓋作於同時。宋濂、胡翰當僅編次吳萊遺文，其時尚未付之梨棗。士謌識文稱吳萊歿後二十六年（一三六六）方橐其稿以屬宋濂，士謌云：『景濂遂摘其有關學術議論之大者，以所作先後為序，備勒如上，餘未刊者，其多不啻三之二。』是年為至正二十六年，後年元亡，士謌所稱即此本，蓋為最早刊本。《淵穎吳先生集》按體裁分卷，第一卷為賦，第二、三、四卷為詩，第五、六、七、八、九、十、十一、十二卷為文。吳萊於書，無所不觀，凡天文、地理、井田、兵術、禮樂、刑政、陰陽、律歷，下至氏族、方技、釋老、異端之書，靡不窮考；又曾北遊燕趙，東經齊魯，南歷梁楚之郊，每遇奇絶之景，瞪然長視，信其讀萬卷書、行萬里路。故其下筆，如雲興水湧，發而為文，沉雄奇絶，縱横變化，其妙難名。

今據國家圖書館（原北京圖書館）藏元吳萊撰、元末刊本《淵穎吳先生集》十二卷、附録一卷影印，在《浦江文獻集成》第二七冊。

胡聖傑

重刻吳淵潁集十二卷附録一卷

（元）吳萊撰　清康熙四十九年刊　雍正元年補刊本

吳萊生平已見於上一則提要。《吳淵潁集》最早有宋濂編次，至正二十六年刊本，後歷百餘年未有重刊者。明嘉靖元年，太常博士李九皋以《淵潁集》善本屬祝鑾重刻於杭，此板不存於後世。萬曆三十九年，吳萊衆裔孫再次重刊，名曰《存心堂遺集》，流傳甚廣。此板藏浦江，至康熙四十八年，存心堂不戒於火，集板亦燬。次年，萊十四世孫文、漣等重新校梓，易名《豹文堂集》。此板集梓於庚寅（康熙四十九年）夏五月，成於秋九月，刊刻甚急，未及校理，文多訛誤，故吳漣復於雍正元年詳為校勘，補刊序目、附録目、附録，即今所見清康熙四十九年刊，雍正元年補刊本。

版式上，此本半葉十一行，行二十四字，左右雙邊，花口，黑魚尾，版心記書名《吳淵潁集》、卷數、葉數，以及『豹文堂藏板』五字。書前先録查遴序，該序用大字，版式與後文不同，乃半葉五行，行十字。查遴字叔達，又字宸銓，海寧人，官浦江教諭，擢羅田知縣，著有《未然吟草》。查序後録胡助、劉基、胡翰舊序三篇，及《重刻淵潁先生集序》兩篇，分别為嘉靖元年祝鑾與萬曆四十年莊起元所作。序後有目録，目録末載士諤識文，此例同元末刊本，而此本於識文後增序目與附録目，又標明嘉靖、萬曆、康熙、雍正四次重刊或補刊之時間、校刊者與作序者，使讀者有征。每卷卷首有題名，示著者（吳萊）、編者（宋濂）、定者（吴垣）、參者（馮仲烰）、輯者（查遴）、訂者（張德澧）、閲者（傅旭元）、校者（黄懋雲），以上每卷大致相同，某幾卷略有小異。惟所記重梓者各卷皆不同，如卷一為十三世孫吴守儁、吴守偉，卷二為十四世孫吴德初，卷三為十四世孫吴德生。每卷卷末記某卷終，如卷一為『重刻吴淵穎集卷之一終』，下方記『豹文堂藏板』，其中卷一、卷六、卷十二末有刻工姓名。

元末刊本《淵穎吴先生集》附録僅録宋濂《淵穎先生碑》與《謚議》，此本復於宋濂《宋文憲集》《浦陽人物記》録出《深裛山先生吴公私謚貞文議》《元吴萊傳》二文，自戴良《九靈山房集》録出《吴先生哀頌辭並序》，自胡助《純白齋類稿》録出宋濂請序書信《上胡太常書》《覆胡太常書》兩通。又增録他人唱和之詩十二首、宋濂所作吴直方行狀一篇、王餘慶《集賢學士像贊》，柳貫、馬常寄吴直方詩各一，及直方次子志道所作《元集賢大學士吴公記》。此外還有歐陽玄所作《存心堂記》，張德澧《重刊吴淵穎先生集跋》，傅旭元識文，萬曆吴萊裔孫所作《重刊存心堂遺集呈詞》與十四世孫吴漣《重刊校正集跋》。

康熙本《重刻吴淵穎集》篇目與元末刊本略同，元末刊本卷四有《題漢一字石經》《寄吴正傳》，康熙本移前作於卷三，後作則不見，又移元末刊本卷八《續琴操哀江南》於此；康熙本將元末刊本卷六之《與黄明遠論左氏二事》、卷七之《與黄明遠論樂府雜説》移於卷五末《與黄明遠第一書論日夜食》之後，於理更契；移元末刊本卷六《書張良傳》於卷七，移《哀喬生辭》於卷八，移《哀張生辭》《哀趙季良辭》《李仲舉岑尚周哀誄》《哀史生辭》《哀趙子有辭》於卷九，移《朱氏新注陰符經後序》於卷十；移元末刊本卷七之《三墳辨》《伯夷辨》《樂正子征鼎辨》於卷六，移《周正如傳考序》《古職方録序》《古職方録後序》《關子明易傳後序》於卷十，移六《箴》、五《銘》、四《贊》於卷九，移二《頌》、二《辭》於卷八；移元末刊本卷八《釋迦方域志後序》、三《題》於卷十，移《黄隱君哀頌》《觀生堂銘》《樓玉汝墓碣》於卷九；

移元末刊本卷九《古琴操》於卷八，移《三彭傳》《潘生傳》《韓蒙傳》於卷七，移《傅氏夏小正注後序》於卷十，移《南海山水人物古蹟記》於卷七；移元末刊本卷十《讀唐太宗帝範》於卷六，移《詰玉靈解》《竄宜楙解》《葛天氏牛尾八闋樂歌》於卷八，移《馬仲珍誄》於卷九，移《吳氏戰國策正誤序》《石陵倪氏雜著序》於卷十一。

今據首都圖書館藏元吳萊撰，清康熙四十九年刊、雍正元年補刊本《重刻吳淵穎集》十二卷、附録一卷影印，在《浦江文獻集成》第二七、二八册。

胡聖傑

淵穎集十二卷附録一卷

（元）吴萊撰　清文淵閣《四庫全書》本

吴萊生平已見於元末刊本《淵穎吴先生集》提要。清文淵閣《四庫全書》本《淵穎集》十二卷、附録一卷，抄本，半葉八行，行二十一字，四周雙邊，花口，黑魚尾，版心記『欽定四庫全書』『淵穎集』、卷數及每卷葉數。每册封面書籤記『欽定四庫全書』『集部』『淵穎集』與相應卷數，扉頁載詳校官、覆勘、總校官、校對官、謄録者姓名。

書前先録《四庫提要》之《淵穎集》提要，稱吴萊『年不登中壽，身未試一官，而在元人中屹然負詞宗之目，與溍、貫相埒』，是因其再傳宋濂『開明代文章之派』。然四庫館臣於吴萊之文未予置評，僅録張綸《林泉隨筆》論萊《諭倭書》之語，謂其文規摹司馬相如《諭蜀文》，『雖古之辯士莫能過也』。張綸、黄溍皆稱吴萊之文雄深卓絶，似秦漢間人之作，四庫館臣以為溢量，以胡助『他人患其淺陋，而萊獨患其宏博』為篤論。蓋吴萊之學，天文地理、井田兵術、禮樂刑政、陰陽律歷、方技釋老無所不觀，故其發而為文，旁徵博引，恢宏恣肆，信其宏博矣。胡翰謂吴萊析辭指事，援筆頃刻數百言，可見其才思敏捷，馳騁上下，信乎其有戰國縱横策士之風。於詩，四庫館臣引王士禎《論詩絶句》，『鐵崖樂府氣淋漓，淵穎歌行格盡奇』，以楊維楨為詞人之詩，而淵穎為詩人之詩，故其恃氣縱横，蓋為不刊之論。

提要云謂『青田劉基序之』，則底本中當有此序，然書中未録劉基之序，亦無宋濂所作序，僅胡翰序文一篇，不知何故未録。其中胡翰序，元末刊本作『侍講黄公、待制柳公』，四庫本脱去『黄公』。序後徑録第一卷之内容，無目録，亦無士謬識文。附録仍元末刊本之舊，僅録宋濂所作碑文與謚議各一篇。各卷篇次上，四庫本與元末刊本同，與康熙本異，則其底本當出於元末刊本。

今據元吴萊撰、清文淵閣《四庫全書》本《淵穎集》十二卷、附録一卷影印，在《浦江文獻集成》第二九、三〇册。

胡聖傑

吳淵穎先生集十二卷

（元）吳萊撰（清）王邦采 王繩曾箋 清同治九年永康應氏重刊本

吳萊生平已見於元末刊本《淵穎吳先生集》提要。王邦采，字貽六，一字攜鹿，晚年自署逸老、逸人，江蘇無錫人，主要活動於清康熙至乾隆年間。少為諸生，弱冠遊庠，數踏省門不利，中年善病，故棄舉子業，肆力於經史諸書。邦采以精於楚辭研究聞名，著有《離騷彙訂》《屈子雜文箋略》，後合二書為《楚三閭大夫賦》，書中提出『七病論』『三分法』『求女』等，對楚辭研究頗有影響。又工書畫，精於鑑賞，馮金伯《國朝畫識》、秦祖勇《桐陰論畫》俱以『超逸』稱之。喜刊印箋注前人遺集，有《節孝先生文集注》三十卷、《晁具茨詩集箋注》十五卷、《吳淵穎集箋注》十二卷。王繩曾，字武沂，無錫人，雍正八年進士，官揚州府教授。取《春秋》經傳之詞，稍加點竄鎔鑄，集為對偶，成《春秋經傳類聯》，凡三十四類。王邦采、王繩曾箋注《吳淵穎先生集》十二卷，半葉九行，原文單行大字，箋注雙行小字，四周單邊，白口，黑魚尾，版心記卷數與葉數。封面有篆書『月泉學社』印，扉頁乃題書名『吳淵穎集』『孫智署』，扉頁後有牌記，載『同治庚午永康應氏重雕』。書前序文先載王邦采序，其後乃胡翰、胡助原序，復移附録宋濂之碑文、諡議於原序後，先諡議而後碑文。碑文後有目録，仍分十二卷，但篇次與其他各本皆異。

王邦采、王繩曾箋注《吳淵穎先生集》十二卷，僅録詩二百六十七首，前四卷為五言古詩，卷五至卷八為七言古詩，卷九為五言律詩、五言排律，卷十為七言律詩，卷十一為五言絶句，卷十二為七言絶句。目録末記錫山張廷俊文英書、許昌祚匯成鐫。每卷卷首題『錫山王邦采貽六、王繩曾武沂箋』。王邦采、王繩曾所作箋注要在名物訓詁，對於詩中地名、典章制度、用典、化用前人之句，頗多闡釋，然於詩歌本事及作者之意則無所發明。故注文多採經史、方志之言，先以方框標注書名，後録原文，部分引文後並録其注文，以『注』相别。偶有所引注文未能盡釋，則於其後加按語。間有音釋，用直音法。其注《觀唐薛調劉無雙傳戲作劉無雙歌》詩題竟録唐杜光庭《豪客傳》全文千餘言，注《金華山遊雙龍冰壺二洞欲往朝真洞晚不可到》詩題亦徑録謝翱《金華洞人物古蹟記》千餘言，此外如注《婁約闡釋玻瓈瓶子歌晚寄一公》詩題分别引《金華仙釋志》《漢書·西域傳》、梁《四公子記》，《古俠客行》詩中引段成式《劍俠傳》等等，全無裁剪，長至數葉，失於繁矣。

今據元吳萊撰，清王邦采、王繩曾箋，同治九年永康應氏重刊本《吳淵穎先生集》十二卷影印，在《浦江文獻集成》第三一、三二册。

胡聖傑

淵穎集十二卷

（元）吴萊撰　清同治光緒永康胡鳳丹退補齋刊《金華叢書》本

吴萊生平已見於元末刊本《淵穎吴先生集》提要。胡鳳丹（一八二三—一八九〇），字齊飛，又字楓江，號月樵，晚年自號雙溪漁隱、歸田老人，浙江永康人，胡宗楙之父。清道光二十五年以古學取佾生第一，次年遊庠，入杭州詁經精舍肄業，後十赴秋闈不售。咸豐五年捐納援例入光禄寺署正法眼，次年改官員外郎，分兵部主選司兼庫司事。同治二年母喪，回籍守制。同治四年服闋終，買棹出遊，歷婺、杭、滬、皖，抵湘、鄂。同治五年，任湖北候補道，六年受湖廣總督兼湖北巡撫李瀚章之聘，主持湖北崇文書局。光緒元年署督糧道，三年致仕，設退補齋書局於杭州，所刻精審，號稱善本。胡鳳丹曾撰《金華文粹書目提要》八卷，録金華自唐以來圖書一百六十五種，釐為經、史、子、集，於退補齋依次開雕。刻成經部十五種、史部十一種、子部十三種、集部二十八種，名為《金華叢書》。此外還著有《黄鵠山志》《大别山志》《鸚鵡洲小志》《退補齋詩鈔》《退補齋文存》《永康十孝廉詩鈔》等。

《金華叢書》本《淵穎集》十二卷，所據底本為王邦采、王繩曾箋注本，故其每卷篇目序次皆與清同治九年永康應氏重刊本同。半葉九行，原文單行大字，箋注雙行小字，四周雙邊，白口，黑魚尾，版心記卷數、『淵穎集』、葉數和『退補齋板藏』。卷前先録胡鳳丹手書《淵穎集序》，稱其時淵穎全集世不多見，無從購求，因獲詩集十二卷，故亟為之刊行，以廣其傳。胡鳳丹序後載原序五篇，分别為宋濂、胡翰、劉基、胡助、王邦采所作，然宋濂序文實為黄溍卿《日損齋筆記》而作，鳳丹移於吴萊詩集前，不知何故。序後為宋濂所作碑文及謚議。

吴萊擅古體，所存詩二百六十七，近體僅有三十餘首，其餘皆為古體詩，五七言數量相當。後世評吴萊詩者，以王士禎《論詩絶句》最著，云：『鐵崖樂府氣淋漓，淵穎歌行格盡奇。』蓋其七古之作中又多歌行體，如《天台山花蕊石筆架歌》《華山仙子紫絲盛露囊歌》《黑海青歌》《黄布幬歌》《劉龍子歌》《畫馬行》《杜鵑行》《東吴行》《揚子江頭遇仙行》等，想象奇特，縱横排奡，氣象恢宏，有太白之風。鳳丹稱其詩地負海涵，足與揭、虞方駕，與范、楊並軌，未為過譽。

今據元吴萊撰、清同治光緒永康胡鳳丹退補齋刊《金華叢書》本《淵穎集》十二卷影印，在《浦江文獻集成》第三二、三三冊。

胡聖傑

存心堂遺集十二卷附録一卷

（元）吴萊撰　明萬曆三十九年吴邦彦刊本

吴萊生平已見於元末刊本《淵穎吴先生集》提要。吴萊卒後，宋濂收拾其遺文若干卷，彙次成編，請序於胡助、胡翰、劉基，蓋在至正十二年前後，然當時並未刊行。待吴萊歿後二十六年，即至正二十六年，吴萊二子士諤、士謐復以遺稿屬宋濂，其時宋濂方服喪養病於潛溪，遂摘其有關學術議論之大者付諸梨棗，名曰《淵穎吴先生集》，是為元末刊本，乃吴萊文集最早之刊本。此後一百六十餘年，板既不存，亦未有重刊者。嘉靖元年，太常博士李九皋至杭，以《淵穎集》善本屬祝鑾重刻，書名、卷數、篇次概與元末刻本同，是為嘉靖本。百年後，萬曆三十九年，吴萊裔孫，金華府學廩膳生員吴喚、浦江縣學廩膳生員吴曾及吴會、吴尚浩、吴尚信、吴鳳德等，以祝鑾所刻遺書散佚，遂購求善本，重加校勘編次，刊刻印行，名《存心堂遺集》，即此本。存心堂，最初當為吴直方宅第名，云：『世人皆有所存以遺其子孫，吾無以為遺，顧吾生平謹守孟氏之言，以仁以禮，存諸此心耳。』（歐陽玄《存心堂記》）故以『存心』名其堂，翰林學士承旨歐陽玄曾為之作《存心堂記》。後用為吴萊遺集之名。

萬曆本《存心堂遺集》十二卷、附録一卷，半葉十行，行二十二字，四周單邊，花口，黑魚尾，版心記書名、卷數、葉數。此本有圈點，不知何人所為，書前先録萬曆四十年，浦陽縣令莊起元手書《重校刻吳淵穎先生文集序》，其後乃嘉靖元年祝鑾《重刻淵穎先生集序》，繼而胡翰、劉基、胡翰舊序。序後有目録，此本仍依體裁分卷，卷數、篇次乃至目録題名悉與元末刻本同，附録亦僅收《淵穎先生碑》《謚議》兩篇，序後為士謬識文，異處惟《存心堂遺集》於識文後添『明萬曆辛亥九世孫邦彥重刻』。

萬曆本《存心堂遺集》之校刊情況，康熙本《重刻吳淵穎集》目録後有數語提及，云：『萬曆三十九年辛亥，六世孫以成、以守，率同七世孫文燫，九世孫邦彥、邦黯、培、廷棋、廷象、廷鳳、廷鵬、廷選，十世孫昂時、易暐、昭暄、世師、世鏡、世聰、世忠、世德，十一世孫鳳繼、尚忠、尚洓、尚溥，十二世孫一麟重刊；十世孫喚、曾、會，率同十一世孫尚信、尚浩、鳳德校。』積家族中二十九人之功，而成是集，實屬不易，其中又以十世、十一世孫用力最勤。故莊起元萬曆四十年序云：『先生後裔，文學吳喚、吳曾、吳會、吳鳳德，功研鉛槧，業纘箕裘，托契牙琴，已悉峩洋之奏，投知傅杵，終膺寤寐之求。』康熙本附録所載《重刊存心堂遺集呈詞》亦將重校重刊之功屬吳喚、吳曾、吳會、吳尚浩、吳尚信、吳鳳德六人。

今據上海圖書館藏元吳萊撰、明萬曆三十九年吳邦彥刊本《存心堂遺集》十二卷、附録一卷影印，在《浦江文獻集成》第三四、三五冊。

胡聖傑

遊甬東山水古蹟記一卷

（元）吳萊撰　清順治三年宛委山堂刊《説郛》本

吳萊生平已見於元末刊本《淵穎吳先生集》提要。《説郛》及陶宗儀已見於《説郛》本《中饋録》提要。《説郛》本《遊甬東山水古蹟記》一卷，半葉九行，行二十字，左右單邊，花口，白魚尾，版心記『甬東遊記』和葉數。《遊甬東山水古蹟記》録於《説郛》卷六十七，同卷有雷次宗《豫章古今記》、謝翱《睦州古蹟記》、吳萊《南海古蹟記》、楊衒之《洛陽伽藍記》、段成式《寺塔記》、宋祁《益部方物略記》、劉恂《嶺表録異記》、朱輔《溪蠻叢笑》、程大昌《函潼關要志》、周密《南宋故都宮殿》，皆為古蹟遊記。

《遊甬東山水古蹟記》作於元泰定帝泰定元年（一三二四），是年夏六月，吳萊自慶元桃華渡覓舟東出海，遊昌國，歷二月而返姑蘇。吳萊以其所遊為序記海中之山，寫景狀物，多用譬喻，如寫蛟門峽激浪，『或大如五石斗甕，躍入空中，卻墮下碎為霧雨。或遠如雪山冰岸，挾風力作，聲勢崩擁，舟蕩蕩與上下。』既已描繪浪大如肆，又藉一僧口，稱此浪不過其小小者，更顯風浪之滔天，其云：『此特其小小者耳，秋風一作，海水又壯，排空觸岸，杳不辨舟楫。所在獨帆檣，上指潮東，上風西來，水相鬥不能咫尺，一撞礁石，其靡解不可支持。』吳萊尤善狀景，娓娓道來，有條不紊，如寫洛迦山『自山東行，西折為觀音洞，洞瞰海，外巉中裂，大石闞紫黑，旁罅而兩岐亂石如斷圭，積伏蟠結，怒潮摐擊，晝夜作魚龍嘯吼；又西則為善財洞，峭石嗑足泉流滲滴，懸纓不斷前入海數百步，有巑』，『又自山北轉，得盤陀石山，粗怪益高，壘石如垤。東望窅窅，想象高麗、日本界，如在雲霧蒼莽中。日初出，大如米莁，海盡赤，跳踴出天末，六合奣然鮮明。及日光照海，薄雲掩蔽，空水弄影，恍類鋪僧伽黎衣，或現或滅。』又不獨山水之奇絕，風土人情、異聞傳説，一併載之，如敘昌國境內，『多大山，四面皆海，人家頗居篁竹蘆葦間，或散在沙墺，非舟不相往來。田種少類，入海中捕魚、蝤蛑、蛇母、彈塗、傑步，腥涎褻味，逆人鼻口，歲或仰穀。』及土人所謂盡昌國北界有蓬萊山，三山在水底等傳聞。昌國即今浙江舟山定海區，北宋熙寧六年置縣，元至元十四年升為州，故謂『甬東』。非《史記·樂毅傳》所載燕昭王『封樂毅於昌國，號為昌國君』之齊地昌國（今山東淄博）。

今據國家圖書館（原北京圖書館）藏元吳萊撰、清順治三年宛委山堂刊《説郛》本《遊甬東山水古蹟記》一卷影印，在《浦江文獻集成》第三五冊。

胡聖傑

南海古蹟記一卷

（元）吴萊撰　清順治三年宛委山堂刊《説郛》本

吴萊生平已見於元末刊本《淵穎吴先生集》提要。《説郛》及陶宗儀已見於《説郛》本《中饋録》提要。

《説郛》本《南海古蹟記》一卷，半葉九行，行二十字，左右單邊，花口，白魚尾，版心記『南海古蹟記』和葉數。與《遊甬東山水古蹟記》並録於《説郛》卷六十七。南海即南海郡，因近南海得名，古為百越地，《漢書·地理志》載：『自交趾至會稽七八千里，百越雜處，各有種姓』。秦南征百越之君，統一嶺南，始設桂林郡、象郡、南海郡，南海郡所轄東臨南海，西至今廣西賀州，北連南嶺，下轄番禺、龍川、博羅、四會四縣，郡治番禺。隋代廢郡置縣，屬廣東總管府，唐後改廣州，沿用至今。

吴萊未曾到過南海，此文為他人口述而萊記之，文末云：『為説者，曰東陽李生。自海上回，為言南越事，山川風土，悉有可考者。』所記南海之山水人物古蹟凡三十三處，番禺山、五仙觀山、南海廣利王廟、浮丘山、中宿峽、白雲山、任囂墓、越王臺、越王趙佗墓山、南越王弟建德故宅、越井岡、石門、漢征士董正墓、馬按山、盧循故城、石鼓山、金牛潭、甘溪、博大山、馮盎墓山、赤石崗、景泰山、黄雲山、寶莊嚴舍利塔、金芝巖、黄巢磯、西樵巖、鎮象塔、蘇文忠公古舍利塔、東坡泉、仙女灣、崖山、大奚山。

吴萊未親到南海，故其敘古蹟之址僅稱在某地某方向，如番禺山云『在番禺東，近城』，南海廣利王越王趙佗墓廟云『在番禺南』，中宿峽云『在清遠東』，任囂墓云在『西城内』，越王臺云『在太城北』，越王山云『在南海南』，仙女灣云『在香山南』等等，三十三處皆同此例。其文與《遊甬東山水古蹟記》絶異，昌國山水蓋吴萊親歷，故鋪張排比，眼前之景如何，再前如何，東望如何，北望如何，讀之恍若與萊同遊，所寫山水，歷歷在目。《南海古蹟記》則狀物寫景之辭極少，如記番禺山則採《山海經》言，云：『黄帝生禺號，禺號生禺京，處南海。』記五仙觀山則採之傳説，云：『楚高固時有五仙，人人持穀穗，一莖六出。乘羊衣羊，具五方色，遺穗州人。羊化石，仙人騰空去。』頗採釋教事，如記越王臺云：『山有達磨泉，達磨自天竺航海至，指其地曰：「地有黄金萬餘兩。」貪者力鑿得泉，達磨曰：「是可銖兩計哉！」』

今據國家圖書館（原北京圖書館）藏元吴萊撰、清順治三年宛委山堂刊《説郛》本《南海古蹟記》一卷影印，在《浦江文獻集成》第三五冊。

胡聖傑

南海山水人物古蹟記一卷

（元）吴萊撰　清康熙顧氏秀野草堂刊《聞丘辯囿》本

吴萊生平已見於元末刊本《淵潁吴先生集》提要。顧嗣立（一六六五—一七二二），字俠君，號閭丘，江蘇長洲人。秀野草堂蓋顧氏藏書之處，朱彝尊曾為作《秀野草堂記》，稱其『插架以儲書，叉竿以立畫，置酒以娱賓』，『博觀乎書畫，旁搜乎碑碣，真文梵筴，靡勿考稽，又不下百家，而元人之詩大備矣』。《閭丘辯囿》本《南海山水人物古蹟記》即《南海古蹟記》，書名不同而已，視其所記内容，及文中『山水人物古蹟之灼然可紀者夥矣』語，則以『南海山水人物古蹟記』為題似更妥當。此本半葉九行，行十九字，左右雙邊，白口，黑魚尾，版心記書名、葉數和『秀野草堂』。

《説郛》本與秀野草堂本在文字上略有差異，如首段《説郛》本誤為『友宋初』，秀野草堂本更為『及宋初』；首段末《説郛》本作『灼然可記』，秀野草堂本作『灼然可紀』；『五仙觀山』條中《説郛》本誤作『楚高古時』，秀野草堂本更為『楚高固時』；『南海廣利王廟』條《説郛》本作『玉簫』，秀野草堂本作『玉簫』；『浮丘山』條《説郛》本作『在海南西木羅山』，秀野草堂本作『在南海西本羅山』；『中宿峽』條《説郛》本作『煙幡嶺』，秀野草堂本作『標幡嶺』；『越井崗』條《説郛》本誤作『崔偉』，秀野草堂本更作『崔煒』；『黄雲山』條《説郛》本作『黄雲自山内輝映』，秀野草堂本作『黄雲自山出，如金輝映』；『大奚山』條《説郛》本作『徙米種藷羊』，秀野草堂本作『徙來種藷芋』；末段《説郛》本作『大蠻其歲時』，秀野草堂本作『大蠻夷，歲時』；同段《説郛》本作『必又賴矣夫』，秀野草堂本作『又必賴夫』。

今據國家圖書館（原北京圖書館）藏元吳萊撰、清康熙顧氏秀野草堂刊《聞丘辯囿》本《南海山水人物古蹟記》一卷影印，在《浦江文獻集成》第三五冊。

胡聖傑

三朝野史一卷

（元）吴萊撰　明刊《廣百川學海》本

吴萊生平已見於元末刊本《淵穎吴先生集》提要。馮可賓，字正卿，山東益都人，馮起震之子。明天啟二年進士，官湖州司理、給事中，史載其擅畫竹、石，明亡不仕隱居。著有《岕茶箋》，曾輯《廣百川學海》。《百川學海》為南宋咸淳九年時左圭所輯叢書，書名取揚雄《法言》『百川學海而至於海』。所録多為唐宋野史雜説、掌故瑣記、朝廷故事、軼聞雜史、典章制度等，間收兩晉南北朝著作。全書按天干分十集，計一百種，一百七十七卷。明代吴永續作《續百川學海》《再續百川學海》《三續百川學海》，馮可賓繼之，故名《廣百川學海》。體例上《廣百川學海》仍沿襲《百川學海》，仍按天干分為十集，所收書以明代文獻為主，涉及稗官野史、詩詞書畫、古玩篆刻、文房遊戲等，多採自《説郛續》。書前多有某人閲、某人校閲等字。《廣百川學海》本《三朝野史》一卷，半葉九行，行二十字，花口，白魚尾，版心記書名與葉數。書前有『三衢余繼祖閲』，書末有『三朝野史終』，書内有圈點。《三朝野史》見於《廣百川學海》丙集，同卷尚有《觚不觚録》《谿山餘話》《清暑筆談》《吴中故語》《甲乙剩言》《熙朝樂事》《委巷叢談》《蜩笑偶言》《玉笑零音》《春雨雜述》《病榻寤言》《褚氏遺書》《願豐堂漫書》。

『三朝』指宋理宗趙昀、宋度宗趙禥、宋恭帝趙㬎三朝，所記宋季朝野内外之遺聞逸事十九條，清四庫館臣疑其非完本，評『詞旨猥瑣殊不足觀』，又因其書中附記丙子三宮赴北事，故認為宋遺民所作。然書中有『夏貴歸附大元』『宋亦有太后在上歸附大元』，皆以『大元』稱，似非出自宋遺民之口，亦未可知。所記之事，實多猥瑣，如第五條記馬光祖知臨安府時，判姦婦云：『世間若無婦人，天下業風方靜。』第八條載包恢年八十有八而精神康健，賈似道問其高壽而步履不艱，有何衛養之術，恢答喫五十年獨睡丸。然亦有可取之論，若評史彌遠謂：『遠自恃冊立之功，專權納賄，天下變為污濁，功則有之，忠未也。』又評南宋末諸狀元、宰相，謂陳宜中『客死暹羅，雖免作北臣，而視從容就義者有間矣』；評陳文龍『舉義就擒，尤得其死』；評方逢辰『德祐屢召不起，持父服終其身，尚得為全人也』；評文天祥則引北人詩云：『當今不殺文丞相，君義臣忠兩得之』，尚且公允。

又多録當時人詩，如劉克莊之『楊柳春風丞相府，梧桐夜雨濟王家』。某越僧之《錢塘懷古詩》：『天定終難恃武功，不堪雙淚濕東風。百年南渡斜陽外，十里西湖片雨中。燕子來時龍輦去，楊花飛後鳳樓空。倚筇曾向錢塘望，山掩江城霧氣籠。』又如何潛齋詩：『昆明劫灰化塵緇，夢裏功名黍一炊。鍾子不將南操變，庾公空報北臣悲。歸來眼底湖山在，老去心則浙水知。白髮門生憐未死，青衫留得裹遺屍。』等。

今據上海圖書館藏元吳萊撰、明刊《廣百川學海》本《三朝野史》一卷影印，在《浦江文獻集成》第三五冊。

胡聖傑

三朝野史一卷

題為宋無名氏著清抄本

吳萊生平已見於元末刊本《淵穎吳先生集》提要。此處所收《三朝野史》一卷，不知何人所抄，書內有清『翰林院印』，封面有小印『乾隆三十八年七月，兩淮鹽政李質穎送到《三朝野史》壹部，計書壹本。』蓋為四庫採進本。清乾隆三十七年，朝廷諭旨，廣征天下遺書，並設立『欽定四庫全書處』，各省由巡撫、鹽政，購進、借抄遺書，以及私家進呈原書一萬餘種，統稱『四庫進呈本』或『四庫採進本』。進呈本經翰林院清點、登記後，於書首頁加蓋『翰林院印』關防大印，左側為滿文，右側為漢文，並於書衣加鈐木記云『乾隆某年某月，某巡撫（或鹽政）某送到某書壹部，計書若干本』。李質穎，生卒年不詳，奉天人，正白旗漢軍，乾隆二年進士，改庶吉士，乾隆二十八年以奏事郎中任河東鹽政督，三十四年任巡鹽監察御史，三十五年任兩淮巡鹽御史，三十七年十一月以運鹽河金灣閘下至泰壩之天池有運鹽河一道，河底淤墊重運難行，奏請建閘，四十一年六月任廣東巡撫，四十五年任總督浙閩。

清抄本《三朝野史》一卷，半葉九行，行二十字，其中每條首行頂格較其他行多一字，首頁書名後題『宋無名氏著』。所據不知何本，然多謬誤，似抄者所改，與《廣百川學海》本多有不同。第四條《廣百川學海》本作『反臣』，清抄本作『叛臣』；第五條《廣百川學海》本作『馬光祖知京日』，清抄本誤為

『馬光祖知京口』，《廣百川學海》本作『包孝肅公尹開封』，清抄本誤為『包孝肅公戶開封』，《廣百川學海》本作『《踰牆摟處子》詩』，清抄本誤為『《踰牆樓處子》詩』，《廣百川學海》本作『不妨傑才高作』，清抄本作『不妨雄傑才高作』；第六條《廣百川學海》本作『婺緯之憂故』，清抄本誤為『婺緯之故憂』（按：當為『嫠緯之憂』）；第八條《廣百川學海》本作『步履不艱』，清抄本作『步履不難』；第十條《廣百川學海》本作『享年八十五』，清抄本作『享年八十三』；第十二條《廣百川學海》本作『收畜古銅器、法書名畫』，清抄本作『收蓄古銅器、法帖名畫』。又其中第五條有三處塗改，一改『漳』為『漢』，二塗去『傑』，三塗去原文『以』。清四庫館臣稱此書：『不著撰人名氏。記理、度、恭三朝軼事瑣言，僅十有九條。疑非完本。書中附記丙子三宮赴北事，蓋亦宋遺民所作也。詞旨猥瑣，殊不足觀。』《三朝野史》著者原不可考，然《廣百川學海》《説郛》等書皆題為吳萊所著，姑從而録之。

今據國家圖書館（原北京圖書館）藏題為宋無名氏著、清抄本《三朝野史》一卷影印，在《浦江文獻集成》第三五冊。

胡聖傑

三朝野史一卷

（元）吴萊撰　清順治三年宛委山堂刊《説郛》本

吴萊生平已見於元末刊本《淵穎吴先生集》提要。《説郛》及陶宗儀已見於《説郛》本《中饋録》提要。《説郛》本《三朝野史》一卷，半葉九行，行二十字，花口，白魚尾，版心記書名「三朝野史」及葉數。版式、文字與《廣百川學海》本無二致，惟七葉中脱去「日」「夷」二字。《説郛》以《三朝野史》為吴萊所作，見於卷五十五，同卷尚有吕祖謙撰《大事記》一卷、徐炫撰《五代新説》一卷、周羽翀撰《三楚新録》一卷、孫穆撰《雞林類事》一卷、方勺撰《青溪寇軌》一卷，除吴萊以外皆為宋人。

撰者頗採因果輪迴之事，如首條稱時人皆謂史彌遠是佛位中人，以史彌遠未生時，其父史浩與覺長老道契握手入堂奥，史浩問：『和尚好？我好？』長老見堂奥中簾幕綺羅，榮華富裕，粉白黛緑，環列左右，乃答之：『大丞相富貴好，老僧何好之有？』一日史浩坐廳堂之上，儼然見覺長老長揖突入堂内，命人往寺中請長老相見，不想長老已坐化圓寂於法堂上。頃間，史彌遠生，史浩遂以覺長老之字為史彌遠小名。撰者曰：『觀彌遠二十七年當國，册立理宗，措天下於泰山之安，運籌廊廟，日食萬錢，豈非佛位中人歟？』似篤信之。又論後周、南宋之亡，後周顯德七年與宋恭帝趙㬎之『㬎』字不期而合；周以主幼而亡，宋亦以主幼而亡；周有太后在上，禪位於宋太祖，而宋亦有太后在上，歸附於大元；宋太祖革命之時，韓通不伏而被誅，宋末陳宜中當國，韓震無辜而被殺，撰者以此四事，謂『此造物報應之理也』，其篤信宿命之論可知。

今據國家圖書館（原北京圖書館）藏元吳萊撰、清順治三年宛委山堂刊《説郛》本《三朝野史》一卷影印，在《浦江文獻集成》第三五冊。

胡聖傑

金匱玉函經二注二十二卷

（元）趙良仁衍義（清）周揚俊補注 清白鹿山房木活字印本

趙良仁，生卒年不詳，字以德，號雲居，宋太宗第八子周王元儼之後，其先本汴京開封人，七世祖善近隨宋室南渡，遷睦州，後官於浦江，居浦陽城内仁杏巷，因占籍浦江，為浦陽趙氏之祖。其外家朱氏三世業醫，以醫處官。父必俊，字用章，世稱梅石先生，娶朱氏，生四子，曰良本、良貴、良仁、良賢。良仁少試吏憲司，旋即棄去，與兄良本、戴元禮從丹溪朱彦脩學醫，治療多有奇效，名動浙江。著有《醫學宗旨》《金匱方衍義》《丹溪藥要》等。

《金匱玉函經》，通常認為乃漢代張仲景著，即《傷寒論》之古傳本。北宋治平二年，校正醫書局校《傷寒論》，復於次年校《金匱玉函經》，校序稱《金匱玉函經》與《傷寒論》同體别名，欲人互相檢閲而互為表裏，以防後世亡佚。此書流傳不廣，宋代陳振孫《直齋書録解題》、晁公武《郡齋讀書志》皆只著録《金匱要略》三卷，與世傳八卷不符，恐非一書。兩家解題俱稱張仲景撰，王叔和集，林億等校正，以此書為王洙於館閣蠹簡中得之，又似與《金匱玉函經》無異，故馬端臨更作『《金匱玉函經》八卷』，《文獻通考》僅轉録陳氏、晁氏之言，此書至南宋末或已少見。

《金匱玉函經二注》二十二卷即趙良仁、周揚俊二家對《金匱玉函經》之注，此為清白鹿山房木活字印本，半葉十行，行二十字，四周單邊，花口，黑魚尾，版心記書名『金匱二注』、卷數及該卷葉數。書前載序文兩篇，一為都察院右副都御史丁孔思作，一為注者周揚俊自序；序後為目録，分二十二卷，分別作『臟腑經絡先後』『痓濕暍』『百合狐惑陰陽毒』『瘧病』『中風歷節』『血痹虛勞』『肺痿癰咳嗽』『奔豚氣』『胸痹心痛短氣』『腹滿寒疝宿食』『五臟風寒積聚』『痰飲咳嗽』『消渴小便不利淋』『水氣』『黄疸』『驚悸吐衄下血胸滿瘀血』『嘔吐噦下利』『瘡癰腸癰浸淫』『趺蹶手指臂腫轉筋陰狐疝蚘蟲』『婦人妊娠』『婦人產後』『婦人雜病』，目録末稱『二十三至二十五三卷俱有方無論，不注，因不俱載，詳《金匱要略》篇中。』各卷卷首記『宋趙以德衍義』『吴門周揚俊補注』『廣寧丁思孔定』『二然朱陶性校印』。此書體例，先《金匱玉函經》原文，原文除藥方外皆頂格起；原文後為趙良仁衍義，以一小方鈐印標明『衍義』；衍義後乃是周揚俊補注，仍以鈐印標明，衍義與補注皆低一格。

此本多有批注、補充之文字，從字跡看，當出多人之手。最多者為正文之眉批、夾批，或訂正文字訛誤，或以按語補充説明，頗有見地。第一卷眉批有『晚香亭長讀並識』，當為此人所作；又第一卷末載潘道根言一葉，第二卷前增入『痓濕暍病脈證第二』一卷，手抄五葉，云『依潘晚香先生編次』。此外書前周揚俊自序後，抄入趙良本傳文一篇，目録後自《姑蘇志》録出趙良仁傳一篇，二文筆跡彼此不同，又與潘氏異，不知何人所為。

潘道根（一七八八—一八五八），字確潛，一字潛夫，號晚香，一號飯香，晚號徐村老農，清乾隆、咸豐間江蘇崑山人。嘗從吴映辰等學，研習經史、小學，與王學浩、吴映奎等結成忘年之交，參加邑詩社『櫟社』，不事科舉。十九歲喪父，家貧，徙縣北鄉南梅心涇，以教書授徒為生，名其堂曰『隱求』。嗜岐黄之術，熟讀醫學典籍，精於醫理，道光四年後行醫濟世至終。著有《飯香詩存》《飯香道人醫案》《讀傷並補注薛雪《薛一瓢先生溫熱論批本》。

今據南京大學圖書館藏元趙良仁衍義、清周揚俊補注、清白鹿山房木活字印本《金匱玉函經二注》二十二卷影印，在《浦江文獻集成》第三五、三六冊。

胡聖傑

寒論》等，曾抄宋代名醫薛古愚《薛氏濟陰萬金書》、清代陳元凱《陳士蘭先生醫案》等醫書，

金匱玉函經二注二十二卷

（元）趙良仁衍義（清）周揚俊補注 清同治二年養恬齋刊本

趙良仁生平已見於上一則提要。補注者周揚俊，字禹載，蘇州府人，少攻舉子業，屢試不第，年近四十乃棄舉子業，研習仲景之書。康熙十年，受業於北海林起龍，至京師問醫，為當時王公所重。著有《溫熱暑疫全書》四卷，編選《傷寒論》《瘟疫論》詳加闡釋；取《傷寒論條辨》《尚論篇》附以己見，編成《傷寒論三注》十六卷，又補注《金匱方論衍義》成《金匱玉函經二注》二十二卷。

此處所收《金匱玉函經二注》二十二卷，半葉九行，行二十一字，左右雙邊，大黑口，黑魚尾，版心記卷數、葉數，以及『養恬齋板藏』五字。全書分六冊，每冊封面題『玉函經』，以『禮』『樂』『射』『御』『書』『數』為次，分二十二卷，與白鹿山房本同，每卷卷首題『趙以德衍義』『元和李清俊春泉重刊』『周揚俊補注』『長洲葉萬青訥人參校』，原文頂格，衍義與補注皆低一格，段首以六角括號標明『衍義』『補注』之始，全書有圈點，無批注。此本第二十二卷後較白鹿山房本多《重刊金匱玉函經二注補方》及其目録，與《十藥神書》一種。《十藥神書》之版式與《金匱玉函經二注》及《補方》有不同處，其為雙魚尾，版心記書名與卷數，無『養恬齋藏板』字樣，字為楷體，而《金匱玉函經二注》及《補方》俱為宋體。

第一冊前面載序文五篇，首為道光十二年長洲葉萬青手書《重刊金匱玉函經二注序》，序稱學醫者多講求傷寒而略雜病，故世重《傷寒論》而輕《金匱要略》，而諸家注中，以趙良仁最明且詳，周揚俊又補其未備、暢其欲言；第二、三篇為周揚俊自序，前文云『予讀此十方』，蓋為《十藥神書》之序，作於康熙二十六年五月，後文與白鹿山房本自序同；第四篇乃陳文述道光十三年《重刊金匱二注序》，云康熙二十六年丁思孔所刊至其時已百四十餘年，世鮮傳本，吳中名醫李清俊得舊本，故付諸剞劂；末序為元代葛可久《十藥神書》自序，作於元至正八年，自謂學業醫道三十餘年，偶遇極明醫道、精通方脈之至人，遂師之，得授奇方一冊，以暇日將所得奇方並日用決效之法類成一帙，即此《十藥神書》。葛可久即葛乾孫（一三〇五—一三五三），字可久，長洲人，應雷子，承其家業，醫術益精，他醫不能治者往求治，多奇驗。其學熟諳劉河間、張從正之說，尤擅治勞損吐血，著有《十藥神書》。

今據首都圖書館藏元趙良仁衍義、清周揚俊補注、清同治二年養恬齋刊本《金匱玉函經二注》二十二卷影印，在《浦江文獻集成》第三七、三八冊。

胡聖傑

九靈山房集三十卷

（元）戴良撰　明正統戴琥刊本

戴良，字叔能，號九靈山人，又號雲林，生於元仁宗延祐四年（一三一七），卒於明太祖洪武十六年（一三八三），浦江縣建溪馬劍村（今屬諸暨市）人。早年從學柳貫、黄溍、吳萊等，博通經史，旁及諸子百家。年二十餘起為月泉書院山長，元至正二十一年薦授淮南江北等處儒學提舉，未幾避地吳中依張士誠，後見士誠將敗，挈侄戴思溫抵益都路，欲間行歸擴廓帖木兒軍，道梗，不果。至正二十七年南還，變姓名，隱四明山，洪武十五年召至京師，不肯受官，忤旨下獄，明年卒，或謂自裁，年六十七。著有《和陶詩》一卷、《九靈山房集》三十卷、《春秋經傳考》三十二卷。

正統本《九靈山房集》三十卷，半葉十四行，行二十字，四周雙邊，大黑口，雙魚尾，版心記卷數與該卷葉數。《九靈山房集》彙集四稿而成，卷一至卷七為《山居稿》，卷八至卷十四為《吳遊稿》，卷十五至卷二十三為《鄞遊稿》，卷二十四至卷二十九為《越遊稿》，卷三十實為附録，收他人所作戴良之像贊、祭文、墓誌銘等。四種文稿皆以文體編排，先詩後文，詩有『樂府』『四言詩』『五言古詩』『七言古詩』『五言律詩』『七言律詩』『五言絕句』『七言絕句』『五言長律』『聯句』幾種，文別為『贊』『銘』『箴』『碑』『辨』『解』『論』『説』『書』『傳』『記』『序』『題跋』『墓誌銘』『祭文』『墳記』幾類。

書前有序兩則，一為揭傒斯之子揭汯所作，稱戴良學文於柳貫、黄溍，故『其文敘事有法，議論有原，不為刻深之辭而亦無淺露之態，不為纖穠之體而亦無矯亢之氣』，又學詩於余闕，故『其詩則詞深興遠，而有鏘然之音、悠然之趣。清逸則類靈運、明遠，沉蔚則類嗣宗、太沖，雖忠宣公發之，而自得者尤多』；一為王袆所作，謂戴良師事柳貫為最久，故其詩之『質而敷，簡而密，優遊而不迫，沖澹而不攜』實得之柳貫而傳自方鳳。二人述戴良詩學淵源不同，趙友同所作《故九靈先生戴公墓誌銘》亦謂良初治經，習舉子業，尋棄去而專力於古文，受業於柳貫、黄溍、吴萊門下，盡得其閫奧，後余闕持憲節過婺州，聞良善歌詩，數相過從，論古今作者詞旨優劣，余闕遂盡授以平日所得於師友者。然則戴良在余闕守婺之前當已頗能詩，其與余闕不過相與論詩而已，良之詩實得之柳、黄、吴三公，不當謂學詩於余闕。書後載識文一、後序一、題跋一，識文乃從曾孫旒作，歷敘其所以藏戴良遺稿刊板之事；序之一為四明桂彦良應戴良子禮之請而作，以為士不當以文名世，惟良畸窮不偶，故奮其智慮於文；題跋一為宋濂於洪武十二年十月既望作。

今據元戴良撰、明正統戴旒刊本《九靈山房集》三十卷影印，在《浦江文獻集成》第三八、三九册。

胡聖傑

九靈山房集三十卷九靈山房補編二卷

（元）戴良撰　清乾隆三十六年刊本

戴良生平已見於上一則提要。刊者鮑廷博（一七二八—一八一四），字以文，號淥飲、通介叟、得閒居士等，歙縣長塘村人，生於杭，父母卒後遷桐鄉烏鎮。自幼力學好古，勤學耽吟，工於詩，嘗作《夕陽詩》甚工，世稱之『鮑夕陽』，晚年彙其詩為《花韻軒詠物詩存》三卷。其父鮑思詡性嗜讀書，力購前人書以為歡，取《禮記》『學然後知不足』語名其齋。廷博兩應省試不中後絕意仕途，亦肆力於購求典籍，尤好宋元別集，自謂『廿餘年來，搜羅宋元遺集不下五百餘家』。乾隆三十八年，開四庫館，詔求天下遺書，鮑廷博獻書六百餘種，多宋元孤本、善本，欽頒《古今圖書集成》。又精於校勘，極為審慎，每校一書，必以諸家善本參校，絕不以己意妄改，曾云：『一字之疑，後或得善本正之，若率意以改，即疑成實，傳世行後，此字由我廢，故學者所宜弛張變通也。』所校刻書以《知不足齋叢書》最著，惜未成而卒，由其子士恭續刻成二十七、二十八集，孫正言續刻成二十九、三十集，歷三代、五十餘年乃成，收書二百七種七百八十一卷，推為清代叢書之翹楚。

乾隆本《九靈山房集》三十卷、補編二卷，半葉十行，行二十一字，左右雙邊，大黑口，雙魚尾，版心記書名卷數、集名（即『山居稿』『吳遊稿』『鄞遊稿』『越遊稿』『外集』）與葉數。封面題書名，書名右左各有數字，曰『乾隆辛卯重刻』，曰『傳經書屋藏板』。書前先録杭世駿、鮑廷博手書重刻序兩篇，杭序作於清乾隆三十六年，謂與諸友一同校對此集，鮑序作於乾隆三十七年，云先得舊抄本於吳中，復於乾隆三十六年秋因戴良裔孫購求是集，遂亟授以開雕。繼録揭汯、宋濂、王褘、桂彦良原序跋四篇，以及《明史·文苑傳》與朱彝尊《明史擬傳》之戴良傳文。序、傳之後為乾隆三十六年，戴良十四世從孫戴殿海、戴殿泗所纂《戴九靈先生年譜》，雖不甚詳，然於戴良之生平出處可得其概矣。卷末載跋文兩篇，一為明正統十年戴良從曾孫旒所作，一為乾隆三十七年十四世孫殿江所作，後文詳刊刻始末，云先後得鮑廷博所藏抄本、汪氏抄本、黄宗羲手抄選本、嘉興曹仲楳所致原刻本，慎相校讎，庀工於乾隆三十六年春，次年乃成。

此本有總目，卷一至卷七為《山居稿》，卷八至卷十四為《吳遊稿》，卷十至卷二十三為《鄞遊稿》，卷二十四至卷二十九為《越遊稿》，卷三十為《外集》。四種集稿又各有目，其序與正統本略同。卷末補編為戴殿泗所輯，自云：『集中遺篇與載於他書而小異者，僅就所見補之。』分為上下二編，上編為詩三題八首，下編為文四篇。

今據首都圖書館藏元戴良撰、清乾隆三十六年刊本《九靈山房集》三十卷、《九靈山房補編》二卷影印，在《浦江文獻集成》第四〇、四一册。

胡聖傑

九靈山房集十九卷

（元）戴良撰　清同治八年永康胡鳳丹退補齋刊《金華文粹》本

戴良生平已見於明正統本《九靈山房集》提要。此處所收《九靈山房集》十九卷，刊者胡鳳丹生平已見於《金華叢書》本《淵穎集》提要。《金華文粹》即《金華叢書》之初名，胡鳳丹於清同治六年末至七年初開始校刻，初僅有著作十數種，至光緒初，歷十餘年之苦心經營，輯得鄉先賢著作四百餘卷，次第刊行，成經部十五種、史部十一種、子部十四種、集部二十八種，凡六十八種，並撰《金華文粹書目提要》八卷。《金華文粹》本《九靈山房集》十九卷，半葉九行，行二十字，四周雙邊，花口，黑魚尾，版心依次記叢書名『金華文粹』、卷數、書名『九靈山房集』、葉數與『退補齋板藏』。封面大字題『金華叢書』，右欄小字題『九靈山房集十九卷』，扉頁牌記題『退補齋開雕』。書前有胡鳳丹《重刻九靈山房集序》，作於同治九年，序云因雅慕戴良之為人，故從《乾坤正氣集》中抄出《九靈山房集》十九卷，精校授梓，以廣厥傳，序後有道光二十八年潘錫恩所撰《戴九靈傳》。《九靈山房集》十九卷，所收俱為文，考其篇次，可知乃依次從《九靈山房集》三十卷本中録出，即將戴良之文單獨刊行而已。

《乾坤正氣集》為清顧沅所輯文集，沅慨慕古人行事，故留意搜輯古來忠臣義士著作，先輯詩成《乾坤正氣詩集》二十卷，復輯文為《乾坤正氣集》五百七十四卷，得姚瑩、潘錫恩籌資梓行。《乾坤正氣集》

收集一百一家，皆為忠孝節義，身際艱難，不貪富貴，殺身成仁之士所作，起戰國屈原之《楚辭》，終明代朱集璜《觀復堂集》，每集皆有作者小傳一篇，編次於卷首。明洪武十五年，戴良被徵至京師，召見試文辭若干篇，欲授之以官，良以老病固辭，頗忤旨待罪，一日感微疾，即為書謝諸親舊，猶拳拳以忠孝大節為語，後端坐而卒，或謂之自裁，戴良之氣節凜然，故此集收其文。胡鳳丹刊《金華文粹》本《九靈山房集》，即徑取其文與小傳。顧沅（一七九九—一八五一），字澧蘭，號湘舟、滄浪漁父，長洲人。諸生，道光間官教諭，性喜收藏，所居辟疆園藏圖籍、金石富甲三吳，道光二十年建藝海樓以儲書，多秘本、善本，有『湘舟過眼』『顧沅湘舟氏』『古吳武陵叔子湘舟氏珍藏』『臣沅之印』等藏書印。咸豐十年兵亂，所藏書多為丁日昌捆載而去。潘錫恩，字芸閣，安徽涇縣人，生卒年不詳，清嘉慶十六年進士，選庶吉士，授編修。大考第一，超擢侍讀，道光四年擢侍讀學士，時黄河水患急，錫恩上疏條陳河務，二十二年任江南河道總督。

今據義烏市圖書館藏元戴良撰、清同治八年永康胡鳳丹退補齋刊《金華文粹》本《九靈山房集》十九卷影印，在《浦江文獻集成》第四二、四三册。

胡聖傑

戴九靈集十九卷

（元）戴良撰　清刊《乾坤正氣集》本

戴良生平已見於明正統本《九靈山房集》提要。《乾坤正氣集》介紹及輯者顧沅、潘錫恩生平已見於上一則提要。《乾坤正氣集》本《戴九靈集》十九卷，半葉十二行，行二十五字，左右雙邊，花口，黑魚尾，版心依次記集名『乾坤正氣集』、卷數與葉數。因《金華文粹》本乃自《乾坤正氣集》中録出，故二本除版式之別，餘皆相類，惟《乾坤正氣集》置作者小傳於全書前面，故本次影印《乾坤正氣集》本《戴九靈集》未予收入。

戴良之文，衆體兼備，碑文、像贊、箴銘、記文、贈序、集序、題跋、哀辭、墓銘、祭文、論説、傳記等俱見集中，其中以序、記、題跋最多，論僅三篇，當為讀唐史而發。一論長孫無忌欲長保富貴而立晉王，陷吳王恪以逆反之罪而誅之，以為計出萬全，反遭武氏之陷而身亡，更致唐室之衰，以為大臣之謀國斷不可一出於智力；二論唐太宗之英武好名，而卒定計於秦府群小，蹀血禁門，以致貽譏萬世，實房、杜二人之陷也；三論王珪諫太宗出王瑗之妻，得善諫者常不攻其蔽而惟導其明，使之自悟之道，較之唐高宗立武後時，褚遂良叩頭出血，實勝之遠矣。三論不知作於何時，所論確有見地，似有深意，或為時事而發，非讀書劄記而已。今讀戴良之文，自當傳自柳貫、吳萊、黃溍，三人皆元代文壇名宿，柳貫之文雄渾整嚴、事詳詞核，吳萊之文瑰麗雄奇、議論俊爽，黃溍之文佈置謹嚴、援據精切。良既受業三公之門，遂得諸人之閫奥，早年又頗研習經典，買地縣西，結屋數十楹，日與同輩討論濂洛性理之學，故其言辭，皆有根柢，發而為文，亦無淺露矯亢之弊。

今據華東師範大學吴平教授藏元戴良撰、清刊《乾坤正氣集》本《戴九靈集》十九卷影印，在《浦江文獻集成》第四四册。

胡聖傑

九靈山房遺稿四卷補編一卷

（元）戴良撰　清康熙五十年仙華書院刊本

戴良生平已見於明正統本《九靈山房集》提要。募梓者傅旭元生平見於清光緒抄本《築巖子集》提要。補編者曾安世，字繪關，秀水人，廩貢生，康熙五十三年任浦江縣訓導。能文章，重節概，屹然以師道自任，謂浦江山川秀麗，不當科目寥寥，遂集士林而課之，品其甲乙，以相琢磨，一時人文蔚起，蓋可見其教之有明效也。

康熙本《九靈山房遺稿》四卷、補遺一卷，半葉十一行，行二十四字，左右雙邊，花口，半魚尾，版心依次記書名、卷數、體裁和葉數。書前無序，或已遺失，以目録為首，目録有曾安世識語，云：『詩分四卷，觀其古律錯雜，標舉乖偽，正未知所署「山居」「越」「吴」「鄞遊」果不謬否？姑就刊者，校其訛字六十有八，約書之而志所補於後。是日繪關載書。』目録為總目，無細目，是編儘録詩歌而不載文章，卷一至卷三為《山居稿》，卷四為《吴遊稿》《鄞遊稿》《越遊稿》，末補刻《義門詩》《感懷》二詩。每卷卷首題『仙華書院藏板、浦江九靈戴良著、同邑竹城張以培輯、新喻方洲彭始摶定、海昌宸銓查遴編、寶豐雲嶷吴垣鑒、檇李雲翼葛天鵬次、宣城孚遠唐文德參、苕水嗣良楮宗遂訂、古皖石湖楊汝穀閲、鴛湖容齋陸名世校、後學傅旭元募梓』。書末載戴旒正統十年識文、查遴康熙五十九年和雍正元年識文、曾安世雍正元年識文以及康熙五十年傅旭元識文。

戴良文集之傳蓋有三個系統，其一為正統十年戴旒所刻《九靈山房集》三十卷，乃據戴良遺稿刊成，故為最全，此後復有乾隆三十五年戴良十四世從孫戴殿江、戴殿海、戴殿泗重刊本，《四庫全書》本、《四部叢刊》本、黄丕烈抄本等，皆屬於正統本系統；其二為《乾坤正氣集》本，僅收良之文，後有胡鳳丹《金華叢書》本據此重刊；其三即《九靈山房遺稿》。清初浦江傅旭元先後募刻宋濂《宋文憲全集》、補刻柳貫《柳待制集》、校刻吴萊《吴淵穎集》畢，遂與同邑友人張以培同謀搜輯戴良遺文。傅氏先於坊間得《九靈集》兩帖，然僅為《山居稿》七卷，後於錢牧齋《歷朝詩選》輯録良詩，凡二百六十六首，文五十八篇，然此本未見有文，已非足本，釐為四卷，刻置仙華書院。秀水曾安世時為浦江訓導，以此質於查遴，又為補編一卷，後為胡鳳丹重為校梓，收入《金華叢書》。

今據南京圖書館藏元戴良撰、清康熙五十年仙華書院刊本《九靈山房遺稿》四卷、補編一卷影印，在《浦江文獻集成》第四五册。

胡聖傑

九靈山房遺稿四卷補編一卷

（元）戴良撰　清同治十二年永康胡鳳丹退補齋刊《金華叢書》本

戴良生平已見於明正統本《九靈山房集》提要。胡鳳丹生平已見於《金華叢書》本《淵穎集》提要。《金華叢書》本《九靈山房遺稿》四卷、補編一卷，半葉九行，行二十字，四周雙邊，白口，單魚尾，版心記卷數、書名、葉數及『退補齋藏板』五字。書前有胡鳳丹序，揭汯、王禕、桂彥良原序，曾安世《校九靈山房遺稿題詞》，《明史擬傳》，宋濂《題九靈山房集》及戴旒原跋。正文先録戴良之文五十六篇，補刻六篇，俱為《山居稿》之文，然未分卷，目録為細目，卷首題『元戴良著、郡後學胡鳳丹月樵校梓』。目録之首有曾安世識文，云：『刻頗失序，亦未有目，今姑依其先後排次，校正訛字百餘，破句三十。或云，尚有已録百餘頁，為雕工攜去；或云，有舊本留傳氏，俱不可考矣。第補所及見，以俟孤光耿耿、有血性能文章者，當共圖之。康熙後壬寅，大雪前一日，繒關安世書。』詩分四卷，與康熙本無二，惟文末附録儘載錢謙益《歷朝詩集小引》。胡鳳丹校刻此書云：『浦陽戴叔能先生所著《九靈山房集》，余於庚午春重鋟之，而四庫存目稱先生有遺稿五卷，余以未獲其書為憾。壬申冬，幸購是編，如得異寶，即以授梓。首序者揭少監汯、王待制禕，蓋康熙季年，其邑人張竹城明經所搜輯，秀水曾安世司鐸浦江時所校正者。其編次失序，曾廣文已詳言之，茲仍其舊，計文五十八篇，詩二百六十八首，雖殘膏剩馥，正集之所不載，然以先生之介節，後人得其佳字，且宜寶貴以永厥傳，況其裒然成集，如是之繁富者乎？』以為《九靈山房遺稿》詩文為《九靈山房集》所不載，然其刊刻《九靈山房集》所用底本為《乾坤正氣集》，自非足本，故有此謬誤。

今據邑人賈壯紅藏元戴良撰、清同治十二年永康胡鳳丹退補齋刊《金華叢書》本《九靈山房遺稿》四卷、補編一卷影印，在《浦江文獻集成》第四五冊。

胡聖傑

戴殿泗書信

（清）戴殿泗撰　手抄本

是編為戴殿泗手跡，《浦江文獻集成》編目時不慎題為《戴良書信》，今予糾正。抄本收殿泗手跡凡十六種，首為對聯一副，題『砌下花香來北牖』『林間鳥語透前楹』，後十五種俱為書信，惜字跡多不易辨認。今據馬劍戴氏藏清戴殿泗手跡影印，在《浦江文獻集成》第四五冊。

胡聖傑

深溪王氏義門家則二卷

（明）王士覺等編　清嘉慶十六年木活字印本

王士覺，或作子覺，字復之，號太樸處士，生於元武宗至大二年（一三〇九），卒於明太祖洪武十五年（一三八二），浦江縣郎中村（舊址在王氏宗祠西側，今屬鄭宅鎮）人。縣誌稱其父王澄因慕同里義門鄭氏合食同居，戒士覺效之，士覺與弟士麟、士偉遂合謀召子姓應念等，謂：『吾父有遺言，欲法鄭氏，今鄭氏成規俱在，吾將損益而行之。』於是應念帥諸弟踴躍承命，請參定《深溪義門王氏家則》一卷，朝夕遵守。凡敬先、務本、敦禮、厚生、睦祖、恤眾、凶吉之際，巨細之務，俱有條貫，而敬戒、防範，曲盡其意。凡九類，共一百八十四條。王氏自是五世同居而不異爨，共二千餘指。士覺身後被追贈朝請大夫，又贈中憲大夫。

嘉慶本《深溪王氏義門家則》二卷，木活字印本，半葉十行，行二十一字，白口，左右雙邊，對魚尾，版心刻書名、卷數與葉數。書前牌記題『深溪王氏義門家則、嘉慶辛未鐫、大宗祠藏板』，後依次載明崇禎十一年王氏裔孫克醇、嘉靖十六年浦江朱興悌之《重刊深溪義門王氏家則序》，劉剛《深溪義門王氏家則序》，崇禎十一年義門鄭尚藩《深溪義門王氏家則重刻序》，乾隆三十八年浦江周璠《深溪義門王氏家則記》。此書共二卷，《家則》僅一卷，分敬先類十三條、務本類三十一條、敦禮類三十二條、厚生類二十八條、防範類五十二條、敬戒類九條、睦祖類六條、恤衆類八條、規除類五條、《書家則後》一則；卷二爲衆人記文，有胡翰《祠堂記》、朱廉《積順堂記》、鄭濤《樂同堂記》、鄭泳《禮辨堂記》、劉剛《深秀軒記》、方孝孺《正誼齋記》、宋濂《義門碑銘》、胡翰《義門碑頌》、范幹《義門箴》、蘇伯衡《義門跋》、方孝孺《深溪集序》。書末載嘉慶十六年王氏第二十五世孫可儀跋文。《深溪王氏義門家則》最初制定於南宋景定元年，共二十八條，乃效仿同里麟溪鄭氏而編。明洪武十年，王士覺在此基礎上參考《鄭氏規範》，增删而得一百六十八條。建文四年，王士覺之侄，時任右春坊右庶子之王懃，受鄰家之累，含冤被殺，子孫星散，同居結束，深溪王氏之《宗譜》《家則》、文集《深溪集》等均被搜繳。清乾隆三十八年，深溪王氏裔孫搜得《家則》明代抄本，嘉慶十六年，又得明代刻本，遂互校刻印。

今據上海圖書館藏明王士覺等編、清嘉慶十六年木活字印本《深溪王氏義門家則》二卷影印，在《浦江文獻集成》第四五册。

胡聖傑

宋學士先生文集二十六卷附録一卷

（明）宋濂撰　明天順黄譽刊本

宋濂，字景濂，生於元武宗至大三年（一三一〇），卒於明太祖洪武十四年（一三八一）。其先本金華潛溪人，濂遷至浦陽青羅山（今屬鄭宅鎮），是為浦江人。幼年家境貧寒，英敏強記，始就學於聞人夢吉，通五經，後往從吴萊學，遊柳貫、黄溍之門。元末順帝召為翰林院編修，以親老辭不行，入龍門山著書。明初朱元璋稱帝，宋濂、劉基、章溢、葉琛同受禮聘，尊為『五經』師，為太子講經。洪武二年召修《元史》，命充總裁官，累官至翰林學士院承旨、知制誥，十年以年老辭官。後因長孫宋慎牽連胡惟庸黨案，明太祖本欲殺濂，經馬皇后、太子力勸，改流放茂州。洪武十四年，卒於流放途中，謚文憲。宋濂以文著稱，明太祖譽為『開國文臣之首』，劉基贊其『當今文章第一』，學者多稱之為『太史公』，若日本、高麗等國，於濂之文集珍若拱璧。宋濂著作頗豐，自元代以來多有刊本流傳，今據所存略作説明。

宋濂之作最早刊出者為《浦陽人物記》，刊於元至正十年浦江縣署；其次為同門鄭濤編集，濤弟渙付梓之《潛溪集》十卷、附録二卷，刊於至正十五年。此後又相繼有《蘿山稿》《龍門子凝道記》《潛溪後集》《續集》《別集》《新集》《宋學士文粹》《續文粹》等刊出。明天順元年，四川等處提刑司按察使黄溥於蜀憲臺刊《潛溪先生集》十八卷；明天順五年，浙江左參政黄譽編《宋學士先生文集》二十六卷附録一卷，即本次影印所用之本；明嘉靖十五年海寧人徐嵩於河間官署刻《潛溪集》。以上皆為選本，所録非全，正德八年，太原人張縉將購得之宋濂手訂八編『展而大之』為《宋學士文集》七十五卷，命人翻刻，乃是收集宋濂入仕明朝後詩文最全之本。明嘉靖三年，建陽安正堂據天順黄譽本重刊，增附録二卷。三十年，浦江縣令韓叔陽於浦陽書院刻《宋學士全集》三十三卷，收詩文九百六十七篇，為首個『全集』之本，《四庫全集》即照録此本。

入清之後，宋濂文集之刻尤多。清順治九年，浦江知縣周日燦刊《新刊宋學士全集》三十三卷。康熙三年，蔣超自宋濂裔孫宋既庭處得宋濂元代舊文數篇，與陳國珍一同刊刻之，稱《宋景濂未刻集》。二十一年，閩人張汝瑚評選《宋文憲公集》十一卷，為宋濂首個點評選本。四十八年，浙江學政彭始摶刊《宋學士全集》三十二卷，前代諸本之序文悉為收入，所録較全，刊刻較精。次年彭始摶又以浦邑庠生傅旭元之請，組織刊刻《宋文憲公全集》三十卷，而傅氏主其事，是本於雍正間經曾安世校勘重刊。嘉慶十五年，金華府守嚴榮集浦江、武義、東陽三縣秀才之力，搜得韓刻原本，及明清兩代諸多刻本，合《浦陽人物記》《龍門子凝道記》，編為《宋文憲公全集》，收詩文一千二百六十三篇，世稱嚴本。同治十三年，永康人胡鳳丹輯刻《金華叢書》收入韓本，並續刻補遺八卷，收詩文一千二百七十一篇，世稱《金華叢書》本或胡氏家刻本；宣統三年，金華府學教授奉化人孫鏘以嚴本為底本，編入《洪武聖政記》《平漢録》，並附戴殿江所編《年譜》以及仁和丁立中輯、孫鏘增補之《潛溪録》。

明天順黄譽刊本《宋學士先生文集》二十六卷、附録一卷，書前載天順五年蕭山巍驥序，述黄譽刊刻是集之始末，序後為目録，以類相從，先文而後詩。此本半葉十二行，行二十一字，四周雙邊，大黑口，然刊刻不精，文多漫漶。濂於學無所不通，自少至老，未嘗一日去書卷，為文醇深演迤，與古作者並。在朝之時，郊社宗廟山川百神之典，朝會宴享律歷衣冠之制，四裔貢賦賞勞之儀，旁及元勳巨卿碑記刻石之辭，咸以委之。士大夫造門乞文者，後先相踵，外國貢使亦知其名，高麗、安南、日本至出兼金購其文集。宋濂文章醇深演迤，富而不侈，核而不鑿，衡從上下，靡不如意。其所推述，無非以明夫理，而未嘗為無補之空言。主『文以明道』，以為『所謂文者，乃堯、舜、文王、孔子之文，非流俗之文也』，『非專指乎辭翰之文也』，故謂『文非道不立，非道不充，非道不行』（宋濂《文原》）。今觀其文，雖多道學氣，然於人物之刻畫，及寫景與記事，頗富藝術技巧，若《秦士録》之鄧弼、《王冕傳》之王冕、《記李歌》之李歌、《竹溪逸民傳》之陳洄等人物，皆個性鮮明，富有生氣。宋濂『五歲能詩，九歲擅作文』（劉基《宋景濂學士文集序》），雖終以文名世，自謂『非能詩者』，然其詩亦不乏佳作。其詩多古體，若《思春辭》《越女謠》《春愁曲》《陳宮詞》《芳草怨》《美人篇》《採蓮曲》《古別離》諸詩，猶有六朝遺風。鄭濤謂：『宋太史詩若干卷，簡要贍麗，各因體成賦，聲調辭氣，精純弗雜。』（鄭濤《宋太史詩序》）陸深贊之：『鍛鍊之精工，體裁之辨治，氣韻之偉麗，詞兼百家，亦國朝詩人之所未有也。』（陸深《題蘿山集》）雖未免溢美之辭，然亦不可廢濂詩之優者。

今據南京圖書館藏明宋濂撰、明天順黃譽刊本《宋學士先生文集》二十六卷、附録一卷影印，在《浦江文獻集成》第四六、四七、四八、四九册。

胡聖傑

宋學士文集七十五卷

（明）宋濂撰　明正德刊本

宋濂生平已見於上一則提要。此處所收明正德刊本《宋學士文集》，刊者張縉，縉字朝用，祖籍太原陽曲，至縉遷至滄州。縉自幼穎悟不凡，弱冠領明天順六年鄉試，成化五年登甲科，初知鈞州，後改滄州升南京工部郎中，三年升杭州知府，在杭八年，節縮百費，省民財十有餘萬，復升山東參政、通政司右通政等職，官至戶部左侍郎，致仕居滄州十一年，嘉靖三年病卒，年八十三。縉為官清正，始終一節，居家孝友嗜學，手不釋卷，星曆醫蔔皆臻其玄妙，性好吟詠，有《玉雪遺稿》若干卷，奏議若干卷。

正德年間，縉於杭州購得宋濂手訂八編，乃『初公存日，定八編，凡若干首，以細眼方格命子璲繕録精整，首簡猶公手筆。其亦歸鄭氏，久之流入錢塘。』（張縉《宋學士文集序》）正德八年，縉總漕於淮，命人翻録入刻，將八帙展而大之，為《宋學士文集》七十五卷。版式上半葉十四行，行二十三字，左右雙邊，花口，無魚尾。張縉所編，以時間為次，依次為《翰苑前集》《鑾坡集》《翰苑續集》《翰苑別集》《芝園前集》《芝園後集》《芝園續集》各十卷，《朝京稿》五卷，俱為宋濂入仕明朝後所作。書首有楊維楨《翰苑集序》，及揭汯、貝瓊之序。《翰苑前集》末有洪武二十三年宋濂門人題跋，《翰苑別集》之後、《芝園前集》之前有貝瓊《宋學士文集序》。楊序作於洪武三年，謂有客持宋濂諸集，其中有濂入朝前三十年山林之文，又有近著館閣之文，以為其文章之氣貌聲音，隨其顯晦之地不同而相異，楊維楨則不以為然，以為宋濂之文根於性道，干諸治術，不當以山林、館閣岐之。其末云：『録吾言為子宋子《潛溪新集序》。』則楊所序者，當為宋濂仕明後所作，故又題為《翰苑集序》，雖未免以偏概全，然恰合是集所録之旨。

是集之頌、誥、記、序、碑、銘、表、傳、雜説、題跋，多為應制、奉酬之作，然皆浩乎其博、淵乎其深、蔚乎其色、鏗乎其聲，蓋濂之文非至明而發、待明而顯，元末之時已有文名，濂勁學於文，非惟以古人之文為師，實以先王先聖之文為詩，故其文根柢於性道，雖黼黻皇猷、鋪張鴻業，然必左右逢原、舒卷隨意，有金石之聲，而無嬌柔之態。信其為有明『開國文臣之首』，於是集可見之矣。

今據上海圖書館藏明宋濂撰、明正德刊本《宋學士文集》七十五卷影印，在《浦江文獻集成》第五〇、五一、五二、五三冊。

胡聖傑

重刊宋濂學士先生文集二十八卷附録二卷

（明）宋濂撰　明嘉靖三年安正堂刊本

宋濂生平已見於明天順刊本《宋學士先生文集》提要。安正堂，又稱安正書堂，為明弘治間福建建陽人劉宗器所建書坊，歷時一百八十三年之久，其刻書時間之長、刻印數量之多，堪稱建陽書肆之最，於書林影響極大。住持安正堂者有知名藏書家劉宗器、劉仕中、劉雙松、劉永貌等，曾刻印《四明先生續資治通鑑》《新增説文韻府群玉》《臨川王先生荊公文集》《事文類聚翰墨全書》等多種書籍。

安正堂本《重刊宋濂學士先生文集》，據明天順黄譽刊本《宋學士先生文集》翻刻而成，故大致與天順本無異。書前有三則短記，為後世藏書者所記，首則題下有『怡邸藏書』四字，則是本曾為清怡親王府收藏；次則明言此本乃『同治初怡府散出，宣城李兵曾得之』；末則記文作於光緒十六年，由此可見其流傳之序。卷前為天順五年魏驥序，與天順本同，序後有『嘉靖三年春月安正堂□□』之牌記，目次與天順本無大異，惟天順本《吳德基傳》至《杜環小傳》之十四篇傳位於卷八之末，而安正堂本置於卷九之首。此外天順本僅二十六卷，未見其有附録，安正堂本則多出附録二卷，其卷二十七、二十八録《翰林學士誥》《國子司業誥文》等誥文敕令，與他人所作之贈詩、題跋、行狀、祭文，較天順本全。

今據南京圖書館藏明宋濂撰、明嘉靖三年安正堂刊本《重刊宋濂學士先生文集》二十八卷、附録二卷影印，在《浦江文獻集成》第五四、五五、五六、五七冊。

胡聖傑

新刊宋學士全集三十三卷

（明）宋濂撰　韓國禮耕山館藏清順治九年周日燦補修本

宋濂生平已見於明天順刊本《宋學士先生文集》提要。刊者周日燦，字天近，清初山東即墨人，恩貢選順德推官，案無留牘，晉寇起，眾議棄城遁，力禁之，率將士枕戈城頭，邑賴以完，仕至廣東僉事。清順治八年，日燦以處州同知攝浦江縣事，九年任浦江知縣，曾重建浦之名宦、鄉賢兩祠，並補刻宋濂文集。

此本書前有雷禮、陳元珂舊序兩篇，皆作於嘉靖年間。序後為凡例，稱是集彙《朝京稿》《潛溪集》《翰苑集》《鑾坡集》《芝園集》《龍門子凝道記》《浦陽人物記》成一帙，共計三十三卷，一千三百五十篇。是集亦以文體為別，文分表、賦、頌、詔、誥、記、序、傳、題、跋、箴、銘、碑、神道碑、墓碑、墓銘、墓誌銘、墓碣、墓版文、阡表、辭、志、行狀、謚議、雜著、書、志、贊二十八類，所分尤細，目次較天順本等亦有較大差別，並將所收《浦陽人物記》，題作《評浦陽人物》。版式上半葉十一行，行二十四字，左右雙邊，花口，白魚尾，版心記書名、卷數與葉數。據朱興悌、戴殿江所編《宋文憲公年譜》，順治九年周日燦知浦江縣時曾補刻《潛溪集》，或即是集，然《年譜》按語稱有方亨咸、趙霖吉、張以邁等序，及日燦自序與張應廣《紀略》，今皆不得見，惟書末載順治九年夏張應廣《讀宋文憲公集書左》，謂宋濂之文有心與道合，氣因理帥，故能大無不包，小無不入，拗曲遷變，備臻其奧。

今據韓國禮耕山館藏明宋濂撰、清順治九年周日燦補修本《新刊宋學士全集》三十三卷影印，在《浦江文獻集成》第五八、五九、六〇、六一、六二、六三冊。

胡聖傑

宋學士全集三十二卷附録一卷

（明）宋濂撰　清康熙四十八年彭始摶刊本

宋濂生平已見於明天順刊本《宋學士先生文集》提要。刊者彭始摶（一六四五—一七三二），字直上，號方洲，河南鄧州人，雲南左布政使而述子。幼聰穎，博讀群書，行文閎中肆外，馳驟縱横而不溢於法。為人廉肅恭謹，有知人鑑，康熙二十七年進士，選庶吉士，授檢討，改御史。風采凛凛，人稱為冰御史。旋復入翰林，擢居侍從。康熙四十五年督學浙江，始摶焚香誓天而後行。康熙嘉其『公明盡職』，御書賜之，超遷侍講學士，擢少詹，旋授内閣學士兼禮部侍郎，兼經筵講官，教習庶吉士。始摶能因文以定人，康熙四十六年督學浙江，所甄拔悉寒畯有實學者，至今尸祝於西湖書院不衰，雍正十年卒於家。始摶衡文，一以經史為本，衷之以理，行之以法，老成積學，操券而售，丙夜一燈熒然，咿唔弗輟，未嘗就枕，隱几个交睫而已，逾歲鬢髮盡白，著有《方洲集》。

《宋文憲公年譜》載康熙四十八年，彭始摶以翰林院修撰任浙江學政，刻《宋學士全集》三十二卷，四十九年應浦江縣庠生傅旭元之請，募刻《宋文獻公集》三十卷、《燕書》一卷、《詩》二卷。此處所收即康熙四十八年刊本，其整理刊刻始於四十七年秋，彭始摶又以傅旭元總其事，書前有彭摶所撰《新刻金華宋學士全集序》、記文及例言，全書仍按體裁編次，目録僅記各卷文體與篇數，不復録諸文之題。是集所收宋濂之詩文較為完備，卷前録歷來刊刻宋濂文集之序文，有歐陽玄、楊維楨、貝瓊、揭汯、王褘、劉基、孔克仁、趙汸、王晉之作九篇，又録鄭淵、鄭濟、黄溥、王裕之、夏𤇆、吴沉、張世昌之題識，及雷禮之《合刻全集序》、張應廣之《修補文集紀略》、吴偉業之《補未刻遺集序》，以備檢閲，為其他刊本所無，不失為明智之舉。是集刊刻較精，版式上半葉十一行，行二十二字，左右雙邊，花口，黑魚尾，版心記書名、卷數與葉數，字大行疏，為衆刻本之精者。

今據首都圖書館藏明宋濂撰、清康熙四十八年彭始摶刊本《宋學士全集》三十二卷、附録一卷影印，在《浦江文獻集成》第六三、六四、六五、六六、六七、六八册。

胡聖傑

宋文憲公全集三十卷附輯録燕書一卷詩集二卷年譜二卷

（明）宋濂撰　清康熙傅旭元等編仙華書院刊本

宋濂生平已見於明天順刊本《宋學士先生文集》提要。刊者傅旭元生平見於光緒抄本《築巖子集》提要。此處所收清康熙仙華書院刊本《宋文憲公全集》三十卷等之刊刻過程，初有浙江學憲彭始摶之命，繼有浦陽邑侯楊汝穀慨然捐俸，而浦邑庠生傅子旭元董其事，毅然肩此重任，訪求補遺，彙輯考工，增入未刻集一冊與《燕書》四十首。旭元不辭勞苦，多方募捐，得浦之紳士、耆宿踴躍相助，又有浦邑明經張哲重加校訂圈點，訂差訛，搜遺逸，張哲之子以培則自錢牧齋《歷朝詩選》輯出所遺之詩為附録，終使『完璧』復見。故楊侯云：『集千腋以為裘，織萬絲而成錦。』非惟潛溪文章彙輯之不易，亦眾人協力齊心之難得也。

此書前録楊汝穀、王廷奏、查遴、張哲、葛天鵬、虞邦瓊之新序，皆為手書，可見是集刊刻之始末，其中楊序首葉為手寫楷書，後六葉則為雕印體。新序後録王褘、歐陽玄、劉基、孔克仁、趙汸、王晉、鄭淵、鄭濟、方孝孺、黄溥、王裕、雷禮、陳元珂、周日燦、王崇銘、趙霖吉、方亨咸、張以邁、張應廣、劉兆元之舊序，較彭刊本為全。全集三十卷僅收宋濂之文章，各依體裁分類，目次大致與天順本同。附録有《燕書》《浦江詩録》《新刊宋文憲公詩集》與《宋文憲公年譜》，《燕書》一卷四十首，所謂『燕書』者，有類歷史寓言者，蓋借春秋戰國事譬喻，故宋濂云：『玄黄之間，事變無垠。辯士設喻，以風以陳。質往舊，開今新，作《燕書》四十首。』《浦江詩録》為他人題贈、感懷之詩，非宋濂本人之作；《詩集》兩卷，録宋濂之詩一百八首，所録非全帙，然亦足以考見濂詩之存佚；《年譜》為民國初奉化孫鏘增輯本，版式與前文迥異，絕非同時所刻，且版心卷數為八十二、八十三，與傅旭元附録之意不合，當為後人補綴，讀者當識之。

今據邑人張文德藏明宋濂撰、清康熙傅旭元等編仙華書院刊本《宋文憲公全集》三十卷，附輯録《燕書》一卷、《詩集》二卷、《年譜》二卷影印，在《浦江文獻集成》第六九、七〇、七一、七二、七三冊。

胡聖傑

宋文憲公全集五十三卷

（明）宋濂撰　清嘉慶十五年金華府學刊本

宋濂生平已見於明天順刊本《宋學士先生文集》提要。刊者嚴榮（一七六一——一八二一），字瑞唐，號少峰，江蘇吳縣人，嚴福之子，王昶之婿。清乾隆六十年進士，選庶吉士，歷仕翰林院編修、浙江金華知府、杭州知府。此處所收《宋文憲公全集》五十三卷為嘉慶間金華知府嚴榮所刊，榮初至婺州，即四處訪求宋濂遺集，僅得浦江重刻韓叔陽本，後復得其外舅王蘭泉先生以家藏《宋學士集》兩函見寄，即明正德年間太原張縉據宋濂手訂八編所刊之本，然多有殘闕，無善本校讎。後聞浦江戴氏家藏徐嵩、張縉刊本，乃命朱寓至戴氏家抄録徐刻本，並校正張刻而補綴之。榮設局鳩工將為付梓，各縣風聞，相繼以宋集之韓刻原本、周刻韓本、傅刻本、彭刻韓本送至，潛溪之文乃集。又於嘉興李薌沚明經處得《龍門子凝道記》抄本而附録之，以錢塘鮑氏所刻《浦陽人物記》最為完善而與韓刻《評浦陽人物》互有異同，故兩存而並刻之。是集薈萃宋文憲公集張刻、徐刻、韓刻、彭刻之本，當為其時宋濂文集之最全者。

由版式觀之，是集半葉十二行，行二十三字，左右雙邊，花口，無魚尾，版心記書名、卷數與葉數。書前有嚴榮、戴殿泗序，序之後，正文之前，尚有『卷首』四卷。『卷首』第一卷為『張刻原序』『徐刻原序』『韓刻原序』『周刻原序』『陳刻未刻集原序』『傅刻原序』『彭刻原序』『浦陽人物記原序』以及楊維楨、揭汯等人之舊序；『卷首』第二卷録明洪武間與宋濂相關之誥文，《明史》宋濂本傳，及鄭濤、鄭楷等人所作宋濂小傳與行狀；『卷首』第三卷録諸人所作潛溪像贊、祭文、墓誌、碑記、世譜記等；『卷首』第四卷為凡例，於潛溪文集諸刻本情況言之尤詳。是集體例與往昔刻本不同，不依體裁分類，而以文集為次，卷一至卷六為《鑾坡前集》，即《翰苑前集》，卷七至卷十一為《鑾坡後集》，即《翰苑後集》，卷十二至卷十五為《鑾坡續集》，即《翰苑續集》，卷十六至卷二十為《鑾坡別集》，即《翰苑別集》，卷二十一至卷二十五為《芝園前集》，卷二十六至卷二十八為《芝園後集》，卷二十九至卷三十一為《芝園續集》，卷三十二至卷三十四為《朝京稿》，卷三十五至卷四十二為《徐刻八編》，卷四十三至卷五十為《韓刻補輯》，卷五十一至卷五十二為《龍門子凝道記》，卷五十三為《浦陽人物記》，所收猶全。

今據義烏市圖書館藏明宋濂撰、清嘉慶十五年金華府學刊本《宋文憲公全集》五十三卷影印，在《浦江文獻集成》第七三、七四、七五、七六、七七、七八、七九冊。

胡聖傑

宋文憲公集十一卷

（明）宋濂撰（清）張汝瑚選　清康熙二十一年溫陵書林刊本

宋濂生平已見於明天順刊本《宋學士先生文集》提要。評選者張汝瑚，字夏鍾，福建同安縣人，明崇禎十五年舉人，清順治十二年會試禮部，中乙榜，授清源縣令。邑賦役為累已久，汝瑚清查釐革，民蒙其德，永濟渠湮淹三十里，歲久淤塞，被豪右佔耕百餘年，汝瑚稽邑乘，不避勞怨，請於上官濬復之。在任七載，因盜案註誤報罷，嗣起補安陸府通判，卻例金以千計，後告老歸。性嗜學，凡經史子集靡不熟，復玩味購求明代遺文三百餘家，評騭選刻，膾炙海內，為文春和大雅，泉中自王遵巖後罕有其匹，著有《匏野初集》《匏野二集》《賢賞堂文集》，曾編選刻印明八大家、明十二家文集。

張選本《宋文憲公集》十一卷，版式上半葉十行，行二十字，無界行，四周單邊，花口，單魚尾，版心記書名、卷數與葉數。所録文章皆有圈點，文末有『夏鍾曰』，俱為張汝瑚評語。封面題『宋文憲先生集』，左右分記『晉江張夏鍾先生評選』『溫陵書林梓行』，頂部記刊行時間『康熙貳拾壹年』。書前有張汝瑚自序，及其自撰《宋文憲先生傳》，張《傳》略於宋濂元代之行跡而詳於仕明之事，潛溪求學、交遊、隱居、著述等皆一語帶過，而洪武朝之應制、修撰、問答、升降言之尤細。全書分十一卷，選潛溪之賦二、頌五、序三十八、傳二十二、記十五、論二、議二、辯四、諭二、書事二、書三、文四、題九、跋七、辭四、贊

四、銘二、墓誌銘四、碑二，及表、説、解、難、語、志、録、墓碣、神道碑、墓碑各一。張氏評選一以古文之法為準的，所注意者，要在行文之佈置經營與辭氣義理之正，如雖選《奉制撰蟠桃核賦》，但謂其『蟠桃核奇矣，然而幻也。初極形容，終歸於正，詞人之賦麗以則，其斯之謂歟？』又評《馬先生歲遷集序》『紆徐委備，歐陽永叔之文。』故此集雖不全，尤可觀清代古文家之所好。

今據上海圖書館藏明宋濂撰、清張汝瑚選、清康熙二十一年溫陵書林刊本《宋文憲公集》十一卷影印，在《浦江文獻集成》第八〇、八一冊。

胡聖傑

重刊宋文憲公集三十卷潛溪燕書一卷新刊宋文憲公詩集二卷浦江詩録一卷宋文憲未刻集一卷

（明）宋濂撰　清康熙間傅旭元等編雍正元年曾安世校勘　仙華書院刊本

宋濂生平已見於明天順刊本《宋學士先生文集》提要。此處所收本當為傅旭元等編、楊汝穀刊本之舊版重刊，為作區別，現將原本稱為『傅編本』，重刊本稱為『曾校本』，重刊本之內容、版式幾與舊本一致，又略有差別。如書首楊汝穀序『傅編本』之第一葉為手書，後六葉為雕印體，補綴痕跡明顯，『曾校本』則全為雕印。楊序後，『傅編本』有王廷奏、查遴、張哲、葛天鵬、虞邦瓊諸人之手書序言，『曾校本』僅有張哲《重刻宋文憲公全集序》。新序後，『傅編本』録王禕等人舊序二十篇，『曾校本』則盡删舊序，增入曾安世《校宋集題詞》與《宋集卷帙異同考》，曾氏於宋集之本詳加考校，所據有周修韓刻本、彭始摶刻本、傅旭元募刻本，諸卷之異同，考之頗細。此外『曾校本』附録未收《宋文憲公年譜》，而增入未刻集一卷，其餘則幾無差别。

今據首都圖書館藏明宋濂撰、清康熙間傅旭元等編雍正元年曾安世校勘仙華書院刊本《重刊宋文憲公集》三十卷、《潛溪燕書》一卷、《新刊宋文憲公詩集》二卷、《浦江詩録》一卷、《宋文憲未刻集》一卷影印，在《浦江文獻集成》第八一、八二、八三、八四、八五、八六冊。

胡聖傑

宋景濂未刻集

（明）宋濂撰　清康熙三年陳國珍刊本

宋濂生平已見於明天順刊本《宋學士先生文集》提要。此處所收集子，本為蔣超所得，而與陳國珍合刊之。蔣超（一六二四—一六七三），字虎臣，號綏庵，自號華陽山人，鎮江府金壇人，蔣鳴玉之子。幼時聰穎過人，性格沉靜，及長，苦習經文，好學不倦，尤喜佛學，沉迷禪理。清順治四年中進士第三人，初授翰林院編修，八年外任浙江鄉試主考官，十二年任直隸學政，十五年以父喪歸。康熙六年升翰林院修撰，任順天提督學政，後託病告退，行至途中，忽生念轉道南馳，於南京買舟溯江而上入蜀，十一年春於峨眉山伏虎寺剃度為僧，法名『智通』。

陳刊本《宋景濂未刻集》即後來『曾安世校本』附録之『未刻集』，收頌五篇，書二篇，記四篇，序二篇，碑銘八篇，塔銘二篇，表辭一篇，志一篇，贊三篇，跋五篇，雜言三篇，計三十六篇。多為宋濂於元代所作，入明之後因慮涉忌諱，故終有明一朝而未曾刊之。《未刻集》初為潛溪裔孫宋既庭所藏，順治間金沙蔣超任金華宰而購之，攜至婁東，時蔣超同里陳國珍為婁東宰，遂謀以鋟板，潛溪之文遂於三百年後重見。康熙三年陳國珍刊本《宋濂未刻集》之本，僅録蔣超之序與陳國珍後序，後來『曾安世校本』所附『未刻集』則增入張治、吳偉業之序，又將陳國珍之『後序』移置卷前。陳刊本半葉九行，行十八字，左右本雙邊，花口，無魚尾，版心僅記書名『宋景濂未刻集』與葉數，集中有數葉殘闕，補綴之跡明顯。所收之文，以末篇《秦士録》為佳，無道學之氣，寫鄧弼『身長七尺，雙目有紫棱，開合閃閃如電。能以力雄人，鄰牛方鬥不可擘，拳其脊，折撲地。市門石鼓，十人舁，弗能舉，兩手持之行。然好使酒，怒視人，人見輒避』，寥寥數語其英武勇猛躍然紙上。

今據國家圖書館（原北京圖書館）藏明宋濂撰、清康熙三年陳國珍刊《宋景濂未刻集》本影印，在《浦江文獻集成》第八七册。

胡聖傑

文憲集三十二卷

（明）宋濂撰　清乾隆摛藻堂《四庫全書薈要》本

宋濂生平已見於明天順刊本《宋學士先生文集》提要。《四庫薈要》本《文憲集》三十二卷，半葉八行，行二十一字，四周雙邊，花口，單魚尾，版心記叢書名、書名、卷數與葉數。書前無序，目録僅記文體，不載細目，目録後有提要一則。除不載序言與附録外，此本與周日燦補修本《新刊宋學士全集》三十三卷、彭始摶刊本《宋學士全集》三十二卷等相近，皆為明嘉靖韓叔陽刊本之流。

今據明宋濂撰、清乾隆摛藻堂《四庫全書薈要》本《文憲集》三十二卷影印，在《浦江文獻集成》第八七、八八、八九、九〇、九一、九二、九三册。

胡聖傑

宋文憲先生集選十一卷

（明）宋濂撰　清張汝瑚刊《明八大家集》本

宋濂生平已見於明天順刊本《宋學士先生文集》提要。張汝瑚生平已見於清康熙二十一年溫陵書林刊張選本《宋文憲公集》提要。《明八大家集》為張汝瑚所輯明初至明中期古文家之作品，收宋濂《宋文憲先生集選》十一卷、劉基《劉文成先生集選》五卷、方孝孺《方正學先生集選》十三卷、王守仁《王文成先生集選》十三卷、唐順之《唐荊川先生集選》六卷、王慎中《王遵巖先生集選》十卷、歸有光《歸震川先生集選》十卷、茅坤《茅鹿門先生集選》八卷。汝瑚論文，以道為本而不廢文辭，謂八人著書，無一言之不合於道。《明八大家集》本《宋文憲先生集選》與康熙二十一年溫陵書林刊本《宋文憲公集》為一書之不同刊本，所異者，《明八大家集》本前有《明八大家集》總序，並將《宋文憲先生傳》移置目録之後，其餘則無任何差別。

今據上海圖書館藏明宋濂撰、清張汝瑚刊《明八大家集》本《宋文憲先生集選》十一卷影印，在《浦江文獻集成》第九三、九四册。

胡聖傑

潛溪先生集十八卷附録一卷

（明）宋濂撰　明天順元年黄溥嚴塤刊本

宋濂生平已見於明天順刊本《宋學士先生文集》提要。刊者黄溥（一四一一—一四七九），字澄濟，號石崖，江西弋陽人。明正統十三年進士，十四年任廣西道監察御史，景泰二年按治四川，六年升四川按察使。天順元年因上《中興政要疏》得罪權臣石亨等人，被貶為湖廣施州衛經歷，成化四年復起為廣東按察使，十五年卒於鄉。著有《詩學權輿》《石崖集》《漫興集》《治世正音》等。曾於景泰四年刻印謝枋得《疊山集》十六卷，天順元年刊刻宋濂《潛溪先生集》十八卷、附録一卷，即本次收入《浦江文獻集成》所用之本。嚴塤，生卒年與字號皆不詳。黄溥《題潛溪先生集後》中稱塤為宋賢外孫，任茂州醫學典科，黄溥輯校《潛溪先生集》完成之後，屬塤繕寫，入梓以傳。

此書前有王褘序，卷首録明太祖誥文與贈詩，題為『宸翰』。全書按文體編排，卷一收録古體詩、近體詩，卷二收録頌、曲、賦、辭，卷三收録論、説、議，卷四收録辯，卷五收録雜著，卷六收録書、表，卷七收録記，卷八、卷九收録序，卷十收録傳，卷十一、卷十二、卷十三收録碑誌，卷十四收録行狀、墓表，卷十五收録銘、贊、箴，卷十六收録題識，卷十七收録跋，卷十八收録雜文，又有附録一卷為他人贈詩、墓誌與祭文等，末篇祭文為刊者黄溥作於景泰七年，書末又有黄溥《題潛溪先生集後》。宋濂晚年流放茂州，其裔遂居成都，黄溥官蜀憲臺時自濂之曾孫賢處得其家藏遺稿，披閲之餘與仁壽訓導黄明善考論而纂集之，又請刑部侍郎羅綺三復校讎，正其差訛，汰其重複，而成是集。

今據國家圖書館（原北京圖書館）藏明宋濂撰、明天順元年黄溥等刊本《潛溪先生集》十八卷、附録一卷影印，在《浦江文獻集成》第九五、九六册。

胡聖傑

潛溪集八卷

（明）宋濂撰　明嘉靖十五年徐嵩溫秀刊本

宋濂生平已見於明天順刊本《宋學士先生文集》提要。刊者徐嵩，明直隸泰州人，字中望，號小石，正德十六年進士，授戶部主事，升郎中，知保定府，歷湖廣按察使、山東布政使，擢右副都御史，巡撫順天。溫秀，字仲實，號中谷，明嘉靖間河南洛陽中護衛人，溫新之弟，從李夢陽學，嘗刻印楊士弘輯《批點唐音》十五卷、《潛溪集》八卷。

此處所收《潛溪集》八卷，半葉十行，行二十字，白口，無魚尾，版心記文體類別與葉數。書前録陳旅、王褘、歐陽玄之《潛溪集序》，胡助之《宋氏世譜記》，鄭濤之《潛溪先生小傳》，苗睿、徐元、戴良、趙良恭、鄭濤、吳沉、許元、王褘之《畫像贊》。是集分八卷，卷一收頌七首、贊八首，卷二收傳八首、辭十首、序八首，卷三收書六首，卷四收記十三首、議二首、論二首、説三首、文三首、志二首，卷五收碑七首、銘十七首，卷六收行狀四首、跋十六首、引三首、解二首，卷七、卷八合收雜著二十首，此外還有附録《柳待制書》《黄侍講書》《陳徵君書》《胡博士書》《吳山長書》。書末有國史翰林院編修官高節跋文。

《潛溪集》為鄭濤所編，初刻於元至正十五年，其文多雜著，詩賦不録。

今據國家圖書館（原北京圖書館）藏明宋濂撰、明嘉靖十五年徐嵩等刊本《潛溪集》八卷影印，在《浦江文獻集成》第九七、九八册。

胡聖傑

潛溪（前）集十卷

（明）宋濂撰　元至正刊本

宋濂生平已見於明天順刊本《宋學士先生文集》提要。《潛溪（前）集》爲元至正年間，宋濂講學於浦江鄭義門時，同門友鄭濤爲其輯録之文集，全書共十卷，凡六萬餘字。因之後有《潛溪後集》，故又稱《潛溪前集》以相區别，如趙汸《潛溪後集序》即云：『《潛溪前集》凡十卷，冠以陳公衆仲序文。浦陽義塾既刻而傳之。』元至正刊本《潛溪（前）集》十卷，半葉十三行，行二十五字，四周雙邊，黑口，雙魚尾，版心記書名、卷數與葉數。書前有文林郎國子監丞陳旅所作《宋景濂文集序》，書末有鄭渙識語與王禕後序，集中所收文章皆爲宋濂入朝以前所作，有頌元代朝臣之《國朝名臣序頌》，有銘前賢之《吴子善墓銘》，有爲僧人所作之《體仁守正弘道法師今君碑》，有狀先師柳貫之《故翰林待制承務郎兼國史院編修官柳先生行狀》，文體衆多，内容駁雜。此外有附録兩卷，上卷收録胡助《宋氏世譜記》、鄭濤《潛溪先生小傳》以及胡翰、徐元、屠性、戴良、趙良恭、鄭濤、吴沉、許元、王禕等人所作宋濂畫像贊，下卷爲《柳待制書》《黄侍講書》《陳徵君書》《胡博士書》《吴山長書》，乃柳貫、黄溍、陳樵、胡助、吴萊等人寄給宋濂之書信。柳貫書答宋濂古尺法之問；黄溍書答宋濂以《節婦表》《角端頌》二文見示，又詢作文專法，溍以爲學司馬遷當自班固始，方能從容於法度之中而不至於亂道；陳樵書謂宋濂《史記》《前漢》精熟，不止詞賦贍麗而已；吳萊書與宋濂論《春秋穀梁傳》之精。數書之間，切磋琢磨，而濂與師友之交誼可見。

《潛溪（前）集》為宋濂最早結集並刊行之文集，然收録不全，故後世少有重刻之本。嘉靖十五年，河間太守海陵徐嵩曾與景州知州洛陽人溫秀共刊《潛溪集》，釐為金、石、絲、竹、匏、土、革、木八編，凡八卷，共一百四十三題。雖僅有八卷，收録之文卻較至正本《潛溪（前）集》多出一倍，已非至正本原貌。

今據明宋濂撰、元至正刊本《潛溪（前）集》十卷影印，在《浦江文獻集成》第九八冊。

胡聖傑

潛溪後集十卷

（明）宋濂撰　明初刊本

宋濂生平已見於明天順刊本《宋學士先生文集》提要。《潛溪集》之所以又稱《潛溪前集》，蓋因其後復有《潛溪後集》，故以『前』『後』相區別。《潛溪後集》乃宋濂門人鄭淵、李耑等，為保存宋濂之文而輯録之文集，鄭淵《潛溪後集跋》云：『淵於丱角之歲，即灑掃潛溪先生之門，迨今二十餘年，而所受教者，固非一日矣。第以才氣下劣，不足以承培造之功，朝夕惴惴，罔敢失墜，每以先生著述之餘，輒録之於編，以為標準；然又不敢私有於其躬，將欲以傳天下後世。』李耑自至正十六年始師事宋濂，『時進函丈，凡所著述，因得請而録之。與一二同志集以成編，曰《潛溪後集》云。』（李耑《潛溪後集序》）

今國家圖書館藏《潛溪後集》十卷，題為明初刊本，版式上半葉十三行，行二十五字，四周雙邊，大黑口，雙魚尾，版心記書名、卷數與葉數。《潛溪後集》雖僅十卷，然在規模上較《潛溪前集》有所增加，蓋因前二卷為宋濂系統性論著《諸子辨》與《燕書》，此外多為題跋、墓銘、碑文，如跋文有《跋金剛經》《跋匡廬結社圖》《跋文履善手帖》《跋葉信公五帖》等，墓銘有《妙果禪師塔銘》《趙詵仲墓誌銘》《麗水二賢母墓碣銘》等，若為先師吳萊所作《淵穎先生私謚議》《淵穎先生碑》，為黄溍所作《故翰林侍講學士中奉大夫知制誥同修國史同知經筵事金華黄先生行狀》亦收録其中。義門鄭渙曾為《潛溪後集》求得建德路總管府推官楊維楨之序文、鄭濤求得翰林學士歐陽玄之序文，此外尚有孔子第五十三世孫孔克仁，及宋濂門人趙汸、李岦之序。

今據國家圖書館（原北京圖書館）藏明宋濂撰、明初刊本《潛溪後集》十卷影印，在《浦江文獻集成》第九九冊。

胡聖傑

蘿山集五卷

（明）宋濂撰　日本國立公文書館藏手抄本

宋濂生平已見於明天順刊本《宋學士先生文集》提要。《蘿山集》為宋濂詩集，收録其元末詩作，國内久已亡佚，故所傳宋濂之詩多為入明以後作品，一則數量不多，二則多酬贈應制之作，質量不佳。《蘿山集》為近人任永安發現於日本國立公文書館，即原日本内閣文庫，共一册五卷，抄本，半葉十二行，行二十一字，無界行。書前有鄭濤《宋太史詩序》，並鈐有『淺草文庫』與『弘文學士館』之印，書眉有『林氏藏書』『日本政府圖書』篆文方印，書末鈐有『昌平阪學問所』之印。卷二之末有宋濂識語：『右此卷詩凡百餘首，皆乙未、丙申歲所作也。情寓於詞，頗多繆韞纖弱，謾抄新稿後，以俟他日刪去。濂識。』乙未、丙申為元至正十五年、十六年。《蘿山集》收詩四百五十首，中有三百二十餘首為逸詩，可補宋濂詩歌之遺。歷來評詩者以為宋濂詩不如文，如朱彝尊謂『太史之文、舍人璲之書，評者以本朝第一目之。韻語非所長，雖多，不作可也』（《明詩綜》），今觀其《蘿山集》則深不以為然。宋濂之詩，衆體兼備，其樂府詩即事名篇，無復依傍，敘元末戰爭之慘狀，格調沉鬱，如《古戰場行》：『黑風吹沙明月死，不聞人聲聞鬼語。溱燈穿空火似星，引得孽狐鳴楚楚。千年白骨化為霜，紅日不消遺恨長。』似《兵車行》，頗有老杜『詩史』遺風。潛溪尤擅古風，詩學魏晉，如卷一《雜體五首》即效陸機、陶潛、謝康樂、顔延之、鮑照之作，此外於唐人如白居易、王建、李白等亦多有模仿。潛溪律詩雖不多，然亦不乏佳作，如七言排律《思春辭》等。故鄭濤云：『宋太史詩若干卷，簡要贍麗，各因體成賦，聲調辭氣，精純弗雜。濤嘗傳至京師，翰林諸公莫不愛誦之。』（《宋太史詩序》）陸深謂：『近得《蘿山吟稿》五卷讀之，鍛鍊之精工，體裁之辨治，氣韻之偉麗，詞兼百家，亦國朝詩人之所未有也。』（《題蘿山集》）非過譽也。

今據明宋濂撰、日本國立公文書館藏手抄本《蘿山集》五卷影印，在《浦江文獻集成》第一〇〇册。

胡聖傑

羅山集五卷

（明）宋濂撰　日本國立國會圖書館藏元禄十年（一六九七）祖桂抄本

宋濂生平已見於明天順刊本《宋學士先生文集》提要。此處所收《羅山集》五卷為抄本，半葉十二行，行二十字，全書分五卷。書前有鄭濤《宋太史詩集序》，並鈐有『瑞巖圓光禪寺藏書』『帝國圖書館藏』『明治三九』印三方，後為目録，此為日本國立公文書館本所無。目録及各卷首之書名皆題作『羅山集』，當為傳抄之誤，目録於各詩題名之下皆有小字注，為各詩首聯前兩字。詩有批點，所録之詩及目次與日本國立公文書館本無異。書末有記文，『元禄第十丁丑夏四月日，借齊雲棟公之書謄寫嚴。祖桂識。』兩本文字之異，近人慈波曾作細緻對勘，可參看其文《記新見宋濂〈蘿山集〉別本》。

今據明宋濂撰、日本國立國會圖書館藏元禄十年（一六九七）祖桂抄本《羅山集》五卷影印，在《浦江文獻集成》第一〇〇冊。

胡聖傑

宋學士文粹十卷補遺一卷

（明）宋濂撰　明洪武十年鄭濟刊本

宋濂生平已見於明天順刊本《宋學士先生文集》提要。《宋學士文粹》十卷、補遺一卷，刊者鄭濟，字仲辨，明洪武間浦江人，義門之後，鄭濂之弟。濟嘗受學於潛溪，為詩文多出新意，所著隨燬，不欲留稿，書法得晉唐諸體。洪武二十四年，東宮缺官，命廷臣舉孝弟敦行者，尚書嚴震具鄭氏積行以聞，明太祖特遣官簡拔其家，年三十上者悉赴京，凡二十四人，問才德孰優，衆以濟對，遂授濟春坊左庶子，階奉議大夫，日侍青宮，獻替甚多，後征弟沂為禮部尚書，賜濟楮幣，令致仕歸。

《宋學士文粹》十卷、補遺一卷，半葉十六行，行二十七字，左右雙邊，黑口，無魚尾，版心記書名、卷數與葉數。是集雖刊於明初，然刊刻較精，傅增湘稱其『字體疏勁古雅，是學人之筆，非鈔胥所能夢見，鐫工尤精湛絕俗，宜與宋元本等量齊觀也。』又謂之『版式精妙無倫，在元明間最為罕覯』。傅氏之論，確有卓見。此集為劉基所選，鄭濟、鄭洧約宋門弟子劉剛、林靜、樓璉、方孝孺相與繕寫成書，用紙一百五十四番，以字計之一十二萬二千有奇。劉基論文主之以理而行之以氣，『文以明理而氣以行之，氣不昌則辭不達，理不明則言乖離而道昧。』其謂景濂之文，『上究六經之源，下究子史之奥，以至釋老之書，莫不升其堂而入其室。其為文則主聖經而奴百氏，故理明辭腴，道得於中，故氣充而出不竭。至其馳騁之餘，時取老佛語以資嬉戲，則猶飫粱肉而茹苦荼飲茗汁也。』故其選景濂之文，以氣昌、辭達、理明為準，又不乏百氏之作，如卷八所録《天台教宗圓具圖頌》《觀音大士觀瀑像贊》《血書華嚴經贊》等皆關釋教。

今據國家圖書館（原北京圖書館）藏明宋濂撰、明洪武十年鄭濟刊本《宋學士文粹》十卷、補遺一卷影印，在《浦江文獻集成》第一〇〇、一〇一册。

胡聖傑

宋學士文粹三卷

（明）宋濂撰　日本文久二年（一八六二）大阪江戶書林刊本

宋濂生平已見於明天順刊本《宋學士先生文集》提要。《宋學士文粹》三卷，四周單邊，花口，單魚尾，版心記書名、卷數與葉數。書前有日人桑原憂所作《宋學士文粹序》，序後為目録，收文七十九篇，桑序云：『曩年村漱季德有《宋學士文粹》之撰，所抄凡七十九篇，頗能取其腴、收其秀，於宋氏之文，可謂得其要者。』則是編與劉基選、鄭濟所刊之《宋學士文粹》非一書。各卷卷首題『後學劉誨輔季德編次』『土佐松下綱安世校』，各篇皆有句讀，間有眉批，或為文字校勘，如《進元史表》『乙夜之覿』句批注『乙，一本作一』，《致仕謝恩箋》題上批注『仕，一本作政』；或為文章補注，如《七儒解》篇首批注：『酈玄崖曰：「此篇敘世之七儒，而首之以遊俠，終之以道德，蓋欲學之□儒者，以道德為歸也。且敘次不□□證皆當，後又歸重孔子，而惓惓願學之意，蓋文之高古而正大者矣。」』所選以序、記為多，文皆雅正，且重其文辭，而釋教不預焉。

今據明宋濂撰、日本文久二年（一八六二）大阪江戶書林刊本《宋學士文粹》三卷影印，在《浦江文獻集成》第一〇一冊。

胡聖傑

宋學士集一卷

（明）宋濂撰　明嘉靖萬曆刊《盛明百家詩》本

宋濂生平已見於明天順刊本《宋學士先生文集》提要。《宋學士集》一卷，刊者俞憲（一五〇六—一五七七），字汝成，號是堂，别號嘿庵散人、忘言老人，明南直隸無錫人，嘉靖十七年進士，歷仕遼陽分守道、山東按察使、湖廣按察使。書室名鴸鳴館，曾刻印蔡邕《蔡中郎集》六卷、姚寬《西溪叢語》二卷、自輯《盛明百家詩》。《盛明百家詩》為明代詩歌總集，收録明詩三百三十八家，上起洪武，下至隆慶，依時代先後編次，人各為集，集前有小序。清四庫館臣評其『學沿七子之餘波，未免好收摹倣古調、填綴膚詞之作。又務以標榜聲氣為重，不以鑑别篇章為事。』

《宋學士集》一卷，半葉十行，行二十一字，四周單邊，花口，版心記書名、卷數與葉數。書前有嘉靖四十四年俞憲識語，敘宋濂之生平，稱其『詩文俱著而文猶勝詩』，録濂之賦兩篇，詩三十一首，所選以古風較多，蓋潛溪本擅古風，如其《望仙引》《凉夜曲》《思春辭》，皆宛委有情致。然選詩太少，獨木難見其林。

今據浙江圖書館藏明宋濂撰、明嘉靖萬曆刊《盛明百家詩》本《宋學士集》一卷影印，在《浦江文獻集成》第一〇一册。

胡聖傑

宋景濂文選七卷

（明）宋濂撰（清）李祖陶評點 清道光二十五年刊《金元明八大家文選》本

宋濂生平已見於明天順刊本《宋學士先生文集》提要。李祖陶（一七七五—一八五八），字欽之，一字邁堂，清江西上高人，嘉慶十三年舉人，後九次會試不中，遂絕意仕途，周遊各地，足跡半天下。祖陶工古文辭，博覽群書，嘗講學於白鷺洲、洪都、鳳儀、龍州、景高等書院。性嗜書，少孤貧，節衣縮食購書，晚築尚友樓，藏書數萬卷，日夜寢食其中。祖陶以畢生精力注釋唐以後詩書，編選唐、宋、元、明、清名家文選，著有《邁堂文略》三十二卷、《邁堂詩稿》二十四卷、《國朝文録》一百七十四卷、《金元明八大家文選》五十三卷，及《唐二十家文抄》《國朝四家詩稿》等書。

《宋景濂文選》七卷，半葉九行，行二十五字，四周雙邊，無界行，花口，單魚尾，版心記『明文選』、卷數與葉數。封面有書名《宋景濂文選》，右題『道光乙巳秋初鐫』，左署『上高李祖陶評點』『盧陵李汝霖授梓』。書前先録《明史》宋濂之本傳，次為目録，卷一授頌、記十一篇，卷二收記、序十三篇，卷三收序十四篇，卷四收傳、題、銘十八篇，卷五收碑七篇，卷六收墓誌銘、阡表七篇，卷七收誥文、辯、解、書等十二篇，目録末有李祖陶識語，全書有圈點句讀。

今據國家圖書館（原北京圖書館）藏明宋濂撰、清李祖陶評點、清道光二十五年刊《金元明八大家文選》本《宋景濂文選》七卷影印，在《浦江文獻集成》第一〇二册。

胡聖傑

宋潛溪文集

（明）宋濂撰 （清）石韞玉選 清道光八年刊《明八家文選》本

宋濂生平已見於明天順刊本《宋學士先生文集》提要。石韞玉（一七五六—一八三七），字執如，號琢堂，晚年自號獨學老人，别署花韻庵諸人，清代江蘇吴縣人。乾隆四十四年中舉人，五十五年殿試呈卷二甲第一名，乾隆帝特拔置一甲第一，狀元及第，授翰林院修撰。五十七年，任福建鄉試正考官，提督湖南學政。嘉慶元年充日講起居注官。三年，入直上書房，旋外任四川重慶知府。十年，升陝西潼商道，掌潼關稅務，擢山東按察使。十二年，以足疾乞歸，掌杭州紫陽書院、金陵尊經書院，後入揚州書局，輯勘《全唐文》，主講蘇州紫陽書院，道光初主纂《蘇州府志》。藏書四萬餘卷，長於經世之學，古文紆徐瞻遠，詩破除唐宋門戶，風發泉湧。著述繁富，曾輯《明八家文選》，編《古香林叢書》十種，著有《獨學廬詩文集》《竹堂類稿》《竹堂文類》《花韻庵詩餘》等。

《宋潛溪文集》半葉十行，行二十五字，左右雙邊，無界行，花口，無魚尾，版心記書名與葉數。書前有石韞玉《明八家文選》總序，所謂『明八家』者，宋景濂、劉伯溫、高季迪、方希直、王伯安、王濟之、唐應德、歸熙甫也。序後為《明史》宋濂本傳，次為目録，是集僅録潛溪之文二十五篇，無表、頌等應制雅正之作，所入選者，若《閱江樓記》《松風閣記》《桃花澗修禊詩序》《送王明府之官序》《謝翺傳》《王冕傳》等，皆以文辭為重。

今據國家圖書館（原北京圖書館）藏明宋濂撰、清石韞玉選、清道光八年刊《明八家文選》本《宋潛溪文集》影印，在《浦江文獻集成》第一〇二冊。

胡聖傑

洪武正韻四卷

（明）宋濂等撰（明）楊時偉補箋　明崇禎四年刊本

宋濂生平已見於明天順刊本《宋學士先生文集》提要。箋者楊時偉（一五五四—一六三四），字去奢，又字去華，明萬曆間長洲人。時偉勤於古籍整理校勘，凡涉音韻、詩文、經學，皆有成就。著有《春秋編年舉要》，曾刻印《合刻忠武靖節二編》，包括《諸葛忠武書》十卷、《陶靖節集》八卷附《年譜》一卷、蘇軾《和陶詩》二卷。天啟間刻印自撰《春秋賞析》二卷、《狂狷裁中》十卷，崇禎四年刻印自撰《洪武正韻箋》四卷。

《洪武正韻》為明洪武年間編成之韻書，由樂韶鳳、宋濂、王僎、李叔允、朱右、趙壎、瞿莊、鄒孟達、孫蕡、答禄與權編寫，撰成後復經汪廣洋、陳寧、劉基、陶凱校正，是書編定於洪武八年，故有此名。《洪武正韻》以宋代毛晃父子《增修互補禮部韻略》為底本改訂，計十六卷，共七十餘萬字，編寫原則以中原雅音為定，其體例與《廣韻》之類相通，然分韻有別，此書僅分平、上、去三聲各二十二部，其中入聲十部，凡七十六韻，較《廣韻》之二百六韻與《平水韻》之一百六韻大減，可見明代韻母之系統。《洪武正韻》平聲不分陰陽，並依南方語音將入聲字單立韻目，此其與《中原音韻》迥異之處。《洪武正韻》成書之後，於洪武、宣德、成化、萬曆、崇禎年間屢經刻印，然流傳不廣，蓋文人作詩仍習用《平水韻》，周賓所謂：『洪武二十三年，《正韻》頒行已久，上以字義音切尚多未當，命詞臣再校之。』足見是書雜採南北之音，未合『雅音』。然因其與南方語音相近，作南曲者往往參之，故明末沈寵綏謂『北葉中原，南遵洪武』。

今據浙江圖書館藏明宋濂等撰、楊時偉補箋、明崇禎四年刊本《洪武正韻》四卷影印，在《浦江文獻集成》第一〇三、一〇四、一〇五册。

胡聖傑

篇海類編二十卷附録一卷

（明）宋濂撰　明刊本

宋濂生平已見於明天順刊本《宋學士先生文集》提要。《篇海類編》為字書，全書二十卷，分天文類、地理類、時令類、人物類、身體類、花木類、鳥獸類、鱗介類、宮室類、食貨類、文史類、珍寶類、器用類、數目類、聲色類、衣服類、人事類、干支類、著卜類、通用類二十類，諸類復分部，凡四百四十三部，各部之下收字若干，字下各有雙行小字注，正其音而明其義。書前有屠隆《篇海類編序》，序後有凡例十二則，附録不附書末而置於凡例之後，收《字學淵源》《經史引證》《古書盛衰存亡譜》《倉頡始製文字》等文二十一篇，並附夷語殊音十五條，附録之末有『長洲張嘉和起禎父纂輯』『同邑金日升茂生父鑒定』之語。卷首題『東越宋濂景廉銓次、屠隆長卿訂正』，然世多以為此書乃僞託之作，四庫館臣云：『其書取韓道昭《五音篇海》以部首之字分類編次，舛漏萬狀，無論宋濂本無此書，即以所引之書而論，如田汝耔、都俞、李登、湯顯祖、趙銘、章黼、楊時喬、劉孔當、趙宧光，皆明正德至萬曆時人，濂何從見之？至於以趙撝謙列林罕、李陽冰間，既有一鄭樵注曰：「著《六書略》。」又有一鄭漁注曰：「字仲明，夾漈人。」他如以《玉篇》為陳新作，以《韻會箋》為黃紹作，以高似孫為高衍孫，以《洪武正韻》為毛晃作，以《古文字號》為馬融作、鄭玄注，以《五聲韻》為張有作，以《別字》十三篇為孫強作，以《六書精蘊》為孫悑作，殆於醉夢顛倒、病狂譫語，屠隆雖不甚讀書，亦不至於此，殆謬妄坊賈所托名也。」

今據北京大學圖書館藏題為明宋濂撰、明刊本《篇海類編》二十卷、附録一卷影印，在《浦江文獻集成》第一〇五、一〇六、一〇七、一〇八册。

胡聖傑

篇海類編二十卷附録一卷

（明）宋濂撰（明）屠隆訂正 明刊本

宋濂生平已見於明天順刊本《宋學士先生文集》提要。訂正者屠隆（一五四二—一六〇五），字長卿，一字緯真，號赤水，别號由拳山人、一衲道人、鴻苞居士，明鄞州人。少時才思敏捷，落筆數千言立就。萬曆五年中進士，授潁上知縣，調青浦縣令，後遷禮部主事，至郎中。屠隆為人豪放，結交海内名士，以『仙令』自許，縱情詩酒，放達不拘，十二年被劾罷歸。晚年遊吴越，尋山訪道，鬻文為業。隆博學有才名，工詩文，尤精於曲藝，著有詩文集《白榆集》《由拳集》《鴻苞集》等，傳奇《彩毫記》《曇花記》《修文記》等。

《篇海類編》二十卷、附録一卷，前有陳繼儒、虞淳熙序而無屠隆序，序後為目録，卷數、部類皆與前面所收明刊本同，惟是本部類標題上偶有批注，如卷十六器用類之『網部』上注『掩』字，『網部』上注『罔』，又如卷十九人事類『亻部』上注『尺』等等，當為後人所加異體字之直音。凡例、附録皆移置於目録之後。兩書正文之内容版式俱無大異，半葉九行，大字為本字，小字為釋義，四周單邊，花口，正文黑魚尾，序、目為白魚尾，版心記書名、卷數與葉數。據近人考證，《篇海類編》與《詳校篇海》之體例皆沿襲《玉篇》之以注音釋義為重，兩書不甚重視字型結構之分析，均採用楷書記録字型，並且兩書在編纂體例、收字數量、釋義、字際關係説解乃至失誤情況皆有相似處，故以為《篇海類編》實由《詳校篇海》改編而成，且托名於宋濂、屠隆。

今據上海圖書館藏題為明宋濂撰、屠隆訂正、明刊本《篇海類編》二十卷、附録一卷影印，在《浦江文獻集成》第一〇九、一一〇、一一一册。

胡聖傑

聖政記一卷

（明）宋濂撰　明嘉靖十二年刊《明良集六種》本

宋濂生平已見於明天順刊本《宋學士先生文集》提要。《明良集》為明霍韜所編，收録宋濂《洪武聖政記》一卷、金幼孜《北征前録》《後録》各一卷、楊士奇《三朝聖諭録》三卷、楊榮《北征記》一卷、李賢《天順日録》一卷、李東陽《燕對録》一卷。霍韜（一四八七—一五四〇），字渭光，號兀厓，後改渭崖，明廣東南海人，正德九年進士及第，旋因無仕進意告歸，讀書西樵山中。嘉靖間因議禮合帝意，超拜禮部尚書，掌詹事府事，卒贈太子太保，謚文敏。著有《渭崖文集》《文敏粹言》等。

《聖政記》又名《洪武聖政記》，為宋濂及其僚屬共同編撰之當朝政史，濂有《洪武聖政記序》云：『蓋自近代以來，習俗圮壞，行將百年，而天生大有為之君，首出庶物，一新舊染之俗，與民更始。是故睿思所斷，動契典則，度越千古，咸無與讓，此正所謂錫勇智而正萬邦也。臣備位詞林，以文字為職業，親見盛德大業日新月著，於是與僚屬謀取其有關政要者，編集成書，列上、下卷，凡七類，合若干條，名曰《洪武聖政記》。』全書分嚴祀事、正大本、昭大分、肅軍政、絶倖位、定民志、新舊俗，新舊俗之後復分申禁令、核實效、育人才、優前代、正禮樂之失、去海嶽之封、嚴官闈之法、勵忠節之訓、剗積歲之弊九子目，記洪武朝政事之要者，多為《明太祖實録》採入。《洪武聖政記》成書後備受重視，被收入《明良集》《金聲玉振集》《金華叢書》等叢書。此次影印爲明嘉靖十二年刊《明良集》本，版式上半葉十行，行二十一字，四周雙邊，白口，無魚尾，版心記書名與葉數。

今據上海圖書館藏明宋濂撰、明嘉靖十二年刊《明良集六種》本《聖政記》一卷影印，在《浦江文獻集成》第一一一册。

胡聖傑

聖政記十二卷

著録為明宋濂撰　明抄本

宋濂生平已見於明天順刊本《宋學士先生文集》提要。明抄本《聖政記》十二卷，與《洪武聖政記》非一書。《洪武聖政記》所記為洪武朝政事之要者，而此《聖政記》則為明太祖之起居注，起自元至正十二年壬辰六月與大將徐達等二十四人南略定遠，遇疾而還，終明永樂元年六月，增謚『聖神文武欽明啟運俊德成功統天大孝高皇帝』廟號。十二卷本《聖政記》今藏於上海圖書館，著録為宋濂所撰，當為誤題。四庫館臣亦稱『不著撰人名氏』，且『文皆鈔撮《實録》，別無異聞』，故斷為書賈贋託。今檢此書，卷末載：『監修官：戶部尚書臣夏元吉。總裁官：文淵閣大學士兼左春坊大學士胡廣、翰林院學士兼左春坊右庶子臣楊榮、國子監祭酒兼翰林院侍讀胡儀。纂修官：翰林院學士兼右春坊右諭德金幼孜、翰林院學士兼左春坊左諭德臣楊士奇、翰林院侍讀學士臣魯棨、翰林院侍讀兼左春坊右贊善臣梁潛、翰林院侍讀兼左春坊左中允臣鄒緝、翰林院侍講臣王英。修撰：臣羅汝敬、刑部主事臣李時勉、臣陳宗敬等欽奉。』可知是編實非宋濂所撰，乃成於眾手，參與編纂者有夏元吉、胡廣、楊榮、胡儀、金幼孜、楊士奇、魯棨、梁潛、鄒緝、羅汝敬、李時勉、陳宗敬等。

今影印著録為明宋濂撰《聖政記》十二卷，據上海圖書館藏明抄本，在《浦江文獻集成》第一一二、一一三册。

胡聖傑

洪武聖政記一卷

（明）宋濂撰　清嘉慶十三年刊《借月山房彙抄》本

宋濂生平已見於明天順刊本《宋學士先生文集》提要。《借月山房彙抄》為清人張海鵬所輯叢書，海鵬（一七五五—一八一六）字若雲，一字子瑜，讀書餘暇喜刻書，以為『藏書不如讀書，讀書不如刻書』，曾刻印《太平御覽》《寶祐重修琴川志》，輯刻叢書《學津討原》二十集一百七十三種，《墨海金壺》十六集一百一十四種，《借月山房彙抄》十六集一百三十七種。《借月山房彙抄》為明清著作選集，分經學、小學、雜史、野乘、奏議、傳記、地理、政書、史評、儒家、術數、藝術、譜録、雜家、小説家、詩文評十六類，張氏自序云：『茲刻悉取諸近代，論必雅而不俚，事必信而可考，言必實而可施諸用。』

《借月山房彙抄》本《洪武聖政記》一卷，半葉九行，行二十一字，左右雙邊，花口，單魚尾，版心記書名『洪武聖政記』與葉數。書前有宋濂《洪武聖政記序》，序後為《四庫總目提要》之《洪武聖政記》提要，全書仍分嚴祀事、正大本、昭大分、肅軍政、絕倖位、定民志、新舊俗，文字略有差異。如『嚴祀事』明刊本『遂能勘定』，《借月山房彙抄》本作『遂有勘定』；明刊本『陸蹇』，《借月山房彙抄》本作『陸寨』；明刊本『袁州歐祥』，《借月山房彙抄》本作『袁州歐普祥』；明刊本『狂兵息民』，《借月山房彙抄》本作『休兵息民』；明刊本『是日恭詣』，《借月山房彙抄》本作『是月恭詣』；明刊本『前代不察乎此』，不畏人神』，《借月山房彙抄》本作『不畏神人』；明刊本作『永為法守』，《借月山房彙抄》本作『永為守法』。由是觀之，張海鵬《借月山房彙抄》本當有所校勘，優於明刊之本。

今據浙江圖書館藏明宋濂撰、清嘉慶十三年刊《借月山房彙抄》本《洪武聖政記》一卷影印，在《浦江文獻集成》第一一四冊。

胡聖傑

洪武聖政記二卷

（明）宋濂撰　清同治八年永康胡鳳丹退補齋刊《金華文粹》本

宋濂生平已見於明天順刊本《宋學士先生文集》提要。胡鳳丹生平已見於《金華叢書》本《淵潁集》提要。此處所收《洪武聖政記》二卷，封面題『金華文粹』，右側小字記書名『聖政記上、下二卷』，扉頁有『退補齋開雕』牌記。書前有胡鳳丹手書同治八年自撰《重刻洪武聖政記序》，謂讀《洪武聖政記》而可知明太祖『倔興之際，綱舉目張，萬幾就理，遂以開有明一代之丕基』，又謂宋濂『記録治世之宏綱紀經國之大要，而不同於鋪陳粉飾』，譬之若是之甚也。是編分上、下二卷，以嚴祀事、正大本、昭大分、肅軍政為卷上，絕倖位、定民志、新舊俗為卷下。版式上半葉九行，行二十字，四周雙邊，花口，單魚尾，版心自上而下依次記『金華文粹』『聖政記』、葉數與『退補齋』。文字上《金華文粹》本與明刊本、《借月山房彙抄》本皆有差異，『嚴祀事』首句明刊本、《借月山房彙抄》本皆作『洪武元年春正月乙亥』，《金華文粹》本於『乙亥』之後有『日』；《金華文粹》本從明刊本作『歐祥』；《金華叢書》本於『丘』字皆有避諱，餘則皆與《借月山房彙抄》本同。

今據義烏市圖書館藏明宋濂撰、清同治八年永康胡鳳丹退補齋刊《金華文粹》本《洪武聖政記》二卷影印，在《浦江文獻集成》第一一四冊。

胡聖傑

洪武聖政記一卷

（明）宋濂撰　日本明治四十年（一九〇七）大華書局排印本

宋濂生平已見於明天順刊本《宋學士先生文集》提要。此處所收《洪武聖政記》一卷為排印本，一頁十一行，行二十七字，有句讀，有圈點與眉批。原書缺頭二頁，第三頁為宋濂《洪武聖政記序》之末，卷首署『明初宋濂著』『讀孟樓主人評點』。其批注有謂：『一人遂係天下之安危，天下人何所事』，『天下人民待治於一人，安往而不受其殃』，反專制之民主思想較濃厚。又謂明太祖初立之法為『不完之法』，然『愈於無法』，其以『舉賢任才』為『立國之本』，『二語洞見治體』。

今據首都圖書館藏明宋濂撰、日本明治四十年（一九〇七）大華書局排印本《洪武聖政記》一卷影印，在《浦江文獻集成》第一一四冊。

胡聖傑

皇明寶訓五卷

（明）宋濂等撰　清抄本

宋濂生平已見於明天順刊本《宋學士先生文集》提要。《皇明寶訓》為輯録明太祖言行、政事之史書。明洪武七年，宋濂與翰林學士詹同等編《大明日曆》成，因其藏於内府，人不得見，詹同等復請仿唐代《貞觀政要》分輯政事，以宣示天下，明太祖遂命輯《皇明寶訓》，使『歷代寶之，用為大訓』。是編凡五卷四十類，卷一為敬天、孝思、勤民、仁惻、恩澤、卻貢獻、勵忠節、敬鬼神、斥異端、練兵、育人才十一類；卷二為教太子諸王、正家道、保全功臣、禮臣下、謙德、警戒、務實、節儉、戒奢侈、議禮、定律、守法、恤刑十三類；卷三為評古、禮前代、求賢、任官、尊儒術、定都、論治道、求諫、納諫、謀略、祥異十一類；卷四為諭群臣；卷五為諭將士、招諭、懷遠人、制蠻夷四類，各類所記以時間為次。

今據國家圖書館（原北京圖書館）藏明宋濂等撰、清抄本《皇明寶訓》五卷影印，在《浦江文獻集成》第一一四冊。

胡聖傑

平漢録一卷

（明）宋濂撰　明萬曆四十五年陳氏刊《紀録彙編》本

宋濂生平已見於明天順刊本《宋學士先生文集》提要。《紀録彙編》為明代沈節甫所輯叢書。節甫（一五三二—一六〇一）字以安，一字幼安，號錦宇，烏程人，嘉靖三十八年進士，歷祠祭郎中，萬曆間累官工部左侍郎，贈都察院右都御史，天啟初追謚『端靖』。喜藏書，書樓曰『玩易樓』，自編《玩易樓藏書目録》二卷，著有《大樸主人詩文集》等。《紀録彙編》收書一百二十三種，凡二百餘卷，彙輯明初至嘉靖之君臣野史雜記，其中《平胡録》《平漢録》《平吳録》《平夏録》等，可補史書之缺。

《平漢録》收録於《紀録彙編》卷二十八，半葉十行，行二十字，四周單邊，花口，無魚尾，版心記叢書名、卷數、葉數等。《平漢録》為宋濂所記明太祖克友諒、平江漢之事，先寫陳友諒『幼岐嶷，比長臂力過人，優於武藝』，從徐壽輝、倪文俊起兵，相繼破安慶、龍興路、瑞州、邵武、吉安路、撫州、建昌路、贛州、汀州、信州等地，遂自稱『漢王』，『奮臂澎湖，提戈荊楚』，『屢破堅城，卒僭尊位』。後友諒兵犯太平城，明太祖大怒，命諸將共謀擊之。宋濂寫明太祖平漢，而不專寫平漢，先敘陳友諒之勇猛，然終為明太祖所克，則太祖之謀略、部將之驍勇躍然紙上。文末附宋濂《平江漢頌》，雖頌讚之體，然其文恢宏闊大，有漢大賦之格調。

今據國家圖書館（原北京圖書館）藏明宋濂撰、明萬曆四十五年陳氏刊《紀録彙編》本《平漢録》一卷影印，在《浦江文獻集成》第一一四册。

胡聖傑

渤泥入貢記一卷

（明）宋濂撰　清順治三年宛委山堂刊《續説郛》本

宋濂生平已見於明天順刊本《宋學士先生文集》提要。《續説郛》為明代文言小説叢書，共四十六卷，輯録明人筆記五百七十二種，陶珽編纂。陶珽，字葛閬，號不退、稚圭，自稱天台居士，明末清初雲南姚安人，祖籍浙江黄巖。萬曆三十八年進士，歷官刑部四川司主事、山西司郎中、大名府知府、遼東兵備道、武昌兵備道。陶珽好釋氏，精通佛典，受李贄影響頗大，喜研性理之學，善書，亦有詩名，著有詩文集《閬園集》，曾輯刻《鍾伯敬史懷》《鍾伯敬評公羊穀梁二傳和刻》《王文成公文選》《呂東萊先生左氏博議》等。《渤泥入貢記》一卷收録於《續説郛》卷十一，版式上半葉九行，行二十字，左右雙邊，花口，白魚尾，版心記書名與葉數。渤泥又稱浡泥，今亞洲加里曼丹島北部文萊一帶之古國，明費信所著《星槎勝覽》稱其『龍山磅礴，地宇横廣，源田種植，豐登甚利。氣候及夏稍寒，冬月極熱。俗好奢侈，男女一般椎髻，五彩帛繫腰，花布為衫。其國之民崇佛像，好齋沐。』《明史·浡泥傳》載：『浡泥，宋太宗時始通中國。洪武三年八月，命御史張敬之、福建行省都事沈秩往使，自泉州航海閲半年抵闍婆，又逾月至其國，王馬合謨沙傲慢不為禮，秩責之，始下座拜受詔。』宋濂《渤泥入貢記》即記此事，雖非宋濂親歷，然濂記渤泥國國王馬合漠沙初之倨傲無禮，大悟後之舉手加額、俯仰以聽，讀之如在目前，信濂之為明代文章大家矣。

今據國家圖書館（原北京圖書館）藏明宋濂撰、清順治三年宛委山堂刊《續説郛》本《渤泥入貢記》一卷影印，在《浦江文獻集成》第一一四冊。

胡聖傑

宋滕忠節公使金本末一卷附滕茂實遺詩一卷

（明）宋濂撰（清）滕如瑞注 民國二十四年寶山滕氏排印本

宋濂生平已見於明天順刊本《宋學士先生文集》提要。滕忠節公，即滕茂實，兩宋之際臨安人，一説吳人，生年不詳，卒於南宋建炎二年，紹興二年贈龍圖閣直學士，追謚忠節。茂實，字秀穎，政和八年進士，靖康初以工部員外郎假侍郎，副路允迪使金，被拘於代州，自為哀詞，以篆書『宋工部侍郎滕茂實墓』以示不屈。時宋欽宗被俘，過城郊，茂實具冠幘迎謁於道，拜伏號泣，請從舊主俱行，金人廹其易服，茂實不從，後憂憤成疾，死於雲中。北人哀其忠，為之起墓雁門山，歲時致祭。其友董説録其哀詞來獻，詔宣付使館褒録之。宋濂是書即記滕茂實使金事。此書為排印本，扉頁有陳衍所題書名『宋滕忠節公使金本末』，次為『民國二十四年寶山滕氏刊行』牌記，其後有滕忠節像與紹興十九年敕題像贊，像贊末有作者按語，稱畫像據顧沅《吳郡名賢圖傳贊》影印，並敘紹興御賜《滕侍郎畫像》絹本之流傳情況。宋濂所撰詳於忠節公使金之事，而略其生卒、家世，故滕如瑞之補注以此為主。書後有萬曆十七年張鼎思、民國二十三年滕固敬跋，滕如瑞為固敬之曾祖，如瑞、固敬俱為滕忠節公之裔。書末録滕茂實遺詩十四首，皆為使金時所作，其中《哀辭》尤深切哀慟，遺詩輯於宋孝宗隆興二年，前有尚同小序，末有陳衍跋文。

今據首都圖書館藏明宋濂撰、清滕如瑞注、民國二十四年寶山滕氏排印本《宋滕忠節公使金本末》一卷、附《滕茂實遺詩》一卷影印，在《浦江文獻集成》第一一四册。

胡聖傑

余左丞傳一卷

（明）宋濂撰　清咸豐同治長沙余氏刊《明辨齋叢書》本

胡聖傑

宋濂生平已見於明天順刊本《宋學士先生文集》提要。《明辨齋叢書》為余肇鈞所輯刻叢書，余肇鈞為清代長沙人，精於史學，著有《史書綱領》一卷，除《明辨齋叢書》外，還曾輯刻《古今史學萃珍》八種，重訂《薑杜鄰先生自訂年譜》。余左丞即余闕（一三〇三—一三五八），字廷心，一字天心，其先為武威唐兀人，父官合肥，遂為合肥人。元惠宗元統元年進士及第，授同知泗州事，至正十二年代理淮西宣慰副使、都元帥府僉事，分兵守安慶，與紅巾軍激戰百餘回。至正十八年春，紅巾軍戰船蔽江而下，急攻安慶城，闕身先士卒，親自迎擊，終因城池失守，拔刀自刎，年五十六，謚忠宣。著有《青陽集》。《余左丞傳》一卷收於《明辨齋叢書》，版式上半葉九行，行二十一字，左右雙邊，花口，單魚尾。宋濂所撰此傳較《元史》為詳，於余闕守城之戰刻畫尤細。

今據國家圖書館（原北京圖書館）藏明宋濂撰、清咸豐同治長沙余氏刊《明辨齋叢書》本《余左丞傳》一卷影印，在《浦江文獻集成》第一一四冊。

故丹溪先生朱公石表辭

（明）宋濂撰　民國十三年滬江海左書局石印《足本丹溪心法附餘》本

宋濂生平已見於明天順刊本《宋學士先生文集》提要。朱丹溪即朱震亨（一二八一—一三五八），字彦修，元婺州義烏人，因居地有水名丹溪，學者尊之稱「丹溪先生」。早年習舉子業，年三十，因母患脾痛，眾醫皆束手無策，乃有志於醫。年三十六從白雲許謙研治理學，聽其講「天命人心之秘，内聖外王之微」，後四年，復致力學醫，受業於羅知悌。丹溪精於《素問》，深諳張仲景、張從正、李杲等人學説，力倡「相火」「陽有餘陰不足」之論。著有《格致餘論》一卷、《傷寒辨疑》《本草衍義補遺》《局方發揮》等書，後人輯有《丹溪心法》《丹溪手鏡》等。宋濂是文作於至正十八年丹溪卒後，後人取而附於《丹溪心法》後，丹溪於濂為同鄉，二人生活年代相當，故敘丹溪之家世、身世為詳。

今據邑人李忠東藏明宋濂撰、民國十三年滬江海左書局石印《足本丹溪心法附餘》本《故丹溪先生朱公石表辭》影印，在《浦江文獻集成》第一一四冊。

胡聖傑

浦陽人物記二卷附録一卷

（明）宋濂撰　明弘治刊本

宋濂生平已見於明天順刊本《宋學士先生文集》提要。浦陽先賢傳記，先有謝翶《浦陽先民傳》之作，宋濂《浦陽人物記》繼之，其後復有張應槐《浦陽續人物記》、黄應台《浦江人物補遺》等，綜而觀之，則宋濂之作最優。此處所收《浦陽人物記》二卷、附録一卷，刊於明弘治間，版式上半葉十二行，行二十字，四周雙邊，大黑口，對魚尾，版心記書名、卷數與葉數。書前有歐陽玄《浦陽人物記序》，其次為凡例九條，有標目，全書分兩卷，以忠義、孝友、政事為上卷，文學、貞節為下卷。附録僅録宋進士題名三十一人，附録後有宋濂至正十三年識語，及鄭濤、戴良《浦陽人物記後序》。

《浦陽人物記》仿史書之體例，分忠義、孝友、政事、文學、貞節，凡例云：『忠義、孝友，人之大節，故以為先，而政事次之，文學又次之，貞節又次之。』其文字則俱有出處，無信不徵，如楊璿傳參照《後漢書》，錢遹、梅執禮、鄭綺、王萬則參之《宋史》，此外則據縣志、縣經或鄉人之筆記、行狀、墓碑、譜圖、記序等，無一字憑空捏造，皆徵之有信。《浦陽人物記》所傳凡二十九人，忠義則梅溶、梅執禮，孝友則陳太竭、何千齡、鍾宅、鄭綺，政事則楊璿、張敦、蔣郘、傅柔、傅雱、黄仁環、吳傳、石範、王萬、吳直方、趙大訥，文學則于房、朱臨、錢遹、何敏中、朱有聞、倪朴、方鳳、黄景昌、柳貫、吳萊，貞節則淩楠妻何道融、戴銘妻倪宜弟，若梅溶、梅執禮、鄭綺、楊璿、吳直方、方鳳、柳貫、吳萊，見之史書與他著，不待宋濂此書而傳，餘者皆浦陽一縣之人物，若無《浦陽人物記》之作，恐早已淹沒無聞，何附驥尾以傳？

今據明宋濂撰、明弘治刊本《浦陽人物記》二卷、附録一卷影印，在《浦江文獻集成》第一一四冊。

胡聖傑

浦陽人物記二卷附録一卷

（明）宋濂撰　明刊本

宋濂生平已見於明天順刊本《宋學士先生文集》提要。明刊本《浦陽人物記》與明弘治刊本毫無差異，當為同一版本，今同時予以收録，乃編纂《浦江文獻集成》時所用底本來源於不同館藏所致。《浦陽人物記》之作初非宋濂本人之意，乃應浦令廉阿年八哈之請，至正十年，廉阿年八哈任浦江達魯花赤，留意文治、禮致儒士，並請宋濂撰《浦陽人物記》二卷付梓刊行。宋濂於書末識語中即稱初刻倉促，『其中牴牾者多』，遂於至正十三年補定五十餘處。明弘治八年，歷陽王珍重刊《浦陽人物記》，為現存最早之本，後被採入《四庫全書》，即本次影印所用之明弘治刊本與明刊本。

今據國家圖書館（原北京圖書館）藏明宋濂撰、明刊本《浦陽人物記》二卷、附録一卷影印，在《浦江文獻集成》第一一四冊。

胡聖傑

浦陽人物記二卷

（明）宋濂撰　清乾隆道光刊《知不足齋叢書》本

宋濂生平已見於明天順刊本《宋學士先生文集》提要。《知不足齋叢書》為鮑廷博及其子鮑士恭所輯刻叢書，共三十集七百八十一卷，收書二百七種，所録多希見之佚文遺著，且多為古抄本與舊刻本，涉經史考訂、金石、地理、書畫、書目、詩文集等，無所不包，經鮑氏父子親自校勘，價值極高，為盧文弨、王鳴盛等人稱許。《浦陽人物記》二卷收入《知不足齋叢書》第十七集。

此處所收《浦陽人物記》二卷，半葉九行，行二十一字，左右雙邊，白口，版心記書名、卷數、葉數與叢書名。書前先録歐陽玄《浦陽人物記序》，次為凡例與標目，分卷與明刊本同，然無附録。卷末有鄭濤、戴良《浦陽人物記後序》、乾隆五十七年戴殿泗《重刻浦陽人物記後序》及《四庫全書總目提要》之《浦陽人物記》提要。鮑氏刊《知不足齋叢書》本《浦陽人物記》精校精刊，文字、版式皆屬上乘，故此後重刊《浦陽人物記》者多采鮑氏本，如嘉慶十五年嚴榮刻《宋文憲公全集》，道光間浦人黃幾璜活字排印本《浦陽人物記》，同治八年胡鳳丹《金華叢書》本《浦陽人物記》，皆據鮑氏《知不足齋叢書》本刻成。

今據明宋濂撰、清乾隆道光刊《知不足齋叢書》本《浦陽人物記》二卷影印，在《浦江文獻集成》第一一四冊。

胡聖傑

浦陽人物記二卷

（明）宋濂撰　清文淵閣《四庫全書》本

宋濂生平已見於明天順刊本《宋學士先生文集》提要。此處所收《浦陽人物記》二卷，半葉八行，行二十一字，四周雙邊，花口，單魚尾，版心記『欽定四庫全書』、書名、卷數與葉數。此本收於《四庫全書》史部傳記類，書首為目録，全書分兩卷，以忠義、孝友、政事為卷上，文學、貞節為卷下。目録後有提要一篇，稱此本所據為明弘治中歷陽王珍重刻本，提要後有歐陽玄原序，序後為凡例。卷末附浦陽宋代進士題名記，及鄭濤後序與宋濂跋文。

今據明宋濂撰、清文淵閣《四庫全書》本《浦陽人物記》二卷影印，在《浦江文獻集成》第一一五冊。

胡聖傑

浦陽人物記二卷

（明）宋濂撰　清同治八年永康胡鳳丹退補齋刊《金華文粹》本

宋濂生平已見於明天順刊本《宋學士先生文集》提要。胡鳳丹生平已見於《金華叢書》本《淵穎集》提要。此處所收《浦陽人物記》二卷，半葉九行，行二十字，四周雙邊，花口，單魚尾，版心記叢書名、書名、卷數、葉數與『退補齋』。封面題『金華文粹』，右側記書名『浦人物記上下二卷』，扉頁有『退補齋開雕』牌記。書前録胡鳳丹手書《重刻浦陽人物記序》，其謂宋濂為有明一代文章之冠冕，其文深醇雄偉，元風大暢，足以起北宋以後文章之衰，而《浦陽人物記》二卷尤彬彬乎有史法。又謂潛德幽光，何邑蔑有，然名卒多磨滅不彰，雖盛弗傳，故宋濂之有功於桑梓者，大且遠也。是為不刊之論。其後為歐陽玄《浦陽人物記序》，鄭濤、戴良《浦陽人物記後序》及戴殿泗《重刻浦陽人物記後序》，序後為凡例與標目，卷末不録浦陽宋進士題名記。

今據義烏市圖書館藏明宋濂撰、清同治八年永康胡鳳丹退補齋刊《金華文粹》本《浦陽人物記》二卷影印，在《浦江文獻集成》第一一五冊。

胡聖傑

燕書一卷

（明）宋濂撰　清順治三年宛委山堂刊《續説郛》本

宋濂生平已見於明天順刊本《宋學士先生文集》提要。此處所收《燕書》一卷，半葉九行，行二十字，左右雙邊，花口，白魚尾，版心記書名與卷數。是書為寓言故事集，作於元至正十七年，取名於《韓非子》『郢書燕説』，宋濂曾敘其作此書之由：『玄黄之間，事變無垠。辯士設喻，以風以陳。質往舊，開今新，作《燕書》四十首。』文末又云：『余為《燕書》四十首，蓋取鄭人誤書「舉燭」之義。讀者好之，謂有秦漢風。』《燕書》取材於戰國之事，借古論今，敘事形象，情節曲折，人物生動，不失為寓言之佳作。然《燕書》本四十首，《續説郛》僅録八首，獨木難見森林矣。

今據國家圖書館（原北京圖書館）藏明宋濂撰、清順治三年宛委山堂刊《續説郛》本《燕書》一卷影印，在《浦江文獻集成》第一一五册。

胡聖傑

文原一卷

（明）宋濂撰　清抄本

宋濂生平已見於明天順刊本《宋學士先生文集》提要。《文原》上、下二篇，為宋濂文論之綱領，上篇專論文章之起源，以為萬事莫不先有其實，而後文隨之，人文之顯即始於伏羲仰觀俯察，畫奇偶以象陰陽，變而通之，生生不窮，遂成天地自然之文。下篇倡『為文必在養氣』，稱作文必以六經為根本，而以孟子為宗、韓愈為次，歐陽修又次之，以『辭達而道明』為指歸。《文原》前有作者小序，謂：『浦江鄭楷、義烏劉剛、楷之弟柏嘗從予學，已知以道為文，因作《文原》二篇以貽之。』則是篇作於元季宋濂講學浦江之時。文末跋語云：『今選孟、韓、歐之文為一編，命二三子所學日進於道，聊相與一言之。』故《文原》後有宋濂校選《文章正原》三卷之目録，選孟子、韓愈、歐陽修之文一百三十六篇，篇末有明代宗景泰四年趙同魯識語，稱《文章正原》乃宋濂所校選，同魯先叔祖趙友同存軒手録成帙。後半部《文斷》，非宋濂之作，四庫館臣云：『不著撰人名氏，皆采掇前人論文之語，鈔録而成。所引如《緯文瑣語》《湖陰殘語》之類，今皆不傳，頗有足資考證者。然舛誤冗雜，亦復不少。』

今據南京圖書館藏明宋濂撰、清抄本《文原》一卷影印，在《浦江文獻集成》第一一五册。

胡聖傑

文原一卷

（明）宋濂撰　清道光十一年六安晁氏木活字印《學海類編》本

宋濂生平已見於明天順刊本《宋學士先生文集》提要。此處所收《文原》一卷，半葉九行，行二十一字，花口，綫魚尾，版心記叢書名、書名、葉數與類名『文詞』。文字與清抄本有較大出入，如首句清抄本作『余諱人以文生相命，丈夫七尺之軀』，《學海類編》本作『余誨人以文，丈夫負七尺之軀』；上篇清抄本『皆見之』，《學海類編》本作『習見之』；清抄本『苟隃度』，《學海類編》本作『苟逾度』；下篇清抄本『曾未窮』，《學海類編》本作『曾不窮』；清抄本『計者』，《學海類編》本作『詐者』；清抄本『今選孟、韓、歐之文』，《學海類編》本作『合遷孟、韓、歐之文』。

今據國家圖書館（原北京圖書館）藏明宋濂撰、清道光十一年六安晁氏木活字印《學海類編》本《文原》一卷影印，在《浦江文獻集成》第一一五冊。

胡聖傑

答章秀才論詩書一卷

（明）宋濂撰　清抄《詩學叢書三十四種》本

宋濂生平已見於明天順刊本《宋學士先生文集》提要。《答章秀才論詩書》為宋濂詩論之重要體現，其於文中列舉自漢至宋之詩人，明其師承關係，以為『詩之格力崇卑，固若隨世變遷，然謂其皆不相師，可乎？』濂不滿當時之學者『類多自高，操觚未能成章，輒闊視前古為無物』，謂近來學者『往往倡狂無倫，以揚沙走石為豪，而不復知有純和沖粹之音』。故宋濂詩論主張師古，師古人之意而不師其辭，『其上焉者師其意，辭固不似而氣象不同，其下焉者師其辭，辭則似矣，其精神之所寓，固未嘗近也。』宋濂論詩雖非其專門之學，然是論可謂開七子之先，是明代復古潮流之濫觴。

今據復旦大學圖書館藏明宋濂撰、清抄《詩學叢書三十四種》本《答章秀才論詩書》一卷影印，在《浦江文獻集成》第一一五冊。

胡聖傑

諸子辨

（明）宋濂撰　顧頡剛標點　民國十七年北京樸社排印本

宋濂生平已見於明天順刊本《宋學士先生文集》提要。標點者顧頡剛（一八九三—一九八〇），本名誦坤，字銘堅，江蘇吴縣人，顧柏年之子。曾就讀於蘇州公立第一中學堂、上海神州大學，一九一三年考入北京大學預科，一九一六年入北京大學哲學門，一九二〇年畢業後留校擔任圖書館編目工作，兼任新朝社編輯，點校《古今僞書考》。次年改任北大研究所國學門助教，《國學季刊》編委，編輯《辨僞叢刊》。一九二二年任上海商務印書館編輯，次年倡立樸社，提出『層累地造成中國古史』觀點，一九二六年編輯《古史辨》第一册，創立古史辨派，後陸續出版至七册。顧氏亦為中國歷史地理學、民俗學之奠基人，著述頗豐，有《顧頡剛全集》。

《諸子辨》歷來收於宋濂文集中，無有單行之本，顧頡剛因編輯《古史辨》得諸多辨僞材料，其中宋濂《諸子辨》年代較早，故顧氏先行將其印出。此書得於顧氏標點《古今僞書考》之際，所據為北京大學圖書館藏浦江傅氏刻本《宋文憲公集》與京師圖書館藏明刊本《宋學士全集》，原書訛誤較多，顧氏詳加校勘。《諸子辨》一名《龍門子》，作於元至正十八年，時宋濂為避戰禍，避地青羅山中。此可視為中國辨僞學鼻祖，清代姚際恒《古今僞書考》云：『明宋景濂有《諸子辨》，予合經、史、子而辨之。』近人顧頡剛編《辨僞叢刊》將其録出單行。《諸子辨》序言曰：『《諸子辨》者何？辨諸子也。通謂諸子者何？周秦以來，作者不一姓也。作者不一姓而其立言何？人人殊也。先王之世，道術咸出於一軌，此其人人殊何？各奮私知而或盭大道也。由或盭大道也，其書雖亡，世復有依仿而託之者也。然則子將奈何？辭而辨之也。曷為辨之？解惑也。』此書遍論諸子之真僞，上起先秦，下至趙宋，凡子書出於依仿或僞託者，皆深辨之，包括《鬻子辨》《管子辨》《晏子辨》《老子辨》《文子辨》《關尹子辨》《亢倉子辨》《鄧析子辨》《鶡冠子辨》《子華子辨》《列子辨》《曾子辨》《言子辨》《子思子辨》《慎子辨》《莊子辨》《墨子辨》《鬼谷子辨》《孫子辨》《吴子辨》《尉繚子辨》《尹文子辨》《商子辨》《公孫龍子辨》《荀子辨》《韓子辨》《燕丹子辨》《孔叢子辨》《淮南鴻烈解辨》《揚子法言辨》《抱朴子辨》《劉子辨》《文中子中説辨》《天隱子辨》《玄真子辨》《金華子辨》《齊丘子辨》《聱隅子辨》《周子通書辨》《子程子辨》四十子。其中《莊子辨》認為莊子治學無所不窺，其宗旨則本於老子，《老子辨》以列子、莊子繼承老子道體論與處世哲學，又駁晁公武所持孔子沒而老子始著書之説，確有見地。

近有學者謂《諸子辨》非辨僞之書，實為明道之文。然此説誠有可議之處，其一，宋濂文法師承吴萊，萊有《三墳辨》《伯夷辨》《樂正子徵鼎辨》之作，其中《伯夷辨》論伯夷本事，乃辨是非，《三墳辨》和《樂正子徵鼎辨》俱是辨僞之作。《三墳辨》辨僞書，開首便道：『《三墳》書近出，僞書也。』《樂正子徵鼎辨》辨僞事，以樂正子為人好善，且善改過，『惟他書載徵鼎一事不類，故深辨之。』濂既學文於萊，文體上自當有所傳承，而濂另有《禄命辨》，亦為辨僞之作。其二，辨僞與明道並不矛盾，閻若璩《尚書古文疏證》即為明道而作辨僞，其謂：『余之疑僞古文也，正以其信真聖經也。』其三，《諸子辨》中謂《管子》『是書非仲自著也。……疑戰國時人採掇仲之言行，附以他書成之。』謂《晏子》『《崇文總目》謂其書已亡，世所傳者蓋後人采嬰行事而成；故柳宗元謂墨氏之徒有齊人者為之，非嬰所自著。誠哉是言也！』謂《文子》『其殆文姓之人祖老聃而託之者歟？』謂《關尹子》『其為僞託，蓋無疑者。』謂《亢倉子》『讀畢歎曰：「是僞書也！剿老、莊、文、列及諸家言而成之也。」』謂《子華子》『以此觀之，其為僞書無疑。』謂《列子》『決非禦寇所自著，必後人會萃而成者。』謂《言子》『近新昌王爚哀《論語》書所載問答而為此書；不知者直謂為偃所自著，蓋非也。』謂《子思子》『亦後人綴輯而成，非子思之所自著也。』謂《尹文子》『予因知統之序蓋後人依託者也，嗚呼，豈獨序哉！』謂《燕丹子》『決為秦漢間人所作無疑。』謂《孔叢子》『雖然，此僞書也。』謂《文中子》『第其書出於福郊、福畤之所為。』謂《齊丘子》『是書之作，非齊丘也。』則《諸子辨》可謂之非辨僞之作歟？

今據華東師範大學吳平教授藏明宋濂撰、顧頡剛標點、民國十七年北京樸社排印《諸子辨》本影印，在《浦江文獻集成》第一一五册。

胡聖傑

龍門子凝道記三卷

（明）宋濂撰　明初刊本

宋濂生平已見於明天順刊本《宋學士先生文集》提要。此處所收《龍門子凝道記》三卷，半葉十二行，行二十一字，四周雙邊，大黑口，對魚尾，版心記『凝道記』、卷數與葉數。『龍門子』為宋濂自號，此號得名於其隱居之所，其自題云：『濂於至正十六年丙申十月四日庚戌，入小龍門山著書。』據縣志記載，浦江有多處以『龍門』命名者：一為通化鄉壺盤山之龍門；二為城賓山之龍門；三為縣北十餘里西庵（一名西安）之內外龍門，距金坑四里許，山勢攢簇，中有一潭，縱横闊丈餘；四為縣東三十里青蘿山之小龍門，高五十丈，峰頂圓粹，左側呀豁丈許，南皆平壤，元至正三年宋濂徙居築室之地。縣志認為，青蘿山之小龍門，方為宋濂著《龍門子凝道記》之處。《龍門子凝道記》有四符、八樞、十二微，總二十有四篇，四庫館臣稱其為『道家者言』，然實外道而內儒，如《采苓符》論『守道』與『守禮』；《五矩符》論君臣之義；《孔子符》更以孔子為聖人，其以儒學為指歸甚明。後人常將《龍門子凝道記》與劉基《郁離子》相提並論，明嘉靖間李濂曾將二書合刻，稱《劉宋二子》。

今據上海圖書館藏明宋濂撰、明初刊本《龍門子凝道記》三卷影印，在《浦江文獻集成》第一一五册。

胡聖傑

龍門子凝道記二卷

（明）宋濂撰　明嘉靖三十五年刊本

宋濂生平已見於明天順刊本《宋學士先生文集》提要。刊者徐禮，字用和，龍泉人，明成化間任四川至樂縣知縣，在任時頗有政聲，旱澇祈禱輒應，時有瑞蓮之兆。此處所收《龍門子凝道記》二卷，半葉十行，行二十字，左右雙邊，白口，白魚尾，版心記『龍門子』、卷數、葉數。書前有宋濂至正十七年題辭兩篇，及明成化十七年徐禮序。徐禮稱其任至樂知縣時因公務至遂寧，一日同寅黃澤持所得《龍門子凝道記》過之，徐禮感歎於宋濂之文博極群言、旁覘載籍，議論深長、規模遠大，遂命人付梓刊行。此書分上、下兩卷，以四符、八樞為卷上，十二微為卷下，卷首題『翰林學士承旨浦江潛溪宋濂著』『括蒼後學賓巖何鏜校』。卷末有嘉靖三十五年李濂《書龍門子凝道記後》與《書郁離子後》。

今據浦江縣圖書館藏明宋濂撰、明嘉靖三十五年刊本《龍門子凝道記》二卷影印，在《浦江文獻集成》第一一六冊。

胡聖傑

龍門子凝道記三卷

（明）宋濂撰　清同治光緒永康胡鳳丹退補齋刊《金華叢書》本

宋濂生平已見於明天順刊本《宋學士先生文集》提要。胡鳳丹生平已見於《金華叢書》本《淵穎集》提要。此處所收《龍門子凝道記》三卷，半葉九行，行二十字，四周雙邊，白口，單魚尾，版心記卷數、書名、葉數與『退補齋藏板』。書前有胡鳳丹光緒元年手書《龍門子凝道記序》、宋濂《龍門子凝道記題辭》。卷首題『明宋濂撰』『郡後學胡鳳丹月樵校梓』。全書分三卷，四符為卷之上，八樞為卷之中，十二微為卷之下。取《金華叢書》本《龍門子凝道記》與明初刊本、明嘉靖三十五年刊本相校，則文字上略有差異，如《采苓符第一》中《金華叢書》本『大包無外，小入無內』，明刊本、嘉靖本皆作『大入無外，小入無內』；《金華叢書》本『曾不足以自存』，明刊本、嘉靖本皆作『實不足以自存』；《金華叢書》本『年踰三十』，明刊本、嘉靖本皆作『年踰二十』；《金華叢書》本『守先王之道』，明刊本、嘉靖本皆作『學先王之道』；《金華叢書》本『孔明不三顧』，明刊本、嘉靖本皆作『孔明不有三顧』；《金華叢書》本『執爵獻酬』，明刊本、嘉靖本皆作『與賓客獻酬』；《金華叢書》本『勺客』，明刊本、嘉靖本皆作『燕客』；《金華叢書》本『言乎困而無自出幽之勢也』，明刊本、嘉靖本皆作『言君子困而無自出幽之勢也』。胡鳳丹序云：『曩余刊《宋學士集》，求所為《龍門子凝道記》不可得，今獲原帙，亟授梓人。』不知胡氏所據何本。

今據明宋濂撰、清同治光緒永康胡鳳丹退補齋刊《金華叢書》本《龍門子凝道記》三卷影印，在《浦江文獻集成》第一一六册。

胡聖傑

潛溪邃言一卷

（明）宋濂撰　明萬曆刊《百陵學山》本

宋濂生平已見於明天順刊本《宋學士先生文集》提要。《百陵學山》為明隆慶、萬曆間王文禄所輯叢書，收書一百種，兩種未印，實為九十八種。四庫存目作《丘陵學山》，仿宋左圭《百川學海》編刊，以《千字文》編次，所收多為明代筆記、雜論，其中關乎明代學術思想、農業風俗者豐富。王文禄（一五〇三—一五八六），字世廉，自號沂陽生，浙江海鹽人，明嘉靖十年舉人，性嗜書，遇異書輒傾囊以購，得必手校，積至萬軸。著有《廉矩》《文脈》《海沂子》《竹下寤言》等。

《百陵學山》本《潛溪邃言》一卷，半葉十行，行二十字，左右雙邊，花口，白魚尾，版心記「學山」、書名、葉數與序號。此書為宋濂語録，載其散論三十則。然是編不見於宋濂文集，此前亦未見刊本，文中屢稱濂為「宋子」，似非宋濂所自撰。所論涉歷史、政事、聲韻、天理、性道，無所不包，若其論古之帝者必有師而後世反此，鄭侯棄秦博士所藏詩書而取戶口、阨塞之圖，一火俱燼，是萬世之罪人，又謂作史者不為楚義帝立本紀而以項羽當之是不知統，不書呂氏滅秦、牛氏易晉是不知義，末歎「作史者亦難乎哉」，發論與宋濂相似，疑為門人弟子所記之言。

今據上海圖書館藏明宋濂撰、明萬曆刊《百陵學山》本《潛溪邃言》一卷影印，在《浦江文獻集成》第一一六册。

胡聖傑

潛溪邃言一卷

（明）宋濂撰　清道光十一年六安晁氏木活字印《學海類編》本

宋濂生平已見於明天順刊本《宋學士先生文集》提要。此處所收《潛溪邃言》一卷，半葉九行，行二十一字，左右雙邊，花口，綫魚尾，版心記叢書名、書名、葉數與部類。此書屬子類，卷首題『明金華宋濂景濂著』，每則首行頂格，其後皆低一格。《學海類編》本《潛溪邃言》與《百陵學山》本於文字略有差異，如《百陵學山》本『言推蜀繼漢者，言黜周存唐者』，《學海類編》本前句闕『繼』字，今以兩句屬對仗形式推之，則以《百陵學山》本當可從；《百陵學山》本『大彭、亮父』，《學海類編》本作『六彭、亮艾』，顓頊之師為彭祖、柏夷亮父，此為《學海類編》本之誤；《百陵學山》本『人關將士』，《學海類編》本更為『入關將士』；《百陵學山》本『柙之』，《學海類編》本作『押之』；《百陵學山》本『而況眾人乎』，《學海類編》本作『而況聖人乎』。

今據國家圖書館（原北京圖書館）藏明宋濂撰、清道光十一年六安晁氏木活字印《學海類編》本《潛溪邃言》一卷影印，在《浦江文獻集成》第一一六冊。

胡聖傑

蘿山雜言一卷

（明）宋濂撰　明萬曆刊《今獻彙言》本

宋濂生平已見於明天順刊本《宋學士先生文集》提要。《今獻彙言》為明萬曆間高鳴鳳所輯叢書，《明史·藝文志》載二十八卷，清四庫館臣所見為八卷本，且『其版已散佚不全，坊賈掇拾殘剩，刻八卷之目冠於卷首，詭為完書。』《中國叢書綜録》著録三十九卷本，收書三十九種，較前二為全，然前無序後無跋，亦不見總目，不知是否為足本。所收除《正學編》等性理之作外，多為明初至中葉之筆記、雜録，宋濂《蘿山雜言》即為其中録收之一種。

《今獻彙言》本《蘿山雜言》一卷，半葉十行，行二十一字，四周單邊，白口，無魚尾，版心記書名與葉數。此書為宋濂雜言語録，體例與《潛溪邃言》相似，凡二十則，首則明作書之由，其云：『濂自居青蘿山，山深無來者，輒日玩天人之理，久之，似覺粗有所得，作《蘿山雜言》。』其實二十則皆與《潛溪邃言》重出。其文略有不同者，如『綿綿棼棼，乃政之分』，《潛溪邃言》作『綫綫棼棼，乃政之分』；『禽之羽者兩其足』，《潛溪邃言》作『鳥之羽者兩其足』；『皦皦子不緇，容容子不知』，《潛溪邃言》作『皦皦兮不緇，容容兮不知』，或兩者皆為後人所編，轉相剿襲，故成兩書歟？

今據上海圖書館藏明宋濂撰、明萬曆刊《今獻彙言》本《蘿山雜言》一卷影印，在《浦江文獻集成》第一一六册。

胡聖傑

蘿山雜言一卷

（明）宋濂撰　清順治三年宛委山堂刊《續説郛》本

宋濂生平已見於明天順刊本《宋學士先生文集》提要。此處所收《續説郛》本《蘿山雜言》一卷，半葉九行，行二十字，左右雙邊，花口，白魚尾，版心記書名與葉數。今比對《續説郛》本與《今獻彙言》本，文字略有不同，如《續説郛》本『耳不留音聲』，《今獻彙言》本作『耳不留聲音』；《續説郛》本『鳥之羽者兩其足』，《今獻彙言》本作『禽之羽者兩其足』；《續説郛》本『嗷嗷兮不緇，容容兮不知』，《今獻彙言》本作『嗷嗷子不緇，容容子不知』；《續説郛》本『能絕外誘乎』，《今獻彙言》本作『能純外誘乎』；《續説郛》本『以學自眩者禽』，《今獻彙言》本作『以學自眩者離』。

今據國家圖書館（原北京圖書館）藏明宋濂撰、清順治三年宛委山堂刊《續説郛》本《蘿山雜言》一卷影印，在《浦江文獻集成》第一一六册。

胡聖傑

宋文憲公護法録十卷

（明）宋濂撰（明）雲棲袾宏輯（明）錢謙益訂 明天啟餘杭徑山化城寺刊《徑山藏》本

宋濂生平已見於明天順刊本《宋學士先生文集》提要。輯者雲棲袾宏（一五三五—一六一五），俗姓沈，名袾宏，字佛慧，仁和人。早歲業儒，十七歲補諸生，三十二歲出家，自號蓮池，晚年居雲棲寺。袾宏於《華嚴經》與禪宗造詣極深，融志禪、淨土二宗，定十約，僧徒奉為科律，持儒、佛、道一致論，以為『儒主治世，佛主出世』。曾編輯刻印《往生集》三卷，釋普明《牧牛圖頌》一卷，宋元敬、元復《武林西湖高僧事略》一卷，《皇明名僧輯略》一卷，元釋原妙《高峰大師語録》一卷，李東陽《西涯先生擬古樂府》二卷。其著述由僧俗弟子大賢、鄒匡明等編次，分釋經、輯古、手著三類，總名《雲棲法彙》。訂者錢謙益（一五八二—一六六四），字受之，號牧齋，晚號蒙叟、牧翁、絳雲老人等，常熟人，明末清初文學家。明萬曆間中進士，崇禎初官禮部侍郎。南明弘光時事馬士英，任禮部尚書。清兵南下時，率先迎降，以禮部侍郎管秘書院事。錢謙益學問淵博，為當時東南文壇領袖。著有《初學集》《有學集》《投筆集》等，編選《列朝詩集》。宋濂撰、雲棲袾宏輯、錢謙益訂《宋文憲公護法録》十卷，即被收入明天啟餘杭徑山化城寺刊《徑山藏》之中。

此處所收《徑山藏》本《宋文憲公護法録》十卷，半葉十行，行二十字，四周雙邊，白口，無魚尾，版心記書名『護法録』，卷數與葉數。所謂『護法録』者，護佛法也，所録悉關釋教。書前有明萬曆四十四年錢謙益序，序中錢氏自稱搜次《文憲集》中關於佛事者，『合諸雲棲所輯，校定付梓』。卷一『國初應召大浮屠塔銘』，卷二『國初大浮屠塔銘』，卷三為『元末大浮屠塔銘』，皆宋濂為僧人所撰塔銘，三卷共涉及三十九人。卷四為寺院碑銘，凡十一篇。卷五為寺院、精舍、佛會之記文，凡二十一篇。卷六為佛經新刻本、注本之序，凡十三篇。卷七為僧人語録、文集之序，凡十四篇；卷八為送別僧人之贈序，凡十二篇。卷九為誥文兩篇，佛經贊、觀音像贊、禪師像贊等二十四篇，佛像銘、佛寺鐘銘等五篇，頌二篇，偈五篇，説兩篇。卷十為佛經、僧人手跡、僧人文稿等作品之題跋，凡二十四篇。宋濂雖醇儒，然推尊釋教，曾謂：『大雄氏之道，洪纖悉備，上覆下載，如被天壤，無含生之弗攝也；東升西降，加弊日月，無昏衢之不照也。』濂與僧人過從甚密，故其文集中涉佛者為數眾多。

今據首都圖書館藏明宋濂撰、明雲棲袾宏輯、明錢謙益訂、明天啟餘杭徑山化城寺刊《徑山藏》本《宋文憲公護法録》十卷影印，在《浦江文獻集成》第一一六、一一七冊。

胡聖傑

般若心經解義節要一卷

（明）宋濂文句 明治三十八至四十五年日本京都藏經書院《續藏經》排印本

宋濂生平已見於明天順刊本《宋學士先生文集》提要。《般若心經解義節要》一卷為注解《心經》之書，全名為《般若波羅蜜多心經解義節要》，又稱《心經文句》，《明史·藝文志》《（雍正）浙江通志》等著録。此本正文之前有明嘉靖十二年無念居士序，宋濂亦曾以『無念居士』自號。注解體例為先列《心經》經文，其次為前人解義，之後再是宋濂文句。所用經文為唐三藏法師玄奘翻譯，所引諸家解義包括唐賢首國師法藏疏、宋孤山沙門知圓疏、元古雲沙門元粹注、元佛海沙門性澄注、明天界禪寺住持宗泐注解。宋濂自謂壯歲潛心内典，三閲大藏，於釋氏之書無所不覽，濂曾云佛法『超乎天地之外，出乎日月之上』，『大而至於不可象，明而至於不可名』，足見其對佛教之崇信。宋濂倡『教禪兼修』，反對宗派對立，以為『末流之弊，二家角立，互相詆訶，夫豈佛意也哉？』

今據明宋濂撰、日本明治三十八至四十五年日本京都藏經書院《續藏經》排印本《般若心經解義節要》一卷影印，在《浦江文獻集成》第一一七册。

胡聖傑

摩訶般若波羅蜜多心經注解一卷

（明）宋濂文句（清）朱珪注解　民國十年上海中華書局排印本

宋濂生平已見於明天順刊本《宋學士先生文集》提要。注解者朱珪（一七三一—一八〇六），字石君，號南崖，晚號盤陀老人，清代順天大興人。乾隆進士，由庶吉士授編修，歷官侍講學士、兩廣總督、吏部尚書，翰林院學士、體仁閣大學士。授仁宗學，加太子少保、太子少傅，曾充四庫全書總閱、實録館總裁、國史館正總裁、會典館正總裁。取士務以經策較四書文，鋭意求樸學才士，於經術無所不通。為學主養心、敬身、勤業、虚己、致誠。總修成《高宗實録》，著有《知不足齋詩文集》。

此排印本半葉十二行，行十九字，左右雙邊，大黑口，單魚尾，版心記書名與葉數。封面、扉頁皆有譚延闓所題書名，扉頁記『釋迦佛應世二千九百五十年』『中華民國十年八月』。書前有宋濂《心經文句序》，自稱『無相居士』。全書分兩大部分，前為宋濂《心經文句》，體例上先以大字録《心經》原文，每句之後低一格附小字注解，標『宋景濂曰』；後為朱珪注解，較文句為詳，署『大興朱珪石君甫注解』，體例與《文句》相似，全書有句讀。書末有孫鏘序，敘其合刊二書之始末。

今據義烏市圖書館藏明宋濂文句、清朱珪注解、民國十年上海中華書局排印本《摩訶般若波羅蜜多心經注解》一卷影印，在《浦江文獻集成》第一一八册。

胡聖傑

心經文句注解合刊一卷

（明）宋濂文句（清）朱珪注解 民國十年揚州藏經禪院刊本

宋濂生平已見於明天順刊本《宋學士先生文集》提要。《心經文句注解合刊》一卷，半葉十行，行二十字，左右雙邊，白口，無魚尾，版心記書名與葉數。書前有許克銘序，稱《心經》宋濂之文句與朱珪之注解『一略一詳，各盡其妙』，其後為孫鏘序，題作『原敘』，又有宋濂《心經文句序》。序後先録《心經》原文，次為宋濂《文句》，原文、文句皆為大字，惟原句頂格書寫，文句皆低一格，有句讀。《文句》後為朱珪《注解》，書末有『板存揚州藏經禪院』牌記。

今據上海圖書館藏明宋濂文句、清朱珪注解、民國十年揚州藏經禪院刊本《心經文句注解合刊》一卷影印，在《浦江文獻集成》第一一八冊。

胡聖傑

附：潛溪録六卷首一卷

（清）丁立中編（清）孫鏘增補　清宣統二年刊本

宋濂生平已見於明天順刊本《宋學士先生文集》提要。編者丁立中（一八六六—一九二〇），字和甫，號禾廬，浙江杭縣人，丁丙之子。清末舉人，因經商失敗，虧欠公款，將丁氏八千卷樓藏書以七萬餘元售存於南京江南圖書館，以勉重蹈陸氏皕宋樓之覆轍。著有《松生府君年譜》等，輯《丁氏八千卷書目》。

此處所收丁立中編、孫鏘增補《潛溪録》六卷、首一卷，半葉十二行，行二十三字，左右雙邊，花口，單魚尾，版心記書名『宋文憲公全集』、卷數、葉數與『四明七千卷樓孫氏校刊』。封面為上虞俞昌言所題書名『潛溪録』，扉頁有『宣統庚戌刻於成都』牌記。書前録四川督院督辦川滇邊務大臣王為諮文，咨送《潛溪録》至民政部、學部與浙江撫院。諮文後依次為宣統三年孫鏘所作凡例八條，宋濂遺像與方孝孺所作像贊，《青蘿山圖》《浦江縣城内祠圖》《夔州府三賢祠圖》《華陽縣東郊墓祠圖》，『宋文憲公本支世系表』，宣統二年孫鏘所作《募刻宋文憲公全集啟》。

今據浦江縣圖書館藏清丁立中編、清孫鏘增補、清宣統二年刊本《潛溪録》六卷、首一卷影印，在《浦江文獻集成》第一一八、一一九册。

胡聖傑

浦江鄭氏旌義編三卷

（明）鄭濤輯明洪武十一年鄭氏家刊、三十年增補本

鄭濤，字仲舒，生於元延祐二年（一三一五），卒於明洪武十九年（一三八六），浦江縣鄭義門（今屬鄭宅鎮）人。早年受業於柳貫、黄溍，吳萊講學諸暨白門時，又與義烏樓士賓、浦江宣岳、鄭深、陳璋、陳士貞、金華胡翰等前往受學。工於詞翰，以文章名世，為丞相脱脱所知，至正間授經筵檢討，轉國史院編修、翰林應奉，入明遷太常禮儀院博士。輯有《旌義編》。

洪武本《浦江鄭氏旌義編》三卷，半葉十二行，行二十三字，前序半葉十行，行二十字，全書四周雙邊，小黑口，對魚尾，版心記書名『旌義編』、卷數和葉數。書之首尾皆有京師圖書館之藏書印。書前先録宋濂所作《鄭氏旌義編引》，濂稱浦江鄭氏自宋建炎初始，歷二百六十餘年，同居已十世，六世孫鄭太和曾輯持守之規五十八則為前録，七世孫鄭序銥補後録七十則，續録九十二則，皆已勒石鋟梓，又集當時公卿大夫所作詩文，成《麟溪集》二十二卷刊行。鄭濤以三規閲世頗久，其中當有隨時變通者，遂與諸昆弟損益，總為一百六十八則（實一百六十七則），復選文辭録之，釐為三卷，遂成《鄭氏旌義編》三卷。次為張紞、王鈍為《麟溪集》所作之序，移録於此。

卷一為『規範』一百六十八則，每則前以『一』字標明，其後皆低一格，若干則後有雙行小字以補充

說明。規範所涉，大至祠堂之行事、祭祀之規制、屋宇之修造、田地之經營，小至每日之晨省、家長之職責、子孫之規誡、婚嫁等等，細大不捐。其中以對子弟行為之規限最多、最細，禮儀上如子弟未冠不得食肉、不得以字行、不許以第稱；十六歲以上許行冠禮，但須暗記四書一經，正文講説大義；當娶時許製深衣、巾履自藏，以備行禮之用等等。他如須恂恂孝友、以正稱呼尊長、年未六十不得與叔伯連坐、飲食必後於長者、不得謔浪敗度、不得觀非禮之書、未三十不得飲酒等等，範圍之廣，規矩之苛，非十世同居之門難以行之。卷二、卷三為『文辭』，凡關係鄭氏孝義之文，悉擇而録之。若《宋史》之《孝義傳》《元史》之《孝友傳》，《浦江人物記》之《孝友傳》，題辭、譜録、旌表義門之碑頌，柳貫之《義門記》、張翥之《家範序》，以及義門先祖之墓誌銘，凡十四篇。此書所録之規範與文章，多見於鄭太和所輯之《麟溪集》與《鄭氏家範》，可視為合二書而刪削之作。

今據國家圖書館（原北京圖書館）藏明鄭濤輯、明洪武十一年鄭氏家刊、三十年增補本《浦江鄭氏旌義編》三卷影印，在《浦江文獻集成》第一二〇冊。

胡聖傑

浦江鄭氏旌義編二卷

（明）鄭濤輯 明萬曆三十一年鄭元善刊本

鄭濤生平已見於上一則提要。萬曆本《浦江鄭氏旌義編》二卷，半葉九行，行二十字，四周單邊，花口，黑魚尾，部分為白魚尾，版心依次記書名『旌義編』、卷數和葉數。書前有手書宋濂《鄭氏旌義編引》，題下印有『哈佛大學漢和圖書館珍藏印』，卷末記『萬曆三十一年，歲次癸卯孟冬，十四世孫元善重刊《浦江鄭氏旌義編》卷之下終。』此本多殘闕、漶漫不可識處，難以卒讀。

據宋濂《引》，鄭濤輯《鄭氏旌義編》本分為三卷，以卷一為『規範』，卷二、卷三為『文辭』，鄭元善重刊遂合『文辭』為一卷，故僅分上、下二卷。卷上仍録規範一百八十七條，每則之前同以『一』字標明，其後皆低一格，若干則後有雙行小字以補充説明。內容大致與洪武本同，惟文字略有小異，如首條洪武本有云『起祠堂三間繚以周垣以奉先世神主』，萬曆本作『立祠堂一所以奉先世神主』，且洪武本於本條後有『自長拜起拜畢者坐』雙行小字，萬曆本則無；第五條萬曆本於『一百五十畝』後增雙行小字『世遠逐增』，又洪武本誤作『有言粥者』，萬曆本更為『有言鬻者』等。下卷文辭所録文章亦與洪武本不同，若《家規序》《續規序》《貞義處士鄭君墓表》《祠堂記》《祭田記》《大明一統志》之《人物志》諸篇，則為洪武本所不載，而洪武本之《鄭義士傳》《眉壽二大字後題》《大明浦江義門采苓子鄭先生阡表》則為萬曆本所無。

今據美國哈佛大學漢和圖書館藏明鄭濤輯、明萬曆三十一年鄭元善刊本《浦江鄭氏旌義編》二卷影印，在《浦江文獻集成》第一二〇冊。

胡聖傑

旌義編二卷

（明）鄭濤輯　清鄭氏書種堂木活字印本

鄭濤生平已見於洪武本《浦江鄭氏旌義編》提要。書種堂本《旌義編》二卷，半葉八行，行十九字，四周雙邊，花口，黑魚尾，版心記書名『旌義編』、卷數和葉數。封面有書簽，又題『鄭恭孝』三字，扉頁書牌中為書名，右側靠上記『義門書籍』，左側靠下記『書種堂藏板』。書前録宋濂《鄭氏旌義編引》，卷末有戴殿泗跋文，戴氏稱鄭氏家規之作，柳貫、黃溍、宋濂等人嘗相與商定，故鄭氏之孝義，實乃婺州正學躬行之一派，確有見地。此本分上下兩卷，『規範』與『文辭』之次皆與萬曆本同，惟萬曆本文辭之末録《大明一統志》之《人物志》兩則，而書種堂本無。

今據邑人李忠東藏明鄭濤輯、清鄭氏書種堂木活字印本《旌義編》二卷影印，在《浦江文獻集成》第一二〇冊。

胡聖傑

旌義編二卷

（明）鄭濤輯　清同治光緒永康胡鳳丹退補齋刊《金華叢書》本

鄭濤生平已見於洪武本《浦江鄭氏旌義編》提要。胡鳳丹生平已見於《金華叢書》本《淵穎集》提要。《金華叢書》本《旌義編》二卷，半葉九行，行二十字，四周雙邊，白口，黑魚尾，版心記卷數、小字書名『旌義編』、葉數及『退補齋板藏』。書前有同治九年胡鳳丹手書《重刻旌義編序》，自云頗以同郡浦陽鄭氏孝義之風為傲，認為《旌義編》一百六十八則，自冠、婚、喪、祭，以至衣服、飲食，靡弗肫然、秩然；其文辭又質實，婦孺皆易通曉，故鳳丹搜求日久，始獲善本，遂亟梓以示後嗣，有望四海之內，家置一編，以挽澆漓而敦倫紀，俾家齊而國治，國治而天下平。序後為宋濂之《鄭氏旌義編引》，卷首題『元鄭濤撰』『郡後學胡鳳丹月樵校梓』。此本雖云二卷，然僅有『規範』而無『文辭』，胡鳳丹分前七十條規範為卷一，餘九十八條為卷二。

今據首都圖書館藏明鄭濤輯、清同治光緒永康胡鳳丹退補齋刊《金華叢書》本《旌義編》二卷影印，在《浦江文獻集成》第一二〇冊。

胡聖傑

浦江鄭氏家範一卷

（明）鄭濤輯　清初毛氏汲古閣抄本

鄭濤生平已見於洪武本《浦江鄭氏旌義編》提要。汲古閣乃毛晉藏書、校書、刻書之處，毛晉（一五九九—一六五九），原名鳳苞，字子久，一作子九，晚年更名晉，字子晉，號潛在，别號隱湖、戊戌生、汲古閣主人、篤素居士等，虞山（今江蘇常熟）人。明諸生，少嘗遊錢謙益之門，通明好古，博聞強記。稍長，鋭意搜求古籍，慘淡經營，積書達八萬四千餘冊，藏書室有汲古閣、目耕樓、緑君亭、世美堂、載德堂、篤素居、讀禮齋、續古草盧等，以汲古閣最為著名。善於校、抄、刊刻古籍，用紙為特造，有『入門僮僕盡抄書』之稱。所刻以經、史、别集、道藏叢書為多，如《十三經》《十七史》《六十種曲》《津逮秘本》等皆聞名遐邇，且校抄精良，素有毛本、毛抄之譽。

汲古閣抄本《浦江鄭氏家範》一卷，半葉八行，行十八字，四周雙邊，小黑口，無魚尾，版心記書名『鄭氏家範』與葉數。書前有胡淵《鄭氏家範序》，『淵』字省筆，無『氵』，不知避何人之諱。序云歙縣鄭玉致命之時，曾遺劄子侄，曰：『孝友必如浦江義門，祖宗之榮也。』後其裔鄭永立得義門家規，念鄭玉之劄，以為先人之志，遂敦請諸老講之於師山書院，且付於梓，以廣勵族人。則毛氏所抄乃據歙縣鄭氏所刻之本，而非浦江之義門鄭氏。又胡淵此序作於清康熙七年（一六六八），毛晉先是已卒，此本當為其子毛扆所抄，胡《序》後為宋濂《浦江鄭氏家範引》，《序》之末、《引》之題下與正文書名下，皆有小印兩方，一為『毛扆之印』，一為『季斧』（毛扆之字），可證。此外書之首尾皆有『北京圖書館藏』印，《引》之題下與正文書名下有『汲古閣』印。

此書雖名《浦江鄭氏家範》，實乃《旌義編》之一百八十六則規範，每則同以頂格『一』標明，換行低一格，間有雙行小字注文。書中多有批改處，如二十三葉下，增入『不得目觀』之『目』，刪去『戲謔淫褻之語』重文之『之』；二十九葉下『更不許飲酒其年過五十者』句，於『不許』後增『其』，並刪去『飲酒』後之『其』；三十葉上增入『主饋者』之『者』。

今據國家圖書館（原北京圖書館）藏明鄭濤輯、清初毛氏汲古閣抄本《浦江鄭氏家範》一卷影印，在《浦江文獻集成》第一二二冊。

胡聖傑

義門鄭氏家儀一卷附圖

（明）鄭泳編　明崇禎三年刊本

鄭泳，鄭濤之弟，字仲潛，生於元至治元年（一三二一），卒於明洪武二十九年（一三九六），浦江縣鄭義門（今屬鄭宅鎮）人。仕元溫州路總管府經歷，棄官養親，重整禮法，義聲益聞。曾與兄濤同編《旌義編》，著有《鄭氏家儀》。

此處所收《義門鄭氏家儀》一卷、附圖，半葉九行，行二十字，四周單邊，花口，前半部為黑魚尾，後半部多為白魚尾，版心依次記書名『鄭氏家儀』、葉數，數葉版心有卷名，如『冠禮第一』，多數不記，或以手書『婚』『喪』等。書前先録歐陽玄《義門鄭氏家儀序》與鄭泳《鄭氏家儀序》，歐序云司馬光本《周禮》而酌古今之儀，著《書儀》，其後朱熹略加去取，定為《家禮》，天下後世始可遵而行之，鄭泳又本《書儀》與《家禮》，求其可行於當世者，並録義門鄭氏日用常行之禮，編次成書。玄自署『翰林學士承旨兼湖廣行省右丞致仕』，考危素《大元故翰林學士承旨光禄大夫知制誥兼修國史圭齋先生歐陽公行狀》，歐陽玄進翰林學士承旨在至正五年，授湖廣等處行中書省右丞相致仕在至正十二年夏，則此序當作於至正十二年夏或稍後。二序之後為鄭氏十三世孫宗岱手書《刻鄭氏家儀序》。序後為目録，分『通禮第一』『冠禮第二』『婚禮第三』『喪禮第四』『祭禮第五』『圖第六』。正文條目以『一』頂格標明，後文皆低一格。『祭禮第五』

載義門十五世孫崇嶽所作《重刻祭田號畝記》，『祭禮第五』終題『崇禎庚午孟秋吉旦，崇嶽重刊，崇昭、尚遂同校』。

此本全書皆有句讀，又有眉批、夾批，或就古今禮儀之異發論，如『通禮第一』首條言『以大宗第一世祖沖素府君為不祧之主』，眉批遂云：『家長必大宗。今宗法既久不講，擇分尊年長習禮者一人為之，似為不甚乖禮，猶愈於廢禮也。』又如喪禮之『一緦麻三月』條有『為同爨也，為朋友也，為改葬也，為師也』，眉批云：『同炊、朋友、師，今人皆不持服。』話語之間，頗有人心不古之歎。

今據上海圖書館藏明鄭泳編、明崇禎三年刊本《義門鄭氏家儀》一卷、附圖影印，在《浦江文獻集成》第一二一冊。

胡聖傑

鄭氏家儀

（明）鄭泳編　清刊本

鄭泳生平已見於上一則提要。清刊本《鄭氏家儀》係據明崇禎三年刊本《義門鄭氏家儀》刊刻，非但文字、版式相同，文中句讀、圈點、夾批皆與崇禎本無異，惟清刊本已無眉批。兩本正文皆為大字，間有雙行小字注，此外部分內容以單行細字注，如冠禮首條「執事再酌酒，讀祝」後之祝文，「維年月日，孝孫某敢昭告於祖禰之前，某之子某，或從弟、從侄之子，年已長成，今選來日，加冠於其首，謹以酒饌用申虔告敢告」即用單行細字；又如冠禮第四條記行禮時主賓之行動，「儐者至阼階下，南向云，賓至矣」，「主贊二人請主人前云，請迎賓。引至大門外東向。賓贊二人引賓西向。主贊云請即席」等，亦作單行細字。文中又有數處墨釘，如婚禮之「合巹」條，「贊云壻婦沃」之後蓋去八字；喪禮之「立喪主」條，「男子扱」與「衽披髮徒跣」之間蓋一字；「祭禮」之「四時祭祀」條，「小贊云」後蓋去三細字。

此本亦有附圖，計二十三幅，分為「祠堂位次之圖」「深衣前圖」「裁衣前法裁衣後法」「深衣冠履之圖」「行冠禮圖」「本宗五服之圖」「三父八母服制之圖」「妻為夫黨服圖」「外族母黨妻黨服圖」「出嫁女為本宗降服之圖」「妾為家長族服之圖」「大殮小殮圖」「喪服」「圖式」「冠絰帶圖」「神主之式」「四時祭祀之圖」「割牲之圖」「祭始祖圖」「祭先祖圖」「祭中霤圖」「祀竈之圖」「祭先師宋公圖」。附圖之便，可使讀者瞭然諸物件之形制，若斬衰冠、斬衰麻、齊衰冠、要絰等物，赫然目前；又如祭祀之時，蔬果、香花、飯酒、茶羹擺放之序，主祭、執事、弟子衆人排列之次，俱明矣。

今據上海圖書館藏明鄭泳編、清刊《鄭氏家儀》本影印，在《浦江文獻集成》第一二一册。

胡聖傑

鄭氏家儀

（明）鄭泳編　民國十一年重刊本

鄭泳生平已見於崇禎本《義門鄭氏家儀》提要。民國本《鄭氏家儀》，半葉八行，行十九字，四周雙邊，花口，黑魚尾，版心記書名『鄭氏家儀』『民國壬戌重刊』與葉數。封面牌記與《旌義編》書種堂本同，中為書名『鄭氏家儀』，右側靠上記『義門書籍』，左側靠下記『書種堂藏板』。書前依次為歐陽玄《義門鄭氏家儀序》，鄭泳《鄭氏家儀序》，義門十三世孫宗岱《刻鄭氏家儀序》。民國本僅載通禮、冠禮、婚禮、喪禮、祭禮五禮之文，而無附圖。書中有句讀、劃線、夾批，皆為朱筆，不知何人所為。正文大字，仍有雙行小字，然崇禎本之單行細字此本已作大字，僅於部分行禮之辭前，將『云』作小字以標明，卻又不全，遺漏者頗多，而行禮之動作更無論矣。

今據邑人張文德藏明鄭泳編、民國十一年重刊《鄭氏家儀》本影印，在《浦江文獻集成》第一二一冊。

胡聖傑

鄭氏家儀

（明）鄭泳編　民國十三年永康胡宗楙夢選廔刊《續金華叢書》本

鄭泳生平已見於崇禎本《義門鄭氏家儀》提要。胡宗楙生平已見於《續金華叢書》本《倪石陵書》提要。《續金華叢書》本《鄭氏家儀》，半葉十四行，行二十六字，四周單邊，大黑口，無魚尾，版心記書名「鄭氏家儀」與葉數。封面書名為金兆豐題，扉頁牌記題「甲子春永康胡宗楙校録」。此本書前無序，扉頁後即為目録，目次與崇禎本、清刊本同，五禮、附圖俱全，「祭禮第五」終題「永康胡宗楙據鄭氏明刻本校録」，書末有胡宗楙跋文，云：「是書僅見《四庫全書存目》，各收藏家均未著録，余得自浦陽，亟以付梓。」此本刊刻最精，無批注、無殘闕之處，文字、附圖俱清晰可辨，惟其不録序文，實一大缺憾。正文亦大字，注則雙行小字，無單行細字，行禮之行動、言辭皆在句前以圓圈標示，然不知句終處，甚不便。

今據明鄭泳編、民國十三年永康胡宗楙夢選廔刊《續金華叢書》本《鄭氏家儀》影印，在《浦江文獻集成》第一二一冊。

胡聖傑

推求師意二卷

（明）戴元禮撰　汪機輯　明嘉靖刊本

戴元禮，名思恭，字元禮，以字行，生於元泰定元年（一三二四），卒於明永樂三年（一四〇五），浦江縣建溪馬劍村（今屬諸暨市）人。早年學儒，後隨其父戴仲積至義烏從朱丹溪學醫，行醫於浙東西。明太祖時拜為御醫，惠帝即位，封為太醫院使。曾訂正朱丹溪《金匱鉤玄》三卷，間以己見，附著其後，著有《證治要訣》《證治類方》《類證用藥》若干卷。宋濂《翰苑續集》有《送戴原禮還浦陽序》一篇，即為其而作。朱丹溪即朱震亨（一二八一—一三五八），字彥修，婺州義烏人，因世居丹溪，人稱丹溪先生。初業儒，從許謙學，後因母病，棄儒從醫，學於劉完素再傳羅知悌，讀河間、子和、東垣、海藏等人著作。倡『陽常有餘，陰常不足』之説，創陰虛相火病機學説，申明人體陰氣、元精之重要，後世成為『滋陰派』之創始。臨證治療，效如桴鼓，多有服藥即愈，不必復診之例，時人譽為『朱一帖』。弟子衆多，方書廣傳，與劉完素、張從正、李東垣並稱『金元四大家』。著有《格致餘論》《局方發揮》《丹溪心法》《金匱鉤玄》《素問糾略》《本草衍義補遺》《傷寒論辨》《外科精要發揮》等。

嘉靖本《推求師意》二卷，半葉十四行，行三十字，四周雙邊，黑魚尾，花口，版心記書名、卷數與葉數。書前有汪機、王諷所作《推求師意序》，汪序云書中之語皆本朱丹溪之意，門人弟子推求其意而發其所未發者，汪機一見而深喜之，遂録以歸，後適項恬、陳桷二友來，出以示二人，遂共梓之。卷首題『新安祁門樸里汪機省之編輯、同邑石墅門生桷陳惟宜較刊』。全書分上下二卷，不分章節，以一病為一段，少數以一病例為一段，上卷二十七種，下卷三十八種，計六十五種。每段首行第一字頂格，後皆低一格。書中多云某病因何而起，當用何藥，藥性何如，如何服用，有何功效等等。如謂『咽痛』之發乃因於相火之微甚，微則正治，甚則反治；又談其療法，以鵝翎蘸水醋，繳咽中摘出其痰，服射干、青黛、甘桔、梔芩、惡實、大黄之類云云；或載病例，如書中曾記一婦人年三十餘不得生育，懷胎必墮，察其性情急，多怒，色黑，氣實，故於住經第二月，用黄芩、白朮、當歸、甘草，服至三月盡止藥，後得一子。又參之《本草》《内經》《金匱要略》等書，論、據皆詳，確如汪機序中所言，此書可以療疾，可以補於醫術矣。

今據明戴元禮撰、汪機輯、明嘉靖刊本《推求師意》二卷影印，在《浦江文獻集成》第一二二冊。

胡聖傑

推求師意二卷

（明）戴元禮撰　汪機輯　清文淵閣《四庫全書》本

戴元禮生平已見於上一則提要。輯者汪機（一四六三—一五三九），字省之，號石山居士，安徽祁門樸墅人。汪家世代行醫，機父渭亦為當地名醫，機少時習儒，勤攻經史，嘗補邑庠生。後因母久病不愈，遂棄科舉，隨父學醫，醫術日精，行醫數十年，活人數萬計。主張辨證論治，診斷需四診互參，力糾單以脈診為務斷人吉凶，又博採眾長，升陽隨東垣，滋陰崇丹溪，反對濫用寒涼攻下，強調滋補元氣。

《四庫全書》本《推求師意》二卷，半葉八行，行二十一字，四周雙邊，黑魚尾，花口，版心記『欽定四庫全書』、書名、卷數與葉數。此書收於《四庫全書·子部·醫家類》，書前有提要，『戴元禮』作『戴原禮』，又據李濂《醫史》之傳，以元禮生平著述不多見，僅訂正朱震亨《金匱鉤玄》三卷，及其《證治要訣》《證治類方》《類證用藥》等皆檃括朱震亨之書，故疑汪機所輯《推求師意》即此三者之一，似有理。提要之後載汪機序，題為『推求師意原序』，而不録王諷序。卷上、卷下之首皆題『明汪機撰』，謬矣，汪機僅有重輯之功，且書前提要明言『《推求師意》二卷，明戴原禮撰』，前後之牴牾若此。

今據明戴元禮撰、汪機輯、清文淵閣《四庫全書》本《推求師意》二卷影印，在《浦江文獻集成》第一一二二冊。

胡聖傑

秘傳證治要訣十二卷

（明）戴元禮撰　清光緒刊《古今醫統正脈全書》本

戴元禮生平已見於嘉靖本《推求師意》提要。《古今醫統正脈全書》為明代王肯堂所輯醫學叢書，收醫書四十四種，涉醫經、本草、方書、診斷諸學，如華佗《中藏經》、皇甫謐《黄帝針灸甲乙經》、王叔和《金匱要略》、王冰注《黄帝内經素問》《靈樞經》、朱肱《類證活人書》、成無己《注解傷寒論》、張從正《儒門事親》、劉完素《素問玄機原病式》、滑壽《難經本義》、王好古《湯液本草》、朱震亨《局方發揮》、戴元禮《證治要訣》等。王肯堂（一五四九—一六一三），字宇泰，號損庵，自號念西居士，南直隸金壇人。明萬曆十七年進士，選庶吉士，授翰林院檢討，官至福建參政。倭寇朝鮮，陳疏十議，留中不報，因稱疾辭官。習讀文史，精通醫學，著有《證治準繩》《醫論》《醫辨》等，萬曆二十九年輯《古今醫統正脈全書》成，今存萬曆二十九年吳勉學校刻本、清江陰朱文震校刻本、清光緒二十年維新書局刻本、一九二三年北平中醫學社補刊本。

清光緒刊《古今醫統正脈全書》本《秘傳證治要訣》十二卷，半葉九行，行二十一字，四周雙邊，黑魚尾，花口，版心記書名『證治要訣』、卷數與葉數。此書無序跋，首卷題『江陰朱氏校刊本、明太醫院使戴元禮述』。書末有日本丹波元胤《證治要訣考》，其字體、版式悉與前書異，當為後人增入。卷前為目録，凡分十二卷，蓋以病症分，如卷一『諸中門』有『中風』『中氣』『中寒』『中暑』『中濕』『中惡』，卷二『諸傷門』有『傷風寒』『傷暑』『傷濕』『傷酒』『傷食』，他如卷三『諸氣門』、卷四『諸血門』、卷五『諸痛門』、卷六『諸嗽門』、卷七『寒熱門』、卷八『大小腑門』、卷九『虚損門』、卷十『拾遺門』、卷十一『瘡毒門』皆類此，惟卷十二以『婦人門』名。目録之末載引用醫書之目，若《素問》《難經》《傷寒論》等，計二十五種。每一病症，先釋病因，述病症之變，再明療法、藥方。其中『傷風寒』論陰陽二氣甚詳，見其深得丹溪之傳。

今據首都圖書館藏明戴元禮撰、清光緒刊《古今醫統正脈全書》本《秘傳證治要訣》十二卷影印，在《浦江文獻集成》第一二三冊。

胡聖傑

秘傳證治要訣十二卷

（明）戴元禮撰　清慎修堂刊本

戴元禮生平已見於嘉靖本《推求師意》提要。慎修堂本《秘傳證治要訣》十二卷，半葉十行，行二十字，四周雙邊，黑魚尾，花口，版心記書名『證治要訣』、卷數與葉數。封面左側題『證治要訣』卷一至卷四『論症』，左側為卷一至卷四之卷名，『論諸中、諸傷、諸氣、諸血』，四卷約占全書之半。扉頁牌記中為書名『證治要訣』，右側上記『丹溪附餘五種』，左側下記『慎修堂藏板』，蓋明萬曆間吳中衍輯校《丹溪心法》五卷時，曾以李杲《醫學發明》、朱震亨《脈訣指掌》《金匱鉤玄》《活法機要》、戴元禮《證治要訣》《證治要訣類方》為《丹溪心法》之附餘而一同予以刊行，今慎德堂重刻仍以《證治要訣》為《丹溪心法》附餘之一。清慎修堂刊本《秘傳證治要訣》十二卷亦無序跋，目録與《古今醫統正脈全書》同，正文卷十一之前皆有句讀圈點。卷一題『太醫院使戴元禮述、明新安余時雨校』。

余時雨，字小亭，新安富山人，家世醫儒。父余淙（一五一六—一六〇一），字午亭，明嘉靖萬曆間為新安名醫，行醫數十年，治癒萬人，著有《諸症析疑》《余午亭醫案》《醫宗脈要》等，後人尊為『新安余氏醫學世家』之開山。時雨為淙長子，校訂戴元禮《秘傳證治要訣》十二卷、《證治要訣類方》四卷。王肯堂大致與余時雨同時，王氏輯刻《古今醫統正脈全書》時所收《秘傳證治要訣》或即余時雨所校訂者，今取二本對校，文字略同，僅有小異，如卷一之『中風』條之第二段，慎修堂本作『或初病，或久病，忽吐出紫紅色者死』，《古今醫統正脈全書》本『忽』作『或』，同段慎修堂本作『驗其受病深淺』，『驗』《古今醫統正脈全書》本作『騐』，或為刊刻所致，底本當無大異。

今據國家圖書館（原北京圖書館）藏明戴元禮撰、清慎修堂刊本《秘傳證治要訣》十二卷影印，在《浦江文獻集成》第一二三冊。

胡聖傑

證治要訣類方四卷

（明）戴元禮撰　清光緒刊《古今醫統正脈全書》本

戴元禮生平已見於嘉靖本《推求師意》提要。《古今醫統正脈全書》本《證治要訣類方》四卷，半葉九行，行二十一字，四周雙邊，黑魚尾，花口，版心記書名、卷數與葉數。書前有胡濙所作《證治要訣類方序》一篇，序云戴元禮著《證治要訣類方》二冊而藏之篋笥甚秘，惟靈隱住持永樂寺僧纘西緒極與元禮為方外契交，間嘗獲覩其書，愛而録之。明正統間，監察御史陳嶷巡按浙江，道經永樂寺，纘西緒遂出其秘藏醫書見示，陳嶷如獲至寶，亟為鋟梓，廣佈流傳。胡濙（一三七五—一四六三），字源潔，號潔庵，明南直隸武進人。建文二年中進士，歷授兵科給事中、戶科都給事中，永樂五年主南京國子監事。曾奉明成祖朱棣之命，赴各地尋覓建文帝朱允炆下落。仁宗即位後授禮部侍郎，轉太子賓客，兼南京國子祭酒，宣德元年任禮部尚書。濙歷仕六朝，為人節儉寬厚，喜怒不形於色，人比之北宋文彥博。卒後贈太保，謚號『忠安』。留心醫學，曾與戴元禮講《內經》《難經》等，以張仲景為醫學正宗，著有《衛生易簡方》《芝軒集》《律身規鑒》等。此本所載《證治要訣類方序》挖去作者之名，僅署『正統八年，歲次癸亥十一月初四日，資德大夫、正治上卿、禮部尚書、前太子賓客兼國子祭酒，毗陵（闕）序』，不知何故，然從序文所述經歷，及其年月、官銜、籍里考之，可斷為胡濙所作無疑。

清光緒刊《古今醫統正脈全書》本《證治要訣類方》四卷，以藥之形態為類分卷，卷一為『湯類』，卷二為『飲類』，卷三為『散類』，卷四為『丸類』『丹類』『膏類』。每類之下載藥方若干種，每種先題藥方之名，後録所用藥物，最後明服用之法，藥物之下間有雙行小字，注明用量或用法。如卷一『湯類』之『大防風湯（和劑）』，所用藥物為『川芎（撫芎不用一兩半）、熟地黄（洗二兩）、附子（炮去皮臍兩半）、白朮、防風（去蘆）、當歸（去蘆酒浸）、白芍藥、黄芪、杜仲（去粗皮炒各二兩）、羌（舌）、人參、甘草（炙）、牛膝（去蘆酒浸微炒各一兩）』，服法為『每服五錢水盞，半薑七片、棗一枚，煎八分，温服』。部分藥方下有所治之症，如『菓附湯（濟生）』下有『獨寒證用』，『調經散（三因）』下有『經事不調』，『生熟地黄丸（合劑）』（按：括號内原為雙行小字）下有『眼眶骨痛』，諸如此類。

今據首都圖書館藏明戴元禮撰、清光緒刊《古今醫統正脈全書》本《證治要訣類方》四卷影印，在《浦江文獻集成》第一二三册。

胡聖傑

白石山房逸稿二卷附録一卷

（明）張孟兼撰　清抄本

張孟兼，名丁，字孟兼，以字行，生於元後至元四年（一三三八），卒於明洪武十年（一三七七），浦江縣平安張村（今屬浦南街道）人。洪武初徵為國子監學録，參與修撰《元史》，出為山西按察司僉事，清正廉潔，疾惡如仇，政聲上聞，升為山東按察司副使。因揭發山東布政使吴印違制，反遭誣陷，明太祖下詔押京，論罪棄市。孟兼盛負才名，明太祖曾問劉基天下文章之最，基云：『當今文章第一，輿論所屬，實翰林學士臣濂，華夷無見言者；次即臣基，不敢他有所讓；又次即太常丞臣孟兼，孟兼才甚俊而奇氣燁然。』《明史·藝文志》載《孟兼文集》六卷，久佚，後人輯為《白石山房逸稿》二卷。此處所收清抄本《白石山房逸稿》二卷、附録一卷，抄本，半葉十行，行二十字，封面底部題『白石山房逸稿抄本一冊』，首頁記『光緒丙午十一月既望廣州所收，蓋孔氏二十三萬卷樓藏書流散者，莫堂記。』書末有『韶州府印』及其滿文轉寫之印一枚。書前録宋濂《書劉伯溫序張孟兼文稿後》為序，蓋劉基曾為張孟兼文稿作序，基歿後二年，孟兼以基之文復請題識於宋濂，濂遂述劉基昔答明太祖以天下文章宋濂第一，次為劉基，又次張孟兼之語。此書分上、下兩卷，上卷為詩，計四十二首，下卷為文，凡十篇（末篇為義門鄭淵所作《跋張孟兼白石山房詩卷》），附録乃他人為孟兼所作文六篇。

張孟兼詩大體明秀清麗，若《北山草堂》之『草堂面面近嶙峋，白石蒼苔不染塵』，《題鞠隱堂卷》之『玉雪為顔白髮鮮』，《秋興》之『白露盈盈上碧枝，蒹葭正老月明時』，《漫興》之『梨花半開夜雨催，無奈李花如雪堆』『江頭麥秀青漸漸，西湖放船開錦帆』，《楊柳詞》之『柳色青青柳葉齊』『搓得鵝兒嫩欲黄』等，好用『白』『碧』『明』『青』之類色彩鮮麗之詞，風格明快。另有《寄桃源鄭徵士》詩，體格極奇，蓋孟兼曾寄詩鄭徵士云：『桑麻別境仍雞犬，曉夜空山自鶴猿』，後析二句為韻，另賦古體十四首，每首六句，後一首之首句，又重複前一首末句，如第一首《桑字》末句『何年返耕桑』，第二首《麻字》首句即重複『何年返耕桑』，後皆依此類推，甚奇。

孟兼以文名當世，宋濂《送部使者張君之官山西憲府序》有云：『孟兼精於古文辭，前御史中丞劉公極稱道之。』惜其文所存無幾，除碑記、墳記、行狀外，可觀者僅《遊禹門記》《唐珏傳》兩篇。《唐珏傳》雖為珏立傳，然於珏之生平著墨甚少，僅於開首道其字號、籍里，及『少孤能力學以明經，教授鄉里子弟，而養其母』事，餘皆述楊璉真伽發宋陵寢，唐珏等人收宋帝遺骸，以冬青樹為識之事。文中記唐珏貨傢俱行資，陰召年少於家謀事，珏『因泣數行下』之態，『爾輩皆宋人』之語，其忠義之心昭然可見，蓋孟兼得太史公之筆。

今據國家圖書館（原北京圖書館）藏明張孟兼撰、清抄本《白石山房逸稿》二卷、附録一卷影印，在《浦江文獻集成》第一二四冊。

胡聖傑

白石山房逸稿二卷附録一卷

（明）張孟兼撰　清抄本

張孟兼生平已見於上一則提要。此處所收清抄本《白石山房逸稿》二卷，半葉十行，行十九字，蠅頭小楷抄寫。此本之分卷、篇目、序次與前本同，惟移前本卷下末之鄭淵《跋張孟兼白石山房詩卷》於附録之後，疑二本轉相傳抄，或出於同源。

孟兼詩有《郊祀慶成分得霄字四十韻》，為洪武五年郊祀禮成，禮部尚書陶凱、工部尚書黄肅、工部侍郎牛諒、晉府參軍熊鼎、磨勘司令貝雲、兵部郎中劉崧、工部主事周子諒、秘書監丞陶誼、晉府録事張孟兼、吳府録事吳從善咸以為『皇帝升中於天國之大典，幸際熙明，與於執籩豆之列』，不可無篇什以紀慶成，遂相約以杜甫《春宿左省》之『星臨萬戶動，月傍九霄多』句為韻，各賦詩一章，張孟兼分得『霄』字，遂作此詩，前有宋濂序文。又有《夜坐國學玉兔泉聯句》，同作於洪武五年，時九月十五日，宋濂攜仲子璲訪孟兼於成均，與熊鼎、劉崧、周子諒等相與談詩，孟兼出新造之《玉兔泉銘》，眾人遂舉泉聯詩，復俾宋濂為序，故此詩雖收於孟兼文集，實出眾人之手，五言五十八句，大致依宋濂、熊鼎、張孟兼、周子諒、劉崧、呂仲善、宋璲之次，每人各作一聯，以宋濂始，復以宋濂作結。他如《送童良仲歸蘭谿》，以五言長律之體敘事，紀其聞良仲之名與事，又遇之於逆旅，末云：『探囊竟何有，恰剩三百錢。沽酒勸君飲，為君寫拳拳』，似太白『呼兒將出換美酒』，卻無豪放疏宕之氣，盡是依依之情。

孟兼之文條理清晰，言之有序，如《太極宮碑記》《遊禹門記》二文，前文記太極宮之位置、建宮之由、燬於兵燹而復重建，後文記其遊禹貢龍門，述龍門四周所覽之景尤詳，其云：『東岸曰看鶴堂，尤孤峭不可下瞰；西為梁山，即呂梁也；北曰建極宮，作於道家者流，祀神禹也。……並河之東為太史公墓，墓之前為廟，有晉永嘉中殷濟樹碑，今皆圮於河。……南曰通化里』，使人不到龍門而其龍門之景可見矣。

今影印明張孟兼撰《白石山房逸稿》二卷、附録一卷，據另一清抄本，在《浦江文獻集成》第一二四册。

胡聖傑

白石山房遺稿五卷補遺一卷

（明）張孟兼撰　清乾隆十四年承啟堂刊本

張孟兼生平已見於第一種清抄本《白石山房逸稿》提要。承啟堂本《白石山房遺稿》五卷、補遺一卷，半葉十行，行十九字，無界欄，左右雙邊，黑魚尾，花口，版心記書名『白石山房稿』、卷數與葉數。書前録序文七篇，分別為乾隆十四年浦江張以琣，康熙五十七年浦江縣儒學訓導曾安世，金德甫，張德行，張燧，張孟兼十五世孫朝煌等人作。序後為張朝煌所輯『孟兼集敘説』，自諸家雜著中録出品評孟兼之語，若王世貞《弇州筆記》、胡應麟《詩藪》、姚福《青溪暇筆》等，觀諸家之語，僅稱孟兼篇什不乏，皆泛泛之語，未有深論，而朝煌誤以為『全集六卷，諸大家定有藏本』。

此刊本目録先記著者、輯者、校者等。全書大致依文體分卷，雖已多至五卷，然孟兼之作仍為二卷，較清抄本增補詩歌《挽鳳山陳坦夷》《出京歸省口占》《義門鄭仲舒先生得請歸浦江予於先生同里且親故賦是詩情見乎辭矣》《豫讓橋》《春日遊鍾山分得長字》，所增多為他人與孟兼唱和之詩，寄贈、題贈孟兼之詩文，或後人之序跋。卷一為詩，依體裁分為『五言古』『七言古』『五言排律』『五言律』『七言律』『七言絶句』『聯句』『歌辭』；卷二為文，分為『記』『行狀』『傳』『疏釋』，其中《登西臺慟哭記疏》後附許元、危素、揭汯、陳基、胡翰等人所作《登西臺慟哭記》跋文二十一篇、西臺慟哭詩二首、西臺慟哭歌二首，

《釋冬青樹引别玉潛疏》後附孔希曾跋文一則；卷之三、四、五為外集，皆非孟兼之作，乃他人之詩文而與孟兼相關者；補遺有《蓮房聯句》《聖門弟子章句》兩種，然書中僅見後一種，《蓮房聯句》有目無文，補遺後有孟兼裔孫啟濂識文，稱於高啟《青丘詩萃》中輯得《蓮房聯句》一首，復於陶宗儀《南村輟耕録》中輯得《聖門弟子章句》一首。卷四有張朝煌《總識白石山房逸稿後》，云其從家牒中得孟兼詩文若干篇，又於縣志、諸雜書中更檢出詩文若干篇，同邑張夫次先生喜輯鄉先輩遺文，示以詩文數篇，復求訪於瀫水章無逸先生、烏傷吳四如先生家，録得詩文各數篇，又有義門鄭良甫先生亦抄寄數篇，遂合成斯集，朝煌稱『予半生精力悉在此集』，誠哉斯言！卷五之末載陳亨《跋張思玉此案思送贈詩文後》，及張朝煌之識文。朝煌謂以此文附於孟兼文稿之後，乃『彰先澤垂裕之長，一以見予家世濟之美』。

今據南京圖書館藏明張孟兼撰、清乾隆十四年承啟堂刊本《白石山房遺稿》五卷、補遺一卷影印，在《浦江文獻集成》第一二四册。

胡聖傑

白石山房逸稿五卷

（明）張孟兼撰　清光緒木活字印本

張孟兼生平已見於第一種清抄本《白石山房逸稿》提要。光緒本《白石山房逸稿》五卷，木活字印本，半葉九行，行二十字，四周雙邊，黑魚尾，大黑口，版心記書名、卷數與葉數。書前載張以琣、曾安世、張朝煌之序，序後所記著者、校者、鑒者、編者、梓人之名氏，與承啟堂本同。目録依文體而分，然承啟堂本有細目，如卷一『詩』之『五言古』下有《寄桃源鄭徵士十四首》《送鄭叔車還鄉》《送童仲良歸蘭谿》《題義門》《西洲曲》等詩題，而光緒本僅列文體無詩題。

承啟堂本正文五卷之末篇，為陳亨《跋張思玉先生贈詩文後》，正文後有補録《聖門弟子章句》，光緒本正文五卷之末，較承啟堂本多出茗水戚敬言《重修白石書院詩文序》、浦陽朱能作《白石山房稿序》與《重修白石書院記》。此外光緒本於正文五卷之後，增補《續白石山房稿後》與《續刻》各一卷。《續白石山房稿後》題閩人何蓉林著，戚墨亭校定，孟兼裔孫國傑、鴻猷編輯，收文八篇，分别為唐華《重修白石山房記》，方岱濟《重修白石山房記》，戴王祥《張氏白石書院記》，何子祥《重修白石巖龍王廟記》《修龍潭道路築方臺記》《跋白石山房十二景詩後》《張姓下佛堂判為蒙堂記》，張啟瀟《重修白石山房識》；又收諸人所作《白石山房十二景》詩一百八首，十二景詩分别題為《丹崖摩日》《玉漈垂虹》《春波浴鯉》《夏木鳴鶯》《新亭過雨》《晚洞歸雲》《幻荷露石》《篆碣霜苔》《繁花谷口》《澄月潭心》《樵歌曲徑》《琴韻別樓》。《續刻》為鄞人盧鎬所作《續白石山房十二詠》，以及仁和人胡廷槐《題白石山房歌》、上海人薛鼎銘《僉憲張公孟兼贊》與《光緒戊寅年翻印白石山房文集捐錢題名》。

今據邑人張偉文藏明張孟兼撰、清光緒木活字印本《白石山房逸稿》五卷影印，在《浦江文獻集成》第一二五冊。

胡聖傑

白石山房逸稿五卷

（明）張孟兼撰　民國三年本

張孟兼生平已見於第一種清抄本《白石山房逸稿》提要。民國本《白石山房逸稿》五卷，半葉九行，行二十字，四周雙邊，對魚尾，花口，版心記書名、卷數、小字葉數及『甲寅翻印』四字。書前載序文七篇，分別為張朝煌、張燧夫、張德行、倪一賡、金德甫、曾安世、張以琣所作，序後有目録，是本雖分五卷，然卷一前有『卷首』，録叢説十則，即承啟堂本《白石山房逸稿》書前張朝煌所輯『孟兼敘説』，又添清人朱竹垞《明詩綜》、厲樊榭《宋詩紀事》評語兩則。此本依文體分卷，卷一、卷二大致與承啟堂本、光緒本同，惟卷一之七言律較其餘二本多《都中贈風鑒僧》一首，卷二多《題宋仲珩歸省卷後》《贈於氏重修譜序》；合承啟堂本之卷三、卷四為一卷，以承啟堂本之卷五為卷四，以光緒本之『續白石山房稿後』與『續刻』為卷五。書末記『第十七世孫宋溪仲序允升，第十八世孫平安、鄘鬱笙校正，第十九世孫橫塘尚絅敬脩，第十八世孫宋溪永昌際明重梓』。

今據浦江縣圖書館藏明張孟兼撰、民國三年刊本《白石山房逸稿》五卷影印，在《浦江文獻集成》第一二六冊。

胡聖傑

白石山房逸稿二卷

（明）張孟兼撰　民國十三年永康胡宗楙夢選廔刊《續金華叢書》本

張孟兼生平已見於第一種清抄本《白石山房逸稿》提要。胡宗楙生平已見於《續金華叢書》本《倪石陵書》提要。《續金華叢書》本《白石山房逸稿》二卷，半葉十四行，行二十六字，四周單邊，無魚尾，大黑口，版心記書名、卷數、葉數與『夢選廔』三字。封面有篆書『白石山房逸稿』，左側署『袁勵準』，扉頁牌記題『甲子春永康胡宗楙校録』。此本分上、下二卷，書前無序文、目録，篇次與清抄本同，惟《續金華叢書》本無附録，並移鄭淵跋文於『補録』之後。二卷之外，胡宗楙自《列朝詩選》中輯得《送鄭叔車還鄉次首》《義門鄭仲舒先生得請歸浦江余於先生同里且親故賦是詩情見乎辭矣》《豫讓橋》《春口遊鍾山以溪回松風長分韻得長字》，又從張朝煌重輯本中録出《出京歸省口占》《挽鳳凰山陳坦夷》，計詩六首，編為『《白石山房逸稿》補録』附於卷後。卷終記『永康胡宗楙據《四庫全書》本校録』，明其底本，又胡宗楙跋文云：『家藏有兩抄本，編次各異，取二卷本與四庫本互校以付梓人。』胡氏所藏兩抄本未知何本，然其謂『取二卷本』，則另一種為世傳五卷本歟？且卷後『《白石山房逸稿》補録』之詩録自張朝煌輯本，則胡氏嘗見五卷本，然其校梓僅取二卷，刪汰後人之作，還《白石山房逸稿》以原貌，而非貪多務得者歟？

今據明張孟兼撰、民國十三年永康胡宗楙夢選廔刊《續金華叢書》本《白石山房逸稿》二卷影印，在《浦江文獻集成》第一二六冊。

胡聖傑

道山集六卷

（明）鄭棠撰　清木活字印本

鄭棠，鄭翮之孫，鄭濂之從子，字叔美，生於元至正二十一年（一三六一），卒於明宣德四年（一四二九），浦江縣鄭義門（今屬鄭宅鎮）人。曾受業於宋濂，美文至行，為人稱道。以文章選入翰林，掌典籍，永樂中，官至翰林檢討。棠嗜學，工詩文，有《道山集》六卷。近人趙尊岳裁其詞（按：即集中之『曲』七首），編為《道山詞》，輯入《明詞彙刊》。尊岳《明詞提要》云：『詞非專長，而真摯之致，見於楮墨，《謁金門》歇拍云云，《醉蓬萊》換頭云云，凡此均能以平淡之語，達簡曠之懷。本來詞家境界，不盡以旖旎穠纖勝，南宋逸流，時露高致。此其餘緒，足以掩百瑕而有餘已。』

清木活字印本《道山集》六卷，半葉十行，行二十二字，四周單邊，黑魚尾，花口，版心記書名『義門鄭氏道山集』，卷數與葉數。卷前為目録，依體裁分卷，卷一為賦十六篇，卷二有辭五、頌六、銘七、贊九、四言古詩五、五言古詩二、歌一、七言古詩十一、樂府五、七言絕句四、曲七、雜著四，卷三有記十一、序二、五言律二、七言律七、五言絕句五、書四，跋、墓誌、誄辭、哀辭各一，祭文四，卷四為《經筵録》講義，卷五為《元史評》上卷，卷六為《元史評》下卷。據卷首所題，可知此集乃義門十六世孫鄭尚宗重訂，十五世孫鄭崇弘彙輯，十八世孫鄭應橋校正。

鄭棠之賦無鴻篇鉅制，篇幅較短，如《春暉堂賦》除去序言外僅一百七十七言，且以應制為多，如《龍馬產麟賦》《騶虞賦》《塔影賦》皆應制之作，他如《鳳鳴高崗賦》乃試吏部之作，《長江天塹賦》為試翰林之作，《石城賦》則試禮部之作，《瑞水卿雲賦》雖非應制，亦為『聖駕巡幸北京』而作，故多歌功頌德、粉飾太平之語。其辭五首，皆和陶潛《歸去來兮辭》，然非一時之作，其所作之由亦各不相同，如其二乃『送御史兄致政歸』，其四乃朝覲歸後所作，其五則為長史兄《歸來軒圖》而作，鄭棠於陶潛之慕，及其欲歸之志可見。頌與賦相類，《甘露頌》因『聖上孝感天心，甘露降於靈穀』而作，《騶虞賦》則為騶虞見於山東而作，皆美盛德之形容。棠雖存詩不多，然眾體咸備，以古體居多，格雖不甚高，然頗有古意，若《公無渡河》《沙路曲》《猛虎行》等，皆有太白之風。《元史評》與《經筵録》講義相類，先列原文，後加評語，講義稱『臣謹按』，《元史評》謂『評曰』。《元史評》前有盧陵李子儀序，云此為鄭棠弱冠時所著，計百餘篇，『指摘缺失，甚辨而有理』。

今據國家圖書館（原北京圖書館）藏明鄭棠撰、清木活字印《道山集》本影印，在《浦江文獻集成》第一二七冊。

胡聖傑

金華賢達傳十二卷

（明）鄭柏撰　清康熙四十七年鄭璧刊本

鄭柏，鄭棠之弟，字叔端，生於元至正二十一年（一三六一），卒於明宣德七年（一四三二），浦江縣鄭義門（今屬鄭宅鎮）人。為人忠信孝義，好讀書，善屬文，不求仕進，隱居著述，建家塾，稱『義門書塾』，人稱清逸處士。著有《文章正原》《金華賢達傳》《進德齋稿》等。建文三年曾刻印宋濂《宋學士續文粹》十卷。

康熙本《金華賢達傳》十二卷，半葉九行，行二十四字，左右雙邊，黑魚尾，花口，版心記書名、卷數與葉數。書前載序文四篇，分別為鄭柏侄鄭惢、皖江楊汝穀、浦江傅旭元、海昌查遴所作。序後為目録，十二卷依次為『忠義』『孝友』『政事』（卷三至卷七）、『儒學』（卷八至卷十一）、『卓行』（卷十二）。每卷之下以人為章，一人一傳，始於秦漢，以迄元明，上下千數百年，凡金華一郡，有嘉言懿行者，悉為之傳，短者若卷十之『元胡仲勉傳』僅二十言，長者如卷三之『宋滕元發傳』多至六百七十二言。

傳文體例，先稱其姓名、字號與籍里，再敘其生平事蹟，間或於文末有『贊曰』。然其文多采自史傳，如首篇『宋宗澤傳』似刪削《宋史·宗澤傳》而成，首句『宗澤字汝霖，義烏人。母劉，夢大雷電光燭其身，翌日而澤生。自幼有大志，登元祐六年進士』與《宋史》本傳僅差四五字；又『靖康元年，用薦者假宗正少卿，充和議使，未行，改知磁州，從嬴卒十餘甲騎之官。至則治城池、修器械、募敢勇，為必守計』，則本《宋史》本傳之『靖康元年，中丞陳過庭等列薦，假宗正少卿，充和議使。澤曰：「是行不生還矣。」或問之，澤曰：「敵能悔過退師固善，否則安能屈節北庭以辱君命乎。」議者謂澤剛方不屈，恐害和議，上不遣，命知磁州。時太原失守，官兩河者率託故不行。澤曰：「食祿而避難，不可也。」即日單騎就道，從嬴卒十餘人。磁經敵騎蹂躪之餘，人民逃徙，帑廩枵然。澤至，繕城壁，浚隍池，治器械，募義勇，始為固守不移之計。』『宋梅溶傳』則徑抄録宋濂《浦陽人物記》，而未加刪改。故鄭柏之功，乃在旁搜廣摭，刪繁就簡，集厥大成，彙金華一郡千百年來賢達之士於一編。

今據湖北省圖書館藏明鄭柏撰、清康熙四十七年鄭璧刊《金華賢達傳》本影印，在《浦江文獻集成》第一二八冊。

胡聖傑

金華賢達傳十二卷

（明）鄭柏撰　民國十三年永康胡宗楙夢選廔刊《續金華叢書》本

鄭柏生平已見於上一則提要。胡宗楙生平已見於《續金華叢書》本《倪石陵書》提要。《續金華叢書》本《金華賢達傳》十二卷，半葉十四行，行二十六字，四周單邊，無魚尾，大黑口，版心記書名、卷數、葉數及「夢選廔」三字。封面有袁勵準所題「金華賢達傳」篆文及袁氏署名，署名下有「袁勵準印」「二玉相合為一玨」兩方小印，扉頁牌記題「甲子春永康胡宗楙校録」。書前僅録鄭燦序文一篇，題為「原序」，序後為目録，分卷與篇次皆同康熙本，惟康熙本將朝代冠諸人名首，如卷一之「宋宗澤」「宋梅溶」「宋梅執禮」等，重複繁瑣，《續金華叢書》本則將同時代之人分為一編，以朝代為標示，如卷一「宋」下列「宗澤」「梅溶」「梅執禮」等十人。卷首題「續金華叢書」「鄭柏著」，卷一與卷六印有「清華大學圖書館藏」「北平木齋圖書館藏書」印，則此書當分兩冊。卷十二終題「永康胡宗楙據清道光鄭氏刻本校録」，書末有胡宗楙跋文，以《金華賢達傳》比之宋濂《浦陽人物記》，又敘此書三次刊刻之事，蓋明宣德黃孟舒首次刊行；歷百餘年，至清康熙時鄭思俊校訂而劉涓補其缺略，復由鄭璧付梓剞劂；道光五年，鄭柏裔孫祖槙等又鳩工開雕，胡氏所據即此本，乃結一廬藏本。此本較康熙本為優，首尾俱完，無有缺葉，且見校訂之功，如卷十一「明劉涓傳」題下云：「郡志作金涓」，卷十二「宋黃中輔傳」題下云：「邑志作浦江人」，同卷

「宋汪渙傳」題下云：「府志作江渙」，「明蔣鏞傳」題下云：「舊本作可大字鬪，今從邑志及宋景濂《蔣公墓誌銘》改正」，「明王威傳」題下云：「府志作義烏人」。

今據明鄭柏撰、民國十三年永康胡宗楙夢選廔刊《續金華叢書》本《金華賢達傳》十二卷影印，在《浦江文獻集成》第一二八冊。

胡聖傑

續真文忠公文章正宗

（明）鄭柏輯　明刊本（原書目録卷三至卷五殘，內容僅存一至七卷）

鄭柏生平已見於清康熙本《金華賢達傳》提要。真德秀（一一七八—一二三五），本姓慎，因避宋孝宗趙昚諱，改作真，初字實夫，後字景元，又改字希元，號西山，學者稱『西山先生』，福建蒲城人。初學於朱熹弟子詹體仁，宋寧宗慶元五年進士及第，授南劍州判官，開禧元年再中博學宏詞科，入朝為太學正，歷仕大學博士、祕書郎、起居郎、著作佐郎、太常少卿、戶部尚書，曾知泉州、隆興、潭州、福州，端平二年任參知政事，進資政殿學士，旋病卒，年五十八，謚『文忠』。其學為朱子正傳，創為『西山真氏學派』，修《大學衍義》，可作《大學章句》之佐，又有《四書集編》《西山先生真文忠公文集》等。《文章正宗》二十卷，續集二十卷，真德秀所編詩文選集，上自《左傳》《國語》，下迄唐末之作，分『辭命』『議論』『敘事』『詩賦』四類，所選以關世教民彝為旨，清四庫館臣謂其『持論甚嚴，大意主於論理而不論文』。

明刊本《續真文忠公文章正宗》，半葉十行，行二十字，四周雙邊，對魚尾，大黑口，版心記書名簡稱『正宗』、卷數與葉數。此書四十卷，仿《文章正宗》分『辭命』『議論』『敘事』『詩賦』，目録詩文之下皆有單行小字記其作者，每卷首記『後學浦陽鄭柏選集』『後學義烏王稌校正』。所選時代限於元、明兩代，其旨大體遵照真德秀《文章正宗》，以理為宗，不取仙釋閨情宮苑之作。然受時段所限，又為四十卷巨帙，故其所選實不若《文章正宗》之精。鄭柏雖云：『議之文諫諍論説，或發明義理，或敷祈治道，或褒貶人物，所以正乎理者也。』然其所收『議論』之文已多詩文别集之序，若卷十五虞集之《送熊太古詩序》《送陳雲嶠省親詩序》《送全平章詩序》《李景山詩集序》《送許世茂詩序》，卷十六歐陽玄之《劉桂隱文集序》、戴表元《松雪齋文集序》、蘇天爵《曹先生文稿序》、程文《孟君文集序》、陳剛《遂初齋文稿序》，卷十八黄溍之《送應教諭詩序》《徐氏詠史詩序》等，雖也略關涉於理，然其要已在論文。

今據國家圖書館（原北京圖書館）藏明鄭柏輯、明刊《續真文忠公文章正宗》本影印，在《浦江文獻集成》第一二九册。

胡聖傑

義門鄭氏奕葉吟集三卷

（明）鄭允宣等編　明末鄭氏書種堂刊本

鄭昺，即鄭炳，字允宣，浦江鄭義門鄭濂之孫，生平不詳，約明永樂年間在世。書種堂本《義門鄭氏奕葉吟集》三卷，半葉九行，行二十字，四周單邊，白魚尾，花口，版心記書名『奕葉吟』、卷數與葉數。封面大字題『奕葉吟』，右側上記『鄭氏家刊』，左側下記『書種堂』。書前有鄭棠《義門鄭氏奕葉吟集序》云：『今從侄允宣裒輯諸祖父述作，暨諸兄弟群從之酬唱，通得詩文若干首，編為三卷，而文不預焉。』則此集乃義門鄭氏之家族選集。序題之下及書末有『北京圖書館藏』之印，卷一首葉與書末皆有鄭振鐸之藏書印，一作『長樂鄭振鐸西諦藏書』，一作『長樂鄭氏藏書之印』。

全書收義門鄭氏三十四人，詩二百六十九首，其中鄭銘二十一首，鄭深三首，鄭濂三首，鄭源六首，鄭濤四十五首，鄭泳十五首，鄭渙五首，鄭淵十六首，鄭湜二首，鄭濟五首，鄭洧四首，鄭灝四首，鄭淏四首，鄭沂三首，鄭檦二首，鄭梃十一首，鄭杕十一首，鄭枋十首，鄭材三首，鄭榦二十四首，鄭彬四首，鄭楷五首，鄭模四首，鄭桐十八首，鄭柎六首，鄭棠十一首，鄭機四首，鄭柏二首，鄭栻一首，鄭木三首，鄭昺六首，鄭耀一首，鄭燾三首，鄭樵四首。諸人皆以職官或號稱，如鄭銘稱『樂全子』，鄭濂稱『采苓子』，鄭濤稱『博士』，鄭泳稱『經歷』，其下以雙行小字介紹人物字號、生平，後列詩。部分詩題下有墨釘。所選古、近體兼備，題材各異，酬贈次韻諸作亦得入選，其中感懷、抒懷、詠物之作尤多，體格不甚高。惟諸歌行，若鄭銘之《竹枕歌》《瑞犬行》，鄭洧《雙溪小隱歌》等，語言淺近，有元白新樂府之風。其中鄭濂《紀遊簡宋承旨》，鄭源《懷宋潛溪》，鄭淵《和潛溪先生韻》《懷潛溪先生》，鄭枎《懷宋太史》《春夜侍家大人同潛溪先生眾芳園燃燭賞海棠》，鄭榦《春夜侍學士宋公賞海棠》皆寄贈、有懷宋濂之作，景濂與義門鄭氏之關係可見一斑。

今據國家圖書館（原北京圖書館）藏明鄭允宣等編、明末鄭氏書種堂刊本《義門鄭氏奕葉吟集》三卷影印，在《浦江文獻集成》第一二九冊。

胡聖傑

張月泉詩集

（明）張元諭撰　明抄本

張元諭，字伯啟，自號月泉生，右眉白，人稱白眉公，生於明正德十四年（一五一九），卒於隆慶四年（一五七〇），浦江縣城龍溪張氏人。自幼穎悟好學，明嘉靖二十六年進士，授工部虞衡司主事，升員外郎，董造皇陵，尋升正郎詞官。因得罪嚴嵩、嚴世蕃父子，遭誣劾，謫判常州。曾仕吉安太守，不畏權貴，為政利民，民皆感戴，解綬歸時，民皆號送挽留。後起為桂林太守，升滇南觀察副使，至湖廣辰州，因勞得疾而卒。學者私諡貞肅先生。為人孝友清介，至臨節守義，志不可奪，歷官二十四載，財產一無所增，俸禄所餘，盡以救濟貧乏。博通經史，兼工詩文，深究經傳注疏，多所發明，讀史凡所評斷，皆為確論，文追秦漢，詩步盛唐。著有《詹詹集》七卷、《篷底浮談》十五卷等。

明抄本《張月泉詩集》，半葉九行，行二十五字，四周雙邊，白魚尾，白口，版心無字。封面書籤題「張月泉之論詩」，無序，無目録，依詩體分「七言絶句」「五言律詩」「五言排律」「五言古詩」。然此本當非足本，非但詩體之不全，末葉《過彭城吊項王》有目無文，所遺或多。書中有數處删改，如七絕之《虜焚華嚴寺二首》其一塗去三字，於旁改作「萋萋芳」；五律之《虞部燕居》其二「春風遙度曲」改作「微風遙度曲」，「閉門柳花落」改作「閉戶柳花落」；《次揚州送別顧子行之太平四首》其一「啼鳥萬家書」更作『啼鳥萬家春』，『征路歸滄海』更作『征路臨滄海』；五古之《雜詩》其十二『錮可飧』闕誤，遂更為『銅山寧可飧』；《從西湖登玉泉山入呂公洞一首》之『慵慨一朝悟』改為『慷慨一朝悟』等等，不知何人校改，然所改多允當。

張元諭宦遊二十載，歷仕常州、吉安、桂林、柳州、滇南、湖湘等地，故其詩或紀行旅，如《從盱眙泝淮至泊舟有作》《早發藥師寺遇雨遂止宿護城驛一首》《壬子七月九日謫判常州二十日初發都二首》；或酬贈留別，如《出京抒懷留别林貞恒檢討章景南給事中徐子與主事五十韻》《寄王賓湖二首》《端午日次宣城劉平川僉憲朱園太守虞亭峰二守攜登疊嶂樓各裁小詩一首奉謝》等；或載農政職事，如《皇陵歌八首》當其董造皇陵時所作，又如《次桑科詠田家三首》等。

今據遼寧省圖書館藏明張元諭撰、明抄本《張月泉詩集》影印，在《浦江文獻集成》第一三〇冊。

胡聖傑

詹詹集七卷

（明）張元諭撰　明隆慶二年刊本

張元諭生平已見於上一則提要。校刊者歐陽葵，生平不詳，書中自稱『興安』人，即今廣西桂林，張元諭嘗任桂林太守，又《（康熙）廣東通志》卷十三載明韶州府通判有歐陽葵者，『廣西籍安福人歲貢』，當即此人。隆慶本《詹詹集》七卷，半葉九行，行十七字，四周單邊，綫魚尾，花口，版心記書名、卷數與葉數。此本殘缺，書前霍薫序僅有後半章，内容僅存卷一至卷三，餘如卷二之十四葉、十八葉、二十六葉、二十七葉、二十九葉，卷三之二葉、三葉等，皆殘破不可讀。霍薫生平不詳，《（雍正）雲南通志》卷二十載其為永昌（舊屬雲南西部）人，嘉靖十六年中舉人，二十年中進士，據《詹詹集序》之自署，知其曾任文林郎，號『二梧野史』。序中稱張元諭『擷華從治而有沖澹，不纖巧、不琢工、不逐塵、不支怪，豪放巖蕩，落落磊磊，敏速瀟灑，綽綽恢恢，正直中和之氣，盎溢鏗鏘』，未免溢美。序後無有目録，每首題『浦江張元諭撰、興安歐陽葵校刊』。

此書卷一為『賦稿』，收賦三篇；卷二為『虞部詩稿』，録詩一百餘首，並附詞三首；卷三為『南遷稿』，存詩四十二首。明嘉靖三十一年，張元諭忤權相嚴嵩謫常州通判，九月南歸經當塗採石磯，因仿賈誼《弔屈原賦》而作《弔李白賦》，先敘貶謫之事與作賦之由，繼借屈子之典、《離騷》之辭，明謠詠自古而然之理，蓋抒其憤，終以『傲遊物外』寄形人間。卷二『虞部詩稿』蓋張元諭任工部虞衡司主事時所作，故多交接酬贈之作，若《左順門即事偶成呈同事諸公一首》《送蔡主簿之肥鄉》《送何明府》《贈梁進士蘭汀》《生日諸同寮見過》等；遊賞之作，所遊又以寺院為多，若《登報國寺閣》《白塔寺》《暮春登宣武門城樓一首》《登西山最高頂效康樂體》《出遊》《郊遊》《宿碧雲寺》《真覺寺》《華嚴寺》《遊香山寺》等。元諭仕於京師，董修內廠內宮，正值春風得意之時，故詩多輕快。卷三『南遷稿』亦為詩集，詩作始嘉靖十一年七月二十日，為張元諭遭貶離京，赴常州途中所作，其辭較『虞部詩稿』之輕鬆明快已不相類，如《壬子七月九日謫判常州二十日初發都二首》之『遊子怨落暉，歲月愁中積』，『去去即往道，愴惻令心煩』，又如《次天津一首》之『卻笑尊罏秋正美，旋歸未作拂衣行』，《次天津和顧子行韻一首》之『江海心猶戀，乾坤客自遊。何須論宦跡，萬物總萍浮』等，頗見其遭貶之愁，又將此種愁思與鄉思牽連，似以南謫聊慰遊子之心，實又無補於事，而更顯其愁悶。惜元諭詩文多有散佚，不得見其全貌，否則當如霍薰所云，『上可與崆峒、大復接武，下可與嚴氏、水山並傳』。

今據上海圖書館藏明張元諭撰、明隆慶二年刊本《儋儋集》七卷（存卷一至卷三）影印，在《浦江文獻集成》第一三〇冊。

胡聖傑

篷底浮談十五卷附録一卷

（明）張元諭撰　明隆慶四年董原道刊本

張元諭生平已見於明抄本《張月泉詩集》提要。董原道，生卒年、字號俱不詳，四川巴縣人，嘉靖二十五年中鄉試，四十一年進士，隆慶三年任雲南府知府，剛直明斷，門無私謁，獄無淹繫，百廢無不修舉者，六年任河東陜西都轉鹽運使司鹽運使。隆慶本《篷底浮談》十五卷，半葉十行，行二十字，綫魚尾，花口，版心記書名、卷數與葉數。書前有徐栻所作序文。徐栻（一五一九—一五八一），字世寅，號鳳竹，直隸常熟人，徐復祚之祖父。嘉靖二十五年丙午科舉人，二十六年丁未科進士，授知江西宜春縣，懲治嚴嵩不法之家人。先後任監察御史、湖廣提學副使，巡撫江西、浙江，隆慶元年以湖廣按察司副使升雲南布政使司右參政，五年遷順天府府尹。萬曆初為工部侍郎，累官南京工部尚書。書室名『壯猷堂』，著有《鳳竹文集》，曾刊印《大學衍義補纂要》、胡松《胡莊肅公文集》、胡儼《胡祭酒頤庵集》、宋趙善璙《自警編》等。《篷底浮談》十五卷非徐氏自刻，乃其授雲南守董原道刻之，又自為序以弁其首。

《篷底浮談》十五卷，卷一『談道』，卷二『談理』，卷三『談治』，卷四『談學』，卷五『談文』，卷六『談子』，卷七、卷八、卷九皆『談史』，卷十『談經（《易》）』，卷十一『談經（《書》）』，卷十二『談經（《詩》）』，卷十三『談經（《三禮》）』，卷十四『談經（《春秋》）』，卷十五『談書（按：即四書）』，最後附《適適園四景曲》，元諭稱為其中第四葉缺。此書內容駁雜，經史子集無所不包，天道、人倫、治亂、詩文無所不及，且所論非限於典籍，如『談治』有論明代刑罰者，云：『本朝除三族之刑，過於漢唐遠矣，而犯重罪其妻妾給付功臣之家為奴，則猶襲衰世之令，除之可也』，批判本朝制度，無所避諱，亦可見隆慶時政治環境之寬鬆及朱載垕之仁慈寬厚。所記皆為隻言片語，或直發為議論，或以問答論辯，短則數字，如『談道』第二則僅『天下之事，難之則無不易，易之則無不難』十六言，長亦不過百餘言。論詩主性情，尊尚盛唐，尤推杜甫，稱宋詩論理甚無餘味，已是風人之意；文尚秦漢，尤以六朝駢儷之風為弊，唐以降韓、柳等人之作亦頗稱許，故其論詩文雖同七子之『文必秦漢，詩必盛唐』，然自有見解，不泥於此。

今據國家圖書館（原北京圖書館）藏明張元諭撰、明隆慶四年董原道刊本《篷底浮談》十五卷、附録一卷影印，在《浦江文獻集成》第一三〇冊。

胡聖傑

聖恩録

（明）鄭崇岳編 清光緒二十六年刊本

鄭崇岳，字克生，號霽華，生於明嘉靖二十九年（一五五〇），卒於明崇禎四年（一六三一），浦江縣鄭義門（今屬鄭宅鎮）人。幼穎異，讀書過目不忘，明萬曆十六年中鄉試，除蕭山教諭，葺宮牆、課諸士，風教大振。三十一年分校閩闈，升順天東安令，授刑部主事，有殊績，升貴州思南知府，又升雲南副使，尋以計事不合告歸。日集子弟講習禮法，修飭祭器，及輯宗譜、《聖恩録》《家儀》等書。

《聖恩録》為鄭崇岳所輯明代天子之御劄、聖旨、制誥、敕命而關義門鄭氏者，此書有三種版式，其一有界行，半葉十四行，行二十九字，四周雙邊，花口，黑魚尾，版心記叢書名『義門鄭氏宗譜』、卷數、書名『聖恩録』、葉數與『光緒庚子重修』字樣；其二之版心、魚尾、邊欄與前同，無界行，半葉内記敕命之文，四周飾以雙龍戲珠之紋；其三之魚尾、邊欄亦同，版心記『誥命』、卷數與葉數，無界行，半葉内記誥命之文，四周亦繪雙龍戲珠，然樣式與前異，且幅寬更大。封面有書牌一枚，四周之雙龍戲珠紋與書内其三之樣式同，中題書名『聖恩録』『鄭義門叢書』『書種堂藏書』。卷首有石城陳捷所作序，序稱此書乃剡溪珠溪鄭氏所刻，屬浦陽鄭氏之嫡派。序後先録御劄二則，蓋浦江知縣胡良能以義門鄭大雅六世義居上奏請旌，故下此劄以旌免義門徭役，二劄記為『龍鳳六年』，『龍鳳』蓋元末韓宋小明王韓林兒之年號，以元代年號紀則為至正二十年庚子，也即西元一三六〇年。此外有天子之言論或行事而關義門鄭氏者，記十九則，皆為明洪武、永樂間事，如一則記洪武十四年因藏庫虧少金一千三百一兩一錢四分二釐，銀二千六百七十兩七錢三分，其時義門子弟鄭宏為提點，坐法，明太祖以其事與義門家長不相干，不當抄家，故令官府將義門之人口、財產、田土均分，只抄去鄭宏一份，鄭宏妻石氏法當配，仰天慟哭，自謂生為義門婦，死則為義門鬼，不肯以其甚玷義門之名，遂引繩自絕。蓋崇岳所録，皆天子稱讚義門之辭，或見義門之忠孝節義之事。敕命、制誥則皆飾以龍紋，甚精美，有鄭沂、鄭榦致仕之敕命，鄭楷、鄭湛、鄭柎授官之敕命，以及鄭煁妻、鄭崇岳父母封號之誥命，且制誥之中皆有頌揚義門之辭，亦可見明初帝王之好尚。

今據邑人李忠東藏明鄭崇岳編、清光緒二十六年刊《聖恩録》本影印，在《浦江文獻集成》第一三一冊。

胡聖傑

聖恩録

（明）鄭崇岳編　民國十一年刊本

鄭崇岳生平已見於上一則提要。民國本《聖恩録》，半葉八行，行十九字，黑魚尾，花口，版心記書名、『民國壬戌重刊』字樣及葉數。封面書簽記『聖恩録』『明鄭崇岳編』，扉頁牌記中題書名『聖恩録』，右上記『鄭義門叢書』，左下記『書種堂藏書』。此書部分有句讀、夾批，如卷首第一則御劄之『鄭大雅』旁，批注『即名融（大和）』，劄末『龍鳳六年閏五月初九日』旁，批注『至正二十年，宋濂已征應天府』，所注無甚發明，多為人物字號、年份年號之補充説明。民國本之編次大體與光緒本同，亦不分卷，先録龍鳳六年之御劄兩則，然民國本於御劄之後附録題跋四則乃光緒本所無，四跋分別為吴寬、徐源、陳璚、王錫爵所作，四人皆當時名士，題跋蓋義門之裔持所藏御劄求諸四人所得者。題跋後為故事十九則與誥命十二條，悉同光緒本。民國本無光緒本之紋飾，刊刻亦不若光緒本之精，且無光緒本《貴州思南府知府鄭崇岳並妻誥命》之後寬幅龍紋之誥，此一部分雖有與前文重複之内容，然多數不見前載，民國本所據不知何本，然就其完整性而言，實遜於光緒本。

今據邑人張文德藏明鄭崇岳編、民國十一年刊《聖恩録》本影印，在《浦江文獻集成》第一三二册。

胡聖傑

陽宅指要二卷

（明）倪尚忠撰　清刊本

倪尚忠，字世卿，號葵明，生於明世宗嘉靖三十年（一五五一），卒於明神宗萬曆三十七年（一六〇九），浦江縣通化鄉龍池上金生村（今屬蘭谿市）人。萬曆十五年中舉人，二十六年進士，曾任廣東順德令，在任六年，緝捕盜賊，懲治豪強，捐俸興建太平塔與神步塔，順德由此文風鼎盛。後因得罪權貴，遷江西吉安府同知，以母老疾辭歸鄉里，杜門課農二十載，以詩文自娛，鄉人尊稱『大進士』。著有《宣化録》《居芸草》《鳴籟草》《醉吟草》《學制編》等，數十萬言，皆佚。尚忠有一子一女，子名仁禎，字心開，號株山，明崇禎十年進士，初授太常博士，擢禮科給事中，鄉人稱『小進士』。女名仁吉，字心蕙，自號凝香子，博通經史詩文，兼工書畫刺繡，即《凝香閣詩稿》之作者。

清刊本《陽宅指要》二卷，半葉九行，行二十二字，四周單邊，黑魚尾，花口，版心記書名、卷數與葉數。此書分上下二册，上册扉頁有墨跡三十八字，為五行八卦之説，不知何人所題，書牌中題書名，右側上記『倪尚忠先生原本』，左側下記『瑯嬛僊館珍藏』。瑯嬛僊館為阮元藏書處，故此本乃阮氏舊藏。此為風水地理之書，論建宅之基址，堂室之安置等，據卷上之《陽宅四十八向總圖要覽》云，此説原出楊筠松救貧，然只聞其名，而不知何坐、何向、何趨、何避，故為此書詳之。楊筠松（八三四—九〇〇），名益，字叔茂，號筠松，唐代竇州人。唐僖宗朝國師，官至金紫光禄大夫，掌靈臺地理事，唐末隱居沙河楊仙嶺。因其以地理風水之術行於世，使貧者富，故人稱『救貧先生』或『楊救貧』。楊氏堪輿之學，力主因地制宜、因形擇穴，分析地勢、方位，以定陰陽二宅之佳址。著有《疑龍經》《撼龍經》《立錐經》《黑囊經》《青囊奥語》等。卷上文八十則，或以散文發論，所論多宅屋安置之法，如《論行門》《論天井》《論安床》《論開井安竈》《論安碓》《論塞門填井法》等，或編為韻語之歌與口訣，如《四隅吉斷方所宜歌》《九星興廢房分歌》《寸白起例歌訣》《搜屋經要訣》等；卷下為四十八相圖，每幅相圖方位各異，配以文字解釋。部分内容有句讀，有眉批，筆跡與扉頁之文同，蓋出於一人之手。其批《審向消納》云『近日三元家皆主此説，雖實有應驗而究不能耐久』，批《作向口訣》云『此種口訣不過便於行術者記憶，其實理氣真詮豈在是耶』，似頗有微辭。

今據國家圖書館（原北京圖書館）藏明倪尚忠撰、清刊本《陽宅指要》二卷影印，在《浦江文獻集成》第一三一册。

胡聖傑

西塘十景詩一卷

（清）張燧輯　清初浦江方履端刊本

張燧，排行德字，故又名德燧，字夫次，號仙華樵子，生於明萬曆二十四年（一五九六），卒於清康熙七年（一六六八）。燧為浦江龍溪張氏後裔，清初遷居縣西十五里中村（今屬杭坪鎮），於巖阿梅竹叢生處，掘地得石碑，有『清遠山』三字，因於山側結廬，山前築圃，自號『清遠山人』。嘗以梅竹借意，有『冰霜不改，雨露先新』之句，後人名其廬曰『學士廬』，圃曰『名賢圃』。著有《浦陽人物補遺》《香雪園詩草》《西遊紀勝》等。曾輯方鳳遺文佚詩為《存雅堂遺稿》十三卷，於順治十一年付梓於西塘純孝堂中。浦江西塘方氏為方鳳五世孫孟綈之後裔，此處所收國家圖書館（原北京圖書館）藏《西塘十景詩》一卷，所賦即為衆裔孫所居四塘之景觀。

此本《西塘十景詩》，半葉九行，行二十字，四周單邊，無界行，無魚尾，花口，版心記書名與葉數，全帙有圈點、句讀，卷首題『東越夫次張燧參定』，『竹山行伯施有用校正』。此帙吟詠浦江西塘十景，分為《烏蜀橫屏》《黄茅疊嶂》《慈雲古洞》《華藏淨土》《磵門飛瀑》《石壁龍潭》《通津攬勝》《梅溪懷古》《望夫片碣》《耕月雙犍》十題，每題為一組，每組寫一景，每景先由施大喚作小引一則、賦詩一首，然後由他人和詩一首，和者依次為方如圭、方懷璧、方士奇、方璽、方文旭、方棫、方舟、方文樞、方文佐、方文光十人，皆為方鳳公之西塘一脈裔孫。西塘今已劃歸蘭溪市，與柳貫故里柳村相鄰，兩村皆在烏蜀山下，故此書中屢稱『蜀山』『蜀嶺』，於柳待制事跡亦多有提及。今觀此帙，所録施大晩十則小引皆百字上下，而勝景之地理方位、風光特色、歷史典故則畢陳之，又語言精粹，引類譬喻，能得景致之髓，如《黄茅疊嶂》小引云『黄茅山自太陽逆蟠，如鐵馬臨關，如蓮華浴日，又如容臺列鼎鐘，玉帳建旗鼓』，又如《慈雲古洞》小引云『洞在麂獅巖下，石梁横亙數百尺，高什之七，巖罅水横瀉成簾，右坳石乳溜聚，小窪如滿月』等，有似柳宗元遊記之作。詩則皆為七律，施大晩之作尤有杜甫之風，句中化用老杜之語，如《望夫片碣》之『雨雲巫峽夢空憐』實本老杜『雲雨荒臺豈夢思』。

茲考國家圖書館（原北京圖書館）藏有方鳳撰《存雅堂遺稿》十三卷、附《西塘十景詩》一卷，著録為清張燧輯、順治十一年浦江西塘純孝堂刻、嘉慶四年純孝堂補刻。以國家圖書館（原北京圖書館）藏單行本《西塘十景詩》一卷與此附録《西塘十景詩》一卷相比對，兩者毫無差别，純屬一個版本，唯附録本前尚有里人施大晩所撰《西塘十景詩敘言》一篇，謂『西塘者，方韶卿先生長公肖翁之别墅。先生嘗吟詠其間，一時江山獻秀，林壑呈奇，先生樂之，爰題即景詩於壁。迨肖翁曾孫諱孟綈，自仙華來居，近三百載，文椒蕃衍，宮宇改觀，壁間詩竟為風雨剥落殆盡，予與其子姓遊良久，每及斯事，深用歎惜。既而徘徊諸形勝，悠然有會，爰品十日，吟成五百餘言，如與先生相告語互答者。已而西塘諸子，復分景聲應』，『會先生遺稿梓成，諸子請以此續貂，因序次而附焉』。『韶卿』為方鳳之字，『肖翁』為鳳公長子方樗之號，則施氏十景詩乃為追和鳳公題壁詩而作，西塘諸子所吟又為步施氏之後『分景聲應』之作。至於國家圖書館（原北京圖書館）所藏單行本《西塘十景詩》一卷，當為西塘方氏當日自《存雅堂遺稿》後附録中抽出獨印者，而其何以舍施氏敘言而不取，則不得而知矣。

今據國家圖書館（原北京圖書館）藏清張燧輯、方履端順治十一年刊抽印本《西塘十景詩》一卷影印，在《浦江文獻集成》第一三一册。

方勇

凝香閣詩稿一卷

（清）倪仁吉撰　清抄本

倪仁吉，倪尚忠之女，字心蕙，號凝香子，生於明萬曆三十五年（一六〇七），卒於清康熙二十四年（一六八五），浦江縣通化鄉龍池上金生村（今屬蘭谿市）人。年十二即喜吟詠，學詩於父，學書於兄仁禎。年十七，嫁義烏庠生吳之藝，夫喪，寡居四十七年，故《池北偶談》《清詩別裁集》皆稱其義烏人。晚歲歸浦江，其貌氣蒼古，戴絨帽，著褐皮，焚香晏坐，校勘圖史。遊覽山水，每遇昔日景物，清怨若不能勝，每得佳句便書紙上。其詩骨秀神勝，清拔秀逸，初為豔體，孀居後濃麗盡褪，多愁苦之音。書畫皆精妙，尤善畫美人，時人得其書畫片羽者，皆珍若拱璧。刺繡成就尤高，結合水墨筆法，以繡代筆，活用針法，為時人所重，曾繡《心經》一卷，不見針線痕跡，妙若天成，尤擅髮繡，有《大士像》兩幀。著有《四時宮意圖詩》《四時山居雜詠》《凝香全稿》。

清抄本《凝香閣詩稿》一卷，半葉九行，行十六字，稿紙版心刻『白雲齋』字樣。抄稿前有康熙三年金華府王灃、水漁張德行序，康熙元年仁吉侄孫倪晉駋小引，及嘉慶二十一年重刻《凝香閣詩稿》時陳雲友所作序。另有《重刻凝香閣初集小引》一則，不知何人所為，《小引》云：『香草園是所居，凝香閣即在園內，詩以係舊名者，不忘其初也。』《凝香閣詩稿》存詩計一百三十一首，騷、歌、樂府、古、近，諸體咸備，而選題取材，多與時節、時令相關，如《花朝》《春閨》《清明》《暮春》《春歸》《秋熱》《秋蟬》《秋夜》《清明掃墓》《秋懷》《寒食感懷》《中元夜》《中秋》《重陽紀懷》《春殘》等，此陸士衡所謂『遵四時以歎逝，瞻萬物而思紛，悲落葉於勁秋，喜柔條於芳春』，其情調大率以感傷為主；閨中生活亦可入詩，如《春閨》《彈琴》《幽居即事》《睡起》，及其詠物之作，多限於閨閣所見所聞。末附《宮意圖詩》一組三十五首，每首詩前有數十言狀圖景，詩皆為七言絕句，前有張星瑞、張以邁、倪晉驕之序。

今據上海圖書館藏清倪仁吉撰、清抄本《凝香閣詩稿》一卷影印，在《浦江文獻集成》第一三一冊。

胡聖傑

凝香閣詩稿

（清）倪仁吉撰　清嘉慶二十一年仰止堂重刊本

倪仁吉生平已見於上一則提要。嘉慶本《凝香閣詩稿》，半葉八行，行二十三字，左右雙邊，無界行，黑魚尾，花口，版心記書名與葉數。此書封面有『鏡水閣藏』字樣，書末載韋嵩壽所作《重刻凝香閣詩跋》，稱其母舅氏省齋公有名山之志，重商剞劂詩稿，而嵩壽承命校刊。全書收録詩集三種，分别為《凝香閣詩稿》《宫意圖詩》《山居雜詠》，每集前有書牌，《凝香閣詩稿》之牌中記書名，右側上記『嘉慶丙子重刊』，左側下記『仰止堂板藏』；《宫意圖詩》之牌中記書名，右側上記『凝香閣主人著』，左側下記『仰止堂』；《山居雜詠》之牌中記書名，右側上記『凝香閣主人著』，左側空白。《凝香閣詩稿》，前有張德行《凝香閣詩稿序》、倪晉駋《小引》、陳雲友《再刻凝香閣詩序》、無名氏《重刻凝香閣初集小引》，與清抄本同，然無清抄本首篇王澧之《凝香閣稿序》，所録詩歌、篇次與清抄本同。《宫意圖詩》之序與詩皆同清抄本。《山居雜詠》則為清抄本所無，蓋癸未、甲申間東陽、義烏烽警相接，仁吉避地歸浦陽，遂與侄女宜子、嫂氏等人盡日流連山水間，十數載後之戊戌，仁吉因覽黄公望《秋山圖》而憶舊遊，乃濡毫追紀，得絕句一百四十餘首，彙為此集。前有倪仁吉自製《小引》，後有侄孫晉駋《題後》，所録皆為五絕，總題『山居四時雜詠』，分春、夏、秋、冬四組，形制與措辭皆類範石湖《田園四時雜興》。末附倪宜子詩，計七首，為仁吉作《山居雜詠》時所輯，前有仁吉弁言。

此本較清抄本完備，且經後人斠補，書中多有眉批、夾批，如卷首張德行之《凝香閣詩序》即增補百餘字，復於張序後抄録仁吉侄男一膺所作小序一篇，此外文字校改達五十餘處，其所據一作『映寫本』，一作『抄本』，二本均未見，然所增改尚稱允當。

今據義烏市圖書館藏清倪仁吉撰、清嘉慶二十一年仰止堂重刊《凝香閣詩稿》本影印，在《浦江文獻集成》第一三二册。

胡聖傑

東臯琴譜

（清）東臯心越撰　日本寫本

東臯心越，俗姓蔣名興儔，字心越，號東臯、鷲峰野樵、越道人、心越子等，生於明崇禎十二年（一六三九），卒於清康熙三十三年（一六九五），浦江縣人。幼年在蘇州報恩寺剃度，順治七年後漫遊江浙，尋師訪道，參究佛法。南明亡，家族中參與反清者星散，遂於康熙十年隱棲杭州西湖永福寺。康熙十五年，應日本長崎興福寺住持澄一之請東渡。一六八三年（康熙二十二年）由藩王德川光圀迎至水戶，並將天德寺依明代寺院之樣式重修，改名壽山祇園寺，由心越擔任住持，直至圓寂。心越為日本曹洞宗壽昌派開山祖，圓寂後祭壇題名『壽昌開山心大和尚之塔』。心越工詩文，善書畫，精篆刻，擅音律，尤善彈奏古琴，攜中國琴譜至日本。著有《東臯集》《自刻印譜集》等。

日本寫本《東臯琴譜》，半葉四行，行八字，書前有『無礙菴』『帝國圖書館藏』『常真居士寄藏』『今泉雄作氏寄贈本』等藏書印。此書分為三冊，收録琴譜四十九種，第一冊收《調絃入弄》《清平樂》《浪淘沙》《東風齊著力》《三才引》《大哉引》《秋風辭》《歸去來辭》《子夜吳歌》《幽澗泉》《久離別》《醉翁操》《箕山操》《熙春操》《思親引》《安排曲》《樂極吟》，第二冊收《離別難》《陽關三疊》《漪蘭操》《偶成》《石交吟》《滄浪歌》《鳳梧鳴珮》《鳴鳳朝陽》《寄隱者》《賀新郎》《南薰操》《梁父吟》《霹靂引》，第三冊收《高山》《月當聽》《憶王孫》《第一鵲橋仙》《第二點絳脣》《第三好事近》《第四畫堂春》《長相思》《相思曲》《竹枝詞》《小操》《八聲甘州》《瑞鶴仙》《鳳凰臺上憶吹簫》《太平引》《鶴沖霄》《南浦月》《飛瓊吟》《梅花》。譜名前有曲調，如『宫音』『商音』『角音』『羽音』等，琴譜多采古詩詞譜曲，如歐陽修之《浪淘沙》、漢武帝之《秋風辭》、陶淵明之《歸去來兮辭》、李太白之《子夜吴歌》《幽澗泉》、蘇東坡之《醉翁操》等，亦有非出中國者，如《熙春操》《思親引》等皆稱『扶桑操』，注云：『夫操因日本自古以來欣遇此際，君聖臣賢，國安民泰，禮樂之興，文物之盛，偶成俚句，調入絲桐，以識將來之勝賞云爾。』琴譜正文右側有小字片假名標明讀音，左側有大字減字譜，琴譜後皆署校者、諧音者，除東皋心越外，參與校訂、諧音者，尚有東皋懶衲、東皋越杜多、聖湖野樵、東皋三一山人、神品執徐，此外《石交吟》譜後有識文一則，云：『左右交吟者，馬季良之諧譜也。師絕愛此曲之詞調，雖非師所諧，乃手澤之舊譜也，其情可見，又何不附載耶？庚寅冬，葛村漁長識。』疑諸人皆為東皋心越之徒。

今據清東皋心越撰、日本寫本《東皋琴譜》影印，在《浦江文獻集成》第一三二册。

胡聖傑

和文注音琴譜

（清）東皋心越撰　日本桂川家藏本

東皋心越生平已見於上一則提要。桂川家藏本《和文注音琴譜》，抄本，半葉分上下，各八行，行八字，卷首有『桂川家藏』藏書印。本書所收琴譜有《調絃入弄》《清平樂》《浪淘沙》《東風齊著力》《三才引》《大哉引》《秋風辭》《歸去來辭》《子夜吳歌》《幽澗泉》《久離別》《醉翁操》《八聲甘州》《瑞鶴仙》《鳳凰臺上憶吹簫》《太平引》《鶴沖霄》《南浦月》《飛瓊吟》《梅花》《偶成》《離別難》兩種、《華清引》《霹靂引》《月當聽》《憶王孫》《第一鵲橋仙》《第二點絳脣》《第三好事近》《第四畫堂春》《長相思》《相思曲》《竹枝詞》《小操》《箕山操》《熙春操》《思親引》《安排曲》《樂極吟》《高山》，凡四十一種，與《東皋琴譜》大致重合，惟序次不同。體例亦同《東皋琴譜》，譜前先標明曲調，後為譜名，題下記作者，正文右側有小字和文注音，左側為減字譜，譜末記校訂者、諧音者。

今據清東皋心越撰、日本桂川家藏本《和文注音琴譜》影印，在《浦江文獻集成》第一三三冊。

胡聖傑

明和本東皋琴譜

（清）東皋心越撰　日本鈴木龍序刊本

東皋心越生平已見於日本寫本《東皋琴譜》提要。明和本《東皋琴譜》，半葉内復分上下二小葉，小葉半葉四行，行十字，無魚尾，版心空白。書前有鈴木龍《刻東皋琴譜序》，署『明和辛卯之夏』，即明和八年，對應西元紀年為一七七一年，即清乾隆三十六年。序稱日本古昔八音之器皆備，然至近代已失傳，東皋心越以善鼓琴客於江户，琴川子從其學，東皋心越授之以秘譜，其後琴川子又傳給新豐禪師與東川居士，鈴木龍得之新豐禪師，遂付諸剞劂。序後有目録，先列大字曲調，曲調下附小字曲名，如『商音』下有《滄浪歌》《鶴沖霄》《思親引》《子夜歌》《秋風辭》，全書録譜共十五種，除首種《操縵》外，餘皆見《東皋琴譜》與《和文注音琴譜》，故此本實為節本。書末有書牌，記發行時間『明和九年五月吉日』，發行處『皇都書肆，文臺屋多兵衛發行』等。

今據清東皋心越撰、日本鈴木龍序刊本《明和本東皋琴譜》影印，在《浦江文獻集成》第一三三冊。

胡聖傑

大原止郎本東皋琴譜

（清）東皋心越撰　日本大原止郎本

東皋心越生平已見於日本寫本《東皋琴譜》提要。大原止郎本《東皋琴譜》，抄本，半葉分上下，各十八行，行十一字，抄本前有目次，譜名下記作者，收譜三十六種，除末幾種《夜坐》《舟夜》《操縵引》外，餘皆同日本寫本《東皋琴譜》，然《夜坐》《舟夜》僅有漢文而無減字譜文，《操縵引》僅有減字譜而無漢文，不知何故。抄稿末附短文《越公略傳》一篇，云：『師諱興儔，明浙江金華府，婺郡浦陽，蔣氏子，嗣壽昌無明禪師之法，初住杭州永福寺。延寶五年歸化，八年入京，天和元年，水戶義公招之，寓於東都別莊。元禄五年，特請住水戶岱宗山天德寺，八年九月晦沒，年五十七。後改天德寺，號壽昌山祇園寺，以師為開山祖。』並題『以上一卷，大原重明伯自筆譜本ラ借リテ寫之。大正十年九月一日，田邊尚雄寫。』其後復有一方小牌，記時間『明治卅一年十二月』，署名『大原止郎』。附録為琴譜指法，又識語云：『左右指法，琴家舊有，成書備焉，今略提其要以示初學，不敢謂指法如此而止。幸學者勿安於簡易而廢其本也。菊地善識。』

今據清東皋心越撰、日本大原止郎本《大原止郎本東皋琴譜》影印，在《浦江文獻集成》第一三三冊。

胡聖傑

附：明末義僧東皋禪師集刊

［荷蘭］高羅佩編著　民國三十三年上海商務印書館排印本

東皋心越生平已見於日本寫本《東皋琴譜》提要。高羅佩（一九一〇——一九六七），字芝臺，荷蘭人，本名羅伯特·漢斯·古利克，荷蘭外交官。萊頓大學畢業後進烏策特大學研究東方歷史文學，曾任職荷蘭駐日本大使館，荷蘭駐中國重慶大使館祕書，以及荷蘭駐美、日、印、黎巴嫩、馬來西亞等國使館，通曉十五國語言，漢學造詣頗深，譯有《狄仁傑奇案》《中國古代房内考》《琴道》《硯史》《高羅佩印譜》等。

蓋因高羅佩好琴樂，研習日本琴史，遂知東皋心越之名，又以其名不彰於中國，更遍訪心越遺蹟，彙為此集，而王芃生為其校訂。書前有許世英、王芃生序文與高羅佩自序，敘此書成書之始末、大略，又有例言、目次。此書分五卷，卷一為東皋心越之傳文與年譜；卷二為東皋之詩選，分『總』（兼俱並攝）、『法』（佛法禪機）、『人』（感舊唱和）、『境』（遊覽詠物）、『時』（感時述懷），計一百七十九首；卷三為文選，收文十一篇，尺牘十九通；卷四為東皋琴學在日本流傳之世系；卷五『東皋善緣輯要』，乃他人呈東皋之書信，書末有高羅佩英文序、英文書名頁與中文版權頁。

高氏所撰《東皋心越禪師傳》，敘自梁武帝時達摩傳法、禪宗之源流與曹洞宗之東傳，文中又多雙行小字注文，雜記人物資料、背景事件等内容，而年譜過於簡略。東皋心越多以禪語、禪意入詩，若『不是恁般非了處，那知非麼更流連』，『狂波萬頃知身幻，驟浪千尋識性空』，甚至徑以『示偈』『喻禪』『和偈』等入題，故高氏評其『禪師之詩，不當以詩人之詩論，特以韻語宏揭佛法，兼寓機鋒，其體裁亦似詩似偈』，蓋稱允當，惟《東渡述志》一首，近九百言，記其東渡前後之聞見，語詞淺近而亦是明季之詩史。心越之文類其詩，多塔銘、鐘銘及與僧人來往之信件。東皋心越之卓然可傳者，惟其在日傳播琴學之事，故其詩文流傳不廣，亦不聞於中國，若非高氏輯為此集，於今恐已湮沒不聞，高氏之功巨矣。

今據邑人張偉文藏荷蘭高羅佩編著、民國三十三年上海商務印書館排印本《明末義僧東皋禪師集刊》影印，在《浦江文獻集成》第一三三冊。

胡聖傑

青囊心印青囊心印續編

（清）王宗臣撰　清康熙三十六年刊本

王宗臣，字道輔，號東皋，生於清順治十一年（一六五四），卒於康熙四十九年（一七一〇），浦江縣樟橋頭村（今屬鄭宅鎮）人。邑庠生，少時習儒業，有聲庠序，間復旁通青鳥之術，詳明理氣，作《青囊心印》《天玉經注》二書藏於家。其言河洛宗旨，具有根蒂，堪輿家鮮能及也。《青囊經》乃地理風水之書，傳為唐楊筠松及其弟子曾文遄所撰，《四庫總目》有著録，題作《青囊奥語》與《青囊序》各一卷，以《奥語》為楊撰，《序》為曾撰，然《總目》僅録原書而不及王宗臣之《青囊心印》，四庫館臣又謂：『其中多引而不發之語，如「坤壬乙巨門從頭出」一節，歷來注家罕能詳其起例』，可見其時宗臣注本流傳不廣。

康熙本《青囊心印青囊心印續編》，半葉九行，行二十四字，四周單邊，黑魚尾，花口，版心記書名、卷數、葉數。封面左上角記書名《青囊經》，右下角署『李志文』，扉頁書牌有『浦江王宗臣注、兩儀堂梓行』字樣，書名記為『地理青囊天玉經解合刻』，然此本僅有《青囊經》解而不及《天玉經》。書前依次録宗臣之師張哲序、王宗臣所作《小引》、明劉基《青囊經序》、宗臣《弁言》及《例言》。此書分上、下兩卷與續編，上卷作『青囊序心印』，下卷作『青囊奥語心印』，兩卷及續編皆署『繡湖李讓言、李九宜先生同鑒定』『浦陽王宗臣著』，而上卷由張以培、戴慎德校訂，下卷由傅旭元、鄭璧校訂，續編則由宗臣弟宗熹、宗亮校訂。宗臣經解類章句之體，析《青囊》為殘篇短句，每句之後詳加説解，如『先看金龍動不動，次察血脈認來龍』一句，以『先看』為『入山認水口之意』，解『金龍』為『四墓之地，各有金宿，而四墓首辰，辰中有亢金，故名金龍』，釋『動不動』為『如入山觀水口，交鎖周密，即認取是屬何五行』，又曰『然後察其何五行之生旺水入堂，為察血脈也。再辨其來龍，為陰為陽，與水神雌雄配合何如』云云。《青囊》之語本晦澀不可讀，非專堪輿者難解其中之意，宗臣注文詳矣，本河洛之説，於陰陽、五行之術説解尤明。續編多為圖式，有『雙山盤之圖』『陰木配陽火圖』『陰金配陽水圖』『陰火配陽金圖』等等，計二十幅，又有『斷』『訣』『論』『解』『歌』『賦』諸體之文若干，及倒杖之法。

今據邑人李忠東藏清王宗臣撰、清康熙三十六年刊《青囊心印青囊心印續編》本影印，在《浦江文獻集成》第一三三冊。

胡聖傑

地理青囊經解

（清）王宗臣撰　清光緒刊本

王宗臣生平已見於上一則提要。光緒本《地理青囊經解》，半葉九行，行二十四字，黑魚尾，花口，版心記書名、卷數、葉數。封面除書名與注者外，有『天玉經解合刻』『本衙藏板』字樣，書前録王宗臣之《小引》、張哲序文及王宗臣之《弁言》與《例言》，且移劉基《青囊經序》於目録之後，全書版式與康熙本《青囊心印續編》無二致，則光緒本據康熙本刊刻，或出於同源，然康熙本僅有《青囊心印》上、下二卷而無《天玉心印》，光緒本二書俱完。此書分五卷，内傳三卷，外傳一卷，並有附録，卷一與附録皆同康熙本，以《青囊心印》上、下二卷為卷之一，《天玉經内傳心印》為卷之二、三，《天玉經外編心印》為卷之四，《青囊心印續編》為附録。《天玉經内傳》三卷及外編一卷，亦見《四庫總目》著録，舊題楊筠松作，然此書自宋始出，故已難考其究竟。清四庫館臣云：『《内傳》首言「江東一卦」「江西一卦」「南北八神一卦」，術者罕通其説。近時潘思榘作《天玉經箋》，許清奇作《天玉經注》始推繹。』同様不及王宗臣之《天玉心印》。此書前四葉有批注，不知何人所為，多注文中難解之語，如『龍者』『龍脈』『四墓』『四金龍』『水口』等，皆王宗臣未發之語，可視為王注之疏。

今據上海圖書館藏清王宗臣撰、清光緒刊《地理青囊經解》本影印，在《浦江文獻集成》第一三三冊。

胡聖傑

築巖子集

（清）傅旭元撰　清光緒十七年王文炳抄本

傅旭元，字晉初，一字政和，自築書屋曰『築巖』，因以為號，生於清順治九年（一六五二），卒於康熙五十九年（一七二〇），浦江縣傅店村（今屬浦陽街道）人。幼習舉子業，從張久也先生遊，兼精岐黄，曾醫遊瀛海，好學嗜古，一度侍姚江黄宗羲於武林雲巖草堂。梨洲曾謂其：『子浦人也，浦方巖南、柳烏蜀、吴深褭、宋濳溪、戴九靈、張白石諸巨儒，其絕業足以撐柱宇內，子歸而求之鄉先賢，師資在是矣。』（朱興悌《傳築巖先生傳》）旭元遂毅然以搜殘補缺為己任，輯浦之藝文有關世教者為《文徵録》，浦之前哲足以不朽者為《獻徵録》，又集浦之宿老出入於理學精藴者為《儒林議》。又偕吴萊裔孫璉校刊《吴淵穎集》，偕張孟兼裔孫思誨校刊《張白石山房集》，繕寫補梓《柳傳道集》，與張以琣搜輯付梓《戴九靈逸集》，嘉惠後學者甚多，而築巖刊布之功偉矣。又臚陳名宦黄坦及鄉賢朱君正、鄭應朝、吴尚鉉、戴正傑、張密諸人之實蹟，請崇祀以勵後學，皆義舉也。所著有《築巖子集》。

光緒抄本《築巖子集》，不分卷，所録皆為文，編排似無準的，大致按年月先後，然不甚嚴謹，如《讀義門鄭氏三先生文集》作於康熙二十六年丁卯，《書吴伯能崇祀録後刻浦陽遺愛録》作於康熙二十七年戊辰，集中卻以後者為先，非止一例，亦不按文體之别；又雜録方樗、天山道人、許國藩等他人之作，殊不倫，當非傅氏原本。抄本前有抄者王文炳之序，及另一人所作跋語。傅氏之功在蒐輯刊布鄉先賢之遺集，故所存多序跋之文，若《鄒魯正傳序》《浦陽人物記序》《書輯遜志集浦陽文後》《書白石山房集後》《書春村遺稿》《義門奕葉文集書後》等，於浦陽先賢之舊事，文集之流傳、刊刻等言之甚詳。如柳貫《待制集》乃至正十年廉訪使余闕俾浦江監縣廉侯阿年八哈首刻，百年之後浙江憲副張和俾教諭歐陽浦二刻，清代馮如京命浦令范養民三刻，集中復分《遊稿》《西雍稿》《容臺稿》《鍾陵稿》《靜儉齋稿》《西遊稿》《烏蜀山稿》，而築巖作《書柳待制文集後》言之明矣。然旭元於文辭少有發明，序跋之文多不加評論，雖有《彙柳待制文評》一文，亦集吳澄、程鉅夫、余闕、危素等人語而成。傅旭元曾有詩作，自謂康熙二十一年壬戌春，曾偕其弟育霖醫遊瀛海，時倪服回同客，謂旭元曰：『子性穎悟，曷為不詩，詩可怡情，可寫景，可記事，胸襟抑鬱，詩以抒之，旅邸寂寥，詩以暢之。長歌短篇，嘯傲煙霞，樂府絕句，留題贈答，庶不致孤負良辰。』築巖遂欣然有所感發，厥後凡遇景觸物，多寄諸吟詠，得詩若干首，當時或曾編為一集，傅氏遂有《客瀛雜詠小序》，惜已久佚不傳。

今據華東師範大學圖書館藏清傅旭元撰、清光緒十七年王文炳抄本《築巖子集》影印，在《浦江文獻集成》第一三四冊。

方勇

義門鄭氏奕葉文集十卷

（清）鄭爾垣等編　清康熙五十四年鄭氏祠堂刊本

鄭爾垣，字一樞，一字介川，别號無盡藏主人，生於清康熙六年（一六六七），卒於雍正二年（一七二四），浦江縣鄭義門（今屬鄭宅鎮）人。幼年失怙，敬事孀母，撫愛諸弟，處鄉黨間，恂恂如也，未嘗以辭色加人。初習舉業，操管立就，後補諸生。爾坦為文必以大家為宗，曾兩赴棘闈，不售，遂絶意仕進。集二三門人講學論文，彙録鄭氏先祖文集，校讎成帙，又佐理祠事，謹守家法，纂修宗譜，考核精詳。晚年懶於事務，號懶鄉子，因作歌以自志。著有《水月軒文稿》。

康熙本《義門鄭氏奕葉文集》十卷，半葉九行，行二十四字，四周單邊，無魚尾，花口，版心記書名、卷數、葉數與『祠公刊』字樣。此書《四庫總目》著録，題曰『義門鄭氏奕葉集十卷』。初，明永樂間，鄭昺允宣輯義門鄭氏三十四人之詩，編為《義門鄭氏奕葉吟集》三卷，翰林檢討鄭棠曾為之序，所録惟詩歌而已。此集則單録文而不及詩，有鄭大和之《貞和集》、鄭欽之《青樋居士文》、鄭濤之《葯房集》、鄭泳之《半軒集》、鄭淵之《遂初齋集》、鄭濟之《左春坊左庶子文》、鄭榦之《恕齋集》、鄭楷之《鳳鳴集》、鄭棠之《道山集》、鄭柏之《進德齋稿》、鄭蘊之《沖應子集》，凡十一種。然元明下距清康熙之世數百年，故文多散佚，《貞和集》《恕齋集》雖亦云『集』，所收實僅二三篇，若鄭大和之文二，曰《家規序》，曰《祭柳文肅公文》，又如鄭欽《青棲居士文》惟《義門鄭氏續規序》、鄭濟《左春坊左庶子文》惟《潛溪文粹後識》，單篇序跋而已，當輯自他書，而非原集之本矣。集中復以義門先祖之亡稿存目十八種附於末，庶可想見義門累世著述之繁與散佚之多。目録前後分載鄭爾垣所作《凡例》與《識文》，爾垣自云據康熙七年本校讎付梓，則是集非爾垣所編，其功在校正、刊布耳。目録先列朝代、作者及作品之名，下以雙行小字略記生平，其後乃文章之篇目。

今據清華大學圖書館藏清鄭爾垣等編、清康熙五十四年鄭氏祠堂刊本《義門鄭氏奕葉文集》十卷影印，在《浦江文獻集成》第一三四、一三五、一三六册。

胡聖傑

義門鄭氏奕葉吟集四卷

（清）鄭爾垣等編　清抄本

鄭爾垣生平已見於上一則提要。清抄本《義門鄭氏奕葉吟集》為義門鄭氏之詩歌選集，最早由義門裔孫鄭昺（字允宣）編於明永樂間，所收三十四人，詩二百六十九首，凡三卷。此抄本四卷，鄭爾垣《義門鄭氏奕葉文集》凡例雖云『諸祖文集原稿各有詩詞，然向別有《奕葉吟集》之刻，故今查《吟集》中所遺之詩，俟俱刻附其後，從其類也，不復載入茲集』，然據此書前鄭崇岳崇禎三年序，當為崇岳從弟克賢校訂補輯，非爾垣之功。此四卷本雖為抄本，然其前三卷之版式、行款、異體字等，皆與明末書種堂刊《奕葉吟集》三卷本同，或據其所抄録。然文字上略有小異，鄭銘《秋扇》三卷本作『買紙亟為囊，裹藏勿蒙垢』，四卷本作『賀紙亟為囊，裹藏勿蒙据』；《芝蘭堂》三卷本作『寄語入室人』，四卷本作『寄語人室人』；《觴詠亭》三卷本作『暢焉懷古情』，四卷本闕一『暢』字；鄭濂《紀遊簡宋承旨》三卷本作『入戶梅花香藹藹』，四卷本『入』作『人』，三卷本作『何須結社問東林』，四卷本『問』作『間』，此詩所附宋濂記文三卷本作『一則同』，四卷本『則』作『羽』，三卷本『仲德之言』，四卷本『仲』作『作』；鄭濤《己酉初度之明日寄揭伯防秘監》三卷本作『冬暖宜慣拙』，四卷本『拙』作『抽』；《獨坐譯講堂》三卷本作『又從丹陛聚文奎』，四卷本『奎』作『金』；《和答仲本兄》三卷本作『幾年於此悟修真』，四卷本『于』

作『千』；三卷本有《瀟碧軒獨坐》，四卷本闕『獨』字；四卷本卷二漏抄十四葉之下半葉，鄭濶《紅指甲》之下半首、《上巳》，及鄭淏之《登樓望雨》俱缺，而將十五葉之下半葉重抄；鄭榦《寄宋仲珩》三卷本作『摧殘比衆木』，四卷本『木』作『水』；《鞭笥》三卷本作『隱身自信干宵易』，四卷本『干』作『千』。凡文字相異處，皆以三卷本為宜，可依其校改。此本卷四別録義門十八人詩一百三十五首，其中鄭煁四首、鄭勳六首、鄭幼孜十六首、鄭點二首、鄭逖十首、鄭爟二首、鄭圻一首、鄭埤十三首、鄭璽一首、鄭鏓十七首、鄭宗瀾六首、鄭宗岱九首、鄭宗霍三首、鄭元疇十一首、鄭崇秩二首、鄭崇憲四首、鄭崇岳五首、鄭崇昭二十三首。

今據清鄭爾垣等編、清抄本《義門鄭氏奕葉吟集》四卷影印，在《浦江文獻集成》第一三六册。

胡聖傑

明文小題貫

（清）樓渢評選　清中期刊本

樓渢，字季美，生於清康熙二十一年（一六八二），卒於乾隆十三年（一七四八），浦江縣大溪樓村（今屬浦南街道）人。天性篤厚，弱冠為諸生，勵志讀書。曾流寓江西德化縣，郡守馮公課試，得其文，頗為賞識。其授徒一以存心制行為本，讀書以稽古為用。著有《舉業淵源》《明文分類小題貫》《分法小題濬靈秘書》等。

《明文小題貫》不分卷，序半葉七行，行二十字，有界行，四周單邊，無魚尾，版心記『樓序』二字與葉數；正文半葉九行，行二十五字，評語皆低一行，無界行，無魚尾，版心記『明文小題貫整飭』及葉數。是書蓋明文選集，書前有樓氏序文，其為文宗尚《四書》與秦漢、五代、唐宋八大家之文，謂行文之要有六，曰神、曰理、曰法、曰氣、曰筆、曰辭，行文之妙亦有六，曰神肖、曰理粹、曰法密、曰氣古、曰筆妙、曰詞雅；又謂明人之學問未必盡純，其性情未必盡理，其文章未必盡協，故旁搜各選，互相考訂，筆之削之，斟之酌之。樓氏所選皆科舉時文，計二十篇，若王鏊、王世貞、湯顯祖、董其昌、許獬等名家皆得入選。所選之文皆有圈點、夾批，注重文章結構之剖析，若首篇王鏊之《有朋自遠方來》，鏊開篇云：『朋來自遠而學之及物者廣矣，夫學非徒自有餘而已也。』批語道：『破題面。上跟「學」字，下起「樂」

字。「學」字挑起「朋來」。』選文之後咸附評語，多出樓氏之手，所評亦不離『深淺』『開闔』『起伏』『呼應』及錘鍊字句之事。樓氏於諸文之不足處亦有發明，其評鏊之文有云：『先生此文篇法雖精，句法尚疏。』復羅列其文之弊病，頗為允當。蓋八股之文，初無定制，經明成化間王鏊、謝遷、章懋等人提倡，始有破題、承題、起講、入題、起股、中股、後股、束股之體式，故樓氏之批語、評語之著意處亦不離此。

今據清樓渢評選、清中期刊《明文小題貫》本影印，在《浦江文獻集成》第一三六冊。

胡聖傑

分法小題濬靈秘書

（清）樓洬撰　清乾隆三年文富堂刊本

樓洬生平已見於上一則提要。《分法小題濬靈秘書》不分卷，序半葉七行，行二十字，有界行，四周單邊，無魚尾，版心記『序』與葉數，正文半葉九行，行二十五字，無界行，四周單邊，無魚尾，版心記『濬靈秘書』及葉數。牌記題『浦江婁季美先生評』、書名及『文富堂藏板』。書前有乾隆三年正月樓氏自序，謂人生而自有一種天機文字，其所以不通者，實因父師不能迎其機而導之，而濬之之法不外正容體與一心思，若容體正、心思一，則為人之本已立，而學文不難矣。樓氏謂學文以《四書》為宗，先講明《四書》白文、集注之文字義理，使知上下呼應、反正曲折之法即是就其口氣之自然者暢快言之，如此則破承起講未讀而文氣已通。雖然，樓氏所尚者仍在規矩，故是書所言，惟單題、長題、截上、截下、兩扇、三扇及反正開合、賓主順逆之事。是書可分『發蒙秘要』『初學破承格式』『初學起講格』『初學分法濬靈秘書』四章，『發蒙秘要』為讀書之法，如須立志、須習靜，又有『熟書神法』『記書神法』『讀書易入之法』『初學讀本選法』等；『初學破承格式』講破題、承題之法，每種破承之法又分舉數例，包括單題十題，兩扇題三題，兩截題四題，相因題、截上題各一題，截下題四題，虛冒題二題，結上題三題，口氣題二題，記事題二題；『初學起講格』為起講之法，包括正起法，反起法，先正後反起，先反後正起，旁襯法，對襯法，反襯法，夬襯法，疊襯法，連襯法，補襯法，略擒法，明擒法，單擒法，雙擒法，雙擒側注法，正剔法，別開生面法；『初學分法濬靈秘書』則為文選，類《明文小題貫》之例，有選文與樓氏評語，選文皆有批注，然批文不若《明文小題貫》之精之詳，此外尚有選文之小引、目録。

今據邑人張偉文藏清樓渢撰、清乾隆三年文富堂刊《分法小題濬靈秘書》本影印，在《浦江文獻集成》第一三七冊。

胡聖傑

產寶一卷續編一卷

（清）倪枝維撰　清光緒五年刊《保赤彙編》本

倪枝維，清代浦江名醫，字佩玉，號鳳賓，秀才，通醫學，精於調治產後諸病，主生化湯，量症加減，藥到病除。雍正年間，以多年行醫經驗纂為《產寶》一書，為我國醫學史上重要之婦科著作。書中倡導『引中有初，化中有生』，以生化湯治療產後諸病，為諸多醫家患者所認可，具有較高的醫學研究價值。《保赤彙編》為清朱之榛所輯醫學叢書，刻於光緒四年，除《產寶》外尚有清金玉相編《錫麟寶訓》四卷、清亟齋居士撰《達生篇》二卷、清莊一夔撰《福幼編》、清吳寧瀾撰《保嬰易知録》二卷、宋錢乙撰《小兒藥證直訣》三卷、宋呂本中撰《童蒙訓》三卷。

《保赤彙編》本《產寶》一卷、續編一卷，半葉十一行，行二十字，左右雙邊，大黑口，黑魚尾，版心記書名、小字章節名與葉數。是書大致依病症分節，如『胞衣不下』『塊痛』『血崩血暈』『手足厥冷』等，每節先述病痛之由、症狀與醫治之法，每節之後通常附有藥方，如『血崩血暈』後載『生化奪命湯』『滋榮益氣湯』『延胡索散』，且詳述其配方與服用之法。首尾二章《產後總論》與《產後調護法》為倪氏醫術之旨，查其以陰陽為論，而《總論》又云：『凡病皆起於氣血之衰、脾胃之弱，而產後為尤甚。是以丹溪論產，必當大補氣血為先。』可知倪氏所宗乃丹溪之學。續編為藥方兩種，一為『保產無憂散』，一為『催生佛手散』。

今據首都圖書館藏清倪枝維撰、清光緒五年刊《保赤彙編》本《產寶》一卷、續編一卷影印，在《浦江文獻集成》第一三七册。

胡聖傑

浦江本産寶

（清）倪枝維撰　吴縣潘霨增輯　清光緒二十一年蘇州望炊樓謝氏重刊《桃鄔謝氏彙刻方書》本

倪枝維生平已見於上一則提要。增輯者潘霨（一八一六—一八九四），字偉如，號韡園，吴縣人。監生，早年習舉子業，年十九應鄉試不第，赴京師從祖父潘世恩讀書，以捐納獲九品銜，官盧溝橋典史，遷昌平知州。清咸豐十年英法聯軍攻陷北京，文宗出逃，潘霨親兵日夜巡查，中外議和後歷仕直隸天津知府，浙江鹽運使，山東鹽運使，福建按察使、布政使，湖北布政使，湖北巡撫，江西巡撫，貴州巡撫等職。潘霨精於岐黄之術，曾奉詔入宮為孝成皇后治癒風疾，刊行醫籍《韡園醫學六種》，包括《傷寒論類方》《醫學金針》《女科要略》《理瀹外治方要》《外科症治全生集》《十藥神書》，其中《女科要略》為潘霨自輯。另著有《内功圖説》，又名《衛生要術》。

《桃鄔謝氏彙刻方書》本《産寶》，不分卷，半葉九行，行二十字，左右單邊，花口，黑魚尾，版心記書名『産寶』與葉數。牌記中題書名『浦江本産寶』，右側上記『光緒乙未募資重刊』，左側下記『蘇州桃花鄔望炊樓謝氏藏板』。望炊樓為謝家福之所，家福（一八四七—一八九六），字綏之，一字鋭止，號望炊，吴縣人。自幼砥行礪學，能文通醫，清同治七年補府學庠生，先後就職於上海輿圖局、上海方言館，學貫中西，矢志經史。曾籌辦上海電報分局，又於其居五畝園創辦蘇州電報傳習所，及義塾『儒孤學舍』，名為『正道書院』。平生盱衡時世，以忠義相勸勉，樂善好施，有為善最樂，巨細無遺之意。工書，善擘窠大字，喜搜羅未刻之書，輯刻豐富，如《望炊樓叢書》《重刊良方集腋》等。此本與《保赤彙編》本之異惟此本書前有道光二十二年海昌許楗之序，許謂是書向無刊本，自友人處得此寫本，棄之篋衍二十五年，又此本無《保赤彙編》本續編之藥方二種，餘皆同。書名稱『浦江本產寶』，當以著者倪枝維乃浦江人耳。

今據首都圖書館藏清倪枝維撰、吳縣潘霨增輯、清光緒二十一年蘇州望炊樓謝氏重刊《桃鄔謝氏彙刻方書》本《浦江本產寶》影印，在《浦江文獻集成》第一三七冊。

胡聖傑

產寶

（清）倪枝維撰　清光緒三十二年抄本

倪枝維生平已見於《保赤彙編》本《產寶》提要。清光緒三十二年抄本《產寶》，不分卷，封面有小畫一幅，與扉頁皆記書名及著者「浦江倪鳳賓先生」。書前載許槤序、黄祖經序與識文、高尚縉序文，凡四篇。此本正文與《保赤彙編》本等同，皆分「產後總論」「胞衣不下」「塊痛」「血崩血暈」「手足厥冷」「類傷寒」「類中風」「類瘧」「妄言妄見」「氣短」「發喘」「咳嗽」「自汗」「盜汗」「大便不通」「小便不通」「嘔吐不納穀」「傷食」「膨脹」「泄瀉」「痢疾」「煩悶」「產後調護法」二十三章。全書保存完好，字跡工整，偶有塗改之處，亦白璧微瑕而已。

今據邑人張偉文藏清倪枝維撰、清光緒三十二年抄本《產寶》影印，在《浦江文獻集成》第一三七册。

胡聖傑

產寶

（清）倪枝維撰　清刊本

倪枝維生平已見於《保赤彙編》本《產寶》提要。清刊本《產寶》，不分卷，半葉九行，行二十一字，四周單邊，花口，黑魚尾，卷首題『汭水倪枝維鳳賓父纂』『門人於士申君一校』。此本無序文，目録、正文與他本迥異，各章名之前悉增『產後』二字，他如『產後血崩氣脱』『產後脾瀉症』『產後忿怒症』『產後惡露不散成血塊症』『產後乳生癰症』『產後鄉俗弊習』『產後用藥十訣』等，皆為他本所無。又將他本『產後總論』末所附『生化湯』方析出，單列『產後生化湯論』一章，他本之『血崩血暈』析為『產後血崩症』『產後血暈症』二章；他本之『類傷寒』，此本則作『產後類傷寒三陽症』『產後類傷寒三陰症』，等等。正文以『生化湯』言之，此本之藥方雖與他本同，然服用之法卻相異。如他本俱云：『用水一盞，陳酒半盞，煎作一盞，稍熱服。』此本則較他本尤詳，其謂：『用水二鍾，煎一鍾，加陳酒五七茶匙。稍熱服渣不復，少間又進一劑，要在一二時辰之內，未進食之先，相機煎服……』云云。其餘章節亦多增益處，此書雖仍題《產寶》，實乃後人修補之書，非倪枝維原著。故目録稱『傅氏產寶目録』，卷首書名稱『傅氏產寶』，版心『倪氏產寶』之『倪』字皆以墨塗去，但卷首仍題『汭水倪枝維鳳賓父纂』。

今據邑人張偉文藏清倪枝維撰、清刊《產寶》本影印，在《浦江文獻集成》第一三七册。

胡聖傑

產寶

（清）倪枝維撰　清光緒三十二年石印本

倪枝維生平已見於《保赤彙編》本《產寶》提要。此本為石印本，書前分録清道光二十二年海昌許槤序、同治十年石陽黄祖經序與其光緒三十二年識文、光緒三十二年高尚縉序。黄祖經，號子畬，廬陵人，咸豐十一年拔貢，同治十二年中鄉舉，捐職以道員候補浙江，歷署金衢嚴分巡道，溫處海防兵備道，卓著政聲，授榮禄大夫。黄序云道光二十六年其父宦京師，乃得許珊林所刊《產寶》，一讀而歎為濟人寶筏，其父歿三年，祖經偶於遺篋覩是書，遂為悉心校正以付剞劂。黄祖經所鐫印《產寶》近萬本之多，數十年來，戚友鄉里按《產寶》之方施治，靡不奏效，受惠者甚多。光緒三十二年，黄祖經與笏堂太守高尚縉談及此書，高氏極為稱賞，謂《產寶》一書，言近旨遠，詞簡義賅，融貫諸家之説，崇正以闢謬，由博而求精，實治產者之準繩，高氏遂將《產寶》石印，蓋即是本。石印本《產寶》與清光緒三十二年抄本在序文、目録、正文上皆無大異，當出於同源，惟是本正文書名下題『浦江倪枝維鳳賓著』『紹興裘吟吳句讀』為抄本所無。

今據清倪枝維撰、清光緒三十二年石印《產寶》本影印，在《浦江文獻集成》第一三七冊。

胡聖傑

達生產寶

（清）倪枝維等撰　民國十八年金華競利印刷所刊本

倪枝維生平已見於《保赤彙編》本《產寶》提要。民國本《達生產寶》，不分卷，半葉九行，行二十一字，四周雙邊，花口，黑魚尾，版心即書名『產寶』或『達生篇』與葉數。封面有王家棣題書名『達生產寶』與『民國十八年四月』字樣，扉頁記『金華後街競利印刷所代印』，文下有寺塔圖一幅。是書以《達生產寶》為名，實合《產寶》《達生篇》二著刻之，書前有清咸豐九年陸璣之序與守恒山人序，陸序云其兒媳產變後症疊出，故據《產寶》按症索方，無不立驗，遂思與《達生篇》合刊。陸璣，字次山，仁和人，諸生，官漢州知州，有《陸次山集》。俞樾《春在堂隨筆》載璣為道光間名諸生，豪於飲，能詩文，且善畫，恃才傲物，不可一世，遇才名出己右者必力折之，每於樽俎間走筆為詩文，洋洋數千言，用相淩躐，務令慴伏乃已，人多愛其才而畏之。守恒山人即《達生篇》之著者葉風，風字維風，號亟齋居士、守恒山人，霍山人，活動於清康熙、雍正間。風好古詩文，中年曾為南昌郡幕僚，因厭其紛濁，棄而返棹，隱於醫。所著詩集若干卷，醫書數種，貧不能梓，僅《達生篇》一書行於世。是本之《產寶》與《保赤彙編》本等同，惟其目録將諸藥方單列，不附病症之後。《達生篇》分上、下二卷，所謂『達生』者，蓋就『難產』之意而反之，是產前及生產之醫書也。

今據義烏市圖書館藏清倪枝維等撰、民國十八年金華競利印刷所刊《達生產寶》本影印，在《浦江文獻集成》第一三七册。

胡聖傑

東明書院志

（清）鄭應炘等撰　民國十一年鄭興愷重修本

鄭應炘，字國景，生於清康熙三十二年（一六九三），卒於乾隆四十三年（一七七八），浦江縣鄭義門（今屬鄭宅鎮）人。鄭守模幼子，太學生。幼時家貧，辛勤經營，以致富裕。為人勇義好施，以穀貸貧人而不取息。以己田二畝餘為父助祠，又助田三十七畝開設義學，以教族人。乾隆二十七年重建東明書院，應炘捐白金百兩。嘗監家族祠事，秉公而行，主家政，正身率下，不以年老怠事。東明書院為義門鄭氏家塾，因其創於浦江東明山下，故名。初元青田縣尉鄭德璋以家居之業紛，恐子孫不能志於學，遂創東明精舍，俾族中年十六者往讀書其中，其後德璋之子鄭大和斥而廣之，吳萊、宋濂、方孝孺等皆曾講學於兹。延至清代，歷遭兵燹，書院僅存故址，清乾隆間義門裔孫明經爾梧、若奇等因知縣何子詳興浦陽書院，遂思重修東明書院，乃鳩族人以告於祖，族人紛紛捐産以助其成，又因舊址難復，移築於茅山。自後百餘年，捐置之産業，敦請之山長，書院之規例，悉載志書，民國十一年義門修宗譜成，二十五世孫興誼等遂重修《東明書院志》。

民國本《東明書院志》，半葉十行，二十一字，四周雙邊，花口，黑魚尾，版心記書名、章節名、葉數與『民國壬戌重刊』字樣。書前有重修東明書院序兩篇，一為乾隆二十九年浦江知縣何子詳所作，其時東明書院方重建，一為道光二十四年書院山長陳丙榮作。序後為《東明書院志》彙纂題名，志書始纂於乾隆三十年，後歷乾隆五十一年、嘉慶十一年、道光四年、道光二十四年數次重修，所録義門後裔二百六十四人。正文載序文、記文若干，皆關東明書院者，首宋濂《東明山精舍壁記》，此外有胡翰《游泳軒記》、傅旭元《東明精舍記》、戴王祥《重新東明書院記》等，相較之下，宋濂文章之優立見，其記東明山之址云：『山在浦江縣之東鄙，浦江倚山為縣，自仙華峰斜迤而東，若萬馬長趨不復回顧，二三十里之間，滿望皆山也。』敘書院四圍之景曰：『淵之東北一百步有泉泠然而老梅如龍横蹲其上，曰梅花泉。泉之北又五十步，列石為坐而蒼松翠竹蔥菁掩映，曰吟壇。』俱得景物之神妙，為後來者所不能，若傅氏《東明精舍記》，徑抄濂文，無所發明。此外尚載歷任山長勸學之詩文。上述所録之詩文不及全書之半，餘皆為書院章程與捐產之記録。

今據邑人鄭勇偉藏清鄭應炘等撰、民國十一年鄭興愷重修《東明書院志》本影印，在《浦江文獻集成》第一三八册。

胡聖傑

瓶山雜著

（清）潘德淐撰　抄本

潘德淐，字文如，號屏山，生於清康熙五十六年（一七一七），卒於乾隆三十七年（一七七二），浦江縣潘周家村（今屬檀溪鎮）人，邑廩生。早年勵志讀書，盡通經史之旨，嘗按蔡元定《律呂新書》，遵朱子以一小圈置中間，令可旋轉，内書五音外環列數十層以盡旋宫之義，會場屋以律呂發策，原原本本，纖悉靡遺，房考奇之，擬以魁薦，數奇不售，以明經終。尤精輿地學，自唐虞迄元明都邑沿革分併，皆手摹為圖，某山某水，歷歷如掌上羅紋。嘗曰：『文字空談耳，此吾輩實學也。』著有《輿圖便覽》《離騷集解》《讀史閑評》《讀詩閑評》《瓶山雜著》。

是為抄本，抄録之人及其年月俱不可考，書角多有殘闕，存潘德淐之文二十七篇，詩三十四首，對聯二十五副。潘文多行狀、祭文、墓誌之作，其可觀者，若《募修將軍殿小引》，以為岳武穆未曾向臨安振旅，更不當遣一旅之師屯兵於深山窮谷間，且岳武穆麾下有張應、張獻輩，而無張順者，又稽之史傳，以宋代兩張順乃徽宗、度宗時人，於時不符，遂云：『以為徽宗時之張順也可，以為度宗時之張順也可，以為武穆部下張憲之訛也亦可，且即以為武穆部下另有一張順敕封金華將軍者，或前人記載之偶缺，或後人考究之未詳也，亦更無不可。』發『人言其可信乎』之歎。考證翔實，立論驚人，有乾嘉樸學之風。《哭榜兒文》

為其亡子善榜作，文中善榜幼時頭角崢嶸、嬉笑哭泣、人見人愛之態；善榜卒之夜德涓遠在異鄉竟感通而輾轉不能寐之奇；德涓之父以愛孫之卒染疾，後瘉，德涓狀其憂喜交戰之心情；及其還家入揖父母時，不敢詢及家事，恐辭氣之抑鬱不舒而傷父母之小心翼翼，讀之如親歷其事，感人至深。若狀『憂喜交戰』一段，云：『莫知所措，不能笑，亦不能哭。何喜乎爾？喜吾父之病瘉也。何憂乎爾？憂吾兒之夭聞也。傷心而笑，則不情，對客而哭，則見哂。』悲喜交加，亦哭亦笑，傳神細膩，歷代描摹心緒之語，莫過於此。潘詩長篇短章俱備，語較平淺，長篇如《詠史》，就史事發論，近宋人之詩；短章若《遇事偶感》，隨感而發，氣象沉鬱，類子美之風。

今據邑人江東放藏清潘德涓撰、抄本《瓶山雜著》影印，在《浦江文獻集成》第一三八冊。

胡聖傑

槐雲集一卷紀遊小草一卷望雲小草一卷仙華集一卷

（清）戴望嶧撰 抄本

戴望嶧，字鄒山，號桐峰，生於清康熙五十七年（一七一八），卒於乾隆三十四年（一七六九），浦江縣城南隅人。祖漢陽郡守戴夢熊，父兗州别駕文武先生。望嶧生於兗州官舍，一歲而父亡，其母余氏授以書，天才俊發，貫通經史百家之説。清雍正十三年以拔貢入成均，乾隆十二年中鄉試，先授國子監學正，秩滿後升助教，其課三舍生，教條峻整。乾隆二十五年登會榜，初署湖南澧州安鄉縣印，旋授永州府寧遠縣，未抵任以丁内艱歸。乾隆二十八年服除，授雲南署廣通縣，及師宗、建水兩州篆，實授雲南府禄豐縣。時值緬匪梗化，大兵征剿，禄豐當孔道，軍儲牛馬供億之需，體恤軍民，無擾賢勞，冠諸邑。會有逃軍入境，獲之，上官將録其功，未幾逸去，以詿誤解組，制軍憐其才，令赴軍門效力，以圖開復，遂馳至金齒檄委催辦軍糧，勞頓不支，卒於隴川站。子如錦，邑廩生，哀毁而卒。望嶧天性純篤，事老母孝謹不衰，與兄王徵、王祥甚友愛，酷好詞賦，作詩援筆立就，所著有《桐峰文稿》《賦稿》《紀遊》《雁聲》《仙華》《望雲》《槐雲》《湘雲》《滇南》等草。

《槐雲集》《紀遊小草》《望雲小草》《仙華集》為戴望嶧詩集四種，因所作時地不一，故各為編次。《槐雲集》存詩二十六首，據集中《天石來京相晤言懷感賦二律》詩，知其時望嶧身在京師，又多紀與張顒齋、金霞江、林心芝、張函暉等人之宴遊，則是集乃乾隆十七年望嶧入國子監後所作。集以『槐雲』名，或因太學之西講堂有元代許衡所植古槐一株，集中尚有《瑞槐行》一首。集中多酬贈、紀遊之作，其佳者若《秋日郊行》二首，其一云：『晨光侵馬首，料峭怯新寒。煙寺鐘初度，霜林葉未乾。人稀知市遠，地迥覺秋寬。每到勾留處，呼童一解鞍。』殊有唐人風味。又因其遠在帝京，離家數載，故詩中多鄉關之思，如《戊寅除夕》有『宦遊六度逢除夕，餞歲殷勤例有詩。鄉思不隨燈共剪，春光旋與漏俱移』『夢魂浦汭三千里，燈火長安十二街』云云。《紀遊小草》存詩三十七首，詩涉錢塘江、姑蘇、京口、高郵、太湖、胥江、揚子江、宿遷、邳州、東阿等地，當作於北上時。戴詩韻律和諧，格律嚴整，似學杜甫，頗化用老杜之語，若《冬日渡錢塘江》之『野火兼星動』類子美『三峽星河影動搖』，『山樓帶月移』則似『三峽樓臺淹日月』。其詩非但紀景，兼有懷古，故氣象宏大深沉。《望雲小草》存詩二十六首，集中有數首送人南歸詩，則是集亦作於京師，多為次韻酬贈之作，涉李大然、東山五兄、程蓉莊、楓溪舅父、寶岡表兄，《題楓溪舅父二海集得三斷句》有自注云：『李大然先生寓海波市，寶岡表兄寓海岱門，俱官比部郎中，舅氏往來其間，倡和得百餘首，因自名其集曰二海。』可見諸人任職朝中時相與倡和之情景。《仙華集》存詩二十二首，仙華乃浦江之名山，集中詩多作於浦江，如《臘月廿四何蓉林明府偕方芝田廣文招遊寶掌寺》，寶掌寺即在浦江縣，又《七歌》亦作於戴母余氏謝世昇襯歸鄉後。望嶧丁母憂前已授湖南澧州安鄉縣，旋改永州府寧遠縣，其扶襯歸自湖南，故《七歌》有『哀雲如墨縈三湘』，『湘之雲，湘之雨，洞庭波兮木葉下』之語，及《過長沙》『扶襯淒涼去，扁舟泊淺沙。清風此作宦，艱況更思家。飛鳥依山曲，愁雲渡水涯。准將歸去意，珍重問仙華』之詩。戴氏之詩，《七歌》為最，詩以騷體寫成，全篇分為七章，抒母亡之哀痛，又多化用前人詞句，故其體奇，其語古，其情真，讀之不覺淚下。

今據南京圖書館藏清戴望嶧撰、抄本《槐雲集》一卷、《紀遊小草》一卷、《望雲小草》一卷、《仙華集》一卷影印，在《浦江文獻集成》第一三九册。

胡聖傑

浦陽書院志二卷

（清）朱興燕等輯　朱興悌等續輯　陳書等再續輯　清光緒五年木活字印本

朱興燕，鶴鳴之子，字召封，號松亭，生於清康熙四十二年（一七〇三），卒於乾隆四十年（一七七五），浦江縣城西樸樹里人。幼即岐嶷，長益力學，甫入庠，中清雍正四年榜，十一年登進士，乾隆二年授雲南通海縣知縣，五年調開化府文山縣，七年署寶甯，十四年知陝西鳳翔府隴州，十六年丁艱歸，服除，以母老請終養焉。其在官，禁火化之俗，正婚姻之禮，令開渠以灌注，立社倉以賑民，接濟則詳買粵鹽，捍衛則磚城創建，善政之行，民生悦服，大憲每褒薦之，而性情恬退，不樂仕進。方母服闋，有勸之補官者，曰：『古人云：「知足不辱，知止不殆。」吾守是箴，以免於辱且殆可也。』蓋優遊泉石二十餘年而卒。彌留時，憫邑中寒士與科試者艱於資斧，乃遺命捐田五十畝以為諸生科考路費，其汲引後進之心如此。

光緒本《浦陽書院志》二卷，活字印本，半葉九行，行二十字，四周雙邊，序文為對魚尾，正文單魚尾，版心記書名、卷數、葉數及『光緒己卯重修』之文。《浦陽書院志》始修於乾隆二十八年，蓋二十七年縣尹何子祥重修書院之明年，原為文昌書院，何侯重建後改今名，書院建成之後，『脩脯膏火，制其恒產；講肄考課，定其規條；捐輸多寡，列於題名；始事竣工，詳於序記』，遂纂為《浦陽書院志》一卷。嘉慶之八年、九年，書院之經義堂、文昌閣相繼傾圮，門庭齋廡皆有旁風上雨之虞，縣尹遂舉邑之紳士，經理書院，十年秋而成，屬朱興悌編纂新志，嘉慶十三年付梓。光緒五年，浦江知縣恩裕見浦陽書院規模粗具，又得地方紳士好義者捐資擴大，遂命浦陽之士纂為《續修浦陽書院志》，合嘉慶十三年所刊之本，用木活字印刷成書。故此本上卷為嘉慶本之重印，下卷為光緒新纂之本。上、下二卷雖編纂時間不同，體例大略一致，所記皆為捐助者之名、所捐田地號畝、捐助銀兩、書院之章程等，例類賬簿，本無足觀，惟志中所載諸碑記、序文，詳書院興建重修之事，蓋可想見浦陽歷任縣尹及邑中義士振興文教之心。志書之末附諸人倡和之《浦陽書院八景》詩，一組八首，分以《層閣披雲》《長廊聽雨》《梅軒春信》《桂苑秋香》《泮池塔影》《水榭鐘聲》《柳岸吟風》《石橋嘯月》為題，首戴望嶧之作，續以開化人方岱濟、邑人朱寓、雪樵陳郁、芝生陳毓秀之詩，或五絕一組，或五律一組，皆圓熟精巧。

今據天津圖書館藏清朱興燕等輯、朱興悌等續輯、陳書等再續輯、清光緒五年木活字印本《浦陽書院志》二卷影印，在《浦江文獻集成》第一三九冊。

胡聖傑

西崖詩文鈔十二卷

（清）朱興悌撰　清嘉慶十三年刊本

朱興悌，字子愷，號西崖，生於清雍正八年（一七三〇），卒於嘉慶十六年（一八一一），浦江縣城西樸樹里人。天資卓犖，然家貧無書，遍訪藏書家，經史子集無所不究，尤喜讀洛閩諸書，沈潛性理，傑然為學者宗。嘗謂：『吾輩從事於學，立志要堅，尋路要正，用功要密。』平素敦内行，重師友，厚族黨，躬行實踐，以餘力為詩文，年八十仍披吟不輟，作詩力追古人，生平無他嗜，惟擁萬卷書。晚年以明經主講月泉書院，年八十三卒。所著有《西崖詩文鈔》十二卷、《宋文憲公年譜》二卷，與戴履齋同纂《易説》二卷、《金華經籍志》六卷、《春秋論》六卷、《三國志筆録》五卷、《隨筆》一卷。

嘉慶本《西崖詩文鈔》十二卷，半葉十行，行二十一字，左右雙邊，對魚尾，白口，版心記書名、卷數與葉數。集中文八卷，詩四卷，朱興悌自為編定，然亦非完本，戴殿泗序謂鈔輯燼餘所得，嘉慶十三年興悌八十之際，親友門生梓之以介其壽。西崖之文，蓋如殿泗所謂『泓涵演迤，自性命之本，倫常之懿，經訓之奥，史乘之蹟，無所不深研而熟究之』，前三卷皆為讀書所記，所讀有經如《易》《春秋》、三傳，史如《戰國策》《史記》《漢書》《三國志》《唐書》，子如《晏子春秋》《子華子》《鬼谷子》《荀子》《韓非子》《孔叢子》《呂氏春秋》《淮南子》，集如《駱臨海集》《宗忠簡公集》《鄭北山集》《方正學集》。每讀一書、一傳，發為一論，俱有見地，如《讀戰國策》總其書而論，謂：『士至戰國，先王義理廉恥，坊世之具盡喪矣。』《讀漢文帝紀》談治世之理，不以孝文帝柔勝剛，弱勝強，得老子之術為是，而謂：『治天下者在剛柔並濟。』《讀賈誼傳》首句『君臣之相遇至難也，君臣相遇而兩相得，又至難也』，又為一篇之旨。此外西崖諸以『論』為題之文，多就史傳而作，如《范增論》《晁錯論》《張禹論》《羊祜論》《唐太宗論》等。西崖諸文，以《雜説》最奇，實乃寓言十一則，有南海守樸生裹糧行三千里登泰岱之日觀峰，有歐冶子鑄劍，有齊人東郭生思龍肝不得，用事用語，皆類先秦之作。朱興悌好為古詩，多用樂府舊題，如《短歌行》《觀滄海》《美女篇》《善哉行》《采葛篇》《白頭吟》等，差有漢魏之風，戴殿江云：『其所作，戛戛力追古人，不煩繩削而與古合，無意於人知，深於古者自知之。』蓋為篤論。興悌畢生未仕，隱居鄉里，於鄉間之風光與農事尤為熟悉，故集中田間詩較多，如《詠梅》《採茶》《采桑》《治圃》《刈稻》等，皆為短章，清麗可喜。此外朱詩類其文，常讀一書而發論，若《讀漢武内傳》《賦飛燕外傳》，其最奇者為《讀史漢雜詠》組詩，可謂鴻篇鉅製，以五言絶句寫成，計四十九首，寫先秦、兩漢間人物四十九人，上至歷代帝王、后妃，下至平平文人、儒生，其於諸帝多譏刺語，類其文。

今據南開大學圖書館藏清朱興悌撰、清嘉慶十三年刊本《西崖詩文鈔》十二卷影印，在《浦江文獻集成》第一三九冊、一四〇冊。

胡聖傑

宋文憲公年譜二卷附録一卷

（清）朱興悌撰　戴殿江編　孫鏘增輯　民國五年刊本

朱興悌生平已見於上一則提要。戴殿江（一七三五—一八一九），字襟三，號履齋，浦江縣建溪馬劍村（今屬諸暨市）人。與戴殿泗、戴殿海為昆仲，與同邑朱興悌為摯友。年十九為名諸生，性嗜書，清乾隆三十七年以千金購得桐鄉汪文柏、汪文楨兄弟藏書五萬餘卷，藏書之富，甲於浙東六郡，藏書處名『永思軒』。曾纂輯《金華理學粹編》以續絕學，復刻《九靈山房遺集》，與季弟殿泗編輯《九靈先生年譜》，與友朱興悌纂定《宋文憲年譜》，著有《履齋文集》十卷、《永思軒文抄》八卷。

《宋文憲年譜》為戴殿江草創，朱興悌編纂。蓋戴氏兄弟，殿江、殿海、殿泗三人，因刻其十四世從祖戴九靈詩文集，復編其年譜一冊，乃購書於嘉禾金氏家，得宋濂遺集三種，分別為明正德九年太原張縉刊《宋學士文集》八編七十五卷、明嘉靖十五年海陵徐嵩刊《潛溪集》八卷、清康熙三年陳國珍刊《宋景濂未刻集》二卷，集中之文，多有流傳較廣之嘉靖三十年浦江知縣韓叔陽刊《宋文憲公集》所未收者。然所流傳諸本皆無宋濂年譜，戴殿江遂自嘉慶三年春始，旁考遠稽，纂成《宋文憲年譜》之草本，又恐掛漏無端緒，遂屬友人朱興悌為之補苴罅隙。朱氏得其稿本，乃繙閱載籍，一一搜考，凡有關宋濂生平之事，皆按年月補入，補綴戴氏之未備，又酌定體例，删定潤色，析為上、下二卷，年譜之底本始定。戴、朱編纂之事各見其序，二序俱載書前，又有二人同時之浦江知縣岳迴之序，統稱舊序。民國元年，奉化孫鏘任金華教授，因訪得年譜之殘本抄補，復為之校閲，多所增入，分為三卷，於民國五年付梓，因為之序，置於舊序之前。書前尚有詠宋濂詩兩首，句間有自注，未署作者之名，中有『緲脱纔踰年六百』句，自注：『文憲生於至大庚戌，今六百零七年。』宋濂生年為元至大三年（一三一〇），其生後之六百〇七年則民國五年（一九一六）；又有『二十年來心血萃，一編行世願差償』之語，則二詩當為孫鏘所作。是書分上、下兩卷，以元明異代為限，元至元二十七年宋濂五十八歲前為上卷，明洪武元年五十九歲之後為下卷，附録為洪武十四年宋濂身後之事，終民國五年孫鏘編定是譜。

宋濂之年譜，以戴殿江、朱興悌所著《宋文憲公年譜》為最早，民國五年孫鏘曾作補輯；當代人所製宋濂年譜，則有陳葛滿先生《宋濂簡譜》，發表於《浙江師範大學學報》一九九四年第二期；徐朔方先生《宋濂年譜》，由浙江大學出版社排印，惜未刊行；徐永明《宋濂年譜》，原為其博士論文《元代至明初婺州作家群研究》之附録，曾於二〇〇五年由中國社會科學出版社出版，二〇一一年《宋濂年譜》經作者補正，由浙江大學出版社單獨刊行，遂為至今所能見到至詳之譜。

今據國家圖書館（原北京圖書館）藏清朱興悌撰、戴殿江編、民國孫鏘增輯、民國五年刊本《宋文憲公年譜》二卷、附録一卷影印，在《浦江文獻集成》第一四〇冊。

胡聖傑

鳴和詩存十卷

（清）陳松齡 陳浩然撰 清道光十四年經義堂稿本

陳松齡，字鶴年，號雪巖，生於清雍正十二年（一七三四），卒於乾隆五十九年（一七九四），浦江縣寺前村（今屬檀溪鎮）人。生而穎異，九歲《詠蓮花》詩即有聲譽，年二十三而從戴望嶧於太學，為述國子條教，三舍六堂交相推重，年二十六而歸。清乾隆四十二年拔貢，重遊京師，館座主王傑家，以親老辭歸，主講吳寧書院，性愛山水，到處輒留題詠。縣人重修邑志，松齡分輯《藝文雜志》，復編《金華詩録》，於鄉邦詩歌文獻之輯存，貢獻頗大。松齡為人性豪邁、敦氣節，以詩鳴於當時，與金華方元鵾、東陽葉蓁稱『婺州三傑』。陳浩然，字逸橋，松齡之子，工詩善書，有乃父風。

《鳴和詩存》為陳松齡、陳浩然父子二人詩歌合集，松齡詩曰《鳴集》，浩然詩曰《和集》，蓋取《易·中孚·九二》『鳴鶴在陰，其子和之』之義。全書依詩體編排，依次為五言古風二卷、七言古風二卷、五言近體二卷、七言近體二卷、五七言絕句一卷、雜題詩一卷，末附陳浩然所作詞曲，各體先《鳴集》後《和集》，如第一、二卷為《鳴集》之五古，則於第二卷後另附《和集》五古一卷，第三、四卷為《鳴集》之七古，則第四卷後附《和集》之七古一卷，以此類推。據目録載，《鳴集》詩凡五百九十五首，《和集》詩凡四百八十三首。書前有浦江知縣嶺南黄崑、陳松齡世侄朱寓所為序，及陳浩然題辭與自序，陳序作於道光十四年，黃、朱二序皆作於道光十五年，然《和集》中多有道光十五年後之作，其可確定時日者遲至道光二十三年，則是書寫定當在其後。浩然有詩題云《余於乙未校録先君遺稿有分詠梅花品格態度和韻四絕句因原韻謹和之》，則浩然於道光十五年已校録《鳴集》，其《和集》則未定稿，隨作隨增。是為抄本，筆跡不一，出於眾手，當為後人抄録。

陳松齡多以古風抒懷，以近體酬答，故其古詩之作較律詩為佳，常為組詩，一組多至十餘首，如《古意十九首》《雜詩十三首》《遊松陽詹家廢園用杜少陵何氏山林十首元韻十首》《秋日十詠》，絕句《和戴桐峰師小園十詠》《螺山十詠》《東夜誌感六首》《挹青閣偶題六絕句》等。好用前人韻作詩，多至三十餘首，韓愈、沈約、謝靈運、謝惠連、顧炎武、杜甫等皆有採入，尤好用蘇軾韻，集中有《鳳池得月歌》（用蘇軾《龍尾硯歌》韻）《題韋大霽峰同年蟠梅書屋圖用東坡老人煙江疊嶂圖韻》《諸葛聖傳以曹素功舊墨數丸見遺賦詩謝用東坡韻》《為鄭保嵒題程學博榮畫扇歌用東坡煙江疊嶂圖韻》《柬諸同志用蘇東坡韻》《雪夜用東坡公韻二首》《對雪用坡公韻》《臘月十八日對雪有感用東坡尖義韻》《山房五首用東坡南堂元韻》《讀東坡書王晉卿畫四絕句竊效顰為之即用元韻》。

陳浩然詩學其父，體格相近，然語較新，詩多表明年月，故其生平行跡班班可考。其組詩多為題畫絕句，如《雜題著色山水八首》《題所畫花卉八首》《題水墨蘭花冊子八首》《上杭鄧某結水閣一簇自成二絕句以待遊者諸友索余和之即用其韻率書十四首於壁》《客峴山題畫冊十二首》《題畫冊五首》《題花卉畫屏八首》等，皆鉅製。用前人韻詩則不類其父之多，集中僅《丁亥四月之朔石鐘山有聲家槐三宗植與寺僧同遊勝峰余為作詩用謝靈運登臨海嶠韻》《隨園詩話中有丁貫如名珠者載其遺懷詩頗為清空遂用其韻以反之》《讀白樂天酒庫詩因用其韻以志慨》三首。陳浩然有《不愛酒》詩，謂『向來不愛酒』，《和集》中卻有《端陽友人招飲席上口占》《席上勸飲醉而賦之》《八月十五夜與友人飲罷登樓觀月》《戊辰二月七日魯瞻得子招飲並出以詩因作此賀之》《戊寅三月遊碧溪賈貂山招飲兼贈以詩因勉拈一律以答》等詩，可想見其醉飲之態，所謂『心畫心聲總失真，文章寧復見為人』，文人之辭不可盡信若此，聊付一哂。

今據邑人金碧先藏清陳松齡等撰、清道光十四年經義堂稿本《鳴和詩存》十卷影印，在《浦江文獻集成》第一四一册。

胡聖傑

春秋集義五十八卷首一卷末二卷

（清）吴鳳來撰　清乾隆五十四年小草廬刊本

吴鳳來，吴萊之裔孫，原名德愷，字君擎，號九成，又號紫庭，鳳來爲庠名，生於清雍正十二年（一七三四），卒於嘉慶四年（一七九九），浦江縣前吴村（今屬前吴鄉）人。自幼家貧，力學治經，尤精於《春秋》，以《春秋》爲修身治世之書。乾隆二十五年中進士第，自以童生應詔至登進士僅八月，連捷三科，人謂其『藍袍未舊紫袍新』，邑中傳爲佳話。乾隆三十三年授廣西岑溪知縣，歷仕西隆州、鬱林州、象州知州，署思恩知府。同年畢沅嘗稱鳳來英年氣鋭，遇事敦尚儒術，誠篤不欺，在任折獄明慎，豪猾潛蹤，四民樂業，一時稱爲神明，終因率直罷官。既而主講鄞下，聖駕南巡，以接駕恩復原職，尋歸里，著《春秋集義》。鳳來治《春秋》，先設身以處其地求其處，心斷以周法而後合衆論以折衷之，故其爲文，筆力精鋭，無堅不破。

此處所收《春秋集義》，半葉十行，行二十一字，四周雙邊，大黑口，黑魚尾，版心記卷數、卷名（如綱領、隱公五年、桓公八年等）、葉數。封面書名右側題『大司馬畢秋帆先生鑒定』，左側題『《左氏》《公》《穀》俱全』『小草廬藏板』。書前有畢沅及廣西督學使者於鼎之序，分别作於乾隆五十四年與乾隆五十一年，序後有目録及引用姓氏之目。吴鳳來於書之凡例中稱：『其三傳經文不同處，遵《欽定彙纂》《御纂直解》

二書定本。』《欽定彙纂》即《欽定春秋傳説彙纂》，康熙三十八年詔儒臣王掞、張廷玉等編纂，歷二十餘年乃成，計三十八卷。《御纂直解》即《御纂春秋直解》，乾隆二十三年以《春秋傳説彙纂》卷帙過繁，故命傅恒、來保等删減而成，凡十二卷。吴鳳來雖只言經文以二書為準，然《春秋集義》之體例乃至内容皆因襲《欽定春秋傳説彙纂》。《春秋集義》雖稱六十卷，實為正文五十八卷，另有正文前之『卷首』與正文後之『卷末』兩卷（此『卷首』『卷末』為原書版心所標注）。『卷首』為緒論，分為三篇，各論『《春秋》經傳源流』『《春秋》大旨、經傳義例』及『傳注得失及讀《春秋》之法』，三篇皆自《欽定春秋傳説彙纂》照搬過來，並未改易一字。『卷末』又分上、下二卷，卷上為春秋各國《世次表》，卷下為《春秋諸國便考圖》與春秋各國《氏族圖》。《欽定春秋傳説彙纂》則有《王朝世表》《列國年表》《王朝列國世次》《王朝列國興廢説》《列國爵姓》《列國地圖》《王朝地名》《列國地名》，相較之下，可見吴鳳來之《世次表》乃整合《欽定春秋傳説彙纂》之《王朝世表》《列國年表》《王朝列國世次》《王朝列國興廢説》《列國爵姓》而成，其《春秋諸國便考圖》亦據《欽定春秋傳説彙纂》之《列國地圖》重新繪製，而《氏族圖》則是陳厚耀所作《春秋世族譜》，皆非吴鳳來所創。

《春秋集義》於體例上亦模仿《欽定春秋傳説彙纂》，先經文後『四傳』與『集義』。『集義』即《欽定春秋傳説彙纂》之『集説』，集漢代以來諸家之説而成，通常以『某氏曰』標明，或是將相近之衆説約為數語，所引諸家，據《春秋經義》目録之後『引用姓氏』，亦與《欽定春秋傳説彙纂》無太大差異，惟缺唐代顔師古、盧同，明代王鼎爵、鄭嗣、王貫道、甘雨，而新增明代劉基，清代李光地、朱軾、何焯。吴氏云：『三傳本以釋經，而後來作者恒奉為文詞之祖，故録有明以來批點，以為操觚者之一助。』可見吴氏雖反復申明《春秋》為格物致知之書，修身治世之道備於其中，然其於文辭亦不偏廢。於鼎康熙五十一年序云：『讀其所著《春秋集義》，博採古今儒者之説而條貫之於前，三傳裁其所為誇而讖緯者，於胡氏傳去其所迂者』，凡例末又云：『自丙午至己酉，自粵而楚而豫，復反楚，僕僕舟車，僅取同年讀本而增損成卷耳』，可見吴氏之用心。

今據中國科學院國家科學圖書館藏清吴鳳來撰、清乾隆五十四年小草盧刊本《春秋集義》五十八卷、首一卷、末二卷影印，在《浦江文獻集成》第一四二、一四三、一四四、一四五、一四六、一四七册。

胡聖傑

吴紫庭先生墨蹟

（清）吴鳳來撰　民國十九年義烏黄侗影印本

吴鳳來生平已見於上一則提要。紫庭乃其號。是爲吴鳳來信劄一通，民國十九年義烏黄侗得之於《春秋集義》殘帙。信劄作於清嘉慶元年鳳來寓長安之時，題《與勳趙徐二婿細覽》，蓋教人讀書之法，其要有三：一以讀書在兩『多』字，一曰多書卷，一曰多口功，遍讀聖賢之書則心有遺理，而遺理見於字句中，故當熟讀；二以《春秋集義》爲窮理之要書，謂其要則五倫之正變、六職之修廢，其文詞博大精深、典核華美畢備，又爲詩文之根柢，頗以是書爲傲；末綜而言之，『以《四書》《易》《書》《詩》爲舊課，以《春秋》《三禮》爲新課，以古文大家及詩賦法帖爲餘課，如是三五年，則自成大家』。信劄後有黄侗跋文，云得此手書於《春秋集義》殘帙之中。

今據邑人賈壯紅藏清吴鳳來撰、民國十九年義烏黄侗影印《吴紫庭先生墨蹟》本影印，在《浦江文獻集成》第一四七册。

胡聖傑

盤洲詩文集八卷

（清）周璠撰　清嘉慶十六年刊本

周璠，字魯璵，生於清雍正十二年（一七三四），卒於嘉慶十三年（一八〇八），浦江縣潘周家村（今屬檀溪鎮）人。生而岐嶷，讀書不肯尋行數墨，務抉其精意，古文力追《史》《漢》，詩則以李杜為宗。學使竇光鼐器重之，天台齊召南主萬松書院，從之遊，所交皆一時豪俊。嘗謂文之根柢在六經，而六經之理約之於身心。初嗜陸、王，晚乃折衷考亭，謂朱子之學足以範圍百家之異同。性耿介，處己剛以嚴，與人方以直，居家和順孝弟，人無間言。年逾七十，由歲貢生授海鹽訓導，嘗以己俸資貧而好學者，閱五年卒於任，學者稱盤洲先生。著有《盤洲文集》《盤洲詩集》等。

《盤洲詩文集》八卷，其中《文集》六卷，《詩集》二卷。是集乃周璠門人戴殿泗等，於璠卒之次年謀鋟諸梓，殿泗先得璠之詩文二冊鈔之，與朱興悌訂正，復請金華曹珩圃選其詩而正於山陰何小山，刊刻之事則門人王齡總其責，刊行之始末，俱載書前戴殿泗之序與卷末王齡之跋。尚有朱興悌、曹開泰之序，皆以近古稱之，朱序云：『惟其寢食於古者久，發為文章，道明而理足，理足而辭自達，不求肖於古，而與古之作者駸駸乎並駕齊驅。』曹序則稱璠之文『幽峭似柳州，瘦硬似半山，鎚幽鑿深，鳥道獨闢而卒歸於純粹。』蓋周璠為文，取法《左傳》《國語》《莊子》《離騷》《史記》《漢書》、韓愈、曾鞏，『立意之高，取裁之峻，持論之堅確，雖使古人復生，當亦未肯多讓。』（戴殿泗《盤洲詩文集序》）周璠信古文《尚書》，尤不滿以文辭之難易辨其真僞，曾作《尚書分鈔序》駁之，謂古文《尚書》『其理正，其詞醇，内聖外王，言言圭臬，烏覩所謂文氣之卑靡也耶？』周璠亦精於詩學，曾輯抄『唐前近體詩』，認為六朝之詩為古近體詩之大樞紐，以前為古而以後為今，盛讚六朝之五言『其氣鬱以沉，其字險以生，其句析以奥，其色蒼以新，其味腴以長，其臭芳以暗』，而對於後人所詬病的『句而不篇』，璠以『天地之氣運』為解，以六朝政權之斷續而應諸詩之有句無篇，可謂灼見，俱載《鈔唐前近體詩序》。《詩集》二卷依體裁分類，其中五言古詩尤多，獨佔一卷，凡六十四首，附四言一首，然則璠之詩作，與其評詩之旨相當，而七古、五律、七律、五絶、七絶為一卷，計九十七首。璠作詩好擬古，且多感懷、抒懷之作，情調沈鬱，有類六朝時人作。

今據浦江縣圖書館藏清周璠撰、清嘉慶十六年刊本《盤洲詩文集》八卷影印，在《浦江文獻集成》第一四八册。

胡聖傑

盤洲文詩集四卷

（清）周璠撰　清光緒刊本

周璠生平已見於上一則提要。《盤洲文詩集》與《盤洲詩文集》實一書，書名與分卷不同耳，《詩文集》文四卷、詩二卷，《文詩集》則合文為三卷，合詩為一卷，篇目幾無差異，惟後出之《文詩集》多『題跋』之《讀國策》《讀中庸章句序書後》《讀道德經》與『像贊』之《友恭圖贊》四文，又置《石獅潭賦》於詩之末，餘則皆同。

周璠有《文説》一篇，盡發其論文之旨，璠倡『文以載道』『文以明道』之説，以孔子之文章乃道之現於外者，非筆語而已。璠不滿於時人以『技』為文，數舉『近日江南某氏巨公』之言，如：『道與文俱，謂道比藉文以傳，則其於道益慒矣。』又如：『熟唐宋八家之文，可躪至於宋五子之室。』璠笑其立説之陋，故深詆之。周璠非但精於詩文，亦長於校勘，曾手校《水道提綱》《北史》《水經注》《拾遺記》《竹書紀年》《儀禮注疏》，及所謂秘書二十一種，與當時之藏書家、刻書家、目録學家，如杭世駿、汪沆、鮑廷博等皆有往來。《校水道提綱跋》云：『且謀鋟此書，杭堇浦、汪槐堂、阮薼村、鮑淥飲諸公咸慫恿之。……淥飲乃以知不足齋所藏内府本三十四幅資核訂。』《校秘書廿一種》又云：『嘗語鮑君淥飲，知不足齋叢書之刻，梨棗之費數千金，不啻惜其擇焉。』差可見其交誼。璠又好經史之文，讀畢有感隨發而為文，今集中有《讀國策》《書留侯世家後》《書王莽傳後》《書孔子世家後》《書狄梁公傳後》，謂張良爲『智謀之士，深於道家之旨』，論孔子爲殷人之後，其家世歷歷可考，司馬遷不列之『本紀』『列傳』而列於世家，是遵其例。所論皆允當。集中有傳記十三篇，雖多爲孝子、節婦作，亦不乏佳篇章，如《清逸居士傳》《屏山潘先生傳》《亡徒戴宗一小傳》等。

今據浦江縣圖書館藏清周璠撰、清光緒刊本《盤洲文詩集》四卷影印，在《浦江文獻集成》第一四九册。

胡聖傑

戴九靈先生年譜一卷

（清）戴殿江　戴殿泗編　清乾隆三十六年刊本

胡聖傑

戴殿江生平已見於民國本《宋文憲公年譜》提要。戴殿泗生平見於清道光八年刊本《風希堂詩集》六卷、《風希堂文集》四卷提要。殿江、殿泗為戴良十四世從孫。《戴九靈先生年譜》一卷，半葉十行，行二十一字，左右單邊，白口，對魚尾，版心記『年譜』二字與葉數。書末署『乾隆辛卯十四世從孫殿泗、殿江謹纂』，可知是書成於乾隆三十六年。是譜較簡，全書僅九葉，戴良生元延祐四年，卒於明洪武十六年，歷六十七春秋，然見於年譜者僅三十七個年份。年譜雖簡，然視其文，皆有所徵，不為無據之空言，如順帝至元三年丁丑，戴良起為月泉書院山長，則徵之子樂壙志；四年戊寅丁母憂，則據柳貫《戴孺人墓誌》。譜文所録，又非止於戴良之生平與創作，於親友之事蹟乃至時事，亦多採入，如至正十八年戊戌，載是春余闕死節安慶，冬明太祖取婺州，又徵之《明史·文苑傳》，云：『太祖初定金華，命與胡翰等十二人會食省中。明年用良為學正，與宋濂、葉儀輩訓諸生。』又如二十三年，記張士誠自稱吳王之事，皆可與良之活動相印證。故是譜雖簡，於學者亦不為無助。

今據國家圖書館（原北京圖書館）藏清戴殿江、戴殿泗編，清乾隆三十六年刊本《戴九靈先生年譜》一卷影印，在《浦江文獻集成》第一五〇冊。

金華理學粹編十卷

（清）戴殿江輯　清光緒十五年刊本

戴殿江生平已見於民國本《宋文憲公年譜》提要。《金華理學粹編》十卷，半葉十行，行二十二字，左右雙邊，黑魚尾，版心記書名、卷數與葉數，扉頁有『光緒十有五年八月刊於越中』牌記。是刊也，永康應寶時主之，蓋戴殿江曾孫於兵燹中負稿逃亂，亂平後手抄成帙，因乏資不能刊行於世，因屬其友申屠竹坡，而竹坡以示寶時。寶時受而讀之，慨於殿江拳拳於興起婺學，而惟恐其趨入歧途之意，與越中陳耐安、周亦韓、潘少華謀而刊之，其事具見書首寶時之序，其後又有戴殿泗之序與殿江自序。殿江以婺州先輩，習聞諸老先生理學風聲，故其文章皆涉理趣，然至殿江之時，音沉響歇不第，『小鄒魯』遺徽難以夢見，故歷舉家藏婺賢遺書而讀之，並沉潛於宋、元、明、清之大儒名集，見金華理學源遠而流長，統明而緒正，故作《金華理學粹編》十卷。是編之作也，殿江主之，老友朱興悌時相訂正，並郵寄京師，與殿泗相商，書名『理學粹編』，正出於殿泗。

金華理學，源出晦庵朱子，傳於勉齋黃幹，先有何基文定、王柏文憲、金履祥文安、許謙文懿四公，蓋朱學之嫡傳，所謂『北山四先生』者也。入明則有章懋楓山，時金華之理學式微，先生起而振之三百年，綿綿延延，後先輝映於婺。清代則陸隴其清獻，上承往聖，一生遵朱子、黜陽明，惓惓於表彰呂東萊成公、四先生與章文懿。此數子者，蓋金華理學之最醇者，他如『婺學之開宗，浙學之托始』之范浚，及徐僑、楊與立、王介、李大同、應純之等，亦得載入。然學有先後、有源流、有大小，故全編分為『理學先聲』『理學大宗』『理學正傳』三類，以范浚為『先聲』，呂東萊、四先生、章懋為大宗，諸人之門人為『正傳』，傳王陸之學者則附於末。每一人先述其生平與理學思想，繼而逐一條列後人評説，旁徵博引，末附殿江之按語。『理學先聲』與『理學大宗』之七人為大宗，佔全書之半，餘近百數之人則簡言之。

今據中國科學院國家科學圖書館藏清戴殿江輯、清光緒十五年刊本《金華理學粹編》十卷影印，在《浦江文獻集成》第一五〇冊。

胡聖傑

雲村集唐一卷

（清）賈應程撰　清嘉慶二年刊本

賈應程，字章式，號雲村，生於清乾隆四年（一七三九），卒於嘉慶十二年（一八〇七），浦江縣旌塢村（今屬白馬鎮）人。讀書好古，性甘恬澹，薄視華膴，曾著有詩賦《鸞音集》。又有《雲村集唐》一卷行世，為其所作集唐詩，皆為五言律詩，計九十有九首，涉唐代詩人近百人，而以李白、杜甫、白居易等大家為多，若徐鉉等生於晚唐五代者亦得採入。集中雖為集句詩，然格律嚴整，韻律和諧，若出一人之手，非堆砌牽合者可擬。所採之句多與所詠之景物無關，如《飛來峰》詩，用白居易《窗中列遠岫》、韓愈《和侯協律詠筍》、杜甫《園》、李白《留别龔處士》、韋莊《李氏小池亭十二韻》、賈島《題李凝幽居》、高適《赴彭州山行之作》、杜甫《望兜率寺》，皆與飛來峰無涉，而經應程之排列，與所詠尤相契合。甚者，竟以韓愈詠筍之『挾勢欲飛騫』（按：原句作『挾勢欲騰騫』）形容峰之欲飛，奇哉妙矣。

書末有西湖小顛僧禪一識文，云賈應程『每以琴言酒末，送客登樓，因掇古人之精華，抒寫自己之胸臆』，即集唐詩之謂也。稱其詩『真有織錦如花，妙奪天孫之巧，裁雲作障，能遮月姊之羞，所謂水到渠成，境隨物轉者』，譽之美矣。小顛法號禪一，字心舟，桐鄉人，清代淨慈寺僧，為人風趣特甚，性嗜酒，與士大夫往往以詩酒訂交，詩學盛唐，得李杜之法。

今據上海圖書館藏清賈應程撰、清嘉慶二年刊本《雲村集唐》一卷影印，在《浦江文獻集成》第一五〇冊。

胡聖傑

風希堂詩集六卷風希堂文集四卷

（清）戴殿泗撰　清道光八年九靈山房刊本

戴殿泗，戴良十四世從孫，號東珊，生於清乾隆十四年（一七四九），卒於道光五年（一八二五），浦江縣建溪馬劍村（今屬諸暨市）人。乾隆五十一年中舉人，嘉慶元年會試進士第八十三名，殿試中二甲第一名傳臚，授翰林院編修，入值御書房，修《高廟實録》，官至日講起居注。後辭官，與兄殿江、殿海芒鞋竹杖，遊於山水間，使子弟具壺觴相從，講論學問，終日不倦。殿泗為人外和而內剛，任職於翰林十年不遷，仍處之泰然。皓首窮經，博觀諸史，對宋代理學尤為潛心體味。所作詩歌以五古居多，意境深邃，淳清剔透，於東坡、石湖諸家，無意模仿而得其真趣。著有《風希堂詩文集》十卷，與兄殿江同編《九靈先生年譜》。

《風希堂詩集》為戴殿泗之侄戴聰所編，聰自幼受業於殿泗，因殿泗生前不肯以詩鳴，所作皆隨手散佚，故聰在殿泗歿後於舊篋中檢得殘稿數冊，及零篇剩紙若干，分為《山居集》《東華集》《翰苑集》《歸田集》四集。依戴聰之説，《山居集》乃乾隆四十五年戴殿泗為諸生時所作；稍後殿泗以優行貢成均，乾隆四十六年入京師，充任八旗教習時，與倪象占等酬唱，所作則為《東華集》；嘉慶元年戴殿泗中進士，改庶吉士，授翰林院編修，其與同館酬唱之作，編為《翰苑集》；又以嘉慶十四年歸里後所作為《歸田集》。

《風希堂詩集》成，而殿泗一生之閱歷、交遊，約略可見也。

戴殿泗作詩不拘聲律，集中所存，以五七言古為多，而律詩、絕句較少，好為長篇，如《鴛湖書院謁陸清獻公祠追和淩絨教授一百韻》，多至千言。尤喜歌行體，有《楊丈統甫歸越歌洩溪行以送之》《紅橋版書尺各為張芑堂明經燕昌作》《磨心潭義烈行》《風希堂歌》《風希堂後歌》等，皆長篇鉅製，抒寫懷抱，頗能見其情性。殿泗抒懷之作，以《山居稿》中數量最多、感情最真，蓋其時殿泗尚為諸生，未入官場，絕少酬贈之習氣。如《山居秋感》云：『攬石持作枕，截桂以為笻。嘯呼自浩然，何必參群公。』有唐以前之風。陸繼輅稱其《舊遊雜興》八篇『兼有鮑謝』，非惟是八篇有之，殿泗之寫景抒懷者多有鮑、謝之風。殿泗尤好用東坡詩為韻，集中有《月夜即事用東坡定惠院寓居月夜偶出韻》《題韭山畫山水卷用東坡煙江疊嶂圖韻》《屠大潤芝題其學舍曰小於舟即用東坡詩韻賦之》等。

《風希堂文集》四卷，亦按體裁分，有『說』『解』『考』『序』『論』『記』『書』『跋』『書後』『傳』『墓誌銘』『行述』『權厝志』『祭文』『雜著』十五類，區分細緻，書前有戴聰門生陸繼輅之序文，末有戴殿泗姻侄吳景潮跋文，跋稱殿泗『文溯魏晉，詩統三唐』。殿泗之文，多涉經史，論《易》有《卦序說》上下、《珍艮巽兌說》《雜卦解》《說卦解》，論《禮》有《夏官說》《秋官說》《天官胡氏說辨》，論《春秋》有《讀春秋傳偶說》《孔子周流列國說》，又曾考夏商周帝王享國之年歲、孔子弟子之年歲及岡底斯山即崑崙山之事實。戴氏九靈山房曾刊刻數種浦陽先賢及清代文人之詩文別集，如宋濂之《浦陽人物記》《宋文憲全集》，戴殿江之《金華理學粹編》，朱興悌《朱西崖先生詩集》等，殿泗於《朱西崖先生詩集序》中歷敘浦陽宋元以來之詩人，可視為浦陽詩歌發展之總論，其語云：『吾浦之詩家，自方公韶卿始幽深狷潔，以性靈扶綱常，惜三千餘篇存者二十之一，其餘不可得見矣。柳公道傳、吳公立夫繼之，柳之軒敞宏麗，由所學之博大，吳則奧衍崛奇，不見用於時而自成一家言。二公詩得弟子宋公潛溪删而存之，柳集存二十卷，吳詩存者亦删其十之六七，自是公行天下，奉為定本，信乎為之後者之不可少也。潛溪公不以詩名，而溫純磅礴，詩亦如其所得，吾祖九靈公學詩於余忠宣公，以政事為基，以情性為本，詩則傑然於有元一代之外。自是而後，能詩者不少，而渾然完備，克成一家法力者，必以五公為斷。』頗有見地。

今據天津圖書館藏清戴殿泗撰、清道光八年九靈山房刊本《風希堂詩集》六卷、《風希堂文集》四卷影印，在《浦江文獻集成》第一五一冊。

胡聖傑

述訓養蒙合編四卷

（清）薛鼎銘撰　清光緒二十二年虞善揚抄録本

薛鼎銘，字象山，號葦塘，生卒年不詳，上海松江人。清乾隆三十八年五月，任浦江縣令，期間訪風俗，察利弊，民所樂者舉之，惡者革之，不期年，政通人和。曾住持修葺東嶽行宫、節孝祠等，或謂其不為家室謀，而緦緦為傳舍計乎？鼎銘笑曰：『天地一蘧廬也，何分在家在官哉？』初至浦陽，吏進呈縣志，字多漫漶，不可識，鼎銘乃集紳士創議重修，聘名宿士分纂各門，其新增人物，悉心考訪，操筆去取，以成信史，縣志告竣，復為建十三賢祠。

《述訓養蒙合編》四卷，抄本，合《述訓編》《養蒙編》而為一，皆為薛鼎銘宰浦陽時所撰，鼎銘重修《浦江縣志》告竣，復刊刻是編。光緒二十二年，虞善揚館於通化鄉之廣學書院，見門生之書笥中藏有此書，取而讀之，以書中之嘉言懿行可倚可法，遂抄録成帙。《述訓編》實鼎銘父仁本之言，鼎銘録而存之，又分為『存心』『言行』『敦倫』『待人』『處家』『家範』『擇術』『延師』『結親』『仕宦』十類，每類之下各録仁本之言，咸以『嘗曰』示之，以明其為先人之言。《養蒙編》則出自薛鼎銘之手，鼎銘《養蒙編序》云：『既刻《述訓編》以正子弟為人之趨向，而復因先君子之志，在讀書恐諸孫之幼而失學也。乃於酷暑中力疾而成是編，以附其後。』《述訓編》教人以存心明理之性、處世為人之道，《養蒙編》則是為學讀書之法，分《課經總論》與《課藝總論》，末附《戒淫文》。

今據邑人賈壯紅藏清薛鼎銘撰、清光緒二十二年虞善揚抄録本《述訓養蒙合編》四卷影印，在《浦江文獻集成》第一五一冊。

胡聖傑

鄉黨經解證

（清）朱檀撰　清嘉慶十一年抄本

朱檀，興悌之子，字寧園，號鶴皋，生於清乾隆二十八年（一七六三），卒於嘉慶二十四年（一八一九），浦江縣城西樸樹里人。幼年多病，七歲尚不能行走，沉靜寡言笑，稍長奮志讀書，雖酷暑嚴寒，晝夜不倦。為文淵雅深醇，深中理法。二十歲入邑庠，自乾隆五十一年至嘉慶十三年，十二次赴科舉，呈薦者七次，終不售，遂絕意場屋，以詩文自娛。授徒於月泉書院，五十以後，弟子益進，作《四書講義》授門人。為人厚重簡默，至性過人，交友有古風，於宗族情誼尤篤。晚年尤好讀《易》，著《周易闡義》四卷。

《鄉黨經解證》不分卷，抄本，書前有朱檀自序。檀以為《鄉黨》一章之典制名物雖一節一肢，非通透《三禮注疏》者不能解，故頗不滿薛應旂《四書人物考》、陳明卿《四書人物備考》之餖飣，以為其捉襟露肘，甚至引證時有舛謬也。嘉慶十一年之夏，朱檀講學於碧雲庵，因及《鄉黨》，不肯因陋就簡，故作是書。《鄉黨經解證》蓋《鄉黨》名物訓詁之書也，然不拘於訓詁，而要在明禮制。

今據邑人李忠東藏清朱檀撰、清嘉慶十一年抄本《鄉黨經解證》影印，在《浦江文獻集成》第一五一冊。

胡聖傑

雪樵詩鈔

（清）陳郁撰（清）朱寓跋　抄本

陳郁，字惟監，一字膺錫，號雪樵，生於清乾隆二十二年（一七五七），卒於道光四年（一八二四），浦江縣城北人。嘉慶二十四年恩貢生，善詩文，試輒冠軍，朱興悌主月泉講席時，陳郁與張邦、蓋汝、房大勳、樓叔良、朱檀、洪鶴元、項振元輩為文酒之會，分題刻燭，鬭險搜奇，一時稱為盛事。郁嘗謂作詩貴性情，名教所係，有關倫紀風化者，莫不於詩發之。著有《雪樵詩鈔》六卷。

《雪樵詩鈔》原作六卷，此集未分卷，存詩七十二首，《春日雜感興》題下又以小字注『八首摘五首』，《閲去冬邸報感賦》題下以小字注『八首摘七首』，知是集乃後人抄録，非陳氏之原帙。朱寓跋其詩云：『雪樵先生詩，根柢盤深，筆力雄健。初師杜少陵，後出入於唐、宋、元、明及國朝諸大家，而運以己意。』雪樵之詩，圓熟輕巧，寫春日之景、庭園之物，俱能得其神妙，如五律《花蕊》《花香》《花陰》《花市》《花冢》《花譜》六首，絕似老杜流寓錦城時所作。六詩雖都寫花，而時日不同、花貌不一，或寫其冷豔、或繪其螺黛、或狀其馥鬱，而花之綺麗、清香一一入人眼鼻。雪樵初師老杜，感慨發之於詩，不乏沉鬱頓挫之感，如《春日雜感興》，寫其處春日讀書之興，卻以『擊壤群遊堯宇樂，仰天獨抱杞人憂』入詩，類子美『致君堯舜上，再使風俗淳』之語。全稿皆有圈點、眉批，批語較為簡潔，如『健句壓倒元白』『詩中有畫』

『情真意切』等，數詩後附小字評語，多為曹珩圃先生所評。

今據邑人江東放藏清陳郁撰、清朱寓跋、抄本《雪樵詩鈔》影印，在《浦江文獻集成》第一五二冊。

胡聖傑

建溪集前編四卷後編二卷

（清）戴聰輯　清道光十三年九靈山房刊本

戴聰，戴聖芳之孫，戴殿江之子，字惟憲，號春塘，歸田後號退庵，生於清乾隆二十五年（一七六〇），卒於道光二十三年（一八四三），浦江縣建溪馬劍村（今屬諸暨市）人。少有雋才，年十四應童子試，即為浦江縣令薛鼎銘賞識。乾隆五十四年拔貢，嘉慶四年成進士，翰林院庶吉士散館，改戶部江南司主事，遷貴州司員外郎，又升雲南司郎中。嘉慶十年為會試同考官，十三年為四川鄉旌正考官，升山西按察署布政，能以儒術飾吏事而政治卓然。在戶部時著《農曹隨筆》六卷，在四川時著《星軺日記》二卷，嘉慶十五年隨大農英煦齋先生、副憲初頤園先生至盛京審案，著《陪京紀行》一卷，歸田後薈中年以後所作為《政學堂詩文鈔》六卷。

《建溪集》前編四卷、後編二卷，半葉十行，行二十一字，左右雙邊，白口，對魚尾，版心刻書名、葉數及『九靈山房』四字。書前有戴聰小引，自云《建溪集》仿義門鄭氏《麟溪集》而作，戴氏自唐咸通年間遷馬劍，至聰將及千年，期間代有人出，而文獻存於明天順間宗譜者頗詳，故參之元明清之詩文集，旁搜博採，彙為是集。前編皆名賢贈答戴氏之作，或間採戴氏所作，後編則有關馬劍之山川、風土、故蹟及戴氏之掌故悉為採入，而名以戴氏所居之建溪。是集之編定，固有益於戴氏文獻之傳，然其所輯，掛一而漏萬，實不足見其全貌。集中又自亂體例，前賢之前編而録戴氏之作，戴氏之後編而雜他姓之作，亦無歷代戴氏詩文集之著録，則與《麟溪集》有間矣。

今據上海圖書館藏清戴聰輯、清道光十三年九靈山房刊本《建溪集前編》四卷、《後編》二卷影印，在《浦江文獻集成》第一五二册。

胡聖傑

請建總坊事實簡明冊

（清）戴聰撰　清光緒六年談月齋徐五鳳堂木活字印本

戴聰生平已見於上一則提要。《請建總坊事實簡明冊》，半葉九行，行十八字，四周單邊，花口，黑魚尾，版心記書名、卷數、葉數及『庚辰印』三字。書前有戴聰自序，蓋自道光十年至道光十一年，聰與同志采浦陽貞孝節烈婦女二百六十人，造具事實清冊呈請建立總坊，又造簡明冊，以為他日修縣志之底本。後為道光十二年浦江樓鴻應序，稱戴聰自山西告歸，即以旌之舉播告同志，閱二三年而搜訪備，復造此簡明冊。冊中所録節婦始明洪武，迄於戴聰當世，凡二百六十人，其未得題請者九十三人，有傳文者七十一人，餘則僅存姓氏，其或從容以守節，或急難以殉夫，或姑婦相繼矢心，或妯娌同時勵志，皆有潛德幽光者。此冊經删節，故文辭簡潔，每人僅記名氏，為何人之妻，幾歲夫亡，及其守節之事與卒年，若未亡者，則記其當下之年歲。所録之人，所載之事，皆感人，浦陽其果孝義之鄉哉！

今據浦江縣圖書館藏清戴聰撰、清光緒六年談月齋徐五鳳堂木活字印《請建總坊事實簡明冊》本影印，在《浦江文獻集成》第一五二冊。

胡聖傑

四庫全書金華先賢書目四卷

（清）戴聰輯　清道光刊本

戴聰生平已見於道光本《建溪集》提要。《四庫全書金華先賢書目》四卷，今存卷一至卷二，半葉十行，行二十一字，左右雙邊，花口，無魚尾，版心記書名、卷數與葉數。封面書名作『金華書目提要』，右側上題『浦陽戴春塘先生編輯』，左下記『振雅堂藏板』，書前有序文兩篇，一為浦江知縣嶺南順德黄崑撰，一為戴聰自撰。蓋《四庫書目提要》卷帙繁富，寒士又不易覓得，故一鄉之文人學士，難知其鄉先哲之著述。戴聰有感於是，懸車歸里後取《四庫書目提要》所載金華先儒輯著者，手録成編，意在昭金華之多賢，又慮貧士購尋覓維艱，纂為四卷，仍遵《四庫全書》之部類，藏之家塾，以課子侄。此書初為抄本，後張雪帆見之，乃謀付梓。序後録《四庫全書》凡例四則。是輯仍依《四庫全書》分經、史、子、集四部，部下不分小類，僅於書名下以小字標明小類，書名上方則以小字標明朝代。其經部著録十七部，存目八部；史部著録十一部，存目二十部；子部著録十八部，存目十五部；集部著録四十七部，存目三十部。是輯之功，不亞於鄭柏之《金華賢達傳》，於鄉之後學裨益良多。

金華婺學，其源概有三端，一為吕本中『中原文獻之傳』，其裔吕祖謙繼之；一為朱子之婿黄幹，北山四先生繼之；一為永康學派陳亮。故婺學本於經，而兼史學、文學，若吕祖謙者，經部有其《古周易》

一卷、《書説》三十五卷、《呂氏家塾讀詩記》三十二卷、《春秋傳説》二十卷、《春秋左氏傳續説》十二卷、《周易繫辭精義》二卷（存目）；史部有其《大事記》十二卷、《通釋》三卷、《解題》十二卷，《十七史詳節》二百七十三卷（存目）、《東漢精華》十四卷（存目）、《議史摘要》四卷（存目）；子部有其《少儀外傳》二卷、《麗澤論説集録》十卷、《歷代制度詳説》十二卷，《臥遊録》一卷（存目）、《詩律武庫前後集》三十卷（存目）；集部有其《東萊集》四十卷、《宋文鑑》一百五十卷、《古文關鍵》二卷。他如金履祥、宋濂、陳亮等，皆以經學為根柢，不廢史學、文學，待浦江方鳳出，傳而為吳萊、柳貫、黄溍，再傳而為宋濂，金華之文學又大盛矣，故戴聰所輯之四部，以集部最多。惜卷三、卷四已佚，須自《四庫總目提要》輯出補亡。

今據清戴聰輯、清道光刊本《四庫全書金華先賢書目》四卷（存卷一至卷二）影印，在《浦江文獻集成》第一五二冊。

胡聖傑

琴軒鼠璞

（清）張可宇撰　清道光抄本

張可宇，字君有，號藹堂，生於清乾隆三十五年（一七七〇），卒於道光四年（一八二四），浦江縣東鄉人。幼敏慧，曉音律，父鶴坡公善琴，可宇每諦聽之，皆能得其旨趣。稍長，學制義，下筆立就。年二十餘，宗師竇東皋先生奇其文，以第四人入學，旋補增廣生，倦於應舉，援例充貢，以琴酒自娱。嗜吟詠，善作詩，窮晝夜不輟，曾與曹珩圃、鄭約齋、陳雪樵、張竹町、朱酉巖等相酬唱。可宇為人沉静寡言笑，與世無爭，晚年建四層樓於琴軒之東，曰遏雲樓，於是會勝友，閒暇之時則眠琴其上，一彈再鼓，修然有塵外之味，招逸客，把酒啜茗，歌聲繞樑。著有《琴軒鼠璞》《琴軒外編》，清嘉慶九年曾監修族譜。

《琴軒鼠璞》乃張可宇詩稿，書前有道光七年臥雲山人張汝房序，後有道光二十九年朱寓序。然張序題《靄堂詩稿序》，且謂『令子致峩慧遺稿屬予刪定，將付諸梓』，朱序題《琴軒鼠璞後序》，稱『道光丁亥（道光七年），菁之復録其遺稿，所謂《琴軒鼠璞》者屬余斟定。今兹伏中，其孫士佳奉稿授梓，請綴題語。』則《琴軒鼠璞》與《靄堂詩稿》，一集而二名，書前更有謂『遏雲樓詩稿』者，當皆指是集而言。集中存詩兩百餘首，眾體咸備，不按體裁、年歲編次。靄堂詩格律森嚴，才思鴻博，氣味淳厚，研練精工，張汝房云：『見其詩，可以見吾浦詩學之源流，可以見東鄉詩人之會聚。』譽之甚美。靄堂之七言韻律和諧，餘韻悠長，優於五言之作。其《追悼亡婦》，以七絕四首哀悼亡妻，情真意切，感人至深，規摹前賢，如『嬌兒未解傷心處，笑拜丹青藝瓣香』之語，取意老杜《月夜》『遙憐小兒女，未解憶長安』，又其『即今忙把佳城蔔，已怨離魂十五年』之句，意同東坡『十年生死兩茫茫』之語。靄堂生浦陽孝義之鄉，頗重節義，浦陽城西有女樓姓，年十六許邑城傅氏，父嫌其貧而卻之，欲另許之，樓姓女不肯，竟赴水而死，靄堂感之，為賦古風《樓烈女詩》《女貞木篇為樓氏作》《樓烈女》三首，復作五律組詩《樓烈女詩》四首，紀其身世，頌其節義，不失為佳作。

今據邑人張寅藏清張可宇撰、清道光抄本《琴軒鼠璞》影印，在《浦江文獻集成》第一五三冊。

胡聖傑

琴軒鼠璞

（清）張可宇撰　民國六年抄本

張可宇生平已見於上一則提要。是本所收詩與道光抄本略同，然序次迥異，書中有『遏雲樓板藏六十七塊』，當據某刻本抄之。扉頁有『民國六年丁巳抄於嚴店書館』之文，及藏書印兩方，有『張錦雲』之名，不知何人。書前載張汝房《靄堂詩稿序》，序後録諸人之爵名，如『邑廩生嘉慶廿一年丙子優貢本科舉人又廿二年丁丑進士考授王祖焯』『例授修職郎候補儒學訓導金華長山珩圃曹開泰』『邑庠生竹町張信符』『雪樵陳郁』『姬山鄭祖芳』等，俱為靄堂詩友。集後亦載朱寓《琴軒鼠璞後序》，末有黄鳳紀民國二年端陽節所作《遏雲樓琴軒詩稿題詞二絶》。此本不同道光抄本者，在其眉批，多釋字音字義，如《古琴歌》有『礫音摘，裂也，張也』，『吼音垢，牛鳴也，音鏂，聲也』，可見批點者精於小學。

今據邑人張寅藏清張可宇撰、民國六年抄本《琴軒鼠璞》影印，在《浦江文獻集成》第一五三冊。

胡聖傑

琴軒外編

（清）張可宇撰　清刊本

張可宇生平已見於清道光抄本《琴軒鼠璞》提要。《琴軒外編》，半葉九行，行二十一字，左右雙邊，花口，黑魚尾，版心記書名、葉數，又依次刻『遏』『雲』『樓』三字。所謂『外編』者，非靄堂自作，蓋他人酬贈靄堂之作也。是集雖不分卷數，實按『遏』『雲』『樓』分三卷，各卷之首有書名『琴軒外編』，下有小字『遏』字，次卷『琴軒外編』下為『雲』字，末卷『琴軒外編』下為『樓』字，版心之文從之。『遏』卷有嘉慶二十四年曹開泰為靄堂所作《五十壽序》，道光四年朱寓所撰靄堂之《傳》與《像贊》，及張景拭、鄭祖芳、鄭訓家壽靄堂五十詩。朱寓《傳》敘靄堂之生卒年月、生平事蹟頗詳，靄堂不見載於縣志，張汝房《靄堂詩稿序》雖及之，然文辭簡略，後人難知其詳，故其生平多賴朱寓傳文流傳。『雲』卷存詩二十首，有曹開泰五首、張景拭三首、朱寓五首、賈應鴻三首、張鳳翱二首、金照二首，先依古近體，再依作者編次。諸人詩作，靄堂詩集中多有和詩，如曹開泰有七律《贈張靄堂》一組二首，靄堂則有《九日寄懷曹珩圃山長即和見贈元韻》答之；靄堂曾與曹開泰遊仙華山，有《三月廿六日陪曹珩圃山長遊仙華山予偶蹶傷額歌以博笑》之作，賈應鴻則有《聞靄堂與珩圃山長登仙華山靄堂觸額見血戲作十一韻調之》以答；又如靄堂家有古琴六，其一有隸文不可辨識，朱寓讀之得四十字，靄堂作《古琴歌》以志謝，寓乃有《古琴銘歌》答之，差可見其時浦陽詩人酬唱之盛。『樓』卷之設，更為精巧，全卷詩文悉關遏雲樓，其中文二篇，分為鄭祖芳、金照所作《遏雲樓記》，詩十五首，或古或近，皆為題遏雲樓之作，可見靄堂遏雲樓建成乃當時浦陽一盛事。

今據邑人鄭勇偉藏清張可宇撰、清刊《琴軒外編》本影印，在《浦江文獻集成》第一五三冊。

胡聖傑

錦香樓詩稿十二卷貂山賦草一卷

（清）賈應鴻撰　清道光三年錦香樓刊本

賈應鴻，字志飛，號貂山，又號雕珊，别號帚眉山樵、醉吟先生，生於清乾隆二十七年（一七六二），卒於道光十二年（一八三二），浦江縣旌塢村（今屬白馬鎮）人。性穎異，長鬚濃眉，昂然鶴立。少溺於學，博覽群書，弱冠應童子試，以第一入縣學，酷嗜騷賦古歌，尤善吟詠，咳唾成章。嘗構錦香樓藏書，與弟應淮兀坐其上，縱談經史，商榷古今人物。每當重九節，設宴錦香樓，邀曹開泰、鄭姬山等人，登樓宴會，縱酒豪吟，故酒日益豪，耳日益聾，詩日益富。著有《錦香樓詩稿》。

《錦香樓詩稿》十二卷，半葉十行，行二十一字，左右雙邊，花口，黑魚尾，版心記書名、卷數與葉數。書前有曹開泰《錦香樓詩集序》，朱興悌書信一通，及張汝房《跋錦香樓詩集》。各卷古今體混雜，不依體裁編次，然觀集中賈應鴻五十、六十自述詩，及為他人所作賀壽詩之序次，知《錦香樓詩稿》大致按時間先後排列。應鴻久居浦陽鄉里，故其詩多寫田園風光，釣魚、村遊之事，烏柏、碧椶之物，俱可入詩，如寫蝴蝶者有《采蝶》《青蝶》《赤蝶》《黄蝶》《白蝶》《黑蝶》，寫園圃者有《小園五詠》之《三角園》《來薰園》《樹桑園》《蔬香園》《半畝方園》，其詩序云『園日涉以成趣』，頗有淵明遺風。應鴻嗜酒，曹開泰序其詩稿云：『君豪於詩，兼豪於酒，故集中酒詩十居四五。』珩圃誇大其詞，然應鴻集中確有諸多詩歌乃酒後之作，如《醉歌行》《醉者詠》《酒後贈歌者》《酒後寫懷》《詩酒三章寄張靄堂》者皆是。其《飲酒》十首小序云：『性癖酒，酒後興發偶得詩十首，覺閒愁冰釋，筆墨之陋，不計也。如云擬陶，吾何敢？』雖云『何敢』，其慕陶、效陶之意顯矣。觀其《醉後放歌》云：『我將倒決洞庭，三萬六千餘頃。水淨滌身心，洗骨髓，大聲仰呼，九萬七千餘里。高高天細問，生人生物微妙理。』又雜以《莊子》鯤鵬、蝸角及相如子虛、烏有之典，氣象磅礴，變化萬千，汪洋自肆，不在太白之下。應鴻好作組詩，曾以前代美人之物為題作詩八首，分別題為《西施石》《綠珠樓》《昭君冢》《文君壚》《若蘭錦》《文姬琴》《婕妤扇》《楊妃襪》，又有六言絕句《山村雜詠》一組七首，紀田園風光，鄉間生活，饒有風趣，而體格新奇，不落俗套。又有《山齋偶得》八首，《落花》七首，《消夏雜詠呈金庭》八首，《消寒雜詠》六首，《述懷》四首，《雜感》十六首，《消遣》八首，等等。詩集後附《貂山賦草》一卷，收應鴻之賦六篇。

今據浙江圖書館藏清賈應鴻撰、清道光三年錦香樓刊本《錦香樓詩稿》十二卷、《貂山賦草》一卷影印，在《浦江文獻集成》第一五三、一五四冊。

胡聖傑

枕善齋集十三卷

（清）周為漢撰　清刊本

周為漢，字皤東，又字倬雲，生於清乾隆三十八年（一七七三），卒於嘉慶十八年（一八一三）。父能珂，官甘肅山丹知縣，為漢生長甘肅，足跡未嘗履浦江。甘肅邊地，少文學，無錫楊農部芳燦知靈州，見為漢詩文，極稱之。為漢旋遊京師，所交益廣，詩文日益進，以不遇援例為縣主簿，非其所願，故終身未謁選。性狷急，每面折人過，以此不滿於人，人亦以此重之。兄心如官粵西丞，往省之行，至武昌，病卒旅次，年四十八，附葬甘肅塔坡里父墓側。著有《枕善齋集》。

《枕善齋集》十三卷，縣志作十六卷，半葉十行，行二十五字，左右雙邊，白口，黑魚尾，版心記書名、卷數與葉數。前十二卷為古近體詩，卷十三收詞、賦、銘、書等若干。為漢生長於甘肅，其目之所及，足之所履，皆為邊地風物，故詩作之體裁與他人迥異，如《哈密瓜》《潼關門》《鎮羌驛》《定遠驛》諸詩，皆非生浦江者能作。縣志評其詩尤工刻峭雄肆，出入玉川、長吉之間，信矣。《賀蘭山積雪歌》《黄河冰橋行》《銅閂硯滴歌》諸歌行體，格調蒼涼，氣象闊大，如『驚沙漠漠天漫漫，酸風激射雙眸寒。鴻濛元氣凍不死，空中突兀千峰巒。賀蘭山勢森如削，蒼茫雪掩芙蓉崿』等句，頗有盛唐高、岑邊塞詩人之風。為漢雖終生未還浦江，然其每自稱『浦江周為漢』，曾作《夢至一山有人云此金華山也》詩，其於遠鄉不無家鄉情結。

為漢受知於楊芳燦，芳燦字才叔，號蓉裳，江蘇金匱人，工詩文，少即華贍，學使彭元瑞大異之。以拔貢應廷試，得補甘肅伏羌知縣，以功擢知靈州（今屬寧夏），為漢識之，概在此時。蓉裳後入為戶部員外郎，與修會典，擁書縱讀，旋丁母憂，嘗主講衢杭、關中、錦江三書院，又入蜀修《四川通志》。好為詩，學老杜、玉溪，詞學夢窗、竹山，著有《翼率齋稿》十二卷，《芙蓉山館詩詞稿》十四卷。為漢非惟受其賞識，入京師後亦往來密切，為漢集中有《述德書情上楊荔裳先生一百韻》《廓爾喀紀功碑銘長歌為楊荔裳先生作》《京師呈蓉裳夫子兼寄荔裳先生得轉韻詩八十八句》《弔藝香圃寄楊荔裳先生》等，皆為芳燦而作。

今據國家圖書館（原北京圖書館）藏清周為漢撰、清刊本《枕善齋集》十三卷影印，在《浦江文獻集成》第一五四冊。

胡聖傑

樂清軒詩鈔二十卷附欒欒草一卷樂清軒外編十四卷

（清）鄭祖芳撰　清道光刊本

鄭祖芳，又名祖滂，字和潁，號箕山，一作姬山，别號臥雲子，生於清乾隆二十六年（一七六一），卒於道光十年（一八三〇），浦江縣鄭義門東園村（今屬鄭宅鎮）人。清太學生，性孝友，善讀書，博文廣見，尤耽吟詠，嘗從金華傅竹溪遊，頗受竹溪器重。因遭家變，棄舉子業，遊覽山水，所歷名勝皆有題詠。父歿哀毁骨立，痛哭間，著《欒欒草》。曾建鎖月樓，與戴殿泗、曹珩圃等人，及鄭氏族中善吟者，訂詩社，觴詠其中。著有《樂清軒詩鈔》二十卷、《世恩堂稿》四卷、諸公所贈詩文彙刊為《外編》十四卷。

此處所收《樂清軒詩鈔》二十卷等，半葉九行，行十九字，左右雙邊，花口，黑魚尾，版心刻書名、卷數與葉數。《樂清軒詩鈔》最早由鄭祖芳幼子鄭楙刊刻於道光十二年。書前載錢塘吴錫麟、金華曹開泰、浦江戴殿泗、山陽汪廷珍、浦江張汝房、王祖焯等人序言，鄭祖芳自序，秋塘岳炯《讀樂清軒詩題辭》。此後為《樂清軒詩鈔》目録，共分為二十卷，目録中只載干支年號與詩歌數量，如卷一『戊戌三首』『己亥七首』『庚子八首』『辛丑七首』『壬寅四首』『癸卯九首』『甲辰十二首』『乙巳五首』『丙午四首』，不録詩題，目録末云：『辛巳以上初刊七百三十九首，今續刊五百零八首，共計一千二百四十七首。』可見是書曾經補刻。卷末有道光十一年夏五月姻侄張可向、内侄王可儀跋語，及張鳳翱題辭。姬山之詩，其旨和，故不佻，其思清，故不雜，其辭雅，故不佻，其節深遠、其辭溫潤、其色黯然，蓋發於中。戴殿泗稱姬山詩，其思清，故不雜，其辭雅，故不佻，其節和，故不乖，其情真，故不泛。如《養魚》《捕蟹》《聞雁》《放鷹》諸詩，俱為生活瑣事，尋常可見，姬山以小喻大，由半畝方塘而及莊周，復念自身之不遇，羨蛟龍破浪，頗見其志。

《欒欒草》亦為詩集，録詩三十章，前有東明書院山長傅文光、同里朱興悌、周璠、戴殿江之序，末有曹開泰、王齡、唐志珊、朱檀、吴應拔、周桐、張鳳翔、張汝房之題辭，與義烏知縣吴官等人跋語，所録之詩，為姬山因父沒悲痛而作。周璠稱姬山遭家多難，慈父見背，於是有切骨刺心之痛，千萬言不能罄者，酸苦填膺，痛不能緩，情往會悲，文來引泣，不得已而見之於詩。

《樂清軒外編》十四卷，所録非姬山之作，乃他人題贈姬山之詩文，書前有嘉慶二十五年八月二十七日、道光元年十二月十二日誥書兩封，之後為張汝房所作《誥封朝議大夫姬山鄭君行述》。全書依内容分卷，卷一為題樓室類文，卷二為題三層樓詩，卷三為題鎖月樓詩，卷四為題呂仙銅像詩，卷五為題雜詠類詩，卷六至卷十分別是他人為姬山所作五十、六十、七十歲之壽詩與壽序，卷十一至卷十四乃他人為姬山所作挽詩。數量之巨、内容之多，可見姬山交遊之廣，於當時之文壇亦可佔據一席之地。

今據中國人民大學圖書館藏清鄭祖芳撰、清道光刊本《樂清軒詩鈔》二十卷、附《欒欒草》一卷、《樂清軒外編》十四卷影印，在《浦江文獻集成》第一五五、一五六册。

胡聖傑

眠綠山房詩鈔四卷首一卷末一卷

（清）朱寓撰　清道光浦江刊本

朱寓，朱興悌之孫，朱檀之子，字酉巖，號翼人，又號綠天居士，生於清乾隆四十九年（一七八四），卒於道光二十九年（一八四九），浦江縣城西樸樹里人。幼即學詩於祖父，十歲賦《紅莧菜》詩，有『嚼盡萬珊瑚，赤心投白腰』之句。嘗從鄉之戴東珊、何小山、曹珩圃諸前輩遊，得聞諸人緒論，又與張寄軒、陳雪樵、樓芝亭、項西溪諸君子追陪几席，切磋琢磨。嘉慶六年入郡庠，十八年以拔萃赴廷試，因不遂志，復歸浦陽。先後坐館於茜溪、孝門、合溪、月泉、湖塘。著有《眠綠山房詩鈔》四卷，所作詩多身世之歎，抒發憤懣之情。

此處所收《眠綠山房詩鈔》四卷等，半葉九行，行二十一字，左右雙邊，花口，黑魚尾，版心記書名、卷數與葉數。封面以篆書題寫書名，右側上題『綠天居士自訂』，左側下題『同門十友校梓』。書前録道光四年鄭祖芳《眠綠山房詩鈔序》、張汝房等人之題辭，及朱寓自敘。鄭《序》謂朱寓之詩『極情寫物，窮力追新』，『自有一種清氣』。書後録《眠綠山房詩鈔摘句圖》，有《五言摘句》二十聯，有《七言摘句》五十八聯，蓋從集中摘出警句，摘句之後又有朱寓以七言古風寫成之跋語。

朱寓喜為律詩，尤以七律見長，其寫鄉居者輕快，寫懷古者深沉，格律嚴整，韻律和諧。集中酬唱之作頗多，相與唱和者有陳郁、張汝房、鄭祖芳、張可宇、張可向、項振元等，皆浦陽名士。朱寓性嗜花，集中以花為題者有《想花》《乞花》《移花》《護花》《惜花》《祝花》，《筆花閣詠花四絕》之《催花》《買花》《掃花》《瘞花》，又有《扶花》《詠紅梅》《詠綠萼梅》諸詩。《移花》有『好花移得手親栽，不愛全開愛半開』，『自此園林添韻事，攜尊吟賞就莓苔』之語，當是朱寓平日栽花、賞花之態。朱寓北上京師時曾遍遊各地，故集中多紀遊之作，若《過揚州題酒家壁》《早渡揚子江望金焦二山》《題西楚霸王墓》《劉伯倫墓下作》《歸渡錢塘遇潮》等，皆好用典，每過一處，則攬勝懷古，氣勢豐沛，異於鄉居之作。朱寓自幼得祖父器重，祖父教以詩書，又攜寓從遊於鄉賢之間，朱寓當時頗為浦陽士人所重，故有一股傲氣生於胸次，集中《五十自述》詩云：『五歲認之無，十歲成文章。十二試童子，十七入郡庠。』又『廿六食廩餼，每試輒冠場。廿九舉拔萃，三十登天閶。都人好材技，揖我謂我臧。』頗見其自負之態。

今據清朱寓撰、清道光浦江刊本《眠綠山房詩鈔》四卷、首一卷、末一卷影印，卷首、卷一、卷二由邑人江東放收藏，卷三、卷四、卷末藏於中山大學圖書館，在《浦江文獻集成》第一五七冊。

胡聖傑

眠綠山房試帖

（清）朱寓撰　清道光十二年刊本

朱寓生平已見於上一則提要。《眠綠山房試帖》不分卷，半葉九行，行二十三字，無界行，四周雙邊，花口，黑魚尾，版心記書名與葉數。封面題簽與書前之序，皆出虞協之手。協字午橋，一字東筠，金華義烏人，道光三年進士第三甲第六十九名，賜同進士出身，初授刑部主事，歷任江西九江臨江知府，調山西寧武澤州知府，兼護雁門兵備道。虞協《序》中稱：『夫執性情以繩試帖苛矣，離性情以言試帖淺矣。有西巖之性情，然後有西巖之試帖，見西巖之試帖，即可見西巖之性情。』此溢美之辭也，朱寓雖長於詩，然試帖之作，為應試而作，實難見其性情，遠不及其《眠綠山房詩鈔》。惟寫四時之景、田家之事，貼近其鄉居生活，如《手如白雨點》中『打得春光好，天公合喚渠。回頭花發處，覆手雨來初』，《杏花春雨》有『入松風度曲，望杏雨催花。林著胭脂濕，墻侵薜荔斜』，《耕田欲雨刈欲晴》之『四月天難做，田家刈又耕。欲收還欲種，宜雨復宜晴』，雜入《詩鈔》，亦不可辨也。

今據清朱寓撰、清道光十二年刊《眠綠山房試帖》本影印，在《浦江文獻集成》第一五七冊。

胡聖傑

陳果詩輯

（清）陳果撰　江東放藏《友石山房詩集》抄本

陳果，名可果，字若侯，號菊人，又號浦岩，庠名果，生於清乾隆五十六年（一七九一），卒於同治元年（一八六二），浦江縣巖頭村（今屬岩頭鎮）人。生而穎悟，外大父賈應程以『英物』稱之，清嘉慶十三年受知於學使劉鳳誥，入邑庠。稍長，偕同里王芸岩、張約齋肄業於敷文書院和紫陽書院，與通才碩學、老師宿儒上下議論，援引精確，一字不苟，士論大服。道光十七年，與鄉試中第之長子石舫一同北上，作燕趙遊，渡黃河，登泰山，涉大江，遍遊名山水，一發其慷慨悲歌之氣。歸浦江後杜門謝客，肆力於詩和古文辭，藏書數萬卷，手自校讎。邑志著録其《易圖蒙求》五卷、《金華三擔録擬編》四卷、《沙城塾鈔文集》十卷、《詩集》八卷、《蕉葉吟室筆記》二卷、詞一卷、《楚漢正聲補輯》，著述頗豐。

是輯為抄本，抄録陳果詩四十三首，多為五七言律詩或絶句。陳果生清代晚期，故其詩中有題寫新事物者，如《自購自鳴鐘》記所購買西式時鐘，有云：『晨夜轉不竭，西人製特精。古之挈壺氏，常作鼓車聲。其故可千歲，自然時一鳴。惜陰課孫輩，勞汝報分明。』可見當時西方影響已滲入民間百姓之生活。陳果有七律《題花》一組八首，分題《想花》《夢花》《訪花》《買花》《載花》《移花》《惜花》《祝花》，同時里人朱寓有同題之作，或作於同時。陳果擅寫花，能狀諸花之貌而語各不同，輯中復有《虎鬚蒲》《吉祥花》

《玫瑰花》《珍珠蘭》《鐵線蘭》《珠蘭用東坡歧亭韻》《牡丹》四首、《海棠》《秋海棠》五首，皆有韻味。

今據清陳果撰、江東放藏《友石山房詩集》抄本《陳果詩輯》影印，在《浦江文獻集成》第一五七冊。

胡聖傑

沙城塾鈔續編

（清）陳果撰　清刊本

陳果生平已見於上一則提要。《浦江縣志》著録陳果有《沙城塾鈔文集》十卷，此本《沙城塾鈔續編》當為十卷本之續編，收録陳果所輯録周璠《天問私鈔》與賈應程《集古詩餘》。周璠以為，釋《天問》者稱引僞書，豪健武斷，非屈原本意，皆自適己事而已，故條列《天問》之文而釋之。其所釋亦簡矣，僅將《天問》分數段，各段之後以一言蔽之，『遂古之初』至『何以識之』為『問天地未形之先』，『明明闇闇』至『曜靈安藏』為『問天』，『不任汨鴻』至『孰知其故』為『問地就禹之平水土説詳鮌何禹所嗣也』，『東西南北』至『烏焉解羽』為『問九州以外及一切怪異不經之説』，『皇天集命』以下為『陳説歷代興亡』，『昭後成遊』至『能流厥後』為『問周後王並列國終吳會勝楚也』，『彭鏗斟雉』至『卒無禄』為『錯舉壽命、智力、天幸、人情而雜問之』，『薄暮雷電』至末為『切直言之以悟過更改結』。賈應程《集古詩餘》集即集前人之詞，計二十八首，前有朱寓《讀賈雲村前輩集古詩餘》題詩四首。雲村之詞，悉為小令，呈三三五七七五之式，每句後以小字注明原句之作者。詞皆婉靡，非寫春花秋月，則狀粉黛珠簾，近婉約派。

今據清陳果撰、清刊本《沙城塾鈔續編》影印，在《浦江文獻集成》第一五七冊。

胡聖傑

味經齋詩文稿

（清）王可儀撰　清光緒虞善揚鈔本

王可儀，字羽文，號味經，生於清乾隆三十五年（一七七〇），卒於道光二十三年（一八四三），浦江縣前店村（今屬鄭宅鎮）人。歲貢生，候選儒學訓導，工詩文，著有《味經齋詩文稿》十六卷，彙編《古文集》二十卷。

此處所收《味經齋詩文稿》，僅存文二十五篇，抄本前有朱寓道光二十二年序，序中稱周璠歿後，埜園慨然太息，以為浦陽之古文恐繼起無人，可儀聞父言，遂感激奮發，從事於古文，得東明書院山長曹開泰之推許，謂『古文一道，君可自成家，不必論唐宋元明諸大家之相似與否也』，又謂『至於詩，不必多作，蓋以其專於古文』，或以是而其詩不存。可儀古文平正典雅，語淺意豐，諸『説』體深切事理，言內意外，如《佛説》以佛可否治天下發問，實則明君子、小人之辨，謂佛不可以治天下之君子，而可以治天下之小人，小人化為君子，則佛法自滅息，乃倡昌黎《諫迎佛骨表》之論；又如《上方巖求福説》由浦江每年仲秋有上永康方巖胡公廟求福之習，然未見有抱福而歸者，故謂事神實以治身也，非以求福也，身治而福不必求；又有《仙説》《風水説為六弟一升作》等篇，斥神仙、風水虛妄之談，可見其性理之醇。可儀雖不擅作詩，然集中有詩序數篇，其論詩近理學家之言，以詩不當為雕音飾聲、吟風詠月作，當以身心性命之學為本。

可儀論詩以知人論世為宗，其謂：『嘗讀古人詩，往往於詩見人』，『夫人之有詩也，如植物然，各視其根株，而枝葉因之。』可儀所謂之根株，即其《讀樂清軒詩集後》所云：『孝也，悌也，忠信也。』且謂此四者人之大本，作詩之宗旨也。

今據邑人賈壯紅藏清王可儀撰、清光緒虞善揚鈔本《味經齋詩文稿》影印，在《浦江文獻集成》第一五七冊。

胡聖傑

浦陽歷朝詩録二十三卷

（清）鄭楙編　清咸豐六年鄭氏元鹿山房刊本

鄭楙，祖芳之幼子，字輯時，號竹巖，又號蘭室居士、玄麓山人，生於清乾隆五十九年（一七九四），卒於咸豐十一年（一八六一），浦江縣鄭義門棗園村（今屬鄭宅鎮）人。善作詩，又擅書，工行草，精篆隸，所臨唐碑晉帖，無不入神。理祠事二十餘載，纂修宗譜，修葺古蹟，於鄉里、宗族頗有貢獻。晚年彙刻《浦陽歷朝詩録》《義門奕葉吟集》《樂清軒詩鈔》《霽亭詩鈔》《醉墨軒別編》等，著有《墨軒詩稿》十餘卷。

鄭楙嘗讀《金華詩録》，見朱笠亭先生序有『金華之詩，盛於浦陽』之説，然《金華詩録》所收録之浦陽詩人多為宋元明時，清代得以入選者，僅乾隆三十八年以前四人而已。鄭楙為詩人祖芳之子，又曾刊其父之《樂清軒詩鈔》及義門《鄭氏奕葉吟集》，以為清代之浦陽非能詩之無人，實有詩而無人采輯之故，乃旁搜博采，彙為一編。據封面題識乃清咸豐六年鄭氏元鹿山房板刻，半葉十行，行二十一字，左右雙邊，花口，黑魚尾，版心記書名、卷數與葉數。書前有序文三篇，分別為董學豐、王芳、王可儀所作，鄭楙自為《彙輯浦陽詩引》一篇，敘其編輯是書之由，凡例八條，及同輯者八人，校録者一人，校訂者一人，同校者四人之名。全書計二十二卷、續編一卷，凡三百三十九人，詩千九十二首，始於宋代之于房，終清代鄭訓烈，人名下以小字注明其生平。是編雖名《浦陽歷朝詩録》，實乃歷代之詩選，鄭楙選詩不無私心，集中鄭氏入選者近百人，其中又以鄭楙之父鄭祖芳之詩最多，有十六題二十六首，而他人詩作關係義門者，亦多得入選。又其所選詩人過多，不擅詩者亦采入，不無濫收之嫌。要之，鄭楙之功，非在選詩也，在存詩也，在存人也，集中之人，多名不見經傳，若無是編，則早已淹没無聞，故《浦陽歷朝詩録》，其於浦江前賢之功巨矣。

今據邑人徐千意藏清鄭楙編、清咸豐六年鄭氏元鹿山房刊本《浦陽歷朝詩録》二十三卷影印，在《浦江文獻集成》第一五七、一五八册。

胡聖傑

鄭氏奕葉吟集八卷

（清）鄭楙編　清道光十一年刊本

鄭楙生平已見於清咸豐本《浦陽歷朝詩録》提要。《義門鄭氏奕葉吟集》初由明永樂間義門鄭允宣所編，允宣裒輯諸祖輩述作，暨諸兄弟群從之酬唱，得詩若干首，編為三卷，而文不預焉，清初鄭爾垣曾增補之，為四卷之本，鄭楙紹述祖業，重編吟集，搜採會萃，成八卷之本。書前有永樂十六年鄭棠所作《義門鄭氏奕葉吟集》之原序，清嘉慶二十四年曹開泰所作《義門鄭氏續奕葉吟集序》，據此鄭楙所編當名為『義門鄭氏續奕葉吟集』，序後録張鳳翔、賈應鴻、王芳、張書乘題辭四首。

今據清鄭楙編、清道光十一年刊本《鄭氏奕葉吟集》八卷影印，卷一至卷四由邑人李忠東收藏，卷五至卷八藏於國家圖書館，在《浦江文獻集成》第一五九册。

胡聖傑

醉墨軒别編續刊六卷

（清）鄭楙編　清道光義門醉墨軒刊本

鄭楙生平已見於清咸豐本《浦陽歷朝詩録》提要。此處所收《醉墨軒别編續刊》六卷，皆為他人題贈鄭楙之作，卷一至卷四皆題鄭楙重建之鎖月樓之詩，其中卷一為董學豐、黄殿維、陳人授、祖琳、祖埰、際三、訓莊諸人步韻鄭楙重修鎖月樓之詩，卷二、三、四則為古今體題詩，卷四末别録王可儀《重建惟仁齋銘》與朱燮元《惟仁齋跋》，卷五、卷六則為衆人題惟仁齋之詩，全編計一百十二人，詩一百四十首。同題詩前，以人名標明，人名上下各以小字注明籍里與字號，有籍里者多為諸暨、義烏之人，無籍里者，疑即浦陽本邑之人。鎖月樓最初為鄭祖芳所建，故衆人題詩時往往談及祖芳，如董學豐《步鄭竹巖氏重修鎖月樓詩原韻》云：『我讀樂清集，詩味今罕有。我遊樂清軒，情味古所厚。』非題鎖月樓而已。惟仁齋則為明代監察御史鄭榦致仕歸浦江後所築别墅，至鄭楙而於其故址重建書齋，道光二十二年落成，仍以『惟仁』名齋，以示承先祖之志。

今據首都圖書館藏清鄭楙編、清道光義門醉墨軒刊本《醉墨軒别編續刊》六卷影印，在《浦江文獻集成》第一五九册。

胡聖傑

希忠録四卷首一卷

（清）鄭楙編　清道光義門醉墨軒刊本

鄭楙生平已見於清咸豐本《浦陽歷朝詩録》提要。清道光二十五年，鄭楙以從祖忠智公從祀鄉賢，廣徵詩文。忠智公名鄭洽，忠智乃其謚號，為義門鄭氏八世孫，由明洪武金門待詔官拜庶常，靖難之役後以翰林待詔隨建文帝出奔，洽以其祖族具忠孝，引建文帝之浦江。相傳建文帝憩其家時甫入堂中，扁無故忽墮，帝驚逸去，尋跡者旋至，竟無所得。建文之出亡終不可尋，鄭洽之跡亦難知，或云建文走蜀道，病留公安茅庵而卒。鄭楙此次所徵，得文四篇，為陳果《補擬明翰林待詔鄭公諱洽私謚忠智議》、陳毓秀《明翰林待詔鄭忠智公崇祀鄉賢祠序》、陳淦《祭鄉賢鄭忠智公文》、陳丙榮《明翰林待詔鄭忠智公崇祀鄉賢記》，古今體詩一百二十六首，凡七十四人。體例與《醉墨軒別編續刊》相類，同題之作以序相次，後作無復題之，僅以人名相別，人名上下各以小字注名籍里、字號，義門之後則記『同宗』，餘以義烏、慈溪為多。詩作皆頌鄭洽之忠貞，兼及義門孝義，其可觀者，若義烏厲繩武之作，多至六十韻八百四十言，鄭洽隨建文帝出亡之狀史籍無載，繩武則云：『奔走踉蹌恐後時，超擢遷除欽特旨。可憐故主宵竄行，諸臣棄之如敝履。匿跡滇黔萬里行，露宿風餐誰相視』，以建文帝之狼狽出逃，諸臣之變節，凸顯鄭洽之忠貞不渝。

今據義烏市圖書館藏清鄭楙編、清道光義門醉墨軒刊本《希忠録》四卷、首一卷影印，在《浦江文獻集成》第一五九册。

胡聖傑

希忠録

（清）鄭楙編　清道光二十六年義門醉墨軒刊本

鄭楙生平已見於清咸豐本《浦陽歷朝詩録》提要。此處所收《希忠録》，封面有『道光丙午十月彙編』義門醉墨軒刊』之文，刊於道光二十六年，集中所録義烏駱光爌及其諸子之詩作於是年之春，則此當為初刊之本，四卷本之刊刻當在其後。是本書前亦載鄭楙《明翰林待詔鄭忠智公詩文啟》與縣人崇祀鄭洽之議，然版式與正文不同，字體相異，又無界行，似為手抄。無目録，先録陳果、陳毓秀、陳淦、陳丙榮之文四篇，詩僅十九首，不及四卷本之一卷，然諸作序次與四卷本同，或為殘編，亦未可知。書末有義門二十二世孫遵泗霽亭跋文，為四卷本所無。

今據邑人張文德藏清鄭楙編、清道光二十六年義門醉墨軒刊《希忠録》本影印，在《浦江文獻集成》第一五九册。

胡聖傑

澹園詩鈔

（清）駱乘輿撰　清光緒十九年木活字印《浦陽鶴溪駱氏宗譜》本

駱乘輿，字濟人，號澹園，生於清嘉慶六年（一八〇一），卒於光緒十年（一八八四），浦江縣駱村（今屬黄宅鎮）人。咸豐二年歲貢，候選儒學教諭。為人不設城府，不假修飾，坦夷率直，雖嘗抑鬱窮愁，不少改其和易溫良之素。其詩如玄酒太羹、布帛菽粟，淡遠疏古，明白簡易，老嫗都解。著有《澹園詩鈔》。

此本《澹園詩鈔》，不分卷數，木活字排印，半葉十三行，行二十七字，四周雙邊，花口，黑魚尾，版心記『浦陽鶴溪駱氏宗譜』『先儒桂引校正』及『光緒癸巳重修』之文。書前有目録，全書依詩體分，有七絶二十七題，七律二十五題，七古兩題，五古十四題，詞一題，末附浦陽兵劫記事詩三十首。卷首題『浦陽駱乘輿澹園氏著、門生張淥秋潭氏編次』，及『男省三小園、益三望卿，侄育材菁莪，仝校』。末有五葉破損，不可讀。是集乃乘輿門人張淥所編，淥有《澹園詩鈔小引》，載《浦陽鶴溪駱氏宗譜》，謂駱乘輿夙耽吟詠，平生著作甚夥，六旬以前諸作盡歸散佚，隻字無存。張淥拾其遷居金華避難時所偶拈，東西奔竄，觸景興懷，道路流離，即物寓意之作百餘首，大率感時紀事，故《晚歸里美山》《叢樵》《斯何莊齋中自嘲》《由斯何移居吴店永庵家》等詩題下分别注『避難於此』『避難時事』『避難時吟』之語。《兩浙輶軒續録》著録其《三月聞蚊》，詩云：『自從靚仔擾干戈，百姓家家喚奈何。寄語黍民休早到，人間膏血苦無多。』蓋亂後所作。所存詩因多作於晚年，故甚愁苦，如《病中秋》《病重陽》《病中歎》三題七首，乃乘輿年六十四時所作，有『茂陵秋雨太無情，病得相如幾度驚』，『中秋一過又重陽，老病猶然臥石牀』等句，皆淒清悲涼。非但感懷詩如此，詠物詩亦如此，如詠毛筆，題曰『禿筆』，有云：『一枝斑管伴書篇，憶昔生花夢正同。日日塗鴉辛苦甚，老來卻肖禿頭翁。』頗以『禿筆』自謂。

今據清駱乘輿撰、清光緒十九年木活字印《浦陽鶴溪駱氏宗譜》本《澹園詩鈔》影印，在《浦江文獻集成》第一六〇冊。

胡聖傑

澹園詩鈔

（清）駱乘輿撰　民國十八年木活字印《浦陽鶴溪駱氏宗譜》本

駱乘輿生平已見於上一則提要。此處所收《澹園詩鈔》，亦不分卷，木活字印本，半葉十二行，行二十七字，四周雙邊，無魚尾，無界行。前有光緒七年門人張淥《澹園詩鈔小引》，附於駱氏先祖《駱臨海集》後。目録、篇次與光緒本無大異，當出同源，但較光緒本完整，可補其所闕，《浦陽兵劫記事》三十首賴是以傳。《浦陽兵劫記事》紀咸豐十一年太平軍入浦陽之事，咸豐十一年三月，李世賢在江西樂平經太常卿左宗棠擊敗，思圖別竄，偵知浙東空虛，乃糾群自白沙關長驅直入，十九日入金華，二十三日分部入蘭谿、武義。五月初旬，巡撫王有齡調都司劉嘉玉率勇千人防浦江，駐紮城南十里之五六嶺，與城局團勇互為聲援。七月初一，總兵文瑞自諸暨移軍守浦城，副將況文榜由嚴州小里埠率州勇二千赴浦協守，太平軍徐朗率眾攻五六嶺，軍潰入城，太平軍隨至南門外橫大路，初五日文瑞由南門出，況文榜由西門伏蟾山夾攻，敗太平軍於南溪，初六李世賢率大隊至浦城，遂合圍。文瑞飛書告急，七月十二日，提督饒廷選統兵六千援浦江，太平軍分三路包抄饒，出清軍之後，清軍敗績。八月，城中清軍糧盡援絕，文瑞揭軍衝出西門，向馬嶺而退，二十三日太平軍入城，自是，太平軍殷天義、徐朗獲有全邑矣。至同治二年正月十八日，浦江之太平軍始退走，清軍入縣城，時左宗棠督率清軍先後攻入龍游、蘭谿、湯溪、金華諸縣，駐各縣之太平軍均退走，十六日駐浦江胡天義部亦不敢孤守，縱火退走，清兵入城，僅餘焦土。其事俱載《（民國）浦江縣志稿》，然邑志所記，皆為你來我往、兵家勝敗之事，至若浦陽人民慘遭兵燹，奔走避難、顛沛流離，皆不為採入，而由駱乘輿《浦陽兵劫記事》見之。若『拄杖老人都背負，如花女子也肩挑』，『相約來歸歸不得，瞻烏無屋倍悽然』，寫避難時扶老攜幼、無家可歸之慘狀；太平軍敗退之際，縱火焚城，故詩中亦多記其事，如『前度登高望故園，相如四壁幸猶存。祝融多事從風煽，螭吻無辜莫雪冤』，『比屋連雲西復東，一齊燒起晚霞中。霜寒澈夜千巖白，火烈漫天四野紅』等；更有太平軍劫掠、殺人之酷，如『難堪最是富家翁，家累千金一旦空』，『更有談來淚欲傾，殺人如草不容情』等，若『閲盡山巔與水洵，屍骸暴露夕陽沈』寫災後之景象，觸目驚心；有記太平軍佔領浦江時人民生活之苦，如『街盈白望猶堪躲，法立青苗也不妨』，『門牌市稅頻添設，竈米房租莫得除』，可謂浦江『詩史』矣。

今據清駱乘輿撰、民國十八年木活字印《浦陽鶴溪駱氏宗譜》本《澹園詩鈔》影印，在《浦江文獻集成》第一六〇冊。

胡聖傑

澹園遺文輯存

（清）駱乘輿撰 二〇一九年六月張賢輯録本

駱乘輿生平已見於光緒本《澹園詩鈔》提要。是集為今人浦江張賢所輯，凡十二篇，曰《五旬》《子欲善而民善矣》《則盡富貴也》《彼惡敢當我哉》《克告於君》《子奚不為政》《多怨》《貧而無怨難》《放於利而行》《門人不敬子路》《有教無類》《年四十而見惡焉》，前五篇輯自《浦江文獻集成》第一六〇冊所收抄本《前清本地風光》，後七篇輯自浦江 李源蓮塘李氏抄本《蓮塘釣者塾録》，皆選《論語》《孟子》之一言而論，為制藝之文。

今據清駱乘輿撰、二〇一九年六月張賢輯録本《澹園遺文輯存》影印，在《浦江文獻集成》第一六〇冊。

胡聖傑

賦梅軒遺稿

（清）朱承綺撰　稿本

朱承綺，字仲端，號緑琴，生於清道光五年（一八二五），卒於光緒五年（一八七九），浦江縣城西樸樹里人。教授鄉里，曾館縣北鄉茜溪、東鄉馬安山、許村、西鄉爽塏軒等處，咸豐辛酉科郡拔貢生，欽褒孝廉方正。

《賦梅軒遺稿》不分卷，前後分《賦梅軒詩草》《賦梅軒文稿》兩部分，各録詩九十二首，文十二篇。卷首題『浦江緑琴朱承綺著』，所録多為組詩，如《偶閱粵匪紀略並僞忠王口供書後》為七言十絕，《端陽節竹枝詞》為七絕十章，《消夏雜詠》為七言八章，《歲暮解館率成絕句留別》為七言十章，《解館感懷少翁世兄率成里言即以留別諸子》為七律六首，等等。惟《七夕招飲呈潘綺江兄》《冷粉》《門下諸生多設美人研鏡余於案上諦視妖容冶態命以紙籠之並走筆賦此》三首為獨章，後二首又長篇之作。詩中多有自注，或詳史事，如《偶閱粵匪紀略並僞忠王口供書後》之五『國藩』下注曾國藩之生平；或明作詩之意，如《歲暮解館率成絕句留別》於題下、各章後分注『時館茜溪見山思靜之堂』，『道光癸巳來此』，『隨父讀書祠中』等，藉此，則後之讀詩者於諸詩可了然不惑。承綺終歲教授鄉里，其詩多紀鄉間生活、書館之事，如《端陽節竹枝詞》『白米糉團新箬翠，紅糖滿碟又催嘗』，『綵絲纏臂額塗黃，多少兒童異樣妝』，記浦陽端陽節之習俗，語皆淺近，事亦近人，讀之親切。《賦梅軒文稿》所録多為序文，如代邑侯所作《重修浦陽書院捐簿序》《捐修五路嶺頭殿亭簿序》，及《文明社燈頭會簿序》《錢王銃會簿序》《重修五路嶺頭廟捐簿序》《捐造淡竹嶺涼亭序》《方氏重修宗祠序》《方氏重修宗譜序》等。而《虞南浦公行傳》，則記南浦公抗擊太平天國軍之事，以見其忠義。

今據邑人張偉文藏清朱承綺撰、稿本《賦梅軒遺稿》影印，在《浦江文獻集成》第一六〇冊。

胡聖傑

前清本地風光

（清）朱承綺 朱承績等撰 抄本

朱承綺生平已見於上一則提要。此抄本名為《前清本地風光》，蓋取意於本鄉邦或鄰邑清代銓文選才之景光，故所録皆時文，或為鄉試時作，如題為《惟堯》《子曰予欲無言》《必受命》《三百一言》《雖覆一簣進》《如其仁如其仁》《點爾何如鼓瑟希鏗爾舍瑟而作》《子曰吾》《子欲善而民善矣》等。入選者有朱承績、朱承綺、朱承維、王祖烒、季學英、駱乘輿、徐致和、戴光遠、黄文藻、黄志藩、黄尚絅、黄永清、黄尚華、陳志、周謙光、鍾士瀛、鄭恩浩、鍾樹滋、陳繼範、于賢起、孫望霓、陳棨、于國楨、吴伯壎、朱薦青、吴尚志、張致晃、鄭彬、陳福綏、吴品芳、蘭谿劉焜、金華邵詠棠、天台金輿、鎮江善昌、張敬範等，作者之名上皆有品第，如朱承績『一等一名』，朱承綺『一等二名』，黄尚絅『戊辰諸暨縣課上取二名』，鍾士瀛『陳大宗師歲試覆取一等五名』，金輿『天台一等一名』等。

今據邑人江東放藏清朱承綺等撰、抄本《前清本地風光》影印，在《浦江文獻集成》第一六〇冊。

胡聖傑

醉經堂虞柳隄夫子詩稿

（清）虞善揚撰　抄本

虞善揚，字聲顯，號柳隄，生於清道光二十一年（一八四一），卒於光緒三十四年（一九〇八），浦江縣虞宅村（今屬虞宅鄉）人。幼時讀書穎悟，清同治三年遊庠序，六年浙闈薦卷。光緒八年，與人發起輔仁文社，每月寫作詩文，不署姓名，進呈縣尹，經人評閱，善揚之作往往居前。曾執掌通化廣學書院講席，半生所授學徒不下數千人。著有《愛月樓詩文草》《桑梓集》。門生輯其詩為《醉經堂虞柳隄夫子詩稿》。是稿為虞善揚門人所抄，《感傷》詩下題『此詩係先生庚午年所作』，書前有『醉經堂虞柳隄夫子詩稿目録』，筆跡不一，當出二人之手，且所録不全，僅録五十八題，然全書有詩一百四十餘首、文四篇。

虞善揚履試不用，可謂失意之人，故稿中多感懷之詩，如《自責》《感傷》《閑居》《寓歎》《雪中遣興》《初秋有感》《世亂感懷》《書館感懷》《夏日書悶》《自詠》《回禄後感傷》《闈後有感》《傷貧》《閨怨》等，情似李賀，調皆愁苦，當非早年所作，自歎平生碌碌，如『農業書功兩棄遺，總緣懶惰過天時。前車可鑒知今是，後悔當追悟昔非』及『碌碌無能亦可悲』等語，常發賈生之歎。曾作《擬陶淵明讀山海經》五古，不拘格律，寫鄉間生活，其『耕種事已畢，一卷手自披。偶有會意處，欣然便忘飢』之語，猶自陶出。更有《倣左太史沖詠史》一組八首，取韓信、伍子胥、梅福、張翰、張良、馮唐，及王安之與呂惠卿、司馬光與蔡京、管仲與鮑叔牙、摯洵與馬融、程頤與楊時等為例，大抒不遇之歎，其悲憤之情，躍然紙上，可媲美左思原作。

今據邑人江東放藏清虞善揚撰、抄本《醉經堂虞柳隄夫子詩稿》影印，在《浦江文獻集成》第一六〇冊。

胡聖傑

醉經堂隨録

（清）虞善揚輯録　抄本

虞善揚生平已見於上一則提要。《醉經堂隨録》為虞善揚所抄録時人佳作，涉陳果、陳現、賈應鴻、朱承綺、陳毓秀、黄叔午、張可向、黄志璠、黄尚潤、朱學全、顧岱、盧琦、陳禎生、沈煌、賈良璧、蕭丁泰、汪桓十七人，皆為浦陽或金華人。抄本凡録賦文三十篇，表一篇，詩一組二十四首，雜文兩篇，策問九篇。全本有圈點，有眉批，似虞善揚所為，往往言簡意賅，如陳現《蛺蝶賦》上有『雅鍊』『意趣横溢』『物致不窮』等語；有文末評點，乃録他人之語，如陳現《角鷹賦》後有『筆力雄剛，無懈可擊，不難步武兩漢，故可模擬六賴。盤洲師評。』

今據邑人賈壯紅藏清虞善揚輯録、抄本《醉經堂隨録》影印，在《浦江文獻集成》第一六〇冊。

胡聖傑

浦陽應試題名録

（清）虞善揚抄録　民國二十六年黄方大據清光緒二十五年虞善揚抄録本重訂

虞善揚生平已見於抄本《醉經堂虞柳隄夫子詩稿》提要。《浦陽應試題名録》不分卷，抄本前有重訂之封面，有原書之封面，皆於左側題書名。原書末有抄者虞善揚於清光緒二十五年（一八九九）所作後序，謂浦陽自唐宋以來，歲科之題名渺乎微矣，苟略而不録，則閲數十年已無有知其名者矣，更何況能知其時代之先後乎？光緒二十五年春，善揚於施君處見《浦邑歲科題名録》一卷，『始於乾隆十九年，以迄於今』，縣試何題，取前列若干人，府試何題，取前列若干人，院試何題，取入泮者若干人，取優等者若干人，燦若列眉，瞭如指掌，故抄録以存，且自序之。虞氏原抄本封面，除抄本名『浦陽應試題名録』外，右側尚有『丁丑』及『丹心氏抄』字樣。『丁丑』為民國二十六年（一九三七），與虞善揚抄録之年份相去甚遠；又抄者自題『丹心氏』，而他書他處並不見虞氏曾以此自號，則當均為重訂者黄方大之所為也。此原抄本無目録，先載《鄉會試路費義產》，其中鄭璧於康熙四十二年捐田一百畝，朱之瑆於乾隆四十二年捐田一百零八畝，張以玢、朱興燕分别於乾隆二十一年、四十一年捐田五十畝，潘文玉於乾隆四十一年捐田一百畝，浦邑之士其重仕進可見。《浦邑科甲題名》較為特殊，共録浦邑甲科者五十八人，始於順治終於道光，人名下有小字標明年份等信息，如順治年間有『鍾繼聖（順治丙午副榜）』（按：括號内為小字）、

『樓洵文（戊子副）』『鄭應兆（戊子副任宿遷知縣）』『祝萬年（辛卯）』『蔣維藩（癸卯）』『王嘉明（壬子）』『鄭駟』『張以琣（丁酉進士）』『蔣興周（乙卯）』『鄭良（庚子）』。《府學廪生》，録七十九人，如朱興悌、張汝房、王可儀、朱寓、朱承綺、樓開瑜、鍾士瀛、黄志琨等，皆在列。《縣學廪生》，録二百七十九人，其中録戴殿海、戴殿泗、陳松齡、戴聰、朱檀、賈應程、朱能作、駱乘輿、朱嵩、黄志璠、黄志勉、虞善揚等人。其後乃是乾隆十九年至光緒二十一年浦陽應試者題名，每年中復分縣試、府試、歲試，且載主考官之名，如『乾隆二十年』為『湯太守府試』，試題為『杞不足徵也』，考試時間為四月廿六，參試者有張邦彬、樓岑、張邦照、樓文成、張邦敬、黄以攀、鄭祥、趙方太、張瑄、陳其昌。此抄本對於保存浦陽相關科舉材料極為重要。

抄本最前為重訂之封面，除左側書抄本名『浦陽應試題名録』外，右上則題『乾隆十九年起，光緒廿一年止』，右下題『植橙重訂』，中有『小搢紳』字樣。『植橙』為虞氏外孫黄方大之字，方大為鳳紀之長子，字直臣、植橙、植柳丁，號軒孫，浦江合溪桂花明堂人，自幼深受家學熏陶，光緒末入泮第十名，復就讀於浙江第七師範，曾先後執教於浦江東明小學、湖山小學、集賢小學、中正小學及杭州宗文中學等，於任教之餘，長年孜孜於家族文獻之抄録整理，彙集成相關集子上百種，虞氏所抄《浦陽應試題名録》經方大重訂保存乃流傳至今。黄方大重訂本扉頁有大字書『小搢紳』三字，兩側補入本家自乾隆以來有科名者九人之相關記録，所涉者依次有七世祖黄揆敘、六世祖黄旦、五世祖黄叔午、四世祖黄志選、四世叔祖黄志元、三世祖黄資深、父親黄鳳紀、叔父黄麟紱，以及黄方大本人，其可謂深知裒輯保存家族文獻責任之重矣。

今據邑人賈壯紅藏清虞善揚抄録、民國二十六年黄方大據清光緒二十五年虞善揚抄録本重訂《浦陽應試題名録》影印，在《浦江文獻集成》第一六一册。

方勇

惇裕堂雜録

（清）黄志選抄録　清光緒二十七年黄鳳紀重訂本

黄志選，原名志銑，字金鐸；邑庠生，庠名志選，字秀升，號簡庭，生於清嘉慶十一年（一八〇六），卒於咸豐十年（一八六〇），浦江縣合溪桂花明堂村（今屬黄宅鎮）人。光緒十七年追授貢生。志選遠祖諱苾，仕隋為兗州總管，大業間由江夏歸隱浦陽。其後裔有黄偉者，始遷縣東合溪，嗣後書香世家，傳十餘代。因前有桂花壇，壇前鋪有石板明堂，故以此名村。丹桂代表折桂，象徵士子蟾宫折桂金榜題名，寓意吉祥，由是族人視之如寶。其祖父黄旦創『惇裕堂』，堂匾由邑嘉慶進士戴聰所書。志選生於讀書世家，父叔午為廪貢生，故其學有所成，終為邑儒學正堂，良有以也。

《惇裕堂雜録》不分卷，封面題『志選公號簡庭』『先大父手鈔』『辛丑年重訂』『軼凡』。『軼凡』為黄志選孫子黄鳳紀之號，則此本原為黄志選手鈔，復由黄鳳紀重訂於光緒二十七年（辛丑），而視筆跡，封面所有題寫，包括書名《惇裕堂雜録》，皆為鳳紀所加。此本内容為『金華八縣府志摘録』，包括建置沿革、古跡、盛時人瑞、義勇、浦江縣水、金華縣山、金華縣水、蘭溪縣山、蘭溪縣水、東陽縣山、東陽縣水、義烏縣水、永康縣山、武義縣水、浦江縣山、金華十詠、蘭溪八景、義烏繡湖八景、浦陽十景、祥異，而以浦陽歷朝詩摘抄所佔篇幅最大，可見其於浦陽之藝文最為關注。繼之則為保産全嬰法、診病方法、中醫處方等，復可見其於人生健康之重視。最後為居處器物等，亦可見其留意世俗生活之一斑。

今據邑人賈壯紅藏清黃志選抄録、清光緒二十七年黃鳳紀重訂本《惇裕堂雜録》影印，在《浦江文獻集成》第一六一册。

方勇

黄秋崖先生遺著

（清）黄志元撰　民國二十四年黄方大彙抄本

黄志元，為黄志選胞弟，原名志鏡，字金圓；庠名志元，字德一，號秋崖，生於清嘉慶十四年（一八〇九），卒於同治二年（一八六三）。由邑增廣生中清道光十四年甲午科第十七名副榜，又中道光十五年乙未恩科第十八名副榜。

今存手抄本《黄秋崖先生遺著》不分卷，封面題『乙亥菊月植橙者録於集賢學校』『曾孫黄方大彙録』。『乙亥菊月』為民國二十四年農曆九月，『植橙』是黄方大所用之號，則此本為民國二十四年農曆九月黄志元之從曾孫黄方大在本邑鍾村集賢小學任教時所抄。前有黄方大所擬目録，依次為《詠懷》十首、《除夕有感》一首、《癸亥元日書懷》一首、《詠寒》十首、《遊五泄》三首、《題紅袖漆香圖》一首、《送黄崙山明府》四首、《七松居辭別》一首、《酬鄭松巖贈畫》一首、《黄烈婦詩》一首、《題楊次山得半圖》一首、《題馬蔭亭小照》一首、《送窮》一首、《輓聯》六對、《旗聯》九對、《雜聯》二十對、《詩句》四十對、《代覆黄春堤書》一篇、《寄黄春堤函》一篇、《祭大纛文》一篇、《十月初二代賈覆黄書》一篇、《致周琴山姻丈書》一篇、《周禮園像贊》一篇、《潘黄氏像贊並序》一篇、《許維丹公傳》一篇、《戴書廉詩序》一篇、《章太孺人傳》一篇、《蓮舟上人詩序》一篇、《周氏樓烈婦傳》一篇、《周黄氏傳》一篇。末録清末民國邑名紳鍾士瀛緑洲評語一篇，謂『秋崖先生非特能文章，亦有大膽量』，在『洪楊起義前數年』，竟能調解平息邑民與官府之風波一場。又今讀其詩文，其處『洪楊』亂世之際，竟是欲哭無淚，極度哀痛無奈。如《除夕有感》詩云：『竄避紅巾亂，勞勞又一年。人皆欣伏臘，我獨結愁緣。久矣離親族，傷哉餒祖先。欲除煩惱志，姑酌彼流泉。』又《詠寒》詩云：『紅巾肆擾已連年，遊子單寒劇可憐。破衲一斑占豹變，敝衣百結歎鶉懸。談兵對客常捫虱，攢武何人肯獻豜？時值北風兼雨雪，愁來翹首問蒼天。』讀其詩文，此類多有，『紅巾亂』指『洪楊起義』，正可彌補邑志所記之不足，謂之『詩史』可也。

今據邑人賈壯紅藏黃志元撰、民國二十四年黃方大彙抄本《黃秋崖先生遺著》影印，在《浦江文獻集成》第一六一册。

方　勇

惠珠編雜體詩七卷

（清）鄭吉撰　清木活字印本（原書缺卷一）

鄭吉，字奕元，號旋谷，别號雅園，一名經啟，生於清嘉慶十九年（一八一四），卒於光緒十四年（一八八八），為《浦陽歷朝詩録》編纂者鄭楙次子，浦江縣棗園村（今屬鄭宅鎮）人。同治十二年癸酉科拔貢，考授咸安宫教習，候選知縣。

《惠珠編雜體詩》七卷（原書缺卷一），本應皆為鄭吉七旬壽慶詩。前有光緒九年同里深溪世侄王興謨殘序、義門旋谷鄭吉自序。鄭氏序云：『余行年七十，節屆新正，率成俚句，聊志生辰，有懷知己，以博一笑。』書末又有鄭吉《蒙諸親友惠贈佳章，賦此志謝》云：『諸君惠我奏瓊章，玉為磚拋擲草堂。好句多情添錦繡，清吟有韻葉笙簧。斗牛直射應占氣，班馬濃薰倍覺香。今日嘉賓胥宴會，夜來蓬户益增光。』其餘皆為賀壽詩，賦詠者近百人，可謂一時之盛況。但葉明理詩云：『甲子方周候，榴開五月紅。六旬忘老至，九世想居同。』王瑞蘭詩云：『樂清軒里舊優遊，閲歷塵寰六十秋。花甲重輪征順耳，弧辰回數又從頭。』彥河更賦有《旋谷氏六十贈言》詩云：『望益居中降壽星，六旬初度自忘形。』則鄭吉六十壽慶詩，亦一併收入此編歟？

今據邑人李忠東藏清鄭吉撰、清木活字印本《惠珠編雜體詩》七卷（原書缺卷一）影印，在《浦江文獻集成》第一六一册。

方勇

小窗隨筆

（清）張淥輯評　稿本

張淥，字友蓮，號秋潭，生於清道光十五年（一八三五），卒於光緒十九年（一八九三），世居浦江縣城小東門内節婦門大雅堂。同治十二年癸酉科浙江鄉試中式副貢第十五名，所存硃卷題為《人之過也各於其黨，觀過斯知仁矣》《天命之謂性，率性之謂道，修道之謂教》《職述職者，述所職也》。

《小窗隨筆》不分卷，所收皆為時文，有《願學焉》《貧而無怨》《勿欺也》《事君敬其事》《言不可不慎也》《若孔子則聞而知之，由孔子而來至於今》《選於衆》《堯舜與人同耳，齊人》《不亦説乎，有朋》《能竭其力事君》《而不信乎傳》《節用》《則以學文》《我無能焉，仁者》《不如是》《雖有鎡基》《吾之於人也，誰毁》《如七十子之服孔子也》《則必使工師求大木，工師得大木》《愛人不親》《虎兕出於柙》《非疾痛害事也，如有能信之者》《下學而上達》《學也禄在其中矣》《子將奚先》《赦小過》《焉用稼，子曰誦詩三百》《富之，曰既富矣，又何加焉》《言必有中》《忠焉能勿誨乎》《疾固也，子曰驥》《不學詩無以言》《聞弦歌之聲》《子如不言，則小子何述焉》《而民善矣，君子之德風》《好騎馬試劍》等，凡此皆未標明作者。但各篇皆有眉批和篇末總評，如《願學焉》篇，眉批依次云『借平日作陪』『高一層』『低一層』『以自暴作反』『以自棄作反』『從願字説學』『用反掉合到言志章旨』『從學字説到願，自不合掌』，篇末總評曰『處處有注意詞語，亦坦白無疵』；《貧而無怨》篇，眉批依次云『犀利』『意思都為下難字』『撇去此二等人，則無怨實難』『用逆接，總為難字埋根』，篇末總評曰『高視無怨，則不必對下難字，而難自藏在里許』。以此推之，則此本為張涤纂輯世人時文，而親施批評之語，以為本人或他人備考之用耳。

今據邑人李忠東藏清張涤所輯註稿本《小窗隨筆》影印，在《浦江文獻集成》一六二一冊。

方勇

曉廬遺稿輯存

（清）張景青撰　二〇一九年六月張賢輯本

張景青，字士希，號曉廬，又號少蘿，生於清道光五年（一八二五），卒於光緒二十一年（一八九五），浦江縣馬鞍山村（今屬鄭宅鎮）人。父張致嶗，字克峻，號約齋，道光八年舉人，歷官廣西興安縣知縣、寧明州知州、桂平縣知縣、雒容縣知縣，因剿滅青蓮教雷再浩有功擢升為永寧州知州。景青初攻舉業，善詞章。後出仕，官至四品監察御史。一夕思鄉，慨然有張翰之志，遂解官歸里，居二十餘年，為人矜式。光緒二十年，浦江修志書，力任其事，越明年秋，工未竣，以病終。

景青晚歲曾輯性理諸書，以資循省。詩文未曾結集，散見各族譜中為多。二〇一九年，方勇教授因主編《浦江文獻集成》，便委託邑鄉賢張賢為之廣為搜集，輯為《曉廬遺稿輯存》。內收賦二篇、詩二首、譜序七篇、壽文五篇、人物傳記七篇，及《光緒浦江縣誌稿》所收張景青小傳。除賦和景青小傳外，其餘分別輯自《浦陽魏氏宗譜》《浦陽沙城陳氏宗譜》《龍溪張氏八甲宗譜》《浦陽人峰楊氏家乘》《浦陽根溪陳氏宗譜》《浦陽柳溪柳氏宗譜》《浦陽獻山賈氏宗譜》《浦陽華牆潘氏宗譜》《浦陽吴溪吴氏宗譜》《浦陽渤海季氏宗譜》《浦陽龍山陳氏宗譜》《浦陽球山何氏宗譜》《浦陽龍溪張氏宗譜》《浦陽盧溪金氏宗譜》《浦陽嵩溪徐氏宗譜》《浦陽清塘陳氏宗譜》。景青居鄉里，以清德著稱，故邑人每以得其文為榮，而各族纂修宗譜，復每求其為之作序也。

今據二〇一九年六月張賢輯本《曉廬遺稿輯存》影印，在《浦江文獻集成》第一六二冊。

方勇

廣川先生遺稿

（清）黄資深撰　民國五年活字印黄方大輯本

黄資深，明經叔午之孫，志選之子，諱尚源，字資深。邑廩膳生，名資深，字尚源，號廣川。生於清道光九年（一八二九），卒於光緒三十四年（一九〇八），浦江縣合溪桂花明堂村（今屬黄宅鎮）人。二十一歲補博士弟子員，四十四歲食廩餼，五十六歲貢成均。以經訓為菑畬，以筆耕為生計，七十餘歲猶手抄《五經要語》，以為子孫課讀計。從教五十餘年，凡從學者，不問天資優劣，莫不循循善誘。邑中讀書明理之家，皆請其為子弟師，經其指授，率多成才而去。年八十餘，猶一出為浦陽教授。

今所傳《廣川先生遺稿》不分卷，卷首題『孫方大輯』。書前有徐方六民國五年所撰《彙刊廣川先生遺稿引》云：『吾浦合溪黄廣川先生者，自幼讀書，博通今古，三墳五典，八索九丘，以及百家諸史，無不搜精抉髓，囊括殆盡，上師孔孟，下法程朱，德之修明，美矣備矣，雖未高掇巍科，固已香分貢樹，淡泊為懷，心嘗恥夫尸位，扶持正教，念獨切乎開來，設帳談經，垂幃論道，一時名宿，多出其門，成就後進之功，昭人耳目，所惜者生平著作不能盡存耳。』是資深非唯擅吟詠，且精通經史，善於辯論。如《朱陸異同説》一文，自『朱子天分不及陸王，而學似過於陸王』開筆，論議獨特，見地新穎，令人耳目一新，固『下法程朱』而不偏黨程朱也。

檢讀資深賦詠，每每言及『洪楊』之禍，及其流離失所之苦，謂之詩史可也。徐方六所謂其『生平著作不能盡存』者，究其緣由，此蓋其一也。又資深之孫黄方大所撰《輯印遺稿志後》謂，其祖父『平生所發明之理論暨詩篇文辭等雖多而率不自存』，並云：『民國五年，余館新園，適新園重修譜系，乃略次其先後而付諸譜司，為聚活字版刷印成冊，庶幾著述有存，不致日遠澌滅而無可考也。』是資深之詩文『不能盡存』，亦乃其『率不自存』所致也。然此存本，排版顛倒錯亂甚多，至有不可卒讀者，亦深為惜之也。

今據邑人賈壯紅藏民國五年活字印黄方大輯本《廣川先生遺稿》影印，在《浦江文獻集成》第一六二冊。

方　勇

廣川詩文輯佚

（清）黄資深撰　民國黄方大輯抄本

黄資深生平已見於上一則提要。此本凡有詩《同治甲子元日口占》《同治三年四月初旬寄前吳諸友七絕弍首》，與《同治五年三月修閱經亭啟》一文。細審之，當為黄方大輯其祖父資深公手跡而成，而所輯詩作當為民國五年黄方大輯《廣川先生遺稿》時所發現者。

《同治五年三月修閱經亭啟》今僅存一頁，未能瞭解其全文内容。在今浦江縣巖頭鎮下宅口村東北，原有横跨浦陽江支流洪公溪之上的石拱橋謂之洪公橋，橋始建於元至正間，清乾隆間重建，一九六〇年因修公路被拆去。據今人張賢考證，橋西原有涼亭騎路，曰『閱經亭』，東邊洞門上石匾書『來續』『往過』，邊款『道光八年九月吉旦，王門陳氏建』。此亭原有三進，清光緒三十三年始辦公立優勝兩等小學於其中，至二〇一三年被拆除。黄資深為此校首任堂長，則其撰寫《同治五年三月修閱經亭啟》在此前四十一年，為其三十七歲時也。

今據邑人賈壯紅藏民國黄方大輯抄本《廣川詩文輯佚》影印，在《浦江文獻集成》第一六二冊。

方勇

廣川濟生録

（清）黄資深撰　民國黄方大輯抄本

黄資深生平已見於《廣川先生遺稿》提要。此處所收為民國黄方大輯抄本，凡收資深為親屬友人所開中藥藥方近三十個，其中可考親屬及友人有爺爺、大伯伯、岳父、花山王可宇兄等，説明其並非專業行醫者。但考其内容，有受益食方、婦食方、小兒氣急痰悶方、健脾暖胃方、燒病方、補中益氣方、治腳黴方、醫肘腋癧方、腦漏方等，施治範圍不可謂不廣，似又頗通此技者也。

今考黄資深為人開方診脈之年，其有文字標明者，始於清咸豐九年（一八五九），終於光緒三年（一八七七），即起始於其三十歲之時。由此可以聯想，昔人治學，堂廡廣大，往往經史子集兼治，上下貫通，而詩文之外，旁及琴棋書畫，甚而頗涉岐黄之術也。

今據邑人賈壯紅藏清黄資深撰、民國黄方大輯抄本《廣川濟生録》影印，在《浦江文獻集成》第一六二册。

方　勇

孔子門人考一卷補遺一卷存疑一卷正誤一卷

（清）費崇朱撰　稿本

費崇朱，一名崇鑒，字憲文，號敬盧，邑庠生，生於清道光十二年（一八三二），卒於同治八年（一八六九），浦江縣馬劍獅坑村（今屬諸暨市）人。昔歐陽修《後漢孔宙碑陰題名》云：『其親授業者為弟子，轉相傳授者為門生。』朱彝尊《孔子門人考》因之謂：『歐陽子有言，受業者為弟子，受業於弟子者為門人。試稽之《論語》，所云門人者皆受業於弟子者也。』崇朱則以為，歐陽、朱氏之説『得其半，未覩其全也』（自序），故著《孔子門人考》一卷、《補遺》一卷、《存疑》一卷、《正誤》一卷以證之。

此書稿前有費崇朱於清同治六年所撰《孔子門人考序》、同治元年所撰《凡例》共十條、《孔子門人考目次》（附有《補遺》《存疑》《正誤》）。其《凡例》首條云：『聖門弟子，《史記》列七十七人，琴牢、陳亢、懸亶、薛邦皆不與；《家語》亦列七十七人，有琴牢、陳亢、懸亶、薛邦，無公伯寮、秦冉、鄡單、鄭國。秀水朱竹垞（彝尊）博采圖書，以補《史記》《家語》之闕，然公父文伯之事孔子，《韓詩》載之，季襄為受業弟子，亦見《淮南》高注，竹垞不收此二人，尚有遺漏，今增入。』因此，崇朱於《史記》《家語》及朱彝尊《孔子門人考》基礎上，經過廣搜博考著成此稿，甚可補前人之不足。其精細處，如『諸賢有單姓、複姓為説不同者，則據《通志·氏族略》《廣韻注》等書折之，其有介在疑似之間者，不敢專主一説，並存他説以俟考。』（《凡例》）『諸賢名字、年貌、居處、墳墓，及唐宋封爵，諸書所載多異，兹難臆斷，姑並存之。或有謬誤有可指者，亦妄參管見於其間云。』（同上）諸如此類，更可見出其用心所在。

今據國家圖書館（原北京圖書館）藏清費崇朱所撰稿本《孔子門人考》一卷、《補遺》一卷、《存疑》一卷、《正誤》一卷影印，在《浦江文獻集成》第一六二冊。

方勇

孔子門人考一卷補遺一卷存疑一卷正誤一卷

（清）費崇朱撰　清光緒刊本

費崇朱生平已見於上一則提要。此刊本前有江澄於清光緒二十二年所撰《序》，和費崇朱於同治六年所撰《孔子門人考序》、同治元年所撰《凡例》共十條、《孔子門人考目次》（附有《補遺》《存疑》《正誤》）。正文後有蘭谿鄧鍾玉於光緒二十二年所撰跋語云：『昔宋人崇尚道學，見有稱引書史，即目為玩物喪志，而流弊極於末世，至掇拾語録自謂得聖道真傳，及叩以從祀弟子有書複姓為單姓者，又茫乎莫辨。以視費君實事求是，不徒空談性命為何如，使得盡其所長，由博返約，造詣詎有限量？乃年未四十齎志以歿，而鄉曲亦無有知其學者，不大可惜哉！今得邑侯序其書而刻之，費君可不朽，而人以是益多侯能嘉惠士林也。』鄧氏以崇朱是書能矯道學末流空談性命之弊，而歎崇朱『年未四十齎志以歿』，且多邑侯能嘉惠士林也。

邑侯指江澄，字梅生，江蘇長洲人，時為浦江知縣。其所撰《序》云：『竹垞朱氏《弟子考》，博采圖書，集其大成，斷為九十餘人，亦尚未備。浦陽費君，撰《孔子門人考》一卷，證引精碻，論斷有識，如辨南容之一人四名，孔忠之移祀崇聖，直足闢諸説之謬，正祀典之訛；又據《淮南子》補季襄，《韓詩外傳》補公父文伯，尤足廣朱氏所未及。』江氏頗精此道，辨識甚確，故知崇朱此著價值所在，而謂『余來宰是邦，生不同時，以不獲與君上下議論為憾，讀其書可想見其為人，爰將是書先授梓人，俾惠後學』，則更見其對費氏之推崇。然江氏『尚恨有闕者』，以為『考《淮南子》有墨子，《呂氏春秋》有鄙人，陶宏景《真語》有施存，雖未敢碻指為是，亦何能臆斷為非，似可別為補遺，以存其人』（《序》），如是之類，似又可補費氏《孔子門人考》之不足也。

今據清費崇朱撰、清光緒刊本《孔子門人考》一卷、補遺一卷、存疑一卷、正誤一卷影印，在《浦江文獻集成》第一六二冊。

方　勇

聖跡編年

（清）費崇朱撰　清同治刊本

費崇朱生平已見於前面提要。此書前有費氏於清同治五年所撰《聖跡編年自序》、江蘇笠澤徐寶治所撰《聖跡編年序》、費氏據蘇軾《列國指掌圖》損益而成之《春秋列國圖》。費崇朱自序謂『聖跡見於傳記，參差不同。朱嘗欲詳考畫一，而有志未逮。今歲丙寅，山居閒暇，讀《論語》至《鄉黨》，見江氏《圖考》，卷首列孔子年譜，所書歷年事蹟，每歲率先一年，既與《世家》不合，亦與朱子不同，因竊取《史記》《家語》《通鑒前編》《闕里志》《歷聘紀年譜》《帝王年表》《聖門志》及諸儒考證等書，詳加考核，以審從違』，『皆逐一討論，不敢放過一事，為聖師輯事蹟，固非可草草也。』可見其出入群籍，用心討論，以考證孔子事蹟有如此也！

此書體例屬於人物年表，當撰於清同治五年丙寅（一八六六），其考證史實自魯襄公二十二年（前五五一）十月孔子生於昌平鄉陬邑闕里開始，終於魯哀公十六年（前四七九）四月孔子卒而葬魯城北一里之泗上，時任金華知府笠澤進士徐寶治謂其『參互考證，務求薈萃諸儒之説，以折衷一是，隸言紀事，開卷瞭如，以視婺源江氏慎修《圖譜》，覺詳核殆有過之』（《聖跡編年序》）。徐氏在比較清康乾經學大師婺源江永所撰《圖譜》之後，竟許費氏此著以『覺詳核殆有過之』，評價自是甚高。且據徐氏《聖跡編年序》，費崇朱除撰有《聖跡編年》《孔子門人考》而外，尚著有《大學測義》《中庸待問》二書，則在浦陽經學史上，自北宋朱臨以來，中經宋末元初黄景昌、吴萊，元末明初戴良、宋濂，清乾隆時吴鳳來等，至費氏於聖賢義藴復有所發明，誠可謂後勁也歟？

今據北京師範大學圖書館藏清費崇朱撰、清同治刊《聖跡編年》本影印，在《浦江文獻集成》第一六二冊。

方　勇

梅園詩草

（清）徐希仁撰　抄本

徐希仁，名心宅，字希仁，號梅園，生於清道光二十四年（一八四四），卒於光緒九年（一八八三），浦江縣嵩溪村（今屬白馬鎮）人。此本封面『梅園詩草』下署『貴三題簽』，詩卷前有徐希仁自序。又有一序云：『《梅園詩草》為余先堂祖翁希仁徐宅公所作。公生平善畫，凡山水人物翎毛花卉無不精工，至今留在人間，盡可為吾後學法。但余幼時祇知其工畫，而不知其能詩也。乙丑仲夏，余家居無事，於故笥中得此遺稿，始知公為詩畫之全才，至於詩中之妙趣，則讀此卷者自能領略也。乙丑端陽後三日，貴三識於拱翠樓。』徐天許（一八九八—一九九四）原名貴三，先後任職於浙江省教育廳、台州師範學校、瀋陽師範學院、遼寧師範學院、中央工藝美術學院。今考徐天許一生曾歷經兩個『乙丑』，後一個『乙丑』時視力已模糊不清，則其發現此稿本並為之作序時為民國十四年『乙丑』，即一九二五年二十七歲時。

又徐希仁自序謂，『作詩雖佳，而無畫以形之，不能描倚翠猥紅之雅致；畫雖妙，而無詩以道之，亦難盡纏綿悱惻之幽衷』，『有詩無酒不精神，有畫無詩畫未真，自繪自吟還自酌，醉來翻作一癡人』，『故此三者，竟不可缺一云』。則其豈止為鄉間『詩畫之全才』，且復為『一杯吞盡一編詩』之嗜酒翁。故視其詩作，多以自然花草為題材，而詩稿之後所附畫作，復以昆蟲為描摹對象，率以自然為本趣歟？

今據邑人徐千意藏清徐希仁撰、民國十四年徐天許題簽抄本《梅園詩草》影印，在《浦江文獻集成》第一六二冊。

方勇

鄉言雜字

（清）陳大鵬撰　清光緒四年抄本

陳大鵬，浦江縣檀溪人，生平事蹟不詳。《鄉言雜字》前有陳氏於光緒四年戊寅所書《敘》，抄本末有『光緒戊寅年中秋之月日始平郡馮銀岳録』字樣。陳《敘》云：『以鄉村子弟，家貧不能力學，或從師二三年而改業，淺見寡聞，偶記一事一物，其不至枵腹而閣筆者蓋寡。今纂輯鄉言所用雜字，詳加考訂，序列編次，而額之曰《鄉言雜字》，蓋字以鄉言名，因言以鄉音憧（疑為懂字之誤），舉鄉音以立言，纂輯校正，循類分敘，始使人開卷了然，而訛字概不取焉，雖出語不能雅馴，見豹亦不過一班，但字有未經目覩者，閑嘗披覽，詳察點畫，默識心藏，而有時秉筆覼縷，記事載言，未始無補於萬一云。』是意在有助於家貧不能力學者，固與博雅君子不屑一顧者有間矣。

蓋此稿乃是增損前人相關成果而成，視其內容，共分為天文、地理、家用、農工、女工、服飾、飲食、六種、菓品、宮室、親族、商賈、百工、品流、世情、身體、疾病、竹木、花草、毛蟲、羽蟲、鱗蟲等二十二類，其序列編次，確乎井井有條；且每句皆用四言，便於朗朗上口；又以方言雜字，罕有識之者，故每於其右側，標以同音之字。凡此，見者必稱便焉。

今據邑人張偉文藏陳大鵬撰、清光緒四年抄本《鄉言雜字》影印，在《浦江文獻集成》第一六三冊。

方　勇

浦南通洲橋志二卷

（清）陳周學 倪憲章編撰 清光緒十九年木活字印本

陳周學，字昭禮，由太學生翰林院待詔，欽加五品銜，浦江縣白沙（今屬蘭溪市梅江鎮）人，生於清道光十七年（一八三七），卒於民國八年（一九一九）。倪憲章，字守其，號豫亭，浦江縣石埠頭六和（今屬蘭溪市梅江鎮）人，生於道光十八年（一八三八），卒於光緒三十年（一九〇四）。

邑人張淥所撰碑記謂，浦陽水源，紛岐四出，其大宗約略有三：浦陽江發源於西，經流而東，始由紹興三港入海，至明代由錢塘入海，此東西之水也；北曰壺源江，出源口入富春江；西南則合蜀溪、梅溪諸流，西入蘭江，而出洲上，此通洲橋所由名也。清乾隆間倪元征首創此橋，嘉慶五年則毀於洪水，道光初倪公之孫望蓮重為興造，而年久漸損，士民恒患之，以為茲地當蘭、浦要衝，車馬往來，絡繹不絕，日以千計，豈可不為之從長計議？陳學周乃設席廣學書院，邀父老紳富共襄之，擬伐石以易木橋，而以倪憲章總司會計之務。是役始於光緒十二年四月，竣工於次年十一月。嗣後，陳、倪復編輯此志，以為永久紀念。

《浦南通洲橋志》分上、下二卷，書前有蔣倬章清光緒十九年《新編通洲橋志序》、倪望蓮道光三年《癸未捐修通洲橋序》、江心燕道光四年《預修通洲橋善後序》、陳成倉等咸豐十年《通洲橋會簿公議》、倪允慧同治六年《丁卯捐修通洲橋引》、倪憲章光緒十五年《捐修通洲橋兼葺普濟橋書扁序》、張淥光緒十四年

《新建通洲橋改石碑記》、蔣倬霖光緒十九年《鐘山通洲橋記》等，以及時人大量相關之詩作，而約佔全書三分之二篇幅者，所列則為歷次捐銀者之芳名。藉由此書，可清晰窺見通洲橋興廢修葺之概況，以及士民急公好施之風尚，故今人立於此橋上仍不免有所感慨也。

今據上海圖書館藏陳周學、倪憲章編撰，清光緒十九年木活字印本《浦南通洲橋志》二卷影印，在《浦江文獻集成》第一六三冊。

方勇

超然抒情集二卷

（清）于先之撰　清光緒二十七年刊本

于先之，字起義，號何有，別號超然，浦江縣西山坪村（今屬杭坪鎮）人，生於清道光二十七年（一八四七），卒於光緒二十六年（一九〇〇）。自少穎悟，生性豪俠自喜，素不合於流俗，鄉人亦每以狂放目之，而又無意於科名，自是益復頹廢，每作歌以刺世事，後竟因是繫獄者六七載。然其性強識，所覽書籍甚廣，經史之外，旁及道藏釋典，晚年又通泰西新舊約諸書，而其所嘗披誦者，則魏伯陽《參同契》也。故好談持齋，及吐納導引之事，而素不喜時藝，至於古文詩詞，皆善為之，然無意蓄稿，唯留詩草二卷，上卷是其親陳魯齋所抄，下卷則為其遊海外時途中囑樓其瑜抄之者。所收詩歌，有古風體、格律詩、五絕、五律、七律，及歌行體、五七言變言體，率皆為縱情發揮之作。

今首都圖書館藏于先之《超然抒情集》二卷，裝訂為一冊，書前有吳嘉繽、陳應傑、陳杏林、朱式玉、陳興孝等所撰序各一篇，又收有于國禎所撰《超然先生傳》。及《浦江文獻集成》既已發行，有鄉賢江君東放，復覓得先之《超然抒情集》四卷之本，經比對發現，前二卷固與首圖所藏者相同，而後二卷則為多出者。今究其原委，乃是先之既歿之明年，由其室人鄭氏囑其生前好友胡玉書選定三百餘首，編為《超然抒情集》三卷，且將付印，而鄭氏翻閱稿本，猶恨選者太嚴，所逸太多，便以所逸之七十餘首，編為第四卷，與第三卷合為第二冊，各冊之前自列目録，一併予以刷印，則首圖所藏非完本歟？識者謂先之之詩，才氣縱橫，意境超邁，或亦不免病其粗，蓋其非沉潛抑鬱之人，而乃倜儻非常、瑰奇自負者所致也。

今據首都圖書館藏于先之撰、清光緒二十七年刊本《超然抒情集》二卷影印，在《浦江文獻集成》第

一六三冊。

方勇

類聯大全

（清）何冠英編 稿本

何冠英，譜名祖銜，字士龍、肄三，號雅堂，郡庠生，庠名冠英，生於清道光二十八年（一八四八），浦江縣嚴門村（今屬白馬鎮）人。出身書香門第，精通詩賦訟律，為浦江一代名士。其為人正直，不畏強權，既能為人調解糾紛，又敢於與官府反抗爭辯，深得時人敬佩。

《類聯大全》為楹聯大全集，何冠英編，現存手寫稿本，由何其美珍藏至今，書前附有何愛民《慘死日寇槍下的大姑姑》（選自《浦陽潮》），何家『五世書香』人物名姓，楊家光緒年間遺漏秀才，何氏宗譜之輩分，何其美書信手稿及其手寫序文；書末有楊心輝書及楹聯。此書不僅收何冠英所集楹聯，亦附有其父何篤甫撰寫的宗祠聯和楊兼山詠梅蘭竹菊、春夏秋冬之詩。

此書為手寫本，從字體變化可知非一時編成，其間或有補充。全書以類編排，相同內容之楹聯歸為一類，包括春聯、節日聯、婚慶聯、喬遷聯、賀壽聯、悼挽聯、廳堂聯、書齋聯、祠堂聯、神廟聯、器物聯等幾大類，又可細分為各個小類，如廳堂聯可細分為樓臺閣、園亭、門聯；壽聯亦可分為男壽、女壽、戲壽、陰壽、上皇萬壽聯等。每一類下列幾條至幾十條不等，可見作者搜集之勤。

此書所收楹聯既有常用者，亦有生僻者，但語言均質樸通俗，較近白話。除收關係傳統事物的楹聯外，此書亦收有隨時代變化而生的新事物。在楹聯之外，編者亦會用小字做些説明，如標注『常用』『閏月』『左右』等詞，以備讀者翻覽查閱，故此書具有很強的實用性。且此書全用小楷寫成，字體蒼勁雋秀，一氣呵成，並經過作者精心排列，在書法上亦具有很大的欣賞價值。

今據邑人何愛民藏清何冠英所編稿本《類聯大全》影印，在《浦江文獻集成》第一六四冊。

張澤心

松閫軒鈔

（清）于榮箕撰　清光緒二十二年稿本

于榮箕，字國佐，號廷統，又名俊甫，于先之之繼子，浦江縣西山坪村（今屬杭坪鎮）人，生於清同治十年（一八七一），卒於新中國成立初。出生於耕讀之家，幼承庭訓，督課經史，有望身登龍門。又自祖父先桂公始，四代懸壺濟世，榮箕民國間亦嘗以行醫為生。初學於浦北名儒虞善揚，曾為太學生，鼎革後畢業於浙江地方自治研究所。抗戰時期，曾任壺源鄉第十保保長，積極協助政府，召集青年保家衛國。一九四八年，捐米四十餘擔資助新生紅色政權江東縣政府。

《松閫軒鈔》封面署『丙申』『俊甫』，則此稿結集於清光緒二十二年丙申（一八九六），但以集中所示年月考之，作品最早者為光緒十二年丙戌所賦之詩，最晚者賦於光緒十五年己丑，故是集輯抄于榮箕二十五歲，所收詩作當主要賦於其十五歲至十八歲之間，且視其內容，實為于氏少年練筆及科場應試之作，可謂早慧而不群者。然以其作於少年之時，雖富有青春氣息，凡詠物感懷，四時寫景，無所不有，且絕句、律詩、古風，諸體皆備，而所詠竹枝土風，尤令人耳目一新，但終不免時露稚嫩之氣。若假以時日，必當有以精進，而惜其除此之外，無有一詩一詞留傳於今者，唯檢民國《汪山于氏重修宗譜》，存其序文數篇，亦可謂吉光片羽者矣。

榮箕鄉里西山坪，深處群山環抱之中，原有古松百餘棵，故以『松圍』命其抄稿，而以此本輯抄於光緒間，故今著録，復以清人目之。

今據義烏方金漢藏清于榮箕撰、清光緒二十二年稿本《松圍軒鈔》影印，在《浦江文獻集成》第一六四冊。

方勇

悲秋小草

（清）黄志璠撰　民國二十六年刊本

黄志璠，原名志恕，字如心，號斐卿，又號少雲，清恩貢生、杭州府學訓導幾塄（字雲湄）之次子，浦江縣合溪長芝第（今屬黄宅鎮）人，生於清咸豐三年（一八五三），卒於民國十四年（一九二五）。淵源家學，天資警敏，文辭清麗，與異母弟志琨同擅文科。二十歲入邑庠，其《秋燕已如客賦》，大為人所激賞。自後歲科兩試，輒以時文律賦擅長一時。光緒二十年應鄉試落第，時海內漸起興學之風，嗣後遂受聘為金華中學堂監督，又協辦金華師範學堂。宣統元年當選為浙江省咨議局議員，兼駐金華府參議，參理各縣初選事務。次年冬補嘉善儒學。民國初，任浦江縣議會議長。熱心鄉邦文化事業，曾集資印刷《光緒浦江縣誌稿》，主持修葺本縣學宮、尊經閣、明倫堂、大成殿等。

《悲秋小草》前有黄志璠於宣統二年（一九一〇）所撰『引』，自稱為『秋士』，自述有『七悲』，凡世事之紛擾、家世之變故、仕途之坎坷、生計之艱辛、妻孥之煩愁等，皆可悲可歎，而每以詩歌抒發之，故以『悲秋』命其詩集。歿後多年，其長孫駿如請得蔣起龍、鍾毓龍等名流為之署簽作跋，並由同鄉張同光手自繕校，斥資付梓而成《悲秋小草》，時在民國二十六年（一九三七）也。

今據邑人張文德藏、清黄志璠撰、張同光民國二十六年刊《悲秋小草》本影印，在《浦江文獻集成》第一六四册。

方勇

本地風光

（清）黄志璠　陳乾等撰　抄本

黄志璠生平已見於《悲秋小草》提要。《本地風光》封面署『佩珩』，未知其為誰氏，而抄本中文章作者除黄志璠外，還有徐時雨、黄資深、陳志、王秀芝、徐品元、張時立、金獻文、黄尚絅，今查此九人之名，皆見於邑人虞善揚於清光緒二十五年所抄《浦陽應試題名録》。抄本中復有下列作者：陳乾，抄者注云『浦陽書院』『東明書院』；鄭定梧，注云『東明書院』；金獻文，注云『東明書院』；賈偉光，今查明為浦陽旌塢人；鄭佐周、沈學權，今尚未知其里籍。以理推之，凡此當皆為浦江人氏。

今遍檢此本，所收文章題目率皆出自『四書』，尤以《論語》《孟子》為多，各篇之末或附有簡單評語，而題目或作者之下每有小注，如『望課一名』，或『望課二名』，或『上取一名』，或『擬作』，或『歲考二等九』，或『歲考二等六』，或『一等三』，或『一等一名』，或『一等二名』，或『一等六』，或『一等九』，或『超等一名』，或『特等三』，或『府試一名』，則其中所收者當多為浦陽諸書院或縣府科舉考試勝出之文，以此編為《本地風光》，誠可謂本鄉邦銓文選才之一大景光也。

今據邑人江東放藏清黄志璠等撰、『佩珩』所抄《本地風光》本影印，在《浦江文獻集成》第一六四册。

方勇

筆耕遺稿三卷

（清）徐品元撰　徐儒宗輯抄本

徐品元，譜名一雨，字雲卿，浦江縣嵩溪村（今屬白馬鎮）人，生於清咸豐六年（一八五六），卒於民國二十三年（一九三四）。幼即穎悟好學而有膽略，讀書輒達雞鳴。廿歲金華府試第一，繼又兩次應舉中選，皆遇丁憂而罷，而代人省試，曾得舉人第一名（解元）。遂絕意仕進，設教於金華、衢州、紹興三府之間。曾參與編纂《光緒浦江縣志》。後被聘任金華七中（今金一中前身）校長，不就。居常處草野而不忘國事，曾多次上書論政，或直陳己見，或痛斥時弊，或支持變法而指出其弱點，或擁護革命而條陳其措施。其立論宗旨為『清鼎應革，制度須變，而作為中華傳統文化之四書五經則不可全廢』。民國十四年（一九二五）三月二日，英、日等國屠殺我同胞，即作《致上海學生聯合會書》，條陳『強國十策』。先生博通經史，善詩文，工書法，與康有為、章太炎等常有書信往復論學。晚年深究天人合一之學，認為天人合一、心物相融乃是聖人之道。大量探討經籍之文，對儒學作有系統研究。著有《嵩溪筆耕集》二十卷，毀於抗日戰火。今由其孫儒宗廣蒐遺佚，輯為《筆耕遺稿》三卷。

此書為其孫儒宗手抄本，半葉八行，行十六字。卷一所收經義三篇，乃先生大量八股文中僅存之作。其中『誠者天之道也』篇乃二十歲時金華府試獲一等第一名的應試文，其餘二篇皆為學使觀風時獲第一名之作，故廣為流傳。《童子調》一編，乃專為學塾童生初學八股而作，故全以四書文句為題，略示起承轉合之法，故當時廣為傳抄，以為啟蒙範式。卷二《課徒草》，因清季廢八股，改試策論，考生多難適應，先生乃作此編以授徒，時人作為範文競相傳抄。以上兩卷皆當時廣為傳抄之作，故能免罹戰火而倖存於民間，今於親友之間輯録之。卷三序、跋、記、傳之類，則録自徐氏及本邑諸姓宗譜，最後附以中華孔孟學會會長陳立夫所撰《徐公品元先生傳》。滄海遺珠，蒐羅非易，幸得十一，以存其大概云。

今據清徐品元撰、徐儒宗輯抄《筆耕遺稿》三卷影印，在《浦江文獻集成》第一六五冊。

徐儒宗

鏡中樓吟草一卷

（清）盛問渠撰　民國金華金震東石印局石印本

盛問渠，字清如，係浦江縣馬橋村（今屬前吳鄉）附貢生盛德輝之四女，生於清同治十二年（一八七三），卒於光緒二十九年（一九〇三），年僅三十歲。

明清兩代，浦陽女性有詩集留存者，其一為明末清初之倪仁吉，其二即為盛問渠。盛氏體弱多病，然自幼聰慧，性耽吟詠，二十八歲嫁邑城秀才張人驥，兩人相敬如賓，甚有相得之樂，不幸結褵甫二載，女士即因病而逝。其夫綣念嘘唏，固有不能自已者，乃搜輯其遺稿，數年後裒成此帙，以為返魂之香。此書卷首題『浦陽問渠女士遺著』，卷末有『金華舊府前金震東石印局代印』字樣，書前有張人驥遠方學友季懋煜、傅冷庵所撰序各一篇，與浦邑名士黄志琨所作跋語，以及沈海秋、黄志琨、賈嵩珊、鍾士瀛、金朗甫、張若騮、石鏡湖、王德棠、盛粹臣等所題詩詞十餘首。時彥多以為，盛氏之詩情感濃郁而哀婉淒悲，頗有易安居士之遺風。如《看落花感賦》云：『殘紅片片逐芳塵，極目江城倍愴神。人物浮沉同一例，空中花事夢中身。』《落葉》云：『雨雨風風正苦寒，怕聞落葉夜漫漫。呼童早起勤收拾，我自悲秋不忍看。』可見無論是面對春天抑或秋季，詩人總要引發感傷之情，其自悲自痛一至如是！又其《題碧簫女士詩稿》云：『滿紙琳琅眾妙該，托根當自鯉庭來。他年大集歸閨秀，我為君家惜此才。』此簡直為自我寫照，今人猶憐天妒其才！故惜者至謂：『予受而讀之，喜其靈源浚發，才語嫣然，宫商叶於喉間，煙雲走於腕下，置諸隨園女弟子詩選中，亦當自佔一席，而乃香消玉殞，謝女不歸明月之天！』（傅冷庵《序》）『讀《鏡中樓吟草》一卷，清麗纏綿，秀奪山緑，易安居士不得專美於前矣。惜甫及妙齡，遽遭短折，曇花一現，雹碎春紅！』（黄志琨《跋》）所幸者有是集傳世，可令女士不死矣！

今據華東師範大學圖書館藏清盛問渠撰、民國金華金震東石印局石印本《鏡中樓吟草》一卷影印，在《浦江文獻集成》第一六五册。

方勇

簞瓢尋孔樂筆墨掃張愁

黄鳳紀撰　民國九年稿本

黄鳳紀，譜名從律，邑庠生，名鳳紀，號元卿、軼凡、嘯園主人、合溪顛生、辮子先生、古城逸叟，貢生黄資深之子，名儒虞善揚之女婿，浦江縣合溪桂花明堂村（今屬黄宅鎮）人，生於清咸豐九年（一八五九），卒於民國十六年（一九二七）。幼習經史，長而尤勤學博覽，先後坐館各地及自己家中凡五十年，桃李佈滿浦陽及鄰邑，若張若騮、張若驄、陳錦川、羅奉春等日後皆有所成。教課之餘，筆耕不輟，據黄方大《清穆集》所附《黄鳳紀著作品書目》，曾著有《耕餘録》三卷、《耕餘雜草》三卷、《治事齋文稿》三卷、《浦陽耆舊傳》一卷、《青蘿唱和卷》二卷、《嘯園詩集》三十七卷、《四號詩抄》一卷、《苔岑集》三卷。

鳳紀一生六十八歲，作詩之多可謂驚人，而六十歲時被人竊去三千首，故自謂『賊偷詩稿三千首，我負吟魂六十年』（《被竊記事》）；後廣搜殘剩，又時時賦詠，年屆六十有七，復得詩作六千餘首，故自謂『詩已六千零百首，齡猶七十欠三年』（《七十自詠》，此為鳳紀七十歲前預作之詩）。《簞瓢尋孔樂筆墨掃張愁》詩集，為其遭竊後所編抄，故摘《耕餘録著掃愁，今焉詩以志之》詩『馬帳魚書經草竊，兔園貍筆復花開』兩句以題其封面。『馬帳』謂通儒之書齋或儒者傳業授徒之所，『魚書』這裏借指贈人之詩作，『草竊』即盜竊。此連下句是説，自己書齋中的詩作被竊後，現在嘯園主人又提起貍筆重新創作，即使簞食瓢飲，也要尋找孔顏樂處，以筆墨一掃張衡《四愁詩》般的憂愁，故復摘《自述》詩『簞瓢尋孔樂，筆墨掃張愁』兩句以為其書名。

此輯稿封面署『庚申巧月』『軼凡』，『庚申』為民國九年。今翻檢全稿，其中明標年份者有民國三年、民國四年，分別為鳳紀五十六歲、五十七歲之時，則此抄稿所收者有其民國八年家遭偷竊之前的詩作，當為其據回憶重新寫出或由詩友奉還者。鳳紀詩文言辭犀利，凡不合其意者，皆敢筆伐之。時人評其組詩《又詠秋海棠》曰：『志動於中，歌詠外發，舉頭天外，擲筆空中，沈休文所謂「直舉胸情，非傍詩史」，式語可以持贈。』如其七云：『海棠秋發映吾廬，君國家庭革命初。贏得主人花下醉，天教酣睡夢旗（鱮）魚。』鳳紀自注：『辛亥八月，朝廷革命，宣統禪位，吾家惡媳逆兒，亦與吾革命叛去。戊午五月惡媳殞命，而逆兒猶不悔過，至今尚未回舍。』是其遺民『胸情』直以詩歌發之，而北伐軍過浦陽，亦數作詩以斥之，並自謂『三千詩稿追方鳳』，意欲追蹤鄉賢南宋遺民方鳳以抗其節，故宜其終究不肯剪辮截髮，人稱其為『辮子先生』而樂於接受之。

今據邑人賈壯紅藏黃鳳紀民國九年稿本《簞瓢尋孔樂筆墨掃張愁》影印，在《浦江文獻集成》第一六五冊。

方勇

耕餘詩草

黃鳳紀撰　民國十年稿本

黃鳳紀生平已見於上一則提要。此本封面題『辛酉暮春』『合溪顛生著』。『辛酉』為民國十年（一九二一）。鳳紀性格迴異、近於顛狂，又世居古城鄉合溪桂花明堂村，人遂稱其為『合溪顛生』或『古城逸叟』，而鳳紀亦以此與『嘯園主人』『辮子先生』為別號，自謂『逃儒逃釋也逃仙，四號同人到處傳。叟已尊為古城叟，顛誰能似合溪顛？嘯園主豈騷壇主，辮子先非革命先。益友競將珠玉贈，微名不朽有生員』（《七十自詠》），並刻製閒章四枚，以備作書法、寄信件時之用。

今案鳳紀《簞瓢尋孔樂筆墨掃張愁》抄本，其《漫成》後自注：『去年九月，《耕餘録》《掃愁吟》被竊，今年復輯。』據相關資料，鳳紀家中遭竊在民國八年（一九一九），『今年復輯』者當指輯於民國九年之《簞瓢尋孔樂筆墨掃張愁》稿本，而以『《耕餘録》《掃愁吟》被竊』，以及《掃愁吟四集》所收《答陳晉三用原韻》『我昔年年事筆耕，者番躬稼畝縱橫。閑從桑梓尋良友，悶向山川寫至情。自是從心攄世事，誰知到處獲詩名。終慚篇什非風雅，敢上吟壇作主盟』等語句推之，則《耕餘録》《耕餘雜草》當為其較早之詩集，劫後卻復輯於民國十年，未知何故。今以意推之，《耕餘詩草》之名當由《耕餘録》《耕餘雜草》改變而來，而其所收詩作可考定確切年份者，有寫於清光緒六年之《題大竺嶺（庚辰年作）》、光緒十三年之

《歲次丁亥，余館鞍山張梅圃家……》、光緒十四年之《戊子十二月初五生辰有感》、光緒三十年之《甲辰施村石宅散館別諸弟》、光緒三十三年之《丁未新正羊日到繼裕鹽棧拜年……》、宣統三年之《宣統辛亥八月鄭都修譜……》等，皆早於《簞瓢尋孔樂筆墨掃張愁》詩作可考定之年份，《題大竺嶺（庚辰年作）》一詩則為鳳紀二十一歲時所作，可見《耕餘詩草》所收當多為其前期作品，整體上早於《簞瓢尋孔樂筆墨掃張愁》所收詩作。今遍讀《耕餘詩草》詩歌，多為心氣平和之作，遣詞發語不似《簞瓢尋孔樂筆墨掃張愁》所收者老辣。如《簞瓢尋孔樂筆墨掃張愁》所收《自慰》謂『三千詩稿追方鳳』，意在遠追鄉賢方鳳，不做異代臣民，而《耕餘詩草》所收《讀月泉吟社詩有感》云：『月泉吟社久荒蕪，東嶺南江景色殊。先輩風流多唱和，邇時雲散少于喁。豈無搦管能文者，未有登壇作將徒。詩學於今難再盛，後來誰復紹方吴？』並自注：『浦陽詩以方鳳、吴萊為開山。』此處雖是深情懷念先輩風流，但所感歎的卻在『詩學於今難再盛』，僅僅把方鳳視為浦陽詩之『開山』而已，作者尚未産生濃厚的遺民意識。

今據邑人賈壯紅藏黄鳳紀民國十年輯抄本《耕餘詩草》影印，在《浦江文獻集成》第一六六冊。

方勇

掃愁吟四集四卷

黄鳳紀撰　民國稿本

黄鳳紀生平已見於民國九年稿本《簞瓢尋孔樂筆墨掃張愁》提要。《掃愁吟四集》卷一題『合溪顛生著』，卷二題『戊午臘月合溪顛生著』，卷三題『己未孟春合溪顛生著』，卷四題『己未涼秋合溪顛生著』，則此稿卷二至卷四輯抄時間在民國七年戊午（一九一八）冬到民國八年己未秋（一九一九）之間，而卷一抄成時間當稍早於此。今案卷四第一首詩為《己未九月廿四日與叔方鏡清同坐嘯園見無數蜜蜂……》，作者至此尚未言及家中被竊之事，而第三首《嘯園被竊》詩之小序則云：『九月廿九午後，余與駱先雲兄出遊，至夜方歸，歸即就寢。十月初一，到前宅市，午後心欽來舍，始覺被竊。余自癸未至今卅七年，所輯《耕餘録》廿卷、《詩稿》廿二卷、《耕餘雜草》二卷，唯姜錫侯、鄭新田、王人鑑三人共借去十卷尚留，餘皆竊去。』癸未為清光緒九年（一八八三），此年鳳紀二十四歲。

《掃愁吟四集》所收詩作可考定確切年份者，有寫於民國五年、民國八年、民國九年之諸作，而民國九年秋季前之作品皆作於『被竊』之前。其卷一有《丁巳年人日詩》，鳳紀自注：『乙卯、丙辰、丁巳三年詩稿，俱被竊去。此首以膾炙人口，猶記憶之。』乙卯、丙辰、丁巳為民國四年、五年、六年，則《掃愁吟四集》所收『被竊』前之作品當非來自一途，其中有屬於憑藉作者或他人記憶重新寫出者，由『幸得顛生所著詩，先時大半入人脾。偷兒縱使竊將去，知否當時有口碑」（《詩稿被竊語人》）亦可見一斑。又《掃愁吟四集》所收詩中，言及『被竊』事件及作者年過花甲者甚多，凡此皆為鳳紀在遭竊之後所寫詩作。要之，此稿本為鳳紀輯其六十歲前後所存詩作而成，整體上早於《耕餘詩草》創作時間，而此時離鼎革已過去若干年，人稱『合溪老圃有遺民』『誰知猶是義熙人』（《掃愁吟四集》卷一附友人鍾學集詩），兼以『賊偷詩稿三千首，我負吟魂六十年』（《被竊記事》），因而其心境愈益不佳，非止此集每卷之首題曰『合溪顛生』，抑且每借吟詠以發其顛態，『古城山下有顛生，花甲雖周學未成』（《寄贈稠州陳仁皋兄詩》）、『顛狂已作傷今客，隱逸思將學古人』（《答陳晉三用原韻》），甚而『一卷《南華》一樽酒，個中佳味自含咀』（《嘯園偶成》），還想到道家思想裏尋找其精神寄託，由此與其前期作品之風格有以區別矣。

今據邑人賈壯紅藏黃鳳紀民國稿本《掃愁吟四集》四卷影印，在《浦江文獻集成》第一六六冊。

方勇

不如歸去

黄鳳紀撰　民國方能祥抄本

黄鳳紀生平已見於民國九年稿本《簞瓢尋孔樂筆墨掃張愁》提要。方能祥生平事蹟不詳。此抄本封面左上有『不如歸去』四字，右下方署『方能祥』，皆以鋼筆書寫之。今案《耕餘詩草》有《不如歸去禽言》詩，詩中有『不如歸去，天已斜陽』之句，蓋抄録者方能祥自此摘出『不如歸去』四字而移於此抄本封面之上，然殊不能隱括抄本之大旨，不知何故。

《不如歸去》所收詩作八十餘首，筆跡皆工整而稚拙，抄録者當為鳳紀之弟子歟？其中大半詩作見於鳳紀《耕餘詩草》而不見於其他集子，且前面約三分之一作品排列次序與《耕餘詩草》一致而其間每每缺少許多篇目。另有一些詩作雖亦見於《耕餘詩草》，而排列次序與之錯亂者甚為嚴重。再者，即使兩個本子皆收之詩作，文字出入亦每有之，甚至情況有相當嚴重者。如《不如歸去》有《古醖楊葆光先生……》詩，《耕餘詩草》則題作《蘇州古醖楊葆光先生……》。又前者有《中溪問渡》詩，後者則題作《中溪問溪》。又前者有《種竹》詩，後者則題作《種花》。又前者有《春日田園雜興》詩其一、其二兩首，後者則僅有前一首。又前者有《竹樓聽雨》詩，末句云『徹曉雲開見日頭』，後者同題末句則作『徹曉雲開宿霧收』。又前者有《贈紀雲宗台先生》詩，其一末聯云『管領潮溪好風景，鶯鶯燕燕兩相鄰』，後者則作《贈紀雲宗台》，末聯云『管領潮溪風景好，鶯鶯燕燕兩相親』。且通覽《不如歸去》，其所收詩作可考定確切年份者，有寫於清光緒十三年、二十九年、三十年、三十二年、三十三年及宣統元年等作品，皆在民國九年鳳紀家遭『被竊』之前。由此可證，《不如歸去》所收詩作當皆為鳳紀家遭『被竊』前之吟詠，即使與《耕餘詩草》相對應者也並非自此抄出，所以才往往更接近原貌，正可彌補《耕餘詩草》所收每為後來經回憶重新寫出而不如原作真實之不足。如《耕餘詩草》所收《種花》詩，視其詩歌内容，顯然為詠竹之作，當依《不如歸去》所收訂正其詩題為《種竹》；《耕餘詩草》所收《春日田園雜興》詩，亦當依《不如歸去》所收補足其『其二』；至於《不如歸去》有近二十首不見於其他集子之作品，則無疑更值得珍視，可以彌補鳳紀家遭『被竊』所造成之部分損失。根據以上種種跡象推測，《不如歸去》當為鳳紀弟子選抄而用作課餘讀物之一種，雖為文化層次低下者所抄録而文獻價值則不可忽視。

今據邑人張偉文藏民國方能祥抄本《不如歸去》影印，在《浦江文獻集成》第一六六冊。

方　勇

古城詩草

黄鳳紀撰　民國三年方能祥抄本

黄鳳紀生平已見於民國九年稿本《簞瓢尋孔樂筆墨掃張愁》提要。《古城詩草》封面題『甲寅涼秋』『方能祥』，則此本由方能祥抄録於民國三年甲寅。又鳳紀頗具遺民意識，且世居合溪桂花明堂，在浦江古城鄉，人或稱其為『古城逸叟』，鳳紀亦樂受之，遂以為別號。此即為以『古城』名其詩集之緣由。經比對，此抄本中所收詩作，皆為鳳紀《簞瓢尋孔樂筆墨掃張愁》《掃愁吟四集》《不如歸去》《嘯園詩集》所不見，而與其《耕餘詩草》互見者則甚多。

今以《古城詩草》與《耕餘詩草》相較，互見詩作凡一百三十餘首，而文字每有出入，可資比勘與訂正。又兩個稿本前一半作品之排列次序基本相同，後一半則顛倒情況嚴重，不知何以如此。以《古城詩草》之價值論之，則尤在其收有如下詩作：《訪毛純齋先生不遇口占二絶題諸壁上》《陳炳麟年兄造一氅槍……》《五月廿一古城寺……》《鄭鼎臣兄處移來菊花二叢對花獨飲喜而賦此》《五月初十有事訪洪玉堂……》二首、《五月初四日讀南華經有感》《書眠緑山房詩稿後》四首、《六絕擬曾開泰碧溪八景詩》《養病歌》八首、《遊青蘿山懷古》《雨雪數日幾至牛目率成二絕》《黄子明示一絕……》《市目周太孺人贊》《壬寅肄業麗正書院……》《規任塢清泉叔》《刈麥行》《提胡盧》。這些詩作既不見於《耕餘詩草》，亦不為其他本子所收，其原稿或許已於民國八年被人竊走，幸賴鳳紀弟子方能祥有此選抄，故而得以保存至今。

今據邑人方紅剛藏黄鳳紀撰、民國三年方能祥抄本《古城詩草》影印，在《浦江文獻集成》第一六六册。

方勇

嘯園詩集

黄鳳紀撰　民國二十一年黄方大彙抄本

黄鳳紀生平已見於民國九年稿本《簞瓢尋孔樂筆墨掃張愁》提要。鳳紀性喜嘯傲林泉，故中年時於住屋之南營造庭園一區，榜曰『嘯園』；又於嘯園北側營建書屋五間，以為訓育弟子及讀書會友之所，而就園中所賦之詩等曾編成《嘯園詩》，一時于右任、王陸一、陳肇英等皆為之題詞。後人輯其相關遺作為《嘯園詩集》，蓋有取於《嘯園詩》之遺意。《嘯園詩集》封面題『三言、四言、六言、詞調合一卷，桃李編一卷，各種聯語一卷，合溪顛生著，壬申桃月植柳丁録』。『壬申桃月』為民國二十一年（一九三二）三月，『植柳丁』乃鳳紀之子黄方大之號。則《嘯園詩集》由黄方大輯抄而成，第一卷由三言詩、四言詩、六言詩及片語組成，第二卷為《桃李編》，第三卷為各種聯語。據方大在卷末所統計，三言詩一首、四言詩凡二十二首、六言詩凡十六首、詞凡九首、聯語凡一百只對。但據黄方大《清穆集》所附《黄鳳紀著作品書目》，《嘯園詩集》共有三十七卷，包括五古一卷、五律四卷、五絶一卷、七古二卷、七律八卷、七絶十六卷、詞一卷、桃李編一卷、聯語一卷、補遺一卷、氤氳録一卷，與今所傳本不同。

今案鳳紀《七十自詠》詩『仙華桃李久盈編』下自注云：『自辛酉以來凡從學者，就其名字作詩訓之，顔曰《桃李編》。』以今所收《桃李編》視之，其標明年份次序為『庚申年』（民國九年）、『辛酉年』（民國十年)、『壬戌年』(民國十一年)、『癸亥年』(民國十二年),而『庚申年』所列各弟子名字前皆無『訓』字,自『辛酉年』至『癸亥年』所列名字前則皆冠以『訓』字,且『辛酉年』之左復有『桃李編』三字,則自『桃李編』以下當為鳳紀生前所編定者,各弟子名字前皆冠以『訓』字,與鳳紀『自辛酉以來凡從學者,就其名字作詩訓之,顏曰《桃李編》』之説相合。以此推測,則『庚申年』所列者當為方大之所增補。且以詩、詞、聯語並為一集者,亦當為方大之所為。然以詞九首入之詩集,其於體例有所不合。蓋方大以為,凡此詩、詞、聯語,分別成帙猶嫌其小,故勉強合併為一集歟?《桃李編》而外,所收可考定確切年份者,有寫於民國四年乙卯之詩一首、民國五年丙辰之詞一首,略早於《桃李編》之作品,亦皆為鳳紀晚年之所作。

今據邑人賈壯紅藏民國二十一年黃方大彙抄本《嘯園詩集》影印,在《浦江文獻集成》第一六六冊。

方勇

四書義

黄鳳紀撰　民國黄方大、黄世圻抄本

黄鳳紀生平已見於民國九年稿本《簞瓢尋孔樂筆墨掃張愁》提要。此集封面題『古城逸叟著，子復氏抄，黄方大』。今案鳳紀《七十自詠》『四號同人到處傳』下自注云：『鄭子琳呼我為合溪顛生、古城逸叟。』以鳳紀性近顛狂，自稱遺民、逸老，又家住合溪，隸屬古城鄉，故人稱其為『合溪顛生、古城逸叟』；『黄方大』為鳳紀之子，『子復氏』為方大之長子世圻（乳名有土，書名孟敷）之字，則此稿本乃是由黄方大安排其子世圻抄寫而成。

《四書義》前有目録，右題『顛生黄鳳紀著』，與封面所題『古城逸叟著』一致。此集所收當為鳳紀早年所寫應試時文，題目皆出於《四書》，以程朱解釋為準的。其中題目出於《大學》者凡七篇，出於《中庸》者凡三篇，出於《論語》者凡十九篇，出於《孟子》者凡十四篇，以此與《浦江文獻集成》所收其他時文集子相比較，寫作水準雖不為上乘，但此乃出於鳳紀一人之手，而彼等率為集衆多士子勝出之作而成者，蓋此《四書義》可珍視者以此。

今據邑人賈壯紅藏黄鳳紀撰，民國黄方大、黄世圻抄本《四書義》影印，在《浦江文獻集成》第一六六册。

方勇

文三篇

黄鳳紀撰　佚名評批　抄稿

黄鳳紀生平已見於民國九年稿本《箪瓢尋孔樂筆墨掃張愁》提要。浦江縣合溪桂花明堂黄氏一門，累世讀書達數百年，至民國末皆賴黄方大一人之搜集整理，乃有幸傳至今日。其中三份抄稿，一曰《宋太祖釋藩鎮兵權論者謂宋之積弱權輿於此然唐以姑息藩鎮而亡五代以姑息藩鎮而亂論》，二曰《東北邊防策》，三曰《固國不以山谿之險》，合為一處而置之，而不曾題寫其稿本之名，故編纂《浦江文獻集成》者斟酌再三，姑命之為《文三篇》。

今視此三文，以意推測之，當為鳳紀本人所抄，而評批者則不知為誰氏。與鳳紀《四書義》所收時文相比較，此三篇之議論斷制相當成熟，當完成於清末策論制推行之後，而此三篇策論之中，則更以首篇為上，出入經史，針對時局，筆力矯健，論議衮衮不窮，實為鳳紀存世之第一雄文也。

今據邑人費泓淳藏黄鳳紀撰、佚名評批之抄稿《文三篇》影印，在《浦江文獻集成》第一六七册。

方勇

甲寅文稿

黃鳳紀撰　民國方能祥抄本

黃鳳紀生平已見於民國九年稿本《簞瓢尋孔樂筆墨掃張愁》提要。此集之中，《答客勸》有『甲寅夏五』之語，《竇龜記》有『今年甲寅四月』之言，封面復署『甲寅年維夏月』『方能祥』而不曾題寫書名，故《浦江文獻集成》編纂者姑依『甲寅』二字而名此集為《甲寅文稿》。『甲寅』為民國三年（一九一四），而集中所收文稿或署『黃顛生』，或署『顛生』，或稿中有『合溪顛生』字樣，『顛生』為鳳紀之號，則集中文稿之撰寫不當晚於民國三年之夏天；首篇《金有陽官巖采藥斃命記》有『既為都督為總統』『口稱憲法』等語，則所收文稿之撰寫又不得早於滿清覆亡之際。

《甲寅文稿》計收文章六篇，文體命意皆與鳳紀此前所作之時文大異其趣，實為科舉廢後文風大變之明證。首篇寫鄉人金有陽不聽衆人勸阻，執意攀登絕壁採摘仙草而摔死，以此為不知足者作影子，甚至告誡『為都督為總統、知進而不知退』者，皆金有陽之類也。又所撰《貓犬問答》《鱉語》《竇龜記》，皆借動物以喻人事，則有柳宗元寓言散文、劉基《郁離子》、蒲松齡《聊齋志異》之遺意，豈借《四書》以立意哉！

今據邑人方紅剛藏黃鳳紀撰、民國方能祥抄《甲寅文稿》影印，在《浦江文獻集成》第一六七册。

方勇

耕餘養生録

黄鳳紀輯録　清光緒十八年黄鳳紀輯抄本

黄鳳紀生平已見於民國九年稿本《簞瓢尋孔樂筆墨掃張愁》提要。此稿本封面題『壬辰人日，元卿』，卷首題『元卿黄鳳紀輯』。『壬辰』為清光緒十八年（一八九二），則此本輯於鳳紀三十三歲時。

昔人治學，詩文之外，往往旁涉岐黄之術，而合溪桂花明堂黄氏一門，於耕讀之餘，還頗留意岐黄醫術，黄鳳紀之父資深，便撰有《廣川濟生録》。鳳紀繼承家學傳統，亦輯有《耕餘養生録》，諸如五行、五味、五穀、季節、氣候與養生之關係，以及身心如何調理，各種病症如何用藥，各種藥物如何配比，男、女、老、少又如何分别對待等等，皆廣有涉及，而搜輯資料路徑非一，除《黄帝内經》《本草綱目》《本草匯》《本草備要》、名家醫方而外，若《尚書》《周禮》《左傳》《説文解字》及其注疏等，亦皆在輯録之列，倘非閲覽廣泛者，斷不可涉及如是之廣。故而是集非止可供醫家參考，亦可為治學者拓廣視野，窺見中華文化博大精深之一助。

今據邑人賈壯紅藏清光緒十八年黄鳳紀輯抄本《耕餘養生録》影印，在《浦江文獻集成》第一六七册。

方勇

磚玉編一卷

趙允近輯　民國十七年浦陽仁齋氏趙允近刊本

趙允近，乳名永川，字仁齋，號義堂，生於清同治四年（一八六五），卒於新中国成立初，浦江縣趙宅村（今屬巖頭鎮）人。束髮受書，長而熱心科舉，『一傳開考各紛然，雨雪風霜更孰憐？雖悔平時功力懈，猶思銜石海能填』（《自歎》之一），但在科舉既廢之後，遂不以進取為念，足跡曾及杭州、湖州、嘉興、寧波、蘇州、上海等地。六十歲返回家鄉浦江以後，主要以擔任教職為生，但仍每以吟詠自樂。

此書封面題『中華民國十七年歲次戊辰』，封二有『浦陽仁齋氏趙允近刊印』字樣。書前有民國十三年王錫申所撰序云：『今吾友仁齋趙先生又生數十年後矣，少與余同學，舉業之暇，每喜為古詩詞，科舉既廢，遂絕意進取，恒以吟嘯自娛，去年冬六秩初開，作《自述》四首，遠近屬而和者，郵筒錦囊不絕於道，非先生平日行必履正，和光同塵，而又能好學不倦，於詩有得，盍克聲應氣求之多且好也！先生不敢沒諸親友珠玉之惠，敬繕成編，而以平日所自作者附其尾，名之曰《磚玉》，蓋為拋磚引玉之意歟？』則此書為趙允近六十壽誕時諸親友和詩、賀詩之輯集。書中録有允近《六旬自述七絕四首》及《六秩自述》五首，而遠近和者、賀者凡四十餘人，相和、祝賀之作多達一百五十餘首，可見當日慶吊之際，猶盛吟詠之餘風，與時下動輒筵席大張，燈紅酒緑，而乏人文氣息者有間矣。

今據義烏市圖書館藏趙允近輯、民國十七年浦陽仁齋氏趙允近刊本《磚玉編》一卷影印，在《浦江文獻集成》第一六七册。

方勇

磚玉附編一卷

趙允近撰　民國十七年浦陽仁齋氏趙允近刊本

趙允近生平已見於上一則提要。此書封面題『中華民國十七年歲次戊辰』，封二有『浦陽仁齋氏趙允近刊印』字樣，卷首題『浦陽仁齋趙允近稿』，為《磚玉編》之附編。

此書末有趙允近民國十三年『自識』云：『余回思束髮受書，迄於壯而有室，爾時科舉未停，試帖尚為必試之課，至於其他律絕歌賦謂之古學，考試時代久已不在重輕之列矣。及時文改為策論，詩賦更置之不論。再至停科舉改科學，吟詠一道遂為《廣陵散》，然朋舊之往來酬酢，與夫上下慶吊諸事，往往非乞靈於韻語不為功。嗚呼，何供求之相背如斯也！是知詩非公令所取，究非公令所禁，性情所至，蟲吟鳥噪，安能墨爾而息乎？』『律絕歌賦謂之古學』，雖每遭厄運，清末改科舉為科學後更為如此，但允近卻自有其『安能墨爾而息』之理由，故借六十壽辰之際發起倡和，其形式或許已過時，而其賡續『古學』之心可謂良苦。且借此機會，將其詩作編為一卷，附於《磚玉編》之後，以其創作實踐昭示世人，此等韻語古學尚不可廢絕於日用之間。今考此卷所收詩作，起自清光緒二十七年（一九〇一），大致依創作時間先後予以編排，且以他人倡和之作附於相關作品之後，互動吟唱時間將近三十年之久，可謂是清末民初詩壇上一道風景線，而其中最為耀眼者乃是允近與其佳婿張子俊所作大量倡和詩篇，這也使這位後輩俊秀——浦邑詩壇領袖張氏賴以多保存下來諸多詩作。

今據義烏市圖書館藏趙允近撰、民國十七年浦陽仁齋氏趙允近刊本《磚玉附編》一卷影印，在《浦江文獻集成》第一六七册。

方勇

隱生詠畫詩草

朱杏生撰　民國稿本

朱杏生，原名宗淦，字穎笙，又字隱生，號濳，晚年自號清逸居士，以房前有巨桂，故名畫室『桂馥堂』。生於清同治六年（一八六七），卒於民國二十七年（一九三八），浦江縣城西樸樹里人。性嗜繪畫，以刻苦自學而享有民間畫師之名。一生以作畫為業，鄰縣祠堂廟宇多有其手繪壁畫。足跡遍及杭州西湖、富春江、嚴子陵釣臺、雁蕩山等，所到之處，以景寫生，勾勒畫稿，以備創作之需。

《隱生詠畫詩草》為杏生手稿，今《浦江文獻集成》所收者，扉頁『壹玖伍捌年』字為其後人所寫，封面及所題書名為近年邑之文化愛好者所加，而封二則為原稿封面，除所題書名《隱生詠畫詩草》外，復有數語云：『畫雖小道，古人往往以為陶淑心情之具，與詩實同用也，故長於揮灑者可資吟詠。』此雖當從清代沈宗騫畫論中化出，但亦為杏生胸意之所寄，故詩畫相配，任意揮灑，乃其主要風格之一。蓋杏生以為，凡心有所觸，畫之不足，則借詩以發之，然後可以揮灑無餘，故其抄編《隱生詠畫詩草》，以題畫詩置於前，居全稿之泰半，繼之以數首題畫詞，後半才是題畫而外之詩作。今觀其題畫之詩，凡花木禽獸無所不有，又以詠梅者居多，且置之於前，蓋有作者高潔孤傲之用意。至於題畫而外之詩作，其中『壬戌大水』『城内大火』『大兵臨境』『甲戌大旱』諸詠，分別配有較長小序，所寫皆為民國本邑之重大災禍，有裨於邑志記載者甚多。

今據邑人江東放藏朱杏生所撰民國稿本《隱生詠畫詩草》影印，在《浦江文獻集成》第一六七册。

方勇

緑洲遺稿輯存

鍾士瀛撰　二〇一九年六月鍾聲輯録本

鍾士瀛，字緑洲，號海峰，生於清同治四年（一八六五），卒於民國二十九年（一九四〇），浦江縣鍾村（今屬黄宅鎮）人。自幼穎敏，初從黄志璠受學。二十歲入縣學，後補廩貢，以清廷腐敗，絕意仕進，居家設館授徒。又為義烏縣立小學教師，旋任教於金華府立中學堂、金華師範學堂，歷十有七載，桃李遍及八婺。終生嗜書成癖，家藏古籍頗豐，且多孤本善本。自民國二十五年前後，辭館家居，以詩文自娱。曾創辦集賢小學於村南，設高級班開英語課，並設補習班；又任《民國浦江縣誌》主纂，歷七載而成稿。

士瀛好詩，尤擅文章，縱横開合，揮灑自如，每成一文，邑士多爭誦之，故凡譜牒序跋，寺壇碑銘，或壽慶弔唁，邑人多以得其手筆為榮，可惜其作品散佚甚為嚴重。今借修纂《浦江文獻集成》之際，邀鄉賢鍾聲代為搜輯，編為《緑洲遺稿輯存》，凡收其詩文五十有七，包括像贊、自序、譜序、壽序、碑記、行狀、人物小傳等，以及詩歌若干，亦可謂無愧於先賢矣。

今據鍾士瀛撰、二〇一九年鍾聲輯録本《緑洲遺稿輯存》影印，在《浦江文獻集成》第一六七册。

方　勇

雲谷遺稿輯存

黄尚慶撰　二〇一九年六月張賢輯録本

黄尚慶，字有餘，號雲谷，别號左溪生，生於清同治七年（一八六八），卒於民國八年（一九一九），浦江縣芳地村（今屬巖頭鎮）人。少從名士黄志璠遊，即聰穎異常。二十二歲入郡庠，三十八歲科試一等一名，補上舍生。後肄業於金華麗正書院。立身制行，頗有狷介之風。能詩善文，而書畫尤矯矯獨造，所書『中江第一橋志』，及『桂馥堂』『九皋殿』『左溪亭』『杜氏宗祠』等匾額，皆為世人所稱道。

尚慶詩學杜甫，兼喜白居易、蘇東坡之作，故其因事賦物，語重心長，觸景言情，松風蕉雨，所恨其生前未能裒為一集，後復遭日寇焚其故居，而使其手澤殆已蕩然無存。方勇教授因主編《浦江文獻集成》，曾攜弟子至其舊第，會集其族人而欲為之搜輯遺作，不意所得甚少。後經鄉賢張氏出入各族宗譜、志書，以及前人文集，乃輯得詩文若干，雖吉光片羽，亦彌足珍貴。如其《湖山八景》詩，一曰《龍峰塔影》，二曰《鯉水仙蹤》，三曰《月闌簫韻》，四曰《花嶼書聲》，五曰《雙潭釣雪》，六曰《層樓觀濤》，七曰《古寺參禪》，八曰《新亭修禊》，雖百載之下，誦讀此組五言絕句，猶可想見當日景觀聲韻。

今據黄尚慶撰、二〇一九年張賢輯録本《雲谷遺稿輯存》影印，在《浦江文獻集成》第一六七册。

方　勇

瑤卿遺稿輯存

黄志琨撰　二〇一九年六月張賢輯録本

黄志琨，字瑤卿，號季雲，清恩貢生、杭州府學訓導幾塄幼子，浦邑名士志璠異母弟，浦江縣合溪長芝第（今屬黄宅鎮）人，生於清同治十年（一八七一）十二月初三，卒於民國二十四年（一九三五）。夙承家學，自幼迥異，二十歲以縣試一名遊郡庠，閲兩年食廩餼，又閲六年援例貢成均。旋設館授徒，從學者以數十百計。其後執教本邑湖山小學，著有《毛詩講義》十二卷。旋應金郡師範之聘，授經學國文課，著有《左氏講義》五卷。入民國，曾任本縣某科科長，又任本縣勸學所所長，及再任省立師範學校教師，則已聲譽日隆，一郡推為祭酒焉。

志琨家有藏書數千卷，多經披閲，而能言其大凡。為文不耐思索，千言立就，然紆回曲折，逸趣横生，時人欽佩之。所著手稿多藏於家，未曾付印，久已無存。今經鄉人張賢廣為搜輯，編為《瑤卿遺稿輯存》，計有詩文十有五篇，多為序跋及人物小傳，雖殘膏剩馥，亦彌足珍貴。

今據黄志琨撰、二〇一九年張賢輯録本《雲谷遺稿輯存》影印，在《浦江文獻集成》第一六七册。

方　勇

紫蘅遺稿輯存

鄭樹聲撰　二〇一九年六月張賢輯録本

鄭樹聲，譜名繼權，字紫蘅、子衡，號涣之，生於清光緒七年（一八八一），卒年不詳，浦江縣三鄭村（今屬鄭宅鎮）人。清末邑庠生，後就讀於民國浙江官立法政學校，復轉全浙監獄學校畢業。民國九年執教本邑東明小學，民國十六年執教旌塢碧溪小學。學習、教學之餘，頗究岐黄之道，妙施仁術於人。

樹聲早年既治舊學，於詩詞亦必有所好。民國十六年正月，浦汭名士張若騮、黄鳳紀、鍾士瀛、金爣等十二人發起並成立『四時佳會』詩社，鄭樹聲即為其成員之一。此社每年相會四次，分别由成員輪流做東主持詩會，社友飲酒倡和，誠為一時之盛事，可惜鄭氏之作今已散佚。今鄉人張氏乃從各族宗譜輯得其遺文六篇，一曰《張瑞豐翁暨安人黄氏序》，二曰《前山派春祭永思享序》，三曰《祝陳隆基先生八旬壽序》，四曰《登仕郎仁山公傳》，五曰《純百三十五西照公傳》，六曰《期開公祭產記》，編成《紫蘅遺稿輯存》，為鄭氏僅存之遺文，亦值得珍視之。

今據鄭樹聲撰、二〇一九年六月張賢輯録本《紫蘅遺稿輯存》影印，在《浦江文獻集成》第一六七册。

方勇

潛廬詩稿一卷

張逸叟撰　民國十二年張氏刊本

張逸叟，盛問渠之夫，名人驥，字養吾，號逸叟、憤僧，生於清光緒七年（一八八一），卒於民國二十六年（一九三七），浦江縣城人。郡庠生，後畢業於浙江兩級師範學堂。曾任浦江湖山高等小學校長、縣議會議員、教育局長，以及陸軍第三十二軍駐京辦事處秘書等職。所著有《潛廬詩稿》《慈渡室三種》等。《潛廬詩稿》卷首題『清河憤僧未定草』，前有民國十二年浦邑名士黄志璠、于國禎所作序各一篇。據譜載，逸叟祖上遷自清河（今屬河北邢臺），而其一生感觸頗多，此編壓軸之作謂『流光如過客，勞碌歎浮生。菽水謀多拙，林泉計未成。羽毛徒自惜，肝膽向誰傾？豈有梅花賦，閑情亦廣平』，（《檢點詩稿偶成》），故以『清河憤僧』題其卷首。逸叟早在浙江兩級師範學堂讀書期間，其所賦《留别同人韻》即云『大好光陰嗟我負，垂危時局淚誰孤』，並注『冷師縱談時事，時覺憤形於色』，與授課老師皆對清末時局頗有嗟歎，且憂憤之情形於色。又甫弱冠，與邑才女盛問渠結為夫妻，二人感情誠篤，甚得吟詠倡隨之樂，而以其妻體弱多病，結褵二載即溘然辭世，令其悲痛不能自拔，永遠揮之不去，五年後裒輯其妻遺作，編為《鏡中樓吟草》一卷。又過十有七年，逸叟復自編《潛廬詩稿》一卷付梓，此年為四十有二歲，故卷首題『未定草』，謂其情感抒發未有涯也。于國禎序之曰：『余供職縣會，編制《議事録》，時有校印之役，而《潛廬詩稿》之付印適與之值，披閲數過，不禁歎逸叟之真深於情也。』黄志璠之序亦曰：『《潛廬吟稿》一冊，受而讀之，清新俊逸，兼擅其勝，其言情諸作，不失香奩正軌，纏綿悱惻，尤為哀感動人。』誠哉斯言！今翻斯稿，凡家國情懷，朋好深情，皆時時有以發抒之，而其哀悼亡妻衆作，如《代擬》四首、《無題》六首、《有輓》二首、《有悼》四首、《寒食口占》《清明掃墓》二首、《春愁黯黯……》十首、《前詩意猶未盡……》十四首、《樑空燕去……》六首、《贈别悔愁子》二首、《月夜憶舊詞》十首、《雨窗憶舊詞》十首、《有悼》二首、《冬至掃墓》等，皆無不『纏綿悱惻，尤為哀感動人』，雖潘岳《悼亡》諸作，似無以過之也。

今據義烏市圖書館藏張逸叟撰、民國十二年張氏刊本《潛廬詩稿》一卷影印，在《浦江文獻集成》第一六八冊。

方勇

醉月軒遺稿輯存

于國禎撰　二〇一九年六月張賢輯録本

于國禎，譜名永祥，號克生，生於清同治七年（一八六八），卒於民國十七年（一九二八），浦江五家村（今屬杭坪鎮）人。自幼天資聰穎，誦書日數千言。光緒十年入邑庠，二十年補增生，二十六年補廩生；二十九年鄉試，因考官獎譽太過，主考官妒而抑之，未能中選。宣統元年畢業於浙江全省地方自治研究所，次年委為浦江縣地方自治研究所所長。民國三年選為孔教會浦江支會執行幹事，後薦為縣議會秘書。平生為人坦蕩率真，不修邊幅，胸襟豁直，不自矜持，孝友至性。於書多所窺，每讀一書，定要考其優劣，校其佚漏，辨其真偽，評其得失。為文奥博縱横，自成一家，詩詞瑰麗奇肆，風格清新，當時縣内諸族宗譜之贊、傳、序每出其手筆。

國禎著有《敝簏雜稿》《醉月軒詩鈔》《應試草》《戴九靈年譜》等，可惜皆已散佚。鄉人張賢受託廣搜其遺文，輯得其譜序、壽序、宗祠記、人物小傳凡十篇，及其所撰時文六篇，已實屬不易。後復發現，《民國浦江縣誌稿》尚存其文章六篇，一曰《河北強而唐弱河北弱而唐亡論》，二曰《秋懷賦》，三曰《寒砧賦》，四曰《詠砧賦》，五曰《秋宵讀書賦》，六曰《詠蓼花》詩，故特志之於此，以俟後之君子采輯焉。

今據于國禎撰、二〇一九年六月張賢輯録本《醉月軒遺稿輯存》影印，在《浦江文獻集成》第一六八册。

方　勇

憲法綱要

于國禎撰　民國浦陽同文書屋木活字印本

于國禎生平已見於上一則提要。晚清、民國時期，為了推行地方及基層的治理工作，中央、地方各級政府與熱心地方治理的學者名流編輯出版了大量相關書籍，主要內容包括地方治理領域的法律法規、地方治理方面理論的介紹與研究等等。宣統元年（一九〇九），于國禎畢業於浙江全省地方自治研究所，次年被委任為浦江縣地方自治研究所所長，後來他組織編述了一套相關書籍，由浦陽同文書屋活字排印，主要用來作為學員的教材，其中《憲法綱要》《政治學大意》是由他本人執筆編述的。

《憲法綱要》一卷，半葉十一行，行二十二字，左右雙邊，白口，雙魚尾，版心記書名、葉數。此講義作為一本結合國情而論述政憲的普及性教材，意在增進國民對政憲之認識，以培植立憲之基礎。全書共分四編：總論、憲法大綱、議院法要領、選舉法要領，每編下又分數章，分別對國家、國體、政體、憲法、權利、義務、議院、議會、選舉等對象展開了具體論述。第一編開頭有緒論，介紹了立憲之重要性及本書寫作背景；書後附有《憲法綱要勘誤表》，糾正書中訛誤。本書的框架結構已與當代書籍無異。

本書第一編總論國家、國體、政體、憲法四個對象，準確界定其概念，如對『國家』的定義：國家者，即於唯一最高權力之下，定著於一定土地之上，所結合之多數人類者也。緊抓『國民、領土、主權』這三個關鍵要素，語言簡潔準確，意在使國民明瞭『國家』之含義。在《憲法》一章中，按時間順序論述了各國憲法的發展：成文憲法乃發端於北美，依法國革命傳播於歐洲，延而及於日本，我國憲法則又有模範日本之趨勢。同時書中還指出『憲法是可以修改，而不是一成不變的』，在立憲初期能有此種意識，可見其思想之進步性。第二編具體介紹了立憲中君主的權力，君主立憲雖打破了君權神授的傳統觀念，但依然將君主置於至高無上的位置：君主為國家之最高機關，具有統治全國的權力，且君主權力神聖不可侵犯，君主無須負法律上或德義上的一切責任，但要遵守法律。如此規定的原因只為保全君主尊嚴，以鞏固國家之團結。除此之外，君主還具有立法司法、黜陟百官、統陸海軍、訂立條約等多項權力。這些規定固然與受西方立憲條文影響有關，但時代的局限以及君權高於一切的固有思想亦是重要原因。第三編介紹了議會的性質、地位、權限、組織等，議會是代表全體民衆的機關，正與君權相對。第四編則是涉及選舉的概念、性質、分類和規則等內容。

此書大部分內容是照搬西方的立憲思想及舉措，而不是正式的立憲條文，一些條目中明確指出『本法中未有明文』，並列舉西方列國的做法以備參考。在當時百廢待興的時代，受西方立憲共和思想的影響，建立一個全新政體已是不可阻擋之勢，而此書恰好可使國民對立憲形成一個具體準確的認識，故此書所具有的進步性和探索性是毋庸置疑的。

今據邑人李杏春藏于國禎編、民國浦陽同文書屋木活字印本《憲法綱要》一卷影印，在《浦江文獻集成》第一六八冊。

張澤心

政治學大意

于國禎撰　虞廷愷編　民國浦陽同文書屋木活字印本

于國禎生平已見於《醉月軒遺稿輯存》提要。《政治學大意》，半葉十一行，行二十二字，左右雙邊，白口，雙魚尾，版心記書名、葉數。此講義為于國禎介紹西方各國政體的一部普及性教材，書前題『瑞安虞廷愷先生編，浦江克生于國禎述』。本書分為緒論、國家論、政策論三部分，每一部分又分數章，分別對國家、政府、政體、憲法、三權分立、二院制、選舉、政黨等對象進行分析論述，整體分章結構與《憲法綱要》類似，書末附有《政治學大意勘誤表》。

此書作於清末民初，於時『政治學』為新興名詞，故本書緒論部分先對『政治學』進行概念解釋：『政治學者，説明關於國家事實的原理，及推論國家政策之學也』，並指明了『政治學』與國家、政治等概念之間的聯繫：『未有國家以前，無所謂政治；未有政治以前，無所謂政治學』，以使國民對此有一個清晰的認識。隨後第一編介紹與『政治學』關係密切的『國家』，分別從概念、形體、起源、目的等方面進行闡釋。第二編討論政體、憲法、三權分立、議院等問題。政體部分具體對古時政體和當時政體進行分述，意在説明專制政體之弊端與共和政體之優勢，最後歸結為共和政體是時代潮流下最合適的選擇。憲法一章則是論述了憲法的作用、意義、名稱、特點，並提出『憲法為死物，關鍵在於如何運用』這一觀點，正可打破人們對於憲法的迷信，可體現其思想之進步性。三權分立討論立法、司法、行政三個部門的職責及其之間的關係，其中涉及許多與現實相關的細緻具體的問題，如議員是否應有報酬，立法部與行政部是否應受司法部監督等，通過對這些問題的分析討論，意在為我國立憲尋找一套更為合適的理論與方法，以盡量減少實施過程中出現的問題。此編還對政黨之存在意義進行介紹，並列表格分論英、法、德、奧、俄五國政黨狀況，以備時人參考。

本書為虞廷愷、于國禎受西方思想影響所編述的一部政治學簡綱，其中許多理論直接來源於西方，編述者僅是進行簡單的加工總結，以達到普及國民之作用。此外，本書多引西方先哲如柏拉圖、亞里士多德、孟德斯鳩、洛克等人的説法以資佐證，書中所舉例子亦是以英美德日等國為主，意在借鑒西方之經驗，警惕其不足，為我國立憲尋求一條更為通暢的道路，其根本宗旨乃為借共和立憲以使國内團結一致，共禦外侮，這與編述者當時所處的紛亂時代是有密切關係的。本書在形式上是中西雜糅的，既是傳統的豎排刊印，卻又採用西方分章節的框架結構，在論述各國政黨狀況時插入大量表格、列舉數字，深受時代影響。

今據邑人李杏春藏虞廷愷編、于國禎述，民國浦陽同文書屋木活字排印本《政治學大意》一卷影印，在《浦江文獻集成》第一六八冊。

張澤心

朗甫遺稿輯存

金爙撰　二〇一九年六月張賢輯録本

金爙，原名其爙，字孔昭，號朗甫，庠名爙，郡庠生，生於清同治七年（一八六八）十一月二十八日，卒於民國三十三年（一九四四），浦江縣後蘆金村（今屬鄭宅鎮）人。清光緒十五年恩科舉人，大挑二等，揀選知縣，欽加内閣中書銜署理會稽訓導。改授海鹽、武康教諭，奉諭督辦糧道、浙江海運。以憤時局不靖，吏治未澄，棄官歸田。入民國，被選為浙江省參議院參議員，並曾先後在建德、浦江諸行政部門任職。

舊時戲業受人歧視，金爙則摒棄俗見，不顧毁譽，創辦戲班，並自任班主，親改劇本，組織演出，貢獻殊多。且工書法，尤善吟哦，與名士張若騮、黄鳳紀、鍾士瀛等十二名士，於民國十六年發起並成立『四時佳會』詩社，吟詠倡和不輟，其詩詞後彙為《半農集》四卷，可惜散佚已久。今由鄉賢張氏廣事搜集，輯為《朗甫遺稿輯存》，包括《柳溪一日館樂歌並序》《鏡中樓吟草題詞》《徐太夫人七秩壽詩》《張母李氏安人喜像贊並序》《横崗嚴翁定國暨淑配金氏喜像合贊》《備一雅堂享壽八旬輓聯》《輓聯一首》《岳父曉山公暨岳母陳氏安人傳》《積一百十一修公傳》《府君清齋公傳略》，亦可存其梗概矣。

今據金爙撰、二〇一九年六月張賢輯録本《朗甫遺稿輯存》影印，在《浦江文獻集成》第一六八册。

方勇

國家原理

吳景礽編 民國浦陽同文書屋木活字印本

吳景礽，字宜福，庠名景礽，號雲珊，又號雲孫，邑庠生，生於清光緒四年（一八七八），卒於民國元年（一九一二），浦江縣前吳村（今屬前吳鄉）人。幼受庭訓，長通經史，發為詩文，卓有名家風度，光緒二十五年補博士弟子。時新學分界，遂入法校肄業，於中西法律大有心得，曾主講於桐廬、富陽等處，學界知名士咸引為知交。

《國家原理》一卷，由浦陽同文書屋以木活字排印，半葉十一行，行二十二字，左右雙邊，白口，雙魚尾，版心記書名、葉數，卷首題『浦江吳景礽編述』。書中有批注，多見於天頭處，少有幾處見於文末空白，大多為疑難概念定義之屬，除十一章、十二章、十三章外，其餘章節均已作句讀，另在特殊詞句處以句號作特殊標注。

此書原為日本法學博士高田早苗之講義，亦名《普通政治學》，由浙江全省自治研究所教習陳樹基整理而成，樹基乃清末留日學生，歸國後與周樹人、張宗祥等人任職於浙江兩級師範學堂，曾參與教師風潮『木瓜之役』。樹基編輯時僅取高田氏原著之二至九章，第一章與十至十六章悉為刪去，另自編述九至十三章，吳景礽據陳、高二氏之書編為此本，第一至九章仍本高田氏之舊而稍作增删，第十至十七章則取二氏之長而合之。全書章節依次為第一章『定義及研究法』，第二章『國家之性質』，第三章『國家之起源』，第四章『人民國民之別』，第五章『國民特性』，第六章『社會種族』，第七章『門地族籍』，第八章『國家家族』，第九章『國家個人』，第十章『國體』，第十一章『政體』，第十二章『主權』，第十三章『政權』，第十四章『國家機關』，第十五章『國家之目的』，第十六章『國家之發生』，第十七章『國家之消滅』。蓋前九章所論述國家之性質、起源及人民、種族、家族等，皆為自然國家之特質與因素，要以社會學理論為主；而後八章闡釋國體、政體、政權，皆為政治學所謂國家之要素，故此書雖總名《國家原理》，實須分而觀之，宜以一至九章為上編，所論為『自然國家之原理』，以十至十七章為下編，所論為『政治國家之原理』。吴景礽編述是書雖不免割裂拼湊之嫌，然於清末西學東漸之學術大背景，引進日本政治學與社會學之方法，足以開啟民智，足為新國家建設之理論依據之一。

今據邑人李杏春藏吴景礽編述、民國浦陽同文書屋木活字印本《國家原理》一卷影印，在《浦江文獻集成》第一六九冊。

孫鐵方

行政法

吴景礽述民國浦陽同文書屋木活字印本

吳景礽生平已見於上一則提要。王丕煦，字葵若，一字揆堯，號楸園，生於清同治十年（一八七一），卒於民國三十二年（一九四三），山東萊陽人，光緒十七年舉人，二十九年中恩科三甲進士，欽點內閣中書，授浙江桐鄉知縣，旋即丁憂；三十二年選送日本留學，就讀於政法大學；宣統三年回國，辛亥革命爆發，任煙臺督政府民政長；次年任山東佈政使，改山東省財政廳廳長；民國六年出任黑龍江省財政廳廳長；十六年任山東省政府參議；三十二年在濟南病故。著有詩詞《楚澤吟草》，主纂《萊陽縣志》。

《行政法》二卷，由浦陽同文書屋以木活字排印，版式為半葉十一行，無界行，行二十四字，四周雙邊，花口，黑魚尾，版心記書名與葉數。全書有圈點，有眉批。書前為吳景礽敘言，後為目次，卷首題「山東王丕煦編、浦江吳景礽述」。《行政法》本為日本法學博士清水澄所著，全書分為『總論』與『各論』二卷，是編實為譯本，以清水澄之作為標準，間附我國行政典例，連類而及，以資比較。吳景礽以為，行政之法，官吏執之以理人民，人民執之以衡官吏，實出於國家之行政法規，而我國維新伊始，法規尚未健全，故當預備立憲之期，欲立官吏之指示。總論分為『緒論』『行政組織』『行政作用』『對於行政之救濟方法』『地方自治制度』五編，『緒論』又分『行政』『行政法』二章，『行政組織』分『行政官廳』『組織官廳之官吏』

二章，『行政作用』分『命令』『行政處分』『行政上之強制手段』『營造物行政』四章，『對於行政之救濟法』分『訴願』『行政裁判』『行政監督』『權限爭議』四章，『地方自治制度』分『自治團體』『市町村』『郡』『府縣』『公共組合（特別自治團體）』五章。『各論』分為『財務行政』『軍務行政』『司法行政』『內務行政』『外務行政』五編，『財務行政』又分『財政行政之範圍』『收入』『支出』『出納機關』『會計』『國有財產』『貨幣制度』七章，『軍務行政』分為『軍務行政之範圍』『兵役之義務』『發徵』『要塞地之制度』四章，『司法行政』分為『裁判所』『判事』『檢事』『執達吏』『公止人』『辯護士』『裁判之監督機關』『裁判之執行』八章，『內務行政』分為『員警行政』『衛生行政』『宗教行政』『關於神社之行政』『土木行政』『教育行政』『農工商行政』『交通行政』八章，『外務行政』不分章。《行政法》所述實乃日本當時之現行法，吴景礽、王丕煦等人正處於中國維新變法之大時期，故以日本為先驅而仿效之，認為是環球大勢所趨，是編於日本各方面之法規敘述詳盡，對我國維新變法幫助甚多。

今據邑人李杏春藏吴景礽述、民國浦陽同文書屋木活字印本《行政法》二卷影印，在《浦江文獻集成》第一六九冊。

胡聖傑

法學通論二卷

民國吳寶瑜編　民國浦陽同文書屋木活字印本

吳寶瑜，名聲瑜，字玉方，庠名寶瑜，字伯瑾，號藍坡，生於清同治十三年（一八七四），卒於民國三年（一九一四），浦江縣前吳村（今屬前吳鄉）人。附貢生，賞戴五品翎頂。

《法學通論》二卷，由浦陽同文書屋以木活字排印，半葉十一行，行二十四字，左右雙邊，白口，雙魚尾，版心記書名、葉數，『法學通論』題『浦江藍波吳寶瑜述』。書中附寶瑜所作之附言；另有批注，多見於天頭處，皆為概念定義之屬，全文已作句讀。由寶瑜附言可知，此書以錢塘孫廑齊之書為原本，寶瑜略加鱗次，間附己意而成。

《法學通論》卷一為總論，分作上下二編，上編為法學，下編為法律；卷二為各論，分作三編，一為權利總論，二為統治權關係，三為國際權關係。

《通論》卷一上編謂法學通論者，所以闡明法律現象中一般共通之原理原則，使學者得以窺見法學大綱而具有普通之法律智識，為學者當以辨明法學之範圍為要義，《通論》所謂法學之範圍必在法律上之實際現象。另當明瞭法學所佔之位置，而後本科學與諸科學之界限劃分必自明。須知法學之研究方法大別為二，一曰演繹，一曰歸納，苟能執兩用中，先用歸納以探求其原理，更用演繹以衍於事實，本末兼賅，巨細不遺，則學理之真髓得而無迂遠之弊。下編謂法律之義有廣狹之分，廣義之法律，不論其有無文字之條例，但為人類社會所藉以保持安寧秩序之種種規則，則皆可謂之法律。狹義之法律，固為憲法之法律條文。下編之所論者，皆屬此種。

《通論》卷二一編，謂法學為權利之學問，故以權力之觀念為法律之要，略舉衆説以明之，後有義務者，又加言別之，謂權利、義務並無先後，如物之表裏。後論權利公私之分、主客二體，明其動因，察其侵害，可謂巨細不遺。二編論統治權之關係，首章論統治權之性質，二章論政體之差異，三章論統治權之作用，四章論統治權行使之機關。又言犯罪之搜查、起訴、預審、公判、上訴、非常上告及再審、裁判與執行數者，明凡刑事訴訟必經此數者。

至於民事訴訟者，則需經提起、口頭辯論及準備書面、證據詞、判決及上訴、再審、強制執行數者。三編論國際權之關係，首言國際權之性質，謂其為國際法上之國家所有之權利。二章舉其種類別言之，一言獨立權，二言自衛權，三言平等權、四言榮譽權。三章論條約，國際法上有偶有權者，猶私法上之個人有債權，原因有四，法律行為、事務管理、不當利得及不法行為，然其中以條約為其最顯者。國家之有條約，如個人之有契約，無重大事由，不得輕於拒絕。四章論國際權行使之機關，明其有君主、外務大臣、外交官及領事館者。後加言論非常國際權之關係，非常者，謂非和平者也，此明戰時國際權之內容。

今據邑人李杏春藏吴實瑜述、民國浦陽同文書屋木活字印本《法學通論》二卷影印，在《浦江文獻集成》第一七〇冊。

孫鐵方

經濟學

項贊元編　民國浦陽同文書屋木活字印本

項贊元，名朝纓，字清忱，號斯甫、珠浦，考名贊元，生於清同治十一年（一八七二），卒於民國二十四年（一九三五），浦江縣縣城城南人。清優廩生，光緒二十九年癸卯科薦卷，後畢業於浙江法政專門學校，歷任本邑統計編纂員自治研究所講員、麗水法院主簿、嘉興地方審判廳推事、國民政府財政部校對員等。著有《浦江風俗記》及詩文集等。

《經濟學》一卷，『經濟學大意』下題『浦江項贊元珠浦述』。書以木活字排印，半葉十一行，行二十四字，左右雙邊，白口上有『經濟學』三字，雙魚尾，版心上標葉碼之數，所作之批注多見於天頭之處，大多為疑難概念定義之屬。

據其『經濟學大意』之言，贊元受仁和王晉民先生、徐芝生先生所授，編述成《經濟學》一書，以分列經濟學之相關用語，統計調查社會經濟狀況，講究社會經濟現象，以備作改良社會積極之福祉所用，其述經濟現象之細，可謂社會積極之一分子。

《經濟學》共五編，編下有章、節等細小編目，主述與經濟相關之內容，據全書內容大意，可約略分之為五：

第一編爲總論，凡二章。第一章分之爲二，其一鑒日本西方等先進國之理念，總論經濟學一名詞之源流。贊元指出，經濟學新興與歐洲等文明開化尚早之國，就其定義所言，非當時發生之事，而主用力與經國濟民之事。其二述其定義。贊元以爲『經濟學者爲講求社會上經濟的現象之科學也』，經濟學爲經國濟民之要可略見一斑，經濟之現象則與社會之現狀息息相關之。第二章述經濟學之分科，贊元分之爲純正經濟學與應用經濟學。略分之，純正者以經濟理論著稱，以演繹法及歸納法研究之；應用者福利與社會全體，應廣納古今東西之事實，以鑒其成敗，使之法則真正得以施行。

第二編分述財産之生産，凡四章。此編爲具體論述經濟概念之始，略舉第一及第四章言之，第一章述生産之意義種類及要素，生産爲地球之上物體生存所必須之活動，不得不爲重點敘述之，贊元以爲我國地大物博，而利源未暢之原因，與生産之關聯密不可分。四章言關於生産三要素之法則，據贊元所説，生産三要素分别爲土地、勞力與資本，各要素均有其唯一之法則以遵循之而運行。

第三編爲交易論，以標題易知其内容爲論交易之種種。如其所説，有述交易之意義、價格之意義、代價、貨幣、稱量貨制、計數貨制、貨幣流通之法則、貨幣本位論、信用、商業、交通機關等之類，可謂詳矣盡矣，以現代人之眼光相待，不可不謂述經濟意義之優秀之作。

第四編主述分配財貨之準則。分配爲保障貧富均衡之要器之一，可謂經濟爲大，分配次之，贊元於本編詳述分配之意義及其種類，主要包含地代、賃銀、利息、利潤等之類。

第五編爲消費論，贊元分之爲消費之釋義及其與生産之關係、消費之種類、論生産與消費之權衡、消費及吝嗇。消費爲生産環節之最後一環，也即判定生産環節是否成功之重要依據，因此贊元於《經濟學》最後一編詳述消費之種種，實爲重要。《經濟學》末附有《經濟學大意勘誤表》。

今據邑人李忠東藏項贊元編述、民國浦陽同文書屋木活字印本《經濟學》一卷影印，在《浦江文獻集成》第一七〇冊。

陳雨晴

中外教育史一卷

張夢奎撰　民國石印本

張夢奎，名道均，字衡甫，郡庠生，庠名夢魁、夢奎，號友梅，生於清光緒七年（一八八〇），卒年不詳，浦江縣禮張村（今屬巖頭鎮）人。日本東京早稻田大學校畢業生，曾於清宣統年間代理金華第一中學校務，又特授武義縣、玉環縣、嘉興縣等知事，福建財政廳秘書，福建鹽運使署秘書長、兼總務科長。

所著《中外教育史》一卷，據其緒論所言，此書為『待正稿』，正稿之編成猶有待時日。以今人視角閱之，此書以制定教育章程為根本目的，據張夢奎自述，其書所據乃奏定學堂之章程，制定相關具體學科及其程度，以分教育科目，用於初級師範學堂諸教員之教導及諸生之習學。

此書共一編，四章，書寫自中國上古至宋明時代之教育及其特徵。據全書內容大意，可約略分之為四：第一章述中國上古之教育。夢奎分之為周以前、夏殷、周三代教育之變革。據其所言，周以前之教育模式，似道德感化，君主以『利用厚生』善養民眾，以『道德教化』感化布衣，實則為中國教育界施行教化之鼻祖。夏殷學校之名雖不可考，略按《孟子》所言『夏曰校，殷曰序，周曰庠』為據，其目的均為明人倫，惜其為統治階級所壟斷，不能下降於萬民。周代學校分國有及地方，以『大學』及『庠序塾』為名；又按生徒之年歲，分為『小學』『大學』為課目，並引《學記》為證。三代之後，夢奎又總述周代學校之風氣，舉孔孟儒生為例，明三王之法，述今人祭孔之禮之合理性。第二章略舉秦漢之後之概況，秦朝曾出現一文學史上之大變革，即為秦始皇帝『焚書坑儒』之事。夢奎稱之為『中國文學衰頽之原因』，以歷史發展之結果觀之，實不為過。始皇帝以政治之權威歸於一人，致使周代之遺書盡數滅毀，後人評之為『書厄』，不為過之。漢代之學風較樸實，以訓詁講經為務，師生間等級森嚴；尚儒之風盛起，五經博士制度之規範，實則為學術政治化之過程，當時之名人輩出，略舉之既有馬融、鄭玄等名士。及晉以後，世風日下，儒士尚老莊之學，擅於清談，戰亂起，學校廢，漢代之遺風蕩然無存。第三章詳敘唐代之教育。唐太宗以武功定海內，卻以文學治之，以振作六朝文學衰敗現象為目的，續中國儒生治國之傳統。唐以國子監所管六學為學制，設學校與選舉之法相待。又特撰《五經正義》為先秦儒生之遺產。唐代以集權治學，制定文學教育之規。第四章剖析宋明時代之教育。宋明以理學、心學家著世，又大興書院講學，人才輩出，可謂學術之盛。夢奎首述宋明之學制，宋太祖首用文吏，以文治世；次列宋明理學家，分別以敘述其人其學，略舉之有周敦頤、程顥、程頤、張載、朱熹、王守仁、王陽明。要之，全書之旨趣，在於以教育史之論述實踐於當世，可謂詳略得當，精述其意。

今據義烏市圖書館藏張夢奎撰、民國石印本《中外教育史》一卷影印，在《浦江文獻集成》第一七一冊。

陳雨晴

文二篇

石毓琛撰　佚名評批　抄稿

石毓琛，名思靜，字仁甫，號壽卿，庠名毓琛，字鐵瑚，號碧珊，邑庠生，生於清光緒元年（一八七五），卒於民國七年（一九一八），浦江縣施村石宅（今屬浦陽街道）人。光緒二十九年恩科薦卷，宣統三年歲貢生候選訓導，後畢業於上海民國法律學校別科。

此抄稿《文二篇》之名，為《浦江文獻集成》編纂者所擬。其中所收首篇為時文《今魯方百里者五義》，題目出自《孟子·告子上》；第二篇為策論《河北強而唐弱河北弱而唐亡論》，《民國浦江縣誌稿》亦收有于國禎同題之文。光緒二十七年，清政府廢除八股文而改試策論，石毓琛《文二篇》所收兩文，正反映了從八股文到策論的轉變，第二篇與第一篇相比較，顯得議論縱橫，變化從心，已突破八股文之思維模式。

今據邑人費泓淳藏石毓琛撰、佚名評批之抄稿《文二篇》影印，在《浦江文獻集成》第一七一册。

方勇

吟湘詩稿卷二

費耀南撰　稿本

費耀南，譜名崇壽，字一祺，庠名耀南，號斗山，別號吟湘館主、石皮散人，生於清光緒三年（一八七七），卒於民國三十二年（一九四三），浦江縣費宅村（今屬黄宅鎮）人。八歲入私塾，後入庠學，經歲、科兩試一等前列，考取廩生。民國元年入浙江私立法政專門學校法律别科就讀；民國十五年參加北伐，為軍中幕僚；民國十七至二十二年，歷任江山縣法院書記官長、臨海地方法院書記官等職。司法固為耀南後期職業，而其根柢則在舊學，故精音律，善詩詞，工書畫，尤擅畫蘭，一生未嘗或輟，非但與邑中張若騮、黄鳳紀、鄭一新、鄭隆球、陳錦川、張爽甫等時相倡和，且與遠方聯為文字交者亦在在而有。所著有《吟湘詩稿》《瀟湘吟》《吟湘雜録》《吟湘曲略》《吟湘詞抄》《須江雜録》等。

收入《浦江文獻集成》之《吟湘詩稿》僅為卷二，其卷一已佚而不見。今翻閲此卷稿本，多為耀南北伐軍旅生活之實録，『慷慨南遊不計程，愧無才學立功名。撫摩寶劍平生志，俯仰河山此日情。』（《初到廣州》）『整師北伐望成功，努力沙場血濺紅。不怕冷亦不怕死，大家忻舞拜英雄。』（《丙寅雙十節感時駐清江》）『到處歡迎革命軍，人心望治已殷殷。農工爭識宣傳意，婦女咸知佈告文。端為國民謀幸福，何妨戰骨暴紛紜。杜陵莫灑憂時淚，百折千回自不群。』（《閲軍事雜誌有感》）作者於民國十五年七月赴廣東韶關，隨後至廣東樂昌，過蔚嶺關，旋又入湖南郴州，舟過耒陽，車發長沙，然後赴江西臨江、清江，一路所感所發，類皆如此。耀南以知命之年，猶投筆從戎，慷慨從征，心係家國，誠不可以書生視之。當他行進兩湖之際，感王粲之登樓，謁賈誼之祠廟，尤其懷念屈原，其異時所題『空山嘯傲少人知，夢入湘江怨別離。不問靈均今在否，一心長與古為期』（《題畫》），正可用來表達其此時之心情，故名其詩集為《吟湘詩稿》，以此次北伐所詠之詩置之於前，而將異日所作如民國四年所賦《寄瑞安戴炳驥》《乙卯人日書懷》《乙卯舊曆端陽賦感》等詩則皆置之於末，以示其對參與北伐一段生崖之看重。

今據邑人鄭紅衛藏費耀南所撰稿本《吟湘詩稿》卷二影印，在《浦江文獻集成》第一七一冊。

方　勇

瀟湘吟附墨蘭詩等

費耀南撰　稿本（其中瀟湘吟詩為民國費友荀抄本）

費耀南生平已見於上一則提要。《瀟湘吟》為耀南長子友荀所抄，而『墨蘭』詩及若干對聯，視其筆跡，當出於耀南本人之手。《瀟湘吟》下方有小字『荀已另有清鈔』，似友荀所抄部分應當還有一個更清晰規範的抄本，可惜今已無從知悉。所有詩抄均無題目，亦無任何編號，每首唯另起一行以示區別。其中第二十七首（『空谷歸來日欲斜』）後有二列空白，第二十八首（『月照幽巖別恨深』）另起一頁，且右上側邊緣有『墨蘭』二字（《浦江文獻集成》製版時此二字因靠邊緣而未能得到保存），説明此後所收者主要為詠蘭之作，但第一百十八首（『爰有幽人』）後則為三十多副對子，大多為舞臺上所用之對聯，多數當為耀南所親擬，也有輯自他人手筆者。

『瀟湘』一詞與傳説中唐堯有關，《山海經·中山次十二經》謂洞庭之山『帝之二女居之，是常遊於江淵。澧沅之風，交瀟湘之淵』。至唐代中期，『瀟湘』不僅指原楚國境内之湘江和瀟水，還被詩人們逐漸衍化為美的象徵，並不斷與屈原的形象、品德聯結為一體。而屈原在《離騷》中既有『余既滋蘭之九畹兮，又樹蕙之百畝』之句，又説自己經常佩戴蘭花，把愛國熱忱寄託於此花之中，故後人遂把蘭花視為『花中君子』和高尚氣節的象徵。耀南工書畫，尤愛蘭花，時常畫蘭、頌蘭、贊蘭，且命其家為『九畹樓』，自號為『九畹山人』『吟湘館主』，以砥礪其情操。在《浦江文獻集成》第二七八冊『畫冊』欄中，收有費耀南民國七年所編《吟湘館蘭稿》，以及近年由鄉人費泓淳、張賢所輯《費耀南蘭稿》，兩輯各有耀南墨蘭畫稿十餘幅，其中大多有題畫詩，如『弌卷高文萬古存，瀟湘情事與誰論？閑來寫就《離騷》賦，道是靈均不死魂』，可見其如此推崇讚頌屈原！今讀耀南所輯《瀟湘吟》之詩，亦類皆如此，尤其是其中一百十有餘首『墨蘭』詩，更能見出其借助九畹墨蘭，將自己的喜怒哀樂以及人間生活百態一一道出。應當說，費耀南如此鍾情墨蘭，並以極大熱情創作出如此多的『墨蘭』詩作，這是一種值得重視的現象。但費耀南《吟湘館蘭稿》《費耀南蘭稿》中的題畫詩何以不見於《瀟湘吟》，則不得而知。又《瀟湘吟》所收『墨蘭』詩原本是否即為題畫詩，因耀南的大量畫作已不存於世，亦不可得而知之。

今據邑人費赤橋藏稿本、抄本影印費耀南《瀟湘吟》及所附墨蘭詩等（其中《瀟湘吟》詩為耀南長子友荀所抄），在《浦江文獻集成》第一七一冊。

方勇

須江雜録

費耀南輯録　民國十七年稿本

費耀南生平已見於《吟湘詩稿》提要。《須江雜録》封面署『戊辰冬月』，則此稿抄録於民國十七年戊辰（一九二八）冬季。根據對《吟湘詩稿》卷二相關詩作的推測，耀南在參加第一次北伐戰爭後，大約於民國十六年（一九二七）晚秋返回到家鄉浦江縣，次年便到鄰邑江山縣擔任法院書記官長，這年冬季在工作之餘輯抄了此稿本《須江雜録》。

唐高宗武德四年，分信安縣地置須江縣，以縣南有江郎山、北有須女泉故名，而五代吳越王錢鏐則以境南江郎山改為江山縣。蓋耀南以為，『須江』兼賅江郎、須女兩典，故當以此名其雜録，非其賤近而貴遠也。今翻閲《須江雜録》，所抄内容大致是先列山，繼之以水，然後為寺廟之類，而以古來士子所賦詩歌分列其後。所列山嶺之屬，則以江郎山為首，而後依次為景星山、騎石山、航埠山、龍華山、浮蓋山、心航山、小江郎山、蓮花山、仙霞嶺、梨嶺、霄巖、目連洞、賓陽洞等；所列溪泉之屬，依次為鹿溪、大溪灘、清湖、須女泉、水簾泉、瀑布泉等；所列寺廟，依次為仙姑廟、東嶽行祠、徐逸平先生祠、寶成寺、仙居寺、真巖寺、太平寺、法藏寺、普明寺、羅漢寺、古虹寺、西興寺、東興寺、紫極宫、白雲庵、鹿溪橋院等，殆已囊括須江境内之主要山水及寺廟矣。然耀南於山嶺、溪泉、寺廟等大多未作介紹，而是大量抄録歷代士子之詩分列其後；意猶未足，復於寺廟之末，又抄前人吟詠須江而無可分列之詩數十首以為殿後，則耀南所雜録者重在詩歌也。蓋耀南在須江之日，憑藉工作之便，身邊多有邑志之類，即隨其興趣而摘抄之也。

今據邑人費赤橋藏費耀南民國十七年輯録本《須江雜録》影印，在《浦江文獻集成》第一七一册。

方勇

吟湘雜録三卷

費耀南輯録　民國二十、二十二年稿本

費耀南生平已見於《吟湘詩稿》提要。繼擔任江山縣法院書記官長之後，耀南當於民國二十年開始擔任本省臨海地方法院書記官。其所抄《吟湘雜録》卷一，封面署『民國辛未夏月録於赤城法廨』，卷首題『費耀南斗山氏録』；卷二封面署『民國二十年冬月釘於赤城法廨』，卷首題『費耀南斗山氏録』；卷三封面署『癸酉秋初訂於赤城法廨』，卷首題『斗山費耀南』。三卷分別自成一冊，頁數基本相等，抄録款式、字跡一致，今合為一書收入《浦江文獻集成》，以便檢覽。『辛未』為民國二十年（一九三一），『癸酉』乃民國二十二年（一九三三）。又『赤城』為台州名勝，其府治曾設於臨海，故耀南舉赤城以代臨海。由此可見，耀南《吟湘雜録》三卷即抄録於臨海地方法院，時在民國二十、二十二年。

與《須江雜録》相比較，耀南《吟湘雜録》三卷雖亦款式清晰、書法甚佳，而視其内容則頗乏統緒，大凡詩詞曲藝、隨筆小説、悼文哀詞、遺聞軼事、官場雜聞、民間趣事、社會新聞、文化潮流、政治事件、國際事態等皆在摘抄之列，大約隨見隨摘、隨聞隨録，唯在抄其所當抄，而不在乎其是否以類相從。且率皆不標抄録之來源，甚不便於讀者之查索，然視其内容，當多抄自報刊，如從其《城北公感時偶作五首録三》下注『二十一年一月録《新聞報》』，似可窺見其消息之一二。若以三卷所録内容比較而言，自卷二中間往後，則關乎家國命運者逐漸增多，如《東省獨立運動之陰謀》《外報對於日軍佔領瀋陽之評論》《全學抗聯會電節録》《蘇俄評論（對於瀋陽事變）》《馮庸電各代表》《馮庸喚醒國人電》《中華國民黨護黨救國大同盟電》《汪伍鄒發表外交主張表》《上海各大學聯會宣言》《湖南國難救濟會成立》《湖南國難救濟會電南京政府文》《電北平張主任學良》《孫洪伊等發起憲政促進會》《書畫與國運》《世界學風的變遷》，抄録之際，當和國人休戚與共，殆不失其以『吟湘』命抄稿，追思靈均行吟澤畔之旨也。

今據邑人費赤橋藏費耀南民國二十、二十二年抄録本《吟湘雜録》三卷影印，在《浦江文獻集成》第一七一冊。

方勇

吟湘雜録

費耀南輯録　民國二十六年稿本

費耀南生平已見於《吟湘詩稿》提要。在擔任臨海地方法院書記官期間，耀南除抄有《吟湘雜録》三卷而外，還録有封面分别署為『中華民國辛未（一九三一）夏月録於赤城法廨』『乙亥（一九三五）初夏』之《吟湘雜録》各一冊，稿名下小字為『歷代書畫家姓氏表』之《吟湘雜録》一冊，以及署為『民國二十年冬月釘於赤城法廨』之《嘉道六家絶句選》一冊，《浦江文獻集成》鑒於各種原因均未予以收録。耀南大約在六十歲時卸任臨海地方法院書記官，此後一直居於家鄉浦江縣。

《浦江文獻集成》第一七二冊所收《吟湘雜録》一冊，封面署『丁丑二月訂於練埜之九畹樓』。『丁丑』為民國二十六年（一九三七），『練埜』乃是浦江縣東一小地域名，耀南所在之費宅村即在『練埜』，耀南在村中之住宅則稱為『九畹樓』，説明此冊《吟湘雜録》為耀南家居時所抄訂。此時，他還參與了秉筆修纂《浦陽石橋費氏宗譜》之工作。今翻檢此冊《吟湘雜録》，前面約佔全稿五分之二篇幅多為詩歌及詩論，而後面約佔全稿五分之三者為『雜説』，如《俠氣與柔情》《人的態度》《白居易與黄仲則》《小説評點家李卓吾》《周樂山飯後閒話之一》《孩子話》，以及若干詩詞聯語等，其中不少為白話文或白話打油詩，而有關外界重大新聞及事件之文字，則已一無所見，説明其閒居鄉間已是消息閉塞，誠不可與在臨海地方法院時同日而語。

今據邑人費赤駒藏費耀南『丁丑二月訂於練埜之九畹樓』之《吟湘雜録》一册影印，在《浦江文獻集成》第一七二册。

方勇

潁陽琴譜四卷

（清）李郊撰輯　費耀南抄　民國二十八年抄本

費耀南生平已見於《吟湘詩稿》提要。除詩文、繪畫而外，耀南還善彈琴，晚年居家時復手抄《潁陽琴譜》，用心琢磨古代琴藝，操曲而和，其修養可見一斑。所抄琴譜四卷，封面署『己卯冬月抄』，卷首題『潁川李郊蘗周氏定；潁川李秉仁德厚、王夢桃介眉、李淇猗瞻、李珩楚白仝校；浦陽費耀南斗山鈔，時年六十有三』，書前有清乾隆十八年夏扶黄序、趙三選序，序後為凡例、目録。卷一、卷二論琴，引《太古遺音》《太古正音》《宋太常琴論》《文獻通考》中之部分琴論，包括造琴之傳説、歷史、琴律、斵琴方法、如何調弦定弦、彈琴録要等；卷三、卷四為琴譜，共收琴曲十二曲，包括《高山》《流水》《圯橋進履》《漁樵問答》《墨子悲歌》《列子禦風》《塞上鴻》《水龍吟》《平沙落雁》《漢宮秋月》《烏夜啼》《大雅》。『潁川』即潁川，則耀南乃是以清潁川李郊所撰輯《潁陽琴譜》四卷為底本抄録而成。

中原古琴藝術歷史悠久，魏晉時就有蔡邕《蔡氏五弄》、嵇康《嵇氏四弄》等，後來又逐漸形成中州琴派，而至清乾隆間，中州琴學之發展又進入一個高峰期，王善、李郊、崔應階諸琴家便為其中傑出代表。李郊字蘗周，潁川（今河南商水）人，自幼習琴，自稱師事李襄五，調衍中州正派，得其琴曲八首，而後按其音律，詳摹手法，記而成譜，又續增四曲，合訂為十二曲，編為《潁陽琴譜》四卷，藏之書篋二十餘年，因族中侄孫及鄉里親友隨李郊學琴者衆多，才將此譜付之梨棗，流傳至今。民國二十八年，費耀南不辭辛勞，手抄此琴譜四卷，版式一仍其舊，字體亦極力模仿，但在關鍵之處，卻頗有出入，如卷首所題『溆川李秉仁德厚氏、溆川王夢桃介眉氏、溆川李淇猗瞻氏、箕城李珩楚白氏、箕城李秉重敬脩氏仝校』改為『溆川李秉仁德厚、王夢桃介眉、李淇猗瞻、李珩楚白仝校』，而書前更刪去乾隆十七年董榕序、十八年蔡夢燕序、十六年李志沆序等，以及乾隆十六年王夢桃、李衍、李曠所作跋語各一篇，不知何以如此。

今據邑人費赤橋藏清李郊撰輯、民國二十八年費耀南所抄《穎陽琴譜》四卷影印，在《浦江文獻集成》第一七二册。

方　勇

詩詞歌賦

黄家續輯　清宣統二年黄家續輯抄本

黄家續，又名有餘，字政來，生於清光緒二十三年（一八九七），卒於一九六四年，具體事蹟不詳，浦江縣童塢村（今屬花橋鄉）人。新中国成立前夕曾在本村或他鄉私塾授徒，六世祖永玉為乾隆三十九年甲午科貢生，候選儒學教授。《詩詞歌賦》封面題『庚戌正月吉旦』『家續』『庚戌』為清宣統二年，據《浦陽童塢黄氏宗譜》所載推算，此年家續為十三歲，似嘗不能吟詩作詞，故疑封面所題有誤。翻檢全稿，所抄多為詩歌，亦收對聯、輓詞等，故以『詩詞歌賦』題其稿名似有不妥。

今審全稿所收，有部分作品當為家續自作，但多數則抄自他處。如《春讀書》《夏讀書》《秋讀書》《冬讀書》為宋末翁森所作，《清》《閑》《安》《樂》見清雍正所輯《悦心集》，前《風》《花》《雪》《月》出自明代人所作《大士誅邪記》，《南陽草廬》為清王廷紹所作，《八陣圖》見清孫桐生編《國朝全蜀詩鈔》，《孝弟為人瑞》《水深魚極樂》為清陳沆所作，《春》為六朝民歌《子夜四時歌》之《春歌》之一、《夏》為《夏歌》之一、《秋》為《秋歌》之一、《冬》為《冬歌》之一，《春夏秋冬》摘自北宋汪洙之《神童詩》，《君子行》為曹植之詩，等等，而皆不標出處或作者，殊非學人輯抄之道。

今據義烏方金漢藏黄家續清宣統二年輯抄本《詩詞歌賦》影印，在《浦江文獻集成》第一七三冊。

方　勇

吟風弄月

張若騮撰　民國稿本

張若騮，字子駿，號青蘿山人，晚改友雲山館主人，清侍御史景青之孫，恩貢生寶恒之長子，生於清光緒三年（一八七七）十二月十六日，卒於民國十八年（一九二九），浦江縣馬鞍山村（今屬鄭宅鎮）人。承祖父餘蔭，家門鼎盛，風流瀟灑，幾疑為裘馬少年，乃折節讀書，獨有志於聞人之學。弱冠後，與弟若驄同遊邑庠。清季被選為諮議局議員，入民國為省議會議員，越二年被選為眾議員。一生熱愛文學，尤工詩詞。民國三年，與本邑張允升、鍾士瀛、黄尚慶、徐書田等知己共創『湖山吟社』，被推為盟主，每於三月、九月之望日會於湖山，曾以《踏雪尋梅》、寧波春風詩社題《沙場吊古》分箋吟詩。十四年，復創『青蘿吟社』，於每年初春出題征詩，依月泉吟社故事，延賈薪珊等品定甲乙，端午揭榜，依次獎賞。十六年，復又成立『四時佳社』，成員凡十有二人，倡和活動每年四次，一為三月初三，二為六月初六，三為九月初九，四為十二月十二。又仿月泉吟社詩題，以《夏日田園雜興》為題征詩，諸暨、義烏等鄰邑文士亦積極參與，征詩多達九十餘卷，一時傳為佳話。若騮所著有《學海樓詩鈔》二十卷、《佳社詩存》四卷、《禪榻病痕》一卷等，今皆已不存於世。

《吟風弄月》封面署『丙午年桃月重訂，張霞卿』，『丙午年桃月』為一九六六年暮春，『張霞卿』不知為何人。今視稿本紙張及裝訂方式確為舊物，所抄詩歌亦皆為若騮手跡，而封面稿本名稱及所署年月姓名皆為鋼筆所寫，字跡頗為拙劣，皆為後人『張霞卿』所為。翻檢全稿，有《過蘆溝橋長辛店吊新戰場》《遊廬山歌》《登滕王閣（時南昌特別戒嚴）》《暮登岳陽樓》《哀西陵（前清陵寢……）》《渡洞庭登君山謁湘君墓》等詩，此正所謂其『以為處此黃金世界而猶株守一隅，不免有坐井觀天之憾，於是東遊海岱，北上燕雲，西至荊宜，南浮湘沅，國内之奇山水、大都會，幾無不目接而神交之，苟有所得，悉寄之於詩，其詩遂大進』（《民國浦江縣誌稿》本傳）者，意在拓寬眼界以資進取，非一味流連山水、嘲風弄月者可比，則封面所題稿名『吟風弄月』者，誠非若騮之本意，當為後之『重訂』者所妄加。又稿本所收，有祝壽詩、歎水患詩等，分置於出遊詩之前後，排列次序井然，書寫亦頗講求款式，蓋為若騮所編《學海樓詩鈔》稿本之殘存者歟？

今據邑人張偉文藏張若騮所撰民國稿本《吟風弄月》影印，在《浦江文獻集成》第一七三冊。

方勇

子駿先生詩選

張若騮撰　張永保　張瑞世輯印本

張若騮生平已見於上一則提要。《子駿先生詩選》主體部分為張永保所輯，凡收詩一百四十餘首，後附《夢猴吟（有引）》一文，輯者永保於一九七二年十月加按語云：『子駿先生《夢猴吟》原稿已失，就予記憶，默録整理之，詞字恐多出入也。』又於文末加注云：『予稚齡時，抄録《學海樓詩抄》晚期手稿三卷，當時依樣葫蘆，莫明其義。……張子駿，名若騮，住本縣青蘿山下，家富，頗多藏書。薄資財，厭世務，專攻文學，長於詩詞。晚年居茅坪，稱茅坪山人，著有《學海樓詩稿》二十卷，未見刊行，原稿逸。』張永保乃是與張若騮共創詩社的火燒張村人張仲序（字允升）之子，故稚齡時有機會看到並抄録若騮《學海樓詩抄》晚期手稿三卷，可惜已與原稿一併亡佚無存。今所見《子駿先生詩選》，則為永保晚年時所輯。《子駿先生詩選》最後為『補抄』，前有張瑞世於一九九一年八月所寫説明云：『此詩稿係父親生前部分後期作品，録自張永保先生之抄本，幾經轉抄，又無真本核對，錯漏之處難免。好在長兄乃詩詞行家，或改或補，錦上添花，自在意料之中。』『補抄』所録凡十二首，其中二首為所附詩，皆係張仲序所作。張瑞世為若騮第六位夫人黃玉蘇所生，民國十八年出生後七個月即失去父親，長大後曾在上海長兄雄世麾下當員警，新中国成立後因偷聽敵臺『美國之音』等事而鋃鐺入獄，獲得自由之時已是知天命之年，仍是孑然一身，當時浦江中山中學聘其為英語代課老師。方勇教授此時正任教於此校，與張瑞世住斜對門，二人交談切磋頻繁，知其身世甚詳，唯不知其為張若騮先生之子。及方勇主持編纂《浦江文獻集成》，忽一日得到《子駿先生詩選》油印本，乃恍然大悟，即急速尋找瑞世先生所在，則已溘然離世。今推其為尊父補輯《詩選》，年已逾於花甲，亦可謂有其孝心也矣。

今觀浦陽詩學，自方鳳及月泉諸公開山以來，繼焉者有柳貫、黄溍、吴萊、戴良、宋濂之輩，流風所扇，長盛不衰，而若騮則為之後勁。故其胸懷先賢，不忘典型，所作《浦陽四賢詠》，賦長詩四首，以分贊先賢方鳳、吴萊、柳貫、宋濂，或謂『公之志節日星垂，公之論詩造化奇』（贊方鳳），或謂『深婣先生去已遥，浦陽詩盛自彼始』（贊吴萊），或謂『危言卓行激貪儒，健筆横掃干戈空』（贊柳貫），或謂『千里門前問字車，萬言筆底救時策』（贊宋濂），崇敬先賢之情昭然若揭。故其志在接續先賢遺緒，重振鄉邦文學，而『余生注意惟詩社』（《自述》），非獨酌而自吟也。今檢《詩選》中有《沙場吊古（寧波春風社詩題）》《踏雪尋梅（佳社十二月十二題）》等詩，正可見其率盟友一同倡和之盛況。且若騮心係國運，敢於直言冒犯，非以一己得失縈繞於心。若民國二年，其為浙省議員，曾與其他十八人一同上書浙省都督朱瑞，要求其反對袁世凱、宣佈浙省獨立；七年，又以各縣附加捐數年以來均為知事所中飽，便與其他多名議員一道提出議案，要求革除各知事之職。觀其《詩選》所輯，亦每每見其於時局之憂憤，如《元日書感——時軍閥混戰未停》《聞亂兵漸遠喜作》《杭城被兵亂訊甚急……》等，皆深痛時勢之未靖也。

今據邑人江東放藏張若騮撰、張永保等輯印《子駿先生詩選》本影印，在《浦江文獻集成》第一七三册。

方勇

中江第一橋志五卷

張若騮 張鳳毛等輯 民國十九年刊本

張若騮生平已見於《吟風弄月》提要。其為人樂善好施，凡公益事無不慷慨資助。清光緒三十年（一九〇四），與邑紳張獅巖等商議，在本縣浦陽江湖、泖兩山間築石橋，首捐千金，復表示若籌資不足，願獨補所缺。並親撰《祭江文》《祭石宕文》，誓言錚錚，艱苦任事，歷時兩年有餘而告竣。以跨度為中江之最，遂稱『中江第一橋』，為浦陽江南北之大通道，亦為義烏、東陽北上建德、桐廬之交通要隘。旋以餘資建學堂於湖山之巔，造室六十餘間，並建亭臺樓閣，成為一縣之勝。

嗣後，若騮與張鳳毛（譜名忠藎，邑庠生，庠名鳳毛，字濟美，號竹卿，民國建元浦江財政科科員，後任徵收主任，浦江縣石鼓村人）等籌畫編輯《中江第一橋志》五卷，卷一為橋圖、碑記、董事題名、章程、藝文，卷二為助銀姓名，卷三為各項工匠、卷四為水工、扛腳、灰腳、土工，卷五為酒席、石灰、樹料、磚瓦、鐵銅、油漆、續捐姓名、修葺方臺、火食、中江橋助產、湖校助產、歲修助產。卷一有張若騮所撰《創造中江第一橋碑記》云：『迄今橋成又越歲矣，乃以勝緣未了，戀戀不去，又於湖山校舍忝執牛耳，同志諸君深懼久而無稽，徵余為文以記之，故不敢以譾陋辭而直書其顛末，俾勒貞瑻以垂萬古，大清光緒三十四年仲呂月穀旦勒石。』又有鍾士瀛《中江第一橋志序》云：『先是，竹卿、子駿等久擬輯成是書，付印垂後，乃未幾而竹卿亡，未幾而子駿又去，春樹暮雲，零落略盡，於是方君楫卿、楊君羽儀、張君允升等憂之，亟付手民印成，以廣其傳，志甚盛也。……中華民國十九年仲秋之月，邑人鍾士瀛謹撰。』是此志當由張若騮、張鳳毛等始輯於清末、民初，而付印則在此二人過世後之民國十九年（一九三〇）。翻檢全書，卷一所收大量碑記、藝文等，出於眾多時賢之手，每為他書所不見，尤其值得珍視。

今據上海圖書館藏張若騮、張鳳毛等輯，民國十九年刊本《中江第一橋志》五卷影印，在《浦江文獻集成》第一七三、一七四冊。

方勇

徐子棣詩輯

徐子棣撰　江東放藏《友石山房詩集》抄本

徐子棣，名永萼，字子棣，别字梅瘦，號春華，雍名守棠，生於清光緒六年（一八八〇），卒年不詳，浦江縣嵩溪村（今屬白馬鎮）人。清太學生，民國間曾任浦江縣政府賦稅徵收處收款員。生長於詩畫之家，尤擅於畫梅花，名聲僅次於兄長徐永成。又善於繪製剪紙樣本，對當地民間剪紙藝術有一定影響。

《友石山房詩集》抄本收録徐子棣詩作近六十首，包括《久雨初晴》（三首）《雪中柬陳二兄（快泉）》《殘冬雨雪》《登仙華山》《西湖》（二首）《題泊舟圖》《病中感懷》（二首）《病重陽》《可憐（絕唐句十首）》《牧童》《神童》《有懷》《石灰》《錢》《紙扇》《畫蘭》《題畫》《苔錢》《芝》《燈花》《想花》《夢花》《移花》《護花》《祝花》《葵花》《龍爪花》《虞美人》《梅花》（八首）《次前韻》（八首）《題紅槑》，多為寫景吟花之作，與其善於繪畫關係密切，故鄉人稱為『文人畫家』。其《石灰》詩云：『千鎚萬鑿出深山，列（烈）火焚燒若等閒。粉骨碎身全不顧，只留清白在人間。』子棣出生於嵩溪村，祖祖輩輩以燒製石灰為生，此詩可謂是對其村民千年燒製石灰的真實描述，然與明于謙《石灰吟》相比對，僅有數字不同，不知其模仿何以如此。

今影印《徐子棣詩輯》，據邑人江東放藏《友石山房詩集》抄本，在《浦江文獻集成》第一七四冊。

方　勇

張序亭詩輯

張序亭撰　江東放藏《友石山房詩集》抄本

張序亭，字書升，號蘭生，乳名尚炎，生於清光緒十八年（一八九二），生平及卒年皆不詳，浦江縣浦陽鎮城北人。據《酬本組》詩『年近七旬家道貧，不才自愧效聾人』之句，序亭七十歲時仍健在，當活到二十世紀六十年代。

今案《早雨》詩有云：『萬物偏歡時雨足，一生祇愛酒詩縈。閑來每日無餘事，筆墨生涯覺有情。』此當為序亭人生之寫照，故遍觀其遺作，雖多吟成於鼎革動亂之際，卻很少涉及世事，如《久雨初晴》《晚雨初霽》《新晴》《春雨》《雨後》《雨中作二首》《春雨初霽》《天晴偶雨》《久雨初晴二首》《晚霞》《夏日》《春風》《雪》《梅雪爭春》《中秋夜無月大風》《月》《月夜》《春閨》《晚春書懷》《春遊》《初春即興》《夏日》《夏日偶成》《初秋夜雨》《秋季》《一江秋水》《秋水一帆》《冬景》《小陽春》《端陽》《初秋早醒》《仲春早起》《青山》等，每以季節景光為吟詠對象，而《草》《鳳仙花》《茶花》《地下水仙》《薔薇花》《簪花》《雞冠花》《水仙花》《紅牡丹》《仙人紅》《萬花魁》《金鳳毛》《看花》《葵花》《淩霄花》《杏花》《梔枝花》《繡球花》《愁花》《牡丹》《梅花》《白梅花》《夢梅》《雪梅》《問蘭》《桃花》《櫻花》《雞冠花》《荷花》《月季》《桂花》《詠菊》《秋菊》《賞菊》《菊伴雞》《詠菊四首》《對菊》等，則皆寄情於花卉，實為浦邑賦詠四季景觀及各類花草能手之一。如《遊春》詩云：『日暖風和玉露濃，今朝遊覽興無窮。南江橋上觀高塔，東嶺山巔聽古鐘。城内學塘楊柳緑，塔邊公地杏花紅。幽遊勝景春光好，人在天然圖畫中。』此為作者春遊邑城及周邊名勝之詩，景觀、色彩、聲響與遊覽者的情感結合得如此水乳交融，委實令人歎為觀止。蓋序亭前期生活悠閒，雅好遊覽觀賞，『自覺優遊不肯休』（《春遊》），而晚年家道衰落，仰仗他人接濟（《酬本組》『喜逢前輩待儂客，幸遇後生容我身』），復須借自然景觀及花草等物以慰藉其心靈也。

今影印《張序亭詩輯》，據邑人江東放藏《友石山房詩集》抄本，在《浦江文獻集成》第一七四册。

方勇

張仲玉遺稿輯存

張若驄撰　二〇一九年六月張賢輯録本

張若驄，字仲玉，清侍御史張景青之孫，恩貢生賓恒之次子，若騮之弟，生於清光緒七年（一八八一），卒於民國十九年（一九三〇），浦江縣馬鞍山村（今屬鄭宅鎮）人。幼時靜默寡言，好讀書，穎悟過人。年十九入郡庠，以科舉陳腐，赴杭就讀求是書院。旋遊京師，授職吏部，委派赴東三省辦理賑災、屯墾事務。光緒三十四年（一九〇八）遊學日本，入日本法政大學攻法理，三年學成回國，應學部試，授法律科舉人。適值辛亥鼎革，邑人推其為臨時縣議會副議長。嗣後歷官江蘇如皋檢察廳檢察官、淮安地方審判廳廳長、浙江鄞縣地方審判廳庭長、江蘇江寧高等檢察廳檢察官等。後以厭倦官場，遂辭職家居，布衣粗食，一如寒素，唯以桑梓情深，凡關於一族一鄉一邑之公益事，如捐資修橋、整理育嬰堂、經辦賑恤水災等，無不悉心謀劃。

若驄早年與兄若騮同遊邑庠，二人成績難分高下，一時有二難之目。然其入郡庠不久，便改而專心法學，故所遺詩文不多。今輯得其詩一首，及文六篇（包括《洪姻伯母陳太夫人六十帨旦》《三十修序》《官巖蔣氏重修宗譜序》《貢生周忠敬七旬壽序》《飲賓奎璧先生像贊》《贈毛以蒲君文》），亦可見其後期於法學之外仍不廢傳統詩文一道。

今據張若驄撰、二〇一九年六月張賢輯録本《張仲玉遺稿輯存》影印，在《浦江文獻集成》第一七四册。

方勇

課餘詩稿

黄致果撰　民國稿本

黄致果，譜名遵果，字毅齋，號桃園，生於清光緒九年（一八八三），卒於民國二十四年（一九三五），浦江縣合溪桂花明堂村（今屬黄宅鎮）人。

致果為黄鳳紀（元卿）之族弟，亦深受家學之熏陶，率以設帳授徒為生，且於課徒之餘不廢吟詠，故能裒其所得而成《課餘詩稿》一編。鳳紀嘗以其子囑託之，非但有親屬之情誼，故二人每有倡和之作，《課餘詩稿》中便録有致果《覆元卿兄函囑訓誨其子天錫（元韻）》《和元卿兄希望其子繩武元韻》《和元卿兄麥秋遇雨元韻》《書覆元卿兄見示四絕書後》《呈元卿兄》等詩，可惜視其功力及詩味，皆有遜於鳳紀。且致果交往欠廣，倡和僅限於數人，其中最多者為王兆卿。今案《課餘詩稿》中有《題伯舅王梅谷雪裏探梅圖》五首，眉欄復引王兆卿和詩五首。王梅谷為致果母親之兄，本邑前店村旭升堂（今屬鄭宅鎮）人，故詩中稱『伯舅』。據《深溪義門王氏宗譜》，旭升堂王興謨，字陳三，號梅谷，恩貢生，就職直隸州州判，生於清咸豐元年（一八五一），卒於民國五年（一九一六）；生二子，長子逢述，又名國度，字光顯，號紹卿，生於光緒十三年（一八八七），娶合溪黄氏。今遍查王氏宗譜，無有名、字或號『兆卿』者，而梅谷次子名逢啟，又識字不多，不能賦詩作文，則致果以浦陽方言『紹』『兆』為同音字而混用之耶？今檢

《課餘詩稿》有《和王兆卿表弟台重陽偶詠之作原韻》詩，既以『表弟』稱呼，則致果必長於紹卿，黄氏宗譜、王氏宗譜所載，兩人正有四歲之差，故『兆卿』當即為『紹卿』，《課餘詩稿》所收大量『兆卿』『紹卿』倡和詩，當即為一人所作。紹卿娶妻合溪黄氏，又為致果表弟，故能倡和不輟也。當年方勇教授以主編《浦江文獻集成》，曾由邑人陪同專程前往前店村搜輯遺文逸詩，竟然一無所得，而今不意自《課餘詩稿》中得之，大可慰王氏先賢於地下，則致果抄存之功誠不可泯滅。《課餘詩稿》眉欄復收録吳雲卿倡和詩較多，雖暫不知其為何許人，亦可為浦陽詩庫之遺珍。

今據邑人費泓淳藏黄致果民國稿本《課餘詩稿》影印，在《浦江文獻集成》第一七四冊。

方勇

題畫墨竹

陳炳文撰　佚名評批　抄稿

陳炳文，黄鳳紀《桃李編》『癸亥二月初四訓蘆溪諸弟子』下有『訓陳炳文棣，廿六歲』，其訓辭云：『文章性道本諸天，人得聞時即聖賢。莫謂艱深難造就，如能培養可仔肩。雖輸辯子遲三載，若較眉山早一年。勸汝從今為發憤，與吾共學與吾權。』又云：『苟自能新志不紛，大人虎變炳其文。誰云學者牛毛衆，麟角難成自昔聞。』『癸亥』為民國十二年（一九二三），由此上推二十六年，按當時習慣以虚歲計算，則陳炳文生於清光緒二十四年（一八九八），當為浦江縣蘆溪村（今屬鄭宅鎮）人。以《桃李編》所載兩則訓辭觀之，業師鳳紀對弟子炳文頗寄期望，希冀其本諸天道，用志不紛，成為品德卓越、才能出衆之人。又考公元二〇一〇年重修《根溪陳氏宗譜》卷六載：『柑塘增百五十八，諱可炳，字在耀，號經明，書百五十三祧子，畢業生，民國乙丑修譜校閲，民國丙戌修譜纂定，生光緒戊戌（民國二十四年）十一月廿二日辰時，卒於一九五三年五月。』今結合實際調查，陳炳文名可炳，學名炳文，字在耀，號經明，係浦江縣姓陳村（今屬黄宅鎮）人，祖上由本省磐安縣根溪來遷浦江柑塘，取村名為姓陳村，距大村莊蘆溪村二里之遥，故先生黄鳳紀謂其為蘆溪弟子。《根溪陳氏宗譜》卷九《詩文約據》欄『元卿黄鳳紀七絶八首題詠》後録有『可炳七絶八首（丙戌年）』，曰《青雲曉誦》《白石春耕》《東樓聽雨》《西池玩月》《蚌堤新柳》

《璧沼香泉》《荷塘宿鷺》《竹苑臨風》。

今所存陳炳文《題畫墨竹》七言詩一組，凡二十首。封面題『甲等第拾玖名』『陳炳文』『獎×伍×正』，扉頁題『有清雅氣可與言詩，勉之』，均不知出自誰氏之手。天頭有眉批四處，曰『快爽』，曰『有遠神』，曰『意靈活』，曰『俊逸宜人』；詩句側每有評語，如『絕知音』『清影結同心』『清閒』等等，亦皆不知為誰氏所評批。然細讀炳文所題詩作，既以墨竹為吟詠題材，則自有作者對高雅品格之追求，以此命筆，固讓人頗有『清影結同心』之感，誠不負業師鳳紀之所期許。

今據邑人費泓淳藏陳炳文撰、佚名評批《題畫墨竹》之抄稿本影印，在《浦江文獻集成》第一七五冊。

方勇

更唱迭和

江家語選編　民國十四年抄本

江家語，字學庸，號聖緒，生於清光緒三十年（一九〇四），卒於一九八三年，浦江縣派頂村（今屬杭坪鎮）人。

《更唱迭和》封面題『乙丑年，江家語』，『乙丑』為民國十四年（一九二五）。此為婺劇六大聲腔之一昆腔折子戲之劇本彙編，共收録《賞燈》《贈珠》《贈環》《水漫》《斷橋》《賣魚》六個折子戲。其中《賞燈》演宋太祖趙匡胤登基以後，元宵節晚上出宫賞燈所見之熱鬧場景；《贈珠》為《火焰山》中一折，演唐僧師徒四人西天取經，為八百里火焰山所擋，鐵扇公主以芭蕉扇將孫悟空扇得火燒眉毛，靈吉菩薩把定風珠送給孫悟空，才抵住鐵扇公主之芭蕉扇；《贈環》為昆腔《連環記》中一折，演東漢末年，貂蟬唱曲子甚美，司徒王允遂賜以白玉環；《水漫》《斷橋》為《白蛇傳》中兩折，演許仙上鎮江金山寺燒香，為法海和尚扣押。白蛇、青蛇為救許仙，水漫金山，與法海爭鬥；失敗以後，回到杭州斷橋，遇到自金山寺逃出之許仙，夫妻盡釋前嫌，重歸於好；《賣魚》是《衣珠記》中一折，演四川成都書生趙旭，向漁翁買魚放生。

上述六個昆腔折子戲劇本，皆為舞臺演出本，此為該彙編之最大特色。每一折戲之中，皆有前場之角色、動作、唱詞、唱腔、念白和後臺之過門（前奏）、鑼鼓經。看了舞臺演出本，便可進行表演，包括前場上什麼角色，做什麼動作，唱什麼曲子，念什麼賓白，後臺拉什麼過門，敲什麼鑼鼓。與僅能置於案頭欣賞之文學本比較而言，舞臺演出本無疑更進了一步。昆腔唱腔採用曲牌連綴體，一出戲之唱腔由一個一個不同之曲牌連綴而成，而該彙編在給唱詞標注唱腔時比較隨意，標準不一，如《賞燈》《贈珠》《贈環》三出用工尺譜標注唱腔，《水漫》《斷橋》兩出不標唱腔，《賣魚》一出既用曲牌標注唱腔，同時又用工尺譜標注，比較隨意，則此抄本當僅為民間昆曲愛好者演奏時參考所用。

今據邑人江東放藏江家語選編、民國十四年抄本《更唱迭和》影印，在《浦江文獻集成》第一七五冊。

王向陽

浦陽唱和録初集

喻信厚編　民國十五年木活字印本

喻信厚，清末榜眼喻長霖之長子，字莘侯，號靜軒居士，生於清光緒九年（一八八三），卒於一九五四年，浙江黄巖西鄉焦坑仙浦喻人。郡庠生，京師大學堂預科畢業，曾任職於京師各部及江浙諸縣。民國十四年（一九二五）九月，蒞浦代理知事，時年四十三歲。翌年六月改為署理，十六年一月卸任還鄉，二十二年始執教於黄巖中學。

《浦陽唱和録初集》為喻信厚任職浦江時與僚屬詩歌酬唱之結集，卷首題『莘侯、一號靜軒居士録稿』，全書凡收録七律五十九首（皆用十一尤五韻字：游、求、秋、籌、收），作者九人。其中除主唱者喻信厚外，外邑籍四人（黄巖朱文劭、沈見谷，吳縣毛士澂，萍鄉喻書謨），邑名士四人（陳焕、張人驥、賈烈光、吳之濤）。書前有張人驥民國十五年所撰《浦陽唱和録初集序》云：『浦陽古稱小鄒魯，元吳司馬渭創吟社於月泉，海内能詩之士宫商協應，瓊瑰互投，卓爾不群，粲然大備，邑人如陳鶴皋、陳君用、戴東老、黄景昌諸先輩，亦類皆著鞭恐後，拔幟爭先，指揮盡是煙雲，咳唾無非珠玉。厥後，歷明清以迄今兹，俊逸清新，代有作者，然終不如月泉當日之意氣如雲，交遊似水，足以競逸響於松陵，媲清音於蘭渚者。君子鑒於風雅道衰，未嘗不致歎於提倡者之無其人也。』浦陽自元初月泉諸公以詩歌唱和以來，繼焉者有柳貫、黃溍、吳萊、戴良、宋濂等輩，流風所扇，長盛不衰，而至民國三年，張若騮、張允升、鍾士瀛、黃尚慶、徐書田等復共創『湖山吟社』，每於三月、九月之望日會於湖山，曾以《踏雪尋梅》、寧波春風詩社題《沙埸吊古》分箋吟詩；十四年，復又創『青蘿吟社』，於每年初春出題徵詩，依月泉吟社故事，延賈薪珊等品定甲乙，端午揭榜，依次獎賞。喻信厚於此時莅浦主持政事，『見其俗樸士質，為山水之縣，亦不覺於公暇，偶有所詠，聲氣應求，積簡成寸，思編為《浦陽唱和録》，以志鴻爪』（喻信厚《弁言》），亦誠為浦邑唱和賡續不絕之一助。且張若騮諸君所唱和者未能成集，散佚嚴重，而喻氏樂於主盟，且復編成此集，完整存留至今，亦自有其意義在。故雖『風雅道衰』，而以浦陽一邑觀之，似不必『致歎於提倡者之無其人』也。

今據浙江圖書館藏喻信厚編、民國十五年木活字印本《浦陽唱和録初集》影印，在《浦江文獻集成》第一七五册。

方　勇

浦陽唱酬録百疊韻

喻信厚編　民國二十五年排印本

喻信厚生平已見於上一則提要。喻氏民國二十五年所撰《弁言》云：『乙丑（民國十四年）九月，由浙江軍署出宰浦江，公暇偶詠一律，因荷和章，效顰酬答，歷久積至百餘疊。乙亥（民國二十四年）冬來甬，參佐戎幕公暇，將此百餘首從敝稿《敬恕堂詩存》中録出，並録賜和各作，合為一冊，藉資流覽，以寄雪泥鴻跡之感。』則《浦陽唱酬録百疊韻》一書，乃是俞信厚在民國十五年所編《浦陽唱和録初集》基礎上增輯而成，時在寧波防守司令部任秘書之職。

此書以《浦陽唱和録初集》所録詩作置於前，而後增輯之，終於第『百又六疊』，故謂之《浦陽唱酬録百疊韻》。今案新輯之詩，格律及韻字一仍其舊，作者有松江張孔瑛、常熟孫雄、杭縣王蓮友、寧鄉黄清瑞等，更增賡和不絕之氣勢。寧波防守司令部參謀主任黄清瑞民國二十五年為此書所撰序云：『乙亥冬，黄巖喻莘侯先生來任本部秘書，公暇以詩稿暨《浦陽唱酬録》見示，披閱一過，覺愴懷民瘼之情溢於言表，與一般吟風弄月者迥異。夫詩以言志，先生之詩如是，先生之懷抱可知矣。』喻氏主盟唱和，先後編輯《浦陽唱和録初集》《浦陽唱酬録百疊韻》，雖是借助山水風月，而憂慮家國之心、愴懷民瘼之情皆溢於言表，此正月泉諸公立幟唱和之旨也。今復以兩書相較，後者收録前書詩作之際，既對各首排列次序有所調整，又於詩作原文及其注釋每有修改或增損，反映出編輯者態度之認真嚴肅，值得肯定。

今據浙江圖書館藏喻信厚編、民國二十五年排印《浦陽唱酬録百疊韻》本影印，在《浦江文獻集成》第一七五册。

方勇

爽甫書信輯録

張爽甫撰　張翔宇輯本

方勇

張爽甫，原名道塏，又名景鴻，字漸魁，生於清光緒十一年（一八八五），卒於一九七一年，浦江縣禮張村（今屬巖頭鎮）人。父益三，號梅卿，歲貢生，曾任浦陽學堂堂長、湖山學校教員。爽甫於清宣統三年（一九一一）考入浙江公立法政專門學校政治經濟科，畢業後歷任寧台鎮守使署諮議官、浦江縣湖山及古城小學教員、浦陽縣立高等小學校校長、縣立通俗教育講演所所長、金陵兵工廠自治會書記、浦江縣誌局編輯、縣立初級中學圖畫教師、縣抗敵後援會救濟委員會委員、縣參議院參議員、縣文廟修建委員會勸募處副主任、縣文獻委員會委員等職。

爽甫工書法，小楷凝重端潤，大字渾厚蒼樸，行草豐勁飽滿，雄邁豪放。又擅圖畫，精花鳥，佈局嚴謹靈變，設色清雅妍麗，尤善紫藤、翎毛，兼題以詩詞，相互輝映，倍增佳趣，對侄兒張書旂走上繪畫之途影響很大，浦江當代畫家有不少皆出其門下。《浦江文獻集成》編纂工程啟動後，主編方勇教授在鄉賢的陪同下，專程前往禮張村拜訪爽甫之孫張翔宇先生，張先生展示其祖父書畫及書信甚多，經商量選其可公開之書信若干編為《爽甫書信輯録》，由此可窺見其書法之特徵及家事之一斑。

今據張翔宇所編《爽甫書信輯録》影印，在《浦江文獻集成》第一七五冊。

堇廬詩稿一卷

陳煥撰　民國十三年排印（民國二十年第三次印刷）本

陳煥，歲貢生陳志之次子，譜名思統，字承先，一字闔勳，號敬之，又號味蓀，庠名煥，邑庠生，生於清光緒十年（一八八四），卒於民國二十五年（一九三六），浦江縣巖頭陳村（今屬巖頭鎮）人。清末由邑庠入浙江官立法政學堂，復入浙江審判研究所、龍山法政專門學校、私立法政專門學校補習畢業，旋充溫州府地方檢察廳典簿，同年改任浦江縣司法委員。入民國後，歷任浦江縣民政科長，浙江諸暨、蘭溪、海寧及江蘇淮安等地審判庭推事、承審員，嘉湖戒嚴司令部軍法處處長，寧台鎮守使署軍法官，杭州守備司令部軍法官，南京總司令部軍法官、駐滬軍法官，浙江省防軍司令部參議官、軍法處處長，代理義烏縣法院首席檢察官，浙江省保安處第四科科長，浙江省政府法規審查委員會委員，浙江省政府秘書處第三科科長，浙江省壽昌、永嘉、德清、紹興、海寧縣縣長，閩浙監察使駐浙辦事處主任兼總務長等。一生在司法、行政兩界垂三十餘年，皆有清名德政，時人謂『文名既噪，法學尤精，弼教明刑，歷職而口碑』，又云『一鶚聲雋，六法博通，司刑協明允之名，治獄獲平反之譽，摧鋤強暴，執法如山，屏絕苞苴，盟心似水』。著有《堇廬詩稿》等。

《堇廬詩稿》一卷，卷首題『浦江味蓀陳煥』，書前有民國十三年武義千秋鑒《序》、陳煥《自序》、鄉賢張若騮《題辭》、吳江蔡寅《題詠》，書末有民國二十年陳煥跋語及《刊誤表》。據陳煥《自序》及後跋，煥自十餘歲即喜作小詩，每就正於其從堂伯允堤（號柳橋）秀才，而自允堤秀才去世後，便在二十多年中不復作詩。直至清宣統二年（一九一〇），『鄉前輩黃斐卿（鳳紀）先生有《七十自述》之作，海內鴻達翕然和之。先生與先褒揚公為摯友，且有莩葭親，余忝居侄輩，不可無一言為敬，爰檢翻舊籍，搜索枯腸，閱一來復，得五言律詩百韻，復以意猶未足，續增四十韻，合成百四十韻』（陳煥《自序》），『自是以後，偶遇公暇，輒喜讀詩，心有所得，即付諸吟詠，且以交際日繁，尤不乏應酬之作』（同上），而在好友千秋鑒的鼓勵下，便編成《堇廬詩稿》一卷，『甲子（民國十三年）季春在甬鎮廨時印行也』。民國十七年，『在壽昌縣廨復為第二次之印行，並將甲子以後諸作增入』；民國二十年，『復加編録，近作有可存者，亦予加入，三付鉛槧』（見跋語），此幾為陳氏一生詩作之所萃。千秋鑒讀其詩，許之以『饒有詩才』，並謂其『所詠諸什，賦物清新，寫景真切，言情之作則委以婉，頌揚之體則典而雅，中間詠史各章，悲壯蒼涼，無限感慨，大有梅村（吳偉業）遺音』（見《序》），所評大致中肯恰當。

今據陳煥撰、民國十三年排印（民國二十年第三次印刷）本《堇廬詩稿》一卷影印，在《浦江文獻集成》第一七五冊。

方勇

浦江縣宣講稿

張鴻漸撰　黄志琨審閱　民國元年木活字印本

張鴻漸，字文紳，號放之，生於清光緒十年（一八八四），卒於民國六年（一九一七），浦江縣平安張村（今屬浦南街道）人。浙江兩級師範學堂畢業，民國六年二月曾創辦私立興亞中學於家鄉白石小學校址，延聘陳景鎏為校長，有學生百餘人，未及一年停辦。著作有《浦江縣宣講稿》《讀史輿地韻編》等。

《浦江縣宣講稿》一冊，張鴻漸主稿，復經黄志琨審閱，以《浙江風俗改良淺説》為本進行增删編葺，意在合於當時之共和宗旨。《浙江風俗改良淺説》，清末袁嘉穀編，一九一〇年由浙江省政府出版，以日常口語寫成，主張改良風俗，勸人讀書識字，勤儉忠信，節儉衛生等，為頒發各邑之宣講稿本。袁嘉穀（一八七二—一九三七），字樹五，别字澍圃，晚年自號屏山居士，雲南省石屏縣人。其擅長書法，自創一體，稱為『袁家書』，著有《臥學堂文集》《東陸詩選》《雲南歷史大事記》《東遊日記》等。《浦江縣宣講稿》沿襲袁書，文體純用白話，語言通俗淺近，其間羼入俚語方言，務求使老嫗能解，以達到宣揚教化之目的，意在使浦邑人民曉然於共和政治之幸福。此書前附有民國元年五月張亮采序，書末有附説。

此書共十九篇文章，《勸學》以實用角度勸人讀書識字，不僅要學傳統國文，西方科學亦要瞭解；《勸女學》《戒纏足》分别從德育、智育、體育上對女性進行解放，期望女性將關注點從物質轉移到精神上，這對女性擺脱傳統思想的禁錮，男女平等意識的萌發具有積極作用；《戒早婚》《勸注重婚嫁》論述了婚姻對後世繁衍、家庭和睦的重要性，批判了『父母之命、媒妁之言』的傳統，要求男女應在相互瞭解的基礎上結婚；《戒算命》《戒迷信鬼神》《戒迷信風水及日子》以具體事例論述了鬼神的無稽可笑，致力於破除根深蒂固的封建迷信；《勸節婚嫁費》《勸節慶祝費》《勸節喪葬費》則針對婚喪嫁娶時講究排場、鋪張浪費之現象展開批評，先秦時期繁盛的禮文化經過後世幾千年的加工改造，早已失去了其本來面目，婚喪嫁娶時的繁瑣禮節亦成了人們互相攀比的工具，故這幾章所論内容具有很強的現實意義；《戒遭喪迎娶》《戒賭博》《戒做戲》《戒虐婢》深入到道德人倫等方面，揭露了當時社會中一些普遍的陋習；《勸合群》《説獨立》則是從個人修養和社會責任方面提出了要求，身為國民，便應不斷完善自我；《勸當兵》是針對我國内憂外困、軍政荒弛的現狀而提出的，論述了軍隊士兵對於一個國家強盛的重要性，呼籲男子去當兵，具有積極的現實意義。

此書結合當時國情及浦江實際，同時亦受西方現代思想影響，藉助一些通俗現實的例子，多為對不良現象的批評和對人民的規勸要求，意在使浦江人民擺脱傳統思想束縛，革除不良惡俗，這對於宣揚共和思想，促使人民進步是有積極意義的。

今據邑人張偉文藏張鴻漸撰、黄志琨審閱、民國元年木活字印《浦江縣宣講稿》本影印，在《浦江文獻集成》第一七五册。

張澤心

讀史輿地韻編十二卷

張鴻漸撰　民國二年浦江白石學校木活字印本

張鴻漸生平已見於上一則提要。《讀史輿地韻編》十二卷，橫版印刷，卷首有鴻漸自序及例言，全書廣收史書上之地名及山川關隘、亭臺樓觀，以韻編排，便於尋檢，以補李兆洛《歷代地理志韻編今釋》之不足。《歷代地理志韻編今釋》二十卷，清李兆洛撰。此書綜列《漢書》以下各史《地理志》（二十三史有《地理志》者有《漢書》《續漢書》《晉書》《宋書》《南齊書》《北魏書》《隋書》《新唐書》《新五代史》《宋史》《遼史》《金史》《元史》《明史》凡十四史）中的地名，按韻分編，並注明歷代所屬的州、郡及今地所在，頗便於治史者翻檢。但各史書《地理志》中一般只載至縣一級，縣以下重要地名多付闕如，故《讀史輿地韻編》廣泛輯采，以補李書之不足。

該書各處地名以首字排序，按平水韻編排，如為韻所未收者，則列入與該字同音之韻，若該字有兩韻者，僅收一韻，概不重見。每一條目主要點明所處地理位置，若有別名或重名亦分條列出。如『蓬』字條下：蓬陂：陂名，即蓬澤，在河南祥符縣東南。蓬萊：一宮名，故址在今陝西咸寧縣東蓬萊池前；一唐縣，今屬山東。蓬：北周州，今屬四川。蓬頭：嶺名，即廣西賀縣桂嶺之支山。蓬溪：唐縣，今屬四川。蓬澤：澤名，在河南祥符縣東南。

該書不僅廣收郡縣州城，還涉及山川關隘、亭臺樓觀，以補歷代地理書之不足。例如：山有銅官山、中南山、終南山、隆中山，河有通惠河、龍灘河、逢留河、無定河，亭有桐邱亭、空桐亭、鴻口亭，橋有中度橋、江東橋、飛雲橋，關有潼關、龍回關、松亭關，臺有銅雀臺、通天臺、書雲臺，寺有同泰寺、江心寺，池有隆慶池、魚藻池等，可謂包羅廣泛。該書為著者耗時十年、三易其稿而成，雖不免訛誤闕漏，考證不精，亦可見著者用心之專注。

今據上海圖書館藏張鴻漸撰、民國二年浦江白石學校木活字印本《讀史輿地韻編》十二卷影印，在《浦江文獻集成》第一七五、一七六冊。

張澤心

陳肇英先生言論集

福建省黨部編　民國二十六年福建省黨部排印本

陳肇英，初名元隆，字恒三，號雄夫，後易名肇英，生於清光緒十四年（一八八八），卒於一九七七年，浦江縣古塘村（今屬黄宅鎮）人。幼從師方榔攻讀五經，光緒三十年（一九〇四）考入杭州四府公學，次年秋入陸軍弁目學堂，始轉習武事；三十二年秘密加入光復會，旋派往浙江混成旅。後歷經辛亥革命、發動浙江獨立、於中央及多地任職。

此書為陳肇英先生之言論之集合，散見於各媒體報紙之上，經人整理輯成一書。目録之後，有李雄所題『陳肇英先生言論集』八字。集中所收陳氏言論，主要有以下幾種主題：

其一，論述對『黨國』拳拳忠誠之心，如《以整個的生命與能力貢獻於黨》《革命者應有之認識》《以黨的主體做我們生命的靈魂》等等之類。肇英先生於《以整個的生命與能力貢獻於黨》所表之決心最為堅確，其開頭即以黨之要語鞭策自身，分別之為『時間要經濟』『實務要負責』『言語要謹慎』『辦公要科學化』以及『行動要團體化』五點要求。其次，肇英鞭策衆黨員，以『整個的生命與能力貢獻於本黨，而為復興民族國家而努力』。再次，肇英述參加國民革命之要素，為『確立公同的關係，裁抑個性，以成就革命之共通事件』。最後，肇英述如何人人遵循繼承總理之主張。首先，要『認清立場，下定死心』；其次，須『有遠大的革命眼光』。革命之路遥遠不可企及，肇英必將上下而求索之。

其二，論述應對國難之態度及方策。如《建設正確文化是復興民族的基礎》《心理建設之重要性》《應付國難須先充實革命力量》《和平奮鬥的基本精神》《守法精神與建國》等等之類。略言之，肇英先生從經濟、文化、軍事、心理等方面詳述其應對方式。如何以文化建設面對國難，肇英先生以幾個要素分而述之：一、文化機構須與政治及經濟機構互相配合；二、生產與交通設備需進一步建設發達。肇英先生總結之為『我們想要中國革命建設進行順利，必須培植新的文化力量為輔助』。實質言之，無論經濟、政治、文化抑或是心理，均需採用揚棄之方式，吐故納新，才能使中國之國力得以長久之發展。

其三，論述國家群體與個人之關係。如《勞動與服務》《兒童是國家民族之基本》《智識分子與紳耆應負之責任》等等之類。個人之融入國家群體，必將犧牲自我，成就大我，以超越之精神補有限之人生。肇英先生在《智識分子與紳耆應負之責任》一文中詳述個人貢獻於國家群體之種種要素，首先是『努力幫助政府所制』，其次是勿讓『外貨奪去我們的市場』，其三是智識分子應為『黨國』共同努力，官民一心，不總為自我利益考慮。肇英於文末表達了對興邦之信心與希望，可謂為個人融入群體之例證。

今據華東師範大學圖書館藏民國二十六年福建省黨部排印《陳肇英先生言論集》本影印，在《浦江文獻集成》第一七七册。

陳雨晴

八十自述

陳肇英撰　一九六六年排印本

陳肇英生平已見於上一則提要。肇英先生於一九六六年撰成《八十自述》一書，書前有『慶祝籌備委員會』之祝語『陳雄夫先生八秩大壽』、蔣中正之祝語『雄夫同志老兄志節忠純』、陳肇英自題『八十自述』，以及肇英先生及其內人之相片。《八十自述》為自傳體著作，有似當今之日記，所用紀年有中華民國、清帝年號、農曆及公曆四種類型。據全書內容大意，可約略分之為四：

其一為少年成長之求學生存之路。肇英先生誕生於浦江縣古塘村，其祖上為河南籍。其出生之際，即常觀因列國侵伐而致家鄉破敗之蕭條景象；少年時師從方榔先生，習得古今東西之優秀文化，十二歲能熟誦四書，十三歲讀畢五經。之後輟學一年，繼續跟隨方師修習不輟。性喜助人，又家境貧寒，對窮苦人之生活感同身受。肇英先生早年即認為國家之利益與自身之利益息息相關，由是樹立了遠大之理想。

其二是主動以『黨國』思想改造自身，積極參與世界戰爭之事。肇英先生於清光緒三十三年（一九〇七）被充派為浙江混成旅第一標第一營前隊司務長，據其自述，每日上操、輔訓，生活極有規律。肇英先生始終以『含笑入九泉，浩然留天地』之革命精神鞭策自身，實則為後代所敬仰之標桿。在軍旅生活之餘，肇英先生對當時之時政亦有所評論，頗為得當、精要。

其三為敘述國共兩黨關係之變化。肇英先生雖為『黨國』之忠誠之士，但其更為一意拯救民族之志士，因此而言，《自述》中多有述國共兩黨關係之言論。肇英以為，救國、救民族為舉國之要，以救國、救民族為結果之合法合理之行為，均可用於當時之政治策略之中。

其四為內戰結束之際、新中國成立前之所感。肇英先生先後參加此一時期的各類會議，並予以一一記錄之。肇英先生始終以『經國濟民』為活動之關鍵，將人民生活置於政治活動之最重要之地。

今據陳肇英撰、一九六六年排印《八十自述》本影印，在《浦江文獻集成》第一七七冊。

陳雨晴

嬰求録

黄方大撰　民國稿本

黄方大，鳳紀之長子，名方大，字直臣、植橙、植柳丁，號軒孫，生於清光緒十四年（一八八八），卒於一九五一年，浦江縣合溪桂花明堂（今屬黄宅鎮）人。自幼深受家學熏陶，光緒二十九年入泮第十名，復就讀於浙江第七師範，曾任杭縣臨平統分局局長。又先後執教於浦江東明小學、湖山小學、集賢小學、中正小學及杭州宗文中學等。其家族讀書風氣不替者垂十餘代，至清季方稍顯衰弱，然鳳紀等猶力挺之。方大深知裒輯保存家族文獻責任之重，故於任教之餘，長年孜孜於家族文獻之抄録整理，彙集成相關集子上百種。鳳紀既歿之後，家庭頗欠和睦，方大乃挈家寓住本邑楊田周村，與岳父周忠敬（秀才）一家相得甚歡，而黄氏家族文獻便漸漸移聚於此。二十世紀六十年代『四清』運動時，此批文獻被迫上交到大隊部，嗣後則允許退還，古籍佚失甚多，而手稿大都倖存，其中多數後來由方大次子世鈞保存於楊田周家中，少部分由其長子世圻帶到廣州家中。及世圻、世鈞去世，方大外孫女周小娟將之收藏於浦江家中，與其丈夫賈壯紅予以精心保存至今，唯惜其自廣州取回時，已蠹蝕黴爛不堪矣。

《浦江文獻集成》編纂工程啟動後，方勇教授率弟子至賈壯紅家，從其所藏文獻中挑出六十餘種予以掃描，此後復與鄉賢張賢進行甄選，或重新析分整合，付之影印者除黄方大本人所撰十餘種稿本外，更有其曾祖父黃志選之《惇裕堂雜録》，叔曾祖父黃志元之《黃秋崖先生遺著》，祖父黃資深之《廣川先生遺稿》《廣川詩文輯佚》《廣川濟生録》，父親黃鳳紀之《簞瓢尋孔樂筆墨掃張愁》《畊餘詩草》《掃愁吟四集》《不如歸去》《古城詩草》《嘯園詩集》《四書義》《文三篇》《甲寅文稿》《畊餘養生録》，而尤可珍視者，乃是黃方大民國二十六年據外祖父虞善揚於清光緒二十五年所輯録之本而予重訂之《浦陽應試題名録》，使浦江縣自清乾隆十九年至光緒二十一年應試題名録完整地保存至今，文獻價值極高。

《嬰求録》為此批文獻中之一種，乃黃方大所撰詩集之稿本。此稿本以『嬰求録』命名，蓋取義於《詩經・小雅・伐木》『嬰其鳴矣，求其友聲』，謂作者前期之賦詩，有似鳥兒嚶嚶鳴叫，以求同伴之應聲。案稿本中有明確紀年者，以第十四首《壯士行》『歲次癸丑（民國二年）』為最早，而後依次有標明『甲寅』（民國三年）、『乙卯』（民國四年）、『丙辰』（民國五年）、『丁巳』（民國六年）、『戊午』（民國七年）、『己未』（民國八年）、『辛酉』（民國十年）、『壬戌』（民國十一年）、『甲子』（民國十三年）之詩作，説明此稿本大致為黃方大二十五歲至三十六歲時賦吟之彙集，正是其『嬰其鳴矣，求其友聲』之際，故以『嬰求録』命其此稿本。今翻檢其稿，方大於民國二年至東明小學執教後數年内所賦詩歌較多，説明其欣喜於『育英才』『與諸君習管弦』（《甲寅元月廿三日至東明校偶成》）之教學生活，而數年後應聘於湖山小學，則更激發其與教友間之倡和興致，構成了此稿本中最精彩之場面。由於黃方大樂於執教育才生活，他還將當時推行的『國音字母』録於此稿本之前及末尾。

今據邑人賈壯紅藏黃方大撰、民國稿本《嬰求録》影印，在《浦江文獻集成》第一七七册。

方勇

清穆集二卷

黄方大撰　民國二十二年稿本

黄方大生平已見於上一則提要。此處所收稿本，封面《清穆集》右側題『合溪黄植橙稿』，稿本前有民國二十二年吴嘉鼎《序言》、黄方大《清穆集自序》。吴序云：『黄生植橙也，浦陽之知名士也，合溪之儒家子也，清代秀才之碩果僅存者也。其在力學時期，境遇極艱難，而性情極恬適，故當危疑震撼之秋，亦閑習推敲以自道情愫。』黄鳳紀在鼎革後仍不剪辮子，稱為『辮子先生』；方大『當危疑震撼之秋，亦閑習推敲以自道情愫』，亦當有一定遺民意識，故姻丈吴嘉鼎謂其為『清代秀才之碩果僅存者』。方大自序設為問答形式，客問曰：『吾子非浦人乎？宋之末有方存雅，存雅之詩，宋末之詩也；元之末有戴九靈，九靈之詩，元末之詩也。吾子之於清也，亦猶存雅之於宋也，九靈之於元也。吾子之為詩也，亦猶宋末之詩也，元末之詩也。今乃於清也而以為穆也，其為烘雲托月以爭光乎，抑為變姓易名以斂跡乎？吾子必有一於是矣。』黄子莞爾而笑曰：『夫人不言，言必有中，敢拜善言，以作是集緣起之辭，而弁諸首。』此為夫子自道，説明方大意欲步武先賢遺民方鳳、戴良，穆如清風，斂跡人間，賦成『清末之詩』，故以『清穆』命其稿本。

《清穆集》分卷上、卷下二卷，而卷上又分為一、二，卷下分為三、四，故封底識曰：『《清穆集》第一卷，壬子（民國元年）至丙寅（民國十五年）；第二卷，丁卯（民國十六年）至辛未（民國二十年）；卷三，壬申（民國二十一年）至癸酉（民國二十二年）二年；卷四，甲戌（民國二十三年）至乙亥（民國二十四年）三年（當為『二年』之誤）。』卷上之末有《代某氏哀啟》《山椏陳氏重修宗譜序》《西鄉石板路碑記》《代保安寺僧真均哀啟》《補廬詩稿序》，卷下之末有《周琴鳳女士像贊》《洪玉庭君哀啟》《修塘啟》《吳定三公傳》《與張效巡書》《寄南晚草詩序》《張倬章君碑銘》《知單》，則此稿本不可純以詩集視之。又以《清穆集》與《嬰求録》相比對，則第一卷有若干詩作與《嬰求録》所收相重複，但文字略有出入，當為《清穆集》收録時有意修改所致。

今據邑人賈壯紅藏黃方大民國二十二年稿本《清穆集》影印，在《浦江文獻集成》第一七七冊。

方勇

嗣音集十四卷

黄方大撰　民國稿本

黄方大生平已見於《嬰求録》提要。《嗣音集》乃是賈壯紅夫婦自黄方大次子世鈞廣州家中帶回浦江之手稿、抄稿之一部分，蠹蝕黴爛以及散亂最為嚴重，後經方勇教授和鄉賢張賢之精心辨識、重組而收入《浦江文獻集成》，疑錯亂顛倒之處在所難免，祈後之君子有以糾正之。

《嗣音集》十四卷，前有邑人王育三民國二十九年所撰序云：『逮清廷照准大臣張之洞奏請，罷科舉以興學堂，而文事武事輒見更張，國事即形叢挫（脞），世事不覺變更，至韻事亦遂一落千丈。再丁民國，凡少年新進，於平仄音韻罕有問津，於詩學有慮其淪喪者，雖尚有老成典型足資教學，其如耄老倦於勤、少壯不努力何！唯有吾友黄君植橙方大，年少遊庠能文、尤善詩，慮詩學之式微，而希得唐人三昧，以傳詩教於將來，有勤而不倦者焉；身生浦陽東，家住合溪側，簪纓十餘世，相傳士食德，見詩善必録，附和殷企及，嗜古食而化，名噪聞鄰邑，丙子迄庚辰，編輯成二集，集成問序於余，余聞其吐屬，敲金戛玉，聲韻鏗鏘，克嗣唐人遺響，顔集曰《嗣音》，誠翕合也。』中國詩歌自三百篇以來，歷經漢魏六朝，至唐而臻極盛，嗣後每況愈下，而清末民國以來，更是『一落千丈』，竟至『罕有問津』，故黄方大意欲有所作為，以遠嗣唐詩之音。且浦陽自先賢方鳳開創詩學以來，歷經柳貫、黄溍、吴萊、戴良、宋濂等賡續傳承，蔚為大盛，而合溪黃氏，詩文傳續十餘代而有式微之徵，故黃方大每思有以延續家學於不絕，遂以『嗣音』命其稿本。據悉，黃方大一生孜孜於詩學，而世俗則視之為書癡，然其至晚年猶不為所動，自民國二十五年（丙子）至二十九年（庚辰）數年間，竟創作出《嗣音集》十四卷之多，在當時浦陽境內實無出其右者。至於《嗣音集》中摻有若干應用文，不知何以如此編輯。

今據邑人賈壯紅藏黃方大撰民國稿本《嗣音集》十四卷影印，在《浦江文獻集成》第一七八冊。

方勇

附：《嗣音集》初稿（殘缺）

黄方大撰　民國稿本

黄方大生平已見於《嬰求録》提要。據《嗣音集》前王育三所撰序，《嗣音集》十四卷所收作品寫於民國二十五年（丙子）至二十九年（庚辰）之間，而方勇教授和鄉賢張賢在董理方大詩稿時，卻發現有不少詩作寫於此後數年，如：《壬午元旦和趙良玉兄自勵章韻》『壬午』為民國三十一年（一九四二）；《乙酉春季杭州市立宗文中學……》『乙酉』為民國三十四年（一九四五）；《丙戌元旦天氣清朗……》『丙戌』為民國三十五年（一九四六）。又有封面數個：一題『《嗣音集，壬午，植橙》』，二題『《嗣音集》初稿，丙戌，植橙』，三題『《嗣音集》，鏡西署』，四題『《嗣音集》卷十，民國三十五年丙戌』，五題『《嗣音集》卷十，中華民國三十五年』。而視其稿子，或字跡工整，或塗抹甚多，格式亦頗不一致，且詩與文每有摻雜。凡此種種，方勇、張賢皆認為當為未加整理之初稿，不可編入民國二十五年至二十九年所寫《嗣音集》十四卷之中，故今略予編排而另為一集，且聊以其『《嗣音集》初稿』命名之，希冀後之君子有以知之，非黄方大當日編輯時本為如此也。

今案本集最後所收一頁所題『《嗣音集》卷十』左側識曰：『學歷：家學相傳，十世明經，清邑庠生，舊制師範畢業；經歷：前任本校國文、歷史，公民，教員一年。著有《清穆集》《嗣音集》詩文稿十餘卷。

中華民國三十五年、四、一貳日填報。』黃方大自浙江第七師範畢業後，主要任教於浦江縣東明小學、湖山小學、集賢小學、中正小學等，所接觸者大多為邑內親戚朋友，所吟詠者亦大抵為方圓數十里內之風物情事，《嗣音集》十四卷詩歌所反映者大致如此。而自浦江中正初級小學辭職後數年，方大便就職於杭州宗文中學，此時正值抗戰和抗戰勝利之際，宗文中學曾一度西遷建德梅城、高垣等地，由是其互動範圍大為擴大，生活磨礪更為複雜多樣，所吟詠之對象不但有杭州風物，還有桐廬建德一帶之山山水水，所抒發之情感更有日寇入侵所造成之家仇國恨，以及抗戰勝利所帶來之喜悦，故而此等作品多是對自己往日詩歌創作之提升，也是對合溪黃氏前輩詩人之超越。

今據邑人賈壯紅藏黃方大撰《嗣音集》初稿（殘缺）影印，在《浦江文獻集成》第一七九册。

方勇

以文會友

黄方大撰　抄本

黄方大生平已見於《嬰求録》提要。《以文會友》封面題『昭陽單閼，直臣』，封裏題『上六，黄方大，獎錢貳錢』。清光緒二十九年（一九〇三）歲在昭陽單閼，此年黄方大（字直臣）十五歲。

清末虞善揚曾抄録《浦陽應試題名録》，外孫黄方大於民國二十六年予以重訂，並於名録前識曰：『黄方大生於光緒十四年，光緒廿九年入泮第十名。』説明《以文會友》當為方大十五歲入邑庠時所撰策論，寫作技巧已達到一定水平。如《許衡劉因論》一文，評閲者有眉批云：『饒有筆意。』《耶律楚材論》一文，評閲者有眉批云：『此意諸卷多未見及，是善為晉卿脱罪者也。』《漢文帝詔議振貸論》一文，前有評閲者批語云：『論前路清快，後半筆意雋永，策亦圓穩。』《近人謂遊學之國西洋不如東洋説》一文，評閲者有篇末總批云：『論有意議，有步驟，望而知為節制之師説，亦推闡得法。』若與方大於光緒二十七年十三歲時稿本《冰絲織絡經心久》所收策論相比較，顯然已經成熟很多。蓋方大一入邑庠，『以文會友』，既與學友互為切磋，復得良師之指導，故有如此進步耶？然今案《浦江文獻集成》第一六六册所收《文三篇》，其中有《宋太祖釋藩鎮兵權論者謂宋之積弱權輿於此然唐以姑息藩鎮而亡五代以姑息藩鎮而亂論》《固國不以山谿之險》二篇策論，蓋為黄方大之父鳳紀所撰寫，而方大《以文會友》亦録有此二題，正文内容則皆迥異，殆據舊題重做者歟？

今據邑人賈壯紅藏黄方大抄本《以文會友》影印，在《浦江文獻集成》第一七九册。

方勇

冰絲織絡經心久

黄方大撰　清光緒二十七年稿本

黄方大生平已見於《嬰求録》提要。《冰絲織絡經心久》封面題『辛丑冬月，黄方大』，『辛丑』為清光緒二十七年（一九〇一），時方大十三歲。『冰絲織絡經心久』出自晚唐方干《酬將作於少監》詩，意謂冰絲編織要經過歲月的打磨，是對一位大臣所創作的藝術作品之讚美，方大藉以命名其稿本，是要激勵自己刻苦努力，在時文練習上不斷獲得進步。

浦陽合溪黄氏，家學相傳，十世明經。黄方大曾言及，其數歲時已開始接受尊父鳳紀的啟蒙教育，故早年便有較好的詩文寫作基礎。今翻檢《冰絲織絡經心久》所收其時文習作，已有稍稍可觀者，如《五旬而舉之》一文，批閱者謂其『層次清晰，筆勢輕靈』；《舉善而教不能則勸》一文，批閱者謂其『清機徐引，轉正不誤』；《士無事而食不可也》一文，批閱者謂其『前後佈置，層次清楚，整散相間，氣象崢嶸，讀之最利場屋』；《則吾必在汶上矣》一文，批閱者謂其『信手拈來，俱能截上，知於此道三折肱矣』。但其畢竟為少年之作，故稚嫩明顯，瑕疵頗多，如《君子無所爭》一文，批閱者眉批謂『三字不成句，承題宜用夫子』；《沽酒》一文，批閱者眉批謂『不知扣題，可惡之極』『記事題，何為我』『一講全無生氣』；《可得聞乎》一文，批閱者眉批謂『蛇足』『西瓜客人不必做』『蛇足』；《臣事君以忠》一文，批閱者總批謂『筆路未暢』；《進吾往也子曰語之而不惰者》一文，批閲者總批謂『全無新意』；《叟》一文，批閲者總批謂『有漏下處，當思截之』；《未有仁而遺其親者也》一文，批閲者總批謂『全無新穎之思，何勞作文』；《豈能獨樂哉》一文，批閲者總批謂『未知融上之法，故於題神未肖』；《於傳有之曰若是其大乎》一文，批閲者總批謂『毫無進益可見，讀書全不留心』。有鑒於此，黄方大遂以方干『冰絲織絡經心久』之句命稿本，以為練習打磨時文非一日可蹴就也。今以《浦江文獻集成》所收全部時文觀之，實以方大此稿本塗抹修改之處最為繁多，可見前輩當日習作時文之艱辛不易，今之承學者或可從中有所啟發而有益於作文之精進也。

今據邑人賈壯紅藏黄方大清光緒二十七年稿本《冰絲織絡經心久》影印，在《浦江文獻集成》第一七九册。

方　勇

備忘録選輯

黄方大輯録　二〇一九年六月張賢選輯本

黄方大生平已見於《嬰求録》提要。方大有『備忘録』若干，内容頗為龐雜，方勇教授委託鄉賢張賢予以選録而編為《備忘録選輯》。如『備忘録（坤）』，右側題『29頁，辛未桂月、壬申十月一日，植橙』『辛未』『壬申』分别為民國二十年（一九三一）、民國二十一年（一九三二），可見其為彙集此間所寫所抄文字以備遺忘者。末尾又識云：『詩稿十頁，蘇炳文通電四頁，八八烈士傳俞序一篇，雷八龍詩一首，輓詩六首，國聯調查法三頁（空白三頁半），代黄氏函一起，信稿等四頁』，説明其内容甚雜，且無體例可言。其後所輯録者，蓋類皆如此。

自『備忘録（坤）』之後，案其標有紀年者，如曰『乙亥』（民國二十四年）、曰『丙子』（民國二十五年）、曰『戊寅』（民國二十七年）、曰『庚辰』（民國二十九年）、曰『甲申』（民國三十三年）、曰『丁亥』（民國三十六年），則其所寫所抄皆在『備忘録（坤）』之後，時間跨度達十五年之久。其間除保存部分未見他處之詩文外，還抄有合溪黄氏家族之田産、成員年齡和浦江之方言、寺廟等資料，而諸如《浦江縣文獻委員會成立會》《各省市縣文獻委員會組織規程》《地方誌書纂修辦法》《浦江縣文獻委員會委員姓名履歷冊》《浦江縣文獻委員會公函》等，尤可補地方文獻之不足。

今據邑人賈壯紅藏黃方大《備忘録選輯》本影印，二〇一九年六月張賢選輯，在《浦江文獻集成》第一八〇册。

方勇

攻昧録

黄方大輯録　二〇一九年六月張賢選輯本

黄方大生平已見於《嬰求録》提要。《攻昧録》封面題『癸酉秋九重陽節訂』，左側並有小注，謂所收有壽序二篇、銘一篇、祭文一篇、像贊十六篇、傳一篇、又像贊四篇、記一篇、墓誌一篇、壽序四篇、譜引三篇、譜序四篇、摘序六段，以及與壽婚輓、醫、祠佛堂、尼庵、文帝、武帝、財神、土地、灶神、醫士殿、岳廟、香堂、大士、祖堂、地藏、大士鍾馗、龍皇相關之對聯等，而撰寫者為先賢及當時學人，依次有黄鳳紀、蔣倬章、宋濂、方鳳、吳嘉續、吳鳳來、吳端揆、胡煒、馮晉祚、金履祥、吳亨、蘇伯衡、柳貫、樓啟彬、王紳、鄭楷、黄灝、宋調元、姚翀、王餘慶、葉琛、石鑒三、張景青、黄幾珝、吳嗣徽、蔡元定、張九成、汪徹、吳萊等。

今案『攻昧』一詞出自《左傳》『兼弱攻昧，武之善經也』，謂攻擊昏亂無道者。黄方大每自謂顛沛潦倒，一生辛酸，故欲借先賢及當世學人之文，以其所寫古來君子能人及天神地祇等攻己之『昧』而有所啟悟歟？此蓋其以『攻昧』命抄本之深意也。然以今觀之，此抄本之價值則率在於使鄉邦或家族之部分文獻得以保存至今。如抄本中有《芝山七十壽啟》，黄方大跋云：『按此篇為志元祖翁遺稿内所無，民國癸酉年（一九三三）之冬至節偶檢舊書於故紙堆中，無意得之，紙雖黴爛破壞，喜僅缺三字，拜讀之餘，恍然如見吾五世祖翁也。因急為繕清之於此。民國廿二年冬至後十日，五世孫方大謹志。』合溪黃氏家學相承，十世明經，而今所存詩文作品以藏於天一閣方大七世祖翁黃汝聽《素庵詩抄》為最早，入《浦江文獻集成》者以方大四世祖翁黃志選《惇裕堂雜録》、四世叔祖黃志元《黃秋崖先生遺著》為最早，故黃方大發現四世祖翁黃志元於清咸豐五年為家父黃玉佩（芝山）所寫《芝山七十壽啟》而抄録保存之，對於豐富其家族文獻和瞭解其家族歷史都具有一定意義。

今據邑人賈壯紅藏黃方大輯録《攻昧録》本影印，二〇一九年六月張賢選輯，在《浦江文獻集成》第一八〇冊。

方勇

好古録

黄方大輯録　民國三十六年抄録本

黄方大生平已見於《嬰求録》提要。《好古録》封面題『丁亥荷夏，植橙者録』，『丁亥』為民國三十六年（一九四七），即黄方大去世前四年。

《好古録》所收文獻凡三件，一曰《續修浦江縣誌勸募》，二曰《張君同光啟》，三曰《續修浦江縣誌勸募啟》。浦江縣自宋代至清末，曾先後編纂過十二次、刊印過十四種不同版本的圖經、縣誌及人物志，而繼清光緒二十二年（一八九六）所修之《光緒浦江縣誌稿》後，民國二十四年（一九三五）十月復由邑紳陳肇英、徐憲章等倡議重修縣誌，並成立機構，推縣長徐志明（蘭溪人）總其事，邀請鍾士瀛等十一人進行編纂，《好古録》所收者便是以縣長、名士等名義發出之編纂縣誌勸募啟。在編纂過程中，曾經歷多位縣長，又逢抗日戰爭，艱難備嘗有外人所未知者，直至民國三十一年（一九四二）方才編完《民國浦江縣誌稿》。

今據邑人賈壯紅藏黄方大民國三十六年輯録本《好古録》影印，在《浦江文獻集成》第一八〇冊。

方　勇

輶軒詩録

黄方大抄録　民國抄本

黄方大生平已見於《嬰求録》提要。《輶軒詩録》前列有鄭祖芳、周為漢、張汝房、朱檀、張可宇等五位作者，蓋以此作為簡單之目録。『輶軒』乃古代使臣乘坐之車，亦為古代使臣之代稱。清嘉慶初，阮元乘輶軒督學於兩浙，採録當朝順治至嘉慶間三千多位浙人之詩凡九千餘首，編成《兩浙輶軒録》凡四十卷，入選作者皆附小傳，注明字號爵里，並説明小傳材料之所在，是一部反映清代前中期兩浙詩歌面貌的大型詩歌總集。方大編録《輶軒詩録》，當有仿效阮元編輯之意。

《輶軒詩録》所收作品，一為鄭祖芳詩四首，附作者小傳云：『祖芳，原名祖滂，號姬山，著有《樂清軒詩鈔》二十卷、《世恩堂文稿》四卷、《彙集外編》十四卷。』二為周為漢詩十首，附作者小傳云：『周為漢，字倬雲，浦江人，著有《枕善齋詩鈔》。』三為張汝房詩一首，附作者小傳云：『汝房，字寄軒，浦江人，嘉慶辛酉拔貢，著《寄軒詩抄》。』四為朱檀詩三首。五為張可宇詩三首。考浦陽自宋元以來，吟詠之風長盛不衰，黄方大意欲仿效阮元《兩浙輶軒録》，選録清嘉慶以來詩作為浦陽《輶軒詩録》，其意固屬甚美，唯惜其僅取五人，選詩不過二十餘首，尚不足以窺浦汭晚清詩壇之一斑。且周為漢小傳置於抄本之末，而朱檀、張可宇皆無傳，此亦於體例有所欠缺者。

今據邑人賈壯紅藏黄方大民國抄録本《輶軒詩録》影印，在《浦江文獻集成》第一八〇册。

方勇

古源話浦江話

黄方大輯録　民國十八年稿本

黄方大生平已見於《嬰求録》提要。《古源話浦江話》封面題『己巳年荷月上旬哉生明，植橙録』，則方大此稿輯録於民國十八年（一九二九）農曆六月。

浦陽古屬吴方言區金衢片，兼以地處偏僻，周遭若城，古語方言又有自身獨特性。《光緒浦江縣誌稿》有《方言》一目，其小序云：『邑人語言隨地而異，音之土雜字之沿訛，縉紳先生難言之。』故邑人或有摹其聲，揣其意而以文字記之者，然率多未成體系。論其形式，大抵有二，一為詞語，二為俗話。黄方大所輯《古源話浦江話》，蓋屬於後一種，多為當地古諺俗話，故命為《古源話浦江話》。此稿本所輯方言俗話，按其内容，分為君臣、夫婦、哥弟朋友、親戚、讀書、農事、百工、商賈、風情、俳優、僕隸、仕宦、衙門、師徒、賓主、公婆、媳婦、伴儅、孤獨、勤儉、懶惰、飲食、衣服、身體、醜態、微貌、醜陋、誇張、盗竊、刀鑽、欺侮、賭博、神佛、和尚、道士、禽獸、器用、田地、屋業、山場、菜園、仇恨、戒勸、了事、拾遺等，類目清晰，甚便讀者。集中所收古諺俗話，至今多流傳於浦江民間，如《夫婦》類『有柴有米有夫妻，無柴無米苦濟濟』、《親戚》類『親戚為分錢，鄰舍為盞鹽』、《讀書》類『不受苦中苦，難為人上人』、《農事》類『穀子落泥，夫妻分離』、《百工》類『食了百家飯，由了東家唤』、《師徒》類『只有狀元學生，那有狀元先生』、《賓主》類『一日三造，狗要勞叨』、《公婆》類『婆打媳婦家家有，公打媳婦要出醜』、《飲食》類『肚饑糠亦甜，肚飽肉亦嫌』、《盜竊》類『賊無腳，偷不著』等等，今天仍然具有較強的生命力。

今據邑人賈壯紅藏黄方大民國十八年輯録本《古源話浦江話》影印，在《浦江文獻集成》第一八〇冊。

方 勇

國際私法大綱

于能模撰　民國二十年上海商務印書館排印《國立中央大學叢書》本

于能模，字錫林，校名伯度，浦江縣大溪前于村（今屬浦南街道）人，生於清光緒十八年（一八九二）十一月二十二日，卒於一九六六年。家境貧寒，父賢求，業農；母葛氏，勤勞經紀。能模自幼勤學苦讀，強記敏思，先後就讀於浦陽高等小學校、浙江省立第七中學校、國立北洋大學。曾擬出國深造，因經費問題未果，旋即任金華浙江省立第七師範學校教員，後得親友資助得以遠渡法國求學，勤奮好學，不知時光之流逝，得法學博士學位。歸國後執教於中央國立大學，以『國際私法』為教程。先後任多項中央及地方要職，對祖國有強烈之愛國情感，曾於一九二三年三月發表文章，以宣傳抗日救國主張。《國際私法大綱》即其代表著作之一。

此書前有序二，其一為王正廷於民國十九年八月所撰，其二為張我華於民國十九年四月於南京所撰。二者於序中，先於『私法』二字予以解釋，以為私法源於英法等西方之國，而後由國內有識之士傳入國內。私法運用於國內之必要，當是十世紀之後，封建制度之確立，法律主義之傳播之所需要。於此而言，于能模之《國際私法大綱》即為應運而生之產物，其中體現之先進思想，於今而言亦有可借鑒之處。

此書共三編及一導言，一附録，細化其所述之言，據全書內容大意，可約略分之為五：導言述國際私法之對象、名稱、性質、淵源等，為普通人瞭解國際私法之入門之解釋。能模主要闡明國際私法之基本定義為『決定個人之國際，確定外國人所得享有之權利，解決權利之間之矛盾衝突』，法律之制定必以其強制性與普適性為要求，國際私法為解決國際之間人之權利，必依此規定。第一編述國籍之種種，包含國籍之定義、衝突，由此制定國籍法、取得、喪失及回復原則。能模以為國籍之確定為制定國際私法之重要基礎，確立國籍之法即產生私法之重要一步驟，為此對國籍之法進行詳細之規定。第二編為外國人之地位。因國際私法中所涉及之外國人部分較多，能模於書中專門以一編進行探討。其先以世界各地解決外國人之地位問題之概況著手，並詳細闡述對待外國人之各種制度，如自由主義、條約上之相互主義、法律或事實上之相互主義以及平等主義；再以法國為例，闡述他國制定之『外國人法』，望以為中國『外國人法』之借鑒。第三編為法律之適用。一法律適用於何處，並不為主觀臆定，而應有一定之事實規定。能模於此編首先詳述世界各國之學説，如古意大利派、法蘭西派、荷蘭派、英美派、德國派、新意大利派及 pillet 派，學派之不同反映為法律條款之區別，亦是各國國情之差異，中國產生具有普適性之『私法』，必先吸收各國之優秀學派思想，加以符合當下之國情。再次為各種私法之衝突與條件，其網羅之種種條例，實為材料之總和。

附録為已公佈之《國籍法》《國籍法實施條例》《法律適用條例》，為三種既定之法律，國際私法之例可循矣。

今據華東師範大學圖書館藏于能模撰、民國二十年上海商務印書館排印《國立中央大學叢書》本《國際私法大綱》影印，在《浦江文獻集成》第一八一冊。

陳雨晴

國際私法

于能模撰　民國二十一年上海商務印書館排印《新時代法學叢書》本

于能模生平已見於上一則提要。《國際私法》與民國二十年出版之《國際私法大綱》書名雖僅差『大綱』二字，然内容實有較大出入，試將兩書之目録與内容相較於下，以見其不同。

《國際私法》書前無序言，全書仍分『導言』『第一編』『第二編』『第三編』『附録』五部分，然細節之處多有不同。《國際私法大綱》之『導言』分『國際私法之對象』『國際私法之性質』與『國際私法之淵源』三章，第二、三章又各分兩節與三節，《國際私法》則删汰較多，僅保留『國際私法之對象』與『國際私法之性質』兩小節，且内容多不完整，如前者僅保留《大綱》第一章之前二段語，簡單羅列國際私法之對象『國際』『外國人之地位』『法律之衝突』，而具體内容則提示讀者『參觀拙著《國際私法大綱》第一編第一章』。第一編『國籍』調整較大，《大綱》原為兩章，分別作『關於國籍問題之普通觀念』『中國國籍法』，而此書僅保留後者為第三章，前二章分别作『關於國籍問題之重要原則』『解决國籍衝突之規則』，前者實為《大綱》第一章第二節之『關於人的國籍之重要法則』，後者實為第一章第三節之『國籍之衝突』。此書第二編『外國人之地位』分為『概論』『領事裁判權』『外人在華享有内河航行與沿海貿易權之條約根據』『普通有約國人民在華居住經商租地權』『教會之地位』五章，較《大綱》之『概論』『法國之「外國人之地位」法』兩章有了較大補充。第三編『法律之衝突』僅分『概論』『法律適用條例之解釋』二章，而《大綱》第三編為『法律之適用』，分別有『概論』『關於法律衝突問題之學説——法律原理』『適用合理方法之阻礙』『尊重既得之權利』四章。最後，此書之附録有『國籍法』『國籍法施行條例』『内政部發給國籍許可證書規則』『關於國籍變更之各項書類程式』『内地外國教會租用土地房屋暫行章程』『法律適用條例』『管轄在華外國人實施條例案』七節，而《大綱》僅有其中三種。

綜而言之，《國際私法大綱》雖以『大綱』為題，内容上卻較《國際私法》更為詳實，《國際私法》後出，一定程度上借鑒了《大綱》之成果，或摘取、或刪改，然從内容上看，不能簡單將其視為《大綱》之刪減本，《大綱》重視理論闡發，而《國際私法》注重實際運用，書中所列多為真實案例，於我國法律之進步大有助益。

今據華東師範大學圖書館藏于能模撰、民國二十一年上海商務印書館排印《新時代法學叢書》本《國際私法》影印，在《浦江文獻集成》第一八一冊。

胡聖傑

中外條約彙編

于能模等編　民國二十五年上海商務印書館排印本

于能模生平已見於《國際私法大綱》提要。《彙編》為彙集中日、中俄、中美等條約之集合。前有凡例、檢查前言、中外條約彙編分類檢查表、附件一至四（各分甲、乙）。

能模等於凡例中對《條約》之收録規則一一做出規定。如其説明本編之中所列之中外條約協定合同，均以官印本為依據；若未根據官印本所作，須略查『歷朝條約』中之各國重要條約，且這些條約之日期截至民國八年，均編入民國十六年北京外交部所編印之『中外約章彙編』之中。如此之類之規定，於『凡例』中有詳細之説明，能模等之嚴謹之治學態度可窺見一斑。『檢查例言』中對《條約》中字句、某類事項之排序有詳盡之説明，如分類以筆畫為序、不經見事者僅摘取眉端以瀏覽，而不列入總目之中。等等之類為《條約》中事項之詳細説明，為方便讀者閲讀提供必要之條件。『中外條約彙編分類檢查表』即《條約》之分類目録。依目録看，主要以筆畫之多寡對條約事項進行分類，且副以事項對條約具體内容進行概括。『檢查表』共分二十四畫，每一畫有一至十五項事件不等，涵蓋政治、經濟、文化等領域。以『檢查表』視之，中國之與外國列強簽訂之條約數量較多、涉及範圍較廣。

據具體内容而言，可見中國與當時之列強均有一定之條約簽訂，如『中英條約』『中法條約』『中日條約』

『中俄條約』『中德條約』『中西條約』『中國瑞典條約』『中國丹麥條約』『中國巴西條約』『中國秘魯條約』『中智條約』『中芬條約』『中國波蘭條約』等與二十八國簽訂有條約。由此看出中國於當時國際地位之低，正所謂『弱國無外交』。

今據邑人江東放藏于能模等編、民國二十五年上海商務印書館排印《中外條約匯編》本影印，在《浦江文獻集成》第一八二册。

陳雨晴

晴嵐詩稿

張葆融撰　抄本

張葆融，張煥之長子，字化成，號晴嵐，生於清光緒十八年（一八九二），卒於一九七一年，浦江縣豪墅村（今屬白馬鎮）人。此抄本封面、封裹皆題『晴嵐詩稿（課餘漫草二）』，抄本末有其子張雨人一九八八年於天津海地華山里所撰《編後附言》云：『先父張化成字晴嵐，新中国成立前多年從事教學，旋改業中醫，新中国成立後在本縣（浦江）浦東區白馬衛生院任中醫師，一九七一年病故，享年八十歲。他一生愛好詩詞，在教學和業醫間隙曾寫過不少舊體詩詞，並寫成詩稿兩小冊《課餘漫草》與《續課餘漫草》，第一冊已丟失。這次收集的五七言律詩、絕句及六言雜詠、兒歌等計五十九首，除選自詩稿外，部分則多從他每次給我的書信中摘録而成。這次經過整理後，文承朱瑞采同志細心抄寫，並委託「天津聯大」文印組協助掃描，裝訂成冊，特此致謝。』由此推測，張葆融《課餘漫草》已丟失，今所存者為其子雨人據《續課餘漫草》增益而成，而抄稿題『晴嵐詩稿（課餘漫草二）』則為雨人所擬，並非晴嵐所自定。

《課餘漫草》既失，故張葆融早期詩作已不可復見。今翻檢《晴嵐詩稿》，所收開始數首依次為《大難——紀故鄉遭日寇焚燒擄掠之痛》《哀哉官巖山鄉》《日寇投降有感》《贊日民》《歎日帝》《問日王》，乃是從一九四二年日寇焚燒擄掠浦江寫起，繼而寫一九四五年日寇投降後的種種感想，可以看作詩史。接著為《田家雜詠》（七絶四首）、《閒居雜詠》（七絶八首）、《夢景》（七律一首）、《想當然》（七律一首），所反映的是作者在抗戰勝利後相對平静生活情景。此後為《解放後詩選》，乃《晴嵐詩稿》之主體部分，作者從不同的側面抒寫鼎革後之復雜思想感情，既不免有『勞而少功，自覺赧然』『技薄足疲，濟人太少』『斜陽一角，顧影自憐』（《絶句四首》）之感歎，也有面對『欣看江水越山頭』（《喜看江水越山頭》）、『農村處處出英雄』（《贈汝龍汝虎兩侄孫》）、『年年增產喜洋洋』（《豪墅村小農歌》）所產生之的喜悦。

今據邑人江東放藏張葆融撰、張雨人一九八八年抄本《晴嵐詩稿》影印，在《浦江文獻集成》第一八三冊。

方勇

中學生教育與職業指導

鍾道贊　喻兆明編著　民國三十五年重慶正中書局排印本

鍾道贊，士瀛之次子，常用名道纘，字緒卿，號芷修，生於清光緒十八年（一八九二），卒於一九九三年，浦江縣鍾村（今屬黃宅鎮）人。自幼隨父讀書，稍長，就讀於浙江省立第七中學。民國二年就讀於北京高等師範學校，畢業後留校執教；十二年考取公費留學生，赴美國哥倫比亞大學攻讀職業教育與職業指導，三年後獲博士學位，赴英、法、德諸國考察各類職業學校，提出發展中國職業教育的思想，其觀點和學識得到黃炎培之贊譽，力邀其回國參加中華職業教育社，聘為研究部主任及職業指導季員會委員。曾與余家菊、左舜生、范壽康等發起成立『國家教育協會』。後又歷任廈門、協和大學教授，安徽大學總務長等。編著有《中學生教育與職業指導》《教育輔導》《職業教育之理論與實際》《現代中國職業教育之產生及其發展》等。

《中學生教育與職業指導》共分五章。第一章綜述指導之重要；第二章至第四章分述具體之教導方法，如有教導之幾種必要設施、初中特殊注意事項、高中特殊注意事項；第五章為結論，分之為七，涵蓋青少年時期教導之全方面。

第一章總論教導之重要性。道贊以醫生治病人為例，深述技藝精湛之要術，必先施以各種的檢驗與詢問，而後診斷之，方能言之有方，治之有策。青年人之求學與就業，為其人生中二件要事，不可輕視，教師之教導亦不可任意武斷而為。教導之方需考慮各種之疑難，防範不測之事之發生。然教導之最終目的，即納青年思想於正軌，教導青少年獨立自主之審慎思慮。道贊於此章結尾，重述教導之重要性，以為導師制之核心在於納教導於青少年人之生活之全部，苦心孤詣以教導之。第二章述幾種教導之基本必要設施。依道贊之書，此設施非硬體之優越，而為軟件思想之先進，可分之為：學術個性能力與興趣之調查、家庭與社會環境之認識、教育與職業機會之明瞭、升學與就業方針之決定及指導方法之研究。據此而推之，道贊重視之『設施』，實則為青少年習學及就業未來作一大綱似的規劃，以中國本土之傳統精神為根底，吸納西方文化之精髓，古今東西貫通之，致力於為青少年人格健全作一努力。第三章述初中特殊注意事項。道贊列舉初中生習學中可能之疑難，從學科置設、課外活動、家庭情況、圖書館等學校設施、個人輔導及各類獎學金著手，完善初中生之教導規則。讀其內容，其對初中生之教導規定之嚴苛程度之深，實則是負責管教未成年孩童之要術。第四章述高中特殊注意事項。道贊舉例高中生習學中可能之疑難，從參觀活動、指定讀書會、開展模擬職業活動、假期內實習及擬定學業、職業計劃等等之類。與初中生比較，高中生之指導傾向於未來職業之發展道路，教師指導更重於引導學生自主思考及自主規劃。此必因高中生年長於初中生，其對自我之規劃應有明晰之規劃和自主之思想，教師之指導作用於其之上，僅為確保其不入歧途而已。第五章為結論，述當前之教導規定與社會之脱節之處。道贊所列七項問題，其主旨有二：其一從青少年自身技能著手，以為青少年之現有技能與當今社會之需求相衝突；其二為當今教導機構之完善程度欠佳。其能點出不足之要，實為精要之言。

今據首都圖書館藏鍾道贊等編著、民國三十五年重慶正中書局排印《中學生教育與職業指導》本影印，在《浦江文獻集成》第一八三冊。

陳雨晴

教育輔導

鍾道贊 孫邦正編著 民國三十五年重慶正中書局排印本

鍾道贊生平已見於上一則提要。據道贊於《教育輔導》『編輯大意』之中所言，此書乃是據民國三十年七月教育部頒布之《師範學校課程標準》編輯而成，可供師範學校之『教育輔導』及地方教育輔導人員之所用。全書共分七章，前四章闡明教育輔導之理論、制度、人員及方法，後三章分述教導之政訓、教學及進修之法。此書以理論與事實並重，以通行之材料述普適之道理。且每章之末均列參考之必要書目，以便後生之利用參考。

第一章述教育指導之意義及作用。以道贊所言，教導以『教』與『導』相互影響。『教』須有一定專門之教育員所擔任，切勿行事不合規則；『導』則為『輔導』，教育員之於學生，如家庭中父母之於孩童一般重要，其擔負之責任亦不可小覷。教導之重要，即體現於此。第二章述地方教育輔導之制度，道贊網羅各級教育制度、機構，並於本章附録舉例各省之教育輔導制度，以比較各地教育制度之異同。據本章內容而言，各地之教育輔導制度與機構各有所異，而其宗旨仍以全國學生之發展為目的。第三章述地方教育輔導人員。教育員為一切教育輔導之主體，道贊於此章中詳述教育員之地位、責任、任務及應有之修養。讀其文字，可察覺其對教育員要求之高之嚴，實為重視教育指導之例證之一。第四章述教育輔導之工作與方法。道贊於此章，將教育輔導之工作分為『調查工作』『視察工作』『指導工作』『考核工作』及『報告工作』五類。在道贊看來，這些就是輔導人員所應當仔細研究的問題。第五章述學校行政之輔導。道贊於此章講述學校行政如何更優於服務學生及教育員，主要包含校址及校舍之選擇、設備及佈置、行政組織、經費支配及管理、教務事項、訓導實施、學校推廣事宜及學校行政之輔導原則及標準。這些瑣碎之事實為行政最重要之事宜。第六章述教學輔導之分類。道贊分之為『復式單級二部教學之輔導』『各科教學之輔導』『民族部各科教學之輔導』及『智力測驗及教育測驗之輔導』。對於各類輔導，應均有其詳細之規定及具體指導。第七章述研究及進修之輔導。道贊於此章述輔導如何進一步進修及研究之方法，主要有『舉辦讀書指導』『舉辦專題討論』『舉辦示範教學』『辦理通訊研究』『供給補充教材』『指導教育實驗』及途中所遇之困難與解決方法。可謂詳矣盡矣，可為教育員之輔導進修提供詳細之參考。

今據華東師範大學吳平教授藏鍾道贊等編著、民國三十五年重慶正中書局排印《教育輔導》本影印，在《浦江文獻集成》第一八三冊。

陳雨晴

急救須知

張春江編　民國十二年金華震東石印局石印本

張春江，譜名致浪，校名琨，字玉吾，生於清光緒八年（一八八二），卒於一九五五年，浦江縣仙里村（今屬仙華街道）人。自浙江第七中校畢業後，即投身於教育界，曾任浦江縣教育會會長暨勸學所所員等職務，約有十年。然素以濟世為念，常在閒暇之餘醉心醫理，並有感於家鄉所在多山，百姓常常有病而無醫，有方而無藥，時有身患險症未及延醫問藥便斃命者，遂決心採集各部醫書中簡便有效之急救驗方編成書籍，以冀造福眾人。於是在十年之間，遍覽《傷寒》《金匱要略》等醫書，手録良方，在民國十二年輯成《急救須知》一書。

此書前有民國十二年浙江寧台鎮守使署參謀長永康陳其蔚、浦陽黃志琨、浙江中醫專門學校校長傅崇黻及編者本人所作序各一篇，書末附有捐印者名録，正文輯古今醫書中所載救急驗方，且博采中西，將中國醫書中未載之燐毒、鼠疫等疾病症候療法録入。全書分門別類，共計有六十門，二百八十方。書中專載急救驗方，至於病非危急可徐徐調治者或為人所熟知之疾病則記載從略。目録處分卒死、中暑、中砒霜毒等門，下列急救方數目與之相對應，除人常患急病外，附録還另有獸醫驗方，涉及豬瘟、馬病、雞疫、牛疫、羊疫、犬疫、貓病，實用性極強。所采醫方簡便，眾藥易得，記載方法除確有實效以外，還本著隨地取用，各得其宜之原則，以免延誤病患治療。各門方法有多至數十種者，僅卒死一門就有二十三種急救方，任人選擇，其中涵蓋醫藥、針灸、手術等多種方法，所需不乏豬脂、雞血等鄉野之物，其編書初衷可見一斑。且此書語言平實易懂，便於身處窮鄉僻壤之鄉民閱覽參考，書目編撰以實用性為先，言簡意賅，不作贅語。假使鄉人遇急病，依書中方法自治，足可為權宜之計，不至多有枉死。由此觀之，編者無愧醫者仁心。

今據邑人李忠東藏張春江編、民國十二年金華震東石印局石印《急救須知》本影印，在《浦江文獻集成》第一八三冊。

李曉宇

徐子剛詩文遺稿

徐子剛撰　徐儒宗輯抄本

徐子剛，譜名心侃，以字行，生於清光緒二十年（一八九四），卒於一九八一年，浦江縣嵩溪村（今屬白馬鎮）人。幼年隨父品元攻讀經史詩文，長而私塾教書。常與族中徐察人、徐天許以及鄭宅鄭啟錫等相與吟詠唱和，以抒發懷抱。民國十五年（一九二六），赴廣東參加北伐革命軍，任總司令部交通處書記。因病歸家，從事私塾教書兼行醫，有儒醫之譽。新中国成立後務農兼行醫，並在家仍以經史詩文教育子侄。在『文革』期間，諄諄告誡晚輩切莫加入派性行列，而應抓緊業餘時間努力讀書。並説：『傳統文化乃中華元氣，只要中國不亡，必有復興之日。若能趁此最受摧殘之際熟讀經史詩文，必逢有用之日。』子侄受其影響，暗地閱讀古書，為改革開放後創建『嵩溪學社』以及近年開設『嵩溪國學院』打下了基礎。他一生擅長詩文，兼工書法。一生著作惜皆毀於抗日戰火與十年動亂。今由其子儒宗搜集遺篇編為《徐子剛詩文遺稿》一卷。

此書為其子儒宗手抄本，半葉八行，行十六字。共收入詩詞五十首，文六篇，並附以復旦大學校長蘇步青教授所撰《徐公子剛小傳》。詩詞以吟詠耕讀田園題材為主，兼及世情時事，能以淳樸平淡的語言寓以深沉的意境；文之前四篇為早年闡發『四書』與《春秋》經義之作，一篇為雜文，以上詩文均録自其友人及門生所存；一篇為録自《嵩溪邵氏宗譜》之傳記。先生所作詩文頗富，惜毁於戰火與動亂，此編僅存其全豹之一斑而已。

今據徐子剛撰、徐儒宗輯抄本《徐子剛詩文遺稿》影印，在《浦江文獻集成》第一八三册。

徐儒宗

戊戌政變

張同光撰　民國二十三年上海開明書店排印《開明中學生叢書》本

張同光，原名若桐，字洞觀，一字嶧陽，生於清光緒二十二年（一八九六），卒於一九七一年，浦江縣城後街新屋里人。出身於浦陽龍溪張氏一族，被稱為浦江縣最後一個秀才，是民國時期的著名愛國文人。同光於縣立浦陽學堂、浙江省立第七中學校畢業後，民國八年（一九一九）考入京師高等師範學堂史地系（北京師範大學前身），並加入柳亞子領導的『新南社』。一生以教書為業，培養出黃長波、張林嵐、石西民等多名愛國傑出人才，曾先後在浙江省立五中（紹興）、二中（嘉興）、八中（衢州）、九中（嚴州）、杭州安定中學、上虞春暉中學、清波嵊縣中學、江蘇南通中學、杭州師範、江蘇社會教育學院等校任教。二十世紀三十年代為上海開明書店撰稿，著有歷史讀物《戊戌政變》與《作文概説》（受葉聖陶委託，代葉作），與夏丏尊一起編過開明活頁文選，開我國出版活頁文選之先河。抗戰爆發，至浦江開展抗日救亡宣傳活動，日偽脅迫他母親召其出任偽職，依然不為所動，徒步前往浙南雲和，繼續抗日工作。抗戰勝利後，為徹底改變日本人之奴化教育，又受李季谷邀請，赴臺灣籌備師範學院，兼任臺灣省國語推行委員會委員。後任職於杭州師範學院、浙江師範學院、杭州大學等校。有《張同光文存》留世。

《戊戌政變》作於二十世紀三十年代，為面向中學生的讀物，故而寫作務求明瞭暢達、脈絡分明。本書雖名為『戊戌政變』，然實則並不局限於政變經過，而是將戊戌政變前之原委背景娓娓道來。作者從中國歷史上曾經出現過之歐化苗頭講起，將戊戌維新與之對比，凸顯戊戌維新作為中國開始歐化新紀元之重要意義，並分析造成戊戌維新之原因。繼而敘述介紹康有為之四次上書，光緒帝之變法舉措，新政之具體內容與新舊黨之衝突，終章以本書題目戊戌政變之經過作結。全書大致以時間先後之順序講述事件經過，間或穿插以作者之分析，每節後以小字作為注解。此書徵引資料翔實，分析深入淺出，作者雖對戊戌維新持以同情之態度，但描寫簡明客觀，不多摻入主觀色彩，條理清晰地敘述出清末情形複雜、波瀾壯闊的戊戌政變，不失為向中學生普及歷史事件的優秀讀物。

今據邑人張偉文藏張同光撰、民國二十三年上海開明書店排印《開明中學生叢書》本《戊戌政變》影印，在《浦江文獻集成》第一八四冊。

李曉宇

李白研究

戚惟翰撰　民國三十七年上海中華書局排印本

戚惟翰，又名維翰，字墨緣，生於清光緒二十四年（一八九八），卒於民國三十七年（一九四八），浦江縣戚宅村（今屬黃宅鎮）人。浙江省立第九師範畢業，後考入北京師範大學國文系，畢業後歷任浙江省立第八中學、杭州女子中學、杭州師範學校國文教員。常有小品文、遊記、散文、詩歌、小説發表於《青年月刊》《越風》《泰東月刊》《婦女》《語絲》《少年》《學生文藝叢刊》等報刊雜誌，而在杭州《東南日報》上發表文章尤多。著作有《李白研究》《印度的故事》《文天祥》《修辭學》《漢字簡化稿》等。

《李白研究》一書，據其書前自序，乃是著者有感於新舊《唐書》李白傳對李白事蹟之記載頗多歧義，於公務之暇，披閲相關書籍，愈覺記載多歧，莫衷一是，因而耗費十年之久，據以事實，參考前人，兼以己見，方編撰成書。全書共分三章，分論李白之生平事蹟、人生性格思想和詩歌創作，較為全面地對李白生平進行了考證，涉及李白家世、故鄉等諸多問題，考據詳細嚴謹，材料翔實具體，多有創見，如認為李白乃涼武昭王九世孫之説法並不完全可靠，只能大致確定為涼武昭王之九至十三世孫。至於李白祖先謫居西域之説，著者經過考證發現碎葉與條支雖同屬西域境内，然二者相距甚遠，且在隋代都尚未隸屬於中國，故李白之祖先在隋末並不能竄貶此二地，記載存疑。更涉及到李白本人之胡漢身份問題，由李白自我之漢人身份認同，從而得出李白並非胡人之結論。論及李白生長之故鄉，著者分述隴西、山東、蜀地三種説法，對各家説法詳加列舉，僅蜀地一説，就分時代列舉了唐宋時人之六條有關記載，並在唐人及李白本人詩文中找到印證。經過綜合考量，認為隴西為李白祖居，山東乃流寓之處，蜀地則是李白真正生長之故鄉。但由於作者並非專業學者，未能及時參考當時學界最新成果，不免為憾事。關於李白之性格、詩歌等方面，著者也有精當評述，在《李白的人生》一章中以不羈、任俠、自負概括其獨特個性。對李白之詩歌則論其淵源，列其毀譽，頗有洞見地指出李白對謝朓最為欽佩，詩歌受樂府影響最大。還另以一種較為科學之方法，摒棄前人影響，來進行詳細總結分析，作出著者自己之評判。除此以外，第三章末有附論簡略談及李白之賦、文等作品。此書較為全面地對李白諸多問題進行了論述，對李白之生平與詩歌研究具有一定學術價值，在學界也産生過較大影響，於今日研究李白生平仍有可供借鑒之處。

今據華東師範大學圖書館藏戚惟翰撰、民國三十七年上海中華書局排印《李白研究》本影印，在《浦江文獻集成》第一八四册。

李曉宇

迎春花

項魯天撰　民國三十八年紅旗社排印本

項魯天，一名項適天，筆名魯地，生於民國十八年（一九二九），浦江縣横山塘村（今屬蘭溪市梅江鎮）人。在江西省立上饒簡易師範學校、上海私立立人中學讀書期間，均因參加學生運動被開除。新中国成立後，曾擔任中共浙江省委黨校校刊室主編，一九五八年被錯劃為右派，下放到義烏縣佛堂、杭州上泗公社等地參加勞動改造，一九六一年摘去右派帽子，恢復工作。十年動亂期間，因勇敢地同『四人幫』進行頑強抗爭，被定罪為『反革命集團』首犯，一九七四年從容就義。著作有《迎春花》《三國演義論集》等。

《迎春花》一書出版於一九四九年四月，著者在《寫在前面》中説：『這集子付印，正當江南期待著一個季節以外底春天的時候，偏巧我這集子的第一輯的第一篇詩題為《迎春花》，那末就以《迎春花》做這集子的總名了。』全書共三輯，另收盧璟、縱横、慕電、游萍之文章於第二輯之附録，凡四篇，皆為友人為魯天所作之文。一輯名曰《土地的憤怒》，二輯名曰《懷念》，三輯名曰《逆耳集》。第一輯《土地的憤怒》收入《迎春花》《嚮往》《你們》《土地的憤怒》《手》《剿匪總隊》《成長與路》《是誰不准我唱歌》《山之訴》《冬日小唱》《問》《我底家》《生命底呼喚》《我要呼喊》《火》共計十五篇，《土地的憤怒》一文，藉土地之怒火而發聲於動搖之際，呼以發聵之語以醒世人。第二輯《懷念》收入《悼伯容》《友情的呼喚》

《懷念》三篇，皆屬項魯天為其友人們所作，他們時遭不幸，項魯天以文感懷之，情誼真切，令人為之動容。附録四篇，《我該回來了，媽媽》，乃是項魯天為其母親而作，餘篇皆為其友人所作。第三輯《逆耳集》收入《嗚呼，節約》《我們需要言論自由》《也談資格與學問》《逆耳集》《家長率兵毆打教員有感》五篇，在時局動蕩嚴峻的背景下，項魯天針砭時弊，作文以批判之，可謂是激揚文字、揮斥方遒。

今據邑人江東放藏項魯天撰、民國三十八年紅旗社排印《迎春花》本影印，在《浦江文獻集成》第一八四册。

孫鐵方

人生底開端

陳德徵撰　民國十六年上海民智書局排印本

陳德徵，字待秋，生於清光緒二十四年（一八九八）十一月二十四日，卒於一九五一年，浦江縣清塘村（今屬白馬鎮）人。少貧，半讀半工，求學於杭州之江大學化學系，五四運動期間任學生會副會長，憂國如家，畢業後赴蘇州、蕪湖等地中學任教。性好文學，一九一九年前後始於《錢江潮》《浙江潮聲》等刊發表文章。一九二二年致信《小説月報》，提議變革中國文學，頗得時任主編茅盾贊賞。一九二三年與胡山源、錢春江創辦『彌灑社』，出版《彌灑》月刊。德徵筆耕不輟，孜孜不怠，長期向《民國日報》投稿，因而為著名的南社詩人、國民黨官僚葉楚傖所注意，遂薦為《民國日報》之副刊《覺悟》主編。一九二六年升任《民國日報》總編輯，其間宣傳三民主義與國民革命最力。一九二七年再得葉楚傖之舉薦踏入政界，先後任國民黨上海特別市黨部執行委員、改組委員、指導委員，兼任宣傳部長，領導組織了上海地區數次反日運動。一九二九被任命為上海特別市教育局局長，成為横跨文學界、政治界、教育界的重要人物。德徵文采斐然，涉獵廣泛，著述極豐，哲學研究有《人生底開端》等，理論研究有《人權論及其他》等，海外研究有《日本研究叢書》《日本研究叢書提要》諸書，解讀時事政治有《總理紀念周條例釋義》《金貴銀賤風潮》等；通俗科普有《吃飯問題》等，於教育學亦頗有心得，著有《個性教育論》《天才兒童教育》《社會化的教學法》等。另有大量詩歌、散文、小説發表於《民國日報》《小説月報》等報刊。

《人生底開端》係陳德徵所撰的一部討論人生開端問題的文集，扉頁題『給我底愛女宛君』，附作於民國十五年九月三十日的《德徵自序》。全書凡四十篇，以《人與宇宙》起首，至《革命的人生》終章，討論了植物與動物、科學與真理、文明與文化、智慧與信仰、貧困與社會主義等自然、社會、思維科學領域的眾多問題。作者以為，人生之意義，非徒於傳繼宗祧、顯祖揚宗，要在助成自然之理，謂『人之一生，正如旅客之行旅』，處處暗灘重險，是以人生之旅如何開端之問題就尤為重要。而寫作此書的目的正是『指引未認識人生的人們以應走的路，應有的條件，應預備的防禦工程』。

《人生底開端》中四十篇文章均曾在不同時期刊載於《民國日報》副刊《覺悟》。前九篇是作者任上海大學中學部主任時教授人生哲學和公民課的講稿，主要內容翻譯自英國克羅佛特博士所著《生活的小指南》一書，間或有所引申，並加入本土化的實證案例以便中國青年採閱。第十篇翻譯於作者任教蘇州樂益女中期間。後三十篇係作者本人獨立撰寫。

今據華東師範大學圖書館藏陳德徵撰、民國十六年上海民智書局排印《人生底開端》本影印，在《浦江文獻集成》第一八四冊。

方舒銘

總理紀念周條例釋義

陳德徵撰　民國十六年中國國民黨上海特別市黨部宣傳部排印本

陳德徵生平已見於上一則提要。《總理紀念周條例釋義》一書屬『向前進叢書』第二種，書前附有孫中山半身照片及總理遺囑全文。總理紀念周，其源出國民黨之儀式政治。一九二五年三月十二日，孫中山溘然長逝。三月三十一日，國民黨在京中央執行委員召開全體會議，通過接受總理遺囑的議案，並訓諭各級黨部：『每逢開會時，應先由主席恭誦總理遺囑，恭誦時應全場起立肅聽。』同年十月十九日，國民黨中央執行委員會舉行了首次『總理紀念周』，出席者有國民黨中央黨部各職員及各級黨部代表。此後，作為一種制度化的總理紀念儀式，總理紀念周在全國範圍内漸次鋪開。一九二六年國民黨二大通過決議，要求各級黨部及國民政府所屬各機關、各軍隊均應於每星期舉行紀念周一次。隨後《總理紀念周條例》出臺，條例凡八條，對紀念周的組織、程式和紀律要求做出具體規定，總理紀念周的活動遂走上常規化。

出於工作之需要，陳德徵於一九二七年撰寫了《總理紀念周條例釋義》。全書共六章。第一章輯録國民黨中央通告與《總理紀念周條例》全文。第二章劃定總理紀念周參與者的範疇，即一切『崇奉孫先生的精神，接受孫先生遺教』者，不唯國民黨之黨員。第三章據以事實，兼以己見，分析了總理紀念周固定於每周一上午九時至十二時舉行之原因。作者認為，一方面孫先生於星期一上午九時三十分逝世，揆情而度理，有助於『加緊我們紀念的誠心實意』；另一方面星期一為一周之開端，則可借紀念周活動指導後續之工作。第四章闡述了總理紀念周主席人選之推舉標準。第五章對總理紀念周條例規定的六條活動開展秩序逐一進行剖釋，指出這些程式之確當性及其所深藴之特殊意義。第六章説明了對於紀念周執行不力或陽奉陰違的個人和集團要嚴厲制裁。

該書是陳德徵作為國民黨上海特別市黨部的一名委員，對國民黨政策做出的解讀，因其面向黨内大衆，且兼具政論性質，故而寫作上務求要言不煩、明白曉暢，從中亦可管窺作者政治上的傾向與主張。

今據華東師範大學吴平教授藏陳德徵撰、民國十六年中國國民黨上海特别市黨部宣傳部排印《總理紀念周條例釋義》本影印，在《浦江文獻集成》第一八四册。

方舒銘

日本研究叢書提要

陳德徵撰　民國十七年上海世界書局排印本

陳德徵生平已見於《人生底開端》提要。《日本研究叢書提要》係陳德徵為其《日本研究叢書》所撰寫的提要，計有《日本史略》《日本地理大綱》《日本民族性》《日本維新運動》《日本文明思想概觀》《日本政治制度》《日本教育制度與學生運動》《日本經濟組織》《日本社會組織》《日本軍備》《日本與中國》《日本與滿蒙》《日本與西洋》《日本實業的勃興》《日本銀行事業與財政》《日本政治社會組織之變遷》《日本人口問題》《日本人口及聚落之發達》《日本政黨小史》《日本社會運動小史》共二十則。涉及日本社會政治、經濟、自然、文化等衆多領域，專精覃思，剖析如流，對日本國做了較為全面準確的解讀。

該書成稿於陳德徵任《民國日報》主編期間，其寫作緣起切於時事，關乎人情。一九二七至一九二八年間，南京國民政府北伐，日本藉口保護日籍僑民之生命財産，四次出兵山東。當此國難深重，民族存亡絕續之時，國内反日運動接踵而起。陳德徵在上海地區之反日運動中充任渠魁，發揮了重要作用。一九二八年，濟南慘案駭目驚心，陳德徵痛心同胞之血淚，作《悼蔡公時同志》一文以祭，並發起了『反日宣傳運動周』活動。其主編之《民國日報》對反日運動的關注之深切、報導數量之繁夥、論議之透闢，均在同期其他報刊之中名列前茅。陳德徵深諳『知己知彼，百戰不殆』之原則，提倡研究日本國情之方方面面，身體力行地編寫了《日本研究叢書》四部並為之撰寫提要，意圖『將日本之緣由及其侵略政策之真相儘量宣佈』。

該書滿足了當時人民瞭解日本、圖強雪恥之迫切需要，因而在社會上產生了一定反響。從內容上來看，書中在介紹日本之基本概況時，常有『師夷長技以制夷』之態度，以中華民族之立場，推尋可以批判借鑒之經驗。作者條陳中日釁端，比較中日異同，提出了一些應對日本侵犯之策略。如《日本教育制度與學生運動》一章分析日本國力日臻強盛，其根源全在教育，日本大學、高等院校、專門學校規模宏大，分科精密，義務教育制度完備，為當時之中國遠遠不及，因而要充分實施百年樹人之大計。《日本經濟組織》一章，作者敏銳地認識到了日本以強暴政策淩侮中國，使中國成了其最大的傾銷場。因而對日經濟絕交是反日唯一的有效策略，於此足以廣華夏之實業。該書闡述較為通俗淺顯，也存在一些武斷乖違之陋。如認定日本民族之來歷是秦始皇時期出海的徐福之後人、以為東晉晉安帝司馬德宗時代與日本應神天皇相當等。

總而言之，《日本研究叢書提要》一書可以視作抗日救亡的文化啟蒙，內容貼合抗日運動風起雲湧時期之實際。作者試圖在『知己知彼，百戰不殆』之原則下，激發國人之愛國熱情，呼籲民眾積極參與到團結抵抗之隊伍中，表現出作者對社會現實深厚之人文關懷、救亡圖存之股肱之力、熱愛祖國之赤子之心，其民族主義革命性昭昭在目。

今據華東師範大學圖書館藏陳德徵撰、民國十七年上海世界書局排印《日本研究叢書提要》本影印，在《浦江文獻集成》第一八五冊。

方舒銘

吃飯問題

陳德徵撰　民國十八年上海世界書局排印本

陳德徵生平已見於《人生底開端》提要。《吃飯問題》出版於作者就職於上海特別市黨部期間。作者有感於當時社會上訛言惑眾、眾議成林的狀況，決心寫作系列叢書《常識先生的談話》，以期掃盲之功，力求白話淺顯，科普明白，闡述百姓日用之道。惜因政務繁忙，夙夜在公，瑣事纏身，只完成了開篇《從吃飯説起》，改題《吃飯問題》後付梓。

上海乃近代中國開埠通商之始，受近現代食品科學與西方飲食觀念的影響，亦最為深。二十世紀初上海知識界出現了一些介紹食物營養物質、分析烹飪原理之文章和專著。《吃飯問題》一書正係當時最早一批涉及飲食營養學之普及性質讀物。該書通過《從飯的來歷和種類説起》《飯在人體生理上的需要》等二十六個章節之論述，探討了關於『吃飯』之種種問題，以豐富之實例，通俗地説明了飲食科學在日常生活之重要性，徵引資料翔實，論述深入淺出。書中所涉，既有宏觀之認識，諸如食為『開門第一大事』之歷史、中西方飲食文化之異同、孫中山解救民食之策等；亦有微觀之科學，諸如五大營養素何謂、人體消化系統之運作原理、空氣中之微生物如何致使食物腐敗等。

該書最可稱道之處，即對科學知識辭喻橫生、恰如其分之講解。作者文采斐然，長於譬喻，杭州之江大學化學系畢業之背景使他能夠兼涉科學性與文學性。在介紹別出中國傳統文化範疇之外的科學概念，諸如『營養素』『維他命』『微生物』等時，往往擇取形象生動之類、妙趣横生之比、旁徵博引之證來達成科普之目的。如《飯是什麼》一章獨運匠心，塑造了一位『科學先生』，先生的總清簿上説飯裏有五種『營養素』：『營養素者，營養人身的原料也。水的作用大得很，人沒有水吃，肚裏的渣滓排不出來。吃下去的東西，送不到血裏去，任憑各種養料有多大能力，都無用處。鹽類是消化液的主要成分，沒有它，東西裝到肚子裏，停一禮拜兩禮拜都不會消化，而且如繼續裝進去，難保不撐破肚子。蛋白質是補充人體一切細胞的消耗，如果要把人體比做牆壁，蛋白質就好比石灰。脂肪生熱，所以中國人相信冷天吃豬油，倒好像經過神農氏水晶肚皮底考察的。澱粉補熱並補力。中國人説多吃幾碗飯，多生幾斤力，倒是一句不錯的話，可惜中國人喜歡多吃，便犯了兩樁大毛病：一是越吃越窮，二是越吃越病。因為吃得多，消化不起，病自然來了。』其深入淺出、涉筆成趣，由是可見一斑。以今日的眼光看來，《吃飯問題》中固然存在著一些知識上的錯誤和時代的局限，但其崇尚科學之態度、掃盲大眾之決心、詞章語言之生動，都頗有可觀之處，不失為一部向大眾普及科學常識之優秀讀物。

今據上海圖書館藏陳德徵撰、民國十八年上海世界書局排印《吃飯問題》本影印，在《浦江文獻集成》第一八五册。

方舒銘

金貴銀賤風潮

陳德徵撰　民國十九年上海大東書局排印本

陳德徵生平已見於《人生底開端》提要。《金貴銀賤風潮》屬『上海特別市黨部宣傳部政治經濟叢書』第一種，以析明一九二九年國際金貴銀賤現象產生之原因、對中國之影響及救濟之方法為旨歸。書分二編，首為本論，次列附録（《金貴銀賤討論文集》），辨物居方，以類相從，從金貴銀賤之經過及其影響、金貴銀賤之救濟方法和金貴銀賤之有關事項三個方面，收録了蔣介石、馮柳堂、方宗鼇、馬寅初、童蒙正等學者相關論文二十四篇。

世界銀價自十九世紀後半期始下跌，各國救火揚沸，迨及一九二九年，資本主義經濟危機遽然爆發，銀價劇瀉，金銀比價驟降至一比六十。同期上海標金、外匯並皆飛漲。出於為一般民眾增加金貴銀賤現象之常識、為經濟學家抛磚引玉增進研究考慮，作者編著《金貴銀賤風潮》一書。書中極本窮源，認為釀成此次金貴銀賤空前紀録的國際原因乃是印度採用金本位、日本實行金解禁，加之世界銀產額增多，銀之用途卻日益變少，繼而國内幣值改良出師未捷，入超而不結價，更有投機家之掀動，由是每況愈下，雪上加霜，遂使外匯鎊虧、商禍頻仍，損失國計、傷耗民生。作者心憂時局，遂提出了若干條救濟方案，諸如通過海關征金加強税收、獎勵出口干涉進口、流通銀幣、實行財政緊縮政策、廢兩用元等。不過由於其缺乏經濟學之學術背景，《金貴銀賤風潮》一書中之分析和論點存在若干錯誤，提出之改良方案亦有空中樓閣之弊。

此書問世後，在當時社會上產生了抛磚引玉之影響，陸續有其他討論金貴銀賤問題之著作或論文集出版，試舉幾例如中國國民黨中央執行委員會宣傳部編《銀價暴落之根本救濟》、浙江教育廳編《金貴銀賤問題參考資料》、夏賡英著《金貴銀賤問題之研究》等。

今據華東師範大學吳平教授藏陳德徵撰、民國十九年上海大東書局排印《金貴銀賤風潮》本影印，在《浦江文獻集成》第一八六冊。

方舒銘

人權論及其他

陳德徵撰　民國十九年上海大東書局排印本

陳德徵生平已見於《人生底開端》提要。《人權論及其他》屬『上海特別市黨部宣傳部政治經濟叢書』第二種。一九二九年三月國民黨第三次全國代表大會開辦，時任上海特別市代表陳德徵率馬以驤，在會上呈遞《嚴厲處置反革命分子案》，認為『查過去處置反革命分子之辦法，輒以移解法院為唯一歸宿，而普通法院因礙於法例之拘束，常忽於反革命分子之實際行動，而以事後證據不足為辭，寬縱著名之反革命分子。』據此而主張『經省及特別市黨部書面證明為反革命分子者，法院或其他法定之受理機關應以反革命罪處分之，如不服，得上訴，惟上級法院或其他上級法定之受理機關，如得中央黨部之書面證明，即當駁斥之。』此案苟行，國民黨即擁有裁定『反革命分子』之全權，不必再經法司論決。故引得群情鼎沸，輿論譁然，尤以胡適等新月派眾人反對最深，遣眾而力爭。胡適立即在《新月》雜誌第二卷第二號上發表了針對陳德徵提案之駁論長文《人權與約法》，羅隆基、梁實秋等亦相繼撰文指斥。六月，胡適又發表《我們什麼時候才有憲法》及《知難行亦不易》二文。十月，再作《新文化運動與國民黨》，一場人權之論戰愈演愈烈。

《人權論及其他》係陳德徵編著以反擊胡適之文集。第一編為本論，凡四章：首羅列胡適於人權與憲法之主張，並逐條引證反駁；次揚搉知行問題針對《知難行亦不易》一文多有辯駁；再以國民黨員的立場，指責胡適『國民黨在新文化運動的立場上是反動的』之言論；尾論闡釋『滿紙荒唐言，越扶且越醉。窮途今何之，一把辛酸淚』，援古刺今而作結。第二編為附録，收録灼華、無任、陶百川、方岳等十一人異議胡適的十三篇文章。另有附録之附録，刊載陳德徵《嚴厲處置反革命分子案》全文。

今據華東師範大學吴平教授藏陳德徵撰、民國十九年上海大東書局排印《人權論及其他》本影印，在《浦江文獻集成》第一八六冊。

方舒銘

個性教育論

陳德徵撰　民國十九年上海商務印書館排印本

陳德徵生平已見於《人生底開端》提要。《個性教育論》屬『上海市教育局叢書』，係作者就職上海特別市教育局期間撰寫的教育學理論著作。全書凡五章，論述了學校不適應兒童個性之原因、適應兒童個性之方法、施行個性教育所發生之問題及如何施行個性教育之步驟。清末廢科舉，倡學校，西洋班級制始興於中國教育界，得失相半，利弊相參。作者覺察學校教育在培養學生個性發展上存在若干問題，並試圖提出救弊之良方。

該書第一章分析兒童個性之區別，提出現行學制下學校不適應兒童個性之五點原因：班級之分配標準不合理、一律之課程、不適應兒童個性之教科書、教員缺乏鑒別兒童個性之經驗與能力、班級中人數太多無法考察和補助。第二章從保存班級制度和完全打破班級制度兩個方面，相反相成，論述適應兒童個性之方法，並以伯克利制、道爾頓制、勞斯安極而司省立小學補助法等新式教學法為範世之軌物。第三章運用科學之統計學手段，研究了九種個別教育之效果問題。第四章闡述在施行個性教育之學校中所發生之尚未解決問題，包括陳陳相因之課程、刻板蠢俗之教材、訓練未當之教員等。第五章提出了施行個性教學法之十個步驟。該書圍繞兒童個性教育展開，分毫析釐，深中肯綮，採用了大量實例進行闡述，尤其是分析了許多西方教育界之理論與實踐，取之精華，同時還運用了折線統計圖、條形統計圖、表格等直觀統計學方式加強論證，既有國際之視野，又諦視中國之實際，絕空中樓閣之弊，字裏行間充滿了為樹人、立人、達人計之教育精神。

今據華東師範大學吳平教授藏陳德徵撰、民國十九年上海商務印書館排印《個性教育論》本影印，在《浦江文獻集成》第一八七冊。

方舒銘

天才兒童教育

陳德徵撰　民國十九年上海商務印書館排印本

陳德徵生平已見於《人生底開端》提要。《天才兒童教育》屬『上海市教育局叢書』。作者在一九二八至一九二九年間陸續發起三次民意測驗，任上海特別市教育局長後，又以市教育局之名義，發起天才兒童之家庭教育與其父母（祖父母）嗜好與趣相關性之調查，借此根底，結合西方天才兒童教育之理論知識，加之上海試行天才兒童教育之實踐經驗，便撰寫了《天才兒童教育》一書。全書凡六章，秉要執本，前五章泛論天才研究之歷史、天才兒童之甄別與教育等議題，第六章專論上海特別市立第一實驗小學等學校試行天才兒童教育之一般狀況，篇幅約佔全書三分之二。附録收謝康翻譯的《Stedman 天才兒童教育實施報告》。既有宏觀之分析，又備舉要治繁之細，避免了調查數據之盲目鋪砌。

新文化運動以來，教育界亦吹起教育思潮之新風。隨著國外天才教育思想與實踐相關論著之陸續譯介及國内天才教育思想之萌蘗，遴選和培育天才兒童之討論日興。《天才兒童教育》應運而生，頗具草創之功。潘光旦盛讚該書『講天才兒童的書，在中國這要算是第一本。「天才研究的歷史」「從天才研究想到天才抹殺」「如何甄拔天才」等都是極新鮮的問題，在維新後的中國還難得有人問過』。作者視天才為人傑之冠，其成長、成才關乎民族與國家發展之前途命脈，對天才兒童之教育更需因材施教。環境、編制和課程、教學技術、訓育等等因素，皆牽一髮而動全身。作者充分利用其職務之便所能獲取的第一手資料，詳細記録和分析作為天才兒童教育試驗區的市立第一實驗小學之情況，包括使用廖氏智力測驗選拔兒童、彈性升降學制、分團教學、領袖人才培養等。載録詳實，羅縷紀存，對後世研究二十世紀二三十年代我國上海地區學校教育情況有重要參考價值。要之，《天才兒童教育》一書是陳德徵於民族存亡之際對教育救國、天才興國戰略之探求，折射出其救亡圖存之愛國熱忱和推動教育進步的拳拳之心。

今據華東師範大學吴平教授藏陳德徵撰、民國十九年上海商務印書館排印《天才兒童教育》本影印，在《浦江文獻集成》第一八七册。

方舒銘

社會化的教學法

陳德徵撰　民國二十年上海商務印書館排印本

陳德徵生平已見於《人生底開端》提要。《社會化的教學法》屬『上海市教育局叢書』。五四而後，時異勢殊，國外的新式教學法在中國萬花齊放，蔚成風氣。國內相繼開展設計教學法、道爾頓制、文納特卡制等眾多教學法之實驗，卻因社會狀況、教師素養等因由，未達成預期之效果。為培養學生適材適所之品性、用教育之力量使個人社會化，作者譯介西方社會化教學法，供『中國教師們參考省察之用』。社會化教學法即中小學以集體方式進行學習活動、解決共性問題之一種教學方法，依託集體活動、集體會議、集體討論等方式，使學生在教師指導之下，會議聚議，相師相友，用互助合作精神來完成任務，達成目標。

《社會化的教學法》共六章，作者考察社會化教學法之起源與性質；論述課室作業之意義、個人課室作業之缺點；討論社會化之學生所需的特質與社會化之課室作業所欲達成之目標；提出社會化課室作業之組織要求是適應需要、簡易、自然、協作，並比較分析各種團體協作方式之優劣。基於『凡教學上的任何新法在試用的時候總難免發生多少的弊病』之公理，作者進而提出社會化教學法實行可能出現之八點問題，以備危險之避免，遂分析了教師之問題與態度對社會化教學法推行之影響。最後，以實地從課堂教學中記錄下的社會科課業引例直觀地為讀者提供了現實參考，論證了社會化教學法比普通作業更能引發學生興趣。要而言之，社會化教學法是二十世紀二三十年代風行中國教育界之新式教學法，作者作為上海特別市教育局局長，通權達變，鋭於應時，以先進的科學理論指導教育實踐，發展學生之群體性，培養學生之集體主義精神，實具高瞻遠矚之戰略目光。

今據華東師範大學吴平教授藏陳德徵撰、民國二十年上海商務印書館排印《社會化的教學法》本影印，在《浦江文獻集成》第一八七冊。

方舒銘

學生分組法

陳德徵編　民國二十年上海商務印書館排印本

陳德徵生平已見於《人生底開端》提要。《學生分組法》屬『上海市教育局叢書』，由陳德徵編譯。學生分組法即以學生之能力與成績來決定學生年級。良莠不齊，類聚群分。二十世紀二三十年代，歐美國家關於學生分級分組之研究已相當完備，中國該方面之研究則尚處萌蘖。陳德徵認為學生分組是現代教育學上最宜講論之問題，應用科學之方法對學生進行合理分組，使之各盡其力而不致掩其天才，而目下中國學校流行之學籍編制不適世用，不備科目，不修科學，宜應取長補短，酌盈劑虛。

《學生分組法》計有正文七章，附録三篇。陳德徵引證具體材料，簡述了分測驗選擇法之原理，説明了辨理測驗及獲得近似之分數、近似分數變為 G 分數、核算 G 分數、預備分組成績單之具體辦法，分析提出了每學期升級之分組法和應付學校組織之特殊情形。並將 G 分數表之制法、購置測驗材料指南和參考書目附於文末。書中提到選擇測驗是學校分組之先決問題。他山之石可以攻玉，遂列明表格，介紹了美國哥倫比亞大學師範學院附設霍來斯芒學校通行有效之匯選測驗，以備國人之參考。對 G 分數概念與運用之闡述為本書最妙處。陳德徵以大量篇幅介紹了 G 分數數學模型，盛讚其有利於鑒別學子才能之長處，輔以實例，言簡意明，易於一般讀者理解，具有較高可操作性。總之，該書不落窠臼，領異標新，將大量圖表、數據整合於文字闡釋之中，內容豐富，安排井然，其行文形式對於實證結論之科學性和加強閱讀之直觀性大有裨益，亦折射出陳德徵較高的教育學理論素養。

今據華東師範大學吳平教授藏陳德徵編、民國二十年上海商務印書館排印《學生分組法》本影印，在《浦江文獻集成》第一八七冊。

方舒銘

翠屏主人未定草

徐天許撰　民國九年稿本

徐天許，原名貴三，曾用名興許，號道仙，別號西陵浪客、括蒼浪客、嵩溪邨人、嵩溪邨髯、嵩溪邨叟、嵩溪釣叟、松邨、松叟、老髯、閑髯、京畿老民、求未能居主人、翠雲山館主人、青蘿山人（樵）、青山逸史（叟）等，生於清光緒二十四年（一八九八）十二月十三日，卒於一九九四年，浦江縣嵩溪村（今屬白馬鎮）人。民國十八年（一九二九）進杭州國立藝術專科學校（今中國美術學院）繪畫系正科，師承林風眠、潘天壽、李苦禪等，後主攻國畫大寫意。一九三七年任職於浙江省教育廳，主管美術教育。一九四一年後，相繼執教於浙西第一中學、衢州中學、台州師範學校、瀋陽師範學院、遼寧師範學院和中央工藝美術學院。四十年代即在浙、皖、贛等地舉辦數十次畫展，並常有作品在美、日及東南亞國家展出，畫名播揚中外。兼善詩文，亦工書法，為中國美術家協會會員。

《翠屏主人未定草》版式為半葉八行，行十四字至十六字不等，字體皆為作者手寫行草書。封面除書名外題有『庚申』二字，當為早期作品。內容多為題畫詩，亦間有寫景抒情等作品。

今據邑人徐千意藏徐天許所撰民國九年稿本《翠屏主人未定草》影印，在《浦江文獻集成》第一八八冊。

徐儒宗

題畫詩草

徐天許撰　民國二十二年稿本

徐天許生平已見於上一則提要。《題畫詩草》版式為半葉八行，行十四字至十六字不等，字體皆為作者手寫行草書。封面除書名外題有『二十二年微霜初降客西子湖上天許並識』十七字。內容全為題畫詩，其中幾處分別題有『二十八年春二月』『三十年春』『戊子初夏』等日期。按『戊子』為民國三十七年，由此可知此稿大致為民國二十二年至三十七年間之作品。

今據邑人徐正名藏徐天許所撰民國二十二年稿本《題畫詩草》影印，在《浦江文獻集成》第一八八冊。

徐儒宗

作畫題記

徐天許撰　民國三十三年稿本

徐天許生平已見於《翠屏主人未定草》提要。《作畫題記》版式為半葉八行，行十四字至十六字不等，字體皆為作者手寫行草書。封面除書名外題有『三十三年仲春客三衢之石梁天許』十四字。內容為題畫之跋語、題記以及題畫詩等。按民國三十三年即一九四四年，而最後題有時間者為『一九五七年』，故知此稿大致為四十年代和五十年代之作品。

今據邑人徐正名藏徐天許所撰民國三十三年稿本《作畫題記》影印，在《浦江文獻集成》第一八八冊。

徐儒宗

嵩溪郇叟詩草

徐天許撰　一九六〇年稿本

徐天許生平已見於《翠屏主人未定草》提要。《嵩溪郇叟詩草》版式為半葉八行，行十四字至十六字不等，字體皆為作者手寫行草書。封面除書名外題有『一九六〇年春日』七字。內容為題畫詩與其他詩相雜，題有時間者有一九六三年和一九六四年所作之詩。

今據邑人徐正名藏徐天許所撰一九六〇年稿本《嵩溪郇叟詩草》影印，在《浦江文獻集成》第一八八冊。

徐儒宗

嵩溪郈髯未定草

徐天許撰　一九六二年稿本

徐天許生平已見於《翠屏主人未定草》提要。《嵩溪郈髯未定草》版式為半葉八行，行十四字至十六字不等，字體皆為作者手寫行草書。封面除書名外題有『壬寅新秋於北京』七字，最後題有時間者為一九七三年之作品，可見此稿當為後期作品，內容為題畫詩與其他詩相雜，並收有多首詞作。

《翠屏主人未定草》《題畫詩草》《作畫題記》《嵩溪郈叟詩草》《嵩溪郈髯未定草》五種皆為徐天許一生詩作之手稿本。天許之詩多為題畫而作，其中又以題花鳥蟲魚為主，亦間有題人物、走獸、山水之作。其作品多能融詩情、畫意、書法為一體。其他寫景、抒情之作亦寫得秀麗流暢而深得自然之趣。

今據邑人徐正名藏徐天許所撰一九六二年稿本《嵩溪郈髯未定草》影印，據在《浦江文獻集成》第一八八冊。

徐儒宗

作文

徐天許撰　稿本

徐天許生平已見於《翠屏主人未定草》提要。《作文》是在小學讀書時之作文本，共收習作散文十六篇。封面署名『徐貴三』，版式為半葉八行，行二十字，皆為本人手寫小楷。其文皆經教師批改，寫有評語和得分，最高為八八分，最低為八五分，皆流暢可誦。

今據邑人徐正名藏徐天許稿本《作文》影印，在《浦江文獻集成》第一八八冊。

徐儒宗

天許教學筆記

徐天許撰　一九五八年稿本

徐天許生平已見於《翠屏主人未定草》提要。《天許教學筆記》是在瀋陽師範學院從事美術教學時之備課筆記，版式為横式教學筆記本，每頁二十八行，每行二十餘字多寡不等，皆用鋼筆手寫而成，且有較多删改處。內容共分三課，第一課為『為什麽要學國畫』，第二課為『花卉的寫生』，第三課為『標本鳥的寫生』。

今據邑人徐正名藏徐天許所撰一九五八年稿本《天許教學筆記》影印，據在《浦江文獻集成》第一八八册。

徐儒宗

染三寫意花卉畫課講義

徐天許編　一九六六年油印本

徐天許生平已見於《翠屏主人未定草》提要。《染三寫意花卉畫課講義》是其在中央工藝美術學院一九六五年至一九六六年學年度第二學期之授課講義，版式為仿宋體横排油印本，共六頁，頁二十五行，行三十字。內容分三部分：一、學習寫意花卉畫必備之條件；二、怎樣學習寫意花卉畫；三、另備示範畫舉例（內容缺）。

徐天許從事美術與中國畫教學四十餘年，本編與《天許教學筆記》皆為其在國畫創作方面之教學經驗，但二者內容頗多重複。其在技法上提出了『綫不可亂，點不可散，面不可板』。其作品富於生活情趣，且題材廣泛，兼擅花鳥、魚蟲、走獸與人物，尤以鷹、鷲和游魚著稱。代表作《群鷲圖》氣勢恢宏，筆墨雄健，李苦禪謂『天許功力深厚，吾不及也』；潘天壽為其畫作題詞『點染入神』。但這兩種教學筆記所述則都是普通之繪畫知識。

今據邑人徐正名藏徐天許編、一九六六年油印《染三寫意花卉畫課講義》本影印，據在《浦江文獻集成》第一八八冊。

徐儒宗

古史討論集

曹聚仁輯　民國十四年上海梁溪圖書館排印本

曹聚仁，夢岐之次子，字挺岫，號聽濤，曾用筆名陳思、阿挺、尾生、丁舟、趙天一、沁園、姬旦、土老兒、雲亭山人，晚年常用筆名橄生、諸家，生於清光緒二十六年（一九〇〇），卒於一九七二年，浦江縣通化鄉蔣畈村（今屬蘭溪市梅江鎮）人。幼時即嗜學，嘗於其父夢岐所建之育才學堂習閱諸史，觀覽經籍，過目成誦，鄉鄰皆讚其聰穎。後入浙江第一師範學院研習舊學，師從單不庵、陳望道等諸師。一九二二年，首創滄笙公學，後於愛國女中、暨南大學、復旦大學等校任教。一九二三年五月，與柳亞子等合創『新南社』，並幸為太炎先生之入室弟子。一九二七年與魯迅相識為文友，二人致書頗多。單檢《魯迅全集》而言，便可見魯迅所致聚仁之書信二十有五。一九三一年，『九一八』事變突發，聚仁遂創辦《濤聲》《芒種》等刊物，並始為《社會日報》擬創社論。一九三七年，『淞滬抗戰』驟起，聚仁棄筆從戎，於刀鋒處開始其戰地記者生活。抗戰勝利後，國民政府授予其『雲麾勝利勳章』，之後重回上海，繼續編報、教書之舊時生活。一九四六年，曹氏始撰《中國抗戰畫史》，並於一九四七年五月付梓印行。一九五〇年，聚仁親赴香港任《星島日報》之編輯，並主辦《學生日報》《熱風》，一九五九年後同林靄民合辦《循環日報》《循環午報》《循環晚報》，並擔任國共特使頻繁往來於兩岸之間。一九七二年七月二十三日，曹氏逝於澳門，享年七十二歲，後葬於上海福壽園陵園。曹氏一生著述宏豐，主要代表作品有《文史討論集》《國學概論》《國學大綱》，散文集《我與我的世界》《今日北京》《北行小語》，報告文學集《採訪外記》《採訪新記》，及編著《現代中國戲曲影藝集成》等共近七十種，約四千餘萬字。

《古史討論集》首次出版於一九三五年，為《國故學叢書》系列之三，乃曹聚仁輯合民國諸先生關於『國故』整理、反思、開拓、研究之著作，全書以書信為主，凡十篇，分別為顧頡剛《與錢玄同先生論古史書》、錢玄同《答顧頡剛先生書》、劉掞藜《讀顧頡剛君與錢玄同先生論古史書的疑問》、胡堇人《讀顧頡剛先生論古史書以後》、顧頡剛《答劉胡兩先生書》、劉掞藜《再質顧先生》、錢玄同《研究國學應該首先知道的事》、胡適《古史討論的讀後感》、顧頡剛《桀惡七十事的發生次第》，由陶樂勤校訂，黄濟惠發行。書前有曹氏一九二五年五月自序，其在序中聲明，自己『將顧頡剛、錢玄同等先生的論古史文字集合成冊是為了完成「考信古史」的偉業，目前初在萌孽的「國故學」要在第五階段方能完備，而我們現在所做的都是一至四階段的任務。』並指出，第一階段的工作是『辨偽』，此乃整理國故之首要任務。所謂國故泛指國學，按胡適説：『「國故」是包含著過去中國的一切歷史與文化，包含著「國粹」，也包含著「國渣」。研究這些歷史與文化的學問，就叫「國故學」。』曹聚仁認為甄別歷史之遺料的真偽與否關係著國故框架的博大與精微，像樂道的『十六字心法』便是第一等假貨，是國故之『賊』，因此國故之整理，須優先考辨史存之真偽，宋濂之《諸子辨》、姚際恒之《古今偽經考》都是先賢之辨偽佳作。第二階段的工作是『校勘』，曹氏認為古書經過千年之遞嬗，至今已千瘡百孔，文字錯誤俯拾即是，而由於前人之附會從而造成的訛誤則更難以計數，可謂是『日讀誤書』。因此，今之學者需用科學之方法對國故文章字斟句酌地進行勘正，在得之完備書目後，方可進行第三階段工作。第三階段工作乃是『詁釋』，曹氏道出在『辨偽』『校勘』之功夫上，

『詁釋』才是真正闡發作者本意的階段，其是非之斷不可臆測，研究之人須做到『不誣古人，不誤今人』。第四階段工作乃是『整理』，曹聚仁指出古書之注者成百上千，繁複的訓解之句已將古史之文撕扯得支離破碎，似流水賬般東一筆西一筆使人無從查起。當下之研究者須以『詁釋』之法將前人之訓釋串接成線，以系統之樣呈目後者，便可為第四階段工作。第五階段之工作才是『探究』，曹聚仁認為此階段之後，『國故學』才能完全成立。其工作內容有二，其一是化分，乃是將整理好的國故分析為單元。其二是化合，就是把已經分出的單元歸納到學術體系中去。其輯《國故學叢書》之依據便是以上五點。

在序文正中，曹聚仁申明單就考訂古史而言，他是『左袒』顧頡剛的，尤其是考史之客觀態度與歷史演進之方法，尤得曹氏青睞。此外，胡適之國故可『影響人心』説亦深得曹氏贊許，並以『實事求是，莫做調人』八個字，獻給討論古史的諸先生。在序文末，曹聚仁對錢玄同『六經性質』的意見發表了看法，認為『六經』之書與孔子無涉。以此書乃是曹氏輯合民國諸先生之國故文章而成，因此全書除序文外，再無曹氏手筆。

今據華東師範大學圖書館藏曹聚仁輯、民國十四年上海梁溪圖書館排印《古史討論集》本影印，在《浦江文獻集成》第一八八冊。

王澤宇

國故學大綱

曹聚仁撰　民國十五年上海梁溪圖書館再版印本

曹聚仁生平已見於上一則提要。《國故學大綱》首刊於一九二五年，此印本前有曹聚仁一九二六年六月『再版自序』。其後為全書目次，共分為上、中、下三卷，上卷凡十章，分列國故學之研究法、國故學之分類、文學之鑒賞與批評、文學中之平民文學四大類。其言國故學之研究法與分類法者，乃全書精髓。卷中凡十章，為文史哲專卷，探討文學之貴族文學、病態文學，史學以及哲學之倫理觀，鬼神觀，宇宙觀，人性論，哲學方法論等。卷下為政治藝術專卷，亦十章，分類探討中國之政治學、文字學、宗教學、倫理學、心理學、天文學與其他科學以及美術學等藝術學科。後三章為國故論學之餘論，並附有國故學新書目一章。綜合來看，卷中與卷下乃資料彙編之著述，曹氏論歷代方家之陳見較多，個人之新見較少，其全書精萃當在卷上論國故分類與國故研究部分。

國故者，最早見於《禮記·文王世子》：『凡釋奠者，必有合也，有國故則否。』孫希旦集解引劉敞曰：『合，謂合樂也。有國故者，謂凶劄師旅也。』蘇軾《與滕達道書》之二亦言：『別後不意遽聞國故，哀號追慕，迨今未已。』常指國家所遭受之凶、喪、戰爭等重大變故，後漸演化為古代之學術、文化，如清魏源《聖武記》卷十一言：『欲綜核名實，在士大夫舍楷書帖括，而討朝章討國故始。』而近代真正意義上之『國故』內涵，始自章太炎，其嘗言：『國故民紀，絕於余手，是則余之罪也。』其後，顧頡剛、傅斯年、梁啟超、胡適等人踵而論之，分就整理國故發表了見解。曹氏之國故研究，重在釐清國故之界說，他曾感慨：『吾人一提及「國故」，則龐雜紛遝之觀念交集於前。若就各觀念而一一考訂之，則一切觀念皆浮泛空虛，枵然無所有焉』，但他人『援用此「名」，從未計及其實』，其意蓋以為「國故」之名，盡人而喻之也』，於是『何為國故？初涉思於此問題，似應聲而可解。及再三端詳考慮，則解答之困難，隨之以俱增進』。究其癥結，曹氏指出正在於『「國故」「國學」「中學」「國粹」「國故學」等歧異名詞，在近頃學術界已成一異文互訓之慣例，筆之於著作，見之於制度，習焉相望，莫知其非也。』最後曹氏表明：『中華民族思想衰老之過程，由國故學可得其年輪，中華民族精神上之病態，由國故學可明其表裏，故國故學非國糟，亦非國粹』，實乃曹氏新見。其國故之研究法，分為辨僞方法、校讎方法、考證方法、整理方法、探究方法，與《古史討論集》之序言所列相類，茲不贅述。相比之先者而言，其整理方法之圖表式、索引式、總賬式三法頗為新穎，是其研究方法之特色所在。

今據華東師範大學圖書館藏曹聚仁撰、民國十五年上海梁溪圖書館再版印《國故學大綱》本影印，在《浦江文獻集成》第一八九冊。

王澤宇

老子集注

曹聚仁增訂　民國十五年上海梁溪圖書館排印本

曹聚仁生平已見於《古史討論集》提要。《老子》一書又名《道德經》，總計八十一章，五千餘言，自周末誕生起，便以晦澀著世。自西漢河上公首開其注釋之風以來，歷代為之注解者，不勝枚舉，較有代表性之作品有河上公《河上公章句》、嚴遵《道德真經指歸》、王弼《老子注》、谷神子《老子微旨例略》、顧歡《道德真經注疏》、陸德明《老子音義》等，其道論思想之幽遠，哲學理念之深邃，為歷代所重視，被譽為『中國哲學之父』。自宋代始，合彙歷代《老子》注疏之風氣漸始，先後有李霖《道德真經取善集》、彭耜《道德真經集注》《道德真經集注雜説》、范應元《老子道德經古本集注》、寇才質《道德真經四子古道集解》、趙秉文《道德真經集解》、劉惟永《道德真經集義大旨》、薛蕙《老子集解》、釋鎮澄《道德經集解》、董思靖《道德真經集解》、徐永祐《道德經集注》、馬自乾《太上道德經集解》等十數家古作問世。

曹聚仁之《老子集注》於一九二六年首刊，全書共一冊，以增訂范應元《老子集注》之注釋為指歸，由曹聚仁校讀，黃濟惠發行，分上、下兩篇，上篇三十七章，下篇四十四章，與今本《老子》之《道經》《德經》分篇一致。前有曹氏自序，其言歷代《老子》之著述、疏解者繁多，然若獲取一無瑕錯《老子》文本，則屬難上加難。故曹氏以宋范應元之《老子集注》為底本，參校以俞樾《老子平議》、楊樹達《老子古義》

之文本而成梁溪印行之《老子集注》。此冊《老子集注》，曹氏所據古本音辨者凡三十家，含河上公、王弼、傅奕、孫登、嚴遵、蘇軾等方家著作；稱引及説解者凡十餘家，含韓康伯、司馬光、陸德明、王雱等解老述作。其『或闡各理，或採訓釋，亦不盡拘此經本注，是道家言之實事求是者也』，彰顯出曹氏取捨各家之言時客觀審慎之注疏態度。此外，曹氏認為畢沅《道德經考異》、魏源《老子本義》、王念孫《讀書雜誌新編》、俞樾《老子平議》、孫詒讓《劄迻》乃訓詁考證《老子》最重要之著作，同時對程辟金『老子是哲學詩』的觀點深表認同。曹氏指出，《老子》之『二韻一轉』用韻形式與《詩經》相類，其體裁之質樸亦與《詩經》相仿，因此可證《老子》可作先秦詩歌看，此乃曹氏一創舉。曹氏自序後，有范應元《老子集注序》。曹氏《老子集注》以《道經》在前，《德經》在後，先列經文，次列范應元《老子集注》之各句疏解，並增以范氏集解所缺無的《韓非子》之《解老》《喻老》、俞樾《老子平議》、丁易東《老子解》等作品，並於引文前列一『增』字，以區別范氏舊注。同時校勘其文字，如在《老子》（二十四章）『故從事於道者，道者同於道，德者同於德，失者同於失。同於道者，道亦得之，同於德者，德亦得之，同於失者，失亦得之，信不足，有不信』後，曹氏補言：『俞樾按下「道者」二字衍文也。』又《老子》（三十一章）『故善者果而已，不敢以取強』後，曹氏增文：『俞樾按「敢」字衍文』。除新增注引者外，在范氏舊有徵引著作中，曹氏亦添加了相關旁證或疏解文字，如《莊子》《文子》《淮南子》之相關篇目以及王弼《道德真經注》等述作，其中增補《淮南子》之文字乃為最多者。所有新增文句，頭前亦附有一『增』字。

今據華東師範大學圖書館藏曹聚仁增訂、民國十五年上海梁溪圖書館排印《老子集注》本影印，在《浦江文獻集成》第一八九、一九〇冊。

王澤宇

元人曲論

曹聚仁校讀　民國十五年上海梁溪圖書館排印本

曹聚仁生平已見於《古史討論集》提要。《元人曲論》為『文藝叢書』之二，於一九二六年付梓刊行，由曹聚仁校讀，黄濟惠發行。封面題『蝸廬校讀』，『蝸廬』當為曹聚仁筆名。扉頁有小記云：『中原音韻，元人論曲之韻；《作詞十法》則論曲之法，精審無倫，百代之圭臬也。茲校讀付印，以便讀者。友人處見有任訥先生之按語，亦頗精當，取以附焉。乙丑仲夏蝸廬識於上海。』由此可知，本書之宗旨，乃為校讀元代周德清之《中原音韻·作詞十法》，同時增附任中敏之按語，故取名《元人論曲》，而全書目録前仍冠以『中原音韻作詞十法目次』字樣。周德清是元代文學家、戲曲理論家，字日湛，號挺齋，江西高安人，為北宋哲學家周敦頤之後代。工樂府，善音律，終身不仕，著有音韻學名著《中原音韻》，為我國古代有名的音韻學家與戲曲作家。《録鬼簿續篇》對其散曲創作評價甚高，其編著之《中原音韻》在中國音韻學與戲曲史上亦有非凡影響。《中原音韻》乃為總論北曲用韻而作，其目的是為了糾正作曲家用韻不一之問題，其正音依據者是中原語音。此書付刊後，中國戲曲之作曲、唱曲等都有了規範與模版，從而大大促進了中國戲曲之用韻統一。《中原音韻》便是以當時北方實際語音為標準，所定之韻接近今天北京之發音，故此書是研究近代以北方音為主的普通話語音之珍貴資料。

《元人曲論》所校讀之《中原音韻·作詞十法》，實際是校讀了《中原音韻》之第三部分。《元人曲論》

全書由甲、乙、丙三部分構成。甲為小引，乃元周德清所作自序，並附任中敏之按語。序言云：『大抵先要明腔，後要識譜，審其音而作之，庶無劣調之失。而知韻，造語，用事，用字之法，名人詞調，可為式者，並列於後。』由周氏序言可知，《中原音韻·作詞十法》之內容主要為周氏曲學理論之主張。乙為『作詞十法』正文，分列周氏之具體論説，全書先列周氏原文，後附任中敏按語，以『任按』明之，並加曹氏疏解任氏之語，字體略小於周氏之文。所謂『作詞十法』，乃為：『知韻、造語、用事、用字、入聲作平聲、陰陽、務頭、對偶、末句和定格。』所謂『知韻』，就是要求作曲者掌握北曲之聲韻規律。周氏指出，女真之風流體等樂章，無須指摘其是否為胡虜之音，只要符合聲律之樂者，即不為害也。而『造語』是要求作曲者在作曲時注意遣詞造句，務造『俊語』並以『語、意俱高為上』。『用事』，即周氏要求『明事隱使，隱事明使』，也即在運用古事時做到既含蓄又淺顯，以便雅俗共賞。『用字』則是説『作曲切不可用生硬字、太文字、太俗字』，應文從字順，淺深結合。『入聲作平聲』是指入聲作平聲時不可不慎，須字斟句酌。而『陰陽』則是闡明陰平字和陽平字之用法。所謂『務頭』則是説要注重『某調、某句、某字是務頭，可施俊語於其上』。『對偶』則主要闡發扇面對、重疊對、救尾對等問題。『末句』則講曲尾末句之作法。丙為『定格』，亦即舉例之含義，下列［仙呂］［中呂］［南呂］［正宮］［商調］［越調］［雙調］等十大曲牌，每個曲牌下有相屬之曲子，共計四十首。同時附有馬致遠［雙調·夜行船］《秋思》一套散曲。作為定格，每支曲牌之後各有評語，以便將這些定格曲牌作為後來作曲者之臨摹範本。

今據華東師範大學圖書館藏曹聚仁校讀、民國十五年上海梁溪圖書館排印《元人曲論》本影印，在《浦江文獻集成》第一九〇冊。

王澤宇

文心雕龍

曹聚仁編撰　民國十八年上海新華書局排印本

曹聚仁生平已見於《古史討論集》提要。《文心雕龍》乃南朝齊梁文士劉勰所撰之文藝理論專著，也是中國文學理論批評史上第一部有嚴密體系的文學理論專著。全書共十卷，凡五十篇，原分上、下部，各二十五篇，以孔子美學思想為基礎，兼採道家理念，認為道是文學之本原，聖人乃文人學習之楷模，『經書』亦為文章創作之典範，並把作家創作之個性歸結為『才』『氣』『學』『習』四個方面。該書全面總結了齊梁時代以前之文學及美學成果，細緻地探索和論述了語言文學之審美本質及其創造、鑒賞之美學規律，在中國文學及藝術史上具有重要地位。

曹氏《文心雕龍》乃係考訂黃叔琳《文心雕龍輯注》之作，於一九二九年正式刊印，全書一冊，由上海新華書局印行發售。書前有《箋釋文心雕龍者序》，前半部分為清乾隆年間黃叔琳所序，後半部分為曹氏自序。黃序言：『余生平雖雅好是書，偶以暇日，承子庚之綿蕞，旁稽博考，益以友朋見聞，兼用眾本比對，正其字句，人事牽率，更歷暑寒，乃得就緒。』後曹序言：『此書校本實出先生，其注及評，則先生客某甲所為。先生時為山東布政使，案牘紛繁，未暇遍閱，遂以付之姚平山，晚年悔之，已不可及矣。長山聶松巖云：「此注不出先生手，舊人皆知之，然或以為出盧紹弓，則未確。紹弓館先生家，在乾隆庚午辛未間，戊午歲，方遊京師，未至山東也。」』可見，《文心雕龍輯注》之文字校訂乃為黄氏所書，其注及評則係他者所為。曹氏之説，當為正解。因而曹氏《文心雕龍》此書，乃為重印黄叔琳《文心雕龍輯注》之排印本，同時增附一些文章，前有黄、曹《箋釋文心雕龍者序》，後附《文心雕龍元校勘姓氏》，凡三十四家。同時曹氏輯有楊鴻烈《文心雕龍的研究》和吳熙《對於劉勰文學的研究》兩篇文章附於黄氏正文之前。正文乃劉勰《文心雕龍》原文，然後加上黄叔琳疏解。要之，此書基本上為黄叔琳《文心雕龍輯注》之翻刻排印，因此除開篇序言外，再無曹氏手筆參與其間。

今據華東師範大學圖書館藏曹聚仁編撰、民國十八年上海新華書局排印《文心雕龍》本影印，在《浦江文獻集成》第一九〇冊。

王澤宇

中國史學 ABC

曹聚仁撰　民國十九年上海世界書局排印本

曹聚仁生平已見於《古史討論集》提要。《中國史學 ABC》首次出版於一九三〇年，全書共一冊。書前有徐蔚南之《ABC 叢書發刊旨趣》，徐氏謂，所謂 ABC 乃西文一語之解釋，亦即各種學術之階梯和綱領，西洋之學術都有一種 ABC，例如相對論便有英國哲學家羅素所編之《相對論 ABC》。我們現在發行這部 ABC 叢書有兩種目的：其一是將各種學術通俗起來，使人人都有獲得各種學術之機會；其二是使中學生、大學生得到一部系統的優良教科書。由此可知，曹氏之《中國史學 ABC》為通俗性、系統性之史學讀物，具有一定普及價值。在徐氏之《發刊旨趣》後，有曹氏例言。其云，此書乃以介紹常識為目標，即要包含『史』之內容與『史學』之內容兩部分，同時要以注重全社會之演進及人類文化之進步為旨歸，進而拋棄從前只著眼於政治之史書體系，此乃曹氏《中國史學 ABC》之亮點。

全書共十章，第一章為緒論，主要探討歷史之起源與史臣與史論，史體之流變以及史籍之類別等等，屬於泛論性質之陳述，為全書之總括。第二章探討古史概念及範疇，由史詩到《尚書》，由《春秋》《左傳》至《國語》《戰國策》，曹氏通過上古史書來辨明史籍、方志以及注釋之別，乃為釐清材料之專章。第三章詳論紀傳體諸史，曹氏首辨紀傳體之體例，並擴以論述司馬遷與《史記》、班固與斷代史之優劣，魏晉南北朝諸史家以及唐後設局修史之弊與新五代史、明史『褒貶筆法』之禍等多個議題。第四章詳論編年體諸史，即詳論編年體之體例及司馬光《資治通鑒》與李燾《續資治通鑒長編》兩部皇著。第五章論紀事本末與其他類別之史書，曹氏通過袁樞之《通鑒紀事本末》、杜佑《通典》、馬端臨《文獻通考》來論述紀事本末體與政書體之優劣長短，給讀者釐清了一條清晰的史書發展脈絡。第六章為專論劉知幾之《史通》，曹氏從劉知幾之生平、作《史通》之動機，以及對於史學之貢獻，古籍之批評等幾個方面對《史通》予以了剖析。第七章為專論鄭樵之《通志》，曹氏先論鄭樵之生平，次論《通志》之內容，最後論其在史學上之地位。第八章為析別清初浙東史學源流，此為曹氏區別於其他史書之地方，他以黃宗羲與《明儒學案》，萬斯同與《明史》，全祖望與《宋元學案》三個大板塊詳論浙東在有清一代之貢獻及地位，為家鄉文化對中華文化之貢獻予以了正名。第九章為剖析章學誠《文史通義》專章，曹氏詳論了章氏之生年，以及《文史通義》中重要之四個模組，即『六經皆史』『書教上中下之疑難點』『方志三書之貢獻』以及《文史通義》與校讎學之間遞承關係，為全書之個案研究做了較好收尾。最後一章為全書之總結性篇章，乃專論史家研究之新曙光，此乃曹氏之新論，他從新史料之發現、新態度與新方法、梁啟超與中國歷史研究法三個方面詳論了近幾十年間中國史學界所取得之顯著成果。他列舉了殷墟甲骨、流沙墜簡、敦煌寫書、內閣檔案、東方文字和新鄭古物幾個常被人忽視以及新發現之史料媒介及其作用，大大延展了史學家之視野，是對傳統史學界只重視文本素材的一次大挑戰。同時，曹氏提出，希望後來者能不斷創造新歷史，這樣我國之民族，我國之前景方能強盛與遠大。

今據華東師範大學圖書館藏曹聚仁撰、民國十九年上海世界書局排印《中國史學 ABC》本影印，在《浦江文獻集成》第一九一冊。

王澤宇

李秀成

曹聚仁撰　民國二十三年上海新生命書局排印本

曹聚仁生平已見於《古史討論集》提要。《李秀成》為《新生命大眾文庫》系列作品《民族英雄事略》之十一，全書共一冊，由曹聚仁撰寫，陳寶驊出版，於一九三四年正式刊行。《李秀成》為曹氏所作之李秀成傳記，之所以為其立傳，乃是因為在曹氏眼中，李秀成可堪稱為民族英雄。自滿清入關之日起，中原士子便憤憤不平，伺機光復漢統。咸豐元年，即西元一八五一年，由洪秀全、楊秀清、韋昌輝、馮雲山、蕭朝貴、石達開等人組成的領導集團在廣西金田發動反抗清朝之武裝起義，後建立『太平天國』，史稱『太平天國運動』。並於一八五三年三月攻下江寧（今南京），後定都於此，改稱天京。一八六四年八月，太平天國首都天京被湘軍攻陷，洪秀全之子、幼天王洪天貴福被俘。一八七二年，最後一支太平軍部隊，翼王石達開餘部李文彩在貴州敗亡，這場轟轟烈烈持續了十四年的農民起義事件才宣告結束。在這場農民起義中，可稱為英雄的人物寥寥無幾，但曹氏認為，李秀成可稱為民族英雄，他不僅抗擊英法侵略者，擊斃常勝軍指揮者華爾、法國海軍提督葛羅德，甚至還決定了太平天國之命運走向。正如曹氏自言：『太平天國自經內訌以後，勢分力薄，顯將煙消霧歇，其所以能支持下去，全靠李秀成一人之力。太平天國的後半場事業，可以説李秀成一人的事業。』因此，曹氏力主為李秀成立傳，並將其收入《民族英雄事略》叢書當中，與岳飛、文天祥等人並列。

《李秀成》全書凡七章，首章為『太平軍金田起義』，即講述『太平天國』事件之由來。此章以李秀成之詩二首開頭，接著説其姓李名以文，後因建功立業被洪秀全賜名李秀成，並拜忠王，封三千歲，遂逐漸成長為『太平天國』運動中一員猛將。第二章為『瀘州城初立戰功』，主要講述了李秀成幼年之事，並在初入軍旅之時便展示出了過人的軍事天賦，尤其在太平天國二年跟隨胡以晃初次出征便順利攻下了瀘州，為自己的革命事業奠定了基礎。第三章為『破大營翼衛南京』，講述了廣西提督向榮率領自己的江南大營回擊太平天國軍隊，但卻被李秀成擊敗殺死。第四章為『膺重寄獨支大廈』，曹氏先分述了『太平天國』內部瓦解之亂象，後講述清朝趁此收復大量失地之舉措，但這一切卻被李秀成所挽救，清朝重新被擊敗，太平天國諸將軍也暫時得到了喘息。第五章為『撫蘇杭大得民心』，『太平軍』攻佔蘇杭後，大肆燒殺搶掠，百姓抵抗意識愈加濃厚，秀成聞之便淡然走入軍民之中，以寥寥幾語便使得民眾歸降，深得洪秀全器重，命他鎮守蘇州。第六章為『落日孤城徒自閉』，洪秀全命李秀成率軍渡過長江攻安徽，企圖以進攻清軍後方迫使包圍天京的清軍撤退，但由於軍中糧食不足，加上天京周邊據點接連失守，李秀成被逼退回江南，太平軍在該次出征後損失慘重，前後失去戰士數萬餘人，最終導致蘇州失守，李秀成退守天京。第七章為末章，為『成仁取義一完人』，太平軍起義失敗後，李秀成被俘虜，但英豪之氣未滅，寫作《李秀成自述》，最終在南京就義，終年四十二歲。文末曹氏附以梁啟超對李秀成之讚語，稱其為『真豪傑哉』！曹氏之《李秀成》與過往史書傳記不同，他以生動的語言進行敘述，同時加入情景對話，使原本枯燥的情節變得活靈活現起來，同時暗置伏筆，增加隱喻，前後呼應，已然有了小説及評書的特質，是現代文學中較為經典的傳記文學作品。

今據華東師範大學圖書館藏曹聚仁撰、民國二十三年上海新生命書局排印《李秀成》本影印，在《浦江文獻集成》第一九一冊。

王澤宇

筆端

曹聚仁編撰 民國二十四年上海天馬書店排印本

曹聚仁生平已見於《古史討論集》提要。《筆端》為曹聚仁個人隨筆集，含論文、短評、書劄等多種文體作品，其名取自梁元帝《金樓子》：『筆退則非謂成篇，進則不云取義，神其巧惠，筆端而已。』《筆端》共由九篇文章構成，包含有個人演講《耶穌與基督》《蘇小小與白娘娘》《蒹葭蒼蒼白露為霜》；現代小品文《禰正平之死》《孔老夫子》；懷古散文《陳夢雷》《小紅》；懷友散文《李叔同先生》《章太炎先生》。其文筆樸實淡雅，清新矯健，既有清末以來的古樸之風，又包含新文化運動以來的白文素雅，尤其是以歷史文學作品為底本翻寫的《禰正平之死》《孔老夫子》《小紅》，都含有濃郁的時代氣息與現代語言因素，既詼諧幽默，又不失史實正統，乃比較典範的現代白話文作品。

在《筆端》之後，曹氏附有《現代中國散文》《談幽默》《幽默的表出》《報告文學》《論著作》《從發掘說到歷史小說》六篇學術論文或演講，這些論文都選取當時較為熱點之話題進行論述，尤其是《現代中國散文》，是中國較早對現代散文進行集中梳理之文章，《報告文學》也是較早對報告文學本身之性質做出定義之作品。其後，有文論八篇，涉及戴望舒之題詩問題、陶淵明之時代人格與詩作形成問題、詩人心眼裏農村生活對於詩歌之創作問題、周作人之自壽詩、新詩與舊詩以及新詩之走向問題等等，是專論詩作之篇章，彰顯出曹氏對於古代詩歌與現代詩歌雙重之深厚功底。再之後，有『別字問題』三篇，分別為《讀別字》《再張目一下》《再從別字談起》，曹氏從生活中較易出錯的二十多個別字談起，分論了別字之類型，別字之書寫以及規範別字用途和避免錯用別字之方法。再其後，是《白話文言新論》與《休矣文言》四篇、《大眾語文問題》兩篇、《文白論戰史話》《京派與海派》三篇、《農村問題》兩篇、《婦女問題》四篇，全為學術作品，大部分為論述時下之新穎話題而作，以綜論各家學說為主，體現出曹氏較為深厚的整合能力。最後是《駝鈴》十篇、《百感》二十篇、《國故與國今》十篇、《泥塊》八篇、《非孝的故事》《談屑》十四篇，這些都為曹氏個人生活所發之感，擁有典型的『泥土文學』氣息，與之前的學術著作風格有別。

今據華東師範大學圖書館藏曹聚仁編撰、民國二十四年上海天馬書店排印《筆端》本影印，在《浦江文獻集成》第一九一冊。

王澤宇

中國平民文學概論

曹聚仁撰　民國二十四年上海三明印刷所排印本

曹聚仁生平已見於《古史討論集》提要。《中國平民文學概論》首次出版於一九三五年，由曹聚仁撰寫，陶樂勤發行。分上、中、下三篇，上篇為詩歌，中篇為戲曲，下篇為小説。首先，曹氏對『平民文學』有著明確認識，他説：『由平民的階級所創作，取材於鄉間陋巷，滲透於全民眾之內心者為平民文學。』故而《中國平民文學概論》乃專為論述底層人民文學之體裁、風格、作家及作品之著作，是中國歷史上第一部以『平民文學』為討論對象之專著。在上篇『詩歌』内容裏，曹氏敘述了先秦時期之平民詩歌，也就是以《詩經·國風》和《楚辭·九歌》為代表的早期詩歌可為中國平民文學之濫觴，而自漢代後，平民文學便可區分為鼓吹曲、横吹曲、相和歌辭，都是以少數民族或民間樂器為基準所劃分出來的詩歌類别，而自魏晉時起，家庭瑣事、民間生活及玄幻的哲理詩都開始出現在歷史典籍中，證實了平民文學的影響力在進一步擴大。逮及唐代，曹氏指出平民文學之精神開始逐步滲透到貴族文學裏面，最典型之代表便是傳奇、小説、雜事等作品開始逐步顯露，並為後世戲曲文學之發展奠定了基礎。因此曹氏認為，唐代以降，中國平民文學史之發展，可歸為兩條線索，一條是戲曲史之發展，一條是小説史之發展。在中篇戲曲發展史之論述中，曹氏先分列了歷代重要戲曲作品，並為其勾勒出一條詳細發展脈絡，同時輔以圖表及數據統計，直觀展示了中國戲曲發展中所遇到的各類問題及相關演化情況。此外，曹氏還對《西廂記》《琵琶記》《牡丹亭》之劇情版本流變進行了梳理，對具體文字的排布也進行了相應校訂。

在下篇小説發展史之論述裏，曹氏先對小説之產生發展進行了梳理，認為小説『產生於民眾之間，故溯小説之源，上可至有文字以前，至遲可上溯春秋戰國諸子時代』。這與我們在常識觀念裏，小説產生於子學時代的看法不同，曹氏認為在文字產生之前小説之雛形已然存在，可謂新穎之論。小説至唐代始出雛形，在此階段，曹氏將傳奇小説分為四類，即『史外逸聞』『劍俠—俠男女之武勇談』『豔情—佳人才士之豔事』『神怪—神仙道釋妖怪談』，此乃曹氏之新觀點。之後，宋人、五代、元明平話小説，曹氏也予以分類論述，並言元末至清末五百年間小説之作品就其性質可區別為七，分別為『講史小説』『神怪小説』『人情小説』『擬古小説』『諷刺小説』『炫才小説』『俠義小説』，對小説之內容分類及其結構特點進行了較好概括。

今據華東師範大學圖書館藏曹聚仁撰、民國二十四年上海三明印刷所排印《中國平民文學概論》本影印，在《浦江文獻集成》第一九二冊。

王澤宇

《西廂記》連環圖畫

曹聚仁等撰　民國二十四年上海千秋出版社排印本

曹聚仁生平已見於《古史討論集》提要。《西廂記》連環圖畫為曹聚仁與胡考（民國小説家、文藝理論家、著名漫畫家，擅長中國畫）合著，於一九三五年正式發行，由陳富華發行。《西廂記》分為『董西廂』與『王西廂』，『董西廂』又稱《西廂記諸宮調》《弦索西廂》，是金代戲曲家董解元根據元稹《鶯鶯傳》所創作的敘事體諸宮調小説作品。該作品對於原作進行了大量修改，改變了原來故事結局，重新確立了矛盾衝突，大大擴充了原作故事內容，同時豐富了人物語言，增加了故事線索，比較完整地塑造了性格鮮明的人物形象。『王西廂』全名《崔鶯鶯待月西廂記》，又稱『北西廂』，是元代中國戲曲劇本，由元代劇作家王實甫依據唐代元稹之《鶯鶯傳》、董解元之《西廂記諸宮調》所拓寫，全書以追求精誠愛情為主旨，與關漢卿《拜月亭》、白樸《牆頭馬上》、鄭光祖《倩女離魂》合稱為元雜劇四大愛情劇，男女主角分別是張君瑞和崔鶯鶯。《西廂記》全劇無不體現出素樸淡雅之美豔、追求自由之思想以及反抗禮教之勇氣，其曲詞華旖優美，富於詩的意境與語言，是我國古典戲劇的現實主義傑作，對後來以愛情為題材的小説、戲劇的創作影響很大，在古代經典名著《紅樓夢》中也多次提及此書。

曹聚仁之《西廂記》連環圖畫是以《西廂記》董本與王本之原作文字為線索，輔以胡考之插畫來闡述全劇。書前有『魯迅先生的話』，謂胡考之畫除了此書外，尚有《尤三姐》及《芒種》之所載，線條精煉，但因受器械所困，故也顯示不出自由，即『線有時不聽意的指使』，但《西廂記》卻畫得很好，因為劇情正合於胡考之畫法。因此魯迅認為胡考善於塑造『偶像』，並使之漫畫化，從而使劇作本身更加開闊，也更為立體，這也是曹氏之《西廂記》連環畫最獨到之處。正文中，曹氏以《董西廂》與《王西廂》之文本精華為主，以原文置於右下角，並注明『剪取董西廂』或『剪取王西廂』。以二者互補之方式，將『西廂記』全部故事情節與語言復述於讀者，並在每一段文字後面附以胡考為其量身定做之圖畫，同時配有曹氏自己對於這一段語言或故事之通俗講解，來配合原作文字之敘述，這使得《西廂記》整體故事情節更加生動，文字也更加立體，是現代《西廂記》通俗讀本中較為優良的一種。

今據首都圖書館藏曹聚仁等撰、民國二十四年上海千秋出版社排印本《西廂記》連環圖畫影印，在《浦江文獻集成》第一九二冊。

王澤宇

文筆散策

曹聚仁撰　民國二十五年上海商務印書館排印本

曹聚仁生平已見於《古史討論集》提要。《文筆散策》合收曹氏在上海時期所作之兩種散文集，内分『歷史小品』『詩癡散策』『國學揚棄』『瓢語』四輯。曹氏以『分』來進行劃定，如『第一分』『第二分』等等，全書大致是以歷史小品為主要内容的雜集，内中還附收了因作者發表於《申報·自由談》上的兩篇文章而引發的一組辯論爭鳴文章，作為歷史文獻，或可藉以感受些許三十年代文壇之氛圍。

第一分為『歷史小品』，這是全書最為精華部分，下轄六篇作品，分别為《比特麗斯會見記》《焚草之變》《葉名琛》《並州士人》《劉楨平視》《孔林鳴鼓記》，這些作品都是曹氏以具體歷史及文學素材為底板創作出來的現代小品文，大多以對話為主，有作者的一定想象在其中，均為短小精悍之文，具有較強可讀性。最後還有兩篇文章，分别是《歷史小品脞談》《怎樣寫歷史小品》，為曹氏之歷史小品創作論，他主張將歷史人物放在其原本生活的情境下去觀摩，即還原『時代語境』，不要沾惹任何現代色彩，具有一定新見。而在此章節末，曹氏還附有天地《略談歷史小品》於其後，其内容便是闡發曹氏之『歷史小品』創作觀點，他對曹氏之論給予了充分肯定。第二分為『詩癡散策』，下收曹氏十一篇文章，同時附有虹影《文學上偶然論的抬頭》、川麟《關於或然論和必然論在歷史上的應用》、舞勺《所謂『適然史觀』》《機械論者的觀點》、胡繩《『偶然論』在上海》五篇文章，其內容均為討論曹氏觀點之文章或曹氏闡釋其文章之觀點，後附原作者文章以明曹氏之論點。其爭鋒焦點，乃在於曹氏於《自由談》發表了兩篇文章，分別為《說『因緣』》與《五四的黴菌》，因此激起了廣泛探討。此部分大致為討論哲學與文學觀念之論文，包含有文學創作論、因果論、適然史觀、機械論、偶然論等，是『五四』思想傳播後較為激進之作，同時含有較為明晰的西方理念，是曹氏中體西用之典型代表。同時此部分還附有曹氏閱讀心得之體會，如《百無一用是書生》《和戰得失篇——通鑒新讀之一》等等，同時還有一定的考據文章，如《論『文人相輕』》，曹氏便考訂其真義並不是指互相謾罵，《清末報章文學的起來和它的背景》之原因，曹氏分析與教會傳播教義有很大關係等等。第三分為『國學揚棄』，此部分為曹氏批判繼承古文化、古方法之專論章節，下録曹氏六篇文章，並附以李濟博士講演之《河南考古之最近發現》。在這一部分裏，曹氏對古代很多東西都進行了否定與改良，例如在《顏李學派之讀書論》裏，曹氏就提出『開卷有益』也對應著『開卷有害』，不能盲目迷信聖人之言，應該要有自己清醒的認知；在《要通古書再等一百年》中，曹氏認為古人之案牘功夫不能完全透盡典籍之思想精華，現代學者應轉換思維，將傳世文獻功夫轉移到出土文獻功夫上，因此要等考古學家發掘出新的材料後才能研究。《勸世人莫讀古書文》更是將矛頭指向了先賢文字，認為年輕人讀『死人』之文章就如吸食鴉片，感染花柳一般，不得不説，曹氏這一番言論，有過激之嫌。第四分為『瓢語』，共由曹氏七篇文章組成，大多為曹氏生活之心得體會，藉歷史人物及鄉村習俗來闡發其感想，有隨筆性質。

今據華東師範大學圖書館藏曹聚仁撰、民國二十五年上海商務印書館排印《文筆散策》本影印，在《浦江文獻集成》第一九二冊。

王澤宇

國故零簡

曹聚仁撰　民國二十五年上海龍虎書店排印本

曹聚仁生平已見於《古史討論集》提要。《國故零簡》為曹氏整理與反思國故學之著作，由論文與演講録輯合而成，公開發行於一九三六年。第一篇為《國故學之意義與價值》，其言『常習之目「國故」，殆與疇昔所屬「中學」，「國學」者同其内包外延，本「惟我獨尊」之謹慎以治「國故」，在昔則有「中學為體，西學為用」之誇談，在今則有「國學為精神文明，科學為物質文明」之高論。』曹氏所言『國學』已深入中華民族之肌理，無論是否為讚揚國外科技與國外精神之學者，大都不能否認中國之歷史文化有強大之生命力。但西學漸進，國人質疑國故之聲論也隨之漸起，陳獨秀、柳亞子等人首先發力，使得國故『本身微弱，難以自存』。因此，曹氏認為，欲要復揚國故，應先定義『國故』之概念與範圍。其言：『「國故」與國故學，非同物而異名也，亦非可簡稱「國故學」為「國故」也。「國故」乃研究之對象，「國故學」則研究此對象之科學也。』此外，曹氏還言，所謂『國故』者，乃『五千年中華民族以文字表達之結晶也』，並且對中華民族及文字表達等概念進行了界定與梳理，對思想形成之表現形式與因果關係進行了闡釋，算是較完整地對『國故』一詞的相關概念進行了釐定。最後，曹氏還闡發了自己對於『國故』研究方法之見解，他認為『國故』研究須遵循三個方面之内容，分別為崇尚事實、審慎結論和力求明晰。

第二篇為《春雷初動中之國故學》，專言國故之新傾向與編制『國故學』新書目之方法。接著是《國故學之研究方法（一）》《國故學之研究方法（二）》，均為曹氏之演説文章，曹氏言，從清代樸學家治經蹤跡上來看，『國故』整理有兩個重要原則需要把控，一為沒有證據者不信，二為用客觀代替主觀。並言『國故學』研究方法第一是『分家』，將各部分條分縷析，絕不能囊括一切；第二是明因知變，這是歷史的研究方法，須知其來源，並考察各思想之地位和價值；第三是求證，第四是辨僞，用這四種方法去研究『國故』，便不會『浮泛無著』，實屬新見。關於具體的『國故』研究過程，曹氏所言之第一至第四階段內容，已在前文《古史討論集》提要裏做過論述，兹不贅述。最後，有《王充與論衡》《章實齋與文史通義》兩篇文章，乃屬曹氏之讀書劄記。書後還附有《各州通志表》。

今據上海圖書館藏曹聚仁撰、民國二十五年上海龍虎書店排印《國故零簡》本影印，在《浦江文獻集成》第一九三冊。

王澤宇

文思

曹聚仁撰　民國二十六年北新書局排印本

曹聚仁生平已見於《古史討論集》提要。《文思》初版於一九三七年，乃曹聚仁之文學評論著作，可作曹氏之個人創作論與文學觀看，如曹氏自言：『全書專以談文為主，可供一般知識青年語文課外讀物之用。』同時兼及文藝評論與鑒賞，涉及小説、詩歌、散文與戲劇等文類作品，是一部典型的現代文學批評論文集。與《文筆散策》偏重歷史者不同，《文思》所探討者主要是與曹氏同時代之作家及作品，具有一定啟發意義。

《文思》前有曹氏所作《前記》云：『新近把近兩年間所寫的雜文，約略理一理，龐然一大堆，將近六十萬字，就中選擇抉剔，把性質相近的成為此編，加上一個集名，叫做《文思》。』全書分上、中、下三卷，上卷為『語文微言』，共由四十三篇文章組成，篇幅有長有短。此部分專為曹氏考釋歷史上之語言、文字、片語之隨筆文章，如對陸機《文賦》之『意不稱物，言不逮意』之考訂，以及《説辨字》對歷史上五種『辨』字之考釋，或《辨字與辨詞》中對『分歧』與『分岐』『生熟』與『生孰』等片語用途與演變之梳理，都可看出曹氏古文功底之深厚。中卷為『書與人』，共由二十八篇文章組成，大多為記敘性文章，以章太炎追憶和同時代文人之交遊過往為主，包括和章太炎、魯迅等人的言行對話記録以及對他們的學術成果做出評價等等。其中章氏是曹聚仁最為看重，也最為推舉之人，僅關於章氏言行及學問剖析的文章就有四篇，全部為讚語，可見曹氏對章氏之尊敬與崇拜。涉及魯迅的共有三篇文章録入《文思》，《魯迅先生》一文便是曹氏悼念魯迅去世之唁文，裏面不僅追思了魯迅的生平經歷，更對其學術成就大加讚賞，並對其沒能完成《中國文學史》和《中國字體變遷史》而猝然離世表示遺憾。下卷為『斷思』，共由二十三篇文章組成，以曹氏之個人生活及讀書見解為主，如《節操》《禁欲與反禁欲》都是對中國之陳規陋習之反駁，《阮玲玉死後》《賣身投靠》《奴變》《百壽圖》都是發表對身邊人或事之看法。同時還有幾篇歷史題材的評説作品，如《張子房》《洋鬼子》等。

今據華東師範大學圖書館藏曹聚仁撰、民國二十六年北新書局排印《文思》本影印，在《浦江文獻集成》第一九三冊。

王澤宇

戰地日記

曹聚仁等撰　民國二十七年之初書店排印本

曹聚仁生平已見於《古史討論集》提要。《戰地日記》初版於一九三八年，由曹聚仁撰、蕭向榮編，為抗日戰爭時期，曹聚仁當戰地記者時所撰寫之新聞要録與個人雜文集，具有一定的史料價值。全書分兩編，第一編為『北戰場上的日記』，全編以小節形式記録文字，每節有小標題，講述了在小寨至老爺廟之間中國軍隊與日軍打響的一場戰役始終，曹聚仁以記者身份全面觀摩這場戰役的勝利，並且如實記録了戰場的形勢變化與戰鬥過程，最後讚歎民衆力量之偉大乃為勝利之關鍵。

第二編為『東戰場上的日記』，裏面既有曹氏之個人戰爭見聞，也有其翻閱歷史資料與回憶録所擇取的戰爭史料，全編亦以小節形式記敘内容，有小標題，但彼此之間無甚聯繫，也無具體日期説明創作時間，只標有『曹聚仁』之字樣。全編曹氏筆墨如刀，個人情感濃烈，文字帶有鮮明的時代烙印，語言間之凜氣極其震攝人心，使人讀罷有親臨戰場之感。例如在『受炸的洗禮』章節中，曹氏便點明了日軍進攻江南之殘酷，其言『在這一個多月的生活中，最給我以深刻的影象便是飛機的騷擾，差不多沒有一天，也可以説沒有一刻，停止了飛機的軋軋之聲。』並且在隨後的『嘉定完全炸完了』中，曹氏直言不諱道：『嘉定最初不過在全城原是最熱鬧的西門的一條街上，投了幾次炸彈，炸毀了數十間民房，後來是愈來愈多了，西門大街上的所有房屋，幾乎完全炸毀了』，從曹氏之字裏行間可見抗日戰爭之殘酷與慘烈，更從曹氏之不避槍火的戰地記録中直觀體會到了所謂『國家興亡，匹夫有責』之切實含義。除記録慘烈之戰事外，曹氏還記有一些歡愉文字，如『雨天的愉快事』，便是記録日軍飛機走後，天空下起小雨之事，這是曹氏生平最喜之情境，故踏著泥濘山路，出外賞景，算是難得的戰場之幸事了。全書語言質樸，文字鏗鏘，既有文雅旖旎之文句，亦有現實描繪之直白，全書以日記體形式排列文字，記録史實，可直窺曹氏之戰地生活，亦可直觀抗日戰爭之細節史料，頗具個人生平考證價值和歷史研究價值。

今據華東師範大學圖書館藏曹聚仁等撰、民國二十七年之初書店排印《戰地日記》本影印，在《浦江文獻集成》第一九三冊。

王澤宇

東線血戰記

曹聚仁等撰　民國二十八年戰時出版社排印本

曹聚仁生平已見於《古史討論集》提要。《東線血戰記》為『戰時小叢刊』之七，亦為曹聚仁之戰地記者見聞記録，同時還選録了其他戰時作者之文章，兩者相加凡十九篇，最終於一九三九年結集出版。除曹氏外，其餘作者還有冰瑩、阿英、何家槐、包天笑、胡蘭畦、薛祚光、陳之亮、姜奎章、狄斯等十六位作家，大多為筆名。其中，曹氏之文章共有兩篇，分别為《八字橋》和《裝甲炮車的三個技工》。《八字橋》首登於《大晚報》，全文講述了國民政府軍的一位王團長誓死守衛吳淞鎮的故事。據曹氏記録，王團長告誡屬下『我退了你們打死我，你們退了我打死你們』，最終團長和士兵都没有撤退，他們用生命守護住了『八里橋』。在細節方面，曹氏也表現出了傑出的寫實筆法，高度概括了這場戰爭的出色成就與歷史意義，如在面對敵人的堅固陣地與炮火圍殲中，中國軍人没有怯懦，曹氏便記述道『可是就在這個堅固的敵陣中，我們的勇士卻寫了一段壯烈的傳奇』，文字不多，卻句句鏗鏘。在文章最後，曹氏還記録了一位戰鬥英雄，他以一己之力射殺數名日軍，並且安然返回，他名叫『周漢陳』。若不是曹氏記録，很可能我們就會忘記這名為了祖國和人民的幸福而捨棄生命去捍衛的民族英雄，由此可見曹氏之戰地文章的珍貴與寫實。

在《裝甲炮車的三個技工》中，曹氏提出了一線士兵最為貴重，也最為重要的道理。他舉例道：『發現美洲新大陸的不是哥倫布，不僅是哥倫布，但是大家都把和哥倫布一同西航的水手們忘記掉了。』曹氏言，這是孫師長把士兵個人戰績向他陳述後，他有感而發的。『戰場上最偉大的是在戰壕邊擎槍的兵士，他們為國家而流血，當然我們也忘不了那些運籌帷幄的將軍。』在這幾句話裏，曹氏之為士兵痛惜與景仰的感情隨文字流出，展現出了曹氏善良、博愛，有道義擔當的民族氣質。在隨後的文字中，曹氏又記載了三個裝卸裝甲車的技術工人，他們在炮火連天的戰場上隨時準備修補戰車和裝卸彈藥，他們的危險一點不比一線士兵小，因此，曹氏對他們寄寓了無限的崇敬與由衷的感激，他將三人的名字全部記下，分别為劉大保、苗思兆、蔣細大。正是因為有了這一個個的基礎工種與前線士兵的付出，抗日戰爭才能獲得完全的勝利。最後，曹氏還借孫師長之話呼籲全民抗戰，共抵外侮，孫師長言：『國家好像我們的身體，沒有一個細胞可以和身體的痛癢不發生關係，敵人的刀刺到我們身體上來了，我們為了整個身體，整個生命的存在，也必須要抵抗！』在全書中，曹氏的文章雖只有兩篇，但字字珠璣，句句鏗鏘，將曹氏之愛國情思透露得淋漓盡致，因而這是研究曹聚仁生平的一手材料。

今據首都圖書館藏曹聚仁等撰、民國二十八年戰時出版社排印《東綫血戰記》本影印，在《浦江文獻集成》第一九三冊。

王澤宇

大江南線

曹聚仁撰　民國三十四年上海復興出版社排印本

曹聚仁生平已見於《古史討論集》提要。《大江南線》乃曹聚仁生平唯一的一本戰地通訊集，初版於一九四五年，收録了曹氏一九三八至一九四〇年間之戰地通訊作品凡七十餘篇，是其戰地新聞報導成果最為集中的體現。《大江南線》前有滬版前記及前記，均記録曹氏做戰地記者之由來與見聞，後附《新聞文藝論》，闡明所謂之『新聞文藝』與『新聞眼』之概念與特色。《大江南線》全書共八分，以時間或戰事名稱命名各部分，每分三到八篇文章，以戰場形勢綜述、軍事戰略述評等軍事報導為主要內容，並且對戰時社會經濟等方面的內容亦有所觀照。總體説來，《大江南線》的內容具有宏觀性和全局性的特徵，即關注宏觀形勢和全局問題，但對細節問題的關注相對較少。在軍事方面，曹氏重視戰局的總體情形和變化形勢，其軍事述評具有戰略性和理論性高度；在社會經濟方面，曹氏以『俯瞰式』之視角對社會總體面貌進行了深入觀察，同時關注社會集體心理，並將經濟作為軍事以外的另一條戰線進行記述，是曹氏《大江南線》之一大特色。

在報導態度層方面，《大江南線》也具有典型的書寫特色。在全民統一抗戰的大背景下，《大江南線》在內容上著重突出我方勝利的事實，淡化我方的失利和挫折，在表述上使用樂觀積極的語氣語調和表達方式，體現了新聞報導的戰時宣傳功能。在政治態度方面，《大江南線》對國民黨政府表現出擁護的態度。一方面，曹聚仁是國民黨中央社的戰地特派員，受中央社制約；另一方面，曹聚仁的政治立場不甚明確，在行事風格上習慣審時度勢、順勢而為，因此在戰時對國民黨政府採取順應的態度。在文體風格層面上，曹氏之《大江南線》採用了多種文體並存的書寫方式，有正敘、有倒敘、有插敘、有補序，整體顯現出多樣的敘事脈絡。而從體裁上來説，《大江南線》不拘泥於單一的體裁，而是靈活使用述評、訪談、談話録等多種體裁共同表意，具有很強的創新性與可讀性。最後，從表達風格上來説，《大江南線》具有一種理性特質，在敘事論理時表現出強烈的客觀性和邏輯性，在這種行文特點的觀照下，《大江南線》所洋溢著的文學性特色就更加凸顯出來，曹氏在進行景物描寫時筆調優美，在抒發個人感情時細膩豐富，使文章讀來具有豐富的感染力和穿透力，是曹氏最為經典的著作之一。

今據華東師範大學圖書館藏曹聚仁撰、民國三十四年上海復興出版社排印《大江南線》本影印，在《浦江文獻集成》第一九四册。

王澤宇

中國抗戰畫史

曹聚仁　舒宗僑編著　一九八八年中國書店據聯合畫報社一九四七年版影印

曹聚仁生平已見於《古史討論集》提要。《中國抗戰畫史》初版於一九四七年，後有多家書局再版發行，乃曹聚仁與舒宗僑共同編著之抗日歷史著作，曹氏用文字，舒氏用圖片，真實且翔實地記録了這場中國人民偉大的抗戰過程，是中國第一部反映抗日戰爭比較全面的史論作品。其中曹氏負責整理文字部分的相關內容，這裏面既有他個人撰寫的新聞材料，也有他搜集來的國內外新聞素材和史料文獻，很多材料有賴於此書才得以保存下來，因此具有寶貴的歷史意義。在書前的扉語中，曹氏開篇便言『這是一部戰爭的記録』，可見這是全面反映抗日戰爭的珍貴史料。一九四五年，即抗日戰爭勝利之年，曹氏結束了八年的戰地記者生涯，從江西返回了上海。適時，舒宗僑任復旦大學新聞系之新聞攝影教授，為中國著名的新聞攝影記者，抗日戰爭期間他在重慶主編《聯合畫報》，搜集了諸多抗日戰爭中的新聞圖片與戰地照片。後曹聚仁找到舒宗僑，想聯合出版一本反映抗戰歷史的新聞畫冊，舒氏滿口答應，於是二人用一年多時間編著了《中國抗戰畫史》。《中國抗戰畫史》在中國歷史及出版業的影響深遠，它還曾作為審判日本戰犯的證據和資料，出現在國際審判官軍事法庭的案桌上，為世界反法西斯戰線同盟懲罰戰爭罪犯做出了應有的貢獻。

《中國抗戰畫史》共十章，第一章為引論，講述日本崛起與侵略中國之開始；第二章為『日本侵略戰序幕』，講述了日本侵略滿蒙以及淞滬會戰、西安事變等事件之由來；第三章為『抗戰第一期（上）』，講述了七七事變、淞滬防禦戰、華北防禦戰等戰事之過程；第四章為『抗戰第一期（中）』，主要講述南京陷落、魯南防禦等歷史；第五章為『抗戰第一期（下）』，主要陳述武漢會戰、國際戰事等事件；第六章為『抗戰第二期（一）』，由武漢撤退、長沙會戰、華北掃蕩等事件構成；第七章為『抗戰第二期（二）』，主要講述鄂西鄂中會戰、上高會戰等大型戰役；第八章為『抗戰二期（三）』，講述太平洋戰爭事件發生原委、緬甸地區戰役等國內國際事件；第九章為抗戰第二期（四），主要講述抗戰後期之國際形勢以及勝利前夕之反攻和日本戰敗等歷史事件。全書以照片或繪圖配合文字敘述，圖文並茂，生動形象，以類似編年史的方法將整個抗戰歷史敘述出來，使人讀後頗有歷史之渾厚與滄桑感，並且附加了諸多的一手材料，使整個《中國抗戰畫史》的可靠性與真實度大大提升，是研究抗戰史、近代史及日本史的珍貴文獻。全書後附有『抗戰史料述評』『各戰區將領一覽』『抗戰大事記』及『地圖目録』，可資後輩之研究者參閱。

今影印曹聚仁、舒宗僑編著《中國抗戰畫史》，以一九八八年中國書店據聯合畫報社一九四七年版影印本為底本，在《浦江文獻集成》第一九四冊。

王澤宇

現代名家書信

曹聚仁編　民國三十六年上海正氣書局排印本

曹聚仁生平已見於《古史討論集》提要。《現代名家書信》為『中學生國文科補充讀物』之一，由曹聚仁編選，上海正氣書局一九四七年正式發行。此書是專録現代學者的書信集，在書前序言中，曹氏將書信劃分為三個類別，即『屬於社會的』『屬於家常的』『屬於文藝的』，此書收録信件之分類便是按此進行，並聲明此書編輯之初衷乃是：『告訴青少年們怎樣來表白自己，正是一種基礎的工作。』如何在現實生活中充分且翔實地表達自我感情，是曹氏最為看重的一點。在他看來，信件是體現一個人真知灼見與個人情感最真實的載體，因此學會書寫信件，是當代中學生在國文科教育系統下最須掌握的本領。因此曹氏輯録了同時代最為優秀的作家及社會人士中最為精華的書信作品，選入《現代名家書信》中，以成為中學生寫信之典範，與今之作文選類似。

《現代名家書信》共由四種書信文體組成，分別是『論議的書簡』(二十封)、『記敘的書簡』(九封)和『抒情的書簡』(六封)，共收録現代二十八位作家的三十五封書信，是輯録現代作家精華書信較為全面的一部著作，其中不乏冰心、魯迅、周作人、傅雷等文學及翻譯大家之信作。在曹氏序言中，他指出了自己遴選書信之緣由，即『本書的編選，雖無固定的典型可找，但文學的素養，或正由於這並非矯揉造作的訓練中陶成』，『當你提筆伸紙之初，並無充分的意思可寫，直到文思湧發，便滔滔不絕地寫下去，原是文人寫作時的一般現象。但在寫信時，多少是意思已經準備好，再提起筆來敘述出來，比一切文藝更是真實，更是真切，更是近於個性的暴白。你看柴霍夫的書信比柴霍夫的小説，還格外地動人；有時短篇的敘述，比千言萬語還有力得多，書簡文在文藝中別有他的地位，這是不容易否認的』。從曹氏之語看，評選書信之好壞應只看其核心內容，即是否有文學之涵養與個人之真義，不要看其篇幅長短，文體如何。若達上述之標準者，即為曹氏青睞之信牘，故可選入《現代名家書信》，以資後輩觀覽。全書收録信件內容駁雜，情感紛複，有作者寫給親人的，有寫給文友的，有寫給故交的，有寫給師友的，不一而足。因此書乃是曹氏輯録現代作家之精粹信件而成的著作，故全書除序言外，再無曹氏手筆。

今據華東師範大學圖書館藏曹聚仁編、民國三十六年上海正氣書局排印《現代名家書信》本影印，在《浦江文獻集成》第一九五册。

王澤宇

魯迅手冊

曹聚仁 鄧珂雲編校 民國三十七年上海博覽書局再版本

曹聚仁生平已見於《古史討論集》提要。《魯迅手冊》為曹聚仁與鄧珂雲共同編校，初版於一九三七年，再版於一九四八年，是曹氏為紀念魯迅而編之文集，以收録魯迅個人文作與評價、追憶、悼念魯迅的文章為主。該書分為一、二兩冊，書前有曹氏序言，道明瞭其編纂《魯迅手冊》之緣由與過程。在序言中，曹氏自言在上戰場前自己便已經排訂了《魯迅手冊》，但因戰事緊張，時勢變化，『八一三』事變後，上海成為日軍進攻的目標，曹氏作為戰地記者便隨軍出征，而印有『曹聚仁編』字樣的《魯迅手冊》也因此而慘遭厄運。因為曹聚仁個人政治身份的敏感，日軍在進入上海後，便將書店所有的《魯迅手冊》盡數銷毀，流傳在外面的『幸書』不過二百餘本。抗戰勝利後，時勢發生了大的輪轉，曹氏便將昔日紙張重新排版，付梓刊行，方有今日之《魯迅手冊》。

《魯迅手冊》前有魯迅自序傳略，後有《從百草園到三味書屋》《山海經》等魯迅八篇散文，是魯迅重要的代表作品。接下來有魯迅生平及經歷概述之兩篇文章，分別為知堂《關於魯迅》和佐藤春天《魯迅傳》，是瞭解魯迅個人所必不可或缺的作品。再其後有魯迅『創作經過』系列文章，共收録《吶喊自序》《我怎麼做起小說來》等八篇文章，是魯迅『創作論』的代表作品和重要的研究著作。緊接著，曹氏又收録了魯迅關於『社會觀』（十四篇）和『文藝觀』（十一篇）的二十五篇文章，用以展示魯迅的文藝思想，其中有魯迅關於如何寫文章，如何翻譯文章的重要論述，以及魯迅對於左翼聯盟、統一抗日戰線等問題的重要觀點，集中反映了魯迅的革命觀與歷史觀。同時，還有魯迅寫給曹聚仁的私人書信，例如《論大眾語》，這是魯迅回復曹氏關於普及『大眾語』觀點的重要論述，魯迅認為，漢字和大眾是勢不兩立的，若要推行大眾語文，就必須用羅馬字拼音，並且要在大眾自行掌握教育的時候就普及拉丁化，這是魯迅與曹氏私交甚篤，並且有學術往來的絕好證明。最後，《魯迅手冊》收録有現代社會人士及作家、學者對於魯迅的作品評論、印象和悼念的文章凡十七篇，分別收録在『印象記』與『哀思録』兩條類目下。這部分文章以正面評價魯迅為主，如張定璜《魯迅先生》所載：『魯迅先生是一個藝術家，是一個有良心的，那就是説，忠於他的表現的，忠於他自己的藝術家』；再如珂雲輯《大眾的殯葬》對魯迅所做出的高度評價『李公樸四人獻旗，旗為白緞黑絨，上綴「民族魂」三字。當旗幟覆上靈柩時，人民在默默地致哀的情緒中，感到了一個戰士的死的偉大』，此類文章可作同時代文人及士人對魯迅的接受史看，具有一定的史料意義。

今據華東師範大學圖書館藏曹聚仁等編校、民國三十七年上海博覽書局再版本《魯迅手冊》影印，在《浦江文獻集成》第一九五、一九六冊。

王澤宇

文壇五十年（正編）

曹聚仁撰　一九五四年香港新文化出版社排印本

曹聚仁生平已見於《古史討論集》提要。《文壇五十年》為曹氏自己回憶及梳理過往五十年間中國文壇重要文藝作品及人物脈絡遞承關係，屬自傳與文學史兼有的個人書目。因曹氏與二十世紀中國文壇許多著名學者都有過交往，因此該書具有一定史料價值。尤其是《文壇五十年》中真實且生動地記述了當代文壇一些重要的人和事，這些文壇軼事無疑是研究現代中國文學史一份珍貴的資料，故而此書不僅僅是曹氏個人生平之回憶録，更是二十世紀文學史整體之回憶録。

《文壇五十年》由長短不一的各類文章組成，前有曹氏自序，序言：『《文壇五十年》也是一部回憶録性質的書，和梅蘭芳的《舞臺生活四十年》相仿佛，也可以説是由於他那部回憶録所觸發的，所不同的，梅氏之書，以他個人生活為敘述的中心，我則以四圍師友生活為中心。』由此可見，該書乃曹氏之回憶録文集，這種既身歷其間，又抽身旁觀的雙重身份，使得本書既具備回憶録之定位，又兼具文學史之特性，屬較難得之文獻材料。該書共收録各類文章三十三篇，是曹氏早年個人見聞及學術思想的集中表現。這些文章大致分為三種，第一種為曹氏品評作家個人及團體的作品，如《年輕時代的上海》《一個劉老老的話》《章太炎與周作人》《文學研究會》《創造社》等。第二種為曹氏評價學術流派及文藝風格的作品，如《江西詩派》《新體詩》《新小説》《新戲曲》等；第三類為曹氏評價學術運動與學術現象的作品，如《五四運動》《新文化運動》《新聞學運動》等，均有一定的個人創見。

總而言之，該書描敘了二十世紀初到新中國成立這一時段内的中國文學發展概貌，囊括了文藝成就與文學現象等諸多方面。曹氏依時間脈絡之先後為順序，用五十七個專題，追述了中國五十年間的文學社團、流派、思潮、報刊載體、重要作家和深具影響的作品。由於曹氏身處文壇、學界和新聞圈三界，便得以認識更多學界耆宿、文壇精英與社會賢達，這大大拓展了曹氏個人的學術視野與交際範疇，其中不乏與一流學界人物的交遊經歷。例如，曹氏在本書中所談論到的梁啟超、章太炎、李叔同、陳獨秀、胡適、魯迅、周作人、朱自清、陳望道、夏丏尊等人，均與其有直接交往與學術交流。《新青年》，五四運動、文學研究會、創造社等也是曹氏親身經歷或熟悉的學術團體。因此，曹氏之追述不乏第一手的信史資料，其對作家、作品的評論，也獨具慧眼，評述客觀，既不仰視，也不俯瞰，而取當事人加以平視審理，給後世研究者一個客觀公正的回復，這些都可説是本書所長。另外，娓娓道來如述掌故的隨筆風格以及個性化的臧否人物，亦有親切隨和之感，令人深感有趣。

今據華東師範大學圖書館藏曹聚仁撰、一九五四年香港新文化出版社排印本《文壇五十年》（正編）影印，在《浦江文獻集成》第一九六冊。

王澤宇

魯迅年譜

曹聚仁撰　一九七〇年香港三育圖書文具公司排印本

曹聚仁生平已見於《古史討論集》提要。《魯迅年譜》為曹聚仁悼念魯迅逝世所作之年譜，於一九七〇年公開發行，是目前研究魯迅個人生平經歷及學術成就的重要著作。書前有魯迅自題『寂寞新文苑，平安舊戰場。兩間餘一卒，荷戟獨彷徨。』之《彷徨》詩，後附魯迅個人照片及『自題小像』詩手跡，其後有曹聚仁之『編者小言』。在序言中，曹氏便點明：『魯迅先生生前，他是知道我要替他寫傳記的。』並且聲明，自己在寫傳記之前便已經在一九三七年發行了《魯迅手冊》，此乃紀念魯迅的第一種紀念工作；之後又在一九五六年出版了《魯迅評傳》，此乃紀念魯迅的第二種紀念工作，那時恰逢魯迅逝世二十周年。如今的《魯迅年譜》，已是在魯迅逝世三十年後了，此次編輯年譜，可算作是紀念魯迅的第三件工作。曹氏自言，其編寫之《魯迅年譜》，可分為上下兩部分，上卷為年譜部分，這部分曾在《文藝世紀》連載過；下卷為作品評論及好友印象記，也可以説是《魯迅手冊》的删定本。從細部來看，上卷為魯迅個人生平事蹟之講述，以編年體形式敘述，文辭言簡意賅，清晰直觀，全面展示了魯迅一生的經歷與過往；下卷為魯迅作品評論與印象文章專欄，録有周作人、茅盾、蘇雪林等十數位國內外大家之文章，文辭有褒有貶，集中展現了豐滿且真實的魯迅形象。

同時，曹氏言明，魯迅紀念館之建設與文集刊刻已經十分完備，唯獨時人批評魯迅的文字，卻不曾有人收録，其編輯《魯迅年譜》下卷之用意，正在於此。魯迅晚年，曾同意編次《關於魯迅及其他》一書，曹氏年譜，便是在此書的基礎上完善加工的著作，其收録了更多與魯迅同時代的作家作品，可以更充分地展現魯迅個人的接受史與批評史過程。此外，凡見於『魯迅紀念集』和《回憶偉大的魯迅》（魯迅二十周年紀念集）中的文章，曹氏《魯迅年譜》一概不收，由此可見，此書之文章，可作彌補魯迅之研究用。要而言之，全書均為魯迅個人事蹟講述及作品評介文章，少有曹氏文字，唯有馮雪峰之《回憶魯迅》，曹氏在附録中加入了評介，是目前研究魯迅生平及學術的一手資料。

今據華東師範大學圖書館藏曹聚仁撰、一九七〇年香港三育圖書文具公司排印《魯迅年譜》本影印，在《浦江文獻集成》第一九七冊。

王澤宇

蔣經國論

曹聚仁撰　一九七一年香港聯合畫報社排印本

曹聚仁生平已見於《古史討論集》提要。《蔣經國論》先有一九四八年上海版，那可能是中國第一部論述蔣經國的著作。後來曹聚仁移居香港，又把《蔣經國論》幾乎重寫了一遍，一九七一年由香港聯合畫報社出版，封面上有『上海版』字樣，書前有曹氏『前記』，在此記言中，曹氏表明自己曾用『丁舟』為筆名創作《談蔣經國》，已寫作了十多節，因自己曾替蔣經國在贛州創辦過《正氣日報》，為避吹捧嫌疑，只得以筆名書寫，後被友人發現，索性恢復了本名，開始正式寫作《蔣經國論》。在記文中，曹氏還談道：『我所寫的，至少可以解消社會上的種種誤解，使大家明白蔣氏的社會、政治、人生的觀點。我努力向這個方向去做，雖未必滿足朋友們的期待，但此中沒有身邊瑣事，也沒有內幕新聞，更沒有什麼羅漫斯穿插於其間；我自信這是一部「一本正經」的書。』由此可知，曹氏雖與蔣氏有著密切的過往，但書中並未因此而添加或減損有悖於事實的文字，相反，曹氏以客觀者的身份對蔣經國之人生經歷詳加論述，使《蔣經國論》在一定程度上具備了信史的性質。正如曹氏在記言結尾所寫的那樣：『這部書，或許讀者非常失望，可是我眼中的蔣經國，有骨有肉，實在是個常人，並無奇跡可寫。明知太缺乏傳奇性質的書是不能滿足大家的好奇心理的，然而枉尺以直尋，並不是我做的事。』

《蔣經國論》全書以敘述蔣經國生平的幾個重大事件為線索，平鋪直敘地介紹蔣經國的大致經歷與政治作為。此書分為正、附兩編，正編為『蔣經國論』，由『客座談政』『談蔣經國』『一個政治新人』和『蔣經國傳奇』四部分組成。其中，『客座談政—政治·人言·用人及其他』是曹氏之前創作的談民國新政的短論，全文語言明晰，是以王安石新政為論題來寫作的一篇文章，裏面包含了曹氏對於改革變法的諸多看法與修正措施，這也映射了當年蔣氏改革國民政治的荒唐行為。『談蔣經國』是曹氏之前就已經創作過的文章，在此書中，曹氏將之前筆名所帶來的敘述視角重新換成自我視角，將其中的文句也有所修訂，共分為十二章，討論了蔣經國留學、從政、改革及人生結局等諸多問題，包括對整個蔣氏家族亦有所論及。曹氏文筆簡練，無甚美化語句，有人物對話，有篇章總結，全文均以旁觀者身份進行敘述，使人讀罷有信服之感。此外，曹氏也有一定個人見解在其中，比如他將蔣經國比作王陽明第二，則頗有些趣味在其中。因為蔣經國吸取了王陽明『政學』中的教訓，於是便將注意的視角移向了鄉村，開始從鄉村處進行改革，這些都是過往學者未曾注意到的事情。『一個政治新人』和『蔣經國傳奇』是曹氏當年報導蔣氏在贛南的故事，屬於見聞性質的作品，現在拿來附在『蔣經國論』最後。曹氏的友人周維新，曾寫過一篇談新贛南政治的文章，曹氏認為此文章頗具分量便附在『蔣經國論』文末。同時還附有《談新贛南建設》《新贛南家訓》兩篇文章，此乃蔣氏和記者談新贛南建設的專論稿件，也被曹氏一同收録，此乃正編之文作。在附編裏，曹氏收録了四篇文章用以補充正編所未及之語，分別為《革命工作與革命幹部》《我們的人生觀》《永遠不要掛起白旗來》《夜宿虎岡有感》。第一篇是專論蔣氏之政治社會觀；第二、三篇為論述蔣氏之人生觀；第四篇依曹氏所言，是代表了蔣經國對自己的總檢討，而『上海往何處去』則代表的是他退往臺灣之前的最後想法。

今據華東師範大學圖書館藏曹聚仁撰、一九七一年香港聯合畫報社排印《蔣經國論》本影印，在《浦江文獻集成》第一九七册。

王澤宇

現代中國通鑒（甲編）

曹聚仁撰　一九七三年香港三育圖書文具公司排印本

曹聚仁生平已見於《古史討論集》提要。《現代中國通鑒》（甲編）為曹聚仁所撰自洋務運動失敗至中華民國建立二十餘年間之中國近代史專著。全書共分為二十章，前有曹氏自序，序言：『治史之道就得重新搜集史料，加以鑒別、整理，再把它寫出來。……近年來，我在留心現代中國的史料，不禁歎息以往的史書，由於種種政治偏見，把現代史歪曲得太不成話，頗想發奮執筆，重新寫過，這便是我寫《現代中國通鑒》的緣由。』可見，曹氏之《現代中國通鑒》（甲編）是以良史之態度，搜羅豐富之文獻並加以取捨而成的。曹氏指出，歷史是不容錯移的，必須要有確鑿的證據方可落筆成史。例如，曹氏就指明，袁世凱之長子袁克定，按照傳統史集所載，他曾到過漢口前線，與革命軍進行過交涉。但據曹氏考證，袁克定並未到過漢口，他只是派了朱芾煌到漢口與革命軍接觸，此事在袁氏寫給馮國璋的信件中就可佐證。因此，曹氏此書與傳統教科書所載歷史細節有出入之處，但也正因如此，《現代中國通鑒》（甲編）才彰顯出其可貴之處，其對歷史細節之彌補和對歷史材料之選取、徵引都可資現代學者參驗，是瞭解近代中國歷史的一部案頭書。

《現代中國通鑒》（甲編）之內容始自一八九五年北洋派袁世凱於小站督練新軍，終於一九一六年日本改築南滿鐵路為雙軌，前後共計二十一年的中國近代史。全書以白文敘述，以事件發生順序講述各歷史事件内容、背景及影響，順帶臧否與之有關的人物。有些章節前曾題寫或引用相關詩句，多為現代人所作詩歌，並附以五到十字的小標題用以區分内容。全書共二十章，分别為『北洋派』『辛亥革命』『武昌起義』『清政府倉皇應變』『袁世凱縱横捭闔』『革命狂潮的振幅』『東北民巷的幕後活動』『南北議和的歷程』『論史者言』『民國初建』『刺宋案大波瀾』『黨政的起伏』『内憂外患交迫而來』『洪憲皇帝』『反帝制運動』『護國軍戰役』『反帝制的軍事動態』『袁世凱死亡以後』『史料述評』『辛亥—丙辰大事記』。前十八章是正文，後兩章是材料附録。『史料述評』是曹氏輯録現代史學家之相關著述或文字片段而成的史料專章，用以補闕自己論述之不足，例如張國淦《辛亥革命史料》、劉成禺《世載堂雜憶》、李劍農《中國現代政治史》等都是珍貴的民國文獻，都可資後學參閲。『辛亥—丙辰大事記』是以年譜的方式，將一九一一至一九一六年間發生的大事提綱挈領地展現出來，以便作者閲覽。《現代中國通鑒》（甲編）語言通俗易懂，文字淺顯詳盡，其材料徵引也十分翔實。例如，曹氏曾經常引用一些電報或信件等原始史料。在第十五章『反帝制運動』裏，曹氏就引用了《甲寅雜誌》所刊陸子餘的通訊電報，這可能與曹氏長期從事記者工作有關，可以通過自身便利獲得一些常人所不能獲取的資料，此乃《現代中國通鑒》（甲編）一大優勢。此外，曹氏在面對多種材料時，會先將所有材料匯入，再進行甄别，無形中給予了讀者更多的參考材料，這使得《現代中國通鑒》（甲編）一書既有了相應的史實性，又具備了一定的廣博性。

今據華東師範大學圖書館藏曹聚仁撰、一九七三年香港三育圖書文具公司排印本《現代中國通鑒》（甲編）影印，在《浦江文獻集成》第一九八册。

王澤宇

國學十二講——中國學術思想新話

曹聚仁撰　一九七三年香港三育圖書文具公司排印本

曹聚仁生平已見於《古史討論集》提要。《國學十二講——中國學術思想史新話》是曹聚仁晚年之作，緣起於報章連載之《聽濤室隨筆》，後集結成書，號為《國學十二講——中國學術思想新話》。此書乃曹氏學術思想的重要集成之作，全書共分十二講，每一講下附有四至十餘篇文章，曹氏詳細爬疏了中國傳統學術源流和發展脈絡，自先秦諸子、魏晉玄學、宋明理學以迄清代樸學、民國餘緒，曹氏詳論殆盡，運筆成風，以時序為經，以流派為緯，博引文獻，又不乏裁斷，故自行世以來，便頗受學界推重。由於曹氏文筆清新灑脱，論説平實易懂，普通讀者亦可借此得窺中國學術思想之精奥，足可稱之為一份簡明的中國學術思想史『地圖』。尤其值得注意的是，各講都以小標題形式標明主旨，以短小精悍之文對每一論題進行深入剖析，同時旁徵博引，淺顯易懂，使文章頗具可讀性。

《國學十二講——中國學術思想史新話》可以理解為是曹氏對先輩師説的一個全面闡述與繼承，但在內涵與時代性等方面卻超越了師説，他已非簡單地注經釋學，而是針對港臺科舉幽靈與文科教學中的腐儒之説發起衝擊。在此書中，曹氏一方面灌輸青年以新知，一方面批判腐儒的固陋陳老。正如他所講：『告訴人們國學是什麼東西，做拆穿西洋鏡的工作。』由此可知，曹氏一方面對二千多年來的經學加以系統闡述，希望它回復到文化思想史的本來位置上來；另一方面又欲在中國現行的學術文化研究方面開闢出一條新徑，使之獲得時代的生機，正如曹氏所言：『跳出理學漢學的小圈子。』他盛讚『吳學、皖學的考證學、訓詁學、浙東的史學，揚州學派的典章制度』，才稱得上『中國學術思想的核心』，並主張『跳開唐宋古文的傳統，來接受前人所不齒的傳奇小説』，以及被『正統派』視為『異端』的『雜學』。曹氏正是從反讀經書的觀點來談中國學術之思想，尤其他反對新一代人還去鑽研陳舊的古書，在全書的後記中，曹氏言道：『我希望有點頭腦的父兄救救自己的孩子，莫再讓孩子們讀古書了。』因此，曹氏此書是從反理學的觀點來談儒家學説之陋俗，從新考證學逐步走向唯物史觀的新領域，這是曹書的一大亮點。同時，曹氏除了對中國學術大趨勢的發展有所梳理外，其對相關細節的問題考證亦頗見功底，例如在《原儒》裏，他對歷史上之『類儒』『私儒』都做了考釋，並言：『今獨以傳經為儒，以私名為異，以達名類名則偏。』要之，《國學十二講——中國學術思想史新話》是一部簡明的中國文學及學術史，其關注焦點是在中國歷史大事紀中有重要意義的作家、作品及學術流派，而對其影響力較小或未曾有人關注其影響力的作家則關注不夠，此乃《國學十二講》之缺陷。

今據華東師範大學圖書館藏曹聚仁撰、一九七三年香港三育圖書文具公司排印《國學十二講——中國學術思想新話》本影印，在《浦江文獻集成》第一九八、一九九册。

王澤宇

現代中國報告文學選

曹聚仁編　一九七九年香港三育圖書文具公司排印本

曹聚仁生平已見於《古史討論集》提要。《現代中國報告文學選》由曹聚仁選編，於一九七九年在香港三育圖書文具公司首次發行，全書分甲、乙兩編。前有曹氏《引言—致讀者》，在這部分裏，曹氏言及自己所編之《現代中國報告文學選》是受朱自清啟發，朱自清早年對他提及想要做一部《現代中國報告文學選》，但是朱自清未等編選就猝然離世，這項工作，便落到了曹聚仁身上。限於篇幅，曹氏將收文之時間起點定在了十九世紀末，以便更好地反映現代中國的歷史發展脈絡。關於選録的體例問題，曹氏表明自己之前未曾來得及和朱自清商量報告文學的體例問題，因此，只能就朱氏所編選的詩歌選，以及新聞學大系，還有各個作家的作品選來推導出一條標準來。這條標準大體是『以作家為經，再來選集他們的代表作』，但曹氏同時指出：『報告文學，有著新聞真實性的含量高低問題，我們不能不用史家的眼光來作第一回選擇的。』由此，曹氏在兼顧作家代表作品和新聞時效性兩方面的前提下，擬定了四個課題，即『民初袁世凱主政時期』『洪憲記聞』『護國戰役通訊』和『北洋軍閥之暮景』，每一個部分都擇録了相對應的報告文章附於其下，使人一目了然。

在『民初袁世凱主政時期』條目下，曹氏選定了一位申報駐北京的記者黃遠生，他既不是國民黨的人，也不是袁世凱的人，因此他的政治觀點相對中肯，歷來編著民國初年歷史的學者，都要採用他的報導，於是曹氏録用了他的文章來反映清末民初的歷史。在『洪憲記聞』内容裏，曹氏選用了劉成禺的作品來録入其中，因為劉成禺曾寫作《洪憲紀事詩注》，又富有史才，故被曹氏選中納入報告文學作品選。『護國戰役通訊』，曹氏選定了梁啟超關於反袁運動，也就是雲南起義的相關文章，梁氏以幕中人寫反袁起義經過，自是第一手材料，可資借鑒。而關於『北洋軍閥之暮景』内容，曹氏一開始苦於找不到材料，後找到《時報》駐北京的記者徐彬彬，他對北洋末期的活動曾報導得十分生動，故曹氏選定他的文章録入作品選。要而言之，所有選定之『報告文學』作品，都經過了曹氏的細心考量與精心核校，全面展示出了『報告文學』所應有的史實性與時效性作用，因而具有一定的信史價值，此為甲編之内容。乙編與之大同小異，曹氏將其分為七部分，時間與甲編相接。每一部分，曹氏都選用了此階段最具代表性的作家作品用以闡釋此時代的歷史，如二十世紀三十年代前後的歷史反應，曹氏選用的是陶菊隱的作品；關於民初社會動態的考察，曹氏選用的是蔣夢麟的文章；而關於國民革命軍北伐的文作，曹氏選定的是郭沫若的《北伐途次》，所録用的作品皆具代表性與獨特性的雙重價值，彰顯了曹氏深邃而精准的歷史眼光。此外，在序言裏，曹氏還梳理了『報告文學』之發生由來，他闡明『報告文學』源自梁啟超的《新民叢報》，也就是所謂之新聞文藝。同時，曹氏言明，『報告文學』是可資史料來運用的。為了讓讀者瞭解時事，曹氏先寫就了《現代中國通鑒》（即前述之《現代中國通鑒》（甲編））用以輔助報告文學選的閱讀，此為正編。《現代中國報告文學選》則為其副編，二者共同組成了簡易『現代中國史』，於現在之史學及文學研究皆有裨益。

今據華東師範大學圖書館藏曹聚仁編、一九七九年香港三育圖書文具公司排印《現代中國報告文學選》本影印，在《浦江文獻集成》第一九九、二〇〇冊。

王澤宇

詩文三篇

余相清撰　佚名評批　抄稿

余相清，字爾萬，別號子泉，生於清光緒二十六年（一九〇〇），卒年不詳，浦江縣余大宅（今屬浦南街道）人。自本邑湖山高等小學畢業後，先後就讀於上海國專高師科、中國國民黨浙江省黨校等學校。歷任上海特別市檢定合格中等學校訓育主任、中國國民黨福建省黨務特派員、中央甄審合格文官委任一級職、浙江義烏縣黨部常務委員、國立勞動大學中學部訓育主任、浙江省對日經濟絕交委員會總務主任、浙江省保安處特別黨部組訓科長、江蘇淮安縣黨部設計委員兼秘書、福建寧德縣黨務特派員、廣東省財政廳沙田整理處股長、浦江縣動員會設計委員、浦江縣地方行政幹部訓練所股長、浦江縣黨部秘書、浦江縣黨部執行委員等。

據民國三十五年（一九四六）所修《浦陽高峰余氏宗譜》，余相清自入湖山高等小學以來之學歷皆有記載，但此前是否有舊學根柢已不得而知。今《浦江文獻集成》收録其詩文若干，編纂者姑名為《詩文三篇》，一曰《樂取於人以為善義》（八股文），二曰《擬建築浦陽江堤岸策》（策論文），三曰《賦得仙華第一峰》（詩）。在《樂取於人以為善義》眉欄，批閱者謂『取己之善反跌取人之善』『取己之樂反跌取人之樂』『表面樂字本根』『以憂字跌出樂字』『以天下之憂跌出一己之樂，反應上文』『以盡責兩字結出樂字』，篇末總評謂『作法頗合點題，作結處亦多醒豁』；《擬建築浦陽江堤岸策》眉欄，批閱者謂『先疏浚而後堤防，事半功倍』『就小本而生巨利』，篇末總評謂『本案因乏良策，作者竟能於無策中生出一策，頗費經營』；《賦得仙華第一峰》篇末，批閱者謂『以能鍾靈毓秀發揮第一兩字，題蘊允推合作』。據此，則余相清於八股文、策論文、詩歌之造詣皆有可觀者，不知其於何時何地習得也。

今據邑人費泓淳藏余相清撰、抄稿本《詩文三篇》影印，在《浦江文獻集成》第二〇一冊。

方　勇

吟湘館題蘭詩録

費友荀撰　民國二十九年重訂稿本

費友荀，耀南之長子，字心荃，號伯蘅，又號嘯南、嘯庵、肖南、半廬、石樵、白石樵人等，生於清宣統二年（一九一〇），卒於一九五二年，浦江縣費宅村（今屬黄宅鎮）人。天資聰慧，自幼愛好書畫，九歲即與父耀南合畫《吟湘館蘭稿》，善花卉、人物，尤長於山水，所存條屏凡四十餘幅多為山水之畫，《浦江文獻集成》第二七九册所收《石樵畫稿》所畫多為人物花鳥，題材多樣，構思巧妙，意境生動，筆墨清新，渾厚中求透脱，凝重中現靈動，與其父唯鍾情於墨蘭者固為不同。

《吟湘館題蘭詩録》封面署『庚辰春月重訂於半廬』，卷首題『壬申年仲春寫於半廬東窗，庚辰選録』，『壬申』『庚辰』分别為民國二十一年（一九三二）、民國二十九年（一九四〇），『半廬』乃其齋名（指其家中用作書齋之半間小房），則此詩録似為友荀二十二歲時所作而訂定於而立之年，凡收作品一百四十餘首。據考，友荀民國二十一年任本邑湖溪小學美術教師，二十四年從軍福建雲霄、福州等地，二十九年返回家鄉。今案此稿本所録，則並非友荀於民國二十一年之内創作，而當是始於此年而後陸續寫作完成，至民國二十九年乃加以訂定，所涉内容包括在福建從軍所感之作，各類題花頌花之詩，以及寫浦陽十景之詩等。其以『題蘭』命詩録，審其内容，亦並非以題蘭為主，而視其體裁，又多有所填之詞，似於命名稿本之際頗欠斟酌。然其父耀南，一生愛蘭如命，且以『吟湘館主』自號，則斯集如此命名，是乃從其父之志也歟？而其以詞作入詩録，於體例亦頗為不妥。然浦陽自有歌詠以來，實以詩學為獨盛，而詞學則蔑然無聞，則友荀崛然於季世，亦可謂難能而可貴矣。友荀尚有《友荀三餘詩草》，今僅存封面，詩作皆已遺逸，甚為可惜。若天假其年壽，其於畫於詩於詞，百尺竿頭當可進一步也。

今據邑人費赤橋藏費友荀民國二十九年重訂稿本《吟湘館題蘭詩録》影印，在《浦江文獻集成》第二〇一册。

方　勇

五溪漫遊吟草

戚維新撰　民國三十四年抄本

戚維新，字更生，村傍雲溪，因號雲溪居士，生於清光緒二十七年（一九〇一），卒於一九七九年，浦江縣戚宅村（今屬黄宅鎮）人。六歲進私塾，得晚清秀才黄增仁之啟蒙熏陶。因經濟拮据，時學時輟。喜習書繪畫，常折枝為筆，鋪沙代紙。又多方尋師訪賢，曾得鄉賢方步瀛、金鳳池、戚維翰之指教，其書畫遂與日俱進。一九二七年借貸考入上海美術專門學校國畫系，畢業後留校任教。又應黄賓虹之聘，兼教於中國文藝學院。每逢寒暑假，與張書旂、鄭祖緯切磋琢磨，人稱『浦陽三傑』。一九三二年，始兼任國立杭州藝術專科學校、之江文理學院教職，與潘天壽同事多年，交遊甚篤。抗戰時隨學校西遷三湘，抗戰勝利後歸故鄉工作、生活。一生勤奮，專心繪畫，凡花卉翎毛、蟲魚走獸、人物山水，造詣皆深，尤以獅虎松鶴聞名。又善詩詞篆刻，撰文體格不凡，著有《題畫録》《五溪漫遊吟草》《抒情集》《養鵝積肥》等。

《五溪漫遊吟草》封面題『乙酉秋日瘦癡』。裏封除書名外，題『戚維新先生詩稿初集』『瘦癡張之陽』。抄本前有戚氏《自序》云：『余不善讀，讀則三兩篇，輒掩卷冥思摸索，恍然神遊章句間。詩不常作，作則偶有所會，隨不計工拙，輒握管而書之。溯自胡塵南昏，梓舍為墟，間關西來，得三湘風月之幽，五溪形勝之助，於兹八載，成雜句百有餘篇。鷺公舒老先生為題名曰「五溪漫遊吟草」，繼蔫廖覺老、張之陽、劉松谷諸君子為之彙編成集，並承之陽手抄，猶為感激。至原稿未經讎校，不能不有待高亮同好之士逐為賜正也。乙酉秋日，浦陽更生戚維新於溆浦盧峰書院。』抗日戰爭暴發後，戚維新隨國立杭州藝術專科學校輾轉湖南，漂泊長沙、沅陵、溆浦等地，教學之餘，嘯傲風月，八載羈愁，發為詩作，百有餘首，同好廖覺老、張之陽、劉松谷等，有見於『其稿丹黃狼藉，章篇雜亂，甚為可惜，因為之彙編，手録成書』（抄本末附語），謂之《五溪漫遊吟草》，時在民國三十四年（一九四五）秋河山光復之際。邵陽瘦癡張之陽所題書名之『五溪』者，謂煙瘴荒僻之區，即雄溪、滿溪、酉溪、潕溪、辰溪是也。以此命名詩集，其深意可知矣。

今據邑人戚興志藏戚維新撰、民國三十四年抄本《五溪漫遊吟草》影印，在《浦江文獻集成》第二〇一冊。

方勇

抒情集

戚維新撰　稿本

戚維新生平已見於上一則提要。《抒情集》封面除書名外，題有『卅七年十月，更生詞稿』字様。民國三十七年為一九四八年，『更生』是戚維新之字。稿本前有目録，並撰《自序》云：『余生不辰，遭逢亂世，首當抗日戰起，塵劫東南，間關西去，奔走湘沅辰溆間，八載羈愁，嘯傲風月，吟詠之事雖間或為之，要皆未遽遵遁前人定例，相沿詞綜，一以謀求文辭章篇之簡易，而寫《五溪漫遊吟草》，勉為記遊之外，則既無暇向滄浪作漁父之歌，尤未克繼楚騷作屈子之賦。迨至抗日勝利，河山光復，東歸後，亦正如倦鳥之歸林，馬齒增來，頓覺斜陽滿樹，暮境愴涼，本已毋復他計矣。再當解放軍興，舉國紛紛，揆諸形勢之發展，自謂年衰力薄，黔驢技窮，固不如遁冷徑，師自然，效法夷齊首陽故事，俾得漁歌樵唱之激發，靈山秀水之陶冶，而撫今憶昔，追隨時代背景之不同，人事變遷之逢異，則不計工拙，寫此百有餘闋，並自名之曰《抒情集》，有所好處，以應高明同好者之精鑒耳。是為序。癸卯嘉平，浦陽更生戚維新於雲溪之岸。』則此稿本大率皆為戚氏於河山光復後至一九六三年十二月（癸卯嘉平）間『撫今憶昔』之詞集。至於封面所題年月當為《抒情集》初步整理之時間，稿本中小楷筆跡則出於幫助謄抄者之手。

抗戰勝利後，戚維新始返故里，任教於鄰邑義烏佛堂大成中學。一九四七年底，又應國民黨元老陳肇英之請受聘於其所創辦之浦江中山中學，陳氏曾撰聯譽之曰：『打裘駿馬千金買，切玉名刀萬里來。』維新稟性敦厚，為人耿直不苟，嘗題《蟹》詩以自喻云：『為雪不平事，横矛意氣揚。江湖行俠客，抱負總非凡。』故與世事每有不協，自一九五〇年後，不得已而苟全性命於畎畝，及至所藏黄賓虹、潘天壽、李苦禪等名家字畫，及自己一生所畫大部分作品在『文革』中被付之一炬，益是扼腕痛惜，一意仿效夷齊，歸隱荒山野水，以養鵝參禪了卻餘生。則維新漸棄便於抒寫家國情懷之詩歌，選擇易於表達個體幽微心緒之詞體之緣由，於是可知矣。今遍閱其《抒情集》，言情方式大異於其《五溪漫遊吟草》，大率不涉具體事象，亦多不書人物、地點、年月，唯隱約展現其心中無限之纏結、無可名狀之情緒，暮境可謂愴涼矣。

今據邑人戚興志藏戚維新所撰稿本《抒情集》影印，在《浦江文獻集成》第二〇一册。

方勇

德國現代史

張世禄撰　民國十八年上海商務印書館排印《新時代史地叢書》本

張世禄，字福崇，號錦堂，生於清光緒二十八年（一九〇二），卒於一九九一年，浦江縣禮張村（今屬巖頭鎮）人。祖父有烈為清代貢生，父道型乃清末秀才，皆以育人為業。世禄家世書香，少即好學，一九二一年畢業於省立金華中學，後入國立東南大學中文系就讀，得胡小石、陳中凡、顧實、柳詒征、竺可楨、梅光迪、吳宓諸名家親炙。畢業後，入廈門集美學校任教，一九二八年入上海商務印書館編譯所任編譯員。先後任教於暨南大學、復旦大學、光華大學、雲南大學、中山大學、重慶中央大學、重慶大學、南京大學等校。一生著述宏豐，先後出版有《德國現代史》《中國聲韻學概要》《中國古音學》《語言學原理》《音韻學》《廣韻研究》《中國文藝變遷論》《語言學概論》《語言學綱要》《中國音韻學史》《中國文字學概要》《中國訓詁學概要》《小學詞彙教學基本知識講話》《普通話詞彙》《漢字改革的理論和實踐》《小學語法修辭》《古代漢語》《張世禄語言學論文集》等著作，另有《中國語與中國文》（瑞典高本漢著）、《漢語詞類》（瑞典高本漢著）、《語言學通論》（英國斐爾司著，與藍文海合譯）、《老子韻考》《詩經研究》（瑞典高本漢著）等譯作。

《德國現代史》一書出版於一九二九年張世禄任上海商務印書館編譯所編譯員期間。世禄雖以音韻學名家，然是書於民國時期德國史研究中亦頗有一席之地。民國時期之德國史研究著作寥寥無幾，此書而外，僅魏以新所譯哈勒爾《德國史綱》、鄭壽麟《德國志略》、盧文迪《德國史》諸書聊以添色。是書共分十章，第一章為緒論，第二章簡述十九世紀以前德意志之歷史概況，第三章至第十章，自拿破崙戰爭始，歷言普魯士排奧、普法戰爭、德意志統一、第一次世界大戰等一百餘年間現代德國歷史大事。此書不以神聖羅馬帝國之消亡為德國現代與古代的界限，而以拿破崙戰爭為德國現代史之起點，可謂有見。蓋德國民族精神之覺醒與統一運動之興起皆肇始於拿破崙戰爭中法人對德意志之蹂躪，而拿破崙戰爭又將法國大革命自由平等思想傳入德國，故拿破崙戰爭實為德國政治文化之一大轉捩點。

此書非僅以概述歷史，而欲以解釋諸多政治文化問題：德國何以必取聯邦制度？軍國主義與戰爭思想在德國何以如此發達？德意志帝國專制之嚴厲，俄羅斯而外，罕有出其右者，然德國何以成為社會主義之首倡者，又何以一變而為社會主義共和國？張世祿除從德國歷史環境與當時世界大勢兩方面探討而外，對德意志之民族心理與民族精神亦多加著筆。張世祿言道，德意志民族有兩種看似相矛盾之民族性格：一方面堅忍服從，最喜兵士之生活；另一方面又愛好自由，不甘受制於人。其堅韌尚武之精神，本於祖先日耳曼人，日耳曼即戰爭中呼喊者之義；而黑格爾歷史哲學、馬克思階級鬥爭學説等，皆以戰爭為文明進步之必要手段，思想界之推波助瀾，加之帝國政治之需要，軍國主義思想遂一時而興。而其愛好自由之精神，亦本於日耳曼祖先，經理性主義洗禮後，加之工商業之發展，人民教育之普及，一戰中帝國戰敗，遂促成民主與社會主義之實現。

今據華東師範大學圖書館藏張世祿撰、民國十八年上海商務印書館排印《新時代史地叢書》本《德國現代史》影印，在《浦江文獻集成》第二〇一冊。

吴劍修

中國聲韻學概要

張世禄撰　民國十九年上海商務印書館排印《萬有文庫》本

張世禄生平已見於上一則提要。聲韻之學，逮清代而大盛，然學者多耽於精研，而罕留心於普教。清初有萬斯同《聲韻源流考》、潘咸《音韻源流》，然草創粗疏，不足以為典要。清末學堂驟興，聲韻之學教授日殷，章太炎《國故論衡》雖暢通音理，然非初學之資。高元《國音學》，敷暢音理而未及韻史。及張氏《中國聲韻學概要》出，始融音理與韻史而一，故李無未云：『該書是第一部中國人自己寫的富有科學思想的漢語音韻學入門學習的通論性著作。』

張世禄云研究音韻之學，其目的有四：一則，中國文字形義雙關，故音韻學為研究文字者所必須；二則，詩文之抑揚頓挫實與語音不可須臾相離，故究心文學者不可不通音韻；三則，語音之輕重清濁，可藉以推測人情之剛柔，風俗之厚薄，民族之強弱，而異代殊方之大勢亦可以見矣，故欲治史地者不可不明聲韻；四則，中國幅員廣大，方言歧殊，欲求國家之統一，復興民族，必先統一語言，欲統一語言必先推廣國語，故欲推廣國語則不可不審察音理。是書凡四編，第一編為語音總論，簡述西洋語音學原理，繼而述及中國語言與文字、地域、時代之關係。第二編《聲母與韻母》，主要以西洋語言學原理解釋音韻學中聲母、韻母、四聲、五音、七音、清濁、等韻等諸多名目，所釋皆明晰簡潔，使人頓時豁然，一掃前人述韻模棱之病。第三編講述歷代聲韻之變遷，張氏分中土音韻學為四類：一曰古音學，主要以研究先周秦漢千年語音之變遷；張氏此書序論周秦古音，多採章、黄二氏之言。二曰廣韻學，主要以研究魏晉唐宋之間語音之變遷，張氏此書言廣韻聲類分部僅采陳澧《切韻考》四十一類説，而未及曾運乾五十一類之説，曾氏《切韻五聲五十一紐考》刊於一九二七年，世禄恐未及見，遂成此遺珠之憾。三曰等韻學，等韻者，以三十六字母為依託，將韻書所載之韻劃分四等，綜括韻書與字母，而別成一家之學。此學首倡於佛門，至宋時，為士大夫究音韻學所廣泛接受。自宋以來，《廣韻》《洪武正韻》諸書皆有等韻之圖，此學實研究歷代語音變遷之一大工具。四曰國音學，主要以研究元明以來吾國語音之變遷。清代以來，學者謂廣韻為『今音』，元明以下皆稱『俗音』，此等名目之立，實由儒者尊經泥古，時時念念以恢復周秦古音之復古思想所致，民國以來變『俗音』之名而曰『國音』，實較前人遠甚。今世學者又易『國語』之名而稱『官話』，其意實與張氏同。中國幅員廣大，方言衆多，自古而言，欲一思想、致太平必先以統一語言為務，前代儒者如顧炎武等非不知此，而斤斤以復周秦古音為務，實成空中樓閣之思。欲統一國語言，以前代官話為依乃能切而行之。『國音』之立名，其意可謂深矣。第四編，拼音，屬論民國所興之注音符號與反切之關係。注音符號乃章太炎效仿東洋平假名所創，用以改良中國傳統反切之法，其於普及文字教育居功至偉。新中國成立以後，改為羅馬字母以代注音符號，然注音符號臺灣地區今仍通行之。

今據華東師範大學圖書館藏張世禄撰、民國十九年上海商務印書館排印《萬有文庫》本《中國聲韻學概要》影印，在《浦江文獻集成》第二〇一冊。

吴劍修

中國古音學

張世禄撰　民國十九年上海商務印書館排印《萬有文庫》本

張世禄生平已見於《德國現代史》提要。『古音』對『今音』而言，古人既以今音為以《切韻》《廣韻》所代表之魏晉隋唐之音，則古音即周秦漢魏之音。古音之學肇始於宋吳棫，至明末陳第《毛氏古音考》初定考古音之法，清初顧炎武效之而為《唐韻正》，其後江永、戴震諸儒融考古於審音，古音之學遂臻於極盛。張世禄以吳棫為古音學之始祖，是書前三章略及前代零散古音之説，如六朝『合韻』之説、《經典釋文》『韻緩』之辨等。至第四章起，始依次述及宋吳棫、鄭庠，明楊慎、陳第，清顧炎武、江永、段玉裁、戴震、錢大昕、洪亮吉、孔廣森、嚴可均、姚文田、江有誥、王念孫、張惠言、莊述祖、劉逢禄，近人章太炎、黄侃等二十家古音之説；世禄分章，以段玉裁居戴震前，蓋因戴、段二家雖名為師弟，然戴氏之古音分部實由段之、脂、支三分之説而啟之；其中姚文田、莊述祖、劉逢禄諸家之説，實學界所罕及之，而世禄言之，足見其觀書之博。最後一章述及近代古音學之大討論，此次討論由汪榮寶《歌戈魚模古讀考》梵漢對音考訂古音之法啟之，章太炎撰文駁之，而生古音學新舊方法之一大論戰。

世禄此書，條例明晰，於諸家學説多所引據，而少贅言，評述諸家學説又多能關注其不足與影響，實古音學入門所必備之書。其所關注者約有以下幾點：一則古韻之分部。據張氏所述，古韻分部始於宋鄭庠，其據《廣韻》分古韻六部，清顧炎武承明陳第古韻通押之法而分為十部，後出轉精，江永有十三部之説，段玉裁謂之、脂、支當三分，而創十七部之説，後戴震創陰、陽、入三分之法，分古韻為九類二十五部。孔廣森謂東、冬二分，分古韻為九類十八部，較戴氏為詳密。其後嚴可均據《説文》諧聲進一步完善戴、孔二家陰、陽分配之法，並冬入侵，又以侵、幽相配，談、宵相配，而得八類十六部。江有誥之説冬韻分立，又以入聲葉部、緝部分立，而成二十一部。王念孫與江有誥討論實多，故分部多同，有異者唯王氏以東、冬不當分，而又別立至部。其後張惠言、劉逢禄皆各有立部，至章太炎二十三部起，遂集古音學之大成。二則，聲韻通轉之法。據世禄所言，韻部通轉之説創自吴棫《韻補》，至清代段玉裁始有合韻之説，戴震《聲類表》則以陰、陽、入三分而創對轉之説，以韻部旁通而啟旁轉之論，孔廣森、嚴可均諸家於戴説稍加修正，至章太炎《成均圖》而集大成。文中有於諸家考韻之法多有關注，如云張惠言論古音多據《説文》諧聲而不宗《廣韻》，黄侃則從《廣韻》中求得古本韻。諸家方法不同，實不可皆廢。

今據華東師範大學圖書館藏張世禄撰、民國十九年上海商務印書館排印《萬有文庫》本《中國古音學》影印，在《浦江文獻集成》第二〇二冊。

吴劍修

語言學原理

張世禄撰　民國二十年上海商務印書館排印《萬有文庫》本

張世禄生平已見於《德國現代史》提要。中國訓詁、文字、音韻之學，早已有之，如先秦有《爾雅》之書，漢有《説文》《方言》《釋名》諸作，然多以考校名物、推論文字形體音義為主，不以審音見長，涉及音讀則多譬況、比擬之説，『讀若』『讀同』之言、『長言』『短言』之論由是生之。至佛教東來，梵語文法、音學傳入，中土音韻之學遂至大變，反切之學由是生焉，唐末以來之三十六字母、等韻之學亦是借梵學而成也。然皆以字辨音，而地有南北，音有沿革，文字之跡易尋而語音之變難究，文字與語音終有相隔。是以，明清以來於反切等韻之學多所黯然。民國以來，自西方語言學傳入，此又為中國音韻之學之一大變。西學以音標為工具，以科學方法調查方言，推跡中古《切韻》之音，其法實略勝於中土學者。

張氏撰《語言學原理》，正欲系統介紹西方語言學之研究方法與研究範疇。此書共分四篇。第一篇《語言學與語言》，詳論語言之本質與語言學研究方法。張氏言語言學作為科學，其研究方法有二：一為歷史研究法，根據歷史材料推求語詞之來源與語言變遷發達之途徑；二為比較研究法，即通過考察各種語言之異同，以究有無交互影響。張氏於此篇又述論語言學與心理學、人類學、文獻學、哲學、教育學、政治學等學科之間關係，足見其視野之廣闊。第二篇《語言的構成》，分語言為語音與意義兩要素。語音要素與人體生理發音器官相關，而意義要素則指向心理、社會層面，故語言學之研究亦是就這兩要素而展開。欲研究語音學，則必精心研究發音器官，張世禄於此篇有詳細介紹。語言意義之研究，張氏以為，語言意義之表達以語詞為單位，語詞又分具體語詞與抽語詞，由詞及句，故語言意義之表達必有文法之規範。且語言之意義表達與民族心理、思想關係甚大。第三篇《語言組成的形式》，對語言形態學、措辭學系統介紹，張氏以語言組成之最小單位為『語詞』，今稱之『語素』，形態學主要以討論『語詞』之相關性質與構詞法，如詞性、語詞變形等。措辭學則主要研究語詞之相互關係。第四篇《語言的發生變化》，則主要介紹語言起源之諸種觀點與語言之變遷。

今據華東師範大學圖書館藏張世禄撰、民國二十年上海商務印書館排印《萬有文庫》本《語言學原理》影印，在《浦江文獻集成》第二〇二冊。

吴劍修

音韻學

張世禄撰　民國二十年上海商務印書館排印《萬有文庫》本

張世禄生平已見於《德國現代史》提要。據張氏自言，此書編製之目的，在於使讀者對於中國音韻學之內容與源流能得到一個清晰概念。其方法則主要以西方語音學、語言學學理為依託，將中國過去音韻學材料加以剖析説明。與前已出版之《中國聲韻學概要》體例相同，此書仍是將中國音韻學分為四個部分：古音研究，《廣韻》研究，等韻學研究，國音研究。然張世禄在具體章節安排上則與《中國聲韻學概要》頗不相同，此書將『古音學』之研究置於《廣韻》研究之後章，蓋以不究《廣韻》則不可以究古音，故有此安排。同時代之曾運乾之《音韻學講義》亦是此等安排，可謂英雄所見略同。

此書共分五篇。第一篇《音韻學總論》，一則考論音韻學名稱之由來，二則敘述中國音韻學之發展源流，三則言中國音韻與西洋語音學之關係，並著重以西洋語音學原理解釋中國『五音』『七音』之説、四聲之別。第二篇關於《廣韻》的研究，一則考論《廣韻》之版本、體例，並系統介紹《廣韻》之前的諸家韻書；二則是對《廣韻》韻部之研究，推跡二百零六韻之前代來源，謂《廣韻》音系乃是貫通古今、南北的綜合音系而非單一音系，並謂前代江永、戴震研究《廣韻》失敗之原因在於未能區分《廣韻》韻部與等韻圖之四等，《廣韻》二〇六韻乃隋唐人所定，而等韻圖之分等則出自宋元人，此説可謂一針見血；三則是對《廣韻》

聲類之研究，主要以介紹陳澧《切韻考》四十類之説，其後黄侃、錢玄同又分明、微為二類，而成四十一類。然此書未及曾運乾、陸志韋五十一類説，實為遺憾。第三篇《古音學上的問題》，一則討論古音學之研究方法，二則研究古音之韻部，並以黄侃二十八部為標準，列表比較對顧炎武、江永、戴震、段玉裁、孔廣森、王念孫、章太炎諸家分韻之別；三則考論古韻通轉與入聲分配等問題，通轉之説啟自宋吴棫，至近代章太炎《成均圖》出而集大成；四則討論古音聲類問題，述及錢大昕之古無輕唇説、古無舌上説，以及章太炎之娘、日二母歸泥説，然對於近人曾運乾之『喻三歸匣，喻四歸定』説未有提及。四篇《等韻學的内容》，對韻攝、四聲、等呼、内外轉、字母、清濁等名目問題作系統介紹，又述及等韻圖自宋至明之變遷。第五篇《國音字母與國音系統》，謂今日所行之國音系統創始於周德清《中原音韻》，故對周德清《中原音韻》一書韻部、聲類系統作了介紹，又及後出之《洪武正韻》；再則討論了以西方羅馬字母和注音符號改良反切之優點。

今據華東師範大學圖書館藏張世禄撰、民國二十年上海商務印書館排印《萬有文庫》本《音韻學》影印，在《浦江文獻集成》第二〇二冊。

吴劍修

廣韻研究

張世禄撰　民國二十二年上海商務印書館排印《國學小叢書》本

張世禄生平已見於《德國現代史》提要。『廣韻』者，又名『廣切韻』，有因《切韻》一書而廣之之義。唐宋以來韻書多是依據陸法言《切韻》為基礎而刊謬補缺，加以增廣，故多名『廣切韻』，宋以前已有《廣韻》之書，陳彭年又承詔增修前代《廣韻》之書，名曰《大宋重修廣韻》，今之所謂『廣韻』者，即陳彭年所增修之《大宋重修廣韻》。《廣韻》一書實溝通古今音韻之一階梯，欲究中國音韻之學，必以《廣韻》為樞紐。《廣韻》以前之韻書，大都不存於世，清末所發現之諸本唐寫本《切韻》，多屬殘缺不全，僅資參考，欲究魏晉隋唐之間音學，亦不得不以《廣韻》為基礎。而漢魏以前無韻書，前代欲究漢魏以前之古音者，亦不得不析合《廣韻》韻部，以成古音之分部，故《廣韻》又為古音學之階梯。後世等韻之學，其初亦必依《廣韻》而圖畫等第，分聲別類。元明以後之《中原音韻》《洪武正韻》等諸家韻書，亦皆據《廣韻》韻部而合併之。是故，不究《廣韻》而欲以探中國音學之實，非其道也。

《廣韻》之研究，自清末陳澧《切韻考》啟之，民國以來瑞典高本漢之《中國音韻學研究》一書傳入，《廣韻》之研究遂趨大盛。然諸家之書多深奧難讀，世禄《廣韻研究》一書則深入淺出，對《廣韻》學之介紹最為系統全面，乃音韻學入門者必備之書。是書共分五章。第一章《廣韻之作述及其體例》，詳述《廣韻》之成書歷程，又於諸版本之詳略異同多加考察。第二章《廣韻以前之韻書》，系統介紹自李登《聲類》以來諸家韻書，如沈約《四聲考》、陸法言《切韻》、孫愐《唐韻》等，以究六朝隋唐以來韻書與《廣韻》遞變之跡；又附考四聲、反切之來源。第三章《廣韻之韻部》，細探《廣韻》分部之標準，以音標擬音解釋《廣韻》四聲相配之理，以陽聲韻收 -ng、-m、-n，與之相配之入聲則收 -k、-p、-t；又系統介紹陳澧《切韻考》以反切繫聯分析《廣韻》韻類之法，以明《廣韻》之韻類分部實與後來《七音略》諸等韻家分部之不同；並詳考《廣韻》之分部與地理志關係，以明《廣韻》之分韻乃是綜合諸地方音之綜合音系。第四章《廣韻之聲類》，詳考守溫三十六字母之來源，又系統介紹陳澧《切韻考》據反切繫聯法分廣韻聲類為四十一類之成果，以明廣韻聲類與等韻三十六字母系統之別，然未及曾運乾五十一類之分，實為一大遺憾；又闡明『五音』『七音』『清濁』『聲等』諸名，介紹等韻諸反切門法。第五章《廣韻以後之韻書》，以問世先後為序依次介紹《集韻》《五音集韻》《禮部韻略》《平水新刊韻略》《古今韻會》《群府韻玉》等書，以明《廣韻》一書對後代韻學之影響及後世韻部之變革。

今據華東師範大學圖書館藏張世禄撰、民國二十二年上海商務印書館排印《國學小叢書》本《廣韻研究》影印，在《浦江文獻集成》第二〇三冊。

吳劍修

中國語與中國文

［瑞典］高本漢撰　張世禄譯　民國二十二年上海商務印書館排印《百科小叢書》本

張世禄生平已見於《德國現代史》提要。高本漢（Klas Bernhard Johannes Karlgren，瑞典，一八八九—一九七八），著名漢學家，曾任哥德堡大學教授、校長、遠東考古博物館館長。高本漢中學時即傾心中華文化。一九〇七年，到烏普薩拉大學就讀，主修俄語，師從著名語言學家倫德爾（J. A. Lundell）教授，倫德爾曾自擬一套方言拼寫語符，於歷史語言學之研究為功甚巨。一九一〇年來華，於山西大學堂（今山西大學）教授法語、英語，並調查中國方言。高本漢曾先後對中國二十四種方言進行記録考察，於中國方言研究居功至偉。並以此為基礎撰成《中國音韻學研究》（Etudes sur la phonologiechinoise）一書，此書中譯本後由趙元任、李方桂、羅常培三位音韻學家共同翻譯而成，並加注釋和補訂。此書於中國音韻學研究影響之神，堪稱中國現代音韻學之始祖。高本漢於音韻學方面專著又有《漢語詞族》（Word Families in Chinese）、《中日漢字分析字典》（Analytical Dictionary of Chinese and Sino-Japanese）、《古漢語字典》（Grammata Serica）、《中國語與中國文》（Sound and Symbol in Chinese）等。高本漢於中華文化興趣廣泛，遠不限於此音韻學領域，另撰有《左傳真偽考》（On the Authenticity and Nature of the Tso Chuan）、《簡述中國的思想界》（Från Kinas tankevärld）、《中國和日本的宗教》（Kinas og Japan Religioner）、《中國的宗教：經典的古董》

(Religion i Kina: Antiken）諸書，可謂著作等身。

《中國語與中國文》（Sound and Symbol in Chinese）一書乃高本漢由英語撰寫而成，一九二三年由英國牛津出版社出版。一九三〇年初，賀昌群翻譯高本漢《中國語言學研究》畢，並囑張世祿校訂，張世祿以此書與《中國語與中國文》一書多有相互發明之處，遂擬翻譯此書。是書前有楊筠如序，又有張世祿所撰導言，導言極為詳實，凡二十六頁。正文共分六章。第一章討論中國語言之起源與歷史，謂中國語言乃內生發展而成，以駁斥西方學界中國語言起源於西亞之説。第二章討論中國語言之特性，言中國語言是孤立語，與黏著語不同，無『位格』『數目』『人稱』『時態』諸形式變化。第三章討論中國語言之演進趨勢，謂中國語言在語音上有單純化的趨勢，中國語音由古至今一直向簡單化方向發展，音綴越來越少。第四章討論中國文字與中國語言之關係，一則從歷時角度謂文字可突破語音變化束縛，邁越千年，讀懂古書，從而造成中國語對古典知識與文化之極端崇敬，二則從現時角度謂中國各地雖方言疏隔，然可以各自方言閱讀文字，形成交流，文字成了一種官方意義的『世界語』。第五章討論中國語言之結構，相比於印歐語系，中國語意無形式變化，二則無固定詞性。第六章討論中國語言之修辭，言中國語言詞語意義複雜，須從具體語句中細味其義，故中國語之修辭多無常例可尋，必須先積累大量閱讀經驗，逐漸培養。又將中國修辭略分為以下五類：引證、隱喻、文書上的隱喻、稱呼上的隱喻、歷史上的隱喻等。並言修辭在日常生活中大量運用，如稱『三十歲』為『而立』，稱醫生專業為『杏林』等。

今據華東師範大學圖書館藏［瑞典］高本漢撰、張世祿譯，民國二十二年上海商務印書館排印《百科小叢書》本《中國語與中國文》影印，在《浦江文獻集成》第二〇三冊。

吴劍修

中國文藝變遷論

張世禄撰　民國二十三年上海商務印書館排印《國學小叢書》本

張世禄生平已見於《德國現代史》提要。世禄雖以音韻見長，然古學根基深厚，於古典文學亦有涉獵，並於當時學界之文義研究多所不滿，是書《自序》言中國文藝研究之偏弊有二：其一，多偏重與文藝體制形式之研究，如駢體、散體之別言之甚詳，而於內容之變遷、所受時代思想之影響等與文藝相關之外圍研究，則罕有論及，此則不為統體觀察之過也；其二，研究文學史者，大都僅羅列作家作品與身世，以實各代史料而已，於作家間遞嬗交替之關係，作家與時代變化之關係等等，則略而不講，此則缺乏歷史方法之過也。張氏撰此書之目的正欲矯正以上二弊。

全書共分三十五章，第一、二章為總論，末章為結論。從第三章至第三十四章以時代為序，依次論及《詩經》《楚辭》、漢賦、六朝駢文、唐詩、宋詞、元曲、明清小説，間以討論諸文體之間相互影響，如論漢賦對駢文之影響，言六朝文氣之衰，實由漢賦開之；論駢文對於中古詩歌之影響，一啟山水詩一派，二開唐初律體之源；又論及時代對於文體之影響，如論漢末六朝以來印度文化之輸入對於中古文藝之影響，言玄談之詩、頽廢派之詩皆由佛教因素之影響，論古文、八股文與近代戲曲小説之關係，言明代古文派出於八股，而八股又淵源於曲劇，曲劇又本於傳奇小説。末章又言文藝界之得失，言近今論古典文藝者多欲以一言斥其弊端，曰摹擬，曰專門，曰退化，曰應用；然張氏辨之，言此等之説皆不足以成立也。

今據華東師範大學圖書館藏張世禄撰、民國二十三年上海商務印書館排印《國學小叢書》本《中國文藝變遷論》影印，在《浦江文獻集成》第二〇四册。

吴劍修

語音學綱要

張世禄撰　民國二十三年上海開明書店排印本

張世禄生平已見於《德國現代史》提要。世禄任上海商務印書館編譯所編譯員期間，曾兼任國立暨南大學講師，講授語音學、文字學諸科。一九三二年又被聘爲國立暨南大學教授、中文系主任。《語音學綱要》一書，即由其在暨南大學講授語音學時所用講義修訂而成。此書之編制本欲爲大專院校研習語音學之學生提供一簡明、可靠之參考，以使讀者初步明瞭語音學之學科性質、語音符號之應用及分析音素、拼讀語音、音長、音勢、音調等種種變化之原理。

是書共分六篇。第一篇《怎麼研究語音》，系統介紹語音學之種種類別，如實用語音學、實驗語音學等，並對語音標記符號如國際音標、國語羅馬字母（拼音）等之產生與應用方法作了詳細闡明。第二篇《語音的構成》，主要討論人體發音器官如呼吸器、喉頭、口腔、鼻腔等之發音原理，並對由此產生之多種語音作用如音調、音勢、音色、樂音、噪音等作了物理解釋，音勢即今所言之『音幅』。第三篇《子音》，細緻討論了輔音之發生過程及其各種性質，並簡要介紹了雙唇音、唇齒音、舌尖音、舌前音、舌根音、小舌音、聲門音等之發音方法。第四篇《母音》，以舌位前後、舌體升降、唇形圓扁、肌肉鬆緊等角度區別母音。繼之又介紹鼻化母音、複合元音、氣化母音等，並依據母音音標圖依次介紹幾種基本母音。第五篇《音素的拼合》，論及拼音之原理，又詳述流音之發生原理，並介紹音素同化、異化作用等種種音變現象。第六篇《語音結合的要素》，論述音勢、音量音長、音調在語音拼合上所發生之種種現象，以及彼此交互關係。世禄於每篇篇末皆附録各篇主要參考書，並注明章節頁數，以表明其編撰此書所依據之材料，以明此非一家之言，也為讀者進一步研究提供借鑒。書中前後相互發明處，大都標明『參看某章某節』字樣。總而言之，《音韻學綱要》一書可為初學語音者提供一甚佳讀物。

今據華東師範大學圖書館藏張世禄撰、民國二十三年上海開明書店排印《語音學綱要》本影印，在《浦江文獻集成》第二〇四册。

吴劍修

中國音韻學史

張世禄撰　一九八四年上海書店影印民國二十五年上海商務印書館排印本

張世禄生平已見於《德國現代史》提要。《中國音韻學史》初版於一九三六年，一九八四年中國書店再次重印此書，重印本經由張世禄本人校閲，並改正些許錯字。張氏於文末又撰寫了《重印後記》，對一九三六年此書初版後中國音韻學界發展情況與研究成果作了系統介紹。

《中國音韻學史》一書在中國音韻學史上地位頗高，是第一部系統論述中國音韻學源流之通史，出版後一直獨領風騷，數十年罕見其匹，後繼者也寥寥無幾。故李新魁曾不無感歎説：『從音韻學史的總體研究來説，則稍感欠缺。五十年代以前，有張世禄的《中國音韻學史》行世，而這四十年來，卻沒有類似的或更為詳贍的「史」書出現，這是有待於音韻學界共同努力的。』(《四十年來漢語音韻研究》)

全書分上、下冊，共九章，上冊含五章，下冊含四章。第一章《導言》，簡要梳理介紹中國幾千年音韻學發展之歷史；第二章《古代文字上表音的方法》，闡明『形聲』『假借』之造字原理，並言明中國文字與語音必不可分之音義關係；第三章《周漢間的訓詁和注音》，對『聲訓』之起源於『《説文》「讀若」之概念作出詳明解釋』；第四章《『反切』和『四聲』的起源》，謂『反切』『四聲』之起源一則根於中國語言之本質，二則受梵文輸入之影響。第五章《魏晉隋唐間的韻書》，對六朝以來諸家韻書一一介紹，其中多數韻書今皆亡佚，而張世禄旁徵博引，可見學術功底之深。第六章《『字母』和『等韻』的來源》，介紹『三十六字母』系統之由來和演變以及『等韻』之起源及其原理；第七章《宋後『韻書』和『等韻』的沿革》，從《廣韻》開始，依次敘述歷代韻書之演變，至《佩文韻府》作結。第八章《明清時代的『古音學』》，詳析明清以來諸古韻家古音分部之成果；第九章《近代中國音韻學所受西洋文化的影響》，詳述西方語音學之傳入與中國音韻學現代化之歷程。文末又有張氏兩萬餘字之《重印後記》。就『中古《切韻》音系的研究』『上古音研究』『近代音的研究』『中文拼音文字的研究』四方面問題進行論述，對自高本漢以來近半個世紀音韻學研究做了總結，對這期間國內外音韻學家之新觀點、新方法、新動向做了中肯分析評價。

何九盈在《中國現代語言學史》中評價此書優點有三：第一，全面系統。對於二十世紀三十年代以前的音韻名著和重要問題，此書中都有論述。第二，材料豐富。書中不僅引用了大量的原始材料，而且也擇要介紹了今人的研究成果。第三，對各個時代的韻書作了比較詳細介紹。第四，一九八四年上海書店重印此書，著者寫了一篇《重印後記》，將三十年代以後的研究成果分四個專題作了補充敘述。缺點有二：第一，重材料輕分析，重敘述輕評論。第二，個別問題的判斷有誤。何氏之言客觀公允。

今影印張世禄撰《中國音韻學史》，以一九八四年上海書店影印民國二十五年上海商務印書館排印本為底本，在《浦江文獻集成》第二〇四、二〇五冊。

吴劍修

漢語詞類

［瑞典］高本漢撰　張世禄譯　民國二十六年上海商務印書館排印《國學小叢書》本

高本漢、張世禄生平事跡已見於前面相關提要。《漢語詞類》原名Word Families in Chinese，登載於《遠東古物陳列館集刊》（the Billetin of the Museum of Far Eastern Antiquities）第五卷。一九三五年，羅常培在《東方雜誌》刊發《中國音韻學的外來影響》一文，對此書内容略有介紹，文中所言《漢語中的字系》，即是此書。張世禄受羅氏啟發，遂擬翻譯此書，初擬將書名翻譯為『中國語詞的族類』，後經羅常培來信提點，改稱『漢語詞類』。

此書共分兩部分。第一部分討論上古音相關問題，如云上古有舌尖音韻尾-d（或r）、-t、-n一類，和舌根音韻尾-g、-k、-ng一類。在後一部分，高本漢將同源字列成十一個表，將中國語中兩千多個語詞一類一類分列。這些表的音韻系統，是先把字按照韻尾分為三大類：（一）-ng、-k、-g，（二）-m、-p、-b，（三）-n、-t、-d、-r；每類又根據聲母分為四組，喉牙音為一組，脣音為一組，n-、l-半舌半齒音為一組，其他舌齒音為一組。高本漢此書之撰寫充分利用清代古音學家如段玉裁、王念孫等人之考據成果，羅常培評價此實現了上古音韻學到古語言學之轉化。確如其言，高本漢此書對將中國語源的研究置於整個漢藏語系之範圍下進行考察，將漢語語詞與藏語、暹羅語比較，視野更為宏通，文中提到之『印度支那比較語言學』，所指即今天之漢藏語系比較，而且，對於漢語詞族之分類，也無疑為漢藏語系之研究奠定一個堅實基礎。另外，中國清代古音學家研究音韻，基本跳不出雙聲疊韻之圈套，只是將一個字分成聲和韻兩個部分，而高本漢分析上古中國語音，則將一個字分成四個部分：首輔音、仲介母音、主要母音、收尾輔音。而且清代學者之推究上古音，於其讀音只有像一種模糊見解，高本漢則用音標這一工具把各個語詞之拼讀意義詳細考究出來以作衡量。最後，清代學者對於收尾輔音鮮有注意，於是諸多同源詞在清人眼中成了『陰陽對轉』『一聲之轉』，而高本漢用輔音韻尾解釋『對轉』『旁轉』之現，可説又是一大進步。

今據華東師範大學圖書館藏［瑞典］高本漢撰、張世禄譯，民國二十六年上海商務印書館排印《國學小叢書》本《漢語詞類》影印，在《浦江文獻集成》第二〇五冊。

吴劍修

中國語音的演變與音韻學的發展

張世禄撰　民國二十八年排印本

張世禄生平已見於《德國現代史》提要。《中國語音的演變與音韻學的發展》由中國語文教育學會主辦《語文展覽會會刊》於一九三九年十一月刊出，後又刊發於一九四〇年《新科學》第二卷第四期。

此文繼承了高本漢研究中國音韻學之思路，認為中國語言是『孤立語』，每個字都有固定之『聲』『韻』『調』三部分組成，而作為單音綴的『表意』之字體，其本身並無確定之音值，這也就造成了中國古今音讀之巨大分歧。接下來，論文便對中國方言分佈作了細緻介紹，將中國方言分為官話、吳語、閩語、粵語、客家等五個音系，並謂方言確是確定中古、上古語音音值的一個重要手段。此法承自高本漢，高本漢《中國音韻學研究》一書正是以中土現存方言構擬中古《廣韻》音值。論文第三部分討論了外來文化對於中國音韻學之影響，主要分兩個部分論述，第一論述佛教傳入對中國音韻之影響，如四聲、反切、等韻等皆淵源於佛門；第二論述元明以來西學對中國音韻之影響，明末時西洋傳教士已經以羅馬字母標注中國漢字，民國以來之國語羅馬字母、注音符號正是從這一基礎上發展而來，大大減小了中國人學習漢字之難度。

今據華東師範大學吳平教授藏張世禄撰、民國二十八年排印《語文展覽會會刊》本《中國語音的演變與音韻學的發展》影印，在《浦江文獻集成》第二〇六冊。

吳劍修

中國文字學概要

張世禄撰　民國三十年貴陽文通書局排印《大學叢書》本

張世禄生平已見於《德國現代史》提要。文字、訓詁、音韻之學，古稱『小學』，三者之關係實密不可分。世禄於音韻一門既屬專長，文字之學亦有深研，只未以此顯名而已。此書共分兩篇。第一篇《中國文字學總論》，共分兩章，第一章《文字學釋義》對文字學名稱之由來及其與『小學』之關係作詳細論述，並對文字學這一學科之未來建設提出展望，謂中國文字學之建設必須有其他多學科輔助，才能從經學附庸之小學中脱離出來，張氏所列舉學科有：神話學、民俗學和心理學，古代文化制度，語言學和各地方言，繪畫和美術史，文學，考古學等。第二章《研究中國文字的材料和途徑》，分别從《説文》、金石文字、甲骨文等三個角度介紹文字學研究的幾個大門類。第二篇《中國文字本質論》也分兩章，第一章《中國文字的起源》歷數中國文字起源之種種觀點，如倉頡造字説、結繩記事説、八卦説、繪畫説等等。第二章《中國文字的構造》，謂中國文字之構造方法分有三種，即寫實法、象徵法、標音法。所謂『寫實法』即六書説之所謂『象形』，認為心理之發展先有『實體』之觀念，然後才能發展『形狀』『行動』『關係』等觀念，故『寫實法』是文字創造過程中最先使用之方法。『象徵法』即六書説之所謂『指事』，比較抽象之意義不足以用單純之寫實法表明，所以就採用一些簡單之指事符號配合使用以達到表意之目的。『標音法』即六書說之形聲和假借。如用本義指麥子的『來』給來去之『來』標音，即是標音法中之假借，一般用於獨體字，而合體字之標音則主要指形聲。張世祿之觀點，源於中國古代之六書說而多變之，還借鑒了高本漢《中國語與中國文》中之觀點，解說之現代氣息更為濃重，不失為一家之言。綜而論之，此書材料極為豐實，對於新進甲骨文之研究亦多加關注，而且觀點也很獨到，用『實在、象徵、標音』三分法去改造古典之六書說，可以看成是民國以來研究中國文字構成之又一派新解。

今據華東師範大學圖書館藏張世祿撰、民國三十年貴陽文通書局排印《大學叢書》本《中國文字學概要》影印，在《浦江文獻集成》第二〇六冊。

吳劍修

語言學概論

張世禄撰　民國三十年上海中華書局第三版

張世禄生平已見於《德國現代史》提要。《語言學概論》乃承中華書局所託而編撰，時世禄於暨南大學講授『語言學』，故得一邊編撰，一邊講授，相得益彰，於一九三四年撰畢，出版印刷，到一九四一年已三版印刷，可知此書頗有銷量。

世禄此前曾由上海商務印書館出版《語言學原理》一書。今與《語言學概論》一書比對，知二書之編撰思路與體例大體一致，皆是先講語言學之概念和成立，次講語言之本質，次講語言之構成，次講語言之組織，次講語言之分類，最後講語言之演變。《語言學概論》乃在《語言學原理》基礎上進一步改寫而成的後出專精之著作，書中多有與前書段落雷同之部分，但是改寫之幅度還是比較大，如章節前後之調整上，將《語言學原理》中論述語言起源部分前移至第一章；在材料上也多有增刪，比如此書在『語言之分類』一章添加了『世界語言的系統及其演進趨勢』一節，而前書『論語言教學法』部分在此書中被刪去；語言表述上也多有改動，相比於前書，此書語言更為流暢精煉。另外，此書在每章之後，配有課後問題和參考書，書籍最後附有《中文名詞索引》和《西文名詞索引》，與前書相比，更貼近大專院校教科書之範式。綜論之，此書之體例雖本於前書，但並非一味沿襲，此書對前書之改動較大，語言也更精煉，是一部後出轉精之著作。

今據華東師範大學圖書館藏張世禄撰、民國三十年上海中華書局第三版《語言學概論》影印，在《浦江文獻集成》第二〇六冊。

吴劍修

中國訓詁學概要

張世禄撰　民國三十一年貴陽文通書局排印《大學叢書》本

張世禄生平已見於《德國現代史》提要。世禄前有《中國文字學概要》，亦是由貴陽文通書局出版，收入《大學叢書》中。《中國訓詁學概要》一書凡六章，第一章《訓詁學之意義》先明『訓詁』一詞之涵義，謂『訓之方法，重在確定義界，詁之方法則偏於通譯殊語』；再言訓詁學之性質與範圍，因中國文字之特點，訓詁之學其實與文字、音韻之學密不可分，訓詁學中之『聲訓』主於音韻，而『義訓』則主於字形。第二章《字體之演變與訓詁》，謂訓詁之學，須從《説文》而參正於新出之甲骨文與鐘鼎文字，以推究字源，考明本義。而古書傳寫錯訛，文字又多經變遷，是以研究訓詁者又不得不明校勘之學。第三章《音韻之演變與訓詁》，一則辨右文説之誤，二則辨中國文字義通音同之特點，故訓詁學有所謂『即音求義』之法，三則介紹清代以來古音學之成果，如陰陽對轉、古無輕唇、古無舌上、娘日歸泥之類。第四章《字義本身之演變與訓詁》，辨明中國文字一字數義與一義數字之原因，張氏云各字原只有一本義，後因引申假借，遂一字兼有數義，一義兼有數字。又指出中國語言中同字而意義相反之現象，如訓『亂』為『治』等，張氏以為此等現象之原因在於一音之變。第五章《語言之演變於訓詁》，一則言字義之演變於習俗關係頗大，如『夏曰歲，商曰祀，周曰年』之例；二則言地理與歷史因素對語言之演變影響極大，且語言有根據時地而變者，又有不依據時地而變者，故方言俗語中多存古語古音，故究心訓詁者不得不研究各地之方言俗語。第六章《訓詁之方法與術語》，首先總結訓詁與形音義關係，後言訓詁之學之幾大方法，即形訓、音訓、義訓等，並初步介紹了古代訓詁書籍中一些常用術語，如『某猶某也』『某者，某也』『讀如』『讀曰』之類。文後又附謝啟昆《小學考》一書訓詁類目録，自《爾雅》以至清胡文英《吳下方言考》，可謂詳備。

今據華東師範大學吳平教授藏張世禄撰、民國三十一年貴陽文通書局排印《大學叢書》本《中國訓詁學概要》影印，在《浦江文獻集成》第二〇七冊。

吴劍修

語言學通論

［英］福爾撰　張世禄　藍文海譯　民國三十六年上海商務印書館排印《百科小叢書》本

張世禄生平已見於《德國現代史》提要。福爾（J.R. Firth，一八九〇—一九六〇），今譯『弗斯』，英國語言學家，英國第一任普通語言學教授，現代語言學倫敦學派之創始人，師承著名語言學家馬林若夫斯基。弗斯曾在英國利茲大學攻讀歷史，一九一四年弗斯參加英國印度教育司工作，在阿富汗、非洲、印度各地服務，一九二〇至一九二八年間在印度旁遮普大學任英語教授，一九二八年起在倫敦大學語音學系任教。一九三八年，弗斯受聘於倫敦大學東方與非洲研究學院，講授語音學和語言學，直至一九五六年退休。一九四四年他成為英國歷史上第一任普通語言學教授。藍文海，生卒年不詳，曾就讀於中國公學大學部，翻譯有屠格涅夫《父與子》、蕭伯納《人與超人》等外國文學名著。

《語言學通論》乃張世禄、藍文海合譯，初版於民國二十六年（一九三七）七月，時張世禄正執教於暨南大學，民國三十六年此書再版。據書前《譯者前言》，張、藍二人於一九三三年即著手此書之翻譯工作，中途數易其稿，方始寫定。翻譯之目的在於讓國人瞭解『西洋最近關於一般語言學（今稱『普通語言學』）研究情形的大概』。但由於張世禄認為原書最後兩章（第八章、第九章）充滿以英語為本位之論調，對英語之地位過分抬高，所以徑直刪除。譯本共分七章。第一章《語言的起源》，認為語言起源這個問題在語言學界雖然還是一個啞謎，從前和當今之種種學説都是一種臆想，但是近代生物學之進步，使得學者根據進化之眼光去研究語言之發展，已漸漸接近於科學了。第二章《書寫的語詞和口説的語詞之研究》，用生物進化論之眼光，將語言看成一個有機體，認為語言有生長也有死亡，語言中之語詞也是由競爭而生存。於是福爾由書寫之語詞進而傾向於口説之語詞研究，並由此認定語言是一種身體之習慣和社會之動作。第三章《口説》，以語音分析為基礎，論證各種單音和音調、音高、音勢（音幅）、音長等變化都有人體學和生物學上之依據。第四章《聽受和認識》，用生理學和物理學之原理解釋口説之語詞在聽感上之作用。不過又認為，通常所感受之語音並非是物理上之聲音，而且還是一種社會行為之情境作用，所以沒有意義之語音，即使很清晰地發出，也很難辨認。第五章《意義問題》，説明語言意義之成立是由於社會行為中共同之情境和經驗之聯繫，所以要學習一種語言必須參與一種社會生活。第六章《發音習慣》，説明語音習慣之成立是由於社會上共同行為取向，對於生活之根本方式具有同一之心理，所以在同樣情況之下往往慣用同樣之聲音。第七章《語言的系族》，説明依據語音習慣之異同可以推尋各種語言彼此之間關係，從而確定他們之世系或血統。要之，張世禄、藍文海所譯《語言學概論》，是中國最早一批普通語言學譯著，對於中國普通語言學之研究有著開創性意義。

今據華東師範大學圖書館藏［英］福爾撰，張世禄、藍文海譯，民國三十六年上海商務印書館排印《百科小叢書》本《語言學通論》影印，在《浦江文獻集成》第二〇七冊。

吴劍修

中庸大學與革命

葛武棨撰　民國新中國文化出版社排印《新中國文化叢刊第一組》本

葛武棨，字榮林，生於清光緒二十九年（一九〇三），卒於一九八一年，浦江縣寺坪村（今屬杭坪鎮）人。先後就讀於杭州省立一中、求實中學。一九二四年八月，赴廣東報告黄埔軍校，因個子矮未被録取。後因『豪言壯語』驚動總教官何應欽、校長蔣介石，被特許録取，入第二期工兵科。其後，曾參加討伐陳炯明一役，又參加了北伐戰爭，頗得蔣介石之重用。一九二七年派往日本留學，入明治大學經濟系，次年五月畢業後回國，任國民黨浙江省黨部執行委員兼浙江省地方軍隊特別黨部書記長，中央軍杭州軍官補訓班上校政治教官，黄埔同學會籌備委員。一九三三年起任寧夏省政府委員兼教育廳長，軍事委員會委員長侍從室少將秘書兼第六組組長。抗日戰爭爆發後，任甘肅省政府委員兼教育廳長，創辦西北訓練團，任教育長。一九三九年秋任軍事委員會戰時幹部訓練團西安戰幹團少將教育長，三青團第一屆中央幹事會幹事。一九四六年任國民黨中央農工部副部長，當選第一屆國民大會代表。一九四七年七月授陸軍少將，同年十一月授陸軍中將。一九四九年到臺灣，續任國民大會代表。一九八一年在臺北逝世。著有《氣功之理論方法與效力》《陝甘寧戍邊回憶記》《中庸大學與革命》《知難行易學説研究》《高血壓病手冊》，臺灣出版有《陸軍中將葛武棨先生紀念集》等。

《中庸大學與革命》為葛武棨結合時代現實解讀《中庸》《大學》兩書之著作，内容共分弁言、中庸要旨、大學要旨三部分。作者在弁言中提到此書是依據『領袖訓詞「中庸的要旨與將領之基本學理」和「大學之道」，加以説明闡揚』，此書即據朱熹注解，結合孫中山和蔣介石之解釋言論，從現實革命之角度對《中庸》《大學》第一章進行分句解讀，論述其與革命之關係。此書認為『四書』中《論》《孟》精義於《學》《庸》中全可找到，故選此二書進行論述；又提出《中庸》是本體論，《大學》是方法論，故打破《學》《庸》傳統排列順序，而將《中庸》置於《大學》之前，先行闡發。而《中庸》之大意又囊括於朱子序言中，故對此序逐句進行解釋，先引用孫中山或蔣介石言論，然後陳述自己之理解，最後結合現實，闡述其與革命之關係及意義，間或插入具體事例以便於理解。在《大學要旨》部分，則是分別圍繞『三綱領（明明德、親民、止於至善）』和『八條目（格物、致知、誠意、正心、修身、齊家、治國、平天下）』進行闡釋，論述了其在政治工作、訓練工作中之作用和意義，並生發出許多新解。如『親民』一條，將『民』解作『兵』，認為『兵即是民，民即是兵』，並拓展到統治階級、本團學生等不同方面，具有很強的現實性。要之，此書之宗旨乃是借聖人之言來宣揚革命，通過作者闡述生發，意在使《學》《庸》成為『三民主義』之源頭，認為『三民主義』、建國方略、建國大綱等均是繼承聖人之言而來，從而為當時之政治建設及革命理論尋找難以撼動之基石。

今據邑人江東放藏葛武棨撰、民國新中國文化出版社排印《新中國文化叢刊第一組》本《中庸大學與革命》影印，在《浦江文獻集成》第二〇七册。

張澤心

竹葉集

王春翠撰　民國二十五年上海天馬書店排印本

王春翠，曹聚仁之原配夫人，筆名謝燕子，生於清光緒二十九年（一九〇三），卒於一九八七年，浦江縣通化鄉塔山腳村（今屬蘭溪市梅江鎮）人。一九一四年就讀於私立競新初等小學堂、育才兩等小學堂。一九二一年考入浙江省立女子師範學校，為浦江縣第一個女子師範學生，同年與曹聚仁結婚。一九二六年女師畢業後，隨夫遷居上海，在暨南大學師範科附小任教，閒暇時替曹氏謄抄文稿。期間，處女作散文《我的母親》發表於《申報》『自由談』副刊。一九三一年曹聚仁創辦《濤聲》週刊，春翠協助謄寫、發行、校核。一九三七年七月抗戰爆發，上海淪陷，春翠遂卷囊歸鄉，接手由其公公創辦的蔣畈村育才小學校務，動員農家子弟就學，成立育才小學劇團，在浦江城鄉宣傳抗日。一九四二年四月，育才小學改稱『浦江縣立洪溪鄉中心國民學校』，春翠任校長。一九四七年學校遷白沙鎮，恢復育才小學名，仍任校長。育才增設中學部後，改任小學部主任。一九五〇年育才小學停辦後，罷教從農。春翠在育才私立小學期間，八年不拿薪水；改公立『洪校』後，薪金皆作奬學金之用。從教鄉邦之日，殫思竭慮，率皆以金華學派傳統經世致用之學與現代鄉村生活教育相結合，堅持以求真知、立真人之『蔣畈精神』為辦學宗旨，被鄉鄰尊稱為『王大先生』。一九三五年，曾以謝燕子筆名編著《戲曲甲選》，後來又以此筆名編著《戲劇新選》《戲曲甲編》等。

晚年還撰有《我記憶中的魯迅》《我的丈夫曹聚仁》《回憶魯迅》等文章。一九三四年，在曹聚仁慫恿下，王春翠將自己所寫散文編輯成集，因其出生成長於梅溪邊上，家門口正對溪流，水流轉灣處潴為竹葉潭，為其留下了十分美好之回憶，魯迅據此命此集為《竹葉集》，一九三六年由上海天馬書店排印出版。此書共收其散文十五篇，篇目為《湖上散記》《海濱之行》《我的立體像》《母親的第一課》《一個虛無主義者》《我的母親》《雯女的影子》《文翠》《我的姑娘時代》《宮嫣》《悠然》《感想幻想及其他》《中國婦女文學譯片》《女學生的過去現在及將來》《人生哲學第一章——戀愛》。書前有王春翠於一九三五年仲夏所撰《自序》，較細緻地講述了其編輯此集之緣由及感想；曹聚仁亦於一九三五年七月為此集寫了序言，謂『《竹葉集》作者的性格，我是知道得比較清楚的。她以為聖人或阿Q或女作家或女生指導員，要從人性以外來找所謂女性，當然永遠不會瞭解女人的』，『因此《竹葉集》作者，她寧願做娘姨做苦力，不願意做文人，因為文人仍帶很濃厚的妾婦風味。她憎恨只能寫自己身邊的事，她要寫廣大的社會，又自恨沒有豐富的生活經驗。據我們知道，這十幾年來的女人，已經是淚不等閑流的實踐者了。』王春翠為浦江歷史上繼明末清初倪仁吉、清末盛問渠之後的又一位才女，而更為可貴的是，她還能站在歷史的高度，敢於大膽突破婦女自身的局限，以女性罕有的辛辣文字抨擊社會的不公和傳統教育的愚昧，使人們看到了在由來已久的『姑娘腔』之外也還有痛快淋漓女性文章，從而在女作家寥若晨星的二十世紀三十年代的文壇上留下了自己的倩影，只可惜其在晚年卻遭受了迫害。

今據浙江圖書館藏王春翠撰、民國二十五年上海天馬書店排印《竹葉集》本影印，在《浦江文獻集成》第二〇七冊。

方勇

中國社會形態之一角

吴醒耶撰　民國十九年浦江新評社排印本

吴醒耶，原名聲鷗，字觀安，號亦飛，别號淩峰、堅堤、新野，因受《國民》《新潮》和上海《新青年》雜誌中陳獨秀、李大釗、魯迅等人文章之影響，民主政治和民族自治之觀念逐漸萌芽，遂改名為『醒耶』，沿用終身，生於清光緒二十九年（一九〇三），卒於二〇〇一年，浦江縣前吴村（今屬前吴鄉）人。先後就讀於浙江省立第七中學、杭州安定中學。一九二五年後，歷任杭州市中等以上學校學生五卅慘案後援會主席、廣東第四師範學校教師、國民革命軍第十七軍第一師政治部宣傳科少校科長、中央宣傳部駐滬特派員、浙江慶元縣縣長等。新中国成立後，曾任鳳陽『華東區革命殘廢軍人速成中學』語文教員、浙江省文史研究館館員、浙江省人民政府參事等。著有《中國社會形態之一角》《訓練生活》《新野散集》等。

《中國社會形態之一角》，為『浦江新評社出版叢書』第一種，又題名《浦江社會的解剖及縣政的評見》。全書共分『引言』『如此的社會』『過去的縣政』『所望於縣行政當局者』『總結』五部分，卷首有卷頭語謂『本文言論之立場：一、站在三民主義的立場説話；二、站在被壓迫民眾的立場説話；三、站在掊擊違反時代人性的舊禮教的立場説話；四、站在反對虛僞私利的個人主義的立場説話』，由此可知，本書的寫作目的即為揭露和批判浦江不合理的、違反人性的社會制度和禮教風俗，以三民主義的立場為被壓迫的民眾謀取自由和福祉。

在引言部分，作者指出了寫作此書的動機，是將故鄉社會和政治上弊端揭露出來，以供行政當局者采擇，或供他人參考，但細考其宗旨，應為揭露之後的改革和治理。在第二部分，作者從縱向和橫向兩個方面來觀察浦江社會，縱向的又以革命前和革命後分作兩個時期，分别展現了這兩個時期的弊端以及老百姓的苦難，而横向的是從社會組織、經濟現象、社會意識、婦女生活、社會習俗五個方面展開分析，其重點又在婦女生活和社會習俗兩方面。婦女生活從受教育方面展開，作者以略帶嘲諷的語氣展現出浦江婦女的愚昧無知，如農村婦女始終堅持裹脚和留髮，並且以剪髮的新式女性為恥；一些婦女雖讀過書，但最終還是陷入享樂主義；還有一些婦女不聞他事，只知吃素念經。浦江的女性依然沉浸於封建制度中而不自知，作者於此可謂是痛心疾首。在社會習俗部分，作者採取列表格的方式，展現了迷信、惡習、靡費三類惡習，其下又分列各種情况，並附有詳細説明。通過縱横兩個方面的分析，詳細地展示出了一個畸形社會的方方面面。在第三章『過去的縣政』中，作者指出了過去官僚政治之腐朽、司法之黑暗、員警之腐敗、教育之幼稚，政治不過是土豪士紳們勾結謀財的工具，而不是為民衆謀利益的。在第四章中，作者提出了對當局者的期望以及具體的措施，從政治、司法、員警、教育諸方面對癥下藥，意在袪除官僚積習，糾正不良之風。不僅如此，此書還在『總結』部分提出了對浦江人民的期望，認為行政當局的管理固然重要，但只有人民自覺配合、自我約束，通過自治，才能達到理想的狀態。總之，此書雖名為《中國社會形態之一角》，但實際上是重在揭露弊端，展現種種不合理的社會現象並尋求改革良方，從中可見作者希望故鄉浦江能夠革除弊病，人民能夠擺脱愚昧無知，亦可體現出作者對故鄉深沉的熱愛之情。

今據浙江圖書館藏吳醒耶撰、民國十九年浦江新評社排印《中國社會形態之一角》本影印，在《浦江文獻集成》第二〇七册。

張澤心

訓練生活

吳醒耶撰　民國三十年浙江省地方行政幹部訓練團排印本

吳醒耶生平已見於上一則提要。《訓練生活》為民國三十年（一九四一）浙江省地方行政幹部訓練團編印的『訓練叢書』之六，據卷首語説，這是醒耶於中央訓練團歸來後，有感於訓練團生活而寫的散文集，意在發揚團隊的訓練精神。其初稿於民國三十年一月十日完成，原題『中央受訓記』，於《東南日報》上陸續發表，又由《中央訓練團團刊》轉載，後經修改增刪後，改名為《訓練生活》，以單行本形式出版。

此書包括六篇文章：《進團第一天》《轟炸下建築起來的團舍》《團長怎樣教導我們》《我們的師長和同學》《受訓生活一般》《離別的那一天》。《進團第一天》講述了作者第一天進團之經歷及激動之心情；《轟炸下建築起來的團舍》記敘了團舍的結構佈局，此團舍是在敵軍三次轟炸下建立起來的，其中蘊含了團員們不畏困難的昂揚鬥志和戰鬥精神；《團長怎樣教導我們》記録了團長的多次講話，作者不僅詳細記録了團長講話的內容，還引用了他日記和信件中的記載；在《我們的師長和同學》中，作者用生動具體的事例介紹了師長和同學們的身份及對他們的印象，並表達了這一段學習生活的感受；《受訓生活一般》則是事無巨細地介紹了具體的訓練內容，同時還附有一些趣事、懲戒方法和作業演習等內容；《離別的那一天》記敘了畢業離團那一天的情形，主要寫了團長致辭，其中蘊含著團員們濃厚的不捨之情。此書出版於民國三十年，正是抗擊日本侵略者的關鍵時期，故作者詳細記敘了自己訓練生活的方方面面，意在激發人民的昂揚鬥志，共同抗敵。此書語言樸實真切，描寫生動細膩，充滿真情實感。

今據浙江圖書館藏吳醒耶撰、民國三十年浙江省地方行政幹部訓練團排印《訓練生活》本影印，在《浦江文獻集成》第二〇八册。

張澤心

三民主義之理論與實際

于炳文撰　民國三十五年福州教育圖書出版社排印本

于炳文，字孟治，生於清光緒三十三年（一九〇七），卒於一九五九年，浦江縣楊林村（今屬黄宅鎮）人。畢業於上海群治大學法學院法律系，曾擔任浙江杭州中學、浦江中山中學、浙江省立商科職業學校等多校教員，後歷任福建省黨部幹事、福建省訓育主任、公民教育資格審查委員會秘書、中央宣傳部文藝通訊員、福建省抗敵後援會編輯股股長、福建省三民主義教育促進會常務理事兼《三民主義教育通訊》編輯、福建省政府教育廳視導員、福建省華安縣長等職務。炳文對三民主義教育研究頗有興趣，於福建省文化運動委員會服務期間，為策進三民主義文化建設，將平日研究心得編纂成《三民主義之理論與實際》一書。同時他還著有《三民主義教育研究》《三民主義講義》與《世界弱小民族解放問題》等書。

《三民主義之理論與實際》一書，由于炳文編著，李雄校訂，被收入『福建省文化運動委員會甲種文化叢書』之中，出版於民國三十五年（一九四六）。書前有李雄序和于炳文自序。三民主義是國父孫中山提出的革命指導原則，此書撰成距離孫中山提出此主張已歷四十餘年之久。作者研究三民主義日久且專，鑒於抗戰雖然勝利，革命尚未完成的實際情況，思考到三民主義既是切合實際的理論，而之所以未能得到徹底的施行，便是由於一般人没有對其篤信力行。故而出於宣傳的目的，使衆人能夠透徹地瞭解三民主義的理論和實際，將過往的研究心得整理編纂成書。作者本著『觸類引伸，匡補闕疑，更正條理』的原則，對國父遺留下的三民主義作進一步的研究。全書共分七章，前四章著重三民主義的內部研究，首章討論三民主義的意義、特性、歷史演進等方面，並探討三民主義的內在關係，舉一綱而萬目張，二、三、四章分別介紹民族、民權、民生三種主義，而五、六、七章則分別研究三民主義與黨的政綱、三民主義與其他主義的比較，以及實行三民主義的建國方略。此書取材精當，條理井然，對於深入瞭解三民主義甚有裨益。

今據于崇熙藏于炳文撰、民國三十五年福州教育圖書出版社排印《三民主義之理論與實際》本影印，在《浦江文獻集成》第二〇八册。

李曉宇

改革地方政治之理論及實施辦法（綱要）

吴裕後撰　民國排印本

吴裕後，譜名始煥，又名平，字聿文，號垂生，學名裕後，生於清宣統二年（一九一〇），卒於一九九〇年，浦江縣前吴村（今屬前吴鄉）人。其父吴自福，曾設館於家以課族中子弟，國民政府教育部長陳立夫題贈『耆英碩德』匾額以旌之。裕後一九三四年畢業於廣州國立中山大學法學院經濟系，隨即赴日本留學，一九三七年畢業於東京帝國大學法學部行政科，回國後歷任浙江省民政廳科員、江西第一專員公署秘書等職。一九四二年起歷任國立中山大學教授、國立暨南大學教授、南京臨時大學商學系主任、中央警官學校教授、國立政治大學教授，並曾兼任南京商業學校校長等職。新中國成立後歷任同德醫學院教授、上海商業專科學校教授兼教務長。一九五二年九月調入上海財政經濟學院任教授。一九五七年被錯劃成右派，一九六八年被錯判入獄。後得平反，於一九七八年十月回上海財經學院圖書館任教授。著作有《商法概論》《民法總論》《人事管理》《法理學新論》《改革地方政府的理論及實施辦法（綱要）》《戰後國際政治》《中國外交行政》《縣政新論》《敵情研究》《敵國現勢》《用人與行政》等。

《改革地方政治之理論及實施辦法（綱要）》撰於民國二十六年（一九三七），討論時局政治，嚴謹有法。先述改革地方政治之一般意見，涉及地方政府組織、區域大小、省縣權責分配、文書公文改革、官員等級及薪俸制度、地方財政、保甲警衛、農村改革等諸方面，條分縷析，重實際應用。次論中國政治不良之主因，在於『中國承二千年之積弊，為兩種力量所佔據，一曰幕僚惡習，二曰胥吏惡習』。蓋此習之成，實由黃老申韓之學説而致，上以諉之下，下以諉之上，兩相推諉，又有江湖組織勢力參差其間，對上則極盡曲迎諂媚之能事，對下則極盡欺詐威嚇之手段，作奸造偽，相伍而濟其惡矣。欲去惡除弊，須以改革為要，故擬地方政治改革實施辦法，以訓練、薪給、公積金、厲行節約為改革惡習之四種辦法，以改訂行政組織、推行小區自治制、公文文書之整理為增進行政效率之三種辦法，以頒給鄉約、釐定地方育教之方針為移風易俗之兩種辦法。總之，國家治平，其基礎不獨在中央政治之健全，而更在地方政治之清明。苟地方政治未能蕩除積弊，掃平内亂，則雖富強於一時，亦如曇花一現，外強中乾，民族復興必然難成。故吴裕後觀中國之時局，憂内政之蕪穢，鋭意改革地方，以輔中央。其文章涉及地方政治之諸弊，觀點明晰，論證嚴密，析理透闢，獻策切實可行，而僅以此綱要，未能細論。

今據華東師範大學圖書館藏吴裕後撰、民國排印本《改革地方政治之理論及實施辦法（綱要）》影印，在《浦江文獻集成》第二〇八冊。

尹蘇伊

戰後國際政治

吴裕後撰　民國二十五年上海大道書店排印本

吴裕後生平已見於上一則提要。《戰後國際政治》一書，扉頁有葉楚傖題字『博綜世界以為中華民族復興之鑑衡』，卷首有鄒魯於民國二十四年（一九三五）所撰序言，對本書之成書過程及價值等皆有所言及。

全書共有六個章節，第一章為緒論，敘述國際政治之意義、範圍和趨勢。第二章述戰前國際關係，其中包括歐洲均勢主義與英國外交政策、俄法同盟與英法結合、日俄戰爭與英俄協定、德國外交政策與三國同盟、巴爾幹之糾紛及大戰之爆發，全面分析了戰前世界局勢與大國關係。第三章述戰後國際會議，包括巴黎和會、國際聯盟、華盛頓會議、羅迦洛會議、非戰公約、裁軍會議、經濟會議、斯特萊薩會議等，説明會議時間、會議内容、與會國家，闡明會議召開意義與當前局勢關係。第四章述最近國際新形勢，重點討論當前國際間矛盾與衝突，太平洋問題，遠東、歐洲及英美之新變，以及弱小民族之叛亂。第五章敘述第二次世界大戰之迫切，又分兩節，第一節述各國軍備之競爭與擴充，包括德、法、英、意、美、日、蘇等國，第二節述戰爭爆發之範疇，涵蓋蘇俄、歐洲、太平洋、弱小民族等各地戰爭之爆發。最後一章為結論，論述中國之危機，意在指出當下第二次世界大戰爆發迫在眉睫，全國人民應有所認識，積極備戰。本書著於戰爭初期，對於東北三省淪陷之後的形勢，作者極具前瞻性，預測當前時局走向，指明中國應當作出的準備，內容詳實，分析透徹，足供研究國際政治學者參正。

今據吳裕後撰、民國二十五年上海大道書店排印《戰後國際政治》本影印，在《浦江文獻集成》第二〇八册。

尹蘇伊

中國外交行政

吳裕後撰　一九三七年日本東京內山書店排印本

吳裕後生平已見於《改革地方政治之理論及實施辦法》提要。《中國外交行政》一書出版於一九三七年，封面題『吳裕後著《中國外交行政》，東京內山書店印行』。扉頁印有本書著者之其他著作書名（《行政學總論》《戰後國際政治》《各國財務行政の組織と機構》《新縣政論》，及總代售處（上海生活書店大道書局、東京內山書店成光堂、杭州開明書店北新書局）。其後印有作者照片，又印有蠟山政道題字。卷首載作者自序，有目録，卷尾有附録。全書以日文著成，版心內容分別記為『中國外交行政』及頁數。

全書分為七章，第一章述中國外交使節派遣之由來，先述中國駐外大、公使館組織，再述中國駐外領事機關之創立。第二章述中國外交機關之組織和機構，先述外交部之組織，再述外交部所屬各司之組織，包括總務司、國際司、亞洲司、歐美司、情報司等。第三章述中國駐外外交機關之增設，先述中國與列國大使交換，再述中國駐外領事館之增設。第四章述中國及列國外交機關及其人員，統計中國駐外外交機關之設置，舉列國駐華大使與公使、中國駐外大使與公使以及中國駐外領事。第五章述外交人事之行政與制度，涵蓋外交部官吏人員制度、外交官領事官官等及其待遇、俸禄。第六章述外務涉外法規概略，涉及當時外交各項問題及其措施，包括出入境、華僑、外國人管理等。第七章為附録，含中國外交部組織法和中國軍人及外交官之外國婦人結婚禁止令。本書為作者於東京帝國大學研究之論文，文章嚴謹有法、分析透徹，為中國外交之專論。

今據上海圖書館藏吳裕後撰、一九三七年日本東京內山書店排印《中國外交行政》本影印，在《浦江文獻集成》第二〇八册。

尹蘇伊

敵情研究

吴裕後撰　民國二十九年西南遊擊幹部訓練班排印本

吴裕後生平已見於《改革地方政治之理論及實施辦法》提要。《敵情研究》著於民國二十九年（一九四〇），副標題為『日本國勢總解剖』。書前有吴裕後所撰《前言》，謂其著此書之目的在於：一是為了説明日本帝國主義吞並中國之野心由來已久，理應瞭解敵人侵略中國之一貫性，方能認清形勢、放棄幻想。二是為了深刻認識到『九一八』以來，日本國侵略之行徑雖以部分地區為主而不及其餘，然近兩年之戰爭形式説明日本之侵略是以整個中國為目的。凡日本所侵略之地域必有殘酷而兇暴之姦淫、殺戮，繼之以大規模有計畫之縱賭、販毒。三是為了團結同胞，共同對抗日本帝國主義侵略者。總之，旨在通過此書唤醒國民，集中一切人力、物力、財力，動員國民結成抗戰聯盟，以驅逐日本强盜為己任。

全書共分為八章，第一章論日本地理歷史研究，第二章論日本政治機構及其特質，第三章論日本社會經濟之現狀，以明日本政治、經濟、歷史、地理等諸多方面之概況。第四章聚焦戰事，剖視日本兵力與軍備之部署，剖析日軍軍事力量薄弱之處，如缺乏雖高指揮者、指導精神之落伍等。第五章論近來日本外交之困局，日德意軸心關係之瓦解，日本外交之失敗，是以作奮力一搏，無異於困獸猶鬥。第六章論日本組設興亞院之陰謀與策略。第七章論侵略戰中日本内部之危機。第八章論米内新閣的種種變化。最後附以結語，明確我們應該如何努力，一是催迫帝國主義內部矛盾之發展顯現，加速日本等帝國主義軍事失敗；二是自力更生，堅持抗戰到底；三是爭取國內外各方勢力之支持；四是以遊擊戰制勝敵人，牽制、擾亂敵人內部力量，消耗敵人前線之兵力。文章深入敵情，觀點鮮明，論證嚴密，析理透闢，獻策切實可行，為研究敵情提供了極大幫助。

今據上海圖書館藏吳裕後撰、民國二十九年西南遊擊幹部訓練班排印《敵情研究》本影印，在《浦江文獻集成》第二〇九冊。

尹蘇伊

敵國現勢

吳裕後撰　民國三十年西南遊擊幹部訓練班政治部排印本

吳裕後生平已見於《改革地方政治之理論及實施辦法》提要。正值抗日戰爭相持階段，裕後審時度勢，著成《敵情研究》《敵國現勢》等書，意在深入研究日本政治、經濟、軍事、外交等各方面現狀，針對敵我雙方力量對比與分析，制定反侵略戰爭之方針政策。

本書共分五講，第一講針對敵國政治現勢，論述日本政治特質，分析日本新體制的由來、內容及前途，剖視日本近衛內閣的本質、罪惡及將來。第二講針對敵國經濟現勢，深入探究敵國經濟發展特性以及存在的種種危機，如資源恐慌、財政危機。第三講針對敵國軍事現勢，研究日本軍隊組成及其派別，估計其軍事力量，概述其在華作戰之軍事行動。第四講針對敵國外交現勢，揭露日本東亞共榮圈之陰謀，簽訂三國同盟，遭到美國反擊以及蘇聯的漠視。第五講旨在揭露敵國侵我之陰謀，如設立興亞院，制定國土計畫，以及對我國經濟侵略等。總之，本書針對戰爭形勢，對日本國內外現狀作了細緻的分析研究，實為研究戰事日本之珍貴材料。

今據上海圖書館藏吳裕後撰、民國三十年西南遊擊幹部訓練班政治部排印《敵國現勢》本影印，在《浦江文獻集成》第二〇九冊。

尹蘇伊

用人與行政

吳裕後撰　民國三十五年南京德新書局排印本

吳裕後生平已見於《改革地方政治之理論及實施辦法》提要。《用人與行政》封面由吳興戴傳賢題字，裏封除書名外還印有『國立中山大學教授、國立中正大學教授、國立暨南大學教授、國立廈門大學教授吳裕後著』字樣，扉頁印有『本書作者之其他著作』之書名五種，書前有民國三十五年翁文灝、陳立夫、程天放所撰序各一篇。

本書作者於抗日戰爭結束後，針對民國政府戰後恢復行政之現狀，撰為此著，以供各機關行政主持者，以及研究人事行政者之參考。作者認為，治國必有善政，而為政尤在得人，故行善政而後國治，得賢能而後政成，自古興衰治亂之機，即在於此。若得其要而善為之，則提綱挈領，條理井然。本書先分辨政務官與事務官之劃分，引經據典，以史為鑒，由論曾國藩用人之道，再論述工作人員選用之問題，縣政府之用人與處事，提出人才養成與保存、區鄉鎮財產管理諸種方法；復由張居正之政績，闡述今後省政機構之改善，革新政治風氣必先恢復民族道德，以及日本政治之内幕等，而以『與沈（成章）主席談治理』附於最後。總之，行政學乃政治科學中之實用科學而非純理科學，而吳裕後於各大學掌教多年，精研行政學理，復又從事現實政治，故能本其學理研究之心得，及實際體驗之認識，撰為此著，以明斯道。

今據上海圖書館藏吳裕後撰、民國三十五年南京德新書局排印《用人與行政》本影印，在《浦江文獻集成》第二〇九册。

尹蘇伊

浦江歌謠

洪亮編撰　民國二十一年上海女子書店排印本

洪亮，畫家洪子範之次子，字秀英，號忠亮，生於民國元年（一九一二），卒於一九七〇年，浦江縣洪家（今屬巖頭鎮）人。一九二五年起就讀於杭州安定中學、上虞春暉中學、杭州蕙蘭中學。一九三〇年考入上海中國公學，後轉入江南學院讀法律，因興趣不足改攻文學，就讀於上海正風文學院。一九三六年應聘爲上海文學社編輯助理，編輯《中華國文教科書》。抗戰後，歷任浦江縣戰時政治工作隊指導員、縣國民兵團上尉政訓員、浙江省政訓團編審、杭州《民報》編輯等職。新中國成立後，先後任教於桐廬中學、杭州紡織工業學校、杭州第七中學。一生致力於民俗文學之搜集和研究，從二十世紀四十年代以來，先後在《東南日報》《民俗週刊》《考古》《民報》《杭州日報》《文物》等報紙雜誌發表大量民間故事、民諺、童話、神話、採訪記、詩歌等。曾創作長篇小説《恢》，『文革』中被迫焚毀；又費時十載撰成《中國農諺》七册，交北京農業出版社審稿，也散佚無存。今存著作有《浦江歌謠》《中國民俗文學史略》等。

一九三二年九月，洪亮編撰成《浙江歌謠》第一集，搜輯浦江民間歌謠共八十首，皆以浦江方言記録，同年十一月由上海女子書店出版發行。書前有編撰者及張世禄、傅東華所作序各一篇，書尾有姚名達所作跋。洪亮自序説：『中國歌謠的重視，到現在還不過十餘年。自民國七年，周作人先生等提倡以後，到了民國十一年，他又從日本歌謠集裏選録四十首《日本俗歌》到中國以後，國人才注意歌謠。同時，中國的新詩（白話詩），也就在這個時期漸漸地興盛起來，這的確可以説是歌謡的功勞。其實，中國的歌謡，早已萌芽了。不過，一般人都是忽略了的。』洪亮本就喜好民間文學，又深受新文化運動先驅們之影響，便著手搜集整理浙江民謠，先編撰成了《浙江歌謡》第一集。他又説：『我以為，第一步工作，先要採集本縣的歌謡，然後再去採集各縣各省的歌謡；第二步工作，就是要編成一部中國整個純粹的歌謡。現在我所以要編成這本《浦江歌謡》，便是編成中國歌謡的第一步工作。』按照洪亮計畫，他將有志於編撰出一部浙江省乃至全國性歌謡集，而第一步工作就是要先編撰出家鄉歌謡集，既體現了其桑梓情懷之濃深，從學理上説也甚為可取，只可惜他出版《浦江歌謡》後，客觀形勢已不允許其繼續推進此項工作。《浦江歌謡》所收録者有兒歌、遊戲歌、生活歌、雜歌等，洪亮認為：『我們浦江的歌謡，因地理上的關係，和別縣裏也有些大同小異。但我以為一縣總有一縣的民情和風俗，猶胡適之先生在《歌謡的比較的研究法的一個例》一文中所謂「本地風光」，所以，因「本地風光」就能夠應（影）響到歌謡的價值。』事實上，浦江的歌謡甚為獨特，單就其載體方言來説就很有保存價值。張世禄先生在序中説，『浦江是我的家鄉，對於「本地風光」，自然比較別處地方的人能夠領會一點』，『洪君記録這些歌謡，態度是很忠實的，內中大多數的詞語，都是依照方音直録出來，毫不遷就文字的意義，例如「我自」作「阿謝」，「望望看」作「忙忙欠」，爹娘的「爹」作「吊」，一個二個的「個」作「告」，完全要想把浦江的方音表示出來』，這就為後世研究方言方音的學者提供了一份很珍貴的材料，價值自然可想而知。

今據上海圖書館藏洪亮編撰、民國二十一年上海女子書店排印《浦江歌謡》本影印，在《浦江文獻集成》第二〇九冊。

方勇

中國民俗文學史略

洪亮撰　民國二十三年上海群衆圖書公司排印本

洪亮生平已見於上一則提要。《中國民俗文學史略》出版於民國二十三年，由上海群衆圖書公司發行。書前有洪氏自序，謂近來翻閲數本中國文學史，卻不曾發現有一本關於民衆文學、通俗文學、民間文學、平民文學的中國民俗文學史，這就是撰寫此書之動機。

本書在篇章上，先論述古代民俗文學，區分民俗文學與一般文學之不同特徵，主要以古代民俗歌謠為論説對象；接著論述南方民俗文學，含楚國、吴國、越國之民俗文學；此後按朝代劃分，分別有漢代、三國、南北朝、唐代、宋代、元代、明代、清代以及民國以來民俗文學；最後加以總結，一論民俗文學是壓不住的，二論民俗文學在文學史上之地位，三論中國過去對民俗文學之輕視，四論對今後民俗文學整理之期望。總之，洪亮撰寫此書，一為將封建時代民間文學和通俗文學作通盤考察，以供研究民俗文學之專家學者之參考；二為此後民衆能得到新境地，將舊材料加以刪汰改造，為改革之張本，以吸收民意。為此，本書釐清民衆文學、通俗文學、民間文學、貴族文學、純粹文學之概念定義，為五者關係作概念上之區分。

今據華東師範大學圖書館藏洪亮撰、民國二十三年上海群衆圖書公司排印《中國民俗文學史略》本影印，在《浦江文獻集成》第二一〇册。

尹蘇伊

警察勤務精論

張永竹撰　民國二十五年上海中華書局排印本

張永竹，亦名民良，字皞如，生於清光緒三十一年（一九〇五），卒年不詳，浦江縣平安張村（今屬浦南街道）人。浙江省警官學校第一期正科、日本内務省警察講習所畢業。歷任浙江省民政廳設計委員、浙江省警察協會編輯委員會主席、《警察雜誌》主編、中央警官學校教官。著作有《警察勤務精論》等。

本書前有朱家驊、黄紹竑、趙龍文及著者所撰序文各一篇，書末附《警察應勤常識及其必備品物》。此書正文共分上、中、下三編，上編為概論，先述内外勤務之科學配備，次述外勤警察活動之場所，次述外勤警察執務機宜。中編講外勤勤務制度，首先介紹各國勤務制度，涵蓋美國、英國、德國、奥國、日本；接著概述中國各地之勤務制度，包括最為流行之三班制與四班制，以及各地公安局如上海、北平、青島、天津、江蘇、浙江、江西、河北、湖南等地情況；又講述勤務稽查制度，包括勤務稽查制度之觀念、勤務稽查之方法、督察機關之任務等。下編為主要之外勤與應勤法，有守望、巡邏、戶口查察、臨檢視察、盤詰嫌疑、密行勤務、檢查案件之方法，以及傳逮護送人犯、看守拘留人犯、救火等辦法。要之，本書搜羅宏富，詮釋精詳，闡發外勤勤務之概念，博引國内外重要城市之外勤制度，詳論主要外勤應勤之方法，可供海内辦理警察及有志研求警察之學者之參考。

今據張永竹撰、民國二十五年上海中華書局排印《警察勤務精論》本影印，在《浦江文獻集成》第二一〇冊。

尹蘇伊

無線電報務員應用知識

方硯農等編著　民國二十九年上海電訊法規研究社排印本

方硯農，原名本謙，乳名壽田，號硯農，生於清光緒二十九年（一九〇三），卒於一九九八年，浦江縣平安下方村（今屬浦南街道）人。先後畢業於浙江省立第二中學、之江大學、上海無線電專科學校。一九二三年充交通部上海國際電台一等報務員，曾派往青島無線電台服務，次年升任新疆喀什噶爾無線電台領班。一九二八年起，歷任建設委員會上海第一短波無線電台台長、交通部上海無線電總台主任兼上海三極無線電傳習所教育長、青島總台主任、南京無線電報局主任、上海海岸電台主任、交通部國際電台主任、軍事委員會技術研究室第四組少將組長兼偵測總台台長、交通部東北電信接收委員兼交通部哈爾濱特等電信局局長。一九四九年四月赴臺，一九五〇年任交通部專門委員，一九六七年調任交通部電信總局人事室主任兼電信研究所所長。著有《電信通訊法規》《無線電報務員應用知識》（與汪嘯麟合著）。

《無線電報務員應用知識》一書出版於民國二十九年（一九四〇），封面署『方硯農汪嘯麟編著』，卷首有最新各國呼號字母分配表。全書共分為兩個部分，第一部分為無線電報務員應用知識，闡釋無線電各項專有名詞，列舉報務員章程，處理去報手續流程等。第二部分為電報傳遞及接收，講述電報收發流程、常見問題，另附有公電密語。要之，本書搜羅宏豐，內容詳實，條理清晰，在當時為無線電報務員參考之材料，亦可為後世研究無線電報務技術提供文獻資料。

今據邑人江東放藏方硯農等編著、民國二十九年上海電訊法規研究社排印《無線電報務員應用知識》本影印，在《浦江文獻集成》第二一一冊。

尹蘇伊

救亡工作中的幹部問題

石礎撰　民國二十六年上海黑白叢書社排印《黑白叢書戰時特刊》本

石礎，辛亥歲貢生、候選訓導石思靜第五子，原名有纘，學名凡夫，字幼述，號翰飛，筆名石礎、黃沙、方埸、郭力文、石敢當、馬行空，生於民國元年（一九一二），卒於一九九八年，浦江縣施村石宅（今屬浦陽街道）人。少年讀書時即熱心於學生進步活動，一九三二年加入中國共產主義青年團。後從事抗日工作，曾因叛徒告密被捕判刑十年，幸而此後經同鄉保釋出獄。一九三七年赴日本求學，七七事變後回國，在錢俊瑞領導的上海文化界救亡協會任組織部秘書。一九三八年前往浙江麗水接替駱耕漠主編《動員週刊》，後調任諸暨、安吉縣政府民政科長，浙江省政府建設廳交通處科長。一九四六年八月始在臺灣任職，新中國成立後毅然潛離臺灣返回北京，投身於新中國建設，歷任中央財政經濟委員會編譯室國內經濟處負責人、中華書局編輯、財經出版社編審。曾被錯劃為右派，至一九七九年始獲平反。曾參與編輯《人民日報·經濟週刊》《中央財經通報》，主編《農業經濟譯叢》。著作有《救亡工作中的幹部問題》《怎樣做內地工作》《救亡手冊》（合著）、《中國土地改革的偉大成就》等。

《救亡工作中的幹部問題》為民國二十六年上海黑白叢書社排印《黑白叢書戰時特刊》之一種，即寫於盧溝橋事變後，作者由日本回國，任職於上海文化界救亡協會時期。全書共分六章，是作者有感於抗日救亡工作中幹部缺乏而作。作者反復強調抗日救亡運動之重要性與幹部缺失之嚴重性，繼而指出群眾是幹部之源泉，幹部要從實際工作過程中被發現，並為幹部之培養訓練和怎樣才算一個良好幹部提出了具體標準。故而作者號召，為了救亡運動，為了民族解放，『為創造千千萬萬的新幹部而鬥爭』。作者層層深入、條分縷析地論述了救亡工作中愈發緊要的幹部問題，並為如何解決這一問題指明方向的同時提出了諸多具有可行性的建議。作者將幹部比作機器中之發動機，將群眾比作救亡活動之細胞，論述頗有趣味且通俗易懂。又比如在《幹部的培養與訓練》一章，作者並未直接亮明看法，而是先從反面舉例，羅列錯誤之訓練方式，加以檢討，在這一基礎上提出正確之訓練標準，寓教於實際事例。此書出版於一九三七年，時值抗日戰爭全面爆發，作者著眼於救亡工作中幹部問題，提出種種建議，正是其多年從事進步活動所總結出之寶貴經驗，兼具理論性與實踐性。

今據首都圖書館藏石礎著、民國二十六年上海黑白叢書社排印《黑白叢書戰時特刊》本《救亡工作中的幹部問題》影印，在《浦江文獻集成》第二一一冊。

李曉宇

怎樣做內地工作

石礎撰　民國二十六年上海黑白叢書社排印《黑白叢書戰時特刊》本

石礎生平已見於上一則提要。《怎樣做內地工作》為民國二十六年上海黑白叢書社排印《黑白叢書戰時特刊》之一種，全書共五章，同樣寫於七七事變後作者擔任上海文化界救亡協會組織部秘書時期。本書延續作者一貫的題材風格，針對全面抗戰中內地工作問題而展開，介紹了全面抗戰與內地工作之關係，內地工作之基本原則和內容，以及內地工作如何有效展開，怎樣做一個內地工作者等問題。具體來説，第一章闡明開展內地工作的必要性與重要性；第二章為《內地工作的基本原則》，提出在抗戰救亡，打倒日本帝國主義之基礎原則上，堅持『民主化』和儘量運用保甲制度、壯丁訓練等舊有機構之原則；第三章為《內地工作的內容》，從宣傳、組織方面列出具體工作內容和方法，如舉行演講會、張貼漫畫壁報等方式；第四章為《內地工作展開之路》，要求在從工作到組織，從宣傳教育到組織的同時，要自下而上地組織起來；第五章為《怎樣做一個內地工作者》，則對工作者之態度提出具體要求。

作者對內地工作問題之論述係建立在抗戰具有全面性與持久性基礎之上，因此認為工作重心應當集中到內地，並將工作內容區分出層次，一切宣傳是為了組織，一切組織是為了動員，目的就是發動內地千千萬萬農民大眾投入到全面抗戰當中來。在工作當中，作者尤其強調要將抗日與民眾本身日常生活聯繫起來，工作者也要注意保持頑強、刻苦耐勞、和藹誠懇之工作態度，真正成為內地民眾之一員。要之，此書內容貼合全面抗戰時期之工作實際，為團結所能團結的一切人員加入到抗日陣線提出了切實可行之建議。文字間洋溢著澎湃的愛國熱情，並且多借助具體事例佐證觀點，脈絡清晰，樸實簡練，對動員民眾參與到抗日救亡當中有極強的參考價值。

今據首都圖書館藏石礎撰、民國二十六年上海黑白叢書社排印《黑白叢書戰時特刊》本《怎樣做內地工作》影印，在《浦江文獻集成》第二一一冊。

李曉宇

中國土地改革的偉大成就

石礎撰　一九五三年北京中華書局排印本

石礎生平已見於《救亡工作中的幹部問題》提要。從一九五〇年至一九五三年，一場大規模的土地改革運動在廣大的新解放區逐步展開。此書即寫就於這一時期歷史背景下，共有八章，引證具體材料，論述了中國實行土地改革之理論依據，歷史發展過程，策略路線，指出土地改革對解放農業生產力和國家工業化之關係，説明經過土地改革後全國農業生產迅速恢復發展，農民物質與文化生活得到改善提高。最後指出，今後必須在土地改革偉大成就基礎上，穩步地向農業集體化大道邁進。

作者認為，土地革命實質上是中國人民革命之根本問題，全書實則詳細闡釋了《中華人民共和國土地改革法》第一條規定，即土地改革之目的為：『廢除地主階級封建剝削的土地所有制，實行農民的土地所有制，藉以解放農村生產力，發展農業生產，為新中國的工業化開闢道路。』文中引經據典，引用毛澤東及斯大林等人講話與文章內容立論，並搜集大量調查數據用以佐證觀點，如論及農村土地之集中程度，列舉了江西、湖南等多地土地數據，既有宏觀分析，又能注意到各地差異，十分詳細具體，避免了數據之簡單堆砌。要之，此書寫作提綱挈領，條理清晰，觀點明確，分析論述層層深入，從深層次揭示了封建土地制度不合理之處，以及土地改革對解放農業生產力和國家工業化之重要意義，從而展望在土地改革已有偉大成就之基礎之上，國家逐漸走上農業集體化道路，為建立更合理之土地制度而奮鬥。

今據華東師範大學圖書館藏石礎撰、一九五三年北京中華書局排印《中國土地改革的偉大成就》本影印，在《浦江文獻集成》第二一一冊。

李曉宇

國防經濟講話

石西民撰　民國二十七年上海生活書店排印版

石西民，原名士耕，曾用名東夫、棲明、史明操、懷南、何引流、明石等，生於民國元年（一九一二），卒於一九八七年，浦江縣石宅村（今屬杭坪鎮）人。自一九二二年起，先後就讀於浙江省立第七師範附屬小學、浙江省立第九中學初中部、上海群治大學高中部、上海江南學院政治經濟系等。一九二九年加入中國共產主義青年團，同年轉為中國共產黨黨員。此後歷任中共滬東區委宣傳幹事、新華社南京分社社長、南京人民廣播電臺臺長、中共南京市委宣傳部長、中共江蘇省委常委、中共中央宣傳部秘書長、上海市委書記、中共中央華東局委員、文化部副部長、國家出版事業管理局局長等職。曾擔任《紅旗日報》特約通訊員，編輯《中國經濟情報》，創辦『新知書店』，編輯《申報週刊》，籌建《新華日報》，擔任《解放日報》副總編輯，主管《辭海》修訂等。期間撰寫有大量國內外政治評論、專論、通訊和新聞。

《國防經濟講話》一書共收録十一篇講稿。第一篇為《戰爭與國民經濟之關係》，認為中國雖為一生產業落後之國家，然其資源卻並不匱乏，時局動亂，恰為動員發展中國無限潛在力量之機會。並引外國列強之經濟政策起論，謂其可借鑒之。第二篇為《戰爭與資源》，指出戰時務必要以資源之自給為先，如國家資源長期處於匱乏之狀態，則應設法考慮其他對策，如發明代用品以自給。另外，敵國勢必打擊交戰國家之生產力，故而產地之選，當以不易遭受破壞之安全地帶為上。第三篇為《國防工業建設問題》，認為中國之經濟特質之一，即為重工業基礎之脆弱，故而國家發展當以重工業為先，務必先發展強大之國防工業，在資源分配適宜之基礎上，可尋求別國技術之援助。第四篇為《怎樣樹立戰時金融政策》，認為當今之世，金融機構是一切經濟活動之靈魂，然戰時之金融政策大不相同，國家必以勝利為先，一國之金融政策應有助於戰爭，凡戰之所需，金融無不從之。並且指出，其所助者有四，一曰節私以充盈軍資，二曰節商以充盈工業建設，三曰節非工業以充工業，四曰維持物價，穩定滙價，以助於金融機構應對戰時之衝擊。第五篇為《改善金融機構與增加農工生產》，主要是根據當時國家財政部頒佈的關於改善地方金融機構辦法綱要十條作了具體闡述。第六篇為《戰時財政問題》，指出現代之戰爭實是交戰各國財力之戰爭，當動員全部經濟力量以確保戰爭之勝利，然中國之現狀不容樂觀，中日之對抗，實為以弱對強，所以必須增加稅收項目，如遺產稅等，並輔以動員國內之富裕人群進行國債之購置及捐贈。第七篇為《國防公債與金公債》，認為公債之發行，出於戰爭之需，此舉不失為一有效之法，然究其本質，終是由於國內國防生產之落後，故而政府當以提高國內生產建設為第一要務。第八篇為《關於限制購買外滙》，指出為了防止他國套換我國外滙資金，故而應予以限制。第九篇為《戰時農業政策》，認為戰時之農業政策應以擴大其生產為先，戰時所耗數目巨大，務必以此為重。第十篇為《戰時統制貿易問題》，指出政府應對戰時貿易政策予以調整修訂，以圖打破海上被敵封鎖貿易之困境。第十一篇為《戰時交通政策》，指出國內交通系統之薄弱，以致大權旁落，戰爭一度居於劣勢，所以交通之發展尤為重要，並應當以西北、西南之交通綫為先，而鐵路之建設並非一朝一夕可成，需耗費大量人力物力，然時事危難，先需要以公路建設為急務，待戰事稍緩，方能再作他圖。總之，將此十一篇講話編成一書，對於解決當時國防經濟問題應該有不少指導作用。

今據華東師範大學圖書館藏石西民撰、民國二十七年上海生活書店排印《國防經濟講話》本影印，在《浦江文獻集成》第二一一册。

孫鐵方

回憶録

楊醒撰　稿本

楊醒，生於民國十六年（一九二七），卒年不詳，浦江縣蔡横塘村（今屬仙華街道）人。小學畢業後筆耕學醫，十七歲始獨立行醫。一九四七年入國醫專科學校學習，一九五八年下放到農村，成為一名赤腳醫生，此後又到江西行醫多年。一九七二年，經考試，被任命為福建建陽地區衛生學校中醫教師，不久擔任崇安縣人民醫院主治中醫師。凡行醫近五十年，先後發表醫學論文二十篇，《健康報》《福建日報》曾介紹其事蹟。著作有《中醫治驗一得集》等。

《回憶録》手稿，以楊醒本人之回憶兼採其母親之溯訴記敘其求學舊事，依其所述内容觀之，作者生於北洋軍閥互相盤踞之際，時局動蕩，國内形勢愈發嚴峻，内則民窮財盡，外則強鄰環伺，其母為躲避動亂而東奔西走，楊醒尚在其母腹中，後幸得平安降生。醒三歲之際，嘗學山歌於其祖母，即教即會，故而同村以此為異，並斷言醒勢必早夭。適逢其母操持家務，醒不慎失足落入一盛水之木桶，及其母發現之時，醒已面色鐵青，呼吸停止，幸得其叔父等人之施救方得以生。醒自謂此皆為其母之祈禱所致，以此言其母之偉大。醒常奔馳於外，優遊嬉戲，及醒五歲，被其母送入私塾。醒生性聰慧，又加之勤奮好學，故其先生常贊之。及醒年九歲，村内私塾已更為初級小學，故醒入小學繼續讀書，其父甚為嚴格，常有言於先生，好。有父如此，醒自當品學良好。望其更為嚴苛。醒曾欺辱同學，為其父所知，其父嚴加呵斥，使其不敢再犯。有父如此，醒自當品學良好。及民國二十五年，醒年十歲，參與縣府所辦之國防講演競賽，得獎而歸，族内叔父多加稱贊。自此醒求學之心愈發懇切。醒年十三歲時，其師薦之於崇本高級小學，後以優秀之成績順利畢業。然其祖父專心務農，對其學業之支持十分有限，醒僅能補修於村内小學之中，幸得其師張筆耕之悉心教導，醒於回憶録中屢次提及張氏，張氏教導有法，以嚴苛著稱，凡有不勤不精者，必當悉心勸導，至其懺悔方止。醒體格羸弱，故常常消極抑鬱，甚至常自處以一厭世之狀，絲毫沒有半分青春之感，精神萎靡，形容枯槁，滿目瘡痍，醒又常法古人性靜可以為學，靜以修身之語，使己愈發喜靜惡動，如此廢弛運動，身體自然一蹶不振。民國三十年春，醒自察其身有所復興，決意升學，然其祖父等大為反對，後得叔父從中遊説適才得以投考中山中學，放榜之日，醒名赫然居於榜首，醒甚是欣喜，同行皆曰此景難以得見。

今據邑人李忠東藏楊醒所撰稿本《回憶録》影印，在《浦江文獻集成》第二一一冊。

孫鐵方

毛淳民詩詞抄

毛淳民撰　一九八四年黄鮮華輯本

毛淳民，原名祖澤，字潤民，生於民國五年（一九一六），卒於一九六九年，浦江縣南山村（今屬大畈鄉）人。浙江省立金華中學高中部畢業後，考入國立浙江大學史地系學習。歷任浦江縣戰時政治工作隊隊長、浦江縣地方幹部訓練所教育長、浦江縣私立思統戰時初中學生補習學校校務主任、杭州私立新群高級中學教導主任。杭州解放後，執教於杭州海潮中學。一九五四年三月調任上海華東文委幹部教育局教材科科長，同年十一月奉調北京中央文委幹部教育局，負責編審幹部業餘中學語文教材。一九五七年被錯劃為右派，『文革』時被遣送回原籍，一九六九年在政治壓力與貧困交迫中含恨而死。著有《怎樣閱讀》《怎樣教寫字》等書。

《毛淳民詩詞抄》為黄鮮華所輯本，前有輯録者一九八四年所撰序云：『淳民寫過很多舊體詩詞。在那暗無天日的舊社會，日寇侵淩，政府腐敗，內憂外患，民不聊生。面對黑暗現實，他常説，他的心頭好像整天壓著一塊大石頭，正如歐陽修在《梅聖俞詩集序》中所説「內有憂思感憤之鬱積，其興於怨刺，以道羈臣寡婦之所歎，而寫人情之難言」，因此他寫了一些詩。由於長期流離奔走，生活不安定，再加上十年動亂，原稿散失淨盡。近年來，我緬懷前塵，記憶搜索，僅得詩五十三首，詞三首，其中有十九首曾在《浦江文藝》第□期發表過，還有部分，則殘缺不全，有待憶補。』今案毛氏夫人黃鮮華輯本中，還收録他人原作或和作若干首，而毛淳民所作詩詞，有年月可考者，最早者寫於一九三五年，最晚者寫於一九六〇年，其中大多為抗戰時期所創作，確乎反映出作者對『日寇侵淩』感觸尤深，然鼎革之後僅存詩二首，一為《晚歸》，二為《聞母亡》，蓋噤若寒蟬，尤有不得已者。

今據毛淳民撰、一九八四年黃鮮華輯本《毛淳民詩詞抄》影印，在《浦江文獻集成》第二一一冊。

方勇

周宗瑚日記

周宗瑚撰　自一九三九年十二月三十日—一九四一年十一月十八日所記手稿

周宗瑚，又名成瑜，字克敏，生於民國八年（一九一九），卒於民國三十一年（一九四二），浦江縣曹源村（今屬杭坪鎮）人。一九二七年入村私塾讀書，一九三三年入浙江省立嚴州中學學習，一九三七年始在浦江湖山小學任教，後因抗戰爆發、國難當頭，毅然告别未婚妻和家人，與同窗好友吳彰炯、何康巖一起投筆從戎，先赴金華六師，後行軍至湖北宜都，投身抗戰。一九三九年考入陸軍第七十五軍幹部訓練隊，一九四〇年以優異成績考入中央陸軍軍官學校第十七期，一九四一年畢業後奉派編入七十五軍預四師，曾任七十五軍參謀處少尉參謀，駐防湖北宜昌，一九四二年犧牲於宜昌抗戰前線。

現存有周宗瑚日記、筆記、同學録、家書、畫冊、照片等實物多種，其中《周宗瑚日記》為其在中央陸軍軍官學校學習期間所寫之部分日記，内容涉及軍旅生活、時政要聞、家國情懷等，乃是中華兒女於多事之秋，抛家舍業、投身抗戰、保家衛國之歷史見證。其三弟於此日記殘稿末書云：『大哥呀，爾三弟觀爾之心得，真使流不盡的傷心淚！』若周氏日記能完整保存至今，則覽者傷心之淚當不止如是也。

今據邑人周天雲藏周宗瑚手寫殘稿《周宗瑚日記》影印，在《浦江文獻集成》第二一二冊。

方勇

國粹用兵手冊

金式撰　一九五〇年稿本

金式，原名士元，乳名海寧，曾用名志仁、永標，軍校名百魂，字知人，號不换，晚年署號東海老人，生於清光緒三十年（一九〇四），卒於一九九四年，浦江縣殿前金村（今屬蘭溪市）人。先後就讀於蔣畈育才兩等小學堂、浙江省立第七師範學校預科、中央陸軍軍官學校第六期步科、陸軍大學正則班第十期。歷任國民革命軍陸軍第八十五軍第四師參謀長、第十三軍第八十九師少將師長等職。抗戰時隨湯恩伯抗擊日寇，相繼參加徐州、豫中諸役。於臺兒莊一役時負傷，因作戰有功獲頒嘉獎令，並以整肅部屬、嚴明紀律而獲時任軍訓部長白崇禧之讚賞。一九四六年退役回籍，致力農耕，淡泊度日。同年秋與内兄曹聚仁等發起創辦『私立育才初級中學』，推為校董。一九四八年受湯恩伯重召，委以旅長之職，旋任二〇三師師長。一九四九年抵臺灣，後轉赴澳門，更名趙秉富，以勞動謀生。晚年潛心研究軍事，著有《國粹用兵手冊》《戰爭經緯學》等。

《國粹用兵手冊》為金式之手稿，一名《古法用兵手冊》。稿本前有《前言一》《前言二》，末尾有《後語》。全稿共十章，首章論用間，二章論料敵，三章論用兵綱要，四章論用兵之道，五章論指揮要領，六章論攻擊，七章論防禦，八章論其他特殊戰法，九章論詭道，末章論地形。具體説來，首章明用兵必先用間，謂以上智為間者，必成大功，此用兵之要，三軍所恃而動也。二章論料敵，明或戰或和，必以料敵為先，料敵制勝，上將之道也。料敵之術有五，一曰度，二曰量，三曰數，四曰稱，五曰勝。若敵進而靜者，是恃其險也，當謹慎應之。三章論用兵綱要，首言兵凶戰危，謹以三思而後行，方為用兵之道。四章明伐兵之道，伐兵有術必得乎時，得時毋怠，時不再來。凡戰貴速，久則鈍兵挫銳。伐兵當以專一集中，簡約簡單，能以十攻一，以眾擊寡，則我所吊戰者約矣。又言伐兵之原理，當先勝而後求戰，此王者之師也。又言用兵之道貴變，兵形像水，避高而趨下，故而兵之形當避實就虛，因敵制變。此為用兵妙道，應存乎心。五章論指揮要領，必使己兵居優而戰，使敵兵居劣而戰，其術有五，謂以近待遠，以逸待勞，以飽待飢，以靜待嘩，以治待亂。另有八不擊者須明之，一曰無邀正正之旗，勿擊堂堂之陣，二曰佯北勿從，三曰銳卒勿攻，四曰餌兵勿食，五曰歸師勿遏，六曰圍師必闕，七曰窮寇莫追，八曰客絕水而來，勿近之於水內，令半濟而擊之。六章論攻擊，首言攻擊之時，必攻不守，是兵之急者。可勝則攻，不可則止。須知用兵之要唯兵者貴速。又言攻擊有法，明其當以無備、不守者為先。七章論防禦，明戰勝易，守勝難。凡守自當先立於不敗之地，無恃其不來，恃我有以待之，無恃其不攻，恃我有所不可攻也。善守者，不止完其壁，堅其陳而已。八章論其他特殊戰法，論及機動戰，謂當出其所不趨，趨其所不意，行千里而不勞者，行於無人之地也。又言弱勝強，寡勝眾法，對驕勇之敵作戰法，對各類將領作戰法，火攻法。九章論詭道，明兵者，詭道也，以詐立，以利動，以分合圍變。末章論地形，明攻取作戰，地形為要，夫地形者，兵之助也。後附古法用兵手冊釋義，對全稿之疑難處作釋，另附表以明地形之利害。

今據邑人江東放藏金式撰、一九五〇年稿本《國粹用兵手冊》影印，在《浦江文獻集成》第二一二冊。

孫鐵方

戰爭經緯學

金式撰　一九五〇年稿本

金式生平已見於上一則提要。《戰爭經緯學》分上、下二册，上册曰《戰爭之經》，下册曰《戰爭之緯》，凡有十一篇組成。上册《戰爭之經》由第一至七篇組成，共分三十七章及《結論》論述之。首篇論對戰爭本質應有之認識，金氏引左丘明之語，言天生五材，民並用之，廢一不可，誰能去兵？兵之設久矣，所以威不軌而昭文德也；聖人以興，亂人以廢，興廢存亡，昏明之術，皆兵之由也。後又引商鞅之言，認為富貴之門，必出於兵，是故民聞戰而相賀，起居飲食所歌謠者，戰也。强國之民，父遺其子，兄遺其弟，妻遺其夫，皆曰不得勝，毋返，以說明國家得勝之熱切。第二篇論對戰爭内部應有之認識，認為戰爭實為一場大買賣，以軍事力量為資，與各國展開交易行為。復將其喻為一局有關國運之賭博，以及一場難以識破之騙局，以此說明戰爭之慘苛無情。然於戰爭之理解認識，斷不可執其一端，須知戰爭自有其正反二面，凡云戰爭之破壞性者，當識其建設性。第三篇論軍事勝利之因素，指出其有四，即天、地、人、物。又論述戰爭之勝敗與幸運之關係，戰鬥力之持續等問題，以及抗戰之因素，戡亂之因素等方面。第四篇論總動員，認為以國與國相爭鬥關於國民，故而須有動員之舉。此篇論動員，以政治、經濟、軍事三者分而論之，謂必須喚起國民之愛國心與從軍熱，戰爭之勝利即各個國民之勝利。第五篇論將道，即選將之道、選將之法，認為當據其學歷、經歷、武德、體格及其堅強之意志，由此進而明確其為將之法，凡將者以人為先，養人如養子，又能嚴以律己，以身作則，常以謹慎自持，戰機稍縱即逝，為將者必深思熟慮而果決，以此而每戰必勝。第六篇論建軍，認為凡建軍當以國土之大小險易、人民之衆寡、國家財力之薄厚為基，又必須明察民心之向背，重視將領幹部之選拔。第七篇論習練，認為習練為戰事之重，未經嚴格之訓練者，猶如烏合之衆，一擊即潰。是故軍旅之衆當以習練為重，習練之戰鬥與實際之戰鬥相通，應當慎重對待之。金氏於上册結論中引《司馬法》語，明確指出國雖大，好戰必亡，天下雖平，忘戰必危，國家當自主建立精強善戰之國防軍以自衛。

下册《戰爭之緯》由第八至十一篇組成，共分三十八章及《結論一》《結論二》《後語》論述之。第八篇論作戰之原則原理，指出原則即為多數現象之共同法則，原理為一切真理之基礎兼包思想上各種因素而成確實之真理者。又引歐美原則原理之條例起論，説明中國作戰之原則原理當從中取用，簡而效之。又論述對於目標之選擇與維持，認為凡攻取必當先明目標之戰略意義所在。進而論集中，謂此法雖妙，然仍須知變通。此篇後部分論及奇兵之應敵之策、作戰之簡單原則諸問題，闡明為戰者必當以此為先謀，正所謂先勝而後求敗。第九篇論戰爭之術，指出為戰者必須明白指揮之要義，明察於瞬息萬變之時局，危難之際，縱獨斷專行也不失為一良策，然為戰者須明白其深意，獨斷專行有法，一曰與上級當心靈相通，此可免於刑，二曰戰機之允許，此可不失於時，三曰與友軍協同，此可多助。並且指出，用兵之要訣有三，一為秘，二為快，三為狠。此三者交相而應，則每戰必勝。第十篇論各種戰法，先言戰略戰術之別，次言用兵之道，認為戰略者即作戰應有之方略，方為敵之所在，略為對敵之策。戰術者，即確乎戰略達成之謀略。用兵之道，當摒棄已有之單純、呆板、遲鈍之法，當别出新意。又謂於時機變化者，多出於分合、進退、剛柔，明此三者必明變也。又論心戰，認為心戰務在摧毀敵將之意志。敵將自亂，其軍必亂。第十一篇論詭道，認為用兵當用詭道，詭而能出奇，奇而能制勝，深明詭道者，其為戰必多勝而少敗。詭道有法，如欺詐、誘敵、恫嚇、恭維、嬉弄是也。在《結論》中，著者指出，百戰百勝之法，謂正義必勝，賢者必勝，士氣盛者必勝，上下同心者必勝，武器裝備先進者必勝。《後語》論不戰而屈人之兵，即修德、以禮、伐謀、伐交四者是也。總而言之，《戰爭經緯學》是金式在服務於民國軍隊約三十年時間內的所見所聞，以及在戰場上反復實踐中所得經驗與心得的結晶，現在仍能幸運存世，值得珍視。

今據邑人江東放藏金式撰、一九五〇年稿本《戰爭經緯學》影印，據在《浦江文獻集成》第二一三、二一四、二一五冊。

孫鐵方

向敵後進軍

黄穗撰　一九五一年上海華東人民出版社排印《文藝創作叢書》本

黄穗，原名黄月芳，曾用名黄籬、黄辛英，生於民國十二年（一九二三），卒於二〇〇五年，浦江縣上市（今屬黄宅鎮）人。本系黄家收養之義女，受共產黨員馬丁和兄長黄長波影響，十五歲即加入中國共產黨。同年赴皖南新四軍教導總隊女生隊學習，後被分配到新四軍第一縱隊政治部任宣傳幹事、前線記者。因抗戰需要，組織上曾將她調回浙江工作。抗戰勝利後，隨新四軍浙東遊擊縱隊北撤，編入華東野戰軍第一縱隊政治部，又作為隨軍記者參加解放戰爭，並在軍報上發表大量報導文章。新中國成立後，先後擔任中共華東局《新民主報》、上海《解放日報》記者，後陸續領導浙江省文學藝術工作者聯合會、江蘇省文聯、舟山地委宣傳部等多個部門文宣工作。一九六〇年調中央外交部，隨其夫外交官胡成放從事外交工作。著有《向敵後進軍》《『淘籮命』翻身》《一個中農的家庭》等書，報告文學《墨漁姑娘》《海菊》發表於《東海文藝》月刊，後來還曾被改編為電影。

《向敵後進軍》曾獲華東野戰軍全軍文藝作品三等獎。一九四七年孟良崮戰役後，國民黨軍再次向魯中山區發動進攻。為配合劉鄧大軍和即將到來的戰略進攻，同時鑒於國民黨軍兵力集中之情況，領導華東野戰軍之陳毅、粟裕決定分兵出擊敵後以創造戰機之方針，並獲得中央認可，即著名的『七月分兵』。此書即是以日記形式真實地記録了自一九四七年七月一日起至八月十四日這段時期，部隊艱苦行軍與戰鬥過程，以及路途中軍民所表現出血肉相連之深情厚誼。作者標注了每日天氣狀況與途經地點，生動記録下當時行軍過程中種種見聞，如敵後人民見到部隊歸來之歡喜，軍民之間血肉相連之關係，部隊中像汪班副、無名烈士一樣普通戰士們之英勇事蹟，過河涉水、跨越津浦鐵路時遇到之各種危險和磨難。同時作者還以女性作家特有的清新自然之筆觸描寫途中所見，身處艱難行軍路上也不忘調侃『行軍』為『跑軍』，字裏行間充滿了革命樂觀主義精神。此書用樸實無華之文字記録下那段艱苦卻可歌可泣之歷史，歌頌了華東野戰軍戰士們之英勇無畏，透過字紙，依稀可以穿過時光窺見當年崢嶸歲月。

今據華東師範大學圖書館藏黃穗撰、一九五一年上海華東人民出版社排印《文藝創作叢書》本《向敵後進軍》影印，在《浦江文獻集成》第二一六冊。

李曉宇

一個中農的家庭

黄穗撰　一九五五年上海新文藝出版社排印本

黄穗生平已見於上一則提要。《一個中農的家庭》寫於農業合作化運動時期，作者以一個中農家庭為背景，來反映江南某農村成立農業生産合作社之曲折過程。作者選取了一位理想的先進婦女陳杏珍作為故事之主人公，她是一名出身貧農但思想進步的農村婦女幹部，嫁入了一個富裕的中農家庭。而這個家庭的家長閻老葵則是一個自私、保守人物。小説圍繞著這個中農家庭，講述了他們所在的一個擁有十八戶互助組的農村，在黨員閻炳福和主人公副社長陳杏珍之帶領下，組織村民從互助組向農業生産合作社發展。一開始十八戶人家辦社情緒高漲，但由於幹部缺乏辦社經驗，關於改革對社員教育不夠透徹，被富農趁機陰謀破壞，幾乎釀成社員大鬧退社的危險風潮。外界之風波也反映在了這個中農小家庭中，閻老葵受風波影響思想發生動摇，而他的態度又對整個合作社能否保全起著舉足輕重作用，若是他要退社，其他社員效仿他，社便要垮臺。於是在家庭内部，以兒媳陳杏珍和家長閻老葵為代表，發生了尖鋭而又細緻的思想鬥爭。最終在黨的正確領導下，合作社運動得以順利開展，富農的陰謀詭計被粉碎，合作社也獲得了棉花全面豐收。退社村民見狀紛紛要求重新入社，棉花豐收也吸引了鄰近村民前來參觀，甚至期望合作社能擴大吸收社員，一場退社風波就此徹底平息。

本書刻畫了眾多具有典型性農民形象，其中尤以富裕的中農閻老葵最為突出。作為富裕的中農階層，他身上與生俱來帶有著動搖性與妥協性，他對於農業合作社所展現出來自私與保守態度，帶有鮮明的階級特徵。通過這樣一個建立農業生產合作社的故事，描寫出以閻老葵為代表的中農態度之轉變，反映了當時如火如荼的農業合作化運動，並借此表達作者想要宣傳的主旨，走互助合作道路，就是走農民集體富裕之道路。

今據華東師範大學圖書館藏黃穗撰、一九五五年上海新文藝出版社排印《一個中農的家庭》本影印，在《浦江文獻集成》第二一六冊。

李曉宇

枕戈珠簾合編

張健行（雄世）撰　一九九四年中國臺灣高雄排印本

張健行，清四品監察御史景青之玄孫，若騶之長子，名雄世，字飛卿，號建英，筆名健行，生於民國二年（一九一三），卒於二〇〇一年，浦江縣馬鞍山村（今屬鄭宅鎮）人。先後就讀於本邑東明高小、杭州安定中學、之江大學附屬高中、上海復旦實驗中學、上海復旦大學政治系。一九三六年投筆從戎，入中央陸軍軍官學校特訓班第四期，畢業後留校任教官。後歷任重慶三青團中央團部機要秘書、青年軍二〇一師作戰營中校營長、上海中央銀行特派員、上海經濟警察大隊大隊長，及北新涇、四川路警察分局分局長。一九四九年春赴臺，歷任高雄港船舶總隊長、高雄市第一警察分局分局長、宜蘭警察局督察長、『中央警官學校』教官等職。長期服務於警政，資歷高深，著有《專業警察學》《中央及地方行政》等書。公務之暇，沉酣經史，自號灌翁，善吟詠，尤諳詩詞格律，每尋幽探勝，必文、必詩、必詞以自寓情懷，著有《枕戈珠簾合編》《故園新陸詩話合編》《吟鞭憶語》，可無愧於其父矣。

《枕戈珠簾合編》封面由于佑任題寫書名，書前有一九九四年易中達所撰序、張健行所撰自序。張氏自序云：『余幼嗜吟詠，少年遊學四方，壯復投軍抗戰，勝利後轉業從政。丁逢抗日，兩大時代，萍蹤浪跡，再度播遷，得快遊大江南北，渡臺灣，遊歐美，歷涉名山大川，拜會良師益友，遭逢甘苦安危，偶有所感，書存奚囊，分篇《枕戈》《珠簾》二稿，以自寓情懷，留鴻爪痕耳。近以友好催促付梓，經考慮再三，自思篇什中，或有隻字片語，足以發皇民族感情，鼓舞自由情緒者，容有一得之愚，可作拋磚之引。至於鬢影釵香之句，情埸兒女之言，此亦詩重性靈尚無邪，姑妄存之。爰檢集絕律長短之句，凡二百六十九首付印，自愧下俚巴音，難登大雅之堂，故仍以稿名，冀再推敲，未敢成集也。』是可見雄世一生之雅好，以及此集編輯之緣起。易氏之序，謂其詩雋逸沈雄，聲調鏗鏘，詞則雅美麗則，婉約清新，既為詩壇之健將，亦是詞曲之專家，此評並非虛美之詞。至於雄世合『枕戈』『珠簾』為此集之名，蓋亦寓其情殷志切，深祈兩岸聯為『珠簾』也。其以此集贈五弟醒世，末尾特以硬筆書《和平統一歌》一首，其中有云：『兩岸華裔勢必統一，兩岸問題必須解決。同文同種豈能久別，和平奮鬥才能救國。』由此可以類推矣。

今據邑人賈薔薇藏張雄世撰、一九九四年中國臺灣高雄排印《枕戈珠簾合編》本影印，在《浦江文獻集成》第二一六冊。

方勇

吟鞭憶語

張雄世撰　一九七九年中國臺灣桃園縣觀光協會排印本

張雄世生平已見於上一則提要。雄世文采倜儻，沉酣經史，所作詩詞、歌賦、散文，落筆皆行雲流水，且性愛旅遊，每每尋幽探勝，必文、必詩、必歌，敲金戛石，紙墨留香。其發表於《桃園觀光》者，前後凡五十餘篇，大致可分為詩歌、山水、掌故、傳奇四大類。一九七六年，雄世將歷年作品彙為一編，取蘇曼殊『羸馬未須愁遠道，桃花紅欲上吟鞭』（蘇曼殊《澱江道中口占》）之句，寓以樂觀奮鬥、重精神、愛自然之意，名其集曰『吟鞭憶語』。書前有《桃園觀光》主編宋安業先生序，全書共收録詩文三十五篇，另有附録六篇。

書中所收三十五篇作品，多為山水紀遊之作，而以首篇《談中國詩人的行吟意境》為綱領，文中談古詩人能以愛觀光旅行、接觸新奇環境之共同癖好，加以見人所不能見、感人所不能感之敏鋭感知，成就其流傳千古之篇什與風流餘韻之傳統，雄世將這一古人傳統與當今工業社會中之觀光事業偏向紙醉金迷和物質享受對比，以強調中國文人含蓄藴藉、風流儒雅、愛好自然、鄙棄繁華之氣質。雄世幼時鄉居浦江十三年，隨後讀書杭滬，往來江南山水之間，抗戰時期則漂泊西北、西南，戰後歸滬，旋即赴臺，故書中所録之詩文，多為數十年生涯之行見。若家鄉浦陽之景，則有《宋濂衣冠冢》記浦江故居旁宋濂衣冠冢之來歷，與兒時一草一木一碑一石之回憶。《浣紗溪上浮筏行》由《西施》影片聯想至浣江上游之浦陽江，與幼年江上乘筏之事。以及《題故鄉縣志》《江南三憶》《富春三絕》等篇，皆寓懷鄉之情於故鄉之景，情景交融，頗有韻味。寫西北、西南之景，則有組詩《西北東南漂泊吟》中《題華清池》《西嶽詠遊》《題留侯廟》《還都道上吟》《舟中吟》等詩，每首詩又各有詩序，述其漂泊經歷，差可知人論世。其餘篇什，多寫臺灣風光，如《畫眉大會》寫所居松山機場附近之畫眉鳥，《鸕鷀潭導遊》記臺北水木清華的鸕鷀潭，還有《漫寫金山》《春秋隨筆二則》《法雲禪趣》等等，無論散文、詩歌，皆清新可喜。附録為傳奇六篇，分別為《阿芷》《杏姑》《遊侶湘雲》《妙人兒》《漢陽生》《病西施》，皆為雄世就讀復旦大學時所遇之人與事，皆以古文寫成，且多用駢語，頗有唐傳奇之風。

今據邑人賈薔薇藏張雄世撰、一九七九年中國臺灣桃園縣觀光協會排印《吟鞭憶語》本影印，在《浦江文獻集成》第二一七冊。

胡聖傑

浦陽八（十）景詩選輯（一）

二〇一六年張世田輯録本

『八景』之題，最早可以追溯至北宋宋迪之《瀟湘八景圖》，沈括《夢溪筆談》云：『度支員外郎宋迪工畫，尤善為平遠山水。其得意者，有《平沙雁落》《遠浦歸帆》《山市晴嵐》《江天暮雪》《洞庭秋月》《瀟湘夜雨》《煙寺晚鐘》《漁村落照》，謂之「八景」，好事者多傳之。』宋人講求詩畫融和，繪畫之『八景』漸為詩家所採，繼而有蘇軾《虔州八境圖》、米芾《都梁十景詩》、曹勳《題俞撞畫八景》、羅仲舒《蘆江八詠》、蔡元定《麻沙八景》等，其中最著者為『西湖十景』與『燕京十景』。浦江方鳳之《八景勝概》或脱胎於『西湖十景』，乃浦江最早以十（八）景命名之組詩。八景分別為『華柱丹光』『仙壇靈草』『中峰嘯月』『深穴噓風』『劍峽遲鸞』『卦尖望鼎』『藥壺閃影』『龍門飛瀑』。方鳳之後，浦江以『八景』或『十景』為題之作湧現，其最著者為『浦陽十景』，或作『浦陽十詠』。此題由柳貫開創，十景分別為『仙華巖雪』『白石湫雲』『龍峰孤塔』『寶掌冷泉』『月泉春誦』『潮溪夜漁』『南江夕照』『東嶺秋陰』『深嫋江源』『昭靈仙跡』。詩題前兩字限定位置，後兩個字提示季節、時間以及何種風景，有模仿『西湖十景』之跡，如『南江夕照』本於『雷峰夕照』，『月泉春誦』源自『蘇堤春曉』，『仙華巖雪』則與『斷橋殘雪』『江天暮雪』關聯。總體而言，柳貫所選十景既有自然風光，亦不乏歷史人文景觀，可作為浦江風貌之代表。自此以後，元、明、清三代之浦江詩人頻繁追和，如張應槐、陳浩然、陳郁等人皆有『浦陽十景』詩之作。

是輯選浦江十景或八景詩十九種，分別為《浦陽十詠》六十首、《仙華八景勝概》八首、《元麓八景》八首、《浦陽八景》八首、《浦陽書院八景》二十九首、《檀溪八景》十六首、《白石山房十二景》一百二十首、《靈泉八景》八首、《深溪十景》三十六首、《樂庵四樂》四首、《直齋八詠》八首、《旌塢八景》二百五十六首、《湖山園詩草》四首、《演溪八景》八首、《南山八景》八首、《廣學書院十詠》十首、《湖山八景》二十四首、《山堂十勝》十首、《環溪八景》二十四首。所選之詩，或輯自縣志，或輯自宗譜，惟《白石山房十二景》輯自張孟兼文集《白石山房遺稿》。輯録方式為直接影印，故版式不一，且有重收之失。景雖俱為浦陽，而詩人未必皆浦江，若錢塘人錢惟善之《奉和太常博士柳公浦陽十詠》、鄞人盧鎬之《續白石山房十二景詠》等，皆為外鄉人所作，故浦陽之景未囿於浦陽一地，借浦陽之詩而廣為流傳。

今據二〇一六年張世田輯録本《浦陽八（十）景詩選輯（一）》影印，在《浦江文獻集成》第二一七册。

胡聖傑

浦陽八（十）景詩選輯（二）

二〇一六年張世田輯録本

此輯本為上一種之續編，選録十景或八景等組詩四十種，依次為《海塘八景》一百三十六首、《長塘八景》六十四首、《景塘八景》八首、《花橋八詠》八首、《文溪十二景》十二首、《合濟八景》八首、《謹次八景》八首、《槁溪八景》一百三十首、《隆溪十二景》十二首、《湖溪八景》六十四首、《湖溪四景》四首、《湖山鎮拱》五首、《深溪十詠》三十首、《杭坪八景》四十八首、《柑糖八景》一百二十八首、《沙城八景》五十四首、《雲水庵六詠》六首、《沙城竹枝詞》十首、《蘭庭八詠》八首、《新居八詠》八首、《清塘十景》八十首、《湖地八景》八首、《樂庵四景》四首、《靈泉八景》八首、《貴峰十景》十首、《檀溪八景》八首、《東方十景》十首、《嵩溪十景》一百首、《南山十景》十首、《東林十景》五十首、《聖跡八詠》八首、《道院八景》八首、《官巖八景》八首、《柳溪十景》五十首、《橫街八景》十六首、《茅廬八景》八首、《石溪四景》四首、《浦陽十景》十首、《山居十詠》十首、《旌戶八景》二百五十六首。其中《深溪十詠》《樂庵四景》《靈泉八景》《檀溪八景》《南山十景》《浦陽十景》與上一種選輯重複，然版式上已非直接影印古籍，而是輯自《浦江宗譜文獻集成》，已經後人整理。

浦江十景或八景詩之作發展至清代，不僅題材廣泛，遍佈浦江整個縣域，形式亦愈加豐富，若『四景』『六詠』者，皆為後人新創，乃至《沙城竹枝詞》，則以竹枝詞體式寫成，體格更奇。『浦陽十景』之作，歷元明清三代不衰，謂其為歷代浦江人之文化認同，亦不為過，而其餘後起仿效之作，皆浦江一隅之景，雖不及『浦陽十景』範圍之廣，影響之大，卻是宗族之文化認同。如《深溪十詠》即出自深溪王氏家族。深溪王氏亦稱義門，其先出於烏傷鳳林，南宋族中有子覺與子麟者，效法麟溪鄭氏，合謀收族聚居，遂參定家則，朝夕遵行。王氏所居深溪，去浦江縣東二十里，其源出於龍祈山西，洄洑渟泓，縈抱如帶，流至縣南匯入浦陽江。『深溪十景』之説由來已久，然至清代，其景觀尚在，而詩已不傳。嘉慶間，王氏之後玉兼、肇錫二君，以『深溪十景』之題為倡，遠近詩人邀賡迭唱，遂成一時浦江詩歌之盛會。『深溪十景』分別為『深溪晚釣』『靈泉修禊』『雙池分月』『登高望塔』『履下催耕』『金蓉拱翠』『石壁遺銘』『梅嶺春樵』『水閣迎涼』『山寺疏鐘』，細查之，實皆尋常之景，然一寓於詩，則繪聲繪影，語景俱妙。凡此五十餘種十景詩之作，雖為一時一地之景，出一族一人之手，然匯而集之，則為浦江一邑之山水風光，凝而聚之，遂成浦江詩歌之盛。

今據二〇一六年張世田輯録本《浦陽八（十）景詩選輯（二）》影印，在《浦江文獻集成》第二一七册。

胡聖傑

附録：浦江文獻集成下編目録

下編

第二八册

一、硃卷

清乾隆十八年癸酉科浙江鄉試硃卷一卷　張邦彦撰　清光緒刊本
清乾隆二十四年己卯科浙江鄉試硃卷一卷　吴鳳來撰　清乾隆刊本
清乾隆二十七年壬午科浙江鄉試硃卷一卷　黄元弼撰　清乾隆刊本
清乾隆三十九年甲午科浙江鄉試硃卷一卷　張用璐撰　清乾隆刊本
清乾隆四十二年丁酉科浙江鄉試硃卷一卷　張時和撰　清乾隆刊本
清乾隆四十八年癸卯科浙江鄉試硃卷一卷　鄭祖治撰　清乾隆刊本
清乾隆五十四年己酉科浙江選拔貢卷一卷　樓中元撰　清乾隆刊本
清乾隆六十年乙卯恩科浙江鄉試硃卷一卷　張邦藎撰　清乾隆刊本
清嘉慶元年丙辰恩科會試硃卷一卷　戴殿泗撰　清嘉慶刊本
清嘉慶二十二年丁丑科會試硃卷一卷　朱能作撰　清嘉慶刊本

清道光元年辛巳恩科浙江鄉試硃卷一卷　張維撰　清道光刊本

清道光八年戊子科浙江鄉試硃卷一卷　金照撰　清道光刊本

清道光十四年甲午科浙江鄉試硃卷一卷　黄幾琠撰　清道光刊本

清道光十五年乙未恩科浙江鄉試硃卷一卷　陳毓秀撰　清道光刊本

清道光十六年丙申科浙江歲貢卷一卷　石有聲撰　清道光刊本

清道光十七年丁酉科浙江鄉試硃卷一卷　王祖烒撰　清道光刊本

清道光十七年丁酉科浙江鄉試硃卷一卷　王祖煊撰　清道光刊本

清道光十七年丁酉科浙江選拔貢卷一卷　陳淦撰　清道光刊本

清道光十七年丁酉科浙江選拔貢卷一卷　戴蘭疇撰　清道光刊本

清道光十七年丁酉科浙江鄉試副貢卷一卷　戴瑞昇撰　清道光刊本

清道光二十四年甲辰恩科浙江鄉試硃卷一卷　樓廣慥撰　清道光刊本

清道光二十六年丙午科浙江鄉試硃卷一卷　黄幾玥撰　清道光刊本

清咸豐二年壬子科浙江鄉試硃卷一卷　倪葆仁撰　清咸豐刊本

清同治四年乙丑補行咸豐辛酉科浙江選拔貢卷一卷　戴興湝撰　清同治刊本

清同治四年乙丑補行咸豐辛酉科浙江選拔貢卷一卷　周紹濂撰　清同治刊本

清同治四年乙丑補行咸豐辛酉科並壬戌恩科浙江鄉試硃卷一卷　樓簡撰　清同治刊本

清同治十二年癸酉科浙江鄉試硃卷一卷　柳恩湛撰　清同治刊本
清同治十二年癸酉科浙江鄉試硃卷一卷　張淥撰　清同治刊本
清同治十二年癸酉科浙江鄉試硃卷一卷　黄文藻撰　清同治刊本
清同治十二年癸酉科浙江選拔貢卷一卷　季學英撰　清同治刊本
清同治十三年朝考卷一卷　季學英撰　清抄本
清同治十三年甲戌科會試硃卷一卷　樓杏春撰　清同治刊本

第二一九册

清同治十三年丁卯科並補甲子科浙江鄉試硃卷一卷　朱紹珪撰　清同治刊本
清光緒九年癸未歲試考卷　李肇基撰　清光緒刊本
清光緒十一年乙酉科浙江武鄉試闈卷一卷　吳殿元撰　清光緒刊本
清光緒十一年乙酉科浙江選拔貢卷一卷　黄尚潤撰　清光緒刊本
清光緒十五年己丑恩科浙江鄉試硃卷一卷　金爘撰　清光緒刊本
清光緒十九年癸巳恩科浙江鄉試硃卷一卷　陳宗虞撰　清光緒刊本
清光緒二十三年丁酉科浙江選拔貢卷一卷　徐時雨撰　清光緒刊本
清光緒二十七年庚子辛丑恩正併科浙江鄉試硃卷一卷　虞廷撰　清光緒刊本
清宣統元年己酉科浙江選拔貢卷一卷　施典常撰　清宣統刊本

清宣統元年己酉科浙江選拔貢卷一卷　張炎紀撰　清宣統刊本
清宣統元年己酉科浙江選拔貢卷一卷　張重光撰　清宣統刊本
清宣統二年京師法律學堂畢業考試卷一卷　黄秉鑑撰　清宣統刊本
民國四年第四屆知事試驗卷一卷　施典常撰　油印本

二、簿録、挽聯等

旌二十一公祭簿　義門鄭氏編　清宣統二年重修本
升正二公祭簿　義門鄭氏編　清宣統二年刊本
鄭禮七十二公祭簿　義門鄭氏編　清宣統二年刊本

第二三〇册

義門鄭氏祭簿二卷　義門鄭氏編　民國十一年重修本

第二三一册

昌三公祭簿二卷　義門鄭氏編　民國二十四年重修本
貞義録　義門鄭氏編　清光緒十九年重輯本
義門鄭氏散錦彙編　義門鄭氏編　抄本

蓮塘李氏宗祠田畝簿　蓮塘李氏編　清光緒三十一年抄本
蓮塘李氏宗祠給胙簿　蓮塘李氏編　清光緒三十一年抄本
會簿　佚名編　清末抄本
登高山全村長燈會簿　趙宗藴等編　民國二十六年抄本

第二二二册

各會約議提名規條簿　黄蔚臣編　民國三十年抄本
敏德堂分家約　敏德堂方氏編　清光緒二十六年抄本（末附民國七年補充議約）
朱慎齋公壽詩　朴樹里朱氏編　民國十一年排印本
萱庭介壽録　石宅石氏編　民國二十五年排印本
虞公賡甫挽聯　虞宅虞氏編　民國油印本

第二二三册

潛德孔昭　巖頭陳氏編　民國八年木活字印本
浙江浦陽鍾靈張老先生訃告　石馬張氏編　民國二十五年抄本
浦江風水　佚名編撰　稿本

三、縣志

［嘉靖］浦江志略八卷　（明）毛鳳韶修　王庭蘭校　一九六三年上海古籍書店影印《天一閣藏明代方志選刊》本

第二二四册

［崇禎］浦江縣志十二卷首一卷（一）　（明）吴應台修　張一佳等纂　明崇禎十年刊本

第二二五册

［崇禎］浦江縣志十二卷首一卷（二）　（明）吴應台修　張一佳等纂　明崇禎十年刊本

第二二六册

［康熙］浦江縣志十二卷首一卷（一）　（清）毛文埜修　張一煒纂　清康熙十二年刊本

第二二七册

［康熙］浦江縣志十二卷首一卷（二）　（清）毛文埜修　張一煒纂　清康熙十二年刊本

第二二八册

［乾隆］浦江縣志二十卷首一卷（一）　（清）薛鼎銘修　胡廷槐纂　彭大宗鑒定　清乾隆四十一年刊本

第二二九册

［乾隆］浦江縣志二十卷首一卷（二）　（清）薛鼎銘修　胡廷槐纂　彭大宗鑒定　清乾隆四十一年刊本

第二三〇册

［乾隆］浦江縣志二十卷首一卷（三）　（清）薛鼎銘修　胡廷槐纂　彭大宗鑒定　清乾隆四十一年刊本

第二三一册

［乾隆］浦江縣志二十卷首一卷（四）　（清）薛鼎銘修　胡廷槐纂　彭大宗鑒定　清乾隆四十一年刊本

第二三二册

［乾隆］浦江縣志二十卷首一卷（一）　（清）薛鼎銘修　胡廷槐纂　上憲鑒定　日本内閣文庫藏清乾隆四十四年刊本　（缺卷十七至卷二十）

第二三三册

［乾隆］浦江縣志二十卷首一卷（二）　（清）薛鼎銘修　胡廷槐纂　上憲鑒定　日本内閣文庫藏清乾隆四十四年刊本　（缺卷十七至卷二十）

第二三四册

［乾隆］浦江縣志二十卷首一卷（三）　（清）薛鼎銘修　胡廷槐纂　上憲鑒定　日本内閣文庫藏清乾隆四十四年刊本　（缺卷十七至卷二十）

第二三五册

［乾隆］浦江縣志二十卷首一卷（四）　（清）薛鼎銘修　胡廷槐纂　上憲鑒定　日本内閣文庫藏清乾隆四十四年刊本　（缺卷十七至卷二十）

第二三六册

［乾隆］浦江縣志二十卷首一卷（一）　（清）薛鼎銘修　胡廷槐纂　清道光二十三年李業修補刊本

第二三七册

［乾隆］浦江縣志二十卷首一卷（二）　（清）薛鼎銘修　胡廷槐纂　清道光二十三年李業修補刊本

第二三八册

［乾隆］浦江縣志二十卷首一卷（三）　（清）薛鼎銘修　胡廷槐纂　清道光二十三年李業修補刊本

第二三九册

［乾隆］浦江縣志二十卷首一卷（四）　（清）薛鼎銘修　胡廷槐纂　清道光二十三年李業修補刊本

第二四〇册

［光緒］浦江縣志十五卷首一卷附殉難録二卷（一）　（清）善廣修　張景青纂　清光緒三十一年金國錫木活字補印本

第二四一册

［光緒］浦江縣志十五卷首一卷附殉難録二卷（二）　（清）善廣修　張景青纂
清光緒三十一年金國錫木活字補印本

第二四二册

［光緒］浦江縣志十五卷首一卷附殉難録二卷（三）　（清）善廣修　張景青纂
清光緒三十一年金國錫木活字補印本

第二四三册

［光緒］浦江縣志十五卷首一卷附殉難録二卷（四）　（清）善廣修　張景青纂

清光緒三十一年金國錫木活字補印本

第二四四册

［光緒］浦江縣志稿十五卷首一卷附咸同殉難録二卷（一）　（清）善廣修

張景青纂　民國五年黄志璠再增補鉛印本

第二四五册

［光緒］浦江縣志稿十五卷首一卷附咸同殉難録二卷（二）　（清）善廣修

張景青纂　民國五年黄志璠再增補鉛印本

第二四六册

［光緒］浦江縣志稿十五卷首一卷附咸同殉難録二卷（三）　（清）善廣修

張景青纂　民國五年黄志璠再增補鉛印本

第二四七册

［光緒］浦江縣志稿十五卷首一卷附咸同殉難録二卷（四）　（清）善廣修　張景青纂　民國五年黄志璠再增補鉛印本

第二四八册

浦江縣志存真　宣統三年刊本
民國浦江縣志稿二十二卷（一）　鍾士瀛主编　民國稿本

第二四九册

民國浦江縣志稿二十二卷（二）　鍾士瀛主编　民國稿本

第二五〇册

民國浦江縣志稿二十二卷（三）　鍾士瀛主编　民國稿本
民國浦江縣志稿二十二卷（一）　鍾士瀛主编　一九八五年浦江縣志辦公室謄抄本

第二五一册

民國浦江縣志稿二十二卷（二）　鍾士瀛主編　一九八五年浦江縣志辦公室謄抄本

第二五二册

民國浦江縣志稿二十二卷（三）　鍾士瀛主編　一九八五年浦江縣志辦公室謄抄本

第二五三册

四、政府公文、報刊、通訊録等

浦江县議會第一屆常年會議事録　浦江縣議會編　民國元年木活字印本

浦江縣議會第二屆常年會速記録　浦江縣議會編　民國元年木活字印本

浦江縣議會第三屆常會議事録　浦江縣議會編　民國元年木活字印本

第二五四册

浦江縣議會民國十一年通常會議事録　浦江縣議會編　民國十一年木活字印本

浦江縣議會第一次臨時會議決案　民國十一年木活字印本

浦江縣議會第二届常期會議決案　浦江縣議會編　民國二年木活字印本

浦江縣議會第三届常年會議決案　浦江縣議會編　民國木活字印本

第二五五册

浦江縣參議會第一届第一次至第四次大會決議案合刊　浦江縣參議會秘書室編　民國三十六年浦江縣參議會油印本

浦江縣議會乙丑通常會議決案　浦江縣議會編　民國油印本

浦江縣議會内部規則　浦江縣議會編　民國木活字印本

浦江縣議會文牘　浦江縣議會編　民國木活字印本

第二五六册

浦江縣政府公報（第一期）　浦江縣政府秘書處編　民國二十六年浦江縣新新印刷社排印本

浦江縣政府公報（第三期）　民國十八年浦江縣政府油印本
浦江縣政府公報（第九期）　民國十八年浦江縣政府油印本
三年來之浦江縣政　浦江縣政府編　民國三十年排印本
浦江縣行政統計　陳國鈞編　民國三十五年浦江縣政府油印本
浦江縣公務統計總報告：三十六年度　浦江縣政府秘書室編　民國三十六年浦江縣政府秘書室油印本
浦江縣二十九年度國民兵調查抽簽及征集實施辦法　民國二十九年浦江縣政府排印本
浦陽江測繪報告書　浙江水利委員會編　民國四年浙江水利委員會木活字印本

第二五七册

浦江縣地理講義　夏香山編　民國浦江縣公安局長警補習班排印本
浦江地圖輯存　二〇一九年七月洪鈞輯本
進攻半月刊（第十六期）　民國二十八年浦江縣動員委員會出版
浦江民報（第四六六號）　民國二十九年六月排印本
浦江縣公立通俗教育講演所講演稿一卷　講演所編　民國初木活字印本

浦江教育旬日報（第一號） 浦江縣學署西齋編 民國二年浦江教育會木活字印本
浦江教育（第二期） 民國十九年浦江縣政府教育局排印本
浦江縣教育法規彙編 浦江縣教育局編 民國浦江縣教育局排印本

第二五八册

中山中學校刊（創刊號） 民國三十一年排印本
中山中學校刊第二卷第一期 民國三十五年排印本
浦江私立中山中學同學録 民國三十六年排印本
浦江縣私立中山中學通訊録 民國三十七年排印本 （原書缺十六、十七頁）
浦江縣立初級中學校友通訊録 民國三十八年油印本
浦江公立湖山小學校同學録 民國十五年木活字印本
浦江縣私立儉齋小學校友録 民國三十六年油印本
好公民——浦江縣立浦陽小學訓育標準 民國十九年油印本
浦江旅滬同鄉會第一次常年大會特刊 民國十五年排印本
浦江旅婺同鄉會録 民國初油印本
浦江（第六期） 浦江旅杭學會編 民國十五年排印本

第二五九册

五、戲曲

（一）浦江亂彈傳統劇目

正本

鐵嶺（林）關　何永富抄本
鐵嶺關　整理本
列國記　二〇〇八年十二月整理本
趙氏孤兒　整理本
蝴蝶夢　二〇〇九年四月整理本
前救駕　二〇〇九年六月整理本
後救駕　二〇〇九年六月整理本
上天台　整理本
長坂坡　二〇〇〇年五月整理本
趙五娘　整理本
臨潼山　抄本
臨潼山　一九八六年整理本

打登州全傳　一九六二年樓基田抄本
打登州　整理本
鳳凰山　二〇〇七年整理本
掛玉帶　一九九九年五月整理本

第二六〇册

雙鞭會　抄本
雙鞭會　整理本
羅通掃北　抄本
征北傳　二〇一二年十二月整理本
回龍閣　一九九九年九月整理本
摩天嶺　整理本
三請梨花　整理本
前金冠　整理本
後金冠　二〇〇〇年二月整理本
壽為先　整理本

萬里侯　二〇〇九年六月整理本
壽陽關　整理本

第二六一册

五龍會　一九五三年抄本
下南唐　二〇〇九年六月整理本
下河東　二〇〇四年八月整理本
七星廟　二〇一二年十二月整理本
兩狼山　二〇〇九年六月整理本
月龍頭　整理本
三打陶三春　整理本
狸貓換太子　二〇〇八年十二月整理本
紅緑鏡　二〇〇九年六月整理本
包公出世　二〇〇九年八月整理本
九龍閣　二〇一二年六月整理本

第二六二册

秦香蓮　一九六二年朱祖梁抄本
秦香蓮　二〇〇八年八月整理本
雙破釘　二〇一四年十二月整理本
戰潼臺　二〇〇九年十二月整理本
降三寶　整理本
烈火旗　樓基田抄本
烈火旗　整理本
前後日旺　樓基田抄本
前後日旺　二〇〇一年五月整理本
雙陽公主　一九九九年九月抄本
三枝箭　二〇〇八年九月整理本
擒史文恭　二〇〇八年八月整理本
前麒麟　一九九九年六月整理本
後麒麟　一九九九年九月整理本

第二六三册

義俠記　一九六〇年抄本
中水滸　一九六〇年抄本
中水滸　抄本
精忠記　樓基田抄本
牛頭山　抄本
牛頭山　整理本
雙槍陸文龍　整理本
玉簪記　二〇一二年五月整理本
倒精忠　整理本
飛龍寺：總綱　抄本
飛龍寺　抄本
飛龍寺　二〇〇〇年五月整理本

第二六四册

前後藥茶　二〇〇六年六月整理本

紅梅閣　整理本
江東橋　抄本
鬧九江　整理本
萬壽亭　抄本
萬壽亭　二〇〇九年五月整理本
雙羅帕　整理本
繡鴛鴦　樓基田抄本
繡鴛鴦　二〇一二年八月整理本

第二六五册

玉蜻蜓　抄本
珍珠塔　二〇一二年八月整理本
審頭刺湯　二〇一二年八月整理本
收杯斬木　二〇〇六年七月整理本
碧玉簪　整理本
悔姻緣（上山、下山）　何永富抄本

悔姻緣　整理本
龍鳳閣　抄本
龍鳳閣　整理本
奇雙會　二〇一二年十月整理本
雙貴圖　整理本

第二六六册

玉堂春　整理本
紫霞杯　整理本
殺子報　整理本
雙潼臺　整理本
鴛鴦帶　整理本
百花臺　整理本
碧桃花　二〇一二年十二月整理本
白雲洞　一九九九年五月抄本
大金鐲　整理本

大鵬鳥　抄本

古玉杯　整理本

第二六七册

還魂帶　二〇〇八年十二月整理本

華芳寺　整理本

槐花寺　整理本

慧靈寺　抄本

兩重緣　整理本

龍虎山　何永富抄本

龍虎山　二〇一二年十二月整理本

前後寶蓮燈　整理本

文武雙球　整理本

文武狀元　一九八〇年抄本

第二六八册

繡姻緣　整理本
增壽圖　二〇〇七年七月整理本

劇頭

渭水訪賢　二〇一二年十二月整理本
銅關　何永富抄本
斬妻　何永富抄本
遇主　何永富抄本
探五陽　二〇一四年十二月整理本
議事斬騰　一九六四年朱祖梁抄本
馬超追曹　抄本
馬超追曹　一九六四年朱祖梁抄本
馬超追曹　整理本
桃園結義　抄本
桃園結義　一九九九年五月整理本
送徐庶　二〇〇八年十二月整理本

借雲破曹　整理本
滚鼓山　整理本
關羽誤　二〇〇八年十二月整理本
青石嶺　抄本
青石嶺　二〇〇八年八月整理本
山伯訪友　整理本
紅霓關　整理本
九賜宫拜壽　抄本

第二六九册

九賜宫　一九六四年朱祖梁抄本
九賜宫　整理本
羅成寫書　何永富抄本
太白醉酒　抄本
太白醉酒　二〇〇八年六月整理本

百壽圖　二〇〇七年六月整理本
祭臺　二〇〇七年四月抄本
祭臺咒詞　整理本
金沙灘　整理本
趙匡胤大戰　一九六四年朱祖梁抄本
劉金定救駕　二〇〇七年七月整理本
五臺會兄　二〇一四年整理本
渡河　何永富抄本
大破洪州　整理本
花亭相會　整理本
宋江殺妻　抄本
打漁殺家　二〇〇七年七月整理本
搗山門　一九六四年朱祖梁抄本
太平橋　抄本
打王慶　抄本
打王慶　整理本

上梁山　抄本
上梁山　整理本
時遷偷雞　二〇一三年十二月整理本
避難落船　抄本

第二七〇册

避難落船　整理本
五劇目（精忠化身勸秦、施全祭主、何立問卜、見佛、回話）　抄本（附整理本）
胡迪罵閻羅　樓基田抄本
瘋僧掃秦　整理本
過江殺相　抄本
陳州打擂　抄本
茶店開弓　整理本
文武八仙　整理本
賜福　抄本
賜福八仙　何永富抄本

賜福八仙　整理本
義（失）放　何永富抄本
蕩湖船　抄本
蕩湖船　一九六四年朱祖梁抄本
蕩湖船　整理本
賣棉紗　一九六四年朱祖梁抄本
賣棉紗　二〇一二年七月整理本
焦光普賣酒　整理本
九件衣　朱祖梁抄本
九件衣　二〇一二年九月朱祖梁整理本
李大打更　整理本
蘆花　二〇〇九年七月整理本

第二七一册

蘆花絮　一九六二年十月抄本
蘆花絮　一九六四年朱祖梁抄本

磨豆腐　整理本
曹恩上路　何永富抄本
報仇掛榜　何永富抄本
璧風嶺　何永富抄本
八仙求壽　整理本
打康皇　一九六四年朱祖梁抄本
過府拜壽　何永富抄本
鼓樓相會　何永富抄本
全家福　抄本
全家福　一九六四年朱祖梁抄本
全家福　整理本
產子　何永富抄本
得子　何永富抄本
八仙　何永富抄本
潼臺搶親　整理本
銀弓山　一九六〇年抄本

雙帯箭　一九六〇年抄本
牡丹對課　整理本

（二）浦江亂彈移植劇目

正本

嫦娥奔月　整理本
鐵血國殤　整理本
紂王進香　整理本
黄飛虎返五關　整理本
翻天印　二〇〇九年五月整理本
楚宫撫琴　整理本
伯牙撫琴　整理本
黄金印　整理本

第二七二册

火燒子都　抄本
火燒子都　整理本

雌雄劍　二〇一二年十二月整理本
魚藏劍　整理本
反昭關　整理本
孟姜女　整理本
宇宙鋒　二〇〇八年八月整理本
玉靈符　整理本
槐蔭記　整理本
逐鹿恨　整理本
連環計　二〇一二年十二月整理本
赤壁周郎　整理本
白門樓　抄本

第二七三册

白門樓　整理本
祭風臺　整理本
鐵龍山　整理本

天水關　抄本
花田錯　二〇〇八年十二月整理本
望兒樓　整理本
乾坤带　二〇一一年二月整理本
沙陀國　整理本
二度梅　整理本
二皇圖　整理本
九龍閣　二〇一三年六月整理本
雙金鞭　二〇一二年十二月整理本
包公智斬杜國丈　二〇一〇年六月整理本
包公怒斬皇太子　二〇〇八年十二月整理本

第二七四册

逃生洞　二〇〇九年十二月整理本
世襲金鞭　二〇〇二年一月整理本
喬太守亂點鴛鴦譜　整理本

蛇殺案　二〇一七年八月整理本
英雄淚　二〇〇六年十二月整理本
王佐斷臂　二〇一二年十二月整理本
紅梅寺　整理本
馬童賓搶親　二〇一二年十二月整理本
雙玉鐲　整理本
白桃花　整理本
雙合印　一九九九年五月抄本
三女搶板　整理本

第二七五册

草人媒　整理本
感恩亭　整理本
天降雪　整理本
鴻飛洞　整理本
滿門賢　整理本

三看御妹　二〇一二年八月整理本
香羅帶　二〇一一年十月整理本
花芙蓉　二〇一二年十二月整理本
合連環　整理本
雙獅圖　整理本

第二七六册

遊龜山　整理本
斬太子　二〇一〇年十二月整理本
白鶴圖　整理本
白羅衫　二〇一二年十月整理本
北天門　抄本
丑姐俠女　二〇〇八年整理本
蝴蝶淚　二〇〇九年十二月整理本
花燭恨　二〇〇八年八月整理本
花燭淚　二〇一二年二月整理本

龍鳳環　二〇〇八年十二月整理本

龍鳳金釵　二〇一〇年十月整理本

蘭若寺　抄本

乞丐狀元　二〇一〇年八月整理本

第二七七册

雙娥揀婚　二〇一〇年十二月整理本

絲羅帶　二〇〇八年八月整理本

三審林愛玉　整理本

十五貫　一九五六年四月整理本

十五貫　整理本

挑女婿　二〇〇九年八月整理本

巡按斬父　二〇〇九年七月整理本

楊三笑與黄應虎　二〇〇九年八月整理本

玉葉公主　二〇〇八年八月整理本

鄭小姣　整理本

劇頭

楊八姐救兄　整理本

楊八姐遊春　整理本

第二七八册

打蔡府　整理本

借茶　抄本

端陽　抄本

原形　抄本

說媒　抄本

賣魚等三種　抄本

借郎代親　二〇〇九年十二月整理本

還金鐲　整理本

拷奴、盜令、逃關、借扇、活捉、贈環　抄本

漆匠嫁女　整理本

一分錢　抄本

附録：浦江縣中小學《浦江亂彈》基本曲調學唱資料（試用）

三五七　體現同一劇種流派特色的標誌性唱腔

六、畫册

八仙十二花神圖　李有禄作　稿本

彩色花卉麟毛稿　李有禄作　稿本

吟湘館蘭稿　費耀南作　民國七年稿本

費耀南蘭稿　費耀南作　費泓淳張賢選輯本

附：費耀南友荀父子鈐印集　張賢費泓淳輯印本

爽甫字畫輯録　張爽甫作　張翔宇輯本

中等學校國畫教材　徐天許作　民國三十五年稿本

徐天許畫稿　徐天許作　民國三十五年衢州大和印刷局出版

天許畫稿　徐天許作　民國三十六年衢州大和印刷局出版

第二七九册

茀之畫稿　吴茀之作　民國十七年淮安新民印刷所出版

茀之作品　吴茀之作　民國二十六年上海金城工藝社出版《白社叢畫》本

書旂課牘　張書旂作　民國十四年稿本
翎毛集　張書旂作　民國十八年廣州嚶鳴社出版
書旂畫集　張書旂作　民國二十四年上海金城工藝社出版
書旂近作（第四輯）　張書旂作　民國二十六年上海金城工藝社出版
張書旂花鳥　張書旂作　民國上海形象藝術社出版《國粹名畫片》本
紀漢畫集　鮑紀漢作　民國二十年浦江恒豐齋印本
鄭祖緯遺作集　鄭祖緯作　民國二十一年杭州西湖藝術出品社出版
石樵畫稿　費友荀作　民國稿本
石樵畫稿（之二）　費友荀作　民國稿本
石樵畫輯　費友荀作　二〇一六年費泓淳輯本
刺繡良友　黄英川作　民國三十年排印本
浦江民間剪紙集　陳元作　一九六〇年輕工業出版社出版

第二八〇册

七、報刊文章、畫圖等

陳肇英（一八八八—一九七七）
鍾道纘（一八九二—一九九三）
于能模（一八九三—一九六六）

第二八一册

張同光（一八九六—一九七一）
戚維翰（一八九八—一九四八）

第二八二册

陳德徵（一八九九—一九五一）
徐天許（一八九九—一九九四）

第二八三册

曹聚仁（一九〇〇—一九七二）（一）

第二八四册

曹聚仁（一九〇〇—一九七二）（二）
吴茀之（一九〇〇—一九七七）
張書旂（一九〇〇—一九五七）

第二八五册

張世禄（一九〇二—一九九一）
葛武棨（一九〇三—一九八一）

第二八六册

王春翠（一九〇三—一九八七）
吴醒耶（一九〇三—二〇〇一）
石有紀（一九〇四—一九五〇）
吴士綬（一九〇四—一九八一）
方青儒（一九〇五—一九八四）
張振鐸（一九〇八—一九八九）

鄭祖緯（一九〇八—一九三二）
吴裕後（一九一〇—一九九〇）
鍾士模（一九一一—一九七一）
洪　亮（一九一三—一九七〇）
石　磋（一九一三—一九九八）
石西民（一九一二—一九八七）